中国城市科学研究系列报告

中国城市公用事业发展报告

2017

王俊豪　等著

中国建筑工业出版社

图书在版编目(CIP)数据

中国城市公用事业发展报告 2017/王俊豪等著. —北京：中国建筑工业出版社，2018.10

(中国城市科学研究系列报告)

ISBN 978-7-112-22673-3

Ⅰ.①中…　Ⅱ.①王…　Ⅲ.①公用事业-发展-研究报告-中国-2017　Ⅳ.①F299.24

中国版本图书馆 CIP 数据核字(2018)第 206380 号

责任编辑：石枫华　李　杰
责任校对：王雪竹

中国城市科学研究系列报告

中国城市公用事业发展报告　2017

王俊豪　等著

*

中国建筑工业出版社出版、发行（北京海淀三里河路 9 号）

各地新华书店、建筑书店经销

北京红光制版公司制版

北京京华铭诚工贸有限公司印刷

*

开本：787×1092 毫米　1/16　印张：29　字数：564 千字

2018 年 10 月第一版　　2018 年 10 月第一次印刷

定价：**95.00** 元

ISBN 978-7-112-22673-3

(32650)

指 导 委 员 会

主　　　任：仇保兴

副 主 任：张小宏

委　　　员：（以姓氏笔画为序）

王天锡　刘贺明　张　悦　邵益生　肖家保　杨海英

赵泽生　秦　虹　章林伟　谭荣尧

撰稿单位和主要撰稿人

撰 稿 单 位：浙江财经大学中国政府管制研究院

主要撰稿人：王俊豪　唐要家　李云雁　王　岭　朱晓艳　王建明

张　雷　周小梅

支 持 单 位

住房城乡建设部城市建设司

中国城镇供水排水协会

中国城市燃气协会

中国城市环境卫生协会

中国城镇供热协会

中国城市科学研究会城市公用事业改革与监管专业委员会

中国能源研究会能源监管专业委员会

中国工业经济学会产业监管专业委员会

经 费 资 助

浙江省新型重点专业智库"浙江财经大学政府监管与公共政策研究院"

浙江省 2011 协同创新中心"浙江财经大学城市公用事业政府监管协同创新中心"

浙江省重点创新团队"管制理论与政策研究团队"

服务国家特殊需求博士人才培养项目"浙江财经大学城市公用事业政府监管博士人才培养项目"

序

　　城市公用事业是由为城镇居民生产生活提供必需的普遍服务的众多行业组成的集合，行业涉及面广、行业间跨度较大。本书主要研究城市供水、排水与污水处理、燃气、垃圾处理、供热、电力等城市公用事业中最为重要的核心行业。城市公用事业在城市经济发展和社会生活中具有基础性地位，主要表现在：城市公用事业所提供的产品和服务是城市生产部门进行生产和人们生活的基础性条件，城市公用事业不但为制造业、加工业、商业和服务业等各行业的生产活动提供必要的供水、供气、城市道路等基础条件，也为城市居民提供必要的生活基础。同时，城市公用事业所提供的产品和服务的价格构成了其他行业产品和服务的成本，其性能和价格的变化，必然对其他行业产生连锁反应。因此，城市公用事业的基础性，意味着城市公用事业具有先导性，要发展城市经济，提高城市文化、生活水平，就要求优先发展城市公用事业。

　　改革开放以来，伴随高速经济增长和城市化快速推进，我国城市公用事业在不断深化改革过程中也取得了快速发展。特别是党的十八大以来，我国注重新型城市化建设，对城市公用事业的发展既提出了数量要求，更强调高质量发展要求。为了从动态上反映我国城市公用事业发展的实际情况、法规政策环境和行业企业所做的改革探索，我们从 2015 年开始撰写出版《中国城市公用事业年度发展报告》。今年将要出版的年度发展报告，除了保持原来的篇章结构外，为配合对我国改革开放四十周年的经验总结，特地增加了城市公用事业监管体制改革的内容，作为本年度发展报告的一个特色。我们出版本年度发展报告，希望对城市公用事业相关政府部门、研究机构与研究人员及其实际工作者提供参考。

　　本报告的结构框架可分为以下四部分：

　　第一部分为总论，由第一章、第二章组成，从总体上分析了六个主要城市公用事业基础设施投资与建设、生产与供应以及发展的基本成就。同时，系统研究了城市公用事业的监管机构、监管制度以及重点监管内容。

　　第二部分为行业报告，由第三章至第八章组成，这是本报告的主体，详细讨论了城市供水、排水与污水处理、燃气、垃圾处理、供热、电力等六大行业投资建设、生产供应、行业结构的特征和发展状况，同时从监管机构、监管制度、价格监管、进入监管、投融资监管、质量监管等方面对监管体制改革进行分析。

第三部分为第九章，是一个相对独立的部分，主要是对 2017 年以来城市公用事业主要法规政策解读，内容包括城市公用事业综合性（跨行业）法规政策解读和重要行业的法规政策解读。最后还对综合性（跨行业）法规政策和重要行业的法规政策名称做了列表，以便读者查阅。

第四部分为第十章，也是一个相对独立的部分，专题分析城市公用事业典型案例，从六大行业各选取 2 个案例共 12 个案例进行分析，根据具体案例的特点，分析内容包括案例（项目）背景、项目运作状况、存在问题、经验借鉴（启示）。这些案例将对我国当前和今后相当一段时期城市公用事业的改革与发展具有重要的参考和借鉴价值。

本书是集体智慧的结晶和多方支持的成果。本人首先对撰写并出版本书提出建议和要求，对本书的框架结构和重要内容提出修改意见。住房城乡建设部城市建设司张小宏司长对本书大力支持，并担任了本书指导委员会副主任。中国土木工程学会水工业分会理事长、住房城乡建设部城市建设司原巡视员张悦，中国城市燃气协会理事长、住房城乡建设部城市建设司原巡视员刘贺明，住房城乡建设部城市建设司赵泽生副司长、杨海英副司长，住房城乡建设部城市建设司原副司长章林伟，中国城市规划设计研究院党委书记（副院长）邵益生研究员，住房城乡建设部政策研究中心主任秦虹研究员，中国城市环境卫生协会肖家保理事长，国家能源局原监管总监谭荣尧研究员等指导委员会委员也对本书大力支持，并提出了不少建设性的意见建议。撰写本书需要大量的文献资料和调研工作，本书的顺利完成还得益于中国城镇供水排水协会、中国城市燃气协会、中国城市环境卫生协会、中国城镇供热协会等单位的大力支持，提供了许多实际资料。一年多来，浙江财经大学中国政府管制研究院在王俊豪教授的带领下，十多位研究人员为本书调研、撰稿、修改定稿做了大量的工作，投入了许多时间和精力。没有大家的通力合作就不可能完成本书。最后，本书能在较短的时间内高质量出版还得益于中国建筑工业出版社的大力支持。

本书是浙江省 2011 协同创新中心"浙江财经大学城市公用事业政府监管协同创新中心"、浙江省哲学社会科学重点研究基地"浙江财经大学政府管制与公共政策研究中心"、浙江省重点创新团队"管制理论与政策研究团队"的资助成果。同时，本书也是住房城乡建设部支持的服务国家特殊需求博士人才培养项目"城市公用事业政府监管博士人才培养项目"的研究成果。

由于本书涉及的行业较多，研究内容十分丰富，而完成时间相对较短，同时，撰写中国城市公用事业年度发展报告，在许多方面具有探索性，尽管我们作了最大努力，但难免存在不少缺陷，敬请专家学者和广大读者批评指正。

国务院参事
中国城市科学研究会理事长
住房城乡建设部原副部长

2018 年 3 月 25 日

目　　录

第一章 城市公用事业发展成就

改革开放 40 年以来，中国城镇化和工业化实现了快速的发展。在这一过程中，城市公用事业无论是数量还是质量都呈现出跨越式发展的态势。其中基础设施的投资与建设以及城市公用事业政府监管体制改革发挥了重要作用。随着中国城市公用事业基础设施的建设和发展，城市公用事业供给能力大幅提升，对城市居民生产和生活提供了重要保障。但在城市公用事业发展过程中，一些问题在一定程度上制约了城市公用事业的持续健康发展。从总量上来看，中国城市公用事业基础设施的发展十分迅速。但与快速城镇化相比仍存在一定的缺口。从结构上来看，区域之间、城市内部城市公用事业基础设施发展不平衡问题依然存在。为了解决这些问题，需要创新体制机制，通过多种制度体系创新，促进城市公用事业的总量发展与均衡布局。

第一节 城市公用事业投资与建设

一、城市供水行业投资与建设

改革开放以来，中国城市供水行业进入了快速发展的新时期，城市供水行业的投资与建设规模大幅提升。其中，1978 年供水行业固定资产投资总额为 4.70 亿元，而到 2015 年投资额已增长到 619.93 亿元，总体增长了 132 倍。同时，中国城市供水行业固定资产投资呈现出区域差异性特征，2015 年东部地区城市供水行业固定资产投资为 308.11 亿元，占供水行业总固定资产投资额的 49.7%；中部地区为 181.38 亿元，占供水行业总固定资产投资额的 29.3%；西部地区仅为 130.44 亿元，占供水行业总固定资产投资额的 21%。中国城市供水行业市场化改革始于外资进入，随后形成国内民营企业逐渐进入的格局。早在 1992 年法国苏伊士水务就投资我国广东省中山市坦洲自来水公司，随后法国威望迪通用水务、英国泰晤士水务以及苏伊士水务、汇津公司、柏林水务、金州水务等纷纷进入中国城市供水市场。除了外资对中国城市供水行业的推动作用，国内资本的进入也促进了投资结构的变化。目前活跃于国内供水市场的内资企业主要分为三类：新建或改组的供水公司、上市公司和民营企业。其中，上市公司通过对原有主营水务的上市公司采取扩张战略，实现做大做强，以及将一些非供水主业的上市公司以并购水厂或组建合资公司等方式向水务产业渗透等方式，不断推进行业的快速发展。如锦龙股份、国中水务、桑德环境、重庆水务、洪城水务、兴蓉投资、钱江水利、瀚蓝环境、创业环保、武汉控股、中山水务、江南水务等上市公司。目前来看，城市供水行业只有少数供水企业进行了混合所有制股权改革，如常熟中法水务、长沙水业集团、珠海水务、江南水务等。民营资本利用其机制灵活的优势进入中国城市供水市场，如北京桑德集团、邹平黄河供水有限责任公司、济南鹊华制水有限公司、乐山沙湾中阳水务有限公司等。中国城市供水行业实现了快速的发展，形成了多元化的产权结构，扩展了融资渠道，减轻了地方政府的财政压力，引进了先进的管理理念，提高了城市供水企业的运营效率和管理效能。但在中国城市供水行业市场化改革过程中，在投资领域依然存在着一些问题，这在一定程度上制约了城市供水行业的快速发展。目前城市供水行业以资产为核心的长期投资成为市场化的主流，国有资本为主体的投资结构并未得到根本转变，城市供水行业投资呈现出供给过度与供给不足的双重特征。

1978～2015 年，我国城市供水综合生产能力总体来看处于逐步递增状态，但不同时期增长速度出现差异。1986 年至 2000 年是我国城市供水行业综合生产能力增长速度最快的时期，增长率达到了 109.86%。而 2001 年至 2005 年间城市供水行业综合生产能力增速放缓，增长率仅达到 7.95%，到 2005 年至 2010 年间城市供水行业综合生产能力增长率下降到了 2.36%。之后，2011 年至 2015 年间我国城市供水行业综合生产能力增长率出现了短时期的上升，增长率回升到 11.28%，比"十一五"期间增长了 8.93%。同时，我国城市供水管道长度呈现出逐年增长的趋势，由 1978 年的 3.60 万公里，增加到 2015 年的 71.02 万公里，增长近 20 倍。从 2015 年中国各省市区城市供水管道长度来看，在东、中、西三大区域范围内呈现出一定的异质性特征。近些年来，我国对城市供水行业的投资建设力度不断扩大，使得城市供水行业的基础设施建设与综合供水能力大幅提升，但整体来看城市供水行业发展还存在一定的问题，未能完全满足社会的需求。我国城市供水行业在建设过程中存在的问题有：新增供水管道供给不足、中小城市的供水设施水平整体偏低、供水总量增长速度未能满足人口增长需求等。

综上所述，改革开放以来中国通过系列投资推动了城市供水行业的投资与建设，使得城市供水行业综合生产能力和管道设施获得了快速提升，但在快速发展过程中也存在区域发展不平衡、结构上不太合理的问题，这其中既有发展过程的因素，也有制度的因素。为此下一阶段需要进一步优化布局，推进城市供水行业投资与建设规模与结构，大力提升城市供水行业的运营服务能力。

二、城市排水与污水处理行业投资与建设

改革开放以来，中央和地方政府不断加大对城镇污水处理设施建设和运营的投资力度，我国排水与污水处理行业快速发展，设施投资建设稳步增长。改革开放期初，我国城镇排水与污水处理以排水为主，在城市排水设施方面的投资仅为 2 亿元，2016 年中国城市排水设施投资已达到 1222.51 亿元，是改革开放初期的 600 多倍。现代化的污水处理厂是从 20 世纪 80 年代以后才开始投资建设的，早期日处理城市污水大约仅为 173 万立方米。2001 年，我国的城市污水处理和再生水利用设施投资为 116.4 亿元，2016 年达 508.43 亿元，增加了 4.3 倍，年均增长率在 22% 以上，增速显著。随着污水处理量上升，污泥产量随之不断增加，污泥问题逐步成为我国生态文明建设的工作重点。在污泥处理设施投资方面，从 2011 年至今，每年的投资规模都在 17 亿元以上，在 2013 年达到投资峰值 24.54 亿元，近年来污泥处理处置设施的投资规模基本稳定在 18.5 亿元左右，后续污

泥处理处置设施的投资仍有待进一步加强。2016 年，我国城市排水与污水处理行业的固定资产投资总额达 1730.9 亿元，其中排水设施投资占比最高，达 1222.5 亿元，污水处理、污泥处理和再生水利用设施的固定资产投资分别为 408.9 亿元、18.5 亿元和 81 亿元，各项占比分别占行业投资总额的 70.63%、23.62%、1.07% 和 4.68%。

1980 年以后，中国在排水、污水处理及再生利用方面的建设稳步推进，污水处理能力快速增长，再生水利用规模不断扩大，成就斐然。1980 年，全国城市建成的排水管道只有 2.19 万公里，仅有污水处理厂 35 座，日均污水处理能力 70 万立方米；到 2016 年，全国已建成排水管道 57.79 万公里，建成污水处理厂 2048 座，日均处理能力达 1.49 亿立方米，较 1980 年分别增长了 25 倍、57 倍和 213 倍。同时，2016 年全国再生水利用量达 45.3 亿立方米。

尽管全国的城镇排水与污水处理设施建设有了质的飞跃，各项规划目标基本都圆满完成，但设施投资与建设仍存在着区域分布不均衡的问题，发达地区与欠发达地区的投资规模、增速和重点都不尽相同。东部地区的固定资产投资遥遥领先，投资占比有所增长的是排水设施和污水处理设施，新增的污水处理设施投资更多的是已建污水处理厂提标改造的投资。中部地区的投资重点是配套的管网和污泥处理处置，加大了排水设施和污泥处理处置设施的投资，污水处理设施的投资比重在下降。西部地区的投资不论绝对数还是相对数都较小，其投资重点仍是污水处理设施，对再生水利用设施的投资有所减弱。总体上，相较于 2015 年，东部、中部、西部的地区间差异有所减小，中西部地区的投资占比在逐年攀升。与投资情况类似，城镇排水与污水处理设施建设也是东部占比较大，中部和西部略少。

三、城市燃气行业投资与建设

城市燃气行业作为城市基础设施的重要组成部分，不仅关系到人民的生活质量、城市自然环境和社会环境，而且已日益成为国民经济中具有先导性、全局性的基础产业。近年来，城市燃气行业取得了较大的发展，在 2008 年至 2015 年间，中国城市燃气固定资产投资额总体呈增长态势，城市燃气固定资产投资占市政公用设施建设固定资产投资额的比重略有下降，从 2008 年的 2.22% 下降到 2015 年的 2.16%。城市燃气投资主体由单一地方政府资本变为国有资本（中央大型企业集团和地方政府）、民营资本、境外资本等诸多市场经营主体，多元化的城市燃气行业投资和经济管理体制逐步建立，中国城市燃气市场呈现多种所有制并存的格局。城市燃气行业的市场化改革，大大拓宽了燃气基础设施建设的投融资渠道。大量的民间资本、境外资本以及国有资本（中央企业、大型国有燃气企业）进入城市天然气利用领域，为缺乏财力的各地方政府解决了城市燃气基础设施建设的资金难题。各种社会资本进入城市燃气领域，有效地解决了城市燃气大规模发展所需的建设资金，完善了城市基础建设配套设施，提高了城市燃气供给能力，减轻了国家和地方政府财政负担，为社会经济发展做出了贡献。

2015 年城市燃气投资的增长率远低于全国固定资产投资的增长率且为负增长，也低于市政公用事业投资增长率，且只占市政公用事业总投资的 2.16%，比 2014 年的 2.56% 下降了 0.4 个百分点。2015 年，东部地区、中部地区、西部地区和东北地区的城市燃气投资出现负增长，东部地区城市燃气投资同比负增长 19.48%，占 2015 年城市燃气总投资额的 51.97%；中部地区城市燃气投资同比负增长 12.23%，占 2015 年城市燃气总投资额的 16.02%；西部地区城市燃气投资同比负增长 8.36%，占 2015 年城市燃气总投资额的 25.37%；东北地区城市燃气投资同比负增长 12.73%，占 2015 年城市燃气总投资额的 6.65%，这说使用明城市燃气的地区主要是拥有燃气资源的地区和经济较发达的地区。

中国天然气资源主要分布在塔里木、柴达木、鄂尔多斯、四川、松辽、渤海湾、东海和南海等地区。其中，塔里木盆地、柴达木盆地、鄂尔多斯、四川位于中国新疆、青海、宁夏、甘肃、内蒙古、陕西、四川和重庆等西部地区，其天然气资源量占总资源量的 55%；东海和南海盆地位于东部和南部沿海地带。中国天然气市场主要分布在东部经济比较发达的长江三角洲、环渤海和珠江三角洲等地区。从地域分布上看，资源和市场分别处于西部和东部地区，中间距离相隔数千公里，对天然气的输送造成了较大的挑战，往往需要投入几十亿甚至数百亿元铺设长距离、大口径的天然气管道，才能将天然气从资源地输送到用户所在地。

截至 2015 年底，全国建成陕京线、西气东输、川气东送、中亚天然气管道、中缅天然气管道等长输管道里程约 6.4 万千米；建成 LNG 接收站 12 座，总接收能力 4380 万吨/年；建成地下储气库 18 座，有效工作气量 55 亿立方米/年。

2016 年，天然气产量 1371 亿立方米，同比增长 1.5%，天然气进口量 721 亿立方米，同比增长 17.4%。我国天然气需求迅速增长，2016 年天然气消费量为 2058 亿立方米，同比增长 6.6%。"十二五"期间消费量年均增长 12.4%，累计消费量约 8300 亿立方米，是"十一五"消费量的 2 倍。一次能源消费比例由 4.4% 增长到 5.9%，预计 2020 年增长到 10%。在天然气消费结构中，城市燃气、工业燃气用气占比增加，并且城镇燃气工程、天然气发电工程、工业燃料升级工程、交通燃料升级工程在不断推进。

综上所述，改革开放以来中国通过系列投资推动了城市燃气行业的投资与建设，使得城市燃气行业综合生产能力和管道设施获得了快速提升，但在快速发展过程中也存在区域发展不平衡、结构上不太合理的问题，这其中既有发展过程的因素，也有制度的因素。为此下一阶段需要进一步优化布局，推进城市燃气行业的规模与结构，大力提升城市燃气行业的运营服务能力。

四、城市垃圾处理行业投资与建设

随着我国城市人口的不断增长和经济社会的不断发展，城市生活垃圾总量以每年5％～8％的增速累计，全国1/3的城市身陷"垃圾围城"的困境。城市生活垃圾堆积的过程中，微生物分解垃圾后会产生甲烷、二氧化碳等温室气体，垃圾中的重金属等固体废弃物可能引发土壤污染，有害物质随降水进入水源后又可能引发水资源污染，城市垃圾已成为社会生活的公害，严重影响人民对美好生活的需要。党的十九大报告强调指出，"加强固体废弃物和垃圾处置。提高污染排放标准，强化排污者责任，健全环保信用评价、信息强制性披露、严惩重罚等制度。构建政府为主导、企业为主体、社会组织和公众共同参与的环境治理体系。积极参与全球环境治理，落实减排承诺"。

在中国现代化进程不断推进、环境问题日益严重、政府大力解决环境污染的背景下，中国的环保固定资产投资将继续稳步增长，垃圾处理行业的固定资产投资额在未来五年内的将保持年均20％的复合增长速率，即2019年底将达到400亿左右的固定资产投资规模。

2016年，全国城市市容环境卫生固定资产投资额为445.2亿元，相较2015年增加了11.85％；垃圾处理领域的城市固定资产投资额为118.1亿元，比2015年减少了38.9亿元。2016年城市垃圾卫生填埋场数量为657个，比2015年新增17座，增长率为2.66％。2016年县城垃圾卫生填埋场数量为1183个，比2015年新增75座，增长率为6.77％。从我国各省市运营中的垃圾填埋场分布情况可知，国内的垃圾填埋场主要集中分布在人口相对集中、密度较大的东部发达地区以及其他发达城市。由于垃圾填埋厂具有作业难度低、投资运行费用低、管理简单等特点，未来一段时间内仍是无害化处理设施的主流。截止2016年底，我国城市生活垃圾焚烧设施249座，新增29座，其中垃圾处理能力小于1200吨/日的中小规模焚烧厂占全部焚烧厂数量的68.5％。已建成的生活垃圾焚烧设施主要集中在中国东部地区。

随着城市垃圾处理行业投资的加快，城市垃圾处理行业基础设施的能力和服务水平大幅提高。目前，卫生填埋是我国最主要的垃圾无害化处理方式，其次为焚烧，应用最少的是堆肥、堆放和简易填埋。全国无害化处理厂总体数目逐年稳步增长，城市的主要增长力量为卫生填埋方式的无害化处理厂和垃圾焚烧方式的无害化处理厂，县城则主要是卫生填埋方式的增长地域。而全国范围内堆肥以及其他方式的无害化处理厂数目呈现总体下降趋势。无论是卫生填埋、垃圾焚烧还是堆肥，其垃圾处理能力均在逐年稳步提升。

从城市垃圾处理行业基础设施的建设情况来看，该行业目前还存在一些比较突出的问题，主要表现在：第一，由于垃圾填埋场处置垃圾渗滤液将会大幅增加垃圾处理总成本，这导致企业会直接或间接地把没有得到有效处理的垃圾渗滤液排向河流，造成二次污染。第二，中国填埋气体的利用率比较低，这一方面导致不能降解废弃物，无法实现垃圾填埋气体的有效循环利用，而且导致垃圾处理行业盈利低，阻碍社会资本进入行业。第三，存在较多超期服役的垃圾填埋场，超期服役会给垃圾填埋场的装备设施带来过大的压力，难以从根本上解决垃圾围城难题；而且，垃圾填埋场的超期服役会产生更多的垃圾渗滤液。第四，生活垃圾焚烧厂在中国的选址、建设和运营均会受到较大的社会阻力（产生邻避效应），导致部分垃圾处理厂（场）附近的当地民众反对，以致城市生活垃圾焚烧厂的数目增长缓慢。第五，垃圾焚烧发电项目低价中标恶化行业发展环境。近两年国内各大城市的企业垃圾处理费用报价屡次降低，其中有部分中标价格低于合理价格，呈现出恶性竞争的迹象，这对垃圾焚烧厂的建设而言是一大隐患。

五、城市供热行业投资与建设

城镇集中供热行业是北方城市重要的基础性公用事业行业。集中供热行业的基础设施投资规模大、周期长、回收慢，建成后正常的维护需要大量持续的资金投入。因此，稳定的投资是保证供热行业可持续发展的基础，有效的投资激励是确保有效投资的关键。随着国民收入水平的不断提高和城镇化进程的持续加快，城镇集中供热的供给需求也快速增加，同时城镇集中供热投融资体制也开始逐步市场化，供热行业投融资体制的市场化改革改变了单一的政府投资和"财政资金包揽"的体制，投融资主体的多元化和融资渠道的多元化，保证了城镇集中供热行业建设发展的资金需求，保证了城镇集中供热行业的快速发展。我国集中供热固定资产投资从 2005 年的 220.20 亿元上升到 2015 年的 516.83 亿元，2015 年集中供热固定资产投资金额大约是 2005 年的 2.3 倍。

中国城镇集中供热行业在传统投资体制下是由政府直接投资。实践表明，传统的投融资体制导致了很多弊端，严重限制了城镇集中供热行业的发展。2000年以来国家对供热行业进行了一系列改革，并出台了相应的政策文件。中国供热行业投融资体制改革大致分为市场化改革、引入非公有经济、PPP 模式三个阶段。

第一阶段，城镇集中供热行业市场化投融资体制改革启动阶段。2000 年建设部印发《城市市政公用事业利用外资暂行规定》、2002 年建设部发布的《关于加快市政公用行业市场化进程的意见》、2003 年国家多部委颁发的《关于城镇供热体制改革试点工作的指导意见》。这些文件的出台有利于打破传统的单位统包的供热制度、消除福利供热，实现供热的商品化，引导外资进入供热行业，明确了市政公用事业民营化的改革方向，对于供热行业的改革具有重要的指导意义。

第二阶段，城镇集中供热行业积极鼓励非公有经济发展阶段。2004 年国务院颁布《国务院关于投资体制改革的决定》、2005 年国务院发布的《关于鼓励支持和引导个体私营等非公用制经济发展的若干意见》（简称"非公 36 条"）、2010 年国务院发布的《关于鼓励和引导民间投资健康发展的若干意见》（简称"新 36 条"），这些文件对非公有经济的进入做出了详细的规定，极大提高了非公有经济在供热行业中的作用，能够使其与国有经济优势互补，促进供热行业的发展。

第三阶段，大力推进政府和社会资本合作（PPP）模式阶段。PPP 模式是公共基础设施建设中发展起来的一种优化的项目融资与实施模式，这是一种以各参与方的"双赢"或"多赢"为合作理念的现代融资模式。政府也积极推进 PPP 项目在供热行业中的应用。2014 年财政部发布的《政府和社会资本合作模式操作指南》、2015 年《外商投资产业指导目录（2015 年修订）》、2016 年住房城乡建设部、国家发展改革委、财政部、国土资源部、中国人民银行五部门联合印发了《关于进一步鼓励和引导民间资本进入城市供水、燃气、供热、污水和垃圾处理行业的意见》。这些文件能够引导 PPP 项目在供热行业健康发展，供热行业投资规模大、需求稳定、市场化也逐步深化，适宜采用政府和社会逐步合作模式，民营资本和社会资本也同样可以投资集中供热的关键性技术。针对目前我国已实施的 PPP 项目中新建项目较多、存量项目少的问题，国家发改委于 2017 年印发《关于加快运用 PPP 模式盘活基础设施存量资产有关工作的通知》，鼓励地方政府通过 PPP 模式向社会资本出售优质基建项目的股权、经营权、收益权等权利，来加速推进 PPP 模式盘活基础设施存量资产，形成投资良性循环。

六、城市电力行业投资与建设

截至 2016 年，全国主要电力企业电力工程建设完成投资 8855 亿元，同比增长 0.2%。电力、热力生产和供应业固定资产投资增速继续放缓，但仍明显高于全社会固定资产投资增速，电力、热力生产和供应业固定资产投资完成额为 22638 亿元，同比增长 11.7%，增速与 2016 年 1 月～11 月相比回落 2.5 个百分点，与上年同期相比回落 4.0 个百分点；占全社会固定资产投资的比重为

3.8%，与 2016 年 1—11 月份持平，与上年同期相比提高 0.1 个百分点。

从电力投资结构来看，电源、电网投资分化明显，电源投资同比继续下降，电网投资则继续保持快速增长。2016 年全国电源工程完成投资 3429 亿元，同比下降 12.9%，占电力基本建设投资完成额的比重为 38.7%。电网基本建设完成投资 5426 亿元，同比增长 16.9%，占电力基本建设投资完成额的比重为 61.3%。

从电源投资结构来看，除火电外各类型电源投资均呈现负增长态势。2016 年，水电完成投资 612 亿元，同比下降 22.4%；占电源投资的比重为 17.9%，与上年同期相比提高 1.3 个百分点。火电完成投资 1174 亿元，同比增长 0.9%；所占比重为 34.2%，与上年同期相比提高 0.1 个百分点。核电完成投资 506 亿元，同比下降 10.5%；所占比重为 14.7%，与上年同期相比提高 1.1 个百分点。风电完成投资 896 亿元，同比下降 25.3%；所占比重为 26.1%，与上年同期相比回落 2.2 个百分点。

电源投资总额先升后降。发电资产重组后，发电市场竞争效果初步显现，电源建设投资迅速增加，电力供应不足的问题很快得到解决。2001 年到 2006 年间，全国发电装机容量增加迅猛，从 2001 年的 33681 万千瓦增加到 2006 年的 62200 万千瓦，年增长率从 5.87% 升至 22.34%，随后，增速放缓，增长率表现为下降的趋势，直至 2012 年后增长率又有所回升。

清洁能源投资比重有所回落。从投资比重看，2016 年火电工程投资完成 1174 亿元，占电源总投资的 34.2%，同比增长 7.2 个百分点；水电投资完成 612 亿元，占电源总投资的 17.8%，同比下降 2.2 个百分点；核电投资完成 506 亿元，占电源总投资的 14.8%，同比下降 0.7 个百分点。风电投资完成 896 亿元，同比下降 25.3%；所占比重为 26.1%，同比下降 2.2 个百分点。

截至 2016 年 12 月末，全国 6000 千瓦及以上电厂发电装机容量达到 164575 万千瓦，同比增长 8.2%，保持平稳增长。其中，水电为 33211 万千瓦，同比增长 3.9%；占总装机容量的比重为 20.2%，与上年同期相比下降 1.0 个百分点。火电 105388 万千瓦，同比增长 5.3%；所占比重为 64.0%，与上年同期相比下降 1.7 个百分点。核电为 3364 万千瓦，同比增长 23.8%；所占比重为 2.0%，与上年同期相比提高 0.2 个百分点。并网风电 14864 万千瓦，同比增长 13.2%；所占比重为 9.0%，与上年同期相比提高 0.5 个百分点。

2016 年全国新增发电装机容量有所回落，全国发电新增设备容量 12143 万千瓦，同比减少 831 万千瓦。分电源类型看，水电新增容量 1179 万千瓦，同比减少 429 万千瓦；火电新增容量 5048 万千瓦，同比减少 1352 万千瓦；核电新增 720 万千瓦，同比减少 4 万千瓦；风电新增容量 2024 万千瓦，同比减少 667 万千瓦；太阳能发电新增容量 3171 万千瓦，同比大幅度增加 987 万千瓦。

第二节　城市公用事业生产与供应

一、城市供水行业生产与供应

改革开放以来，中国经济进入快速发展的新时期，随着经济的快速发展和城镇化进程的加快，城市供水行业的供水量、用水普及率等反映城市供水行业生产与供应能力的指标获得了大幅的提升。从城市供水企业生产绩效来看，2004 年至 2006 年企业数量保持在 2400 家以上，随后于 2007 年下降至 1735 家，2008 年至 2010 年这 3 年间我国水生产和供应行业的企业数量维持在 2000 家以上，其中 2010 年超过 2100 家，2011 年水生产和供应企业数下降到 1110 家，随后企业数量缓慢上升，2015 年水生产和供应企业数达到 1621 家。2004 年至 2006 年间我国城市供水企业亏损企业数基本在 1100 家左右，2006 年以来，亏损企业显著降低，这一方面是因为行业内企业数量在不断下降，另一方面可能来源于企业自身效益的增加。同时，城市供水行业在 2005 年出现负利润后，2006 年大幅增长，此后除 2009 年和 2012 年略有回落外，整体上呈现出稳定增长趋势，这说明近年来城市供水行业的总体经营状况在不断增强。由于城市供水企业的战略重组，整个城市供水行业的总资产以及流动资产呈现出逐年上升的趋势，2015 年我国城市供水企业资产总额是 2004 年的 4.28 倍；2015 年城市供水企业流动资产是 2005 年的 4.81 倍。与此同时，城市供水行业的总负债也呈现出稳步增长的趋势，但资产负债率基本维持在 50％左右。

中国城市供水量的变化趋势可以分为三个阶段，第一阶段为 1978 年至 1985 年，该阶段供水量增长幅度较慢，仅由 1978 年的 787507 万立方米/日增长到 1985 年的 1280238 万立方米/日，总体增长 1.63 倍。第二阶段为 1986 年至 1994 年，是供水量增长最快的阶段，到 1994 年供水量已经增长到 4894620 万立方米/日，是 1985 年的 3.82 倍。第三阶段是 1995 年至 2015 年，该阶段供水总量增长速度放缓，且大体维持在比较均衡的供水水平，增长幅度不大，2015 年的供水量为 5604729 万立方米/日，相比于 1995 年增长了 16.39％。中国城市供水总量呈现出明显的地区差异。总体来看，东部沿海地区最高，其次是经济较为发达的中部地区，经济相对落后、城市化水平相对较低的西北部地区的供水总量相对较低。

总体来看，中国城市供水的漏损水量占比不断增加，2006 年漏损水量占比为 9.79％，到 2015 年漏损水量占比增长到 15.21％，年均增长 0.60％。

综上所述，总体上中国城市供水行业生产与供应呈现出逐渐改善的趋势，这为我国城市建设与发展，城市人口与城市基础设施有机发展，以及提高城市居民福祉具有重要的推动作用。与此同时，城市供水行业的生产与供应呈现出一定的区域发展不平衡性。为此，随着城市化进程的加快和区域协调发展，需要进一步推进城市供水行业总体的生产和供应，同时，需要考虑区域差异性，形成与区域特征相适应的城市供水行业生产与供应新格局。

二、城市排水与污水处理行业生产与供应

改革开放 40 年以来，我国污水处理厂数据急剧攀升，污水处理能力取得了巨大突破，扭转了城镇污水处理设施建设滞后于城市化发展的局面，是全世界短时间内污水处理能力增长最快的国家，污水处理企业的处理能力和处理技术都得到了稳步增长，行业的生产效率和减排效益不断提升。截止 2016 年底，全国设市城市建成投入运行污水处理厂 2048 座，其中二、三级污水处理厂 1763 座，污水处理率高达 93.18％，污水处理能力达到了 1.49 亿立方米/日，处理量 431.59 亿立方米；县城污水处理厂累计建成污水处理厂 1511 座，其中二级、三级污水处理厂 1175 座，污水处理率高达 87.86％，污水处理能力达到了 0.33 亿立方米/日，处理量 79.45 亿立方米。

2010 年以来，我国污水处理厂采用二级、三级处理技术占比逐渐增加，特别是一些水环境敏感地区和经济发达地区，加强了对部分已建污水处理设施进行升级改造，大力改造除磷脱氮功能欠缺、不具备生物处理能力的污水处理厂，重点改造设市城市和发达地区、重点流域以及重要水源地等敏感水域地区的污水处理厂，进一步提高对主要污染物的削减能力。目前，全国的城市污水处理厂基本都已采用二级、三级处理。二级、三级污水处理厂的座数从 2006 年的 689 座增加到 2016 年的 1757 座，增幅达 155％，污水处理能力也相应地从 2006 年的 5424.9 万立方米/日增长至 2016 年的 12811.2 万立方米/日，增幅达 136.16％。

从污水处理厂的出水水质来看，我国污水处理厂的出水水质不断提高，特别是出水水质标准为一级 A、一级 B 的污水处理厂数量占比逐年增大。2016 年，出水水质为一级 B 标准的污水处理厂已占到全国污水处理厂总数的 1/2，占比为 51.72％，出水水质为一级 A 标准的污水处理厂占比从 2007 年的 28.85％增长至 2016 年的 35.55％，增长了近 7 个百分点。至此，全国有近九成的污水处理厂的出水水质达到一级 B 以上标准。相对地，出水水质标准为二级、三级的污水处

理厂数量仅占 10% 左右，特别是出水水质标准为二级的污水处理厂占比显著下降，从 2007 年的占比 22.84% 下降至 8.6%，降幅超过 60%。出水水质为三级的污水处理厂数量极少，其占比虽有波动，但整体变化不明显。

随着环保力度的加强和对污泥处理处置技术局限性的进一步认识，近年来我国污泥处理总量显著上升。早期由于人们不重视污泥的无害化处理处置，单位污泥处理量仅为 2.37 吨。但近年来污泥处理量逐年增长，2010 年以来，每年至少增加污泥处理量 100 万吨，每万吨污水的处理污泥量基本稳定在 5.4 吨左右。卫生填埋仍是我国污泥处理的主要方式，占比六成左右。但随着土地资源的不断稀缺以及潜在土壤污染风险的不断加剧，近年来污泥填埋的比例有所下降，越来越多的地区采用污泥焚烧发电和制肥的方式处置污泥，占比约两成左右。相对而言，建材处置等其他方式的污泥处理量占比相对较小，近年来维持在一成左右。

我国污水再生利用规模不断扩大。2007 年底，全国污水再生利用规模为 970.2 万立方米/日，再生利用总量为 158630 万立方米，2016 年污水再生利用规模已增至 2762.4 万立方米/日，再生利用总量增长至 452698 万立方米，二者在短短 10 年间增长了近 3 倍。由于再生水管线等配套设施建设不完善、运营经验缺乏导致再生水水质稳定性和可靠性不足、加之尚未形成有效的激励机制，导致我国污水再生利用工作尚处于起步阶段，工程建设和运行规模有待进一步提高。

三、城市燃气行业生产和供应

城市燃气是城市能源结构和城市基础设施的重要组成部分，它为城市工业、商业和居民生活提供优质气体燃料，它的发展在城市现代化中起着极其重要的作用。提高城市燃气化水平，对于提高城市居民的生活质量、改善城市环境、提高能源利用率，具有十分重要的意义。城市燃气（包括民用、商业和工业燃气）是由几种气体组成的混合气体，目前主要使用的城市燃气种类包括天然气（NG）、液化石油气（LPG）和人工燃气（MG）。

2015 年中国人工煤气的产量具有较大幅度的下降，环比下降了 15.8 个百分点；天然气产量具有较大幅度的增加，环比增加了 7.9 个百分点；液化石油气产量也有所下降，环比下降了 4 个百分点。

2015 年全国天然气生产总量比 2014 年增长 76 亿立方米，其中增产超过 5 亿立方米的地区有 4 个，分别是山西增产 6.98 亿立方米、江苏增产 12.77 亿立方米、北京增产 30.81 亿立方米、河北增产 5.68 亿立方米，5 个地区增产总量合计 56.23 亿立方米，占全国增产总量的 73.59%。北京、江苏等地的增产主要是受到当地天然气需求上升拉动的影响。之所以出现大部分省份天然气产量增产的现象，是因为中国为实现构建和谐社会和可持续发展等国家宏观目标，实施能源战略调整、提升环境保护势在必行，推出了与天然气产业相关的一系列支持和鼓励发展的政策，将大力发展天然气等清洁能源作为一项长期的国家能源战略，对于天然气产业的发展起到了极大的促进作用。2015 年全国仅有 7 个地区产量下降，分别是吉林、黑龙江、浙江、湖南、广东、宁夏和新疆。纵观全国，天然气生产下降地区的下降总量只有 9.62 亿立方米。

2000 年至 2015 年，中国城市燃气当中的液化石油气总体上呈现下降趋势。液化石油气在中国未来消费的主要增长点将在汽车用气领域、大部分无天然气供应城市或距天然气管网较远的城镇以及广大农村地区。尤其是城镇小区管线供应液化石油气，将是液化石油气市场的发展重点，而且经济效益显著。

2004 年"西气东输"管道投入商业运行以来，天然气逐步大规模走入千家万户。随着天然气的大规模应用，对人工煤气和液化石油气的城市燃气输配系统进行改造的同时，新建了大量天然气管网。2015 年全国各类城市燃气输配管网总里程为 528388 公里，比上年城市燃气总管网长度增加 53788 公里，同比增长 11.33%。天然气管网总长度为 498087 公里，比上一年度的管网总长度增加 63516 公里，同比增长 14.62%，占当年各类城市燃气输配管网总长度的 94.27%；液化石油气管网总长度为 9009 公里，比上一年度的管网总长度减少 1977 公里，同比减少 18.00%，占当年各类城市燃气输配管网总长度的 1.70%；人工煤气管网总长度为 21292 公里，比上一年度的管网总长度减少 7751 公里，同比降低 26.69 个百分点，占当年各类城市燃气输配管网总长度的 4.03%。

同时，城市燃气普及率逐年提高，天然气覆盖面更广。2015 年全国人工煤气、天然气和液化石油气用气总人口为 4.38 亿人，燃气普及率达 95.30%，比上年提高 0.73 个百分点。其中，天然气已超越人工煤气和液化石油气成为是城市燃气的第一大气源，使用天然气总人口为 2.86 亿人，占全国用气总人口的 65.30%；液化石油气用气人口继续萎缩，使用液化石油气总人口为 1.40 亿人，占全国用气总人口的 31.96%；人工煤气用气人口也继续萎缩，使用人工煤气总人口为 0.13 亿人，占全国用气总人口的 2.74%。

2015 年全国统计天然气供应总量为 10184061.13 万立方米，增长率为 8.74%。其中居民用气量为 2080060.91 万立方米，增长率为 5.65%，占天然气供应总量的 20.42%；天然气用于集中供热有 1063149.30 万立方米，占天然气供应总量的 10.44%；天然气用于燃气汽车有 1084356.81 万立方米，占天然气供应总量的 10.65%

综上所述，总体上中国城市燃气行业生产与供应呈现出逐渐改善的趋势，这为我国城市建设与发展，城市人口与城市基础设施有机发展，以及提高城市居民生活质量具有重要的推动作用。与此同时，城市燃气行业的生产与供应呈现出一定的区域发展不平衡性。为此，随着城市化进程的加快和区域协调发展，需要进一步推进城市燃气行业总体的生产和供应，同时，需要考虑区域差异性，形成与区域特征相适应的城市燃气行业生产与供应新格局。

四、城市垃圾处理行业生产与供应

目前，我国城市生活垃圾存量已经高达 70 亿吨，合计占地 80 多万亩，占地量以平均每年 4.8％的速度持续增长。垃圾年产量每年仍以 5％～8％的速度增长，预计到 2020 年，城市垃圾产量将达约 3.23 亿吨。这对中国各大城市的发展而言，是一大掣肘。

我国城市垃圾无害化处理能力和处理量均在逐年增加。2016 年城市垃圾无害处理能力达到 621351 吨/日，增幅为 7.71％。2016 年城市垃圾无害处理量为 19674 万吨，增幅 9.22％。从城市与县城生活垃圾无害化处理能力构成对比看，2016 年城市卫生填埋场垃圾处理能力为 350103 吨/日，垃圾焚烧厂垃圾处理能力为 255850 吨/日，垃圾堆肥/综合处理厂垃圾处理能力为 15398 吨/日；县城卫生填埋场垃圾处理能力为 160738 吨/日，垃圾焚烧厂垃圾处理能力为 22352 吨/日，垃圾堆肥/综合处理厂垃圾处理能力为 7582 吨/日。可以看出，城市垃圾焚烧厂的垃圾处理能力占比远高于县城。从城市与县城生活垃圾无害化处理量构成对比看，2016 年城市卫生填埋场垃圾处理量为 11866.43 万吨，垃圾焚烧厂垃圾处理量为 7378.42 万吨，垃圾堆肥/综合处理厂垃圾处理量为 428.93 万吨；县城卫生填埋场垃圾处理量为 4913.49 万吨，垃圾焚烧厂垃圾处理量为 578.15 万吨，垃圾堆肥/综合处理厂垃圾处理量为 188.83 万吨。可知，城市垃圾焚烧厂的垃圾处理量占比远高于县城。

从 2007 年至 2016 年城市垃圾卫生填埋无害化处理能力和处理量的发展看，我国城市垃圾卫生填埋无害化处理能力从 2007 年的 214129 吨/日提升到 2016 年的 350103 吨/日，十年间增长了 63.5％。城市垃圾卫生填埋无害化处理量由 2007 年 7663.58 万吨提高到 2016 年 11866.45 万吨，10 年间增长了 54.8％。从 2007 年至 2016 年县城垃圾卫生填埋无害化处理能力和处理量的发展来看，我国县城垃圾卫生填埋无害化处理能力从 17890 吨/日提升到 160738 吨/日，10 年间增长了 798.5％，2016 年增长率为 1.98％；县城垃圾卫生填埋无害化处理量由 2007 年 452.99 万吨到 2016 年 4913.49 万吨，十年间增长了 984.7％，2016 年增长率为 4.80％。

从 2007 年至 2016 年国内城市垃圾焚烧厂的无害化处理能力和焚烧垃圾量的

发展看，国内城市垃圾焚烧厂无害化处理能力实现将近 6 倍的能力扩充，从 2007 年的 44682 吨/日发展到 2016 年的 255850 吨/日，且每年的垃圾处理增长率也在逐步提升，近年来一直保持着较高的增长率，2016 年增长率达到了 16.78%；国内的城市垃圾焚烧厂无害化垃圾处理量也由 2007 年的 1435.05 万吨提升到 2016 年的 7378.42 万吨，保持了较高的增长速率，2016 年增长率达到了 19.48%。从 2007 年~2016 年县城垃圾焚烧厂无害化垃圾处理能力和垃圾处理量的发展看，10 年间我国县城垃圾焚烧厂无害化垃圾处理能力由 2007 年的 115 吨/日提升到 2016 年的 22352 吨/日，而相较于城市的垃圾焚烧，县城的垃圾焚烧增长趋势较不稳定，2015 年增长率为 10.24%，2016 年达到了 38.45%；县城垃圾焚烧厂无害化处理量由 2007 年的 10.91 万吨提升到 2016 年的 578.15 万吨，也一直呈现着较不稳定的增长速率，2016 年增长率达到 44.02%。但就绝对总量上而言，县城垃圾焚烧垃圾能力及处理量和城市还有相当巨大的差距。

五、城市供热行业生产与供应

改革开放以来，我国蒸汽供热能力总体呈现出先快速增长，后稳定增长的趋势。中国城镇集中供热总量也呈现出不断增长的趋势。全国城镇集中供热行业供热总量由 2000 年的 107149 万吉焦上升到 2015 年的 351813 万吉焦，提升近 3.28 倍。2000 年蒸汽供热与热水供热的比例为 1∶3.5，到 2015 年蒸汽供暖与热水供暖比例为 1∶6.1。可以看出，其中热水供热量增长幅度较大，由 2000 年的 83321 吨提升到 2015 年的 302110 吨。而蒸汽供热量增长幅度较小，由 2000 年的 23828 吨提升到 2015 年的 49703 吨，并且近几年（2010－2015）呈略有下降的趋势。

从供热行业内部结构来看。从 2000 开始，我国热水供热能力有较大提高，年增长率几乎保持在 10% 左右。从 2000 年到 2015 年，热水供热能力提高近 3.85 倍。在 2005 年蒸汽供热能力达到历史最高点 106723 吨/小时，但近几年逐年下降，2015 年回落到 80699 吨/小时。

供热管道作为暖气的传导媒介主要可以分为蒸汽管道和热水管道，中国的供热管道以热水管道为主，蒸汽管道为辅，并加上一些其他供热方式的管道。随着中国改革开放后经济迅速发展，作为城市基础设施的热力网输送热能系统发展很快，中国气候严寒和寒冷地区的 19 个省、直辖市、自治区的 134 个地级以上的大、中城市都有集中供热热力网设施，并正在向大型化发展。从 2006 年到 2015 年，供热管道长度以每年 1~2 万公里的速度增长，截止到 2015 年中国集中供热管道已达 20.44 万公里。其中，蒸汽供热管道长度变化不大，但略有下降的趋势；热水供热管道长度逐年增加，由 2000 年的 7.99 万公里上升到 2015 年的 19.27 万公里，提升近 2.4 倍；天然气向六省市供气的现役管道主要包括陕京一二三线、西气东输一二线、永清－唐山－秦皇岛管线等 16 条管道，总输气规模越 940 亿立方米/年（2.6 亿立方米/天）。

城市集中供热是以保证人们生产生活用热为目的，其设施的主要特征是热源集中，并以不同规模的热网向热用户输送热能。随着中国城市化进程的加快，城镇集中供热总面积稳步增长，尤其是住宅供热面积。到 2015 年全国集中供热面积已达 67.22 亿平方米，其中住宅供热面积达 49.5 亿平方米，占总供热面积的 73.64%，且 2006 年以来住宅供热面积年增长率一直保持在 11%～12% 左右。

六、城市电力行业生产与供应

在除核电与太阳能发电之外的各类型机组新增装机同比持续减少的影响下，电源新增发电装机容量同比持续下滑。2016 年 1 至 12 月份，全国电源新增发电装机容量 12061 万千瓦，较上年同期少投产 1123 万千瓦，同比下降 7.0%。其中，水电新增装机 1174 万千瓦，较上年同期少投产 201 万千瓦，同比下降 27.0%；火电新增装机 4836 万千瓦，较上年同期少投产 1842 万千瓦，同比下降 24.4%；风电新增生产能力 1873 万千瓦，较上年同期少投产 1267 万千瓦，同比下降 36.8%。另外，新增核电装机 720 万千瓦，较上年同期多投产 108 万千瓦；新增太阳能发电装机容量 3459 万千瓦，较上年同期多投产 2079 万千瓦。

2016 年 1 至 12 月份，全国规模以上发电企业累计完成发电量 59111 亿千瓦时，同比增长 4.5%，增速与 2016 年 1 至 11 月份相比提高 0.3 个百分点，上年同期为下降 0.2%。其中 12 月份，全国规模以上发电企业发电量 5329 亿千瓦时，同比增长 6.9%，增速环比回落 0.1 个百分点，上年同期为下降 3.7%。

清洁能源电量比重上升。2016 年，全国火电发电量比重有所回升，为 74.4%，同比上升 0.69 个百分点；水电发电量比重有所下降，为 17.8%，同比下降 1.59 个百分点；太阳能发电量亦有所回落，为 0.1%，同比下降 0.59 个百分点；核电、风电发电量比重同比均有所上升，分别增长 0.61 个百分点和 0.87 个百分点。

分省份 2016 年发电量增速在 10% 以上的省市有 4 个，西藏（21.69%）、山东（13.76%）、江西（10.52%）、海南（10.25%）发电量增长较快；发电量负增长的地区也有 4 个：甘肃（－2.25%）、青海（－2.23%）、宁夏（－0.90%）、天津（－0.85%）；其余地区发电量增速在 0～10% 区间。分地区看，2016 年，华北地区发电量 11547 亿千瓦时，同比增长 8.16%，增速在各地区中最高；华中地区发电量 11577 亿千瓦时，同比增长 4.57%，增速在各地区中最低，但仍然较去年有所增长。

2016 年以来，全社会发电设备平均利用小时同比继续下降，全国发电设备累计平均利用小时为 3785 小时，与上年同期相比下降 203 小时。2016 标准煤耗进一步降低，为 312 克/千瓦时，与 2015 年相比，又下降 3 克/千瓦时。

2016 年受国内经济下行压力及雾霾天气治理等方面影响，尽管有的企业开工不足，但全市负荷整体水平向好。邢台电网最高负荷 410.4 万千瓦，同比增长 5.55%；最低负荷 107.7 万千瓦，同比增长 11.72%；平均负荷 262.64 万千瓦，同比增长 7.79%，月最大峰谷差 177.4 万千瓦，同比增长 −5.94%。

近年来受宏观经济转型的影响，售电量整体上有所减缓，2015 年增长率较 2014 下降，放缓明显。但 2016 年售电量回升明显。2016 年线路损失率 6.47%，线损仍然十分严重。

第三节　城市公用事业发展的基本成效

一、城市供水行业基本成效

随着改革开放的深入，中国城市供水行业进行了以产权改革、竞争改革和监管改革为特征的市场化改革道路。在市场化改革之前，我国城市供水企业实行国有化为主体的运作模式，企业由政府建，领导由政府定，资金由政府拨，这促进了中国城市供水行业的发展，但也加大了地方政府的财政负担，从而使得地方政府开始愈发思考城市供水行业的体制机制变革问题。

2009 年至 2015 年，我国单位人员的供水量总体呈现递增趋势，2009 年单位人员的供水量为 517.41 立方米/日，2015 年增长为 600.93 立方米/日，总体增长了 16.14%。具体来看，2009 年至 2010 年我国单位人员供水量出现了短时期的下降，总体下降 0.76%；之后 2010 年至 2014 年，我国单位人员供水量增长迅速，增长率达到了 12.57%，而 2014 年至 2015 年增长速度放缓，增长率降低到 4%。由此来看，随着供水行业市场化的加快、供水设备的更新以及生产技术的提升，2009 年至 2015 年我国劳动生产率经历了一个快速增长时期。

2009 年至 2015 年，总体上我国单位资本的供水量呈现出下降的趋势，2009 年单位资本的供水量为 6.63 立方米/日/万元，到 2015 年下降为 4.42 立方米/日

/万元，总体下降 33.37％。具体来看，我国单位资本的供水量的下降分为两个阶段，第一个阶段为 2009 年至 2011 年，单位资本的供水量下降了 1.39 立方米/（日·万元），第二个阶段为 2012 年至 2015 年，单位资本的供水量下降了 0.861 立方米/（日·万）。另外，2011 年至 2012 年，单位资本的供水量基本维持不变。由此来看，随着我国经济的快速增长，以及通货膨胀形成的货币贬值，尽管供水行业固定资产的投资金额不断增加，但由固定资产增加带来的供水产出却不断下降。

2009 年至 2015 年我国人均供水能力整体呈现出轻微地下降，2009 年的人均供水能力为 0.516 立方米/日，到 2015 年人均供水能力下降到 0.477 立方米/日，总体下降了 7.58％。具体来看，2009 年至 2012 年是我国城市人均供水能力下降最快的时期，平均每年人均供水能力下降了 0.013 立方米/日；而 2012 年至 2014 年人均供水能力出现了短期的回升，共增长了 0.42％；2014 年至 2015 年人均供水能力又出现了下滑，整体下降了 0.56％。

二、城市排水与污水处理行业基本成效

改革开放以来，中国污水处理行业积极探索以特许经营为核心的市场化改革，取得了显著成效，不仅促进了中国污水处理能力和规模的快速增长，更为重要的是，通过引入社会资本，推动了污水处理行业投融资体制改革，逐步形成了有效竞争的市场结构，大大增强了行业竞争力，促进了各地污水处理绩效稳步提升。

目前，中国城市排水与污水处理行业已基本形成国有及国有控股企业、外资及港澳台资企业、私营企业和上市公司等多种市场主体共同竞争的格局。2016 年，在全国近 5000 座污水处理厂中，属于国有企业和事业单位的污水处理厂占比 50％左右，其中国有企业占比 36.77％，事业单位占比 11％；私营企业占比 8.93％，不足 1/10；外资企业占比 4.06％，不足 5％。还有大约 40％左右的污水处理厂是有限责任公司、股份公司和股份合作企业。

改革开放以来，我国现代化污水处理厂从无到有，通过有效利用外国技术到自主研发，我国在污水处理、污泥处理、黑臭水体治理、海绵城市等领域不断取得新的技术创新与突破。为控制和解决水污染的严重态势，国家先后设置 COD（化学需氧量）、氨氮和氮氧化物等三类污染物排放总量的控制目标，倒逼污水处理厂的处理工艺和技术进行创新。为实现总量控制的目标，许多地方组织对污水处理厂实施提标改造。目前，我国九成左右污水处理厂是二级、三级污水处理厂，九成左右污水处理厂出水水质达到一级以上标准。氧化沟、AAO、SBR 等

处理工艺得到了普遍应用，基本能保证污水处理厂达到一级 B 出水标准。在经济发达和水环境敏感地区，污水稳定一级 A 排放的技术也在不断地扩大应用范围。在满足出水稳定达标的同时，我国污水处理行业也开始关注节能低碳、污水中可用物质有效循环和深度回用的污水处理新模式，未来污水处理技术的基本变化是实现向资源、能源、水回收的转变，与此同时寻求不断降低污水处理成本费用。

市场化改革直接推动了污水处理企业建立现代企业制度，生产管理、财务管理、人事管理等水平提高显著，一批在行业内具有竞争力、日趋成熟的专业企业快速成长。这些影响力较大的民族水务企业既有国企，也有上市公司和也有民营企业等，各类民族水务企业优势互补，相互竞争，共同提升了我国污水处理行业的整体竞争力。为推动市政基础设施领域供给侧结构性改革，优化污水处理产业发展模式，针对污水处理行业"小、散、弱"的问题，国家在污水处理领域鼓励开展政府和社会资本合作，支持水务企业跨区域兼并重组，不断输出和提高企业的技术、管理和资金，促进设施效能得到有效发挥，提高污水处理行业的有效供给。目前，我国污水处理行业已涌现了一批日处理规模百万吨的大型污水处理企业，这些企业借着政策东风，在全国快速布局，不断提高污水处理行业的市场集中度。

2010 年，住房城乡建设部出台了《城镇污水处理工作考核暂行办法》，考核指标包括：设施覆盖率、城镇污水处理率、处理设施利用效率、主要污染物削减效率和监督管理指标。近年来，全国城镇污水处理绩效稳步提升，从 2009 年的不足 75 分提升至 2016 年已超过 85 分，而且近几年的绩效水平稳步保持在优秀等级，其中绩效提升最显著的是 2010 年与 2011 年，通过 2 年的努力，全国城镇污水处理绩效从良好正式步入了优秀。但是，由于地理位置、经济社会发展水平等因素的影响，各省市城镇污水处理绩效呈现出一定的差异，特别是发达省份与不发达省份的绩效差异更为明显。全国绝大多数省市的污水处理绩效考核优秀，共有 26 个省市的绩效考核评分超过 85 分，占比 83.87%。在绩效考核的各项指标中，主要污染物削减率的指标得分差异较大，其他各项考核指标的得分分布都较为均匀，没有大的差距。

三、城市燃气行业基本成效

中国城市管道燃气行业自改革开放以来，经历政企垄断专营阶段、特许经营放松准入改革阶段以及现在的管网设施公开开放市场化阶段。中国城市燃气在改革中不断提升质量和效率。中国在燃气行业进行市场化改革的目的在于扩大行业供给能力，促进行业内企业间的竞争，提高企业生产效率，提供优质燃气产品和服务，并稳定价格水平等，中国燃气行业市场化改革的成效主要体现在以下几个方面：燃气行业的供给能力极大提高；燃气行业形成的多元化产权结构模式；城市管道燃气企业生产效率得到提升；燃气行业监管经验日益丰富。

随着民营资本不断进入城市管道燃气行业，其市场结构不断优化，整个行业供给能力不断增加。在城市容量方面，拥有较多城市数量与占据大城市的公司会在未来有更多的内生增长空间。2005年至2015年，国有及国有控股工业企业和私营工业企业的企业单位数都在增长，到2015年，私营工业企业达到305家，国有及国有控股工业企业达到398家。近10年内，我国燃气生产和供应业在企业单位发展迅速，各企业的工业总产值增长迅速，2005年至2014年国有及国有控股工业企业和私营工业企业的利润总额都在逐年增长，2015年略有下降。2015年，私营工业企业的利润总额达25.15亿元，国有及国有控股工业企业的利润总额达170.31亿元。数据表明一方面我国的燃气生产和供应业在近十年的发展中不断扩大规模，生产效率快速提升，另一方面我国燃气生产和供应业市场中有了私营企业的竞争压力后，国有及国有控股工业企业以提高生产效率来提升竞争力。

1990年至2015年供气管道长度的增长率在25年间都比较高，2011年至2015年的供气管道长度以每年约10%左右的速度增长。1990年至2015年燃气普及率增长速度极快，在2010年就已达90%以上，在2015年高达95.3%。从管道长度以及燃气普及率来看，中国的燃气供给能力在市场化改革中有很大的提升。供气管道是城市燃气普及的基础，2014年国家能源局和国家发展改革委员会相继发布的《油气管网设施公平开放监管办法（试行）》和《天然气基础设施建设与运营管理办法》文件，促使中国天然气管网设施进入公平开放时代。这对于之后的城市燃气供给提升有重大作用。

目前，我国的燃气行业还处于快速发展之中，监管目标、内容、手段也会随着市场化阶段的不同而不断变化。"维护并增进公众利益"和"促进有效竞争"是政府监管的基本目标；相对独立性、权威性和专业性应成为政府监管体制变革的基本标准。中国燃气行业政府监管机制也在不断改进，在市场准入、质量、价格、市场结构等方面的监管将逐步趋于完善，产生较好的效果。

四、城市垃圾处理行业基本成效

垃圾清运量（密闭车清运量）反映了一个城市或县城垃圾处理行业的基本成效。近10年来我国城市和县城的垃圾清运量（密闭车清运量）逐年上升，2016

年城市垃圾清运量达到 20362.01 万吨，增长率为 6.37％；密闭车清运量达到 19256.18 万吨，增长率为 6.86％。县城垃圾清运量和密闭车清运量也在逐年上升，2016 年县城垃圾清运量达到 6665.5 万吨，增长率为 0.16％；密闭车清运量达到 5338.40 万吨，增长率为 5.46％。县城密闭车垃圾清运量占总清运量比例（2016 年为 80.09％）明显低于城市（2016 年为 94.57％）。

城市道路清扫保洁面积和机械化清扫面积也反映了一个城市或县城垃圾处理行业的基本成效。我国城市道路清扫保洁面积和机械化清扫面积整体上保持上升趋势，2016 年城市道路清扫保洁面积达到 794923 万平方米，增长率达到 8.84％；机械化清扫面积达到 474961 万平方米，增长率达到 17.11％。我国县城道路清扫保洁面积和机械化清扫面积也呈现稳步提升之势，2016 年县城道路清扫保洁面积达到 250622 万平方米，增长率达到 5.24％；机械化清扫面积达到 127045 万平方米，增长率达到 23.08％。机械化清扫面积的增长幅度超过了城市，清扫面积增长幅度低于城市。

生活垃圾处理率和无害化处理率也是反映一个城市或县城垃圾处理行业基本成效的重要指标。随着垃圾行业的蓬勃发展，我国生活垃圾处理率和无害化处理率都达到了相当高的水平。2007 年至 2016 年城市生活垃圾处理率和无害化处理率逐年上升，垃圾处理率已从 2007 年的 80.92％上升到 2016 年的 98.45％；垃圾无害化处理率从 2007 年的 62.03％上升到 2016 年的 96.62％。县城垃圾处理率已从 2007 年的 38.75％上升到 2016 年的 93.01％；垃圾无害化处理率从 2007 年的 6.98％上升到 2016 年的 85.22％。相较于城市而言，县城生活垃圾处理率和无害化处理率起步较低，但上升较快，目前还低于城市生活垃圾处理率和无害化处理率。

五、城市供热行业基本成效

中国城镇供热行业是中华人民共和国成立以后采用苏联的计划体制发展起来的。在传统的计划体制下，计划福利供热体制建立在三个基本的制度基础之上：一是公有福利住房制度，企事业单位实行福利性公有住房，职工在本单位终身就业，住房按计划分配给职工居住，供热是公有住房不可分割的组成部分；二是供热企业政企不分，往往是政府投资建设运营或者机关企事业单位自建自供，供热单位实行事业体制或单位后勤化运营，没有独立的经济利益追求；三是燃料价格和供热价格实行严格的政府管制，燃料供需实行计划调配。

改革开放以来，随着整个国家的市场化改革，沿袭计划经济时代的城镇居民供热，不能适应市场经济发展的需要，其出现的各种问题日益突出，由此，政府实施各项政策推行供热行业的市场化改革，供热行业的市场化改革进程主要分为以下 4 个阶段：

第一阶段，停止福利供热，实行用热商品化与货币化。2003 年，建设部、国家发展改革委员会等八部委联合发出了《关于城镇供热体制改革试点工作的指导意见》明确提出对城镇供热体制进行改革，改革的重点是停止福利供热，实行用热商品化、货币化。具体来说：一是停止由房屋产权单位或职工所在单位统包的职工用热制度，改为由居民家庭（用热户）直接向供热企业缴费采暖，实行用热商品化。二是停止福利供热后，采暖费用采取多渠道筹集，由政府、单位、个人共同负担；各级财政、单位用于职工供热采暖的费用作为供热采暖补贴由单位直接向职工和离退休人员发放，变"暗补"为"明补"，采暖补贴可在成本费用中列支。2005 年建设部又联合相关部门联合发布了《关于进一步推进城镇供热体制改革的意见》，完善供热价格形成机制、逐步推进供热商品化、货币化。并详细规定对各地区在制定采暖费补贴政策时，应根据职工和离退休人员住房标准、收入水平、城镇供热平均价格、采暖期限、企业和财政承受能力等因素，合理确定总体补贴水平。

第二阶段，推行热计量改革。虽然在 2003 建设部就提出改革现行热费计算方式，逐步取消按面积计收热费，积极推行按用热量分户计量收费办法，但改革并没有大面积推开。2006 年住房城乡建设部发布的《关于推进供热计量的实施意见》，对热计量改革的目标做出了明确的规定，具体为新建供热系统必须满足热计量技术要求，既有供热系统原则上应在 2～4 年内通过技术改造达到热计量要求。此后，政府不断推进城镇供热体制及供热计量改革，加强对城市集中供热系统的技术改造和运行管理，提高热能利用效率。大力推行采暖地区住宅供热分户计量，新建住宅必须全部实现供热分户计量，既有住宅要逐步实施供热分户计量改造。

第三阶段，推进供热行业投资主体多元化改革。20 世纪 90 年代初，城镇供热行业开始进行市场化改革。一批城镇供热国有企业进行了企业所有制改革，这些国有企业将经营性资产进行剥离，并按照《公司法》的要求初步实现了改组和改制，成立了有限责任公司。2003 年《关于城镇供热体制改革试点工作的指导意见》文件指出，城镇供热行业要实行特许经营制度，引用竞争机制，深化供热企业改革，培育和规范城镇供热市场，引导和鼓励各种所有制企业参与城镇供热采暖设施的建设、运营和改造。国有供热企业可以通过吸收多种经济成分，改制为多元投资主体的有限责任公司或股份有限公司。2005 年，中央政府推动了新一轮城镇供热行业改革，国务院出台《关于鼓励支持和引导个体私营等非公有制经济发展的若干意见》支持非公有资本积极参与城镇供热的投资、建设与运营。

到 2012 年以来大力引入民营资本参与市政公用事业建设，并为民营企业的进入构建了公平竞争的市场环境。2015 年来，政府积极推动 PPP 项目在供热行业中的应用。近几年的 PPP 模式的引入，极大地鼓励了民营资本进入供热行业，促进了企业所有制向混合所有制方向发展。

第四阶段，推进清洁能源供暖。为解决燃煤供暖对中国北方地区带来的严重大气污染，2017 年国家开始以"2+26"城市为重点开展北方地区冬季清洁取暖试点。2017 年，国家十部委发布《北方地区冬季清洁取暖规划（2017－2021）》，该规划提出在 2019 年北方清洁取暖率达到 50％。2020 年，北方清洁取暖率达到 70％，替代散烧煤 1.5 亿吨。为保证清洁供暖的有序开展，国家相关主管部门先后出台了系列文件。

市场化改革在推进供热行业快速发展和保证供应方面取得了较大成功，保障了中国北方寒冷地区的城市化和广大居民的用热保障，尤其是政府将保障低收入群体的用热作为一项重要的政治任务，有力地保证了广大低收入群体的用热，促进了社会公平。同时，近年来，为了保证北方城市的大气质量，消除严重的"供热雾霾"，国家大力推进清洁供暖，将会带动整个供热和能源运行和管理体制的巨大变革，推进中国的环境质量。

六、城市电力行业基本成效

电力工业发展规模稳居世界首位。截至 2016 年底，我国电源装机及并网规模多项指标位列世界第一。全国发电装机总量达到 16.46 亿千瓦，其中火电 10.54 亿千瓦，水电 3.32 亿千瓦（含抽水蓄能 0.27 亿千瓦），风电 1.49 亿千瓦，太阳能发电 0.77 亿千瓦，核电 0.34 亿千瓦。"西电东送"规模达 1.8 亿千瓦。2016 年，全国 220 千伏及以上输电线路回路长度达 64.2 万公里，同比增长 5.7％；220 千伏及以上公用变电设备容量 34.2 亿千伏安，同比增长 8.3％。

非化石能源装机比重持续提升。2016 年，风电规模达 1.49 亿千瓦，占比提高至 9％，稳居第三大电源；光伏发电实现了跨越式发展，规模达 7742 万千瓦，占比提高至 5％，跃升为第四大电源。2016 年非化石能源装机达 36.7％，比上一年度提高 2 个百分点，非化石能源消费比重达 13.5％，比上一年度提高 1.4 个百分点。

火电机组结构持续优化，煤耗水平持续降低。超临界、超超临界机组比例明显提高，单机 30 万千瓦及以上机组比重上升到 79％。2016 年全国火电机组平均供电标准煤耗率降至 312 克/千瓦时，比上一年度下降了 3 克/千瓦时，达到世界先进水平。

售电公司涌现。2016 年，售电侧改革与电价改革、交易体制改革、发用电计划改革等协调推进，为形成有效竞争的市场结构和市场体系，促进能源资源优化配置，提高能源利用效率和清洁能源消纳水平，提高供电安全可靠性等改革目标的实现积累了市场的力量。

能耗指标继续下降。2016 年，全国 6000 千瓦及以上火电厂机组平均供电标准煤耗 312 克/千瓦时，比上年降低 3 克/千瓦时，煤电机组供电煤耗继续保持世界先进水平；全国线路损失率为 6.47%，比上年降低 0.13 个百分点。

污染物排放大幅减少。据中电联初步分析，2015 年，全国电力烟尘排放量约为 40 万吨，比上年下降 59.2%，单位火电发电量烟尘排放量 0.09 克/千瓦时，比上年下降 0.14 克/千瓦时。

电力需求侧节能有成效。国家电网和南方电网超额完成年度电力需求侧管理目标任务，共节约电量 131 亿千瓦时，节约电力 295 万千瓦。

第二章　城市公用事业监管体制

　　改革开放以来，伴随着中国城市公用事业的快速发展，中国城市公用事业的管理体制发生了重要变革，这为城市公用事业供给能力与运行服务能力提升提供了重要保障。从改革开放以来，中国城市公用事业管理体制变迁来看，在监管机构、监管制度、价格监管、进入监管以及质量监管等领域发生了重要的变化。通过体制机制创新，目前中国城市供水行业的监管机构形成中央和地方分级管理，同级政府之间协同管理的结构，为了适应城市化和市场化进程出台了与行业特征相适应的系列市场化改革的监管制度，推进了由福利价向市场价转化的价格监管制度，通过制度约束逐步提升城市公用产品质量。但在市场化改革过程中，仍然存在一些具体问题，这需要进一步优化城市公用事业的监管体制。

第一节　城市公用事业监管机构

一、城市供水行业监管机构

　　城市供水行业具有典型的地域性特征，各地在经济发展水平、城市化进程、政府管理体制和自然条件等方面存在一定的差异，不合适采用全国统一的供水行业监管机构体系。中国对城市供水行业监管机构模式进行了一定的改革，改革取向是继续保持中央和地方政府对城市供水行业的主导地位，逐步推进政企分离和政资分开，建立现代企业制度，实现政府监管的相对独立化。由政府或政府指定机构依据有关法律法规，对城市供水行业的进入、价格、运营、退出等多个环节进行政府监管。这种多部门分散化、协同监管体系，在实践中往往呈现出职能交叉、政出多门、各自为政等问题，城市供水行业管理体制呈现出"碎片化"的态势，通过专业化与分工实现部门之间协同治理的局面并未真正出现。从中国城市供水行业发展来看，根据职能差异形成多部门分散监管模式，主要涉及水利、建设、国土、物价、发改、卫生等多个部门，通过各个部门分别承担与供水行业有关的职责，推进城市供水行业的发展，这其中不仅涉及不同政府层级之间的纵向关系，还涉及各供水管理部门之间的横向关系。

　　建设部门是我国城市供水行业的主要监管部门，拟定城市建设和城市供水等市政公用事业的发展战略、中长期规划、改革措施、规章，指导城市供水等市政公用事业相关工作等，而将城市管理的具体职责交给城市人民政府，并由城市人民政府确定城市供水等市政公用事业的管理体制。水利部门主要负责水资源开发利用，拟定水利发展战略规划和政策，起草有关法律法规，制定部门规章，负责生产、生活和生态用水的统筹使用，负责水资源的保护等。可见，水利部门的主要职责是原水水量的安全保障。环保部门是环境保护特别是污染防治的统一监督管理部门，主要负责水源的污染防治工作。卫生部主要保障生活用水卫生安全、保障人体健康，负责生活饮用水和涉及饮用水卫生安全的产品进行卫生监督管理，并对集中式供水发放卫生许可证。

二、城市排水与污水处理行业监管机构

中华人民共和国成立以来，城市排水与污水处理作为城市公用事业的重要内容，一直由国务院城市建设部门负责，已经建立了从地方到中央的垂直管理机构体系，形成了一支具有专业知识和技术的城镇排水与污水处理监管队伍。

根据新的"三定"方案，中央政府住房城乡建设部负责指导城镇污水处理设施和管网配套建设，其具体职责交给城市人民政府。各省、自治区基本比照中央制定"三定"方案，由省级住房和城乡建设主管部门负责本辖区的城镇排水与污水处理工作。但由于城镇排水与污水处理的管理体制交由城市人民政府确定，导致地方城镇排水与污水处理的监管机构设置不统一，造成上下对口管理不一致。监管体制混乱、政令不畅通，加大了城镇排水与污水处理监管的难度。这一情况直至2014年《城镇排水与污水处理条例》正式实施才得到改善，国家通过行业立法的方式，明确了国务院住房城乡建设主管部门负责指导监督全国城镇排水与污水处理工作，但并没有明确省级及以下城镇排水与污水处理的主管部门，而是根据各地的实际情况，将城镇排水与污水处理的主管部门的设置交于各级人民政府自行确定，明确了"县级以上地方人民政府城镇排水与污水处理主管部门（以下称城镇排水主管部门）负责本行政区域内城镇排水与污水处理的监督管理工作"。

从纵向监管机构体系看，目前省、自治区、直辖市管理机构大多归属在住房城乡建设部门，但城市排水与污水处理监管机构的设置较为多样化。目前，除海南省以外，各省、自治区城镇排水与污水处理的行业监管均由住房和城乡建设主管部门负责；北京、天津、上海由水务局负责；重庆由市政管理委员会负责。海南省因其地域的特殊性，政府部门设置与全国大部分省、自治区不一致；但海南省委、省政府已明确，该省水务厅相关的城镇排水和污水处理等业务由住房城乡建设部归口管理，这一点，与各直辖市的对口管理是相同的。在城市层面，根据住房城乡建设部对全国设市城市排水、污水处理、再生水利用的管理体制情况的调查，城市排水、污水处理、再生水利用等业务的监管机构设置各不相同。其中，绝大多数的监管机构设在住房城乡建设部门，但有少部分设置水利部门、环保部门，还有极少数的城市排水与污水处理行业由政府直管、国资委、发改委和几部门混合管理。

从横向监管机构体系设置看，城市排水与污水处理行业是一个复杂的系统工程，涉及建设、环保、水利、卫生、国资、财政和发改等多个监管主体。虽然在中央总体上由住房城乡建设部负责指导城市排水和与水处理，但不同业务领域和

环节则分属不同的监管主体具体管理，如水资源管理由水利部门负责；工业污水排放、污水处理厂的污染物排放等由环保部门负责；项目的投资由财政部门和发改部门负责；国有排水与污水处理企业的资产由国资部门负责。因此，企业在不同的业务领域和业务环节需要受不同的监管主体甚至是多个监管主体的交叉管理。

三、城市燃气行业监管机构

城市燃气行业具有典型的地域性特征，各地在经济发展水平、城市化进程、政府管理体制和自然条件等方面存在一定的差异，不合适采用全国统一的燃气行业监管机构体系。中国对城市燃气行业监管机构模式进行了一定的改革，改革取向是继续保持中央和地方政府对城市燃气行业的主导地位，逐步推进政企分离和政资分开，建立现代企业制度，实现政府监管的相对独立化。由政府或政府指定机构依据有关法律法规，对城市燃气行业的进入、价格、运营、退出等多个环节进行政府监管。

自 2011 年 3 月 1 日起实施的《城镇燃气管理条例》第一章第五条规定："国务院建设主管部门负责全国的燃气管理工作。县级以上地方人民政府燃气管理部门负责本行政区域内的燃气管理工作。县级以上人民政府其他有关部门依照本条例和其他有关法律、法规的规定，在各自职责范围内负责有关燃气管理工作。"由此可以看出，目前我国燃气行业采用的是国家与地方分层监管模式，主要监管机构是国家住房与城乡建设部和地方人民政府燃气管理部门，此外，中国城市燃气协会及各地方城市的燃气行业协会，作为燃气行业的自律机构，协助政府主管部门进行行业管理。

目前我国燃气监管机构主要是城市的公用事业局，不具有独立的燃气监管职能，而是要受到政府行政部门的领导，燃气行业还没有形成独立的、专业化的监管机构，监管权往往被安插在行业监管机构与其他一些综合政策性部门和执法性部门之间，缺乏一个集中的机构担当监管主体从整体上管理，造成职能过度分散，责任主体不明，管理效率低下。因此，对我国燃气行业管理体制的改革，就监管机构而言，不能再沿袭以往的行政性监管，要构建一个权威、高效、独立的监管机构，促使宏观政策与微观管理职能分离，权责明确，形成"企业自主经营，协会自律服务，主体监管机构统筹监管，监管协调机构辅助监管的新型监管结构，使得监管权在各监管机构和组织间能够有效分配。

四、城市垃圾处理行业监管机构

2011 年国务院批转住房城乡建设部等 16 个部门的《关于进一步加强城市生活垃圾处理工作意见的通知》（国发〔2011〕9 号），明确了生活垃圾处理行业的各管理部门分工，具体内容如下：住房城乡建设部负责城市生活垃圾处理行业管理，牵头建立城市生活垃圾处理部际联席会议制度，协调解决工作中的重大问题，健全监管考核指标体系，并纳入节能减排的考核工作；环境保护部负责生活垃圾处理设施环境影响评价，制定污染控制标准，监管污染物排放和有害垃圾处理处置；发展改革委会同住房城乡建设部、环境保护部编制全国性规划，协调综合性政策；科技部会同有关部门负责生活垃圾处理技术创新工作。工业和信息化部负责生活垃圾处理装备自主化工作；财政部负责研究支持城市生活垃圾处理的财税政策；国土资源部负责制定生活垃圾处理设施用地标准，保障建设用地供应；农业部负责生活垃圾肥料资源化处理利用标准制定和肥料登记工作；商务部负责生活垃圾中可再生资源回收管理工作。在地方层面，城市生活垃圾处理工作实行省（区、市）人民政府负总责、城市人民政府抓落实的工作责任制。省（区、市）住房城乡建设部和省（区、市）环保部门负责生活垃圾的具体管理。

五、城市供热行业监管机构

供热行业监管机构作为供热监管的执行主体，是保障供热有效监管的重要基础。我国供热行业监管机构是计划体制下形成的，其管理体制严重滞后，监管体制运行不畅，监管手段严重缺乏，行业管理往往无法有效实现政府监管的目标。为了构建科学高效的监管机构体制，实现对供热行业的现代化监管目标，我国对供热行业监管机构体制进行了一系列改革，如重构监管机构的组织框架、理顺监管部门的职权配置等，但都进展缓慢。目前，我国供热行业缺乏监管机构设立与运行的完备法律，现行"多部门、分级管理"机构体制模式存在突出的监管机构职能交叉、权责关系不清等问题，监管机构的监管理念和监管手段还具有明显的计划经济色彩。

供热管理政策的机构设置分为国家级机构、省级机构、市级机构三级管理。国家级管理机构有住房城乡建设部市政行业建设主管部门负责。省级管理机构由省建设行业行政主管部门或市政行业主管部门负责。各省、自治区、直辖市基本上是由市政管理部门、城乡建设部门等负责管理。住房城乡建设部是我国供热行业的主管部门，但由于供热行业属于城市公用事业，具有公益性和商业性双重属性，对供热行业的管理涉及许多民政部门。目前，我国供热行业监管仍是分部门管理的架构，供热行业的政府管理部门众多，管理职权分散，缺乏独立、专门的机构对集中供热管理进行统一协调。

从供热行业管理职权横向配置来看，国家层面的供热行业管理机构有发改委、财政部、环保部、住房城乡建设部等部门；地方层面的供热行业管理机构有发改委、物价局、财政局、环保局、供热办等多个部门。供热行业多部门管理机构设置使得供热行业监管机构职能交叉，责权关系不清问题突出，政府管理职权分割严重，政府监管具有明显的"多头管理"和"碎片化管理"问题。

六、城市电力行业监管机构

从中华人民共和国成立之初到目前为止，电力行业监管机构改革可划分为三个阶段：无独立监管机构阶段、有独立监管机构阶段和大部制改革阶段。电力行业监管机构改革稍滞后于行业本身的改革，在很长的一段时间内，电力行业并无独立的监管机构，直到2003年中国电力监管委员会正式挂牌成立，标志着独立监管机构的出现，中国电力行业也被誉为是"最早探索政府行政部与监管机构职能分离"（即"政监分离"）的代表性行业，但是电力监管委员会仅维持10年，在机构改革"大部制"的背景下，2013年电力监管委员会即被撤消，其职责与2008年成立的国家能源局进行整合，成立新的国家能源局，由国家发展和改革委员会统筹管理。

第二节　城市公用事业监管制度

一、城市供水行业监管制度

20世纪80年代至20世纪末，我国开启了以外资贷款或外资特许经营为核心的市场化改革。随着外资的进入，出现了固定回报、保底水量等问题，这为城市供水行业的发展埋下了诸多隐患，增加了地方政府的财政负担。为了推进城市供水行业的规范发展，2002年建设部出台了《关于加快市政公用行业市场化进程的意见》（建城［2002］272号），从投资主体、选择投资主体的方式、特许经营权的授权主体等多个方面进行了规定。随后，2004年建设部出台《市政公用事业特许经营管理办法》（中华人民共和国建设部令第 126 号），进一步明确了国务院建设部门负责全国城市供水等市政公用事业特许经营活动的指导和监督工作，省、自治区人民政府建设主管部门负责本行政区域内的城市供水等市政公用事业特许经营活动的指导和监督工作，直辖市、市、县人民政府市政公用事业主管部门依据人民政府的授权，负责本行政区域内的市政公用事业特许经营的具体实施。此外，还规定了投标者条件、经营主体条件、协议内容等内容。为了进一步加强政府监管，建设部出台《关于加强市政公用事业监管的意见》（建城〔2005〕154 号），从进入与退出、运行安全、产品与服务质量、价格、市场秩序等方面提出监管要求。2005 年国务院出台《关于鼓励支持和引导个体私营等非公有制经济发展的若干意见》（国发〔2005〕3 号），提出了鼓励支持和引导非公有制经济发展的若干意见。2015 年国务院出台《基础设施和公用事业特许经营管理办法》（国务院令第 25 号），进一步将特许经营上升为国务院办法，并规定了特许经营原则、方式、期限、方案、部门职责、协议内容与履行以及协议变更终止等内容。2013 年，中国进入 PPP 的新时代，国务院、国家发改委、国家财政部等出台了多部法规，旨在规范城市供水等行业的政府和社会资本合作具有重要的推动作用，但在运行过程中也出现了明股实贷、固定回报、保底水量等"伪PPP"问题，现时期亟需规避城市供水等领域的"伪 PPP"行为，从而推动城市供水等行业的快速发展。

二、城市排水与污水处理行业监管制度

2000 年以前，由于水污染防治的形势并不严峻，城镇排水与污水处理并没有得到中央和地方的充分重视，监管重点在排水。1991 年，建设部印发《城市排水当前产业政策实施办法》，该办法是我国最早的城市排水综合性文件，明确了城市排水的重要性和必要性，对排水规划、设施建设、财政税收、管理体制、科技支撑、职工发展、质量检测等行业监管的关键问题都做了相关规定和设计。1992 年，建设部为落实《城市排水当前产业政策实施办法》，适应城市排水管理体制改革的需要，保障城市排水设施正常维护和安全运行，推行城市排水设施有偿使用，印发了《城市排水监测工作管理规定》（建城〔1992〕886 号）。1996年，国家修订《水污染防治法》，明确规定城市污水应当进行集中处理，各级政府要建设和完善城市排水管网，并有计划地建设城市污水集中处理设施，同时在此次修订中，明确建立了污水处理有偿收费制度。为保障城镇排水与污水处理设施建设和运行费用，从 1993 年开始，国家先后出台了《关于征收城市排水设施使用费的通知》（价费字〔1993〕181 号）、《关于淮河流域城市污水处理收费试

点有关问题的通知》（财综字［1997］111 号）、《关于加大污水处理费的征收力度建立城市污水排放和集中处理良性运行机制的通知》（计价格［1999］1192 号）等一系列排水与污水处理收费相关政策，逐步建立了污水处理收费制度。

2000 年以后，水污染防治的形势日益严峻，为推动排水与污水处理行业市场化改革，国家出台了一系列政策文件。2000 年，国务院发布《有关加强城市供水节水和水污染防治工作的通知》，提出鼓励和吸引社会资金和外资投资城市污水处理和回用设施项目的建设和运营。2002 年 9 月，国家计委、建设部和环保总局联合印发《推进城市污水、垃圾处理产业化发展的意见》，提出建立城市污水处理产业化新机制，鼓励社会投资主体采用 BOT 等特许经营方式投资或与政府授权的企业合资建设城市污水处理设施。2002 年和 2004 年，建设部先后发布了《关于加快市政公用行业市场化进程的意见》、《市政公用事业特许经营管理办法》，进一步明确市政公用行业实施特许经营范围包括污水处理行业，并要求全面开放城市污水处理等经营性市政公用设施的建设、运营，并对市政公用事业特许经营做了制度性的规定和安排。

在探索引入市场竞争、推行特许经营的同时，政府不断完善城镇排水与污水处理监管制度，旨在加强政府对市场化改革的宏观指导，加快政府职能转变，逐步建立比较规范的监管体系和统一开放、竞争有序的市场体系与运行机制。2005 年 9 月，建设部出台了《关于加强市政公用事业监管的意见》，对建立市政公用事业监管体系，监管内容和监管要求做了明确的规定。2006 年，建设部结合城市污水处理行业特点，制定并颁布了《城市污水处理特许经营协议示范文本》，进一步规范了城市污水行业特许经营制度的组织实施。2010 年 7 月，住房城乡建设部印发了《城镇污水处理工作考核暂行办法》（建城函［2010］166 号），并已开始对各地城镇污水处理工作进行考核。同时，这一阶段国家相继出台了排水设施安全运营、城市污水处理厂的排放水标准、城市污水处理厂和排水设施的安全操作规程等一系列标准。

2010 以后，随着城镇排水与污水处理行业不断发展壮大，城市水环境和水污染的问题一直得不到有效解决，加之城市排水防涝的问题日益突出，国家开始启动行业立法程序，着力行业改革的顶层设计，致力于国家层面的法规制度设计。2013 年 10 月，国务院印发《城镇排水与污水处理条例》（第 641 号令），在国家层面以法规的形式将城镇排水与污水处理纳入了法治轨道，解决了行业管理"有法可依"的问题。2014 年底，根据《水污染防治法》和《城镇排水与污水处理条例》的要求，财政部、发改委、住房城乡建设部联合颁布《污水处理费征收使用管理办法》（财税〔2014〕151 号），以部门规章的形式确立了污水处理收费制度。同时，2014 年至 2016 年，财政部、发改委、住房城乡建设部等多部门密集发文，要求在基础设施领域深化政府和社会资本合作机制，对于排水与污水处理等可经营或准经营的基础设施项目，政府要通过特许经营、投资补助、政府购买服务等多种形式，吸引包括民间资本在内的社会资金参与投资、建设和运营。

三、城市燃气行业监管制度

我国至今仍没有一部完整的全国通用的《燃气法》，监管依据主要是《城镇燃气管理条例》，其主要目的是保障燃气和供应和安全，而不是对燃气行业进行合理监管；具体条款也只是框架性的，缺乏操作性，无法发挥实质性作用；未对监管机构的职责权限的划分进行明确的阐述，也未对监管机构的问责机制进行详细的阐述。可以看出，该管理条例还不够成为我国燃气行业管理体制改革的依据。住房城乡建设部、能源局等国务院部委出台了一些针对燃气行业的部门规章和文件，也是城市燃气行业监管的重要法律依据，主要针对市场准入、管网设施公平开放、价格和质量等方面的监管内容。其中比较重要的有《关于加强市政公用事业监管的意见》（建城〔2005〕154 号）、《市政公用事业特许经营管理办法》（中华人民共和国建设部令 2004 年第 126 号）、《基础设施和公用事业特许经营管理办法》（国务院 2015 年第 25 号）、《关于加强地方天然气管网输配价格监管降低企业用气成本》（发改价格〔2017〕1171 号）、《油气管网设施公平开放监管办法（试行）》和《天然气基础设施建设与运营管理办法》等。城市燃气行业这些监管政策措施为推进燃气行业市场化改革、加强监管、提高监管效率发挥了重要的作用。

四、城市垃圾处理行业监管制度

当前我国垃圾处理行业监管制度构成可分为垃圾处理设施的规划与投资建设监管制度、市场准入监管制度、收费和价格监管制度、运营规范监管制度、市场退出监管制度等。为了对城市垃圾处理行业进行有效监管，建设部颁布了多部监管法规，典型的如《城市生活垃圾管理办法》。这一法规制度用于监管我国垃圾处理行业的各项活动，为垃圾处理行业制度化、规范化和法律化奠定了基础。

通过对改革开放之后 30 多年来中国生活垃圾处理行业监管制度及其演变的分析，我国垃圾处理行业监管制度的演变可以分为四阶段。第一阶段的政策主题是城市环境卫生管理，属于垃圾末端治理（即产生后的收集、中转、运输、处理）范畴。同时第一阶段主要强调政府在垃圾末端治理中的作用和责任，可以称为垃圾末端治理的低级阶段。第二阶段的政策主题是垃圾处理产业化改革，仍然属于垃圾末端治理范畴，但由于第二阶段强调社会（包括企业、家庭）在垃圾末端处理中的责任，而不完全是政府承担垃圾末端治理的责任，可以称为垃圾末端治理的高级阶段。第三阶段是政府整合管理阶段，它不仅注重垃圾末端治理，而且强调垃圾产生前和产生中的减量化、再利用、再循环，即垃圾整合管理（integrated waste management，IWM），也称一体化管理。第四阶段是社会整合管理阶段，这一阶段强调全社会（家庭、企业和政府等）在垃圾减量化、再利用、再循环中的责任，可以称为整合管理的高级阶段。长久以来，我国城市生活垃圾的治理一直由政府包办，从垃圾的收集、运输到处理的各项服务大多都是由政府直接提供。随着监管政策和垃圾处理目标的变化，垃圾处理的责任从政府转向社会，逐渐形成政府主导、社会参与的工作格局。

垃圾处理行业监管制度的演变可以简单地归纳为责任的转移过程。这里有两个责任：一是垃圾末端治理的责任；二是垃圾整合管理的责任。责任的转移体现为：一是垃圾末端治理的责任从政府向社会转移，例如，垃圾处理产业化改革，这实际上是垃圾末端治理的责任从政府向社会转移；二是垃圾整合管理（即垃圾减量化、再利用、再循环）的责任从政府向社会转移。例如，制定经济激励政策限制厂商过度包装、促进垃圾循环回收和再利用，鼓励家庭实行垃圾分类收集，提出按垃圾量计收处理费、生产者责任延伸制度等。

从发达国家垃圾处理行业监管制度的发展趋势看，一个明显的趋势就是从"命令控制"向"以市场为基础"转变。纯粹的"命令控制型政策"越来越受到挑战，激励性政策越来越得到普遍的应用。具体地，发达国家使用较普遍的激励性政策有：垃圾按量收费（垃圾单位定价）、预收处理费用、原生材料征税、循环回收补贴、押金返还制度、产品责任延伸（或生产者责任延伸）、垃圾填埋税等。在我国垃圾处理行业也颁布了一系列法规政策，逐渐从"命令控制性政策"到"激励性政策"。

五、城市供热行业监管制度

供热行业监管还缺乏国家层面的法律保障。建立健全供热法规体系是保障城市供热和供热体制改革的必要条件。近几年来，我国北方各地相继出台各自的供热管理办法或供热管理条例等地方性法规和规章，但尚未建立国家级法律法规，导致各地制定地方性法律法规时缺乏上位法的依据，并且在供热行业管理的关键环节各地采取的政策和措施各异，不利于供热行业的健康有序发展。与此同时供热行业一些基本的制度体制问题也没有通过立法加以明确化，供热市场化、热力供应商品化、供热绿色化的理念没有上升到国家法律的高度，以统领改革和发展。

供热行业政策法规体系不完善，法规建设滞后。具体表现为：一是缺乏指导性的供热法规，对供热综合管理、服务标准、危机管理、节能环保等行业规范进行统一指导，各地方性法规都有各自的执行标准，导致地方供热管理各异，执行毫无章法。二是供热行业法律法规缺乏有效的废止与修订制度，部分政策更新不及时，一些法律法规中的过时条款已经不能适用于当今新形势下的供热行业的发展，严重阻碍了供热市场化改革的推进和供热行业规范化管理。三是现有法规政策层次低、可操作性差、相互之间不协调。目前各地已经出台了集中供热管理条例等法律文件，但这些法律文件除了《供热管理条例》外多为地方政府行政规章，位阶层次低、权威性不足。而且现有法规中缺乏对建筑节能、适用技术与设备、供热质量、合同、进入与退出等方面的明确规定，政府、企业、用户三方的权利和义务界定不清，可操作性不强。因此，需要进一步健全供热行业法律法规体系，让供热管理有法可依、执行有据。

六、城市电力行业监管制度

我国市场化改革过程中，公用事业行业改革普遍吸收了当代经济学、法学的基本原则，顺应了时代潮流，纷纷进行了市场改革。这其中以电力行业首当其冲，2003 年电力体制改革之后，电监会成为监管电力行业的主角，它不仅承担着一般的经济职能，还承担着维护市场秩序的重任。但是电监会也仅仅维持 10年，在机构改革"大部制"的背景下，2013 年电力监管委员会即被撤消，其职责与 2008 年成立的国家能源局进行整合，成立新的国家能源局，由国家发展和改革委员会统筹管理。虽然电力行业监管在进行大刀阔斧的改革，但也必须看到当前电力监管法律尚不健全，配套措施不到位，在实践中依然存在着监管漏洞。

近年来我国电力监管立法取得重大进步。现行《电力法》颁布实施以来，在促进电力改革与发展过程中发挥最重要作用，是电力立法和电力监管立法体系中的核心，但实施 10 多年来，许多配套法规仍迟迟未能出台。不利于维护电力市场主体的合法权益和电力的安全运行。

我国电力监管职权配置存在职责不明，权责不一的分散现象。而对垄断性产业的监管是系统性极强的工作，电价审批、市场准入、投融资管理、成本监控等相关监管必须密切协同，才能取得预期的效果。我国电力监管体制仍然还处于从计划管理体制向市场经济条件下现代监管体制过渡的阶段，存在管理主体多元化、职能分散。

电力监管信息披露是监管机构披露监管过程中监管依据、过程和结果，接受公众的监督。由于电力行业是具有公益性的特殊行业，而且具有高度专业化、系统化的要求，信息披露不充分、不对称，实现民主决策的可能性降低，所以就我国现在的电力信息披露而言还不充分，导致监管决策与实施民主程度不够。

没有形成对电力监管的制约机制。电力监管部门作为行使公共权力的公众代理人，必须兼顾有关各方的利益，正确处理包括发电企业与电网企业之间的关系、电网企业与终端用户的关系及发电企业间的关系、不同类型的终端用户间的关系等。由于缺少民主监管的渠道，除了依法提请行政诉讼外，在项目审批、定价服务等制定过程中无法进行民主监督。对于如何避免监管机构滥用权力，对监管者的行为进行制约，对电力产业的投资者，竞争性服务供应商以及消费者意义重大。

第三节　城市公用事业价格监管

一、城市供水行业价格监管

中华人民共和国成立后，城市供水行业价格监管经历了传统的无偿供水到福利水价，到按供水成本定价再到商品价四个阶段。在 1949 年～1964 年间，对水的资源属性、稀缺性以及价值性的认识还不到位，从而形成了免费供应的局面。1965 年，原水利电力部制定的《水利工程水费征收使用和管理办法》，确立了按成本核定水费的基本模式。1979 年～2003 年是成本供水阶段，1998 年由国家计委、国家建设部印发《城市供水价格管理办法》明确提出，城市供水实行分类水价，根据使用性质可分为居民生活用水、工业用水、行政事业用水、经营服务用水、特种用水等五类，城市供水价格由供水成本、费用、税金和利润构成。污水处理费计入城市供水价格，按城市供水范围，根据用户使用量计量征收。2002年～2012 年是单一商品价格时期，确定了供水价格按照补偿成本、合理收益、优质优价、公平负担的原则制定；同一供水区域内供水价格按区域统一核定；供水价格由供水生产成本、费用、利润和税金构成；供水用途实行分类定价；供水逐步推行基本水价和计量水价相结合的两部制水价，用水实行定额管理，超出部分实行累进加价等，并开始征收水资源费，有偿使用水资源。2013 年国家发展改革委和国家住房城乡建设部两部委联合出台《关于加快建立完善城镇居民用水阶梯价格制度的指导意见》（发改价格［2013］2676 号），提出要推进阶梯水价制度，并对阶梯水量和阶梯水价进行相应的规定。

二、城市排水与污水处理行业价格监管

城镇排水与污水处理行业价格监管经历了福利供给、排水有偿使用费、污水处理费的变迁过程。早期的城市排水与污水处理属于事业性经营，污水处理不收费，城市排水和污水处理全面由政府承担，以福利形式供给城市市民。福利供给一直延续到1993年才开始逐步取消，但收费主要是为补偿排水设施的建设和运营费用。1993年，国家开始征收排水设施有偿使用费。之后，为配合市场开放，国家启动了污水处理收费工作，排水设施使用费逐步向污水处理费过渡，我国开始逐步建立和规范污水处理收费制度，为市场化改革的投资收益回报提供了前提条件。1996年，通过修订《水污染防治法》，规定"城市污水集中处理设施按照国家规定向排污者提供污水处理的有偿服务"，1997年，污水处理费征收试点工作在淮河流域先期展开。1999年，国家计委、建设部、环保总局联合发文，规定"污水处理费是水价的重要组成部分，各城市要在供水价格上加收污水处理费，以补偿城市排污和污水处理成本"。随后，国务院及中央部委相继出台相关法律和政策，进一步规范了污水处理费的征收范围、征收标准、资金使用与管理等内容。2014年底，根据《水污染防治法》和《城镇排水与污水处理条例》的要求，财政部、发改委、住房城乡建设部联合颁布《污水处理费征收使用管理办法》（财税〔2014〕151号），以部门规章的形式确立了污水处理收费制度，明确将污水处理费和污水处理服务费做了明确区分。其中，污水处理费是向排水户收取的费用，主要用于补偿排水与污水处理的成本，包括运行、维护和建设；污水处理服务费是向排水与污水处理设施运营单位核拨的政府购买污水处理服务的费用。2015年初，国家发展改革委、财政部、住房城乡建设部联合发文提高污水处理收费价格标准，要求2016年底前，设市城市污水处理收费标准原则上每吨应调整至居民不低于0.95元，非居民不低于1.4元；县城、重点建制镇原则上每吨应调整至居民不低于0.85元，非居民不低于1.2元。

三、城市燃气行业价格监管

在天然气行业，《国家发展改革委关于加强地方天然气输配价格监管降低企业用气成本的通知》（发改价格〔2016〕1859号）、《天然气管道运输价格管理办法（试行）》、《天然气管道运输定价成本监审办法（试行）》（发改价格规〔2016〕2142号），完成了跨省天然气管道运输成本监审和价格核定。《关于加强地方天

然气管网输配价格监管降低企业用气成本》（发改价格〔2017〕1171号）的通知已经下发，其中定价和监管重点覆盖到了省内短途运输管道和城市配气管网，但是省内短途运输管道和城市配气管网价格还没有核定。

四、城市垃圾处理行业价格监管

2011年国务院颁布《关于进一步加强城市生活垃圾处理工作的意见》指出，要按照"谁产生、谁付费"的原则，推行城市生活垃圾处理收费制度，产生生活垃圾的单位和个人应当按规定缴纳垃圾处理费；2016年国务院印发《"十三五"节能减排综合工作方案》，强调加大垃圾处理费收缴力度，提高收缴率；2017年国务院转发《生活垃圾分类制度实施方案》，提出进一步完善垃圾处理收费制度。由此可见，政府关于垃圾收费政策是在探索中不断深入，从简单的规定收费原则，单纯地强调收缴率，到逐步完善以引导居民自觉开展生活垃圾分类为导向的垃圾处理收费制度。

关于居民垃圾分类收费的具体情况则是由实施生活垃圾强制分类的城市人民政府切实承担主体责任，所以不同城市甚至不同社区的收费标准也不尽相同。故各城市（区）、乡（镇）大多按照当地实际物价水平和当地居民结构，因地制宜，制定切实可行的垃圾收费标准。在我国36个大中城市中，已经有25个城市开始征收垃圾处理费，开征垃圾处理费的时间有一定差别，但多数是2003年以后，这也反映了我国垃圾处理行业改革的影响（我国于2002年颁布施行了《关于实行城市生活垃圾处理收费制度促进垃圾处理产业化的通知》、《关于印发推进城市污水、垃圾处理产业化发展意见的通知》两项规范性文件）。多数城市的垃圾处理收费标准都是在每户每月5～8元，大多数城市采取的都是定额收费制。

垃圾处理收费管理中也存在一些问题，主要表现在如下几个方面：

（1）开征范围小。在我国诸多大城市中，仍有少数城市尚未对居民开征垃圾处理费。这明显与我国目前大力鼓励和支持社会资本进入垃圾处理行业、对垃圾行业市场化改革的要求相去甚远。

（2）收费标准偏低。长期以来，大部分城市生活垃圾处理收费标准偏低，与其实际处理成本严重偏离，难以反映垃圾处理活动的真实价值。

（3）城市居民交费意愿不强。居民的缴费意愿在很大程度上影响了城市生活垃圾处理费的征收率，从而影响城市生活垃圾处理的市场化进程。

（4）计费标准不合理、不规范。目前，我国城市生活垃圾处理费的计费标准尚不统一，各地有各地的规定，不合理、不规范等问题也在一定程度上存在。

五、城市供热行业价格监管

计划经济时期，我国供热体制是福利性供热，供热是作为职工所在单位提供的一种福利，这个时期整个社会并不存在调整供需的供热价格机制，供热价格由各个地方价格主管部门根据本地实际情况实行政府定价。2003 年，城镇供热开始进行市场化改革试点。建设部等多部门出台了《关于城镇供热体制改革试点工作的指导意见》，明确指出要改革单位统包的用热制度，停止福利供热，实行用热商品化、货币化，实行热消费者直接向供热企业付费并辅以政府补贴，将采暖费补贴由"暗补"变"明补"。2007 年，政府推动新一轮城镇供热的市场化改革，开始推行两部制热价制度，市场化价格改革进入了新阶段。2017 年，国家积极推动清洁能源供暖改革，2017 年 9 月，国家发展改革委员会发布了《关于北方地区清洁供暖价格政策的意见》，推进建立有利于清洁供暖价格机制。

总体来说，供热价格改革仍然严重滞后，目前存在的主要问题是：

（1）市场化价格机制尚未充分形成。近年来我国城镇供热行业进行了一系列的市场化改革，但市场化价格机制仍未充分形成。这主要体现在如下三个方面：首先，目前国家仍对供热行业价格实行严格的监管，企业缺乏自主定价权，刚性的价格监管造成价格机制并不能合理反应供需。由于中国供热行业长期以来都是由政府企业垄断经营，供热价格等诸多方面都要受到政府的管制，企业缺乏真正的经营决策权，使得供热价格往往并不能合理的反映供热成本。其次，由于热计量改革进程缓慢，导致北方大部分城镇供热地区仍采用按面积收费的方式，体现"谁用热、谁付费，用多少热，付多少费"的市场化价格机制尚未形成。再次，供热价格缺乏有效的动态调整机制。虽然在 2003 年启动的供热体制改革中已明确提出要建立原料价格与供热价格的联动机制，但是煤炭与供热价格联动机制并没有真正付诸实施，目前的供热价格并不能合理反映供热成本。因此，政府还需进一步推进供热价格的市场化改革。

（2）供热价格—成本背离问题长期突出。僵化的价格管制体制造成了供热价格与成本的严重背离。目前不合理的供热价格管制造成供热行业政策性的盈利和亏损并存。长期以来，在煤炭价格上升但是热价调整滞后的情况下，供热企业仍存在较严重的价格—成本倒挂问题，供热企业仍然需要政府进行大量的政策性补贴。近年来煤炭价格大幅下降，而政府管制下的供热价格却没有随之调整，使得价格与成本严重背离，给部分企业带来巨额的利润，僵化的价格机制不能起到有效抑制企业暴利的作用。

（3）供热企业供热成本信息严重不透明。企业成本信息透明是监管机构实行有效价格监管的重要基础，也是保证政府价格监管获得社会认同的重要保证。长期以来，由于供热行业的企业制度和管理体制原因，使得供热企业的成本信息严重不透明。供热企业财务制度不完善、不统一、不透明，缺乏有效的企业财务申报和披露制度，使得监管和被监管部门面对严重的信息不对称，监管部门很难掌握供热企业的真实成本，政府主管部门对企业供热成本信息无从知晓。监管决策制定无法建立在准确的成本信息基础上，政府对企业供热亏损补贴额的确定也含糊不清，社会各界对供热企业是否真的亏损一直存有诸多疑问。供热行业迫切需要建立起规范严格的企业信息申报和披露制度。

（4）清洁供热价格机制尚未理顺。清洁供热政策的实施关键是改变单一的以高污染高排放为特征的燃煤锅炉供暖的供给结构，重点是大力提高电力供暖、燃气供暖、可再生能源供暖、清洁燃煤在整个热源结构中的比重，推动热源结构优化，实现清洁供暖。清洁能源供暖需要改变以往不同能源价格分割的格局，建立协调联动的供暖价格形成机制。目前，由于电力体制改革相对滞后和市场化电价尚未充分形成，电价不合理和不灵活的问题仍然十分突出，造成电力供暖的成本相对较高，制约了热电联产供暖的发展。由于天然气资源匮乏，供应中间环节过多，天然气价格明显偏高。清洁供暖成本普遍高于普通燃煤供暖，很难同时保证清洁供暖企业盈利且用户可承受。同时，各地方政府对清洁能源供热的政策支持力度不足，特别是资金、价格、市场交易等具有实质性推动作用的政策仍然较少，造成清洁能源供热的企业收益得不到保障，阻碍了清洁能源供热的推广。因此，迫切需要理顺清洁能源供热的价格体系。

六、城市电力行业价格监管

电力行业价格监管与电力行业价格改革密切相关，不同的电价改革阶段，电价监管特点也有很大的差异。建国到今，电价改革大致可以分六个阶段，每个阶段的电价监管都有其特点。

第一阶段：1985 年以前，国家执行指令性电价。1985 年之前，我国电力行业的特点就是发、输、配、售一体化，中央政府既是发电者，又是供电者，电源和电网全部都由政府出资建设，也并不存在发电和输、配电环节之间的上网电价。

第二阶段：1985 年～1997 年，国家执行还本付息电价。1985 年是我国电价改革历程中里程碑式的一年。由于电力供应紧张局面逐渐凸显，国家开始实行多家办电、多渠道集资办电的政策，实行"老电老价"、"新电新价"的政策，从而形成了"一厂一价"，甚至"一机一价"的局面；

第三阶段：1997 年～2002 年，国家执行经营期电价。20 世纪 90 年代中后期，我国局部地区出现了电力供应大于需求的现象，这时还本付息电价政策逐渐显示出一些弊端。需要按社会平均先进成本定价的普遍规律，统一电力企业的资本金收益率水平，规范了电力行业的经营法则。

第四阶段：2002 年"厂网分开"后"竞价上网"前，国家实施临时上网电价。2002 年，电力体制改革逐步推进，国家颁布临时上网电价管理办法，用于厂网分开后的电价管理。该政策允许原参与电网统一核算、没有单独上网电价的电厂可制定临时结算上网电价，借此保障了厂网分离后各类电厂的正常运营，继而为电力工业全面引入市场竞争机制做好必要的铺垫，起到承上启下的重要作用。

第五阶段：2005 年，国家发布《国家发展改革委关于印发电价改革实施办法的通知》（发改价格 [2005] 514 号），制定了上网电价、输配电价和销售电价管理办法，将上网电价、销售电价与燃料价格挂钩。

第六阶段：2014 年开始，国家陆续在深圳、蒙西等地开展输配电价改革试点，国家将按照"管住中间、放开两头"的思路，输配电价由政府根据"准许成本加合理收益"分电压等级核定，用户或售电主体按照其接入的电网电压等级所对应的输配电价支付费用；公益性外的发售电价格由市场形成；电网企业履行保底供应商义务，确保无议价能力用户有电可用。

尽管随着电力市场化改革的推进，电力行业价格监管亦不断改革和加强，但由于改革尚浅加上行业本身在经济发展中的特殊性，使得我国电力行业价格监管比任何国家都要复杂，现阶段电价监管仍然存在许多问题。

第四节　城市公用事业进入监管

一、城市供水行业进入监管

我国城市供水行业进入监管呈现出网络环节严格监管与非网络环节逐步放松的态势。其中，中华人民共和国成立以来到 20 世纪 70 年代末 80 年代初，我国城市供水行业处于严格的政府监管阶段，事业单位成为城市供水行业的运营主体，资金完全由政府财政拨付，是一种典型的政府主导下的垄断经营。我国城市供水行业进入监管主要分为四个阶段，其中，第一阶段是 20 世纪 90 年代初到

20世纪90年代初，该阶段主要以技术设备引进为核心、以外资进入为特征；第二阶段是20世纪90年代初到2002年，该阶段主要以水厂市场化改革为核心、慎重开放管网设施为特征；第三阶段是2002年～2012年，该阶段主要以特许经营为核心，放松监管由传统的非自然垄断环节开始过渡到自然垄断环节为特征；第四阶段是2013年至今，该阶段主要以大力鼓励和支持社会资本进入城市供水行业，进入全面开展PPP的新阶段为特征。

二、城市排水与污水处理行业进入监管

排水与污水处理行业市场化改革始于20世纪90年代中期，随着排水与污水处理设施建设的快速增长，建设资金短缺和经营效率低下的矛盾日益突出，无法适应水污染治理的需要。为此，以特许经营制度为核心的排水与污水处理行业市场化改革开始逐步深入，大致经历了"探索发展—规范扩张—依法改革"三个阶段，同时，在排水与污水处理行业市场化改革的每一个阶段，宏观政策制度和改革的重点也都有着显著特征。

一是探索发展阶段（20世纪90年代中期至2005年），以1995年建设部出台《市政公用企业建立现代企业制度试点指导意见》为标志。我国排水与污水处理行业开始打破垄断、推进国企改革和促进市场竞争，泰晤士、威立雅等"洋水务"开始通过资本优势先后进入中国的水行业，污水处理特许经营项目集中出现在东部的大中重点城市，项目规模普遍较大。二是规范扩张阶段（2005年至2012年），以2005年9月建设部出台《关于加强市政公用事业监管的意见》为标志。在总结探索发展阶段市场化改革存在的问题基础上，政府不断加强对城镇排水与污水处理项目的规范和监管。这一阶段，是城镇排水与污水处理设施建设发展最快速的阶段，随着国内资金和技术的不断积累，国内优秀的污水处理企业不断涌现，外资进入中国排水与污水处理市场的步伐开始趋缓。三是依法改革阶段（2013年至今后一段时期），以2013年国务院颁布的《城镇排水与污水处理条例》为标志。这一阶段的改革以立法为先导，国家在中央层面已经建立了一套相对完善的制度体系，并且明确了政府与企业的责任边界。可以预见，在今后一段时期，排水与污水处理行业市场化改革将沿着公私合作的框架进一步深入和规范。

三、城市燃气行业进入监管

市场准入监管制度是和城市燃气行业市场化改革相伴生的。为了推进城市燃

气行业的规范发展，2002 年建设部出台《关于加快市政公用行业市场化进程的意见》（建城［2002］272 号），从投资主体、选择投资主体的方式、特许经营权的授权主体等多个方面进行了规定。随后，2004 年建设部出台《市政公用事业特许经营管理办法》（中华人民共和国建设部令第 126 号），对城市燃气行业准入的进入条件、进入监管等方面进行了明确规定。为了进一步加强政府监管，建设部出台《关于加强市政公用事业监管的意见》（建城［2005］154 号），从进入与退出、运行安全、产品与服务质量、价格、市场秩序等方面提出监管要求。2013年，中国进入 PPP 的新时代，国务院、国家发改委、国家财政部等出台了多部法规，旨在规范城市燃气等行业的政府和社会资本合作具有重要的推动作用。2015 年国务院出台《基础设施和公用事业特许经营管理办法》（国务院令第 25号），进一步将特许经营上升为国务院办法，并规定了特许经营原则、方式、期限、方案、部门职责、协议内容与履行以及协议变更终止等内容。

四、城市垃圾处理行业进入监管

1998 年前，城市垃圾处理设施建设的投资渠道相对单一，绝大部分资金要么来自于外国政府或者国际金融机构的贷款，要么来自于政府财政拨款、发行国债。由于投资渠道相对单一，城市垃圾处理的建设资金和运营资金严重不足，同时随着城市垃圾排放和清运量逐年上升，城市垃圾处理行业的能力不足问题日益突出。2002 年，国家计委、财政部、建设部、国家环保总局颁发了《关于推进城市污水、垃圾处理产业化发展的意见》（计投资［2002］1591 号），同年建设部印发了《关于加快市政公用行业市场化进程的意见》（建城［2002］272 号），对开放城市垃圾处理的投资、运营市场，完善投融资体制改革，建立特许经营制度起到了积极推动作用。此后，我国城市垃圾处理行业的市场化发展、产业化改革进行得较为迅速，垃圾处理行业出现了一个发展高潮。

2016 年以来，国家发展改革委共安排中央预算内投资 100 亿元，推动落实《"十三五"全国城镇生活垃圾无害化处理设施建设规划》，鼓励具备条件的地方通过以城带乡、设施共享等形式将设施服务能力扩展至农村。截至 2016 年末，全国 PPP 综合信息平台入库项目共计 11260 个，总投资规模 13.5 万亿，其中也涉及垃圾处理设施建设项目。2016 年 10 月，住房城乡建设部、发改委、财政部、国土资源部、中国人民银行《关于进一步鼓励和引导民间资本进入城市供水、燃气、供热、污水和垃圾处理行业的意见》（建城［2016］208 号），2017 年5 月环境保护部、住房城乡建设部《关于推进环保设施和城市污水垃圾处理设施向公众开放的指导意见》（环宣教［2017］62 号），2017 年 7 月财政部、住房城乡建设部、农业部、环境保护部发布《关于政府参与的污水、垃圾处理项目全面实施PPP模式的通知》（财建〔2017〕455号），都强调了要进一步创新体制机制，鼓励社会资本参与生活垃圾分类收集、运输和处理。积极探索特许经营、承包经营、租赁经营等方式，通过公开招标引入专业化服务公司。可以预计，民间资本进入我国垃圾处理行业撕逼进入一个新的高潮。

五、城市供热行业进入监管

中华人民共和国成立之初，我国采取了苏联模式的福利性供热体制。基于公有制经济制度，城镇集中供热由国有企业经营，政府直接管理，缺乏竞争机制，经营效率低下。计划体制下供热企业政企合一，供热单位往往是政府投资建设或者机关企事业单位自建自供，供热单位实行事业化或后勤化运营，没有独立的企业经济利益目标追求，企业地域垄断经营。

20世纪90年代初，城镇供热行业开始进行市场化改革。一批城镇供热国有企业进行了以企业改制为核心的企业改革，重点是对国有供热企业将经营性资产进行剥离，并按照《公司法》的要求初步实现了改组和改制，成立了有限责任公司。国有企业改革使得供热行业企业快速增加，企业开始成为供热行业独立市场主体。然而，由于供热企业改革不彻底，尽管企业改制强化了供热企业的商业化意识和强化了经济目标，但是由于整个行业的企业制度没有根本改变，随着行业的发展，这种改制导向的企业改革的局限性逐步暴露出来。

2002年～2005年，国家推动了新一轮城镇供热行业改革，民间资本开始进入城镇供热行业。2002年建设部在《关于加快市政公用行业市场化进程的意见》中强调要加快推进市政公用行业市场化进程，引进竞争机制，建立政府特许经营制度，尽快形成与社会主要市场经济体制相适应的市政公用行业市场体系。这一阶段我国城镇供热行业，大多数国有供热企业开始尝试产权结构改革，同时一些地方大量小规模供热企业的进入，在带来市场竞争的同时也带来了供应可靠性和服务质量下降、加剧环境污染等问题。

2015年来，国家大力推进PPP模式，极大地鼓励了民营资本进入供热行业，促进了企业所有制向混合所有制方向发展。PPP模式有助于解决供热建设项目融资难的问题，同时能够进一步促进企业所有制改革，推进国有企业民营化，重构政府与企业的关系。

第五节　城市公用事业质量监管

一、城市供水行业质量监管

提升居民饮用水质量是保障居民健康的重要基础，改革开放以来，中国政府非常关注饮用水安全问题，逐步实现由数量安全向质量安全转化的过程。早在1955年，国家卫生部发布了在北京、天津、上海、大连等12个城市试行的中国最早一部生活饮用水技术法规的《自来水水质暂行标准》。1956年国家建设委员会和卫生部审查批准《饮用水水质标准（草案）》标准对15项水质指标作出了规定。1959年由卫生部和原国家建筑工程部联合发布《生活饮用水卫生规程》，将水质指标由15项增加到17项。1976年由原国家建设委员会和卫生部批准《生活饮用水卫生标准（试行）》TJ 20—1976，水质指标由17项增至23项，1985年修订后增加到35项。2005年建设部颁布了《城市供水水质标准》，水质检测指标增加到93项。2006年国家卫生部等多部门联合发布《生活饮用水卫生标准》（GB 5749—2006），检测标准增加至106项，并于2012年7月全面实施。该标准统一了城乡饮用水的卫生标准，与欧盟、美国、日本等发达国家和地区接轨，这对中国饮用水安全具有重要的保障作用。由此可见，改革开放以来，随着政府部门对饮用水安全的日益重视，中国饮用水安全标准已达到国际先进水平，下一步将依据最新饮用水水质标准，通过强化政府监管，推进饮用水质量的全面提升。

二、城市排水与污水处理行业质量监管

保障城镇排水与污水处理的服务质量和环保标准控制关系到居民的生命财产安全，关系到城市安全和环境安全。我国目前已制定、修订和实施一系列与排水与污水处理行业相关的国家标准和行业标准，包括污水处理、污泥处置、再生水利用、海绵城市、黑臭水体治理等多个领域，涉及排水标准、排水监测标准、规范和方法、工程技术标准、规范和规程、产品设备标准等方面，基本建立起涵盖工程规划、设计、施工、验收、运行全过程的标准规范体系，对规范排水与污水处理企业的生产行为，保障城市排水与污水处理服务质量起到了积极的引导作

用。其次，我国不断建立健全质量监控体系，完善考核评估机制。目前，我国已建立覆盖全国的城市污水处理管理的信息化平台，实时监测污水处理厂的污染物排放情况和对周围环境的影响，并建立了日常检测、不定期抽查、定期评估和专项调查相结合的监督检查制度，弥补在线监测的不稳定性。从 2010 年开始，我国建立了城市污水处理工作考核体系和管理办法，建立了"量质结合"的城镇污水处理考核体系，为城市污水处理质量考核提供制度保障。再者，为提高排水与污水处理服务质量，监管机构综合运用价格杠杆和市场准入等政策工具，将污水处理出水水质与自来水费和污水处理费相挂钩，以激励企业主动地提高效率和服务质量水平，进而形成质量和环保考核的长效机制。

三、城市燃气行业质量监管

由于燃气属于易燃易爆炸的特殊产品，而燃气的使用又与我们的生活息息相关，为保护从事燃气行业的工作人员的生命安全以及使用燃气的居民的安全，对燃气的质量进行监管十分重要，尤其安全监管是重中之重。所谓燃气质量监管主要就产品质量和服务质量而言，一方面是产品质量，即产品质量是否符合国家标准，另一方面是指燃气公司为用户提供的相关服务的质量，一般对服务的监管可以通过对用气户的"客户满意度调查"来进行有效监管，调查结果可以了解到用气户对燃气所提供的服务是否满意，各种合理要求是否满足等。对于燃气安全监管，国家要求燃气企业委托具有安全评价资格的中介机构，采用安全检查表的形式，对燃气企业的安全管理制度、内部组织结构、技术和设施的安全操作检修情况、事故预防与处理机制等方面进行评估，并据此为燃气企业的安全状况划分评价等级，向应采取管理措施。此外，我国还确立了一系列燃气安全标准，制定了专业资格制度，建立了用户回访制度，并经常对企业安全生产情况进行监督检查。

四、城市垃圾处理行业质量监管

垃圾处理行业是与居民生活息息相关的行业，垃圾处理质量和环保标准控制显得十分重要。特别是垃圾处理行业 PPP 后，如果没有相应的质量和环保标准的监管，追求自身利益最大化的垃圾处理企业为了使成本最小化，就有可能产生一种忽视或简化填埋渗滤液处理、焚烧尾气处理等的动机，其结果必然造成二次污染。因此，政府必须加强垃圾处理质量和环保监管，减少垃圾焚烧或填埋过程中容易导致的环境污染和破坏。中国近年来实施的垃圾处理质量和环保标准主要有：《生活垃圾填埋污染控制标准》GB 16889—1997、《生活垃圾焚烧污染控制标准》GB 18485—2001、《生活垃圾卫生填埋技术规范》CJJ 17—2004、《生活垃圾焚烧处理工程技术规范》（CJJ 90—2009）、《城市生活垃圾卫生填埋场运行维护技术规程》CJJ 93—2003、《生活垃圾填埋场无害化评价标准》CJJ/T 107—2005、《生活垃圾填埋场环境监测技术标准》CJ/T 3037—1995、《生活垃圾堆肥处理厂运行维护技术规程》CJJ 86—2014、《生活垃圾焚烧厂检修规程》CJJ 231—2015、《生活垃圾焚烧厂运行监管标准》CJJ/T 212—2015、《大型垃圾焚烧炉炉排技术条件》JB/T 12121—2015、《生活垃圾卫生填埋场运行监管标准》CJJ/T 213—2016、《生活垃圾转运站技术规范》CJJ/T 47—2016、《生活垃圾分类制度实施方案》（国办发〔2017〕26号）等。这些垃圾处理质量和环保标准在消除垃圾处理负外部性方面具有较大的确定性、权威性、直接性、强制性的特点，对生活垃圾处理行业起着积极的作用。但总的来说，中国现阶段的垃圾处理质量和环保标准指标体系还有一些空白点，还不够完备，还需要进一步完善现行的垃圾处理作业质量和无害化处理指标体系。

第三章　供水行业发展报告

　　改革开放以来，我国城镇化进程快速推进，城市供水行业投资与建设总体规模不断提升，在区域上也呈现出一定的差异。城市供水企业的投资主体依然是以政府财政投资或国有企业出资为主，其他所有制企业已经布局城市供水行业，但所占份额依然较少。城市供水行业的劳动生产率、资产产出比、人均供水能力等反映供水行业发展成效的指标从总体上呈现出增加的趋势。随着市场化改革的深入，中国城市供水行业管理体制发生了一定的变化，形成纵向指导、横向协调的监管机构体系。由传统的福利价到单一市场价再到阶梯价格的价格监管体制变迁，由以技术为主导向多元资金驱动的进入监管取向转变。同时，城市供水行业的质量标准逐步提升，目前已形成与欧盟、日本、美国相当甚至个别指标要求更高的供水行业质量监管指标体系。

第一节　供水行业投资与建设

投资与建设是城市供水行业持续发展的重要保障。衡量城市供水行业的投资与建设主要涉及三个维度，其一为总量维度，即用总体指标来反映中国城市供水行业发展过程中的投资规模与建设规模；其二为增量维度，即运用比较思维来反映城市供水行业的发展速度；其三为区域差异维度，即通过区域比较的方式反映区域之间城市供水行业的投资与建设差异。为此，本节将从总量维度、增量维度和区域差异维度出发，对城市供水行业的投资与建设情况进行分析。

一、城市供水行业投资现状分析

1978 年以来，为了转变城市供水行业建设能力的落后局面，全面提升城市供水行业的运营能力，我国各级政府以及城市供水企业纷纷采取增加固定资产投资的方式，缓解城市供水行业投资的供需矛盾。为此，本部分将对市场化改革以来我国城市供水行业固定资产投资的变化趋势进行分析。同时，梳理出城市供水行业融资的基本现状。

（一）市场化改革推进了城市供水行业固定资产投资的快速增长

根据《中国城市建设统计年鉴》的有关数据可知，从改革开放至今我城市供水行业固定资产投资总额发生了巨大的变化，如图 3-1 所示，1978 年供水行业固定资产投资总额为 4.70 亿元，而到 2015 年投资额已增长到 619.93 亿元，总体增长了 132 倍。从市场化改革的阶段性特点来看，1978 年～1983 年是市场化改革的起步阶段，城市供水行业固定资产投资速度增长缓慢。1984 年～1991 年随着市场化改革的不断深化市政设施建设固定资产投资总额增长了 4.10 倍，而供水行业固定资产投资总额增长了 4.79 倍。1992 年～2001 年是市场化改革的全面推进阶段，此时市政设施建设固定资产投资增长迅速，2001 年已达到 169.4 亿元，是 1992 年投资额的 8.31 倍，相对而言供水行业固定资产投资总额增长较慢，增长速度仅达到 3.55 倍。之后 2002 至 2015 年是市场化改革的继续深化阶段，社会主义市场经济体制不断完善，此时市政设施建设固定资产投资增长了 5.19 倍，供水行业固定资产投资增长了 3.62 倍。总体来看，城市供水行业固定资产投资与市政设施投资的增长趋势基本一致，随着市场化改革的逐步推进，多

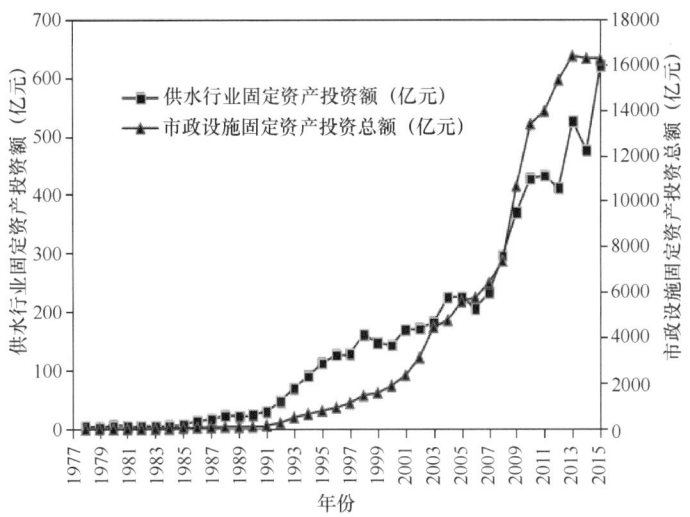

图 3-1　供水行业固定资产投资与市政设施建设固定资产投资总额比较

资料来源:《中国城市建设统计年鉴》(2015),中国统计出版社,2016.

元化的投融资手段使得供水行业固定资产投资增长迅速,从而缓解我国供水行业发展过程中的供需矛盾。

此外,本报告还计算了 1978 年~2015 年间我国城市供水行业固定资产投资占市政设施建设投资额的比重(图 3-2),进而说明城市供水行业固定资产投资

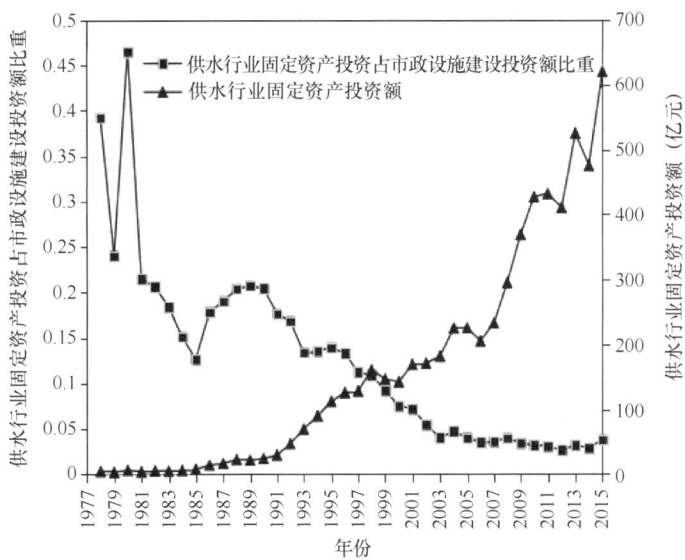

图 3-2　供水行业固定资产投资占市政设施建设投资额比例

资料来源:《中国城市建设统计年鉴》(2015),中国统计出版社,2016.

增速的相对水平。结果显示，尽管城市供水行业固定资产投资增速明显，但相对市政设施建设投资额以及其他行业的固定资产投资增速而言，城市供水行业固定资产投资增速依然滞后。1978 年～2015 年，我国市政设施建设投资总额增长了1351 倍多，而城市供水行业固定资产投资仅增长 131 倍多。由图 3-2 可知，城市供水行业固定资产投资占市政设施建设投资额的比重在总体上呈现下降趋势，尤其在 2002 年以后，我国城市供水行业固定资产投资占市政设施建设投资额的比重不足 5％，由此可见我国城市供水行业固定资产投资金额具有较大的提升空间。

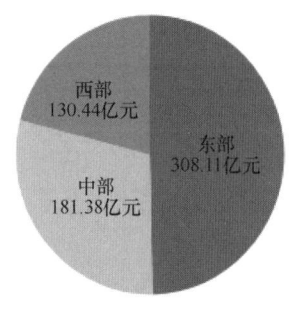

图 3-3　东中西部地区供水
行业固定资产投资额
资料来源：《中国城市建设统计年鉴》(2015)，中国统计出版社，2016.

与此同时，我国城市供水行业的固定资产投资呈现出东、中、西三大区域依次递减的特征，如图3-3 所示，2015 年东部地区城市供水行业固定资产投资为 308.11 亿元，占供水行业总固定资产投资额的49.7％；中部地区为 181.38 亿元，占供水行业总固定资产投资额的 29.3％；西部地区仅为 130.44 亿元，占供水行业总固定资产投资额的 21％。然而由于自然和历史原因，中西部地区长期处于缺水状态，因此中西地区对于水资源的需求明显高于东部地区。但从我国现阶段供水行业投资特点来看，中西部地区城市供水行业固定资产投资却远远低于东部地区。需要说明的是，虽然西部与东部地区的差距在逐步缩小，但相对而言，中西部地区的城市供水行业投资力度依然不足。因此，如何拓宽城市供水行业的投融资渠道，加快中西部地区城市供水行业基础设施的投融资力度，成为当前扩大中西部地区城市供水基础设施服务能力的重要任务。

（二）融资结构较为单一在一定程度上制约了城市供水行业发展

融资结构也称广义上的资本结构，是指在资金的筹集过程中，由不同渠道取得的资金之间的有机构成及其比重关系。2002 年以来，随着我国城市供水行业市场化改革的深入，城市供水行业的运行主体已由传统的事业单位、国有企业转为国有企业、民营企业和外资企业并存的局面。随着世界经济危机以及国家对城市供水行业的安全属性的愈发重视，一些城市的供水市场化改革项目出现了国进民退现象。尽管 2013 年国家大力推进 PPP，但相对于其他城市公用事业而言，城市供水行业的 PPP 推进力度，或社会资本的参与热情依然不高。因此，从我国目前城市供水行业的资本构成来看，国有企业占据较大比例，国际大型水务巨头与国内民营企业形成重要补充。

随着市场化改革的推进，城市供水行业多元化的产权结构基本形成，但传统意义上依赖内部借款、项目贷款等融资渠道尚未拓展，融资租赁、股市融资、资产证券化、市政债券等新型融资渠道尚未得到广泛运用。同时，由于城市供水价格调整机制的非市场化以及竞争缺乏情况下的成本的无效化，从而导致长期以来城市供水行业成本－价格倒挂，这增加了依赖单一银行贷款融资手段的还款压力与在投资风险。目前中国城市化率还不到 60%，这与发达国家之间还存在较大距离，随着城市化进程的快速推进，势必需要提升城市供水行业的基础设施能力，显然，现有融资渠道现状依然制约着城市供水行业的建设和发展。因此，如何探索新型融资渠道，形成与城市供水行业发展相适应的新型融资体制，成为当前城市供水行业改革与发展过程中的迫切任务。

（三）城市供水行业投资增速滞后于经济发展与城市化发展进程

随着城市化进程的有序推进，城市供水行业基础设施的供需矛盾将愈发凸显。同时，由于城市之间在人口净流入、城市化率进程等阶段及其发展特征的不一致，从而形成了差异化的城市供水行业投资发展趋势。鉴于以城市为对象的分析过于复杂以及数据的获得性较大，为此，本部分将聚焦全国总体，宏观上分析近年来我国城市供水行业投资增速是否与当前我国城市发展以及经济增长速度相匹配。

城市供水行业发展本质上是为了解决人民日益增长的美好生活需要和不平衡不充分的发展之间的矛盾，满足城镇化进程的客观需求。不断加快的城镇化进程势必增加城镇对资源能源、生态环境的需求，也带来了城市的承载压力。其中，城市供水行业发展是与城镇化进程相匹配的一项重要内容。本报告将选择国际上比较通用的供水行业投资占 GDP 的比重来反映城市供水行业投资增速与 GDP 增长之间关系，从而形成当前城市供水行业投资增速是否适宜的客观判断。

从图 3-4 可知，1978 年~1993 年我国经济增长较为缓慢，但在这一时期供水行业投资占 GDP 比重增长较快，1993 年供水行业投资占 GDP 比重达到最高值 0.2%，是 1978 年的 1.5 倍。1993 年以后，我国经济增长迅速升温，2007 年 GDP 已达到 265810 亿元，相对于 1993 年总体增长了 7.5 倍。然而在该时期供水行业投资占 GDP 比重呈现出下降趋势，到 2007 年供水行业投资占比已下降到了 0.09，总体下降了 55.69%，可见在该时期我国供水行业固定资产投资增速已远远低于我国经济发展的增长速度，供水行业发展进程缓慢且严重滞后于经济发展与城市化发展进程。2007 年以后我国 GDP 增长速度继续加快，到 2015 年底 GDP 已增长到 676708 亿元，而在这一段时期供水行业固定资产投资占 GDP 比重下降速度虽然放缓，但总体依然是下降趋势，且 2010 年以后供水行业固定资

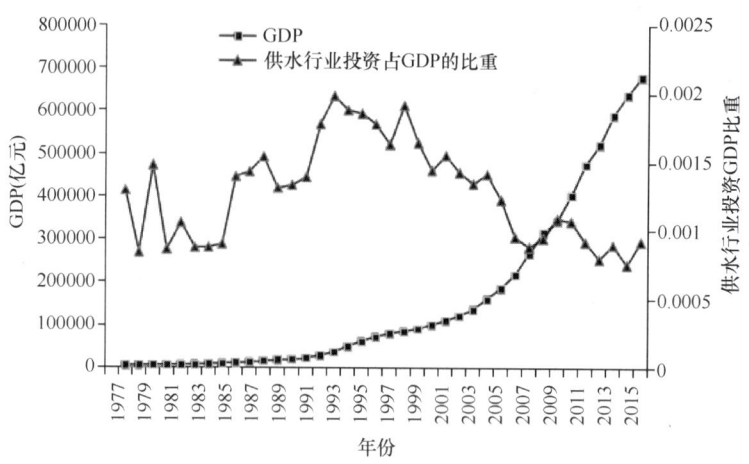

图 3-4　供水行业固定资产投资占 GDP 比重

资料来源：《中国城市建设统计年鉴》（2015），中国统计出版社，2016.

产投资占 GDP 的平均比重不足 0.09％。总体来说，1978 年～2015 年我国经济发展经历了一个快速增长阶段，但在该时期我国供水行业的发展速度没有跟上经济发展的步伐，供水行业固定资产的投资相比之下增长缓慢，尤其在通货膨胀的影响下，供水行业固定资产投资增速呈现不足。

（四）内外投资主体多元结构已经形成

与发达国家相比，我国城市供水行业市场化改革始于外资进入，随后形成国内民营企业逐渐进入的格局。伴随着经济转型，我国城市供水行业正处于转轨时期的朝阳行业，在成本可控的前提下城市供水行业具有收益稳定的特点。由于城市供水行业的供需矛盾，形成早期对外资依赖的局面。早在 1992 年，法国苏伊士水务就投资我国广东省中山市坦洲自来水公司，随后法国威望迪通用水务、英国泰晤士水务以及苏伊士水务、汇津公司、柏林水务、金州水务等纷纷进入中国城市供水市场，外资进入我国城市供水市场的势头迅猛，他们依靠雄厚的资本、先进的生产技术和管理经验在中国城市供水市场竞争中占据较大优势。外资进入中国城市供水市场对推进城市供水行业的市场化改革具有重要的促进作用，从而催生了中国城市供水行业的市场化改革。

除了外资对中国城市供水行业的推动作用，国内资本的进入也促进了投资结构的变化。目前活跃于国内供水市场的内资企业主要分为三类：新建或改组的供水公司、上市公司和民营企业。其中，上市公司通过对原有主营水务的上市公司采取扩张战略，实现做大做强，以及将一些非供水主业的上市公司以并购水厂或组建合资公司等方式向水务产业渗透等方式，不断推进行业的快速发展。如锦龙股份、国中水务、桑德环境、重庆水务、洪城水务、兴蓉投资、钱江水利、瀚蓝环境、创业环保、武汉控股、中山水务、江南水务等上市公司。目前来看，城市供水行业只有少数供水企业进行了混合所有制股权改革，如常熟中法水务、长沙水业集团、珠海水务、江南水务等。民营资本利用其机制灵活的优势进入城市供水市场，如北京桑德集团、邹平黄河供水有限责任公司、济南鹊华制水有限公司、乐山沙湾中阳水务有限公司等。由于我国中小城镇数量较多及其城市供水市场的需求巨大，这给民营企业提供了广阔的发展空间。但由于民营企业资信和实力的问题，也给其进入城市供水市场带来了意想不到的困难。

二、城市供水行业投资问题分析

由上述分析可知，中国城市供水行业实现了快速的发展，形成了多元化的产权结构，扩展了融资渠道，减轻了地方政府的财政压力，引进了先进的管理理念，提高了城市供水企业的运营效率和管理效能，但在城市供水行业市场化改革过程中，在投资领域依然存在着一些问题，这在一定程度上制约了城市供水行业的快速发展。具体表现在以下几个方面。

（一）以资产为核心的长期投资成为市场化的主流

从理论上来看，社会资本参与城市供水行业市场化改革存在多种方式，既有涉及资产的 BOT、TOT 等模式，同时也有不涉及资产转让或资产新建的合资合作、委托运营等模式。是否涉及资产环节的市场化模式决定社会资本方与政府方的权责分配与利益归属，直接决定城市供水行业市场化改革项目的风险和收益。从城市供水行业市场化改革的历程来看，各种投资主体参与城市供水行业的方式主要以 BOT 模式和 TOT 模式为主的长期合约，投资数额或资产转让数额较大，特许经营期较长，由于在项目运营期内可能出现一系列的标准更迭以及风险问题，这增加了在项目运营期内城市供水市场化改革项目的系列风险。因此，随着中国地方政府财力的提升以及现代治理结构的应用，应该分类决定城市供水行业市场化改革的基本模式，从而实现城市供水行业市场化改革项目有序、优化推进。

（二）国有资本为主体的投资结构并未得到根本转变

20 世纪早期，中国政府对城市供水行业进行以 BOT 为重点的市场化改革，在改革初期外国资本大量进入城市供水行业，外资水务进入后通过建设水厂、购买外国设备的方式，取得丰厚的经济利润，同时固定 8%～12% 的回报率以及保底服务量，形成了外国资本进入城市供水行业稳赚不赔的买卖，最终增加政府负担。随后，一些民营企业开始进入中国城市供水市场，形成国有、民营、外资的多元化投资结构。但从城市供水行业的产权结构布局来看，目前依然是以国有独资和国有控股为主的产权结构形式，非国有资本对国有资本形成必要补充。原因在于：一旦民营和外资企业占有控制权后，政府将难以对外资或民营资本实施有效监管，从而使生产生活用水的安全性面临不可预见的威胁，进而增加民营、外资企业进入城市供水行业所带来的风险。为此，充分考量供水产品的安全性特征，地方政府对城市供水产品实行以国有企业投资为主体的模式，将有助于保护我国城市供水安全，有利于供水调度，对人民福祉具有重要保障。

（三）城市供水行业投资呈现出供给过度与供给不足的双重特征

城市供水行业投资总体上呈现出逐年增加的趋势，但在区域上和投资结构上呈现出发展不平衡的特点，即一些地区的投资热度较高、一些地区的投资热度较低，以及国有资本的参与热情较高、民营资本和外国资本的参与热情不高。具体而言，由于城市供水行业具有典型的安全性特征，随着我国城市经济实力的增强，以及地方政府深谙城市供水行业市场化改革可能带来的风险，因此，21世纪以来特别是2010年以后，国进民退以及慎重市场化改革成为城市供水行业发展过程中的重要内容。与其他行业的发展轨迹相类似，城市供水行业的投资在一些省市出现了过度的问题，即在规划的基础上充分考虑了未来一段时间内的城市发展，推进了城市供水行业基础设施的快速建设，实现了城市供水行业运营服务能力的大幅增加。但在一些西部地区和经济欠发达地区，由于地方政府财力受限以及吸引民营资本和外国资本的动力不足，制约了这些地区城市供水行业基础设施的投资布局。

三、城市供水行业建设现状分析

近些年，我国不断加大对城市供水行业固定资产的投资，以此来提高城市供水行业的建设水平。城市供水行业的建设主要包含两个目的，一是提高城市供水综合生产能力，即提高供水设施取水、净化、送水、出厂输水干管等环节的能力，从而提升供水效率。二是通过加大对供水管网设施的建设，从而提高管网的运输能力。本文从城市供水综合生产能力以及城市供水管道长度两方面对城市供水行业现状进行分析，并对比不同时期不同地区供水行业建设现状的差异。

（一）城市供水综合生产能力

由图 3-5 所示，1978 年～2015 年，我国城市供水综合生产能力总体来看处于逐步递增状态，但不同时期增长速度出现差异，由于 1986 年统计口径发生变化，本书以 1986 年作为基期对我国城市供水综合生产能力的变化情况进行分析。1986 年我国城市供水行业供水综合生产能力为 10407.90 万立方米/日，2015 年增长到 29678.26 万立方米/日，城市供水行业综合生产能力年均增加 664.50 万立方米/日。如图 3-5 所示，1986 年～2000 年是我国城市供水行业综合生产能力增长速度最快的时期，增长率达到了 109.86％。而 2001 年～2005 年间城市供水行业综合生产能力增速放缓，增长率仅达到 7.95％，到 2005 年～2010 年间城市供水行业综合生产能力增长率下降到了 2.36％。之后 2011 年～2015 年间我国城市供水行业综合生产能力增长率出现了短时期的上升，增长率回升到 11.28％，比"十一五"期间增长了 8.93％。

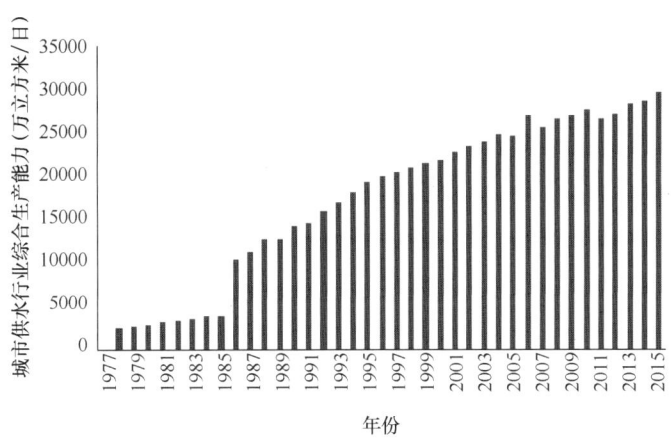

图 3-5 1978 年～2015 年城市供水行业综合生产能力变化情况

注：1978 年至 1985 年综合供水生产能力为系统内数。

数据来源：《中国城市建设统计年鉴》（2015），中国统计出版社，2016。

2015 年城市供水行业综合生产能力总计 29678.26 万立方米/日，省际均值为 957.36 万立方米/日（图 3-6）。其中，广东、江苏、北京、浙江以及山东的城市供水行业综合生产能力较强，排在全国前 5 位；广东最高，达到了 3913.77 万立方米/日；江苏次之，为 3104.12 万立方米/日；排名第三的是北京，为 2496.71 万立方米/日，另外共有 11 个省份的城市供水行业综合生产能力超过了 1000 万立方米/日。相比较而言，城市供水行业综合生产能力排名后五位的是贵州、海南、宁夏、青海以及西藏。其中，西藏最低，仅为 56.5 万立方米/日，是

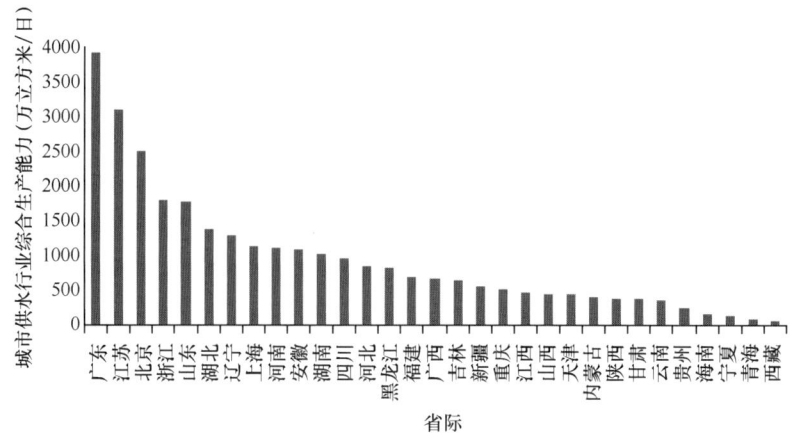

图 3-6　2015 年中国省际城市供水行业综合生产能力变化情况

资料来源：《中国城市建设统计年鉴》（2015），中国统计出版社，2016.

排名第一的广东省综合生产能力的 1.44%，而排名后五的城市综合生产能力总和也仅为 1631.17 万立方米／日。由此可见，我国城市供水行业综合生产能力区域间的差异性显著。总体来看，东部地区的城市供水行业综合生产能力最强，中部地区次之，西部地区的城市供水行业综合生产能力相对最弱。未来一段时间内，应结合供水设施需求、经济发展水平、省际人口等，保障东部地区城市供水行业综合生产能力的同时，加大对中西部地区城市供水设施的投入，缩小中西部地区与东部地区城市供水行业综合生产能力的差距。

（二）城市供水管道长度

由图 3-7 可知，1978 年～2015 年间，随着我国城市供水行业固定资产投资额的增加，我国城市供水管道长度呈现出逐年增长的趋势，由 1978 年的 3.60 万公里，增加到 2015 年的 71.02 万公里，增长近 20 倍，不断增加的城市供水管道长度，推动了中国城市供水行业的快速发展。由于 1995 年供水管道长度统计口径出现变化，本文以 1995 年为基期，对近 20 年城市供水管道增长速度与城市供水行业固定资产投资额增长速度进行比较，整体来看，城市供水管道长度增长速度较为平稳，且与供水行业固定资产投资额增长速度基本一致。

从 2015 年中国各省市区城市供水管道长度来看，在东、中、西三大区域范围内呈现出一定的异质性特征。从各省市区城市供水管道长度来看（详见图3-8），超过 3 万公里的省份主要有广东、江苏、浙江、山东、辽宁、上海、湖北、四川。其中供水管道最长的是广东省，约 10 万公里；江苏省次之，约 7.9 万公里。另外多数西部省份的供水管道长度高于 1 万公里，仅有贵州、新疆、内

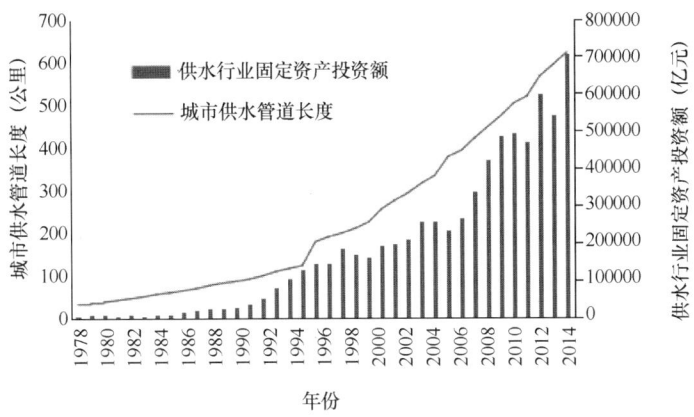

图 3-7　1978 年～2015 年城市供水管道长度与供水行业固定资产投资额

注：1978 年至 1995 年供水管道长度为系统内数。

数据来源：《中国城市建设统计年鉴》（2015），中国统计出版社，2016.

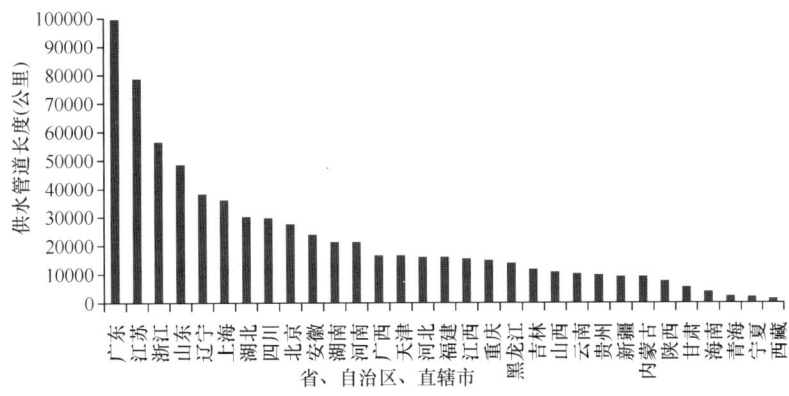

图 3-8　2015 年省、自治区、直辖市城市供水管道长度

数据来源：《中国城市建设统计年鉴》（2015），中国统计出版社，2016.

蒙古、陕西、甘肃、海南等省份的供水管道长度低于 1 万公里，其中，海南、青海、宁夏、西藏的供水管道长度甚至低于 5000 公里。整体来看，东部沿海城市供水管道长度较长，而西北地区供水管道长度相对较低。

从建成区供水管道密度进一步来看，上海地区供水管道密度最高，达到了 36.43 公里/平方公里，比排名第二的浙江省供水管道密度高出 67.19%（图 3-9）。全国排名前 5 的地区还有北京、天津、江苏。多数地区供水管道密度在 10～20 公里/平方公里之间，此外河北、黑龙江、新疆、内蒙古、陕西、甘肃、宁夏等 12 个省份建成区供水管道密度相对较低，均低于 10 万公里/平方公里。总体来看，经济发展水平高的城市对供水管道的投资较高，因此供水管道密度高，而经济发展水平较低的西北部地区供水管道密度相对较低。

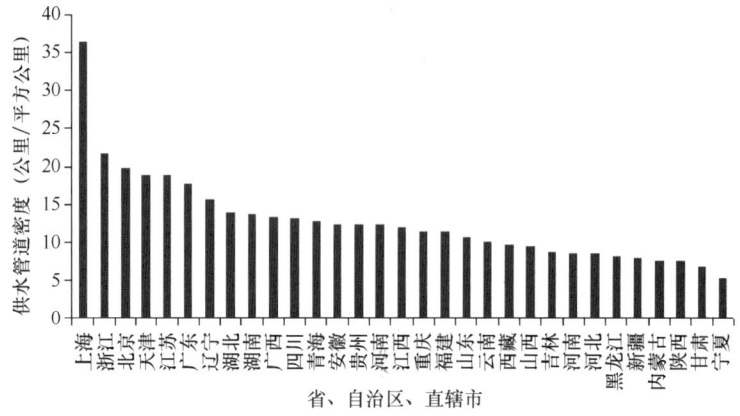

图 3-9　2015 年省、自治区、直辖市建成区供水管道密度

数据来源：《中国城市建设统计年鉴》（2015），中国统计出版社，2016.

四、城市供水行业建设问题分析

近些年来，我国对城市供水行业的投资建设力度不断扩大，使得城市供水行业的基础设施建设与综合供水能力大幅提升。但整体来看，城市供水行业发展还存在一定的问题，未能完全满足社会的需求。我国城市供水行业在建设过程中存在的问题有：新增供水管道供给不足、中小城市的供水设施水平整体偏低、供水总量增长速度未能满足人口增长需求等。

（一）城市新增供水管道供给不足

近些年随着城市化进程的推进，大量居民进入城镇使得城镇的规模不断扩大，因此城市居民对于供水的需求也日益剧增。在城镇化进程不断加快的形势下，我国城市供水行业出现了新增供水管道供给不足的问题，尤其是在输配水管道逐年腐蚀的情况下，新增供水管道供给不足使得城市经常出现因水管维护而形成的断水现象，以及高楼层居民水压不足导致水流量小的问题，这些情况严重影响到了居民的日常生活质量。如图 3-10 所示，1978 年～2015 年间我国城市新增管道长度占管道总长度比重呈现出周期性变化趋势，且总体来看新增管道占比呈现先增高后降低的局面。具体来看，1978 年～1994 年间，我国城市平均新增管道长度占管道总长度比重为 1.36％；而 1995 年～2005 年间，新管道长度占比升高到了 4.69％；2006 年～2015 年间，新增管道长度占比下降到了 1.24％。然而 2006 年～2015 年是我国城镇化进程不断加速的时期，且随着房地产行业的快速发展，居民对于新增管道的需求不断扩大，因此在该时期我国新增管道占比无法

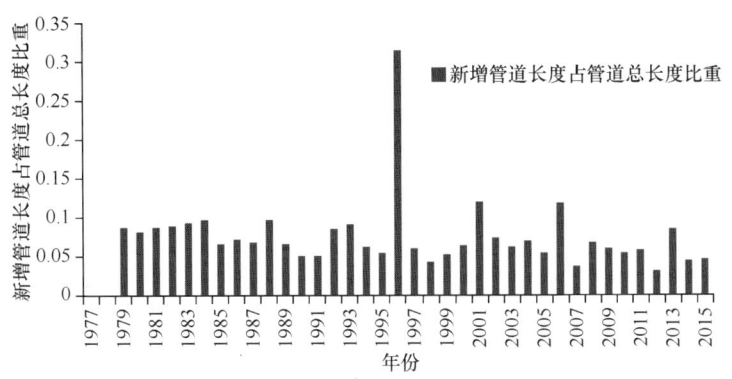

图 3-10　城市新增管道长度占管道总长度比重

数据来源：《中国城市建设统计年鉴》（2015），中国统计出版社，2016.

注：1978 年～1995 年供水管道长度为系统内数。

满足市场需求，且新增管道增长极不稳定。

（二）供水设施水平区域间不平衡

　　我国供水设施水平呈现出区域间发展不平衡现象，尽管近些年供水行业固定资产投资额有所增加，但供水设施水平区域间不平衡现象并未得到有效改善。如图 3-11 可知，东部地区供水管道长度占据全国供水管道长度的 64%，是中部地区的 2.78 倍，是西部地区的 4.92 倍。在东、中、西部地区供水设施水平发展不平衡的情况下，我国不断加大对西部地区供水行业的投资，从《中国城市建设统计年鉴》可知，西部地区供水行业

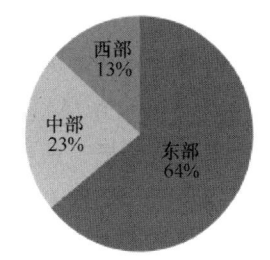

图 3-11　中部、东部、西部地区供水管道长度占全国供水管道长度比例

数据来源：《中国城市建设统计年鉴》（2015），中国统计出版社，2016.

固定资产投资额已从 2010 年的 426.8 亿元增长到 2015 年的 619.9 亿元。但是供水行业固定资产投资额的增加并没有提高该地区的供水设施水平。如图 3-12 所示，新疆、内蒙古、甘肃、吉林、安徽等地区固定资产投资额排名靠前，但是尽管投资额有所增加，西北部地区的供水设施水平依然落后，尤其是新疆、甘肃地区，供水管道长度排名分别为第 24、27。由此可见，供水投资额的增加并不一定能提高该地区的供水设施水平，现阶段我国更应该关注供水行业固定资产的投资效果，从各个途径不断缩小东中西部地区供水设施水平的差距，提高各地区居民的生活质量。

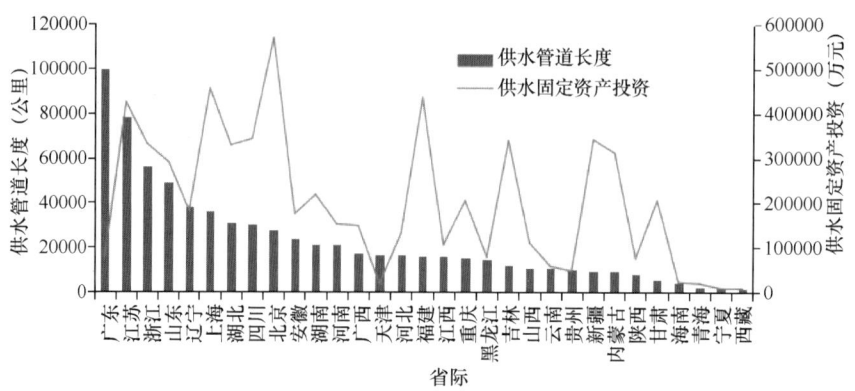

图 3-12　2015 年中国各省城市供水行业供水管道长度与固定资产投资情况
数据来源：《中国城市建设统计年鉴》（2015），中国统计出版社，2016.

（三）供水总量增长不足

由于我国城镇化进程不断加快，城市人口剧增，因此对供水总量的需求也不断扩大。通过分析发现，我国城市供水增长率相对于城市用水人口增长率存在着不足，需要适时提高供水总量，以满足城市居民的需求。如图 3-13 所示，1980年～1990 年供水总量增长率略高于城市用水人口增长率，此阶段水资源丰富，居民用水水价较低，水资源质量较高。1990 年～1997 年，我国开始出现供水总量增长率不足于用水人口增长率现象，该时期水资源稀缺程度较轻，供水大体能满足城市居民需求。而 1997 年～2017 年，供水总量增长已经完全跟不上人口增长趋势，城市出现严重的水资源短缺现象。因此，现阶段我国应该适时调整用水制度，培养居民节约用水的意识，并加大水的供应。

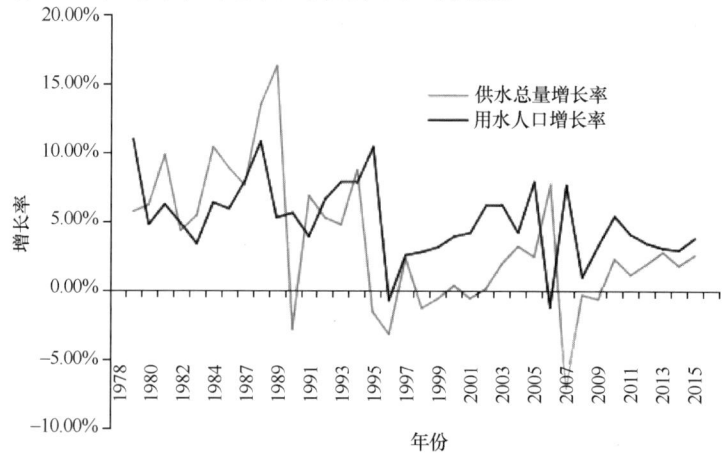

图 3-13　2015 年中国各省供水总量增长率与用水人口增长率
注：由于 1986 年数据变化较大，影响图形整体比例，本文将该年数据剔除。
数据来源：《中国城市建设统计年鉴》（2015），中国统计出版社，2015.

第二节 供水行业生产与供应

随着经济的快速发展和城镇化进程的加快，我国城市供水行业的供水量、用水普及率等反映城市供水行业生产与供应能力的指标获得了大幅的提升。本文将从城市供水生产企业的基本情况、供水企业资金运营情况和城市供水量三个方面对供水行业生产与供应进行分析。

一、供水企业生产的基本情况

（一）供水企业数量情况

2004 年～2015 年，由于产业结构的战略调整，水的生产和供应行业的企业数量呈现出波动变化趋势，2004 年～2006 年企业数量保持在 2400 家以上，随后于 2007 年下降至 1735 家，2008 年～2010 年这 3 年间我国水生产和供应行业的企业数量维持在 2000 家以上，其中 2010 年超过 2100 家，2011 年水生产和供应企业数下降到 1110 家，随后企业数量缓慢上升，2015 年水生产和供应企业数达到 1621 家（表 3-1）。

2004 年～2015 年水的生产和供应业规模

以上工业企业单位数（单位：个）　　　　　　　　表 3-1

年　　度	企业单位数	年　　度	企业单位数
2004	2416	2010	2109
2005	2492	2011	1110
2006	2476	2012	1259
2007	1735	2013	1376
2008	2052	2014	1495
2009	2064	2015	1621

数据来源：《中国统计年鉴》（2005～2016），中国统计出版社。

（二）供水企业盈利与亏损情况

2004 年～2006 年间我国城市供水企业亏损企业数基本在 1100 家左右，2006 年以来，亏损企业显著降低，这一方面是因为行业内企业数量在不断下降，另一方面可能来源于企业自身效益的增加。同时，城市供水行业在 2005 年出现负利润后，

2006 年大幅增长，此后除 2009 年和 2012 年略有回落外，整体上呈现出稳定增长趋势，这说明近年来城市供水行业的总体经营状况在不断增强，详见表 3-2。

2004 年～2015 年规模及以上城市供水企业盈利与亏损情况　　　　表 3-2

年度	亏损企业单位数（个）	亏损企业亏损总额（亿元）	利润总额（亿元）
2004	1131	21.42	5.09
2005	1204	32.00	−1.46
2006	1164	28.68	24.24
2007	681	30.90	30.89
2008	740	47.73	27.07
2009	759	51.13	25.35
2010	698	57.53	60.25
2011	317	46.69	74.80
2012	358	53.95	72.55
2013	370	53.67	104.13
2014	383	55.41	151.22
2015	396	55.86	187.69

数据来源：《中国统计年鉴》（2005—2016），中国统计出版社。

（三）供水企业资产总量

由于城市供水企业的战略重组，整个城市供水行业的总资产以及流动资产呈现出逐年上升的趋势。2015 年，我国城市供水企业资产总额是 2004 年的 4.28 倍；2015 年城市供水企业流动资产是 2005 年的 4.81 倍。与此同时，城市供水行业的总负债也呈现出稳步增长的趋势，但资产负债率基本维持在 50% 左右，详见表 3-3。

2004 年～2015 年规模及以上城市供水企业资产总量情况　　　　表 3-3

年度	总资产（亿元）	流动资产总额（亿元）	总负债（亿元）	资产负债率（%）
2004	2495.96	—	1128.78	45.22
2005	2896.75	692.5	1385.71	47.84
2006	3596.52	859.69	1814.95	50.46
2007	3849.09	958.8	1980.70	51.46
2008	4394.16	1006.59	2279.61	51.88
2009	4962.00	1171.23	2644.04	53.29
2010	5539.15	1348.86	2998.25	54.13
2011	5558.20	1371.3	2982.10	53.65
2012	6484.49	1819.04	3615.80	55.76
2013	7520.36	2250.6	4232.24	56.28
2014	8717.14	2717.86	5018.65	57.57
2015	10691.94	3333.77	6013.36	56.24

数据来源：《中国统计年鉴》（2005—2016），中国统计出版社。

（四）各省、自治区、直辖市供水企业资产情况分析

表3-4为2015年我国各省城市供水行业运营的基本财务数据。由该表可知，江苏省供水行业固定资产净值全国最高，达到了297.67亿元；广东省、浙江省、上海市和山东省的供水行业固定资产净值位居全国2～5位，均超过100亿元（如表3-4所示）。相比较而言，贵州、内蒙古、海南、宁夏、陕西五省区的城市供水企业固定资产净值排在全国后五位。其中，陕西的城市供水企业固定资产净值仅为13.38亿元。同时，从固定资产原值来看，全国总体为3906.52亿元。其中，广东最高，达到了526.93亿元。浙江、江苏、辽宁、上海、北京、山东分列2～7位，且固定资产原值超过了200亿元。贵州、海南、内蒙古、陕西、宁夏的供水企业固定资产原值排在全国后5位，且均低于50亿元。其中，宁夏供水企业固定资产原值最低，仅为28.32亿元。

2015年全国各省、自治区、直辖市供水企业资产情况　　　　表3-4

	固定资产原值 （亿元）	固定资产净值 （亿元）		固定资产原值 （亿元）	固定资产净值 （亿元）
全国	3906.52	2608.81	江西	56.62	33.45
北京	217.77	101.55	山东	201.99	128.81
天津	131.38	80.75	河南	102.12	35.03
河北	71.63	36.45	湖北	120.69	70.74
山西	56.70	33.88	湖南	56.63	37.89
内蒙古	36.12	26.07	广东	526.93	277.77
辽宁	252.95	118.61	广西	64.44	36.25
吉林	87.64	50.78	海南	36.71	26.04
黑龙江	109.36	56.89	重庆	64.93	41.62
上海	246.39	131.51	四川	155.00	103.04
江苏	399.49	297.67	贵州	41.64	29.92
浙江	412.82	249.95	云南	139.75	104.91
安徽	106.89	64.04	陕西	35.37	13.38
福建	134.40	81.32	宁夏	28.32	18.42

说明：由于提供的数据缺失，该表中不包括西藏、甘肃、青海、新疆四省数据。

数据来源：中国城市供水排水协会，《城市供水统计年鉴》，2016。

（五）各省、自治区、直辖市供水企业利润情况分析

由表3-5可知，2015年各省、自治区、直辖市供水企业净利润排在前五位的分别是广东、四川、江苏、浙江、江西，吉林、山西、内蒙古、辽宁年净利润在 1000 万元以下，排在后 4 位。其中，排名最后 1 位的辽宁的供水企业年净利润仅为排名第 1 的四川的 0.09%，由此可见，不同省份的城市供水企业盈利能力存在着较大的差异。同时，从省际供水企业利润总额来看，全国总体为622140.39 万元，其中，广东、四川两省的供水企业利润较高，位列全国前两位，且均超过 10 亿元。江苏、浙江、江西分列 3～5 位。相比较而言，吉林、山西、内蒙古、辽宁的供水企业利润总额相对较低，均低于 1000 万元。其中，山西为 173.72 万元，内蒙古为 83.53 万元，辽宁仅为 56.60 万元。

2015 年全国各省、自治区、直辖市供水企业利润情况 　　　　表 3-5

	利润总额 （万元）	净利润 （万元）		利润总额 （万元）	净利润 （万元）
全国	622140.39	489701.72	江西	39321.78	30827.65
北京	10117.36	8923.46	山东	14667.21	12480.49
天津	7050.27	7031.36	河南	2705.87	1854.18
河北	5781.33	4535.89	湖北	12360.43	11485.43
山西	183.72	137.79	湖南	7187.41	5644.36
内蒙古	83.53	83.53	广东	104424.81	85861.66
辽宁	56.60	79.60	广西	27219.77	23196.55
吉林	949.00	911.00	海南	11946.04	9035.73
黑龙江	6371.20	5195.32	重庆	13361.98	11659.34
上海	24634.00	18641.00	四川	105484.25	69923.44
江苏	90567.28	69557.95	贵州	11696.04	9782.78
浙江	56405.71	46857.05	云南	24742.90	20993.57
安徽	15769.84	10763.37	陕西	5104.22	4300.46
福建	12079.43	9471.63	宁夏	4531.92	4234.13

注：内蒙古、西藏、甘肃、青海、新疆 5 省数据缺失，因此不在本表的统计范围之内。

数据来源：中国城市供水排水协会，《城市供水统计年鉴》，2016。

（六）各省、自治区、直辖市供水企业销售收入情况分析

由表 3-6 可知，2015 年全国各省供水企业资产总和为 840.13 亿元。广东、江苏、浙江、上海、四川的供水企业资产排在全国前 5 位。其中，广东省城市供水行业销售收入最高，为 118.91 亿元。相比较而言，贵州、内蒙古、海南、宁夏的供水企业销售收入较低，排在全国后 5 位。其中，贵州供水企业销售收入为10.65 亿元，内蒙古为 9.94 亿元，海南为 9.67 亿元，宁夏仅为 3.97 亿元。

2015 年全国各省、自治区、直辖市供水企业资产情况　　　表 3-6

	销售收入（亿元）		销售收入（亿元）
全国	840.13	江西	32.60
北京	36.44	山东	40.10
天津	33.35	河南	22.31
河北	23.96	湖北	17.05
山西	16.13	湖南	15.13
内蒙古	9.94	广东	118.91
辽宁	37.19	广西	18.03
吉林	17.14	海南	9.67
黑龙江	28.28	重庆	16.63
上海	52.00	四川	44.40
江苏	76.05	贵州	10.65
浙江	75.53	云南	16.80
安徽	24.56	陕西	14.74
福建	25.70	宁夏	3.97

注：由于数据缺失，该表中不包括西藏、甘肃、青海、新疆 4 省数据。

数据来源：中国城市供水排水协会，《城市供水统计年鉴》，2016。

（七）全国各省、自治区、直辖市供水企业工资比较

由表 3-7 可知，2015 年全国供水企业工资总额为 166.21 亿元，从业人员数量为 28.71 万人，人均工资 5.79 万元。上海、天津、江苏、北京、河北的供水企业人均工资较高，排在全国前 5 位。其中，上海供水企业的人均工资最高，达到了 12.01 万元。相对而言，城市供水企业人均工资低于 5 万元的省际有 9 个，分别是广西、安徽、海南、内蒙古、山西、辽宁、吉林、河南和湖北。其中，其中，吉林、河南、湖北均低于 4 万元。

2015 年全国各省、自治区、直辖市供水企业工资及从业人员情况　　　表 3-7

	工资总额（万元）	从业人员（人）	人均工资（万元/人）
全国	1662051.32	287076	5.79
北京	85519.00	9354	9.14
天津	52513.14	5352	9.81
河北	100010.73	12691	7.88
山西	50457.92	11148	4.53
内蒙古	28799.85	6007	4.79

67

	工资总额（万元）	从业人员（人）	人均工资（万元/人）
辽宁	124507.98	28482	4.37
吉林	48414.00	12149	3.99
黑龙江	89340.27	17733	5.04
上海	56115.00	4674	12.01
江苏	152215.12	15858	9.60
浙江	108325.22	14750	7.34
安徽	43728.20	8796	4.97
福建	39916.85	7352	5.43
江西	60826.18	7913	7.69
山东	103049.10	19755	5.22
河南	76968.90	20438	3.77
湖北	45187.72	13972	3.23
湖南	27550.47	3798	7.25
广东	169271.30	26308	6.43
广西	34912.64	7010	4.98
海南	18935.17	3899	4.86
四川	69706.92	10149	6.87
贵州	25495.84	4127	6.18
陕西	36110.74	6527	5.53
宁夏	11105.06	1889	5.88

注：由于数据缺失，该表中不包括重庆、云南、西藏、甘肃、青海、新疆6省数据。

数据来源：中国城市供水排水协会，《城市供水统计年鉴》，2016。

二、供水企业供应的基本情况

（一）供水量的总体情况

如图 3-14 所示，我国供水量的变化趋势与供水行业固定资产投资额的变化趋势基本一致，其变化趋势可以分为三个阶段：第一阶段为 1978 年～1985 年，该阶段供水量增长幅度较慢，仅由 1978 年的 787507 万立方米/日增长到 1985 年的 1280238 万立方米/日，总体增长 1.63 倍。第二阶段为 1986 年～1994 年，是供水量增长最快的阶段，到 1994 年供水量已经增长到 4894620 万立方米/日，是

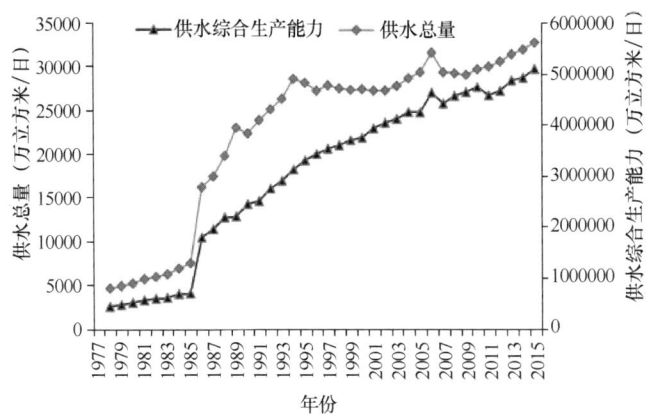

图 3-14　　1978~2015 年中国城市供水行业供水量情况（单位：万立方米/日）

数据来源：《中国城市建设统计年鉴》（2014），中国统计出版社，2015。

1985 年的 3.82 倍。第三阶段是 1995 年~2015 年，该阶段供水总量增长速度放缓，且大体维持在比较均衡的供水水平，增长幅度不大，2015 年的供水量为 5604729 万立方米/日，相比于 1995 年增长了 16.39％。由此可见，我国供水量呈现一个"S"形的增长趋势。中华人民共和国成立之初，由于技术设备原因供水量增长速度较慢，之后随着经济发展、技术进步以及对于水资源需求量的提升，供水量经历了一个快速增长阶段。而 1995 年以后随着居民文化素质的提高，以及水资源稀缺性的特点显露，社会的节水意识得到提升，从而使得这一阶段供水量的增长速度放缓。

通过将近 30 多年我国城市供水总量的增长率与 GDP 增长率和城市化程度增长率进行对比，从而反应我国城市供水能力的增长情况以及潜在的增长空间。如图 3-15 所示，总体来看我国供水总量增长率、GDP 增长率以及城市化程度增长率三者的变化趋势基本一致，这说明随着经济的增长、城市化进程的增快，对于供水量的需求也不断加快。进一步通过对比发现，1995 年以前我国供水总量的平均增速为 7.36％，略低于 GDP 的增长速率，但总体高于城市化率的增长水平。然而 1995 年以后，我国城市化率的增长速率出现明显的放缓趋势，平均增速仅达到 0.69％，而在该时期我国城市化率的平均增长速率已达到 3.28％，GDP 的平均增长速率达到了 13.53％。由此来看，自 1995 年以来，尽管我国城市供水总量不断提升，但相对供给表现出明显的不足，供水总量增长速度滞后于城市化和经济发展的基本需求。随着我国经济总量的扩大和城市化进程的进一步加快，城市供水总量仍有进一步的增长空间。

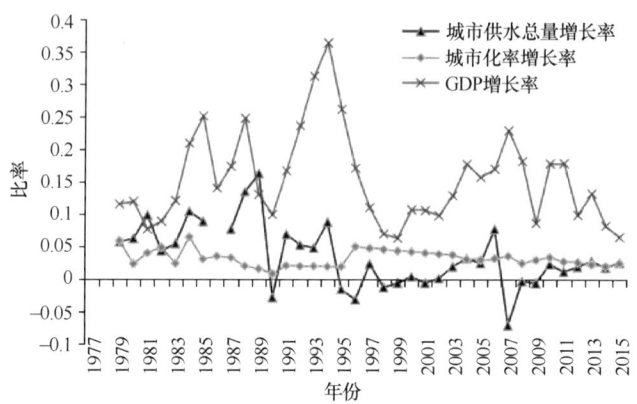

图 3-15　城市供水总量、国内生产总值、城市化率增长速度对比

注：由于 1986 年城市供水总量增长率变化程度较大，为合理维持图形比例，本书将该年数据去除。

数据来源：《中国城市建设统计年鉴》（2015）；《中国统计年鉴》（2016）。

（二）供水量的省际差异

如图 3-16 所示，2015 年我国城市供水总量呈现出明显的地区差异，总体来看，东部沿海地区的供水总量最高，其次是经济较为发达的中部地区，而经济相对落后、城市化水平相对较低的西北部地区的供水总量相比于其他地区呈现出明显的供水不足。具体来看，2015 年我国各省、自治区、直辖市的平均供水总量达到 180797.7 万立方米，供水总量排名前五的地区有广东、江苏、山东、浙江以及上海，其中广东地区供水总量为 852512.28 万立方米，是各省平均供水总量的 4.72 倍；江苏地区供水总量达到 506719.39 万立方米，是各省平均供水总量

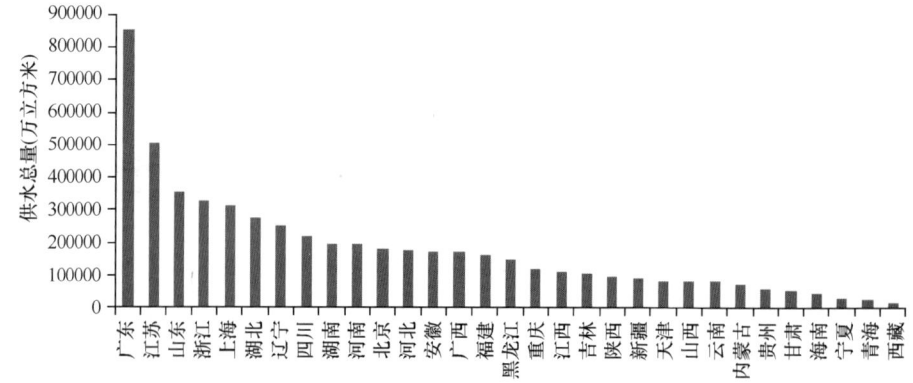

图 3-16　2015 年全国各省、自治区、直辖市供水量变化情况

数据来源：《中国城市建设统计年鉴》（2015），中国统计出版社，2016。

的 2.80 倍。另外，贵州、甘肃、海南、宁夏、青海 5 省的供水总量较低，排在我国供水总量的后五位，五省的供水总量合计仅为 172648.45 万立方米，比平均供水总量还低 8149 万立方米。由此可见，我国城市供水总量存在着显著的区域差异，与城市经济发展水平和城镇化进程相类似，东部地区的城市供水总量较高，中西部地区的城市供水总量相对较低。因此，为了缩小我国各地区经济发展和城市化进程的差距，需要加强对中西部地区供水行业的投资，提高中西部地区的供水总量，缩小其与平均供水总量之间的差距。

（三）供水量的基本构成及使用情况

在城市供水中，供水量主要由公共供水和自建供水构成。其中，公共供水在城市供水中占据主导地位。如图 3-17 所示，2015 年全国城市公共供水综合生产能力 2.15 亿立方米/日，比 2014 年下降了 2.71％，年供水总量 455.33 亿立方米，环比下降 3.08％，用水人口 4.28 亿。2015 年自建设施供水综合生产能力 0.69 亿立方米/日，相比 2014 年上升 4.54％，年供水总量 81.97 亿立方米，环比上升 6.62％，用水人口 2268.08 万人。由此可见，在我国城市供水中，公共供水相比自建设施供水占据较大比重，且与 2014 年相比公共供水占据的比重有所下降，而自建供水所占比重开始上升。

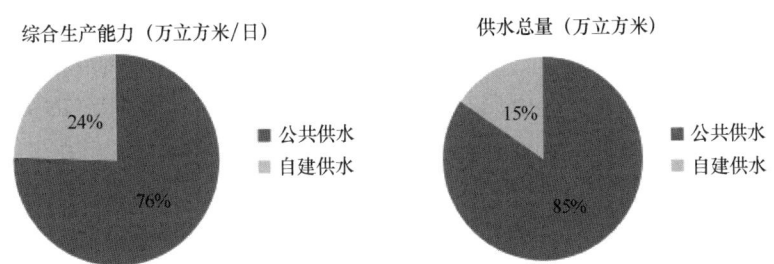

图 3-17　2015 年城市公共供水与自建设施供水比例

数据来源：《中国城市建设统计年鉴》(2015)，中国统计出版社，2016.

由于我国城市用水主要用于城市居民用水和生产经营用水，因此本书分析 1978 年～2015 年城市生活用水量和生产经营用水量的变化趋势，从而探讨我国近些年供水量急剧上升的主要原因。如图 3-18 所示，从生活用水的变化趋势来看，1978 年～2015 年我国城市生活用水总量平稳上升，平均增长量达到 70184.89 万立方米，在 2006 年生活用水量出现了短时期的下降，但之后仍然保持之前的增长水平，到 2015 年我国城市生活用水总量上升到 2872695 万立方米，占用水总量的 51.25％。而我国的生产用水在 1978 年～2015 年间变化情况较为复杂，1978 年～1994 年是生产用水快速递增的时期，1994 年达到历史峰值，而

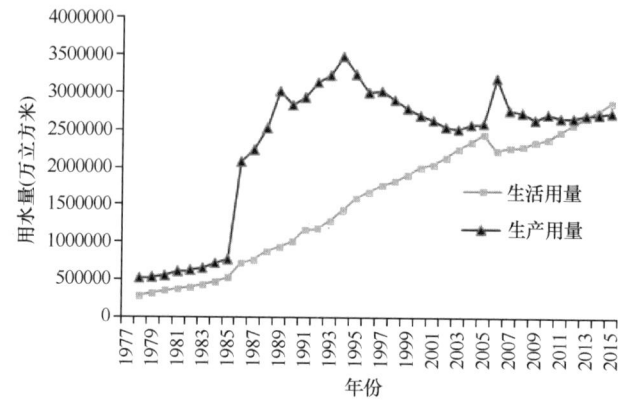

图 3-18　城市供水中的生活用量与生产运营用水量的变化情况

注：生活用水量约等于公共服务用水量和居民家庭用水量之和。

数据来源：《中国城市建设统计年鉴》(2015)，中国统计出版社，2016.

1994 之后生产用水数量出现回落，整体呈现出"倒 U 形"变化趋势。总体而言，城市生活用水量低于生产运营用水量，但从变化趋势来看随着城镇化人口的不断增加城市生活用水量很可能赶超城市生产用水量，且近些年我国供水量的增加主要是由生活用水量的增加所导致。

（四）供水的漏损情况

图 3-19 显示了有漏损水量统计以来，2006 年～2015 年我国城市供水中漏损水量占供水总量的百分比情况。总体来看我国城市供水的漏损水量占比处于不断增加趋势，2006 年漏损水量占比为 9.79%，到 2015 年漏损水量占比增长到 15.21%，平均每年增长了 0.60%。如图 3-25 所示，2006 年～2012 年我国城市

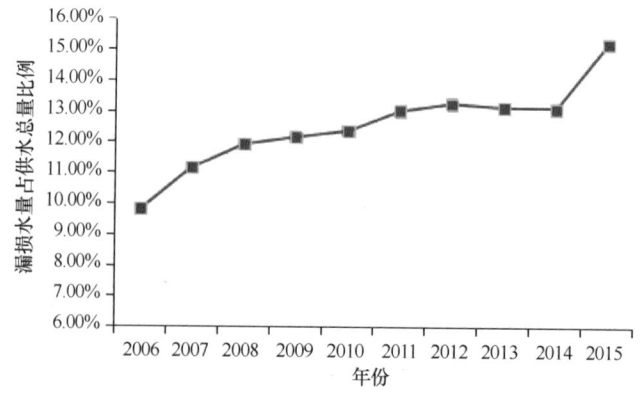

图 3-19　漏损水量占供水总量比例

数据来源：《中国城市建设统计年鉴》(2015)，中国统计出版社，2016.

供水的漏损水量占比呈现逐年增加趋势，总体增长了 3.46%；2012 年~2014 年间出现了轻微回落，城市供水的漏损水量占比降低了 0.16%。而到 2015 年漏损水量占比短时期剧增到 15.21%。由此可见尽管我国城市供水总量不断增加，但是由于管网维护能力较弱，使得管网漏损率不断增加。

根据《中国城市建设统计年鉴》（2015），2015 年我国全国城市供水漏损水量占供水总量的比例为 15.21%，其中仅有山西和甘肃两个省份的漏损水量占供水总量比重低于 10%，而辽宁、吉林、黑龙江、福建四省的漏损水量占比超过了 20%，吉林漏损水量占比达大了 30.81%。全国 659 个城市中，漏损水量占比超过 10% 的共有 563 个城市，约占我国城市总数的 85.43%，相比于 2014 年增长了 23.43%。漏损水量占比超过 20% 的城市共 149 个，占我国城市总数的 22.61%，相比于 2014 年增长了 6.11%。

（五）供水的普及情况

图 3-20 显示了 1978~2015 年我国城市居民人均日生活供水量和用水普及率的基本情况。从图中可以看出，人均日生活用水量与用水普及率呈现出完全相反的变化趋势，人均日生活用水量为先增后降的倒 U 形变化结构，而用水普及率呈现先降后升的正 U 形变化趋势。具体来看，在 1978 年~2000 年人均日生活用水量呈现出逐年递增趋势，共增长了 99.6 升，平均每年增长 4.53 升，而在 2001 年~2015 年期间人均日生活用水量开始下降，到 2015 年下降到 174.46 升。由此来看，随着我国居民文化素质的提升，节水意识得到增强，从而有效抑制了我国人均日生活用水量的增长。从用水普及率来看，1978 年~1985 年我国用水普及率快速下降，1978 年城市居民用水普及率为 81.6%，1985 年降至最低的 45.1%，

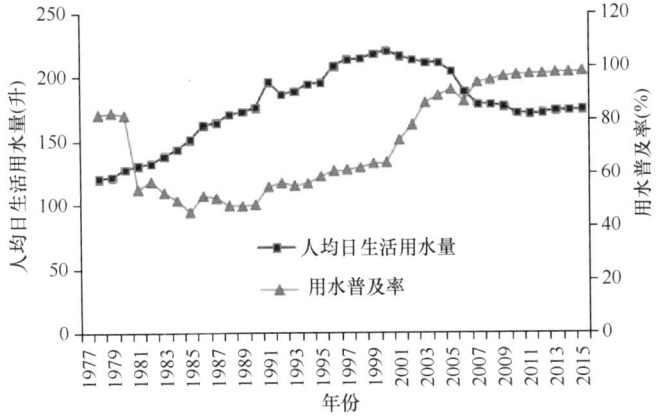

图 3-20 城市供水中的人均日生活用水量与用水普及率的基本情况

数据来源：《中国城市建设统计年鉴》（2015），中国统计出版社，2016。

此后逐年上升，到 2015 年中国城市居民用水普及率达到 98.07%。由此可见，随着我国城市化进程的推进，我国城市居民用水普及率得到了全面的改善，各地区居民的生活质量得到了基本的保证。

第三节　供水行业发展成效

随着现代化的推进和改革开放的深入，我国水务行业在市场经济的大潮下进行了积极的变革。市场化改革之前，我国城市供水由国有企业建设运营，即企业由政府建，领导由政府定，资金由政府划拨。在这种建设模式下，由于城市供水规模的增长，地方政府的财政负担加重，致使我国城市供水行业不得不进行市场化改革。本书通过收集 2009 年～2015 年供水行业的相关数据，从劳动生产率、资产产出比和人均供水能力这三个方面对我国城市供水行业的市场化改革成效进行评价，同时分析各省份的劳动生产率、资产产出比和人均供水能力，从而对比分析各地区供水行业间的发展差异。

一、劳动生产率

本书选用供水企业单位工作人员的日供水量代表劳动生产率，从而对供水行业的发展成效进行分析。如图 3-21 所示，从 2009 年～2015 年，我国单位人员的供水量总体呈现递增趋势，2009 年单位人员的供水量为 517.41 立方米/日，2015 年增长为 600.93 立方米/日，总体增长了 16.14%。具体来看，2009 年～2010 年我国单位人员供水量出现了短时期的下降，总体下降 0.76%；之后 2010 年～2014 年，我国单位人员供水量增长迅速，增长率达到了 12.57%，而 2014 年～2015 年增长速度放缓，增长率降低到 4%。由此来看，随着供水行业市场化的加快、供水设备的更新以及生产技术的提升，2009 年～2015 年我国劳动生产率经历了一个快速增长时期。

此外，本书报告了省际层面单位人员供水量的情况，以此来对比各省、自治区、直辖市劳动生产率的差异。如图 3-22 所示，整体来看我国各地区单位人员供水情况变化幅度较大，其中单位人员供水量最大的地区是上海，为 1300.81 立方米/日，是排名最低的山西单位人员供水量的 4.98 倍。另外，单位人员供水量排名前五的地区还有浙江、湖南、江苏及重庆，其平均单位人员供水量为 1113.95 立方米/日。而我国单位人员供水量排名后五的地区是内蒙古、河北、

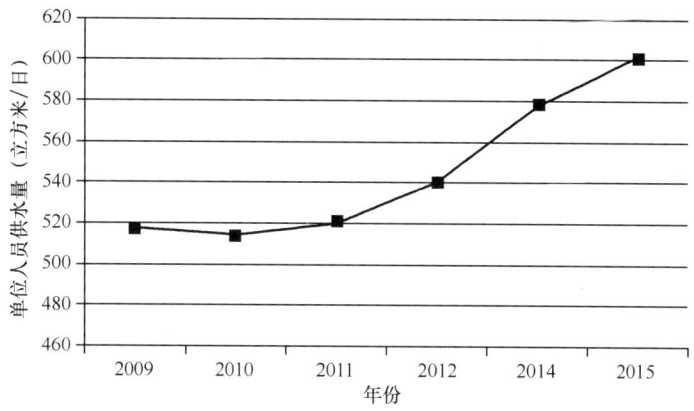

图 3-21 2009 年～2015 年我国单位人员供水量

注：2013 年单位人员供水量数据缺失。

数据来源：根据《城市供水统计年鉴》（2010-2016）数据计算得知。

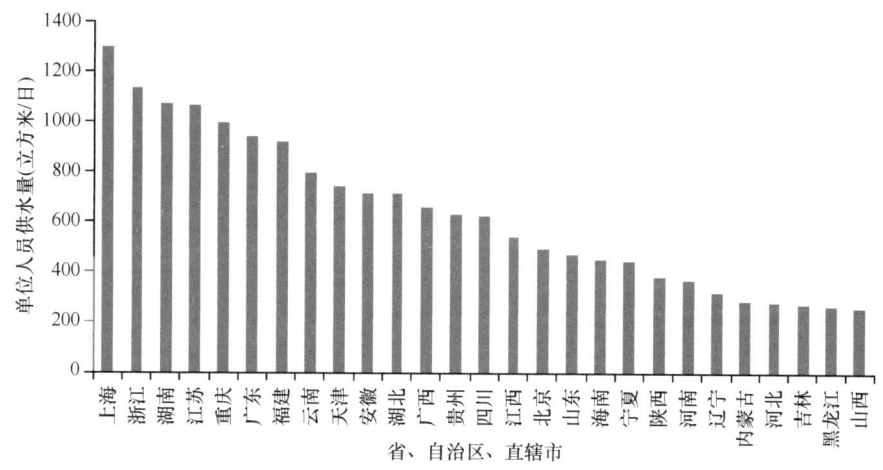

图 3-22 2015 年我国各省、自治区、直辖市的单位人员供水量

注：西藏、甘肃、青海、新疆数据缺失。

数据来源：根据《城市供水统计年鉴》（2010-2016）数据计算得知。

吉林、黑龙江和山西，其平均单位人员供水量仅为 274.98 立方米/日。由此来看，我国各地区劳动生产率情况差异较大，其中东部沿海地区及中部生产技术较为发达地区的劳动生产率较高，而东北部经济技术较为落后地区的劳动生产率偏低。因此，加强对于中部及东北部地区的供水行业人员的生产技术培训，为该地区引进先进的生产技术和生产设备是提升我国供水行业劳动生产率的主要途径。

二、资产产出比

本书选取单位资本的供水量作为资产产出比，以此来反映供水行业资本的发展成效。如图 3-23 所示，2009 年～2015 年，我国单位资本的供水量总体呈现下降趋势，2009 年单位资本的供水量为 6.63 立方米/（日·万元），到 2015 年下降为 4.42 立方米/（日·万元），总体下降 33.37%。具体来看，我国单位资本的供水量的下降分为两个阶段，第一个阶段为 2009 年～2011 年，单位资本的供水量下降了 1.39 立方米/（日·万元），第二个阶段为 2012 年～2015 年，单位资本的供水量下降了 0.861 立方米/（日·万元）。另外，2011 年～2012 年，单位资本的供水量基本维持不变。由此来看，随着我国经济的快速增长，以及通货膨胀形成的货币贬值，尽管供水行业固定资产的投资金额不断增加，但由固定资产增加带来的供水产出却不断下降。

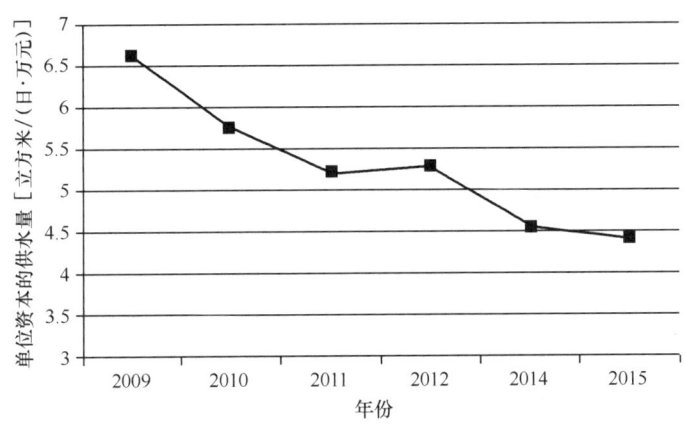

图 3-23　2009 年～2015 年我国单位资本的供水量

注：2013 年单位资产的供水量数据缺失。

数据来源：根据《城市供水统计年鉴》（2010-2016）数据计算得知。

本书同时报告了 2015 年我国各省自治区、直辖市供水行业的单位资本的供水量，以此来分析我国供水行业各地区资产产出比之间的差异。如图 3-24 所示，我国供水行业资产产出比最高的地区是湖北，其资产产出比为 8.28 立方米/（日·万元），而资产产出比最低的地区是北京，为 2.13 立方米/（日·万元）。另外，各省的平均资产产出比为 4.89 立方米/（日·万元），仅为湖北地区的 59%。从各个地区的情况来看，资产产出比较高的地区有湖北、江西、河南、广西、陕西，其资产产出比均大于 7 立方米/（日·万元），其他多数地区的资产产出比在 6 立方米/（日·万元）至 3 立方米/（日·万元），而天津、云南、上海、

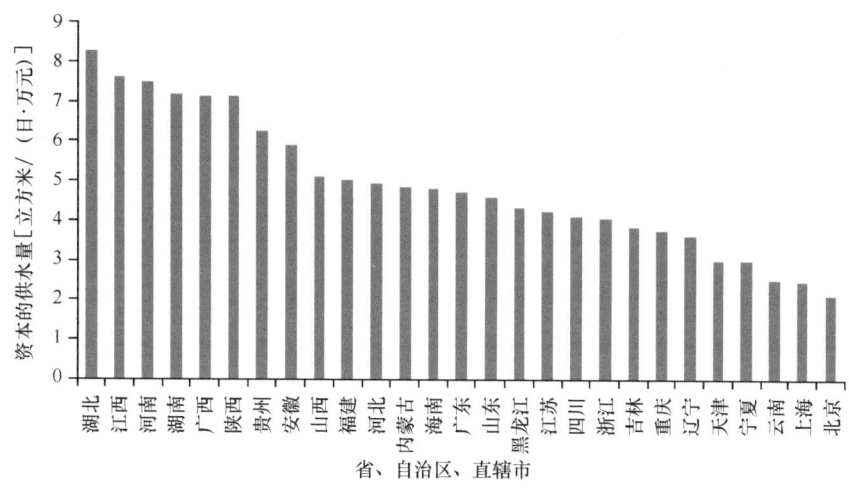

图 3-24　2015 年我国各省、自治区、直辖市的单位资本的供水量

注：西藏、甘肃、青海、新疆数据缺失。

数据来源：根据《城市供水统计年鉴》（2016）数据计算得知。

北京这四个城市的资产产出比均低于 3 立方米/（日·万元）。由此来看，我国各地区间供水行业的资产产出比差异较大，具体来说，资产产出比高的地区多数在二线、三线城市，其物价水平低，因此对于供水行业的固定资产投资也相对较低。同时，二线、三线城市的生产用水有较大部分为农业生产灌溉，因此对于供水的生产设备需求也较为普通。而北京、上海等特大城市由于人口众多，对于生活用水的需求量特别大，为了保证水质这部分供水会对供水设备的要求比较高，因此会使得这些地区供水的资产产出比较低。

三、人均供水能力

本书用供水能力比城市总人口作为人均供水能力，以此来分析我国供水行业近些年人均供水能力的变化趋势。从图 3-25 可以看出，2009 年～2015年我国人均供水能力整体呈现出轻微地下降，2009 年的人均供水能力为0.516 立方米/日，到 2015 年人均供水能力下降到 0.477 立方米/日，总体下降了 7.58％。具体来看，2009 年～2012 年是我国城市人均供水能力下降最快的时期，平均每年人均供水能力下降了 0.013 立方米/日。而 2012 年～2014 年人均供水能力出现了短期的回升，共增长了 0.42％；2014 年～2015年人均供水能力又出现了下滑，整体下降了 0.56％。由此可见，自 2009 年以来我国供水行业人均供水能力总体呈现下降趋势，这一方面说明了随着我国城镇化进程的加快，水资源的稀缺性不断凸显，人均供水能力不断降低，另一方面也说明了随着社会文明的不断进步，居民的节水意识不断提升而对水资源的需求量开始下降。

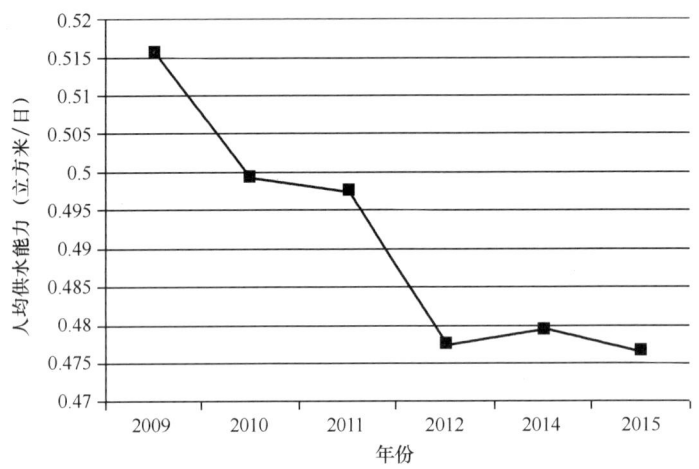

图 3-25　2009 年～2015 年我国人均供水能力

注：2013 年单位人员供水量数据缺失。

数据来源：根据《城市供水统计年鉴》（2010—2016）数据计算得知。

从我国供水行业人均供水能力的省、自治区、直辖市层面数据来看，除了北京地区外，其他地区的人均供水能力变化差异并不明显。如图 3-26 所示，2015 年北京人均供水能力为 3.73 立方米/日，而排名第二的广东人均供水能力为 0.673.73 立方米/日，仅为北京的 17.9%。然而，对比各省（直辖市）的供水生

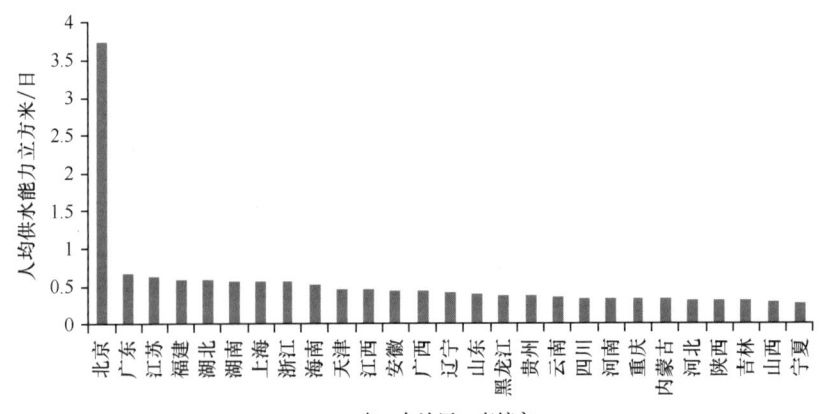

图 3-26　2015 年我国人均供水能力

注：西藏、甘肃、青海、新疆数据缺失。

数据来源：根据《城市供水统计年鉴》（2016）数据计算得知。

产能力，2015 年北京地区供水行业生产能力为 463.3 万立方米/日，全国排名第 13。由此来看，北京地区人均供水能力高并不一定是该地区生产能力高引起的，也可能是由于北京地区城市人口在统计上偏低所导致。另外，人均供水能力高于 0.5 立方米/日的省份还有江苏、福建、湖北、湖南、浙江及海南。人均供水能力排名后五的省份是河北、陕西、吉林、山西和宁夏，其平均人均供水为 0.30 立方米/日。由此可见，我国各省（直辖市）之间在人均供水能力上还是存在一定的差异，东部沿海及中部雨水较为充足的地区人均供水能力较高，而经济较为落后且常年干旱的西北部地区的人均供水能力存在一定的不足。

第四节　供水行业监管体制改革

一、供水行业监管机构

随着我国城市供水行业多种所有制企业的进入，城市供水行业监管机构和监管体制发生了重大的变化。为了适应这种变化，我国对城市供水行业监管机构模式进行了一定的改革，改革取向是继续保持中央和地方政府对城市供水行业的主导地位，逐步推进政企分离和政资分开，建立现代企业制度，实现政府监管的相对独立化。具体而言是，改变城市供水企业长期以来的政企合一、政资合一的局面，逐步推进供水企业的政企分离与政资分离，对城市供水企业进行渐进式改造，形成自主经营、自负盈亏的现代企业，严格剥离政府与市场之间的利益纽带，从而构建市场化、高效性和有潜力的城市供水行业现代经营体制。由政府或政府指定机构依据有关法律法规，对城市供水行业的进入、价格、运营、退出等多个环节进行政府监管。这种多部门分散化、协同监管体系，在实践中往往呈现出职能交叉、政出多门、各自为政等问题，城市供水行业管理体制呈现出"碎片化"的态势，通过专业化与分工实现部门之间协同治理的局面并未真正出现。

从我国城市供水行业发展来看，根据职能差异形成多部门分散监管模式，主要涉及水利、建设、国土、物价、发改、卫生等多个部门，通过各个部门分别承担与供水行业有关的职责，推进城市供水行业的发展，这其中不仅涉及不同政府层级之间的纵向关系，还涉及各供水管理部门之间的横向关系。

目前已经形成中央、省市区、城市、县城四个维度的供水行业监管机构，但这种监管机构体系具有政府管理和政府监管职能，同时一个部门承担多个行业的监管与管理工作，缺乏独立性，不利于同一项工作多个部门之间的有效衔接。同时，由于城市供水行业监管工作涉及多个环节，不同环节按照监管职能的不同，形成多个主体共同监管的网格化监管格局。目前与供水相关的法律主要有《水法》、《水污染防治法》、《环境保护法》，主要涉及供水相关的部门主要有水利部门、建设部门、环保部门、卫生部门等。《水法》规定，各级政府部门负责各自行政区域内水资源的统一管理和监督工作。其中，建设部门是我国城市供水行业的主要监管部门，拟定城市建设和城市供水等市政公用事业的发展战略、中长期规划、改革措施、规章，指导城市供水等市政公用事业相关工作等，而将城市管理的具体职责交给城市人民政府，并由城市人民政府确定城市供水等市政公用事业的管理体制。水利部门主要负责水资源开发利用，拟定水利发展战略规划和政策，起草有关法律法规，制定部门规章，负责生产、生活和生态用水的统筹使用，负责水资源的保护等。可见，水利部门的主要职责是原水水量的安全保障。根据《环境保护法》和《水污染防治法》的规定，环保部门是环境保护特别是污染防治的统一监督管理部门，主要负责水源的污染防治工作。卫生部主要保障生活用水卫生安全、保障人体健康，负责生活饮用水和涉及饮用水卫生安全的产品进行卫生监督管理，并对集中式供水发放卫生许可证。

由此可见，建设、水利、环保、卫生四大部门是中国城市供水行业政府监管的主要部门，通过部门协同监管共同推进中国城市供水行业的发展。在城市供水行业监管实践中，由于部门之间存在一定的职能交叉与相互协调问题，这在一定程度上增加了交易成本，甚至在一定程度上浪费了行政资源，易于产生同一监管制度的实施受制于不同部门职能分割所带来的低效率问题。

从整体来看，省市层面城市供水行业的监管机构呈现出基本趋同趋势，即与国家部委的职能保持一致性，形成主要职能由建设、水利、环保、卫生等部门协同管理的局面。一些省级行业主管部门成立市政管理委员会或水务局，由其行使对城市供水等行业的管理职能。到市级层面除了水利、环保、卫生三部门外，关于城市供水等市政公用行业的建设和管理职能划分问题，主要形成两类监管机构模式，即建管合一和建管分离。如杭州市市区的建设由市建委管理，运行管理由市城市管理委员会管理。

综上所述，从城市供水行业监管机构来看，无论是中央层面、省市区层面还是城市层面来看，目前已经形成协同监管的机构设置模式。同时在县市层面形成多部门协同监管以及原有建设部门的监管职能进行重新划分，形成建管合一和建管分离两种典型模式，从而对县市城市供水行业监管机构创新进行了有益尝试。

二、供水行业监管制度

2002 年建设部出台《关于加快市政公用行业市场化进程的意见》（建城〔2002〕272 号），这标志着中国城市供水行业进入市场化改革的新时期。该意见明确指出鼓励社会资金、境外资本采取独资、合资、合作等多种形式，参与市政公用设施的建设，形成多元化的投资结构。对供水等市政公用设施的建设，应公开向社会招标选择投资主体。采取公开向社会招标的形式选择供水等市政公用企业的经营单位，由政府授权特许经营。

2004 年建设部出台《市政公用事业特许经营管理办法》（中华人民共和国建设部令第 126 号），该办法明确国务院建设部门负责全国城市供水等市政公用事业特许经营活动的指导和监督工作，省、自治区人民政府建设主管部门负责本行政区域内的城市供水等市政公用事业特许经营活动的指导和监督工作，直辖市、市、县人民政府市政公用事业主管部门依据人民政府的授权，负责本行政区域内的市政公用事业特许经营的具体实施。同时，该办法明确了特许经营权竞标者的条件、主管部门选择投资者或经营者的条件、特许经营协议内容、主管部门履行的责任以及特许经营权的企业履行的责任等。

随着市场化改革的推进，城市供水等市政公用事业出现了一些不规范的行为，为了加快推进城市供水等行业的市场化改革，建设部出台《关于加强市政公用事业监管的意见》（建城〔2005〕154 号），该意见明确了市政公用事业监管的主要内容包括市场进入与退出的监管、运行安全的监管、产品与服务质量的监管、价格与收费的监管、管线网络系统的监管、市场竞争秩序的监管等。

2005 年国务院出台《关于鼓励支持和引导个体私营等非公有制经济发展的若干意见》（国发〔2005〕3 号），该意见指出进一步解放思想，深化改革，消除影响非公有制经济发展的体制性障碍，确立平等的市场主体地位，实现公平竞争；依法保护非公有制企业和职工的合法权益；进一步加强和改进政府监督管理和服务，为非公有制经济发展创造良好环境；进一步引导非公有制企业依法经营、诚实守信、健全管理，不断提高自身素质，促进非公有制经济持续健康发展。

2015 年国务院出台《基础设施和公用事业特许经营管理办法》（国务院令第 25 号），该办法规定了基础设施和公用事业特许经营坚持的原则、特许经营方式、特许经营期限、部门职责、项目实施方案、可行性评估、特许经营协议内容、特许经营协议履行、特许经营协议变更和终止、监督管理和公共利益保障、争议解决和法律责任等。

2013 年以来，为了推进城市供水等行业的政府和社会资本合作，国务院、国家发展和改革委员会、国家财政部以及其他部委相继出台多部 PPP 法律法规，这为新一轮城市供水等行业的市场化改革提供了重要的制度保障。《关于规范政府和社会资本合作（PPP）综合信息平台项目库管理的通知》、《政府和社会资本物有所值评价指引（修订稿）》、《政府和社会资本合作项目财政管理暂行办法》、《政府和社会资本合作项目财政承受能力论证指引》、《政府和社会资本合作项目政府采购管理办法》、《关于规范政府和社会资本合作合同管理工作的通知》等。这些 PPP 的制度文件为规范城市供水等行业的政府和社会资本合作具有重要的推动作用，但在运行过程中也出现了明股实贷、固定回报、保底水量等"伪PPP"问题，现时期亟需规避城市供水等领域的"伪 PPP"行为，从而推动城市供水等行业的快速发展。

三、供水行业价格监管

新中国成立后，中国城市供水行业价格监管经历了传统的无偿供水到福利水价，到按供水成本定价再到商品价四个阶段。

（一）无偿供水阶段（1949 年～1963 年）

中华人民共和国成立后的一段时间内，城市供水设施百废待兴，需要投入较大额度的投资，而且当时的投资主体是政府或事业单位或国有企业，资金来源主要是政府拨付，而且长期以来在计划经济体制下，商品价格机制扭曲甚至对公益性产品或服务实行免费供应。对城市供水产品而言，在 1949 年～1964 年间，对水的资源属性、稀缺性以及价值性的认识还不到位，从而形成了免费供应的局面。

（二）低价供水阶段（1965 年～1978 年）

建国初期，我国城市供水实行的是以公益性供水为主，基本不收取水费的模式，即无偿供水阶段。直到 1964 年，水利电力部提出《水费征收和管理的试行办法》，开始改变无偿供水的状况。1965 年，水利电力部制定的《水利工程水费征收使用和管理办法》，确立了按成本核定水费的基本模式。

（三）成本供水阶段（1979 年～2001 年）

1979 年以来城市供水费用征收和管理开始走上正轨，1985 年国务院颁布《水利工程水费核订、计收和管理办法》（国发〔1985〕94 号），明确提出了要在供水成本基础上核算水价，并提出供水成本包括工程运行的运行管理费、大修理费及其他按规定计入成本的费用。1988 年颁布的《水法》规定了取水许可制度和水资源有偿使用制度。1994 年国务院令第 158 号《城市供水条例》提出，城市供水价格应当按照生活用水保本微利、生产和经营用水合理计价的原则制定，用水单位和个人应当按照规定的计量标准和水价标准按时缴纳水费。1997 年国务院出台《水利产业政策》（国发［1997］35 号），该政策明确规定"新建水利工程的供水价格，要按照满足运行成本和费用、缴纳税金、归还贷款和获得合理利润的原则制定。原有水利工程的供水价格，要根据国家的水价政策和成本补偿、合理收益的原则，区别不同用途，在 3 年内逐步调整到位，以后再根据 供水成本变化情况适时调整。县级以上人民政府物价主管部门会同水行政主管部门制定和调整水价。""国家实行水资源有偿使用制度，对直接从地下或江河、湖泊取水的单位依法征收水资源费。"随后，1998 年由国家计委、建设部印发《城市供水价格管理办法》明确提出 "城市供水实行分类水价。根据使用性质可分为居民生活用水、工业用水、行政事业用水、经营服务用水、特种用水等五类。城市供水价格由供水成本、费用、税金和利润构成。污水处理费计入城市供水价格，按城市供水范围，根据用户使用量计量征收。"城市供水价格由供水成本、费用、税金和利润构成，城市供水应逐步实行容量水价和计量水价相结合的两部制水价或阶梯式计量水价。

由此可见，我国水价制定正逐步向商品化方向发展，但是水商品的分配还没有实现市场化配置，供水价格标准普遍过低，《水法》第 34 条第二、三款规定对城市直接从地下取水的单位，征收水资源费；其他直接从地下或江河、湖泊取水的，可由省、自治区、直辖市人民政府决定征收水资源费，政府在制定水价方面起着决定性的作用。

（四）单一商品价格时期（2002 年～2012 年）

2002 年我国实行新《水法》、国家计委、建设部颁布的《城市供水价格管理办法》和 2003 年国家发改委和水利部颁布的《水利工程供水价格管理办法》等一系列文件，确定了水价核定原则：供水价格按照补偿成本、合理收益、优质优价、公平负担的原则制定；同一供水区域内供水价格按区域统一核定；供水价格由供水生产成本、费用、利润和税金构成；供水用途实行分类定价；供水逐步推行基本水价和计量水价相结合的两部制水价，用水实行定额管理，超出部分实行累进加价等等。并开始征收水资源费，有偿使用水资源。

（五）阶梯商品价格时期（2013年至今）

2003年以来，中国城市供水价格改革取得显著进展，1992年，国家物价局将供水转为商品价格进行管理。2003年国家发展和改革委以及国家水利部出台《水利工程供水价格管理办法》，指出水利工程供水价格由供水生产成本、费用、利润和税金构成。但这一时期对同一供应群体或企业类型实行单一价格，为了完善资源性产品价格形成机制，2013年国家发展改革委、国家住房城乡建设部两部委联合出台《关于加快建立完善城镇居民用水阶梯价格制度的指导意见》（发改价格〔2013〕2676号），提出要推进阶梯水价制度，并对阶梯水量和阶梯水价进行相应的规定。其中，第一级水量原则上按覆盖80%居民家庭用户的月均用水量确定，保障居民基本生活用水需求；第二级水量原则上按覆盖95%居民家庭用户的月均用水量确定，体现改善和提高居民生活质量的合理用水需求；第三级水量为超出第二级水量的用水部分。各地应结合当地实际，根据《城市居民生活用水量标准》GB/T 50331—2002和近3年居民实际月人均用水量合理确定分级水量。第一级、第二级水量可参考《各地城市居民生活用水阶梯水量建议值》（见附件）确定。各地可进一步细化阶梯级数，设置四级或五级阶梯。根据不同阶梯的保障功能，第一级和第二级要保持适当价差，第三级要反映水资源稀缺程度，拉大价差，抑制不合理消费。原则上，第一级、第二级、第三级阶梯水价按不低于1∶1.5∶3的比例安排；缺水地区，含水质型缺水地区，应进一步加大价差，具体由各地根据当地水资源稀缺状况等因素确定。实行阶梯水价后增加的收入，应用于供水企业实施户表改造、弥补供水成本上涨和保持第一级水价相对稳定等。

综上所述，我国城市供水价格改革总体特征呈现出由传统的福利型向商品型价格转变。城市供水行业价格改革取得了一定的成效，具体表现在：一是极大地提高了城市供水价格，使城市供水价格与成本倒挂现象逐渐降低，多数城市供水价格实现了收支平衡甚至获取适当利润；二是开始征收污水处理费和水利工程水价，既考虑了供水的环境效益，也体现了制水成本。三是在商品水价上实现了传统的单一价格向阶梯价格的跨越，有利于供水价格机制的有效调整，实现社会各界的节约用水。

四、供水行业进入监管

我国城市供水行业进入监管呈现出网络环节严格监管与非网络环节逐步放松的态势。其中，中华人民共和国成立以来到20世纪70年代末80年代初，我国城市供水行业处于严格的政府监管阶段，事业单位成为城市供水行业的运营主体，资金完全由政府财政拨付，是一种典型的政府主导下的垄断经营。随着1978年改革开放，我国城市供水行业进入放松监管的新时期，为此，本报告将以1978年为界限，将我国城市供水行业进入监管划分为四个阶段。具体而言：

（一）以技术设备引进为核心、以外资进入为特征的阶段

改革开放以后，城市供水行业供需矛盾十分突出，政府财政资金投资压力逐步凸显，为了解决传统意义上通过政府投资所带来的资金剪刀差问题，我国政府开始允许地方借助于国际组织（如世界银行、亚洲开发银行等）通过贷款的方式筹集资金，其贷款条件是从外国专业的水务公司购买专业化的设备，并接受其技术指导。因此，该阶段城市供水行业进入监管的主要特征是以输入设备与技术为核心的新阶段，在实践中往往缺乏外国资本直接投资中国城市供水行业、参与城市供水行业建设和运营的情况。由于国际组织和外国资本通过技术设备输入的方式，进一步扩展了中国城市供水行业的资金来源，这在较大程度上提高了我国城市供水行业的技术能力和管理水平。

（二）以水厂市场化改革为核心、慎重开放管网设施阶段（20世纪90年代初到2002年）

该阶段是我国真正开始城市供水行业市场化改革的新时期，这一阶段投资方式的主要特征是以BOT为核心，通过引进外国资本进入中国城市供水行业为重点，通过放松进入监管的方式，逐步打破区域垄断。城市供水行业涉及网络型或自然垄断业务的管网环节，以及竞争性业务或非自然垄断业务的水厂以及销售环节，该阶段主要是放松对非自然垄断业务的监管，即城市供水企业的水厂设施建设与运营环节，而管网设施依然受到严格管控。在该阶段法国威立雅、英国汇津水务等国际水务巨头通过BOT的方式开始进入中国城市供水市场。同时，国内一些非国有资本纷纷进入城市供水行业，通过收购水厂或BOT的方式，参与城市供水企业的建设和运营。从而通过国内非国有资本与国际跨国水务企业的参与，中国城市供水行业第一轮真正意义的市场化改革或特许经营开始展开，这进一步拓宽了非国有资本的投资额度，但在这一过程中也出现了一系列问题，如固定回报、保底水量等，这为市场化改革初期城市供水行业的发展埋下一定的隐患，随着时间的推移在现实中出现了一系列的政府回购等，这增加了回购所在地政府的财政负担。

（三）以特许经营为核心，放松监管由传统的非自然垄断环节开始过渡到自然垄断环节的阶段（2002 年～2012 年）

随着城市供水等市政公用事业市场化改革的深入，相关的市场化改革配套制度滞后制约了城市供水等行业的发展，从而为供水行业市场化改革埋下一些隐患。为此，建设部于 2002 年出台《关于加快市政公用行业市场化进程的意见》，2004 年为了进一步规范城市供水等市政公用行业发展，出台《关于加强市政公用事业监管的意见》，这为该时期规范城市供水等市政公用事业发展提供重要的制度保障。2002 年国家计委颁布《外商投资产业指导》，对供排水管网首次对外资开放。2002 年以来，在城市供水行业市场化运营过程中，出现了允许社会资本进入城市供水行业，参与供水厂网建设与运营的厂网一体化运作模式。如威立雅公司购买了上海自来水浦东有限公司 50％的股份，标志着外国资本开始大规模地介入中国城市供水管网，威立雅公司成为中国城市供水行业第一个结合制水、输配和服务为一体的合资企业。

（四）大力鼓励和支持社会资本进入城市供水行业，进入全面开展 PPP 的新阶段（2013 年至今）

2013 年以来，国务院、国家发展改革委、国家财政部以及其他部委，相继出台一系列的 PPP 文件，这标志着中国进入全面 PPP 的新时代。从系列 PPP 文件来看，国家在积极鼓励和引导社会资本参与城市供水行业的建设和运营，愈发呈现出国有企业、民营企业和外资企业以及其他资本等多种社会资本结构的多元化投资与运营主体结构，从而逐步打破国有企业一家独大的局面，以 PPP 为核心的市场化模式被广泛应用。但相比于第三阶段，由于城市供水设施与社会公众生命安全和国家安全息息相关，为此，第四阶段在 PPP 过程中开始慎重对城市供水管网设施的开放。同时，通过企业整合、做大做强的方式，逐步提升区域供水企业的市场竞争力。

五、供水行业质量监管

中华人民共和国成立以来，如何保障居民饮用水供应成为长期的一项重要任务，为此，中国政府更加关注饮用水的供应数量上，相对而言对饮用水的质量安全的关注度不够。随着中国经济的发展和人民生活质量的提升，政府对城市饮用水安全问题的关注点由数量安全开始向水质安全转化。最早在 1955 年，国家卫生部发布了在北京、天津、上海、大连等 12 个城市试行的《自来水水质暂行标准》，这是新中国成立后最早的一部管理生活饮用水的技术法规。1956 年国家建设委员会和卫生部审查批准《饮用水水质标准（草案）》标准对 15 项水质指标作出了规定，同年 12 月 1 日实施。1959 年由卫生部和建筑工程部联合发布《生活饮用水卫生规程》，水质指标由 15 项增加到 17 项，同年 11 月实施。1976 年由国家建设委员会和卫生部批准《生活饮用水卫生标准（试行）》TJ20—1976，水质指标由原标准的 17 项增至 23 项。同年 12 月 1 日起试行。1985 年重新修订后增加到 35 项，供水质量得到较大程度的提高。1992 年建设部发布了《城市供水企业资质管理条例》，规定了供水水质是衡量供水企业的重要指标。1999 年建设部颁布了《城市供水水质管理规定》，规定城市供水水质管理实行供水企业自我检查、监测以及行政监督三者结合的制度。同年，建设部还颁布了《城市供水水质监测数据上报管理暂行办法》，供水行业的监测体系包括国家和地方两级水质监测网络，各城市水质中心和监测站负责其职责划分范围内的水质监测，所监测上报的数据统一由城市管理部门管理，并由环保部门负责监督。

2001 年国家卫生部出台《生活饮用水卫生规范》。2002 年国家建设部遵循联合国开发计划建立了全国水质督查中心。2005 年建设部又颁布了《城市供水水质标准》，水质检测指标增加到 93 项。2006 年国家卫生部等多部门联合发布《生活饮用水卫生标准》GB 5749—2006，检测标准增加至 106 项，并于 2012 年 7 月全面实施。该标准统一了城乡饮用水的卫生标准，具有更加广泛的适用性，并与欧盟、美国、日本等发达国家和地区接轨，这对我国饮用水安全具有重要的保障作用。2012 年国家卫生部发布了《关于加强饮用水卫生监督监测工作的指导意见》，进一步加强水质监督、监测能力的建设，同时严格按照《政府信息公开条例》的要求，做好水质监督监测的信息公开工作。

由此可见，我国生活饮用水水质标准要求已经达到国际较高水准，这为饮用水质量的提升提供了重要的制度保障和约束条件。为此，如何保障城市饮用水安全，重要的是积极落实《生活饮用水卫生标准》GB 5749—2006，并对自来水厂进行实时监控，及时准确地把握自来水厂的水质安全。同时，界定二次供水设施产权归属，着力推进二次供水设施改造，全面保障城镇居民的饮用水安全。

第四章　排水与污水处理行业发展报告

　　改革开放以来，中国经历了前所未有的快速城镇化和工业化进程，大量人口涌入城镇，不仅加大了城镇对资源能源、生态环境的需求，而且引起大量的城市污染，同时气候变化导致全国范围的城市内涝频发，经济社会对排水和污水处理的需求日益增加。随着国家大力推进城市环境综合治理以及流域水污染治理，中国城镇排水与污水处理从无到有，设施投资持续增长，设施建设稳步推进，污水处理能力快速增强，污泥无害化处理处置和再生水利用水平稳步加强，地区间差异不断缩小，城市水环境和水生态逐步改善和恢复。随着市场化改革的深入，中国城镇排水与污水处理行业管理体制不断调整，由传统的政企不分到成为中国PPP改革的"排头兵"，不断完善纵向指导、横向协调的监管机构体系，积极探索体现成本和环境效益的污水处理价格形成机制，不断提升质量标准，加强污水处理运营服务的质量监管。逐步放松进入监管，培育了一大批规模较大、技术先进、管理高效、产业链完备的民族污水处理企业，基本形成了以市场为导向的企业化运营机制。

第一节　排水与污水处理行业投资与建设

随着我国国民经济建设和社会发展，城市化和工业化进程加速，对排水和污水处理的需求日益增加，改革开放 40 年也是中国排水与污水处理行业投资与建设快速增长、齐头并进的 40 年。本节分析了中国在排水、污水处理和再生水利用等方面历年投资与建设的规模和总体情况，重点研究了东、中、西部和各省、市、自治区在排水与污水处理行业的投资规模与增速变化趋势。

一、设施投资与建设总体情况

（一）我国排水与污水处理设施的投资情况

自改革开放以来，我国国民经济建设和社会发展，城市化和工业化进程加速，对排水和污水处理的需求日益增加，党中央、国务院高度重视城镇生活污水处理设施等环境公共基础设施建设，按照建设资源节约型、环境友好型社会的总体要求，顺应人民群众改善环境质量的期望，中央和地方政府不断加大对城镇污水处理设施建设和运营的投资力度，我国排水与污水处理行业快速发展，设施投资稳步增长，具体如图 4-1 所示。

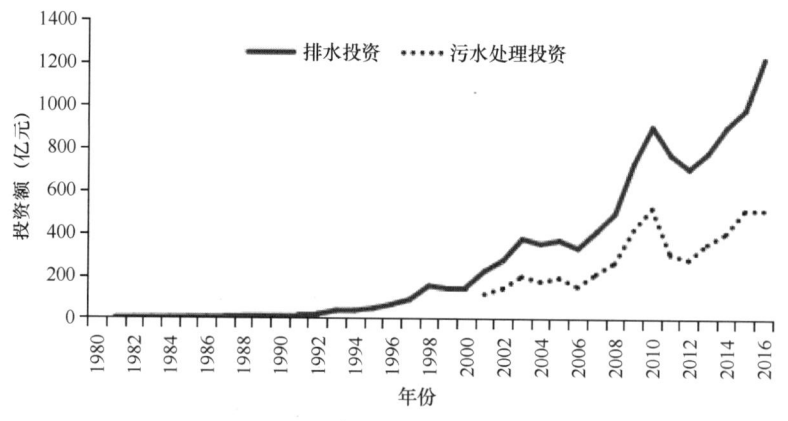

图 4-1　全国历年排水与污水处理投资

改革开放期初，我国城镇排水与污水处理以排水为主，而且主要是提倡利用污水进行农业灌溉，在城市排水设施方面的投资仅为 2 亿元，2016 年中国城市排水设施投资已达到 1222.51 亿元，是改革开放初期的 600 多倍，相较于 2015年，排水设施投资增加了 240 万元，为"十三五"开了个好头。现代化的污水处理厂是从 20 世纪 80 年代以后才开始投资建设的，早期主要是利用郊区的坑塘洼地、废河道、沼泽地等稍加整修或围堤筑坝，建成稳定塘，对城市污水进行净化处理，日处理城市污水大约仅为 173 万立方米。2001 年，我国的城市污水处理和再生水利用设施投资为 116.4 亿元，2016 年达 508.43 亿元，增加了 4.3 倍，年均增长率在 22% 以上，增速显著。

作为污水处理的"衍生品"，近年来随着居民生活用水量和工业用水量的不断增加，污水处理量也随之上升，污泥产量随之不断增加，污泥问题逐步成为我国生态文明建设的工作重点。在污泥处理设施投资方面，从 2011年至今，每年的投资规模都在 17 亿元以上，在 2013 年达到投资峰值 24.54亿元后，2014、2015 年逐年下降，2016 年污泥处理处置设施的投资规模基本稳定在 18.5 亿元左右，如图 4-2 所示，污泥处理处置设施的投资仍有待进一步加强。

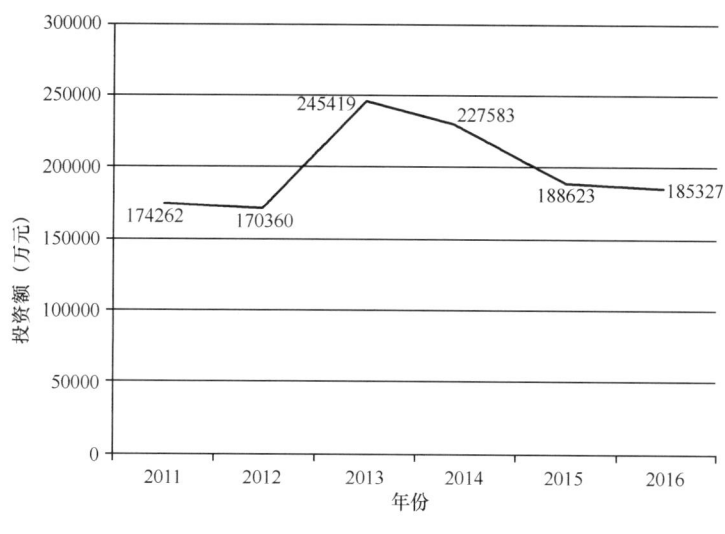

图 4-2 全国历年污泥处理处置投资

2016 年，我国城市排水与污水处理行业的固定资产投资总额达 1730.9亿元，其中排水设施投资占比最高，达 1222.5 亿元，污水处理、污泥处理和再生水利用设施的固定资产投资分别为 408.9 亿元、18.5 亿元和 81 亿元，各项占比分别占行业投资总额的 70.63%、23.62%、1.07% 和 4.68%，如图 4-3 所示。

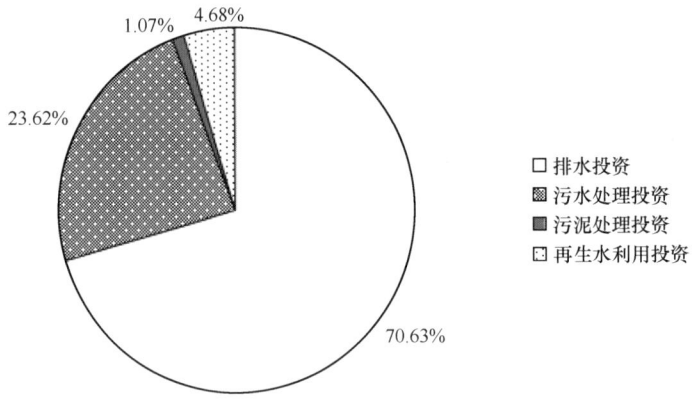

图 4-3　排水与污水处理行业投资比

（二）我国排水与污水处理设施的建设情况

1980 年以后，我国在排水、污水处理及再生利用方面的建设稳步推进，污水处理能力快速增长，再生水利用规模不断扩大，成就斐然。1980 年，全国城市建成的排水管道只有 2.19 万公里，仅有污水处理厂 35 座，日均污水处理能力 70 万立方米；到 2016 年，全国已建成排水管道 57.79 万公里，建成污水处理厂 2048 座，日均处理能力达 1.49 亿立方米，较 1980 年分别增长了 25 倍、57 倍和 213 倍，如图 4-4、图 4-5 所示。同时，2016 年全国再生水利用量达 452698 万立方米。

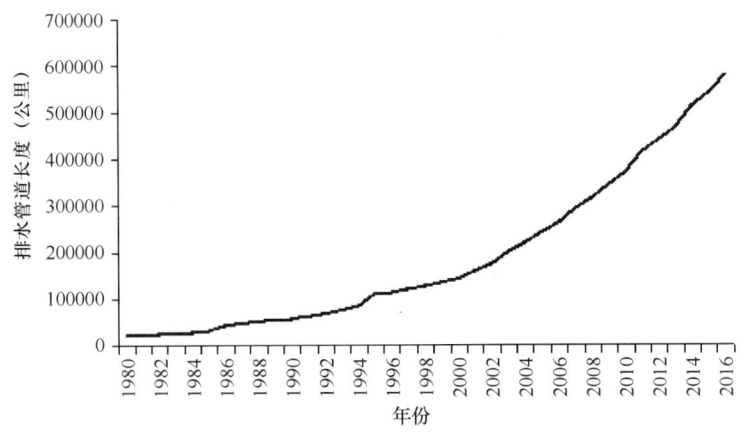

图 4-4　全国历年建成排水管道长度

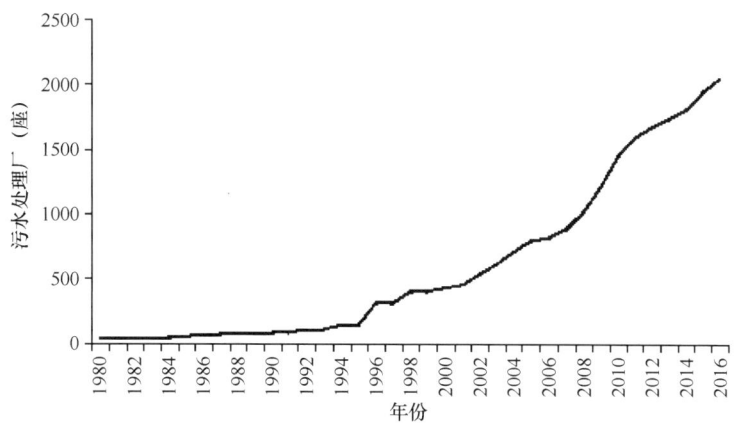

图 4-5　全国历年建成污水处理厂数量

（三）我国排水与污水处理设施投资与建设的阶段特征

1980 年～2016 年间，我国城镇排水与污水处理设施的投资与建设基本经历了起步阶段、稳步推进、快速增长和内涵发展四个阶段。

1. 起步阶段（1990 年以前）

1990 年以前，我国在城市排水和污水处理方面的投资与建设都相对较慢。在此期间，我国在排水方面的投资总体较少，增长幅度慢。1980－1990 这 10 年之间，排水方面的投资从 2 亿元增加至 9.6 亿元，增加了约 5 倍，年均增长不足 1 亿元，建成排水管道从 1980 年 2.19 万公里增加到 5.78 万公里，污水处理厂从 35 座增加至 80 座，投资增长的幅度和设施建设额速度都相对较慢。

2. 稳步推进阶段（1991 年～2000 年）

随着流域水污染治理工作的正式启动，排水与污水处理设施建设迎来了持续、快速增长的黄金阶段。"九五"期间，我国正式启动对"三河"（淮河、海河和辽河）、"三湖"（太湖、巢湖、滇池）流域和"环渤海"地区的水污染治理，国家给予相应资金和技术上的支持。1991 年，中国在城市排水上的投资达 16.1 亿元，增加了 67.7%；此后各年稳步增加，1999 年达 149.3 亿元，与 1990 年相比，增加了 15.5 倍。建成排水管道从 1990 年的 5.7 万公里增加至 2000 年的 14.18 万公里；污水处理厂从 1990 年 80 座增加至 1999 年的 402 座，我国城镇排水与污水处理设施投资与建设正在有序地稳步推进。

3. 快速增长阶段（2001 年～2010 年）

2001 年，我国在城镇排水与污水处理设施领域的投资又有显著的提升，当年的投资额达 224.5 亿元，较 1999 年的 149.3 亿元增加了 75.2 亿元，增幅达 50.3％，此后投资逐年增长。特别是到了"十一五"期间，国家将 COD 作为主要污染物减排指标，COD 减排成为考核地方政府的一项硬约束指标，污水处理厂作为 COD 减排的重要措施和手段，各地掀起了排水与污水处理设施建设的高潮。到 2010 年，全国城镇污水处理能力已经突破 1 亿立方米/日，达到 10436 万立方米/日，污水处理率达到 82.31％，污水处理厂数量达 2496 座。全国有 607 个城市建有城镇污水处理厂，占城市总数的 93％；有 1034 个县建成了城镇污水处理厂，占县城总数的 63％；16 个省（区、市）实现了辖区内每个市县均建有城镇污水处理厂。据统计，仅 2001 年～2010 年的 10 年间，污水处理量翻了 2 番，排水管网长度翻了 1 番多，污水处理率从不到 40％增长到超过 80％。

4. 内涵增长阶段（2011 年至今）

通过前期排水与污水处理设施投资与建设的快速增长，全国所有设市城市和县城基本都具有污水集中处理能力，设施投资和建设的重点从新建污水处理厂逐步转变到配套管网建设、配套污泥无害化处理处置、配套再生水利用以及污水处理厂提标改造等方面。此外，黑臭水体治理、海绵城市建设等进一步拓宽了城镇排水与污水处理设施的外延和内涵，成为我国城镇排水与污水处理行业新的投资增长点和建设热点。因此，尽管近几年城镇排水与污水处理行业的投资增速有所减缓，但投资规模始终保持这一定幅度的稳步增长。

二、东部、中部、西部地区设施投资与建设情况比较

自改革开放以来，尽管全国的城镇排水与污水处理设施建设有了质的飞跃，各项规划目标基本都圆满完成，但设施投资与建设仍存在着区域分布不均衡的问题，发达地区与欠发达地区的投资规模、增速和重点都不尽相同。为此，当前中国城镇排水与污水处理行业的投资建设应当从解决发展不平衡问题着手，加快解决设施布局不均衡问题，着重提高新建城区及建制镇污水处理能力。

（一）东部、中部、西部地区排水与污水处理设施投资情况

2016 年，我国城市排水与污水处理行业的固定资产投资总额 1730.9 亿元、排水、污水处理、污泥处理和再生水利用等方面的投资额分别为 1222.5 亿元、408.9 亿元、18.5 亿元和 81 亿元。

从各类投资的地区间分布看，东部地区的固定资产投资遥遥领先，排水、污水处理、污泥处理、再生水利用等设施的投资额分别为 764.1 亿元、250.4 亿元、10.6 亿元和 73.1 亿元，分别占到了全国各类投资总额的 62.5％、61.2％、

57.2％和90.2％。其投资占比有所增长的是排水设施和污水处理设施，与中西部地区新建污水处理设施投资不同的是，东部地区新增的污水处理设施投资更多的是已建污水处理厂提标改造的投资。中部地区在排水、污水处理、污泥处理、再生水利用方面的投资分别为328.6亿元、101.9亿元、5.5亿元、1.3亿元，分别占全国投资的26.9％、24.9％、29.7％和1.6％，特别是加大了排水设施和污泥处理处置设施的投资，污水处理设施的投资比重在下降。这说明中部地区的新建污水处理设施项目基本稳定，接下去的投资重点是配套的管网和污泥处理处置；西部地区在排水、污水处理、污泥处理、再生水利用方面的投资分别为129.8亿元、56.5亿元、2.4亿元和6.7亿元，占全国的10.6％、13.8％、12.9％和8.3％，不论绝对数还是相对数都较小。而且西部地区的投资重点仍是污水处理设施，对再生水利用设施的投资有所减弱。东部、中部、西部排水与污水处理设施投资比例详见图4-6。

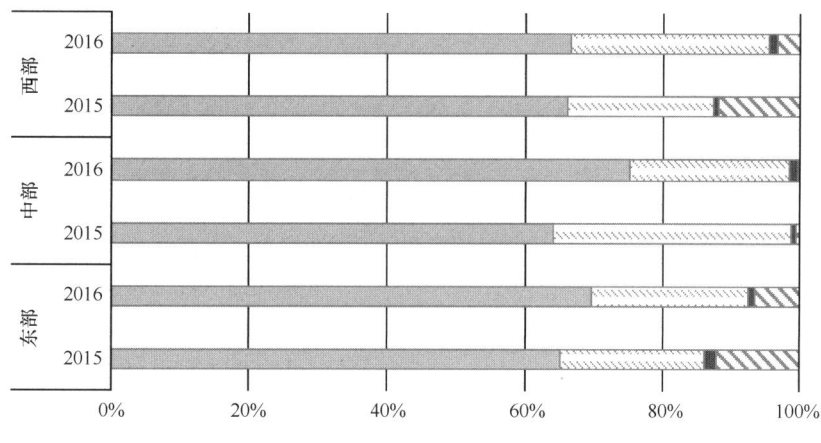

图 4-6　东部、中部、西部排水与污水处理设施投资比例

总体上，相较于2015年，东部、中部、西部的地区间差异有所减小，中西部地区的投资占比在逐年攀升。如图4-7所示，在排水投资方面，三个地区均有增长趋势，其中中部地区占比增长最快，涨幅高达10％以上，东部地区、西部地区分别为5％和0.5％，地区间差异相较于2015年有扩大趋势；在污水处理投资方面，西部地区与东部地区占比增长，而中部地区占比大幅下降，地区间差异有所减小；在污泥处置方面，中西部地区微弱增长，东部地区则相反，该项占比地区间差异呈减小趋势；在再生水利用投资方面，三个地区占比均下降，幅度在西部、东部、中部地区依次递减，地区间差异显然缩小，具体见图4-7。

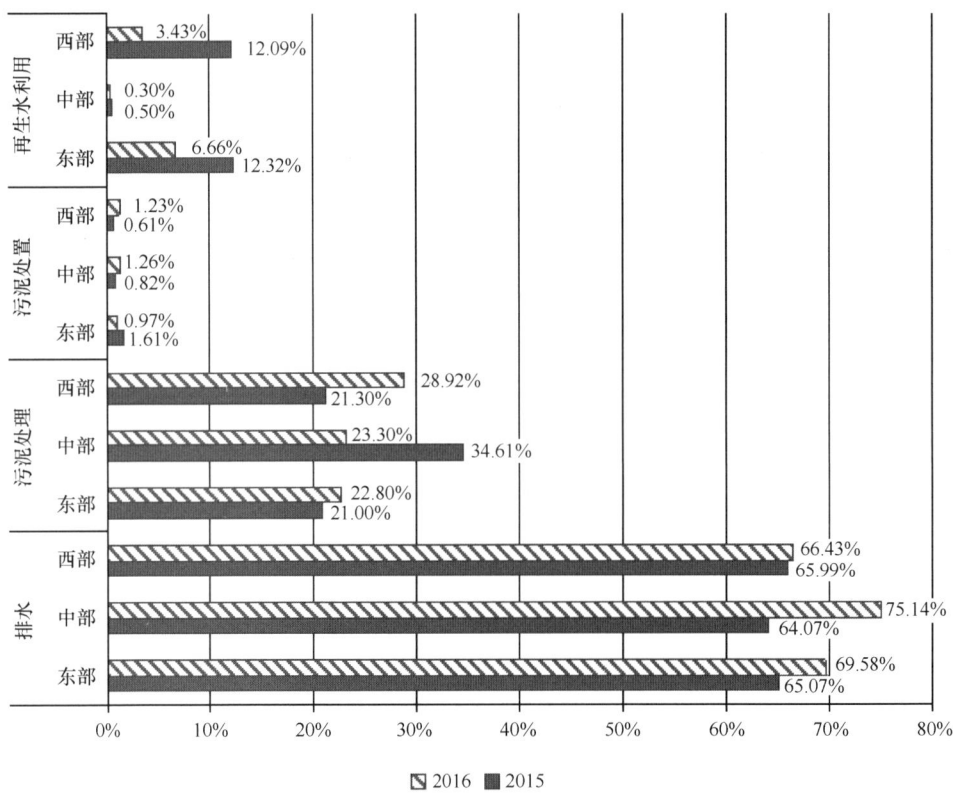

图 4-7　2015 年～2016 年东部、中部、西部分类投资比例

（二）东部、中部、西部地区排水与污水处理设施建设情况

2016 年，全国共建成排水管道总长 577880.64 公里，污水处理厂 2048 座。其中，东部地区为 350081.88 公里和 1167 座，中部地区为 140430.85 公里和 528 座，西部地区为 87367.91 公里。与投资情况类似，城镇排水与污水处理设施建设也是东部占比较大，中部和西部略少。2016 年东部、中部、西部排水与污水处理设施投资与建设情况详见表 4-10。

2016 年东部、中部、西部地区排水与污水处理设施投资与建设情况　表 4-1

地区	固定资产投资情况（万元）				各项建设情况		
	排水	污水处理	污泥处理	再生水利用	排水管长（公里）	污水处理厂（座）	处理能力（m³/日）
东部地区	7641227	2504330	106436	730611	350081.88	1167	9110
中部地区	3285896	1018911	54531	13185	140430.85	528	3707.4

地区	固定资产投资情况（万元）				各项建设情况		
	排水	污水处理	污泥处理	再生水利用	排水管长（公里）	污水处理厂（座）	处理能力（m³/日）
西部地区	1297939	565422	24360	66516	87367.91	353	2119.8
全国合计	12225062	4088663	185327	810312	577880.64	2048	14937.2

　　考虑到各地区城市化水平和人口密度的差异，对比各地区城市排水管网密度和污水处理强度。2016 年，我国城市排水管网的密度达到了 10.64 公里/平方公里，东部地区达到 12.71 公里/平方公里，高于全国平均水平，中部、西部地区分别为 8.97 公里/平方公里、8.28 公里/平方公里，均低于全国平均水平。从污水处理率来看，2016 年全国城市平均污水处理率达到了 93.18％，东部地区为 92.03％，略低于全国平均水平，主要是由于海南省的污水处理率仅为 77.01％，拉低了均值；中部地区为 93.35％，略高于全国平均水平；而西部地区仅为 83.68％，低于全国平均水平。可见，各地对排水与污水处理设施的投资建设，受经济和社会发展水平的影响，地区间差异比较明显。总体上，东部地区无论是从投资与建设的绝对数量、相对数量，还是覆盖程度与处理水平上，都处于领先水平，中西部地区的投资与建设较为落后，需要进一步增加投资，加快建设。

三、 各省、 自治区、直辖市排水与污水处理设施投资与建设情况

　　我国幅员辽阔，改革开放以来，各省市经济和社会发展水平存在较大差异。城镇排水与污水处理设施的建设要与经济社会发展水平相协调，与城镇发展总体规划相衔接，因此各省在排水与污水处理设施的投资建设方面的差异较大，如表 4-2 所示。

2016 年各省、自治区、直辖市排水与污水处理设施投资与建设　　表 4-2

地区	固定资产投资情况（万元）				建设情况	
	排水	污水处理	污泥处理	再生水利用	排水管长（公里）	污水处理厂（座）
全国	12225062	4088663	185327	810312	577880.64	2048
北京	2802488	903909	27599	625659	16901.28	58
天津	67110	18342	0	2853	20951.35	48
河北	348204	69440	2300	5964	17954.48	83
山西	124172	43776	500	0	8169.32	40

续表

地区	固定资产投资情况（万元）				建设情况	
	排水	污水处理	污泥处理	再生水利用	排水管长（公里）	污水处理厂（座）
内蒙古	301177	199247	13282	4625	12971.14	44
辽宁	91965	11960	0	0	18274.63	98
吉林	75106	31120	6330	0	9709.48	42
黑龙江	131325	54839	2000	2300	10722.39	66
上海	219363	35172	5777	0	19508.08	49
江苏	1370344	397608	29882	25739	72822.82	195
浙江	698714	400543	35312	990	40549.50	88
安徽	387047	91580	0	1391	26387.84	66
福建	313970	58843	402	0	14329.31	51
江西	325463	38309	22099	0	13326.45	41
山东	803192	191738	855	63601	56795.65	173
河南	346845	67345	2220	3369	21376.47	81
湖北	1190260	231876	0	1500	23922.02	83
湖南	404501	260819	8100	0	13845.74	65
广东	392110	330254	200	0	56323.15	256
广西	447080	14821	4109	0	11479.86	47
海南	86687	71700	0	5805	4191.77	21
重庆	91019	50553	0	465	15553.47	50
四川	429878	279090	0	0	26485.55	102
贵州	26156	5013	2410	10388	6060.29	31
云南	165620	16900	0	124	13132.57	38
西藏	39069	37360	0	0	1422.03	4
陕西	187401	93690	6950	9423	8677.98	39
甘肃	75806	25513	15000	0	5802.32	24
青海	16513	8583	0	0	1743.53	11
宁夏	24242	7523	0	0	1626.37	13
新疆	242235	41197	0	46116	6863.80	41

　　在排水设施投资方面，2016 年全国排水设施固定资产投资 1222.5 亿元，地区间差异较大，如图 4-8 所示。其中，北京市遥遥领先，当年排水设施投资达到了 280.2 亿元，江苏省次之，为 137 亿元。2016 年排水设施固定资产投资总额超过 50 亿元的还有三个省份：湖北、山东和浙江，投资额分别为 119 亿元、80.3 亿元和 69.8 亿元；大部分省份排水设施的固定资产投资额在 10～50 亿元之间，共 16 个省、市、自治区，分别为河北、内蒙古、上海、安徽、福建、江西、河南、湖南、广东、广西、四川、新疆、山西、黑龙江、云南、陕西；还有 10 个省份的排水设施投资不足 10 亿元，分别是天津、辽宁、吉林、海南、重庆、贵州、西藏、宁夏、青海，其中有 4 个欠发达地区的排水投资不足 4 亿元，分别是西藏、贵州、宁夏、青海，尤以青海最少，仅为 1.65 亿元，宁夏次之，为 2.42 亿元。

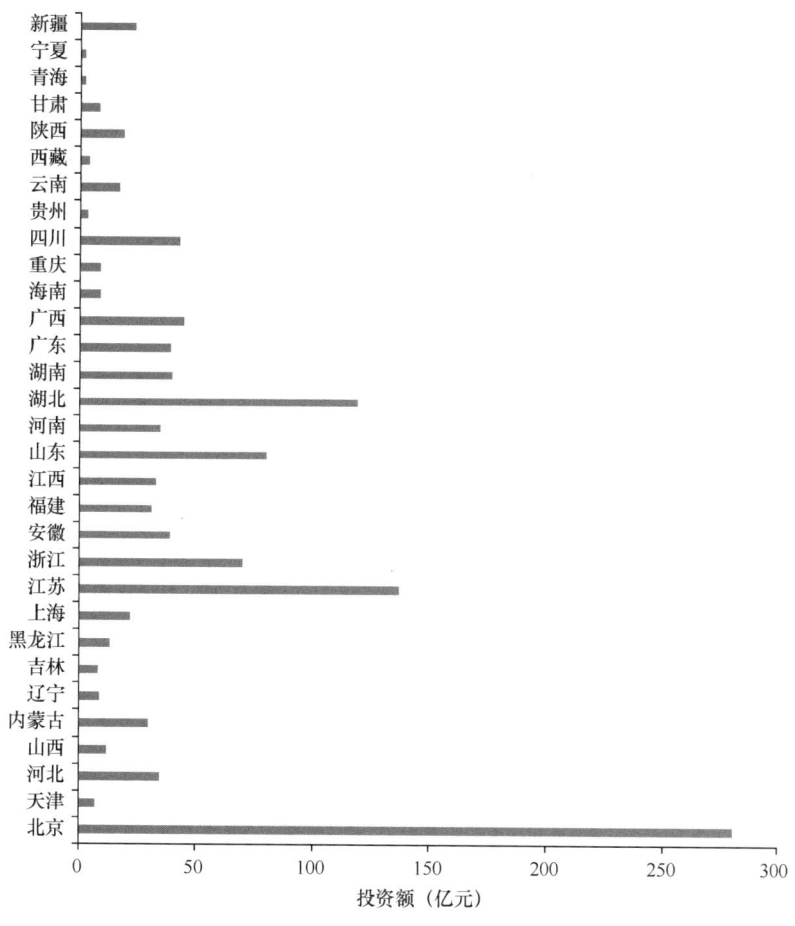

图 4-8　2016 年各省、自治区、直辖市排水固定资产投资

在污水处理设施投资方面，2016 年全国共完成固定资产投资 408.9 亿元，如图 4-9 所示，省域差异仍十分明显。其中，北京市的固定资产投资额远超其他省份，达 90.4 亿元，接近百亿规模，是排名第二的浙江省投资规模的 2 倍多，浙江省污水处理设施投资 40.05 亿元。污水处理设施投资在 20 亿元以上的还有江苏、湖南、湖北、广东和四川 5 个省份，分别为 39.76 亿元、26.08 亿元、23.19 亿元、33.03 亿元和 27.91 亿元。投资垫底的依旧是宁夏、青海，分别是 0.75 亿元和 0.85 亿元。

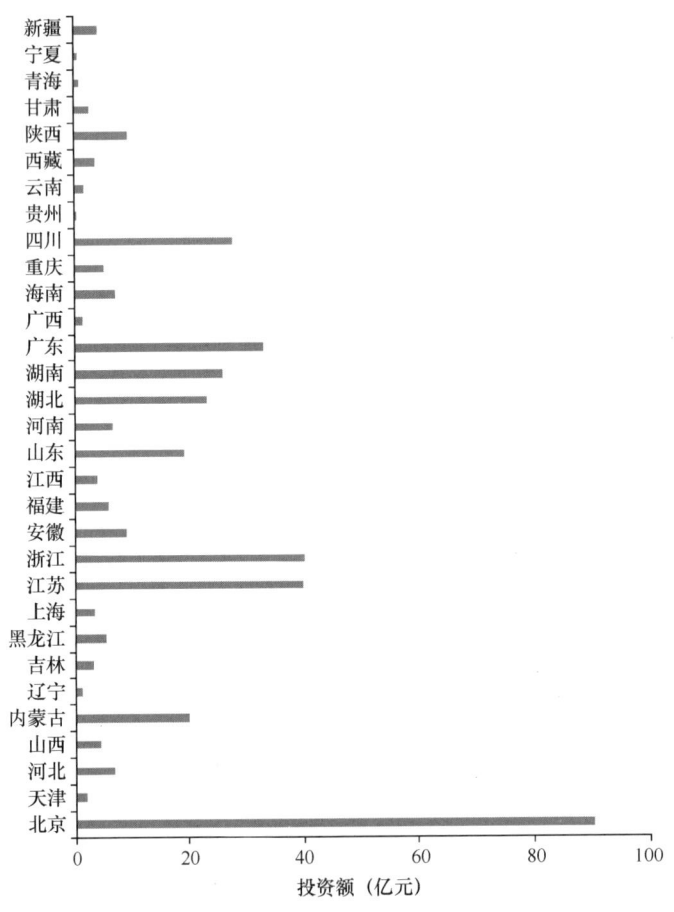

图 4-9　2016 年各省、自治区、直辖市污水处理固定资产投资

在排水设施建设方面，至 2016 年，全国共建成排水管道 577880.64 公里，城市排水管道覆盖密度达到了 10.64 公里/平方公里。截至 2016 年，在 31 个省、自治区和直辖市中，江苏省建成排水管道最长，达 72822.82 公里；其次为山东省、广东省和浙江省，分别为 56795.65 公里、56323.15 公里、和 40549.5 公

里；西藏、宁夏和青海三省的排水管道最短，均不足 2000 公里，分别为 1422.03 公里、1626.37 公里和 1743.53 公里。从城市排水管网的密度来看，天津、上海、江苏和浙江省最高，分别达 20.79 公里/平方公里、19.53 公里/平方公里、16.94 公里/平方公里和 15.17 公里/平方公里，说明这些发达地区的设施建设不仅重地上，也重地下。相对地，宁夏、新疆、黑龙江和甘肃的城市排水管网密度最低，分别为 3.68 公里/平方公里、5.72 公里/平方公里、5.92 公里/平方公里和 6.67 公里/平方公里，这与这些地区的人口密度较小、地广人稀也有一定关系。具体如图 4-10 所示。

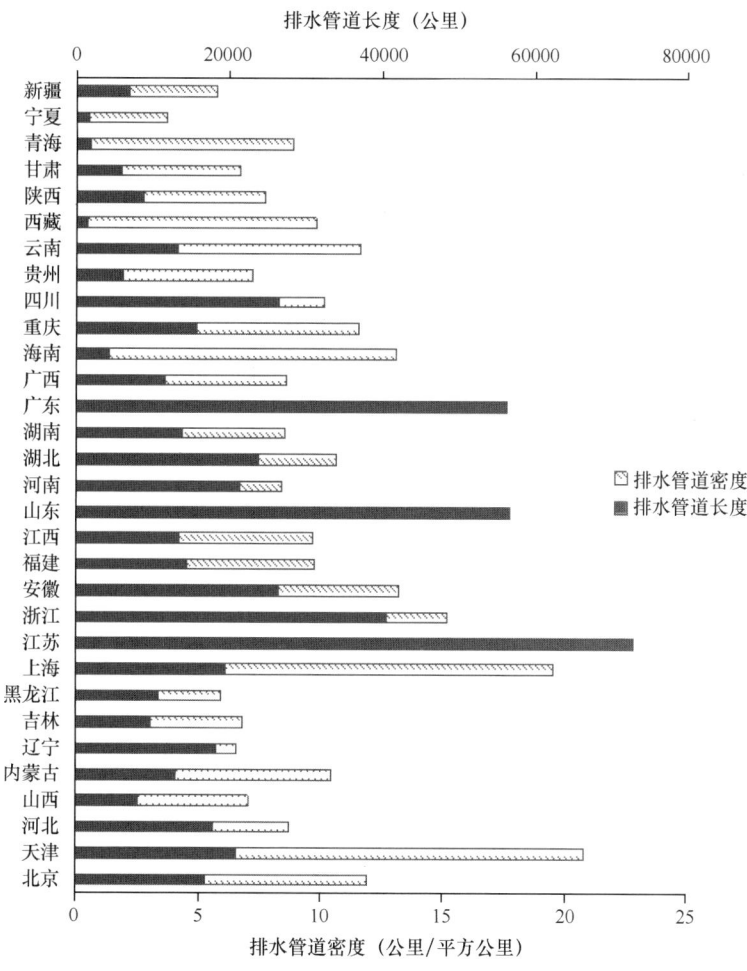

图 4-10　2016 年各省、自治区、直辖市建成排水管道长度及管道密度

在污水处理设施建设方面，截至 2016 年，我国共建成污水处理厂 2048

座，日均处理能力达 1.49 亿立方米，污水处理率达到了 93.18%。其中，广东省拥有的污水处理厂数量最多，达 256 座，其次为江苏和山东，分别为 195 座和 161 座，西藏、青海、宁夏、甘肃拥有的污水处理厂数最少，分别为 4 座、11 座、13 座和 24，具体如图 4-11 所示。在污水处理能力方面，广东省日均处理能力最高，达 2030.3 万立方米/日，江苏省、山东省日均处理能力也超 1000 万立方米/日，分别为 1226.8 万立方米/日与 1058.6 万立方米/日，具体如图 4-12 所示。

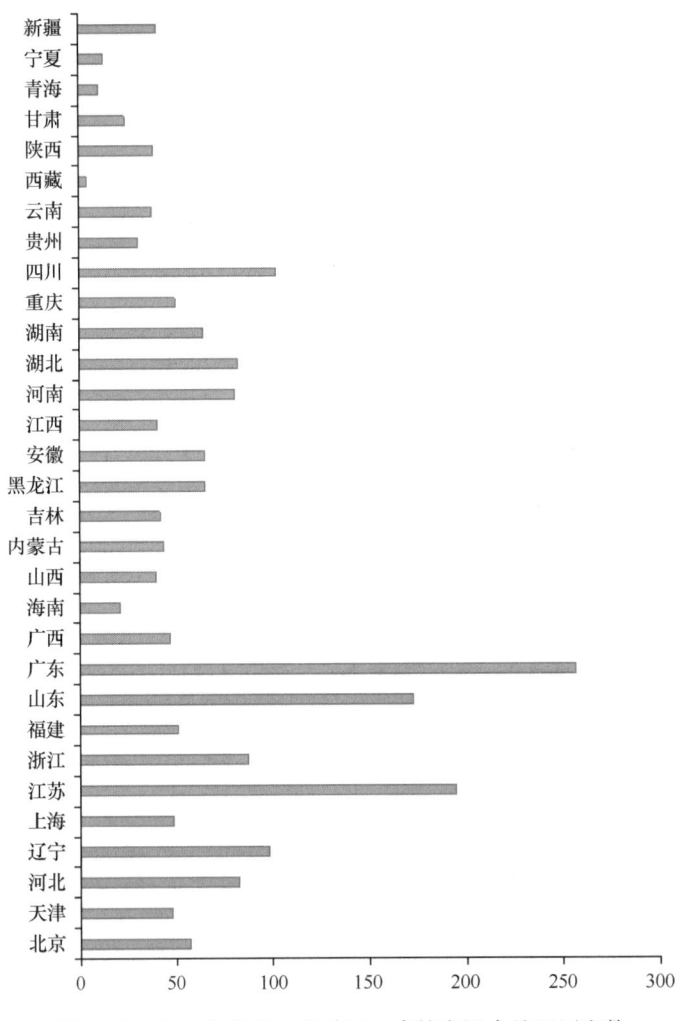

图 4-11　2016 年各省、自治区、直辖市污水处理厂座数

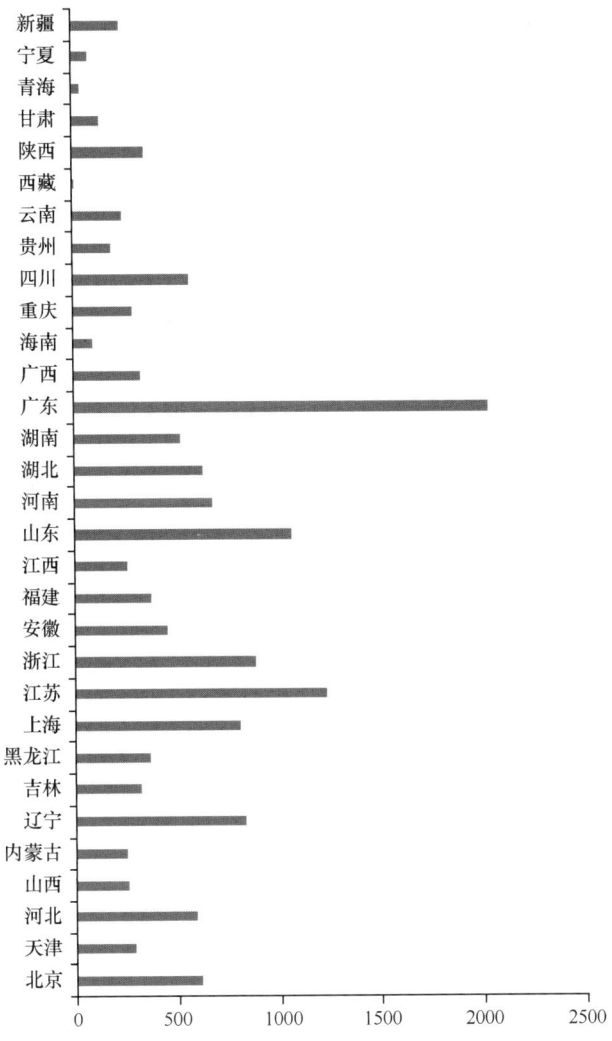

图 4-12 2016 年各省、自治区、直辖市污水日均处理能力

四、排水与污水处理设施投资增长情况

（一）全国排水与污水处理设施投资增长的总体情况

根据《城市建设统计年鉴》，全国排水与污水处理设施投资总体呈上升趋势，如表 4-3、图 4-13、图 4-14 所示。然而，在 2011 年，排水与污水处理设施的投资增长出现陡降，特别是污水处理设施投资，从 2010 年的 492 亿元降至 2011 年

的 282 亿元，投资额几近腰斩。排水设施投资也出现下滑，从 2010 年的 902 亿元降至 770 亿元，降幅为 14.59%。2011 年后，全国城市基础设施总投资趋于平稳，近年来小幅增长，但城市排水与污水处理设施的投资则基本保持增长态势，尤其是排水设施近两年增长迅速，污水处理设施的投资则处于波动上升的趋势。具体如表 4-3。

2005 年～2016 年全国城市排水与污水处理设施投资额（亿元）　表 4-3

年度	排水设施	污水处理设施
2005	368	191
2006	332	152
2007	410	212
2008	496	265
2009	730	389
2010	902	492
2011	770	282
2012	704	238
2013	779	316
2014	900	305
2015	983	379
2016	1223	409

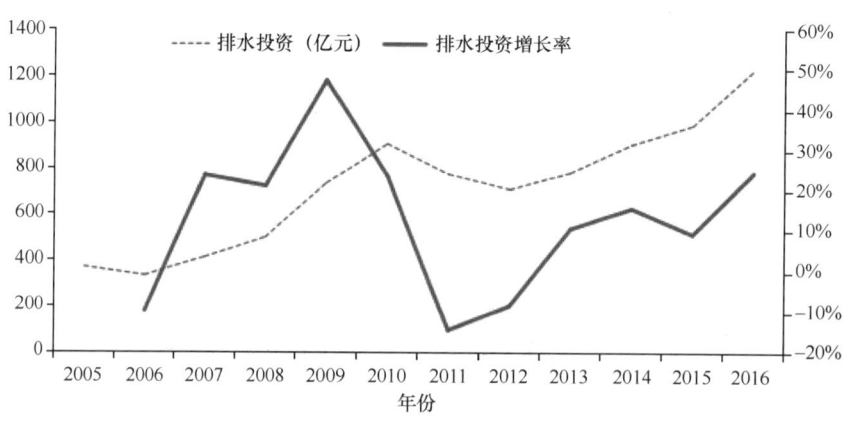

图 4-13　2005 年～2016 年全国城市排水设施投资情况

（二）各地区城市排水设施投资增长比较

从全国 31 个省、自治区、直辖市的情况看，各地城市水务设施投资尽管总

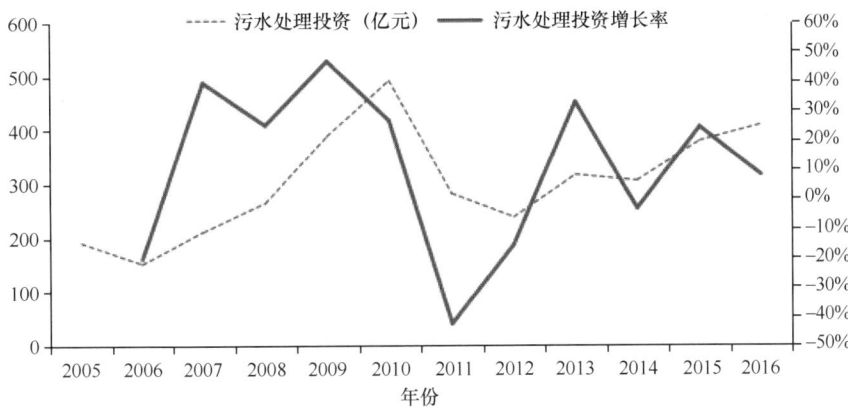

图 4-14 2005 年～2016 年全国城市污水处理设施投资情况

体呈上升趋势，但也存在较大的地区差异和行业差异，下面我们将区分东、中、西和东北四个区域，对城市供水、排水和污水处理设施逐一进行分类分析。从城市排水设施投资总额上看，各个地区设施投资的平均水平差距依然不大，但地区内各个省之间的差距较大。相对来说，东部地区各省的城市排水设施投资略高于其他三个地区，如表 4-4 所示。

各省（区、市）2005 年～2016 年城市排水设施投资额（亿元）　　表 4-4

地区	2005	2006	2007	2008	2009	2010	2011	2012	2013	2014	2015	2016
北京	7	4	11	1	25	17	38	40	52	114	149	280
天津	9	5	1	10	20	25	15	10	10	16	16	7
河北	18	17	17	23	34	54	36	27	28	21	20	35
山西	3	1	1	4	19	20	16	5	9	10	25	12
内蒙古	10	14	4	14	13	40	30	30	29	41	38	30
辽宁	16	20	23	18	27	14	67	67	29	10	8	9
吉林	9	5	9	7	12	11	7	5	7	11	20	8
黑龙江	4	4	9	12	20	23	10	14	17	11	13	13
上海	20	18	25	32	29	34	22	17	15	10	8	22
江苏	35	25	36	45	58	85	86	72	119	123	123	137
浙江	30	20	24	47	44	34	22	26	36	68	65	70
安徽	17	13	10	23	25	24	37	36	56	42	47	39
福建	11	6	13	14	12	15	43	19	18	25	30	31
江西	8	7	5	6	13	18	13	14	14	21	19	33
山东	29	39	57	66	76	59	82	52	71	73	69	80

地区	2005	2006	2007	2008	2009	2010	2011	2012	2013	2014	2015	2016
河南	10	17	11	13	21	20	16	26	22	22	24	35
湖北	15	14	15	18	29	24	54	95	46	68	51	119
湖南	5	10	14	14	43	20	21	18	38	39	45	40
广东	40	32	35	54	76	212	59	26	23	26	25	39
广西	12	13	21	24	36	39	18	14	33	31	39	45
海南	1	0	4	2	12	6	7	11	9	3	6	9
重庆	19	20	16	11	11	7	18	15	10	5	6	9
四川	14	8	22	12	18	12	17	24	30	30	27	43
贵州	2	4	8	5	3	3	8	3	10	23	21	3
云南	7	5	2	4	16	44	13	9	5	12	12	17
西藏	0	1	0	0	0	0	0	0	0	1	5	4
陕西	6	5	9	13	16	15	11	10	16	23	15	19
甘肃	4	3	5	1	4	10	5	5	3	5	14	8
青海	0	1	1	1	2	3	3	1	1	2	4	2
宁夏	1	1	1	1	3	2	2	1	4	1	2	2
新疆	2	1	3	2	12	11	7	13	18	12	34	24

城市排水设施投资的地区间差异具体如图 4-15～图 4-18 所示。在东部地区，各省城市排水设施投资近年基本都保持增长态势。其中，北京市、江苏省的城市排水设施投资额显著高于其他省份，均超过 120 亿元。

从 2016 年的投资涨幅来看，北京市、湖北、上海市增长幅位居前三，涨幅近 200%，而天津市、陕西、吉林、安徽、湖南、贵州、甘肃、青海、新疆的投

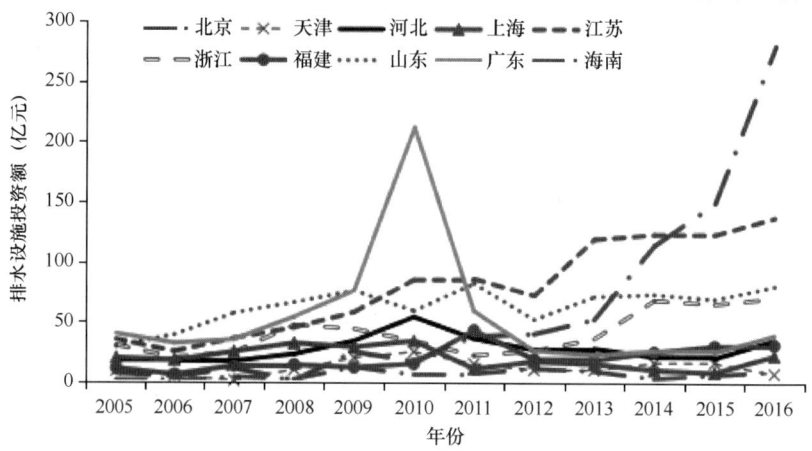

图 4-15　东部地区城市排水设施投资情况（2005 年～2016 年）

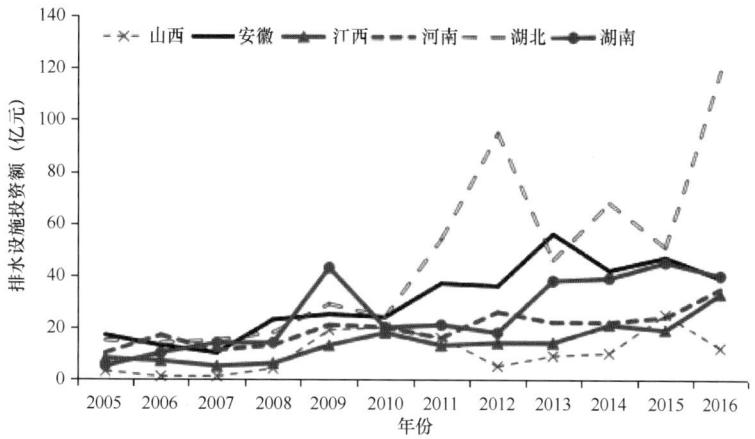

图 4-16　中部地区城市排水设施投资情况（2005 年～2016 年）

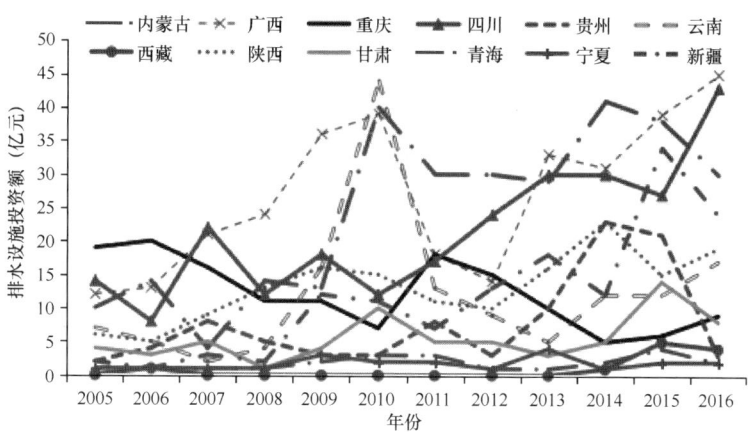

图 4-17　西部地区城市排水设施投资情况（2005 年～2016 年）

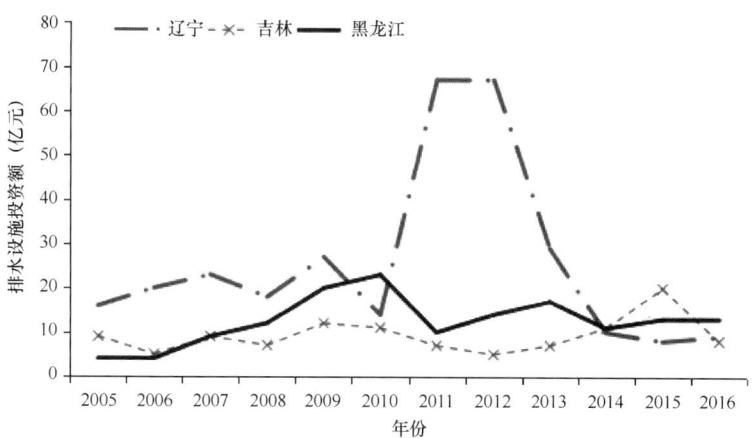

图 4-18　东北地区城市排水设施投资情况（2005 年～2016 年）

资额下降。从地区分布上看，东部地区主要省份投资额在 2016 年呈增长趋势，中部、西部、东北地区的差异较大。

东部地区中，北京市近两年涨幅陡增，广东在 2010 年出现过小高峰，江苏省 2009 年之后增长幅度超过 50%，其他省市在 2005 年～2016 年期间涨幅主要集中在 50% 以下；中部地区中，湖北在 2012 年之后波动很大，在三个年份中增长幅度超过 50%，此外安徽省在 2013 年涨幅超过 50%，其他省市增长都在 50% 以下，增长幅度比较平稳；西部地区中，所有省市增长都在 50% 以下，波动较小但是增长幅度以波动为主，没有明显的上升趋势；对于东北三省，辽宁增长最为明显，黑龙江与辽宁的增长幅度集中在 10%～20% 之间。

从城市排水设施投资增长复合率来看，北京的城市排水设施投资增长最快，年均复合增长率为 35.99%，重庆的排水设施投资增长最慢，年均复合增长率为 −6.04%，不增反降，具体如表 4-5 所示。其中，城市排水设施投资增速最快的分别是北京、新疆、海南，年均复合增长率都超过了 20%；投资年均复合增长率为负的有重庆、辽宁、青海、天津、吉林与广东等。

2005 年～2016 年各省、自治区、直辖市城市排水设施投资复合增长率　　表 4-5

排名	地区	年均复合增长率	排名	地区	年均复合增长率
1	北京	35.99%	17	云南	7.67%
2	新疆	23.01%	18	浙江	7.32%
3	海南	20.09%	19	安徽	7.16%
4	湖南	18.92%	20	甘肃	5.95%
5	湖北	18.84%	21	宁夏	5.95%
6	江西	12.53%	22	河北	5.70%
7	山西	12.25%	23	西藏	4.41%
8	江苏	12.04%	24	贵州	3.44%
9	广西	11.64%	25	上海	0.80%
10	河南	11.00%	26	广东	−0.21%
11	黑龙江	10.32%	27	吉林	−0.98%
12	陕西	10.08%	28	天津	−2.07%
13	四川	9.80%	29	青海	−4.33%
14	内蒙古	9.59%	30	辽宁	−4.68%
15	福建	9.02%	31	重庆	−6.04%
16	山东	8.82%			

分地区看各地城市排水设施投资复合增长的情况，中部地区的投资年均复合增长率最高，东部地区次之，西部地区再次，东北地区最低，如图 4-19 所示。

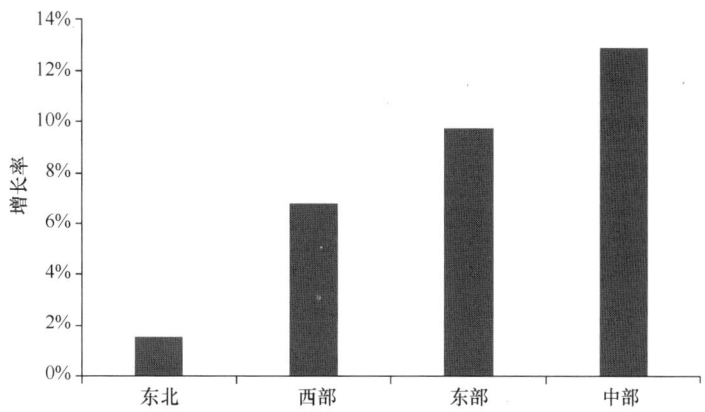

图 4-19　2005 年～2016 年各地区城市排水设施投资复合增长率

与城市排水设施投资持续增长相对应的，各地区的排水管道长度也在持续增长，而且东部地区的管道长度占比始终稳定在 60％以上，中部地区次之，西部地区的排水管道最少。从管道长度的占比来看，地区间的差异在逐步缩小，如图 4-20 所示，2016 年东部地区的排水管道占比较 2006 年下降了 4 个百分点，但总体稳定在六成以上；中部地区占比非常稳定，在 23％～24％左右；西部地区情况则与东部地区恰好相反，10 年来占比上升了近 4％。

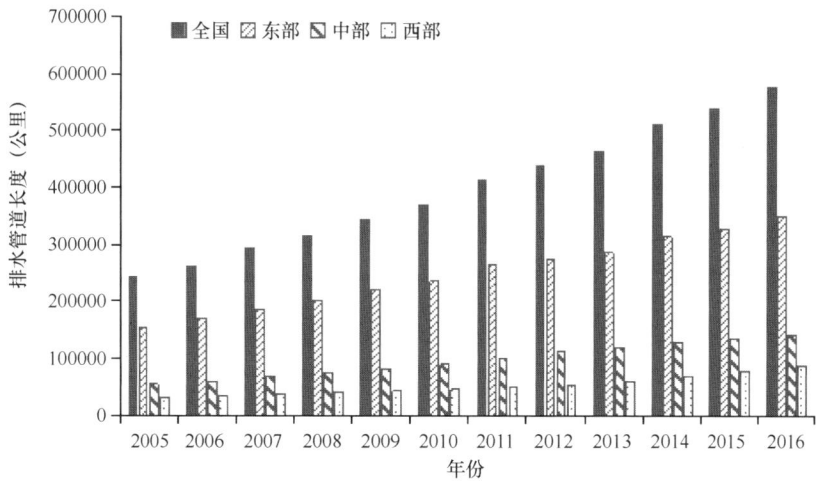

图 4-20　2005 年～2016 年各地区城市排水管道长度

（三）各地区城市污水处理设施投资增长比较

从城市污水处理设施投资总额上看，中部地区略高于其他三个地区，其次依

109

然是东部地区、东北地区与西部地区，如表 4-6 所示。

各省（区、市）2005 年～2016 年城市污水处理设施投资额（亿元）　　表 4-6

地区	2005	2006	2007	2008	2009	2010	2011	2012	2013	2014	2015	2016
北京	1	2	11	0	4	5	6	7	6	10	14	90
天津	4	1	0	2	7	8	3	0	0	0	5	2
河北	10	9	8	12	21	15	11	15	10	4	4	7
山西	2	1	1	2	6	18	1	3	5	7	20	4
内蒙古	3	8	3	3	3	8	17	7	14	21	13	20
辽宁	7	3	7	9	18	9	18	20	15	2	3	1
吉林	2	3	7	6	8	7	4	4	3	8	17	3
黑龙江	3	2	5	8	13	19	6	7	7	6	10	5
上海	13	2	12	14	11	10	4	0	0	0	3	4
江苏	19	10	29	27	39	33	53	30	52	25	45	40
浙江	18	12	11	28	27	20	12	9	14	25	40	40
安徽	7	5	4	12	13	12	11	12	16	14	15	9
福建	7	4	7	7	8	12	17	8	10	16	19	6
江西	3	5	3	3	8	5	6	6	8	12	9	4
山东	11	20	22	23	23	23	17	21	25	20	17	19
河南	6	7	6	9	14	12	7	12	12	11	14	7
湖北	11	5	8	10	13	9	7	12	34	15	26	23
湖南	2	8	12	10	38	12	13	8	24	26	29	26
广东	31	28	26	45	59	190	26	20	13	15	18	33
广西	3	4	9	13	16	13	11	6	7	9	12	1
海南	1	0	0	0	9	2	1	2	3	2	2	7
重庆	15	1	7	4	4	1	9	6	4	2	3	5
四川	4	2	8	6	8	5	5	6	11	14	13	28
贵州	1	2	2	2	1	1	1	1	2	17	6	1
云南	1	3	0	1	6	28	2	3	3	4	3	2
西藏	0	0	0	0	0	0	0	0	0	1	4	4
陕西	2	0	1	5	4	4	5	4	5	15	9	9
甘肃	2	2	4	0	3	8	5	1	0	1	4	3
青海	0	0	0	0	1	2	2	0	0	0	1	1
宁夏	1	0	0	1	3	0	1	0	1	0	0	1
新疆	1	0	1	1	1	1	1	4	8	4	3	4

城市污水处理设施投资的地区间差异具体如图 4-21～图 4-24 所示。在东部地区，广东省在 2010 年增长出现小高峰，江苏省增长幅度一直略高于其他省市，北京近两年增长幅度有所上升，其他地区在 2005 年～2016 年期间，增长幅度主要在 20％以下；在中部地区，河南与湖北的增长较其他省市增长较快，但是在

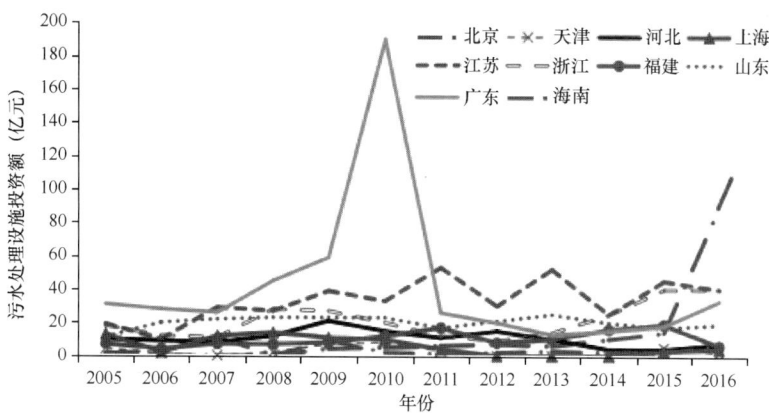

图 4-21　东部地区城市污水处理设施投资情况（2005 年～2016 年）

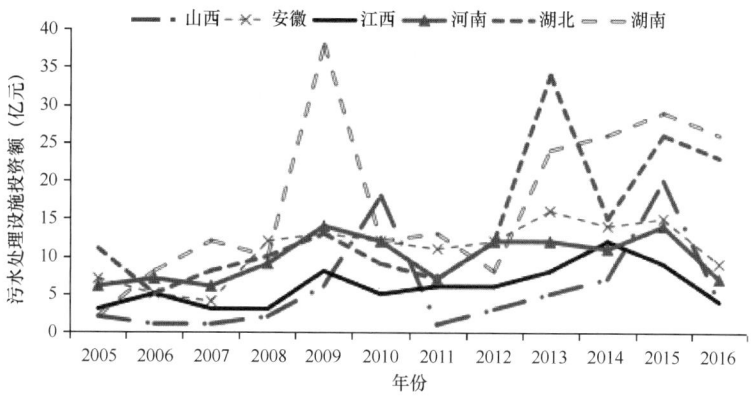

图 4-22　中部地区城市污水处理设施投资情况（2005 年～2016 年）

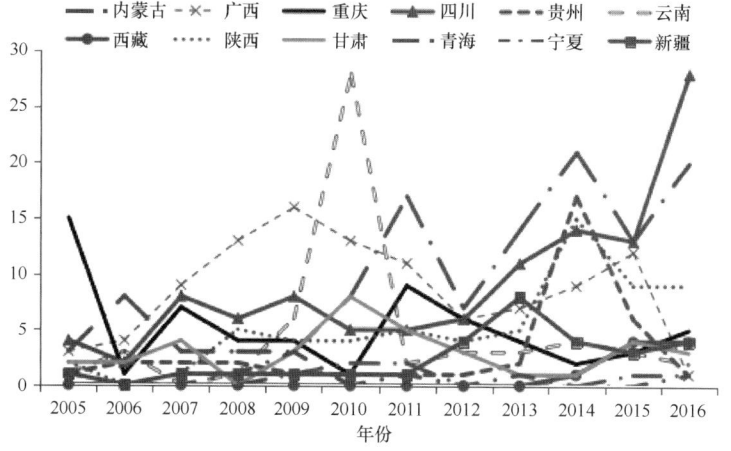

图 4-23　西部地区城市污水处理设施投资情况（2005 年～2016 年）

2016 年均出现了下降趋势；在西部地区，云南、内蒙古、四川增长较快；对于东北三省，吉林与黑龙江的趋势基本一致，三省增长都在 20％以下。

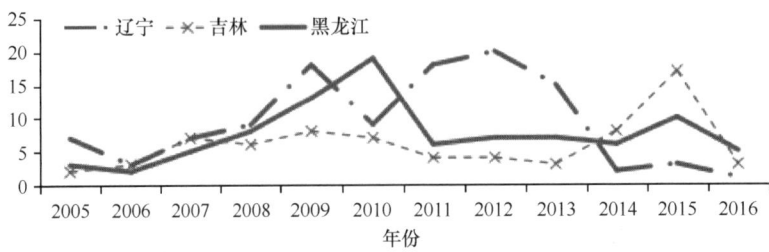

图 4-24　东北地区城市污水处理设施投资情况（2005 年～2016 年）

从城市污水处理设施投资增长复合率来看，北京的城市污水处理设施投资增长最快，年均复合增长率为 45.5％，辽宁的污水处理设施投资增长最慢，年均复合增长率为－14.97％，不增反降，具体如表 4-7 所示。其中，城市污水处理设施投资增速最快的分别是北京、湖南、海南、四川和内蒙古，年均复合增长率都超过了 15％；年均复合增长率为负数的共有 7 个省份，分别是辽宁、上海、重庆、广西、天津、河北和福建。

2005 年～2016 年各省（区、市）城市污水处理设施投资复合增长率　表 4-7

排名	地区	年均复合增长率	排名	地区	年均复合增长率
1	北京	45.50％	17	甘肃	3.44％
2	湖南	23.83％	18	江西	2.43％
3	海南	17.60％	19	安徽	2.12％
4	四川	17.60％	20	河南	1.29％
5	内蒙古	17.13％	21	广东	0.52％
6	陕西	13.35％	22	贵州	0.00％
7	新疆	12.25％	23	福建	－1.28％
8	青海	8.49％	24	河北	－2.93％
9	浙江	6.88％	25	天津	－5.61％
10	江苏	6.40％	26	广西	－8.75％
11	湖北	6.34％	27	重庆	－8.75％
12	山西	5.95％	28	上海	－9.36％
13	云南	5.95％	29	辽宁	－14.97％
14	山东	4.66％	30	西藏	－
15	黑龙江	4.35％	31	宁夏	－
16	吉林	3.44％			

由图 4-25 各地城市污水处理设施投资复合增长的情况来看，中部地区的投资年均复合增长率最高，东部地区次之，西部地区再次，东北地区最低且为负数，四个地区排名与排水设施完全一致，但是东中西部相差不是特别大。中部地区增长最高原因可能是前期投资水平较低、设施不够完备，后续的设施投资增幅相比较大。说明东北地区作为老工业基地，早期的供排水设施虽然较为完善，但污水处理设施的欠账较多，近年来投资除处于疲惫状态。

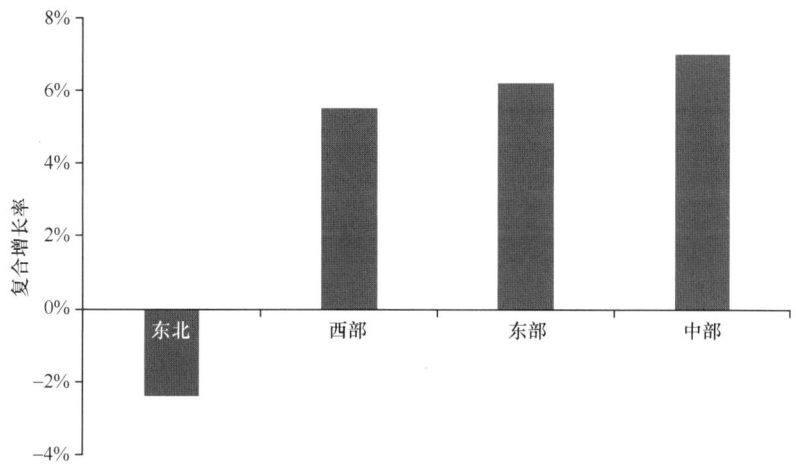

图 4-25　2005 年～2016 年各地区城市污水处理设施投资复合增长率

由以上分析可见，快速增长的城镇化和工业化对城市排水与污水处理设施建设提出了更高要求。为了适应不断加快的城镇化进程的需求，我国城市排水与污水处理设施需要持续投入大量的资金，巨大的投资需求客观要求必须拓宽现有的设施投融资渠道、创新投融资模式，以保障充裕的投资资金。

第二节　排水与污水处理行业生产与供应

改革开放 40 年，我国污水处理厂数据急剧攀升，污水处理能力取得了巨大突破，扭转了城镇污水处理设施建设滞后于城市化发展的局面，是全世界短时间内污水处理能力增长最快的国家，污水处理企业的处理能力和处理技术都得到了稳步增长，行业的生产效率和减排效益不断提升。

一、污水处理能力显著提升

截止 2016 年底，全国设市城市建成投入运行污水处理厂 2048 座，其中二级、三级污水处理厂 1763 座，污水处理率高达 93.18％，污水处理能力达到了 1.49 亿立方米／日，处理量 431.59 亿立方米；县城污水处理厂累计建成污水处理厂 1511 座，其中二级、三级污水处理厂 1175 座，污水处理率高达 87.86％，污水处理能力达到了 0.33 亿立方米／日，处理量 79.45 亿立方米。

从 20 世纪 90 年代开始，我国污水处理设施建设开始稳步增长，全国城市污水处理厂的数量从 1991 年的 87 座增加到 2016 年的 2048 座。其中，增速最快的阶段是 2008 年～2010 年，恰逢世界金融危机，全国经济增长放缓、投资下滑，国家投入 4 万亿用于基础设施建设以促进经济复苏，污水处理设施得益于此，各地纷纷投资兴建污水处理厂。相应地，全国城市平均污水处理率从 1991 年的 14.86％增长到 2016 年的 93.18％。从图 4-26 可以发现，从 1990 年～2010 年，全国城市污水处理率一直处于平稳上升期，2010 年之后增速趋于平缓，我国污水处理能力已经达到相当高的水平。

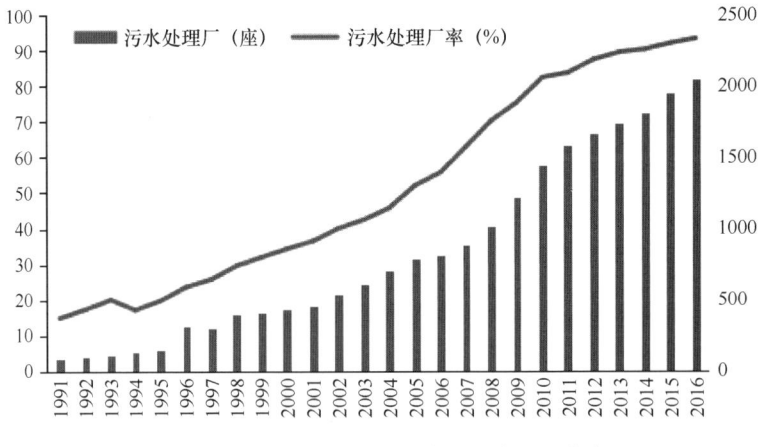

图 4-26 1990 年～2016 年全国污水处理能力

分地区看，东部、中部、西部污水处理厂的分布极不均衡，如表 4-8 所示。截至 2016 年底，东部地区各省拥有的污水处理厂数量平均近 100 座，但西部地区各省仅平均有 35.3 座污水处理厂。相对的，西部地区的城市污水处理率较低，仅为 83.68％，还不及全国县城的平均污水处理率水平。与东、西部不同的是，中部地区各省拥有的平均污水处理厂虽然不到 60 座，大约为东部地区的 60％左右，但中部地区的污水处理率却略高于东部地区，主要是由于中部地区发挥了后发优势，后期建设的污水处理厂的规模、技术和配套都要优于东部地区早期建设的污水处理厂，进而提高了污水处理率。再者，东部地区的海南省仅为77%，极大地拉低了东部的平均污水处理率。

各地区2016年污水处理厂平均座数及污水处理率 表4-8

地区	各省污水处理厂平均数（座）	污水处理率（%）
全国	66.06	93.18%
东部地区	97.25	92.03
中部地区	58.67	93.35
西部地区	35.3	83.68

从各省、区、市的情况来看，目前已建成的污水处理厂数量最多的是广东，共256座，其次是江苏、山东和四川，分别为195座、173座和102座，这也是目前我国已建成污水处理厂超过100座的4个省份。宁夏、青海、西藏的污水处理厂数量最少，每省不足20座，特别是西藏，只有4座污水处理厂，宁夏和青海则分别为13座和11座。尤为值得一提的是海南，作为东部省份，其污水处理厂也只有21座，主要是由于海南以农业和旅游业为主，工业占比小，全省自身的环境容量较大、水污染较少，因此污水处理厂建设的迫切性远小于其他东部省份。具体如表4-9所示。

各省（区、市）2016年建成污水处理厂座数及污水处理率 表4-9

地区名称	污水处理厂（座）	污水处理率（%）	地区名称	污水处理厂（座）	污水处理率（%）
全国	2048	93.18	河南	81	95.91
北京	58	90.58	湖北	83	95.04
天津	48	92.08	湖南	65	94.34
河北	83	95.37	广东	256	93.59
山西	40	90.11	广西	47	92.11
内蒙古	44	94.48	海南	21	77.01
辽宁	98	93.31	重庆	50	96.75
吉林	42	91.76	四川	102	89.66
黑龙江	66	91.42	贵州	31	94.59
上海	49	94.29	云南	38	92.3
江苏	195	94.59	西藏	4	21.18
浙江	88	93.89	陕西	39	91.36
安徽	66	97.36	甘肃	24	93.82
福建	51	91.27	青海	11	77.79
江西	41	89.69	宁夏	13	93.69
山东	173	96.21	新疆	41	85.7

在污水处理率方面，全国平均的污水处理率水平较高，除西藏（21.18%）、海南（77.01%）和青海（77.79%）外，其他省份的污水处理率均在80%以上。其中，安徽城市污水处理率最高，达到97.36%；高于全国平均水平的省（区、市）还有：重庆（96.75%）、山东（96.21%）、河南（95.91%）、河北（95.37%）、湖北（95.04%）、贵州（94.59%）、江苏（94.59%）、内蒙古（94.48%）、湖南（94.34%）、上海（94.29%）、浙江（93.89%）、甘肃（93.82%）宁夏（93.69%）、广东（93.59%）、辽宁（93.31%）。江西、海南、西藏、青海以及新疆均低于90%，处于较低水平，特别是西藏地区，仅为21.18%，这与其独特的地理位置、自然气候以及生活方式息息相关。

此外，对比各省（区、市）的城市污水处理率和污水集中处理率，大部分的省份二者差异不大，基本控制在5个百分点左右的差别，全国平均的污水处理率高于集中处理率3.46个百分点，说明绝大多数的城市污水是通过污水处理厂集中处理的。然而，有四个省份的污水处理率高于污水集中处理率10个百分点以上，分别是广西、黑龙江、青海和江苏，说明这几个省份的污水有很大比例采用了分散处理的方式，主要是工业污水通过工厂预处理直排或工业园区集中处理。特别是广西，二者相差了21.53个百分点，江苏尽管污水处理厂建设了近200座，但仍然有13.38的污水是非集中处理的。具体如表4-10所示。

2016 年各省（区、市）城市污水处理率　（单位：%）　　表 4-10

序号	省（区、市）	城市污水处理率	城市污水集中处理率	序号	省（区、市）	城市污水处理率	城市污水集中处理率
全国平均		93.18	89.72	16	河　南	95.91	95.30
1	北　京	90.58	87.98	17	湖　北	95.04	92.39
2	天　津	92.08	91.33	18	湖　南	94.34	89.84
3	河　北	95.37	94.44	19	广　东	93.59	93.35
4	山　西	90.11	89.87	20	广　西	92.11	70.58
5	内蒙古	94.48	94.48	21	海　南	77.01	77.01
6	辽　宁	93.31	90.76	22	重　庆	96.75	95.43
7	吉　林	91.76	91.76	23	四　川	89.66	85.67
8	黑龙江	91.42	75.09	24	贵　州	94.59	94.59
9	上　海	94.29	93.76	25	云　南	92.30	91.14
10	江　苏	94.59	81.21	26	西　藏	21.18	21.18
11	浙　江	93.89	90.83	27	陕　西	91.36	91.36
12	安　徽	97.36	92.03	28	甘　肃	93.82	93.82
13	福　建	91.27	90.10	29	青　海	77.79	62.12
14	江　西	89.69	88.98	30	宁　夏	93.69	80.68
15	山　东	96.21	96.11	31	新　疆	85.70	84.34

　　通过比较各地污水处理厂数量和污水处理率，如图 4-27 所示，二者并没有直接关系。比如，宁夏的污水处理厂虽然只有 13 座，仅高于西藏、青海两省，但宁夏的污水处理率达到 93.69%，比一些发达地区的污水处理率水平还要高。还有贵州、云南、广西、陕西等地，虽然建成的污水处理厂数量不多，但这些地区的城市污水处理率较高，说明这些地区的污水处理厂设计规模较大，管网配套较完善，污水收集率和污水处理厂的生产负荷率较高。相反地，有些地区尽管污水处理厂数量很多，但相对的污水处理率水平却不是特别高，比如广东和四川，广东省已建成污水处理厂 256 座，污水处理率水平也仅与全国平均水平持平，四川已建成污水处理厂 105 座，污水处理率还不到 90%。这一方面可能由于这些地区的污水处理厂建成时间较早，当时的设计规模较小，加之配套管网不完善，影响了污水收集，另一方面也说明这些地区的污水处理效率还有待进一步加强。由此可见，各地对污水处理厂的规划、建设和运营要统筹考虑，需要从城市整体

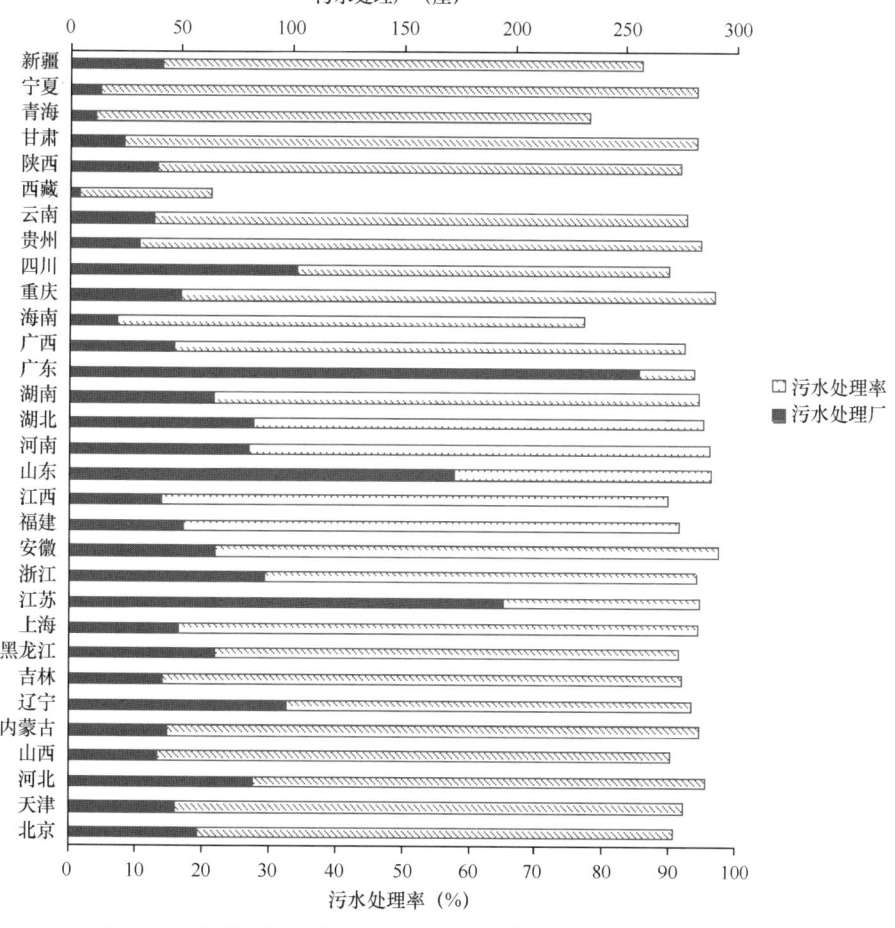

图 4-27　各省（区、市）2016 年建成污水处理厂数量及污水处理率

发展趋势出发，综合考虑环境污染、卫生安全和经济效益等多方面因素，同时还要充分借鉴和吸收发达地区的经验和教训，更加科学、合理地布局污水处理设施资源，提高地区的整体污水处理效率，更大程度地发挥后发优势，实现弯道超车。

二、污水处理技术不断改进

改革开放前，虽然我国也开始意识到环境问题的严重性，但污水处理主要是利用郊区的坑塘洼地、废河道、沼泽地等建成稳定塘，并没有现代化的污水处理厂。改革开放初期，国家通过引进国外先进技术和设备，逐步探索适合我国国情的污水处理工程技术和设计。由于资金、技术受限，加之早期的水污染问题并不突出，早期的污水处理厂技术水平较为落后，出水水质标准以二级为主。2010年以来，我国污水处理厂采用二级、三级处理技术占比逐渐增加，特别是一些水环境敏感地区和经济发达地区，加强了对部分已建污水处理设施进行升级改造，大力改造除磷脱氮功能欠缺、不具备生物处理能力的污水处理厂，重点改造设市城市和发达地区、重点流域以及重要水源地等敏感水域地区的污水处理厂，进一步提高对主要污染物的削减能力。

在城市污水处理厂的处理水平和工艺上，目前全国的城市污水处理厂基本都已采用二级、三级处理。根据《中国城市建设统计年鉴》，2006年～2016年，二级、三级污水处理厂的座数和处理能力双双大幅增长，从2006年的689座增加到2016年的1757座，增幅达155%，污水处理能力也相应地从2006年的5424.9万立方米/日增长至2016年的12811.2万立方米/日，增幅达136.16%，如图4-28所示。

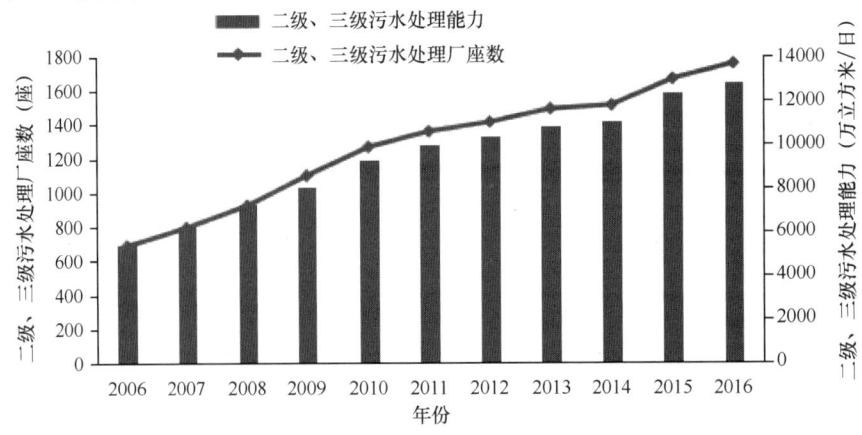

图 4-28　2006 年～2016 年中国城市二级、三级污水处理厂及其处理能力

如图 4-29 所示，2006 年～2008 年，二级、三级污水处理厂座数占比增长了 7 个百分点，而之后占比逐年下降。2012 年至今，全国二级、三级污水处理厂的数量占比基本稳定在 85％左右，污水处理量与污水处理处理能力的占比变化趋势相似，占比最高达到近 90％，而近年来稳定在 86％左右。

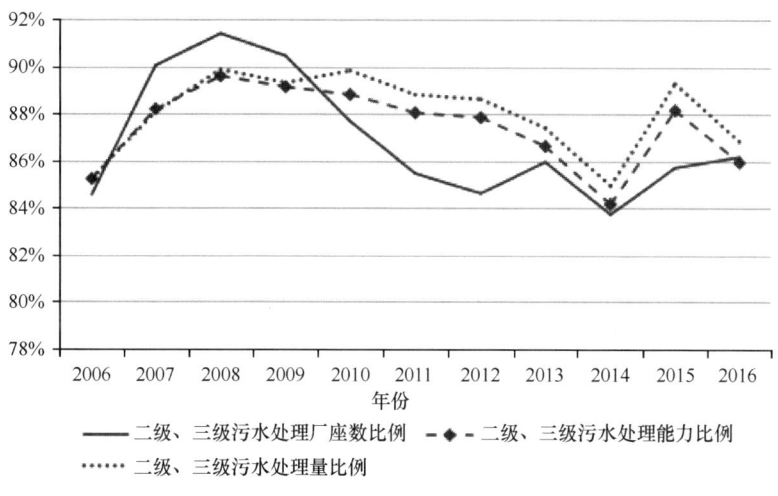

图 4-29　2006 年～2016 年中国城市二级、三级污水处理厂分布

从污水处理厂的出水水质来看，我国污水处理厂的出水水质不断提高，特别是出水水质标准为一级 A、一级 B 的污水处理厂数量占比逐年增大。2016 年，出水水质为一级 B 标准的污水处理厂已占到全国污水处理厂总数的 1/2，占比为 51.72％，出水水质为一级 A 标准的污水处理厂占比从 2007 年的 28.85％增长至 2016 年的 35.55％，增长了近 7 个百分点。至此，全国有近九成的污水处理厂的出水水质达到一级 B 以上标准。相对地，出水水质标准为二级、三级的污水处理厂数量仅占 10％左右，特别是出水水质标准为二级的污水处理厂占比显著下降，从 2007 年的占比 22.84％下降至 8.6％，降幅超过 60％。出水水质为三级的污水处理厂数量极少，其占比虽有波动，但整体变化不明显。具体如表 4-11 所示。

2007 年～2016 年各类出水标准的污水处理厂数量与比例　　　表 4-11

年份	一级 A		一级 B		二级		三级	
	座数	比例	座数	比例	座数	比例	座数	比例
2007	350	28.85％	516	42.54％	277	22.84％	13	1.07％
2008	485	31.17％	670	43.06％	317	20.37％	17	1.09％
2009	624	31.52％	915	46.21％	347	17.53％	17	0.86％
2010	892	32.03％	1418	50.92％	371	13.32％	23	0.83％

续表

年份	一级 A		一级 B		二级		三级	
	座数	比例	座数	比例	座数	比例	座数	比例
2011	1013	32.75%	1585	51.24%	386	12.48%	24	0.78%
2012	1089	33.03%	1711	51.90%	389	11.80%	24	0.73%
2013	1156	33.23%	1825	52.46%	389	11.18%	24	0.69%
2014	1349	33.94%	2118	53.28%	392	9.86%	28	0.70%
2015	1443	34.64%	2208	53.00%	387	9.29%	33	0.79%
2016	1662	35.55%	2418	51.72%	402	8.60%	54	1.16%

从不同出水水质标准的污水处理厂实际污水处理量来看，出水水质标准为二级的污水处理厂的运营效率最高，其污水处理量的占比大于其污水处理厂的数量占比。2016 年，占比不到 10% 的出水水质为二级的污水处理厂实际处理了全国近 20% 的污水，但占比超一半的出水水质为一级 B 的污水处理厂实际处理水量为 2436856.93 万吨，仅占全国污水处理量的 45% 左右。这一方面是由于一级 B 以上的污水处理厂多是近年新建的，其设施总体负荷率较低，但另一方面也说明新建的高水平污水处理厂要进一步通过管理和技术挖掘潜力，不断增加污水处理量。具体如表 4-12 所示。

2007 年～2016 年各类出水标准的污水处理量　　　　　表 4-12

年份	一级 A		一级 B		二级		三级	
	处理量（万立方米）	比例	处理量（万立方米）	比例	处理量（万立方米）	比例	处理量（万立方米）	比例
2007	379213.39	21.29%	694284.21	38.97%	601738.43	33.78%	3960.66	0.22%
2008	494210.83	22.04%	903027.8	40.27%	720579.58	32.14%	4619.51	0.21%
2009	629384.1	23.32%	1141703.93	42.31%	832736.4	30.86%	6605.25	0.24%
2010	845785.82	25.43%	1493654.46	44.90%	887028.07	26.67%	7891.17	0.24%
2011	1042505.94	27.23%	1743434.45	45.54%	935601.62	24.44%	10570.96	0.28%
2012	1191260.27	28.30%	1948477.84	46.29%	959431.35	22.79%	8950.97	0.21%
2013	1307844.94	29.47%	2073022.37	46.71%	942577.06	21.24%	10429.34	0.24%
2014	1490707.16	31.08%	2206540.36	46.00%	984971.24	20.53%	9621.61	0.20%
2015	1668760.2	32.69%	2324312.53	45.53%	992308.26	19.44%	11256.67	0.22%
2016	1855262.95	34.23%	2436856.93	44.96%	1000444.47	18.46%	11579.78	0.21%

三、污水处理减排与资源再生利用情况

（一）污染物减排情况

2005 年，国家设置了"十一五"期间污染物化学需氧量（COD）的总量控制指标，污水处理厂作为 COD 减排的重要手段，对 COD 的削减量持续增加。根据国家发改委、住房城乡建设部的数据显示，"十一五"期间，城镇污水处理担负了城镇 COD 削减任务的 70％以上，仅城镇污水处理厂新增的 COD 削减能力就超过 450 万吨，超额完成《全国城镇污水处理及再生利用设施建设"十一五"规划》要求的新增 COD 削减能力 300 万吨的目标。2005 年全国城镇污水处理削减 COD 为 420 万吨，而 2009 年和 2010 年的削减量分别达 820 和 920 万吨，较 2005 年提高了 90％和 119％。

"十二五"期间，全国城镇污水 COD 削减量仍不断增长，但增速放缓，说明 COD 削减已遇到了一定的瓶颈，如表 4-13 所示。从 COD 削减效率来看，通过污水处理厂平均进水和出水浓度的比较来看，单位污水 COD 削减量也在逐年递减，主要原因是污水处理配套管网不断完善，污水收集率不断提高，加之工业企业违规排污查处日益严厉，污水处理厂的进水浓度逐年降低，尽管污水处理厂的出水浓度已控制得很低，但总体上说明我国污水处理厂 COD 单位削减效率在下降，这将导致我国 COD 单位削减成本不断提高。

2007 年～2016 年全国污水处理厂 COD 削减情况　　　　　表 4-13

年份	COD		进水	出水	削减
	削减量（t）	增长（％）	（mg/L）	（mg/L）	（mg/L）
2007	5219029	—	371.86	45.08	326.78
2008	6394976	22.53	340.72	43.14	297.58
2009	7692080	20.28	331.11	37.52	293.59
2010	9123584	18.61	312.03	37.3	274.73
2011	10161004	11.37	299.92	34.17	265.75
2012	10737513	5.67	287.88	32.6	255.28
2013	11195317	4.26	283.93	31.45	252.48
2014	11922752	6.5	278.62	29.81	248.81
2015	12630709	5.94	275.45	27.72	247.73
2016	12995027	2.88	265.54	25.48	240.06

从分地区污水处理厂 COD 减排的情况看，东部地区 COD 减排贡献最高，

中部地区次之，西部地区 COD 削减总量最少，如图 4-30 所示。这一方面是由于东部地区污水处理厂数量、污水处理能力技术和实际污水处理率都远高于其他地区，而且东部地区的工业企业较多，人们生活水平较高，污水中的 COD 浓度也相对较高，因此东部地区的 COD 削减总量较高。但另一方面，西部地区尽管 COD 削减总量不高，但 COD 削减效率较高，万吨污水 COD 削减量为 2.81 吨，相比之下，东部和中部地区万吨污水 COD 削减量分别为 2.41 吨和 2.14 吨，低于西部地区。

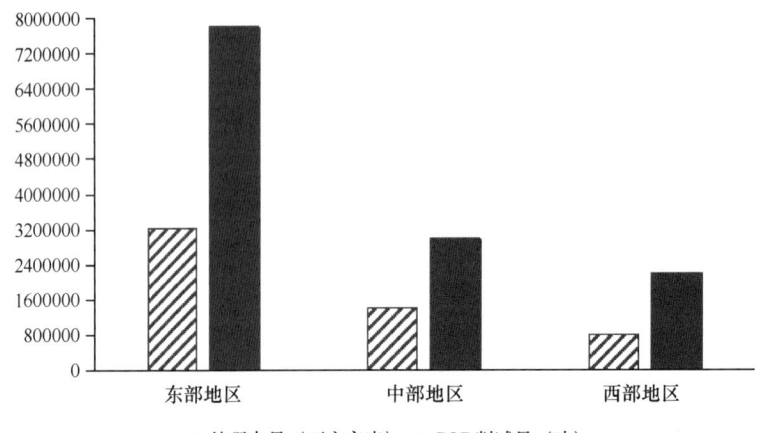

图 4-30　2016 年分地区污水处理厂 COD 削减情况

（二）污泥无害化处理处置情况

近年来，我国先后颁布了城镇污水处理厂污泥处理处置的一系列国家和行业标准，发布了《城镇污水处理厂污泥处理处置及污染防治技术政策》、《城镇污水处理厂污泥处理处置技术指南》，明确了污泥处理处置"减量化、稳定化、无害化、资源化"的原则。由于污水处理量连年增长，伴生的污泥处理量也不断增加，早期人们并不重视污泥处理，导致污泥无害化处理处置量很低，随着环保力度的加强和对污泥处理处置技术局限性的进一步认识，近年来我国污泥处理总量显著上升，如图 4-31 所示。

早期由于人们不重视污泥的无害化处理处置，导致大量污泥不经处理随意倾倒，单位污泥处理量较低，仅为每万吨污水处理污泥 2.37 吨。但近年来污泥处理量逐年增长，特别是在 2008 年和 2009 年，全国污泥处理总量都较前一年翻了一番，2009 年每万吨污水处理污泥量更是达到 6.76 吨。2010 年以来，污泥处理总量随着污水处理量增长而增长，每年至少增加污泥处理量 100 万吨，每万吨污

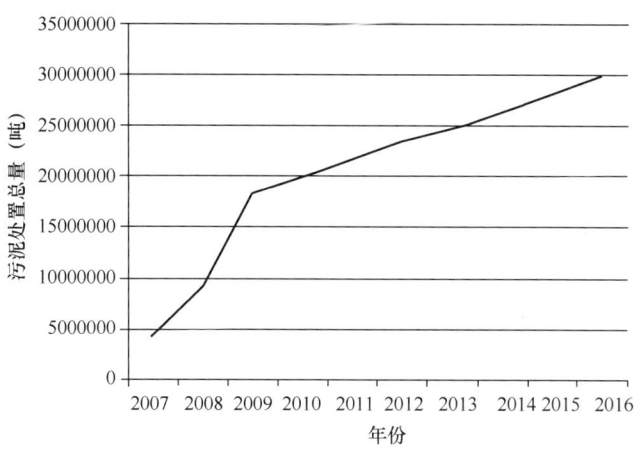

图 4-31　2007 年～2016 年污泥处置总量

水的处理污泥量也基本稳定在 5.4 吨左右。具体如表 4-14 所示。

<table>
<tr><td colspan="4" align="center">2007～2016 年全国污泥处理总体情况　　　　　　　表 4-14</td></tr>
<tr><td>年度</td><td>污水处理量（万吨）</td><td>污泥处置量（吨）</td><td>单位污泥处理量（吨/万吨）</td></tr>
<tr><td>2007</td><td>1781526.6</td><td>4221583.39</td><td>2.37</td></tr>
<tr><td>2008</td><td>2242172.8</td><td>9173499.54</td><td>4.09</td></tr>
<tr><td>2009</td><td>2698685.9</td><td>18245880.52</td><td>6.76</td></tr>
<tr><td>2010</td><td>3326528.65</td><td>19708872.47</td><td>5.92</td></tr>
<tr><td>2011</td><td>3828079.26</td><td>21740154.65</td><td>5.68</td></tr>
<tr><td>2012</td><td>4209695.93</td><td>23353717.99</td><td>5.55</td></tr>
<tr><td>2013</td><td>4437704.23</td><td>24519744.62</td><td>5.53</td></tr>
<tr><td>2014</td><td>4796649.37</td><td>26353151.19</td><td>5.49</td></tr>
<tr><td>2015</td><td>5104901.28</td><td>27693022.51</td><td>5.42</td></tr>
<tr><td>2016</td><td>5420268.23</td><td>29690679.41</td><td>5.48</td></tr>
</table>

　　污泥无害化处理处置已成为环境综合治理工作中的难点，确定合适的处置方法对于保护环境有着重要的现实意义。目前，我国污泥处理主要采用填埋、制肥、焚烧、建材等四种处置方式。从表 4-15、表 4-16 和图 4-32 可以看出，卫生填埋仍是我国污泥处理的主要方式，占比六成左右，主要是因为污泥卫生填埋操作简单、费用低，而且经过消化后的污泥有机物含量减少、性能相对稳定、总体积减小，脱水后再进行填埋是一种比较经济实用的处置方式。但随着土地资源的不断稀缺以及潜在土壤污染风险的不断加剧，近年来污泥填埋的比例有所下降，越来越多的地区采用污泥焚烧发电和制肥的方式处置污泥，占比约两成左右。相

对而言，建材处置等其他方式的污泥处理量占比相对较小，近年来维持在一成左右。

2007 年～2016 年各类处置方式的污泥处理量（单位：万吨）　表 4-15

年度	填埋处置量	制肥处置量	焚烧处置量	建材处置量	其他处置量	总量
2007	11.79	0.96	5.22	0.27	403.92	422.16
2008	23.50	3.28	5.46	0.46	884.66	917.35
2009	1129.26	164.20	110.40	65.87	354.86	1824.59
2010	1220.12	218.67	193.83	96.94	241.33	1970.89
2011	1240.27	281.83	257.24	166.35	228.33	2174.02
2012	1206.95	335.58	343.22	175.79	273.83	2335.37
2013	1117.14	386.65	453.27	196.26	298.67	2451.97
2014	1094.24	459.43	511.36	223.82	346.47	2635.32
2015	991.91	500.18	564.22	306.66	406.33	2769.30
2016	964.46	512.91	642.24	347.10	502.35	2969.07

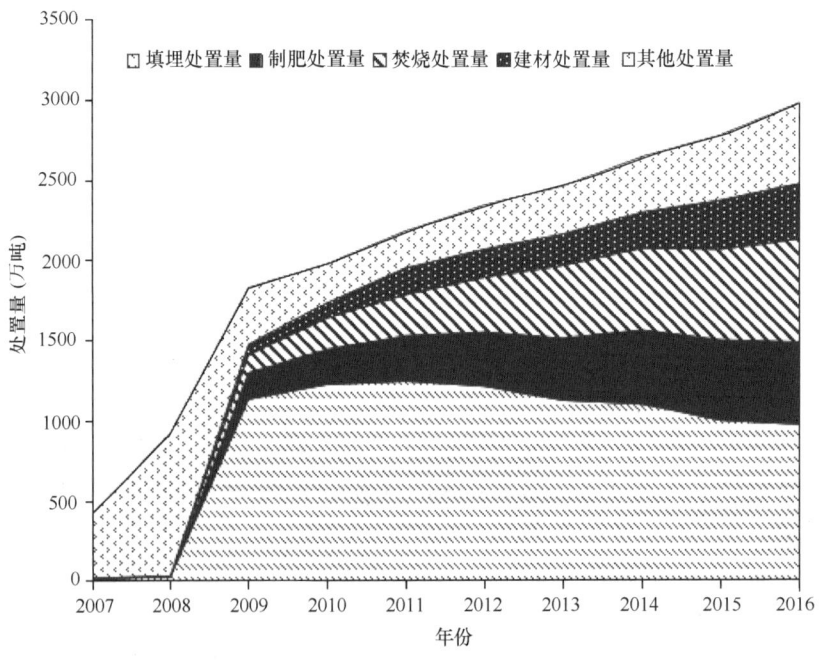

图 4-32　2007 年～2016 年各类处置方式的污泥处理情况

2007 年～2016 年各类处置方式的污泥处理量占比 表 4-16

年度	填埋处置量	制肥处置量	焚烧处置量	建材处置量	其他处置量
2007	2.79%	0.23%	1.24%	0.06%	95.68%
2008	2.56%	0.36%	0.59%	0.05%	96.44%
2009	61.89%	9.00%	6.05%	3.61%	19.45%
2010	61.91%	11.09%	9.83%	4.92%	12.24%
2011	57.05%	12.96%	11.83%	7.65%	10.50%
2012	51.68%	14.37%	14.70%	7.53%	11.73%
2013	45.56%	15.77%	18.49%	8.00%	12.18%
2014	41.52%	17.43%	19.40%	8.49%	13.15%
2015	35.82%	18.06%	20.37%	11.07%	14.67%
2016	32.48%	17.28%	21.63%	11.69%	16.92%

从分地区污泥无害化处理处置的情况看，2016 年东部地区污泥处理处置的总量遥遥领先，其次是中部地区，西部地区的污泥处理量最少，总量不及东部地区的一半。从污泥处理处置方式上看，东部地区以焚烧为主，其次是填埋，而中、西部地区以填埋为主，其次是制肥。具体如表 4-17 和图 4-33 所示。

2016 年各地区各类处置方式的污泥处理量（单位：万吨） 表 4-17

地区	填埋处置量	制肥处置量	焚烧处置量	建材处置量	其他处置量	总量
东部地区	419.41	319.34	573.66	234.41	304.73	1851.55
中部地区	642.44	318.11	107.92	44.95	40.16	1153.58
西部地区	475.08	226.94	85.65	23.63	72.53	883.84

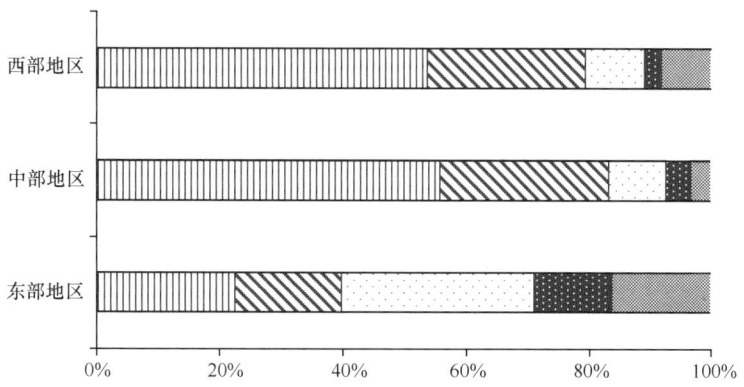

☐填埋处置量 ☒制肥处置量 ☐焚烧处置量 ☒建材处置量 ☒其他处置量

图 4-33 2016 年各地区各类污泥处置方式占比结构

（三）污水再生利用情况

污水经深度处理后再生利用，不仅是节约水资源的重要手段，也是促进源头减排的重要措施，我国污水再生利用规模不断扩大。2007 年底，全国污水再生利用规模为 970.2 万立方米/日，再生利用总量为 158630 万立方米，2016 年污水再生利用规模已增至 2762.4 万立方米/日，再生利用总量增长至 452698 万立方米，二者在短短 10 年间增长了近 3 倍，如表 4-18 和图 4-34 所示。尽管再生水利用规模和总量近年来有了一定增长，但由于再生水管线等配套设施建设不完善、运营经验缺乏导致再生水水质稳定性和可靠性不足、加之尚未形成有效的激励机制，导致我国污水再生利用工作尚处于起步阶段，工程建设和运行规模有待进一步提高。

2007 年～2016 年全国再生水规模及利用量　　　　　　**表 4-18**

年度	再生水规模（万立方米/日）	再生水利用量（万立方米）
2007	970.2	158630
2008	2020.2	336195
2009	1153.1	239951
2010	1082.1	337469
2011	2193.5	268340
2012	1452.7	320796
2013	1760.7	354181
2014	2065.3	363460
2015	2316.7	444943
2016	2762.4	452698

从分地区再生水规模和利用量的情况来看，如表 4-19 所示，东部地区的再

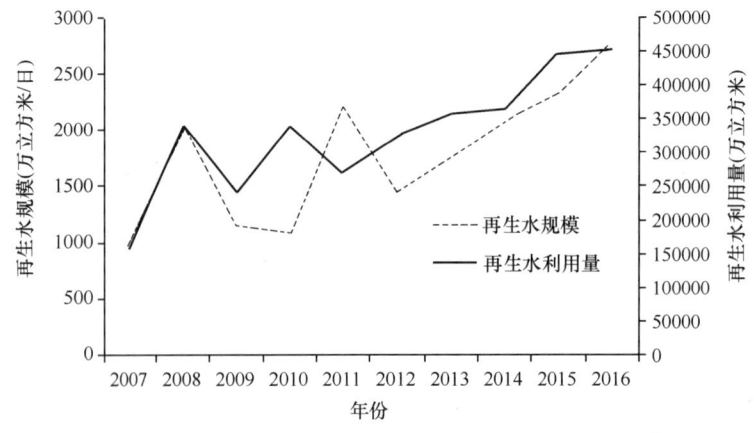

图 4-34　2007 年～2016 年全国再生水规模及利用量

126

生水利用规模和利用量明显优于中西部地区。其中，东部地区的再生水规模约为中部地区的 2 倍，是西部地区的 4 倍之多；在再生水实际利用量上，东部地区更是远高于中西部地区，其再生水利用量是中部地区的 3.65 倍，是西部地区的 7.6 倍。

2016 年东部、中部、西部再生水规模及利用量　　　　　　表 4-19

地区	再生水规模（万立方米/日）	再生水利用量（万立方米）
东部地区	145.58	28689.08
中部地区	75.92	7851
西部地区	33.22	3777

第三节　排水与污水处理行业发展成效

改革开放以来，中国污水处理行业积极探索以特许经营为核心的市场化改革，取得了显著成效，不仅促进了中国污水处理能力和规模的快速增长，更为重要的是，通过引入社会资本，推动了污水处理行业投融资体制改革，逐步形成了有效竞争的市场结构，大大增强了行业竞争力，促进了各地污水处理绩效稳步提升。

一、有效竞争的市场结构逐步形成

传统的污水处理行业由政府作为城镇排水与污水处理的投资者、建设者和运营管理者，对城市污水处理系统实施行政管理、行业管理和经营管理三位一体的管理模式，污水处理厂属于事业性经营，之后逐步转为企业化运营。改革开放以来，污水处理行业打破了传统的单一的政府财政投入的投资管理模式，形成了投资主体多元化、资金来源多渠道、投资方式多样化、建设运营市场化的新格局。

目前，我国城市排水与污水处理行业已基本形成国有及国有控股企业、外资及港澳台资企业、私营企业和上市公司等多种市场主体共同竞争的格局，BOT、TOT、ROT 等 PPP 模式在污水处理项目中逐渐被推广运用，特别是新建污水处理设施，多采用 BOT 模式进行建设和运营，极大地缓解了我国污水处理设施建设的资金压力，同时提高了设施的运营效率。

根据住房城乡建设部《全国城镇污水处理管理信息系统》显示，2016 年，在全国近 5000 座污水处理厂中，属于国有企业和事业单位的污水处理厂占了全国的半壁江山，占比 50％左右，其中国有企业占比 36.77％，事业单位占比 11％；私营企业占比 8.93％，不足 1/10；外资企业占比 4.06％，不足 5％；还有大约 40％的污水处理厂是有限责任公司、股份公司和股份合作企业，如图 4-35 所示。下面将具体分析近年来我国污水处理行业所有制结构的时间变化、地区分布和规模特征。

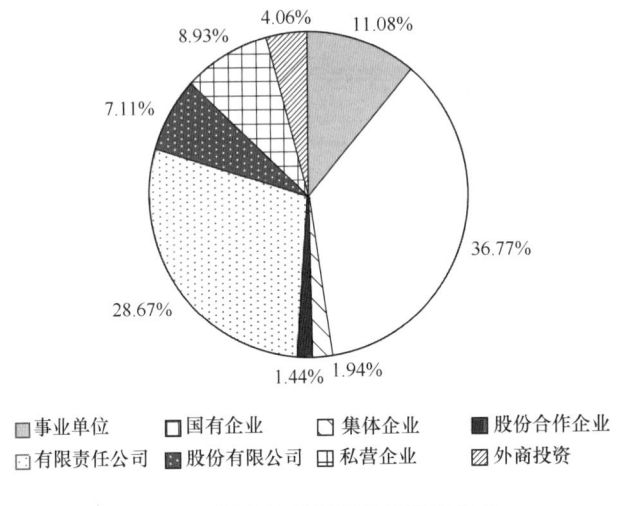

图 4-35　污水处理厂所有制类型分布

（一）不同所有制企业结构的时间变化

从时间维度上看，我国城镇污水处理厂的所有制结构比例基本保持稳定，如表 4-20 和图 4-36 所示。其中，国有企业和事业单位一直占据较大比例，特别是国有企业，尽管占比略有下降，但基本维持在 36％以上，事业单位的占比基本保持 10％左右的水平，但近两年该比例有小幅上升，主要是一些县、乡、镇新建的污水处理厂仍采用事业单位建制；私营企业的占比逐年上升，从 2010 年的占比 6.81％上升到了 2016 年的 8.93％，增长了 2 个多百分点，说明社会资本的引入正在逐步改变污水处理行业的所有制结构，越来越多的私营企业进入到污水处理行业，而且私营企业仍在不断扩张，运营的污水处理厂数量和规模都有所增长；外商投资的污水处理厂占比略有下降，但基本维持在 4％以上的水平，彻底扭转了 20 世纪 90 年代中期外商在国内污水处理行业急剧扩张、攻城略地的局面；此外，还有约 40％不到的污水处理厂属于股份合作企业、股份有限公司、有限责任公司，这部分企业绝大多数是混合所有制企业，既有上市公司，也有股份制改造后的国有企业，这些企业基本是按照现代企业制度运营。

2010 年～2016 年污水处理厂不同所有制构成比例　单位：%　　　表 4-20

年度	事业单位	国有企业	集体企业	股份合作企业	有限责任公司	股份有限公司	私营企业	外商投资
2010	10.93	37.48	2.37	1.52	28.63	7.74	6.81	4.52
2011	10.76	37.41	2.23	1.57	28.75	7.66	7.16	4.46
2012	10.75	37.66	2.24	1.50	28.82	7.82	6.98	4.24
2013	10.74	37.88	2.17	1.54	28.89	7.45	7.03	4.30
2014	10.25	36.39	2.15	1.47	29.44	7.03	9.12	4.14
2015	10.61	36.82	2.05	1.43	29.11	6.93	9.01	4.03
2016	11.08	36.77	1.94	1.44	28.67	7.11	8.93	4.06

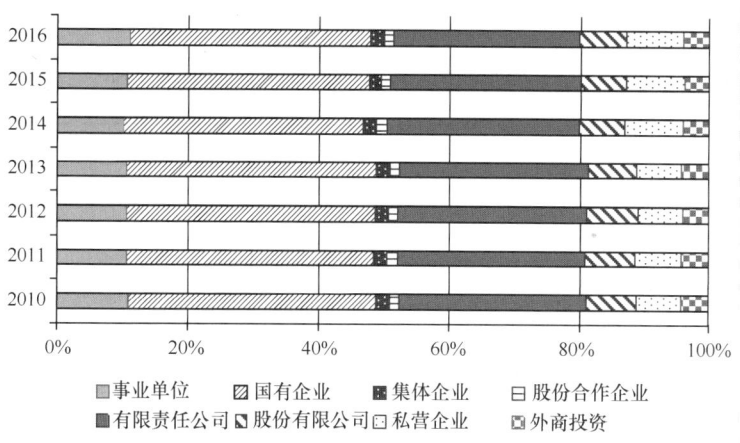

图 4-36　2010 年～2016 年污水处理厂不同所有制构成比例

（二）不同所有制企业的地区分布

从不同所有制污水处理厂的地区分布看，东部地区事业单位的比例最低，仅为 6.94%；西部地区外商投资的比例最低，仅为 2% 左右，但私营企业的比例最高，约为 12%，说明西部地区污水处理厂的进入门槛较低，资金和技术都较为薄弱的私营企业能够有效地进入，但由于西部地区经济欠发达，加之市场经济环境不完善，对外商的投资吸引力较弱。至于国有企业、集体企业和股份制企业在东、中、西部的占比情况差别不大，基本都在 40% 左右。具体如表 4-21 和图 4-

37 所示。

2016 年东中西部不同所有制污水处理厂的比例　　　　表 4-21

地区	事业单位	国有企业	集体企业	股份合作企业	有限责任公司	股份有限公司	私营企业	外商投资
东部地区	8.25%	34.43%	3.75%	2.05%	30.83%	7.15%	8.35%	5.20%
中部地区	16.41%	35.41%	0.45%	1.25%	27.65%	8.30%	6.60%	3.93%
西部地区	10.83%	41.50%	0.46%	0.69%	26.24%	6.03%	11.82%	2.44%
全国	11.08%	36.77%	1.94%	1.44%	28.67%	7.11%	8.93%	4.06%

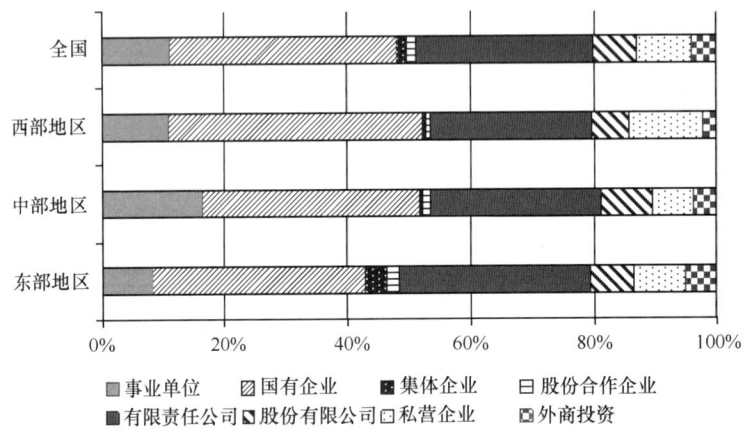

图 4-37　东中西部不同所有制污水处理厂的比例

（三）不同所有制企业的规模分布

从不同所有制企业的平均处理能力来看，股份制企业的平均规模最大，外商投资企业紧随其后，其平均污水处理能力均在 5 万吨/日以上，国有企业的平均规模为 4.11 万吨/日，均高于全国污水处理厂的平均规模水平。相较而言，集体企业的平均规模最低，仅有 1.38 万吨/日，这也侧面反映出大多数集体性质的污水处理厂主要都集中在县、乡、镇的小型污水处理厂。具体如表 4-22 所示和图 4-38 所示。

2016 年不同所有制企业的平均规模　　　　表 4-22

所有制	事业单位	国有企业	集体企业	股份合作企业	有限责任公司	股份有限公司	私营企业	外商投资	平均
平均规模（万吨/日）	2.94	4.11	1.38	5.62	3.88	5.50	2.31	5.41	3.89

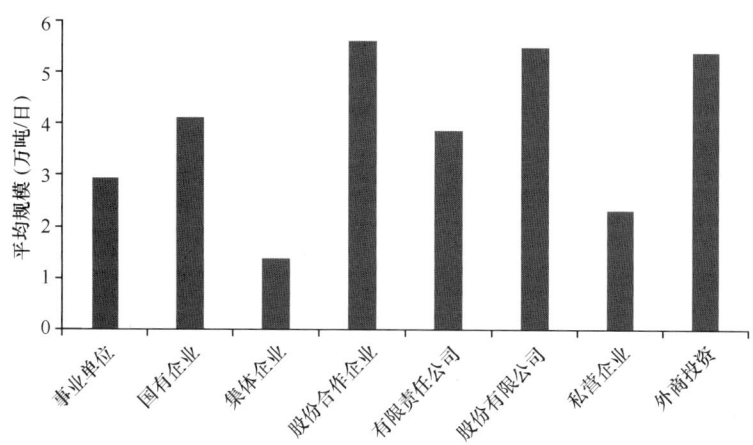

图 4-38 2016 年不同所有制企业的平均规模

从污水处理设计规模总量来看，2016 年私营企业污水处理设计规模总量为913.12 万吨/日，外商投资企业的规模总量为 973.7 万吨/日，尽管二者规模总量上相差不大，但属于私营企业的污水处理厂数量为 396 个，占全国污水处理厂总数的近 9%，而外商投资的污水处理厂仅 180 个，占比仅 4%左右，未及私营污水处理厂数量的一半。这说明外商投资污水处理厂的规模较大，具有比较显著的规模效应，而私营企业的平均规模较低，主要以投资运营小型污水处理厂为主。由于污水处理行业的初期投资大、投资回报期长，因此资金短板对于私营企业的发展而言极为不利，使其难以做大做强，很大程度上限制了私营企业的发展。

二、行业竞争力逐步增强

（一）企业技术进步明显

改革开放以来，我国现代化污水处理厂从无到有，通过有效利用外国技术，极大地提高了我国的污水处理技术。进入 21 世纪，我国污水处理技术更是迅猛发展，由一线城市带领二线、三线城市一起发展，淘汰掉高消耗、高污染的落后生产力，污水处理工程技术和设计从最初的全面引进国外到目前的复杂污水处理工程技术自主知识产权，而且装备水平不断提高。特别是国家通过设立水体污染与控制科技重大专项、973、863 等重大科技计划的研发投入和支持，不断完善城镇污水处理及污泥处置技术标准体系，积极推动污水处理及再生利用、污泥处理处置及资源化利用等关键技术的研发、示范和推广，在污水处理、污泥处理、

131

黑臭水体治理、海绵城市等领域不断取得新的技术创新与突破。行业主管部门通过加快制定有关技术的评价标准体系和方法、加强技术指导等多种方式，围绕提高城镇污水处理设施建设及运营管理的需要，不断加强污水处理相关专业技术人才、管理人才的建设和培养。

为控制和解决水污染的严重态势，国务院先后印发"十一五"和"十二五"节能减排综合性工作方案，设置 COD（化学需氧量）、氨氮和氮氧化物等三类污染物排放总量的控制目标，倒逼污水处理厂的处理工艺和技术进行创新，不断提高出水水质，促进了污水处理先进技术的应用和推广。为实现总量控制的目标，许多地方组织对污水处理厂实施提标改造。目前，我国九成左右污水处理厂是二级、三级污水处理厂，九成左右污水处理厂出水水质达到一级以上标准。氧化沟、AAO、SBR 等处理工艺得到了普遍应用，基本能保证污水处理厂达到一级B出水标准。为进一步处理难降解有机物、氮和磷等导致水体副营养化的无机物、高级氧化、脱氮除磷、超滤纳滤反渗透等处理工艺也得到了一定的推广，滤池、混凝沉淀等深度处理设施在经济发达和水环境敏感地区也在不断地扩大应用范围，以保证污水稳定一级A排放。

在全球能源危机、气候变化和资源紧缺等背景下，污水处理的传统模式正在发生巨大改变，人类社会可持续发展对城镇污水处理提出了多目标要求：提高出水水质，满足水污染控制和水资源可持续利用的需要，节能降耗、控制碳排放，实现低碳污水处理；开发污水潜能，提高能源自给率，并逐步实现清洁能源净输出；回收有机和无机资源，实现资源的循环利用。我国污水处理行业在满足出水稳定达标的同时，也开始关注节能低碳、污水中可用物质有效循环和深度回用的污水处理新模式，未来污水处理技术的基本变化是实现向资源、能源、水回收的转变，与此同时寻求不断降低污水处理成本费用。

（二）企业管理水平显著提高

从 20 世纪 90 年代中期开始，污水处理行业通过市场化改革逐步打破了国有企业垄断经营的市场格式，全国污水处理行业已基本形成国有企业、事业单位、外资及港澳台资企业、私营企业和上市公司等多种市场主体共同竞争的格局初步显现。截至 2016 年底，污水处理行业中国有企业占比 37%，有限责任公司占比 29%，事业单位占比 11%，其余类型占比约 10%。污水处理企业和集团成为污水处理行业改革后培育最为成功的市场主体，直接推动了污水处理企业建立现代企业制度，生产管理、财务管理、人事管理等水平提高显著。

通过激烈的市场竞争，国内一批在行业内具有竞争力、日趋成熟的专业企业快速成长，包括北控水务集团有限公司、北京首创股份有限公司、北京排水集团、北京碧水源科技股份有限公司、中环保水务投资有限公司（中节能）、桑德集团有限公司、广东粤海水务股份有限公司、博天环境集团股份有限公司、天津创业环保集团股份有限公司等。这些影响力较大的水务企业既有国企，也有上市公司和也有民营企业等。各类水务企业呈现的特点不同，国有控股水务公司投融资能力强，资金雄厚，技术能力强，与政府关系深厚，但受体制机制束缚，企业运营灵活度不够、成本意识薄弱；上市公司和民营企业具有良好的管理和激励机制，市场意识强烈，手段灵活激进，行业经验、实践业绩相对较弱，属行业新进入者，近年发展势头迅猛。各类水务企业优势互补，相互竞争，共同提升了我国污水处理行业的整体竞争力。

除了专注污水处理行业外，伴随国家全面实施节能减排，环保产业作为战略性新兴产业，逐步成为提升经济的新增长点、新引擎，一些大型污水处理企业抓住时机，积极拓展固废处理和新能源业务领域，不断延长产业链条，开拓环保相关业务，将单一的污水处理企业发展为环境服务运营企业。近年来，一些上市污水处理企业更是通过不断地内部挖潜，提升工程建设和运营管理能力，克服刚性成本上升压力、税收政策变化等诸多因素的影响，在国内经济增速减缓的大形势下实现了盈利能力的稳步提升，在资本市场交出了一份亮丽的成绩单，获得了资本市场的热捧。

（三）企业兼并重组初见成效

改革开放以来，中国城市污水处理厂数量急剧增加，从 1980 年的 35 家，增长到 2016 年的 2048 个，但"小、散、弱、差"的行业发展局面没有根本改变。大多是一个城市一个污水处理企业，到了县、乡、镇，污水处理厂不仅规模小，而且多数由当地国有或民营企业负责运营，污水处理企业更加分散。目前，我国污水处理厂规模普遍偏小，5 万吨/日的小型污水处理厂占了绝大多数，比例约为 86%，10 万吨/日以上的大型污水处理厂占比仅为 5% 左右，如图 4-39 所示。

由表 4-23 可知，西部地区小型污水处理厂的比例更高，5 万吨/日以下的污水处理厂占比高达 94.12%，10 万吨/日以上的大型污水处理厂占比极低。东、中部地区污水处理厂规模略大，10 万吨/日以上的大型污水处理厂占比约 10% 左右。

2016 年东中西部不同规模污水处理厂的比例情况　单位：%　　　表 4-23

地区	大型污水处理厂 （≥10 万吨/日）	中型污水处理厂 （5～10 万吨/日）	小型污水处理厂 （≤5 万吨/日）
东部地区	10.91	6.85	82.24

地区	大型污水处理厂 （≥10万吨/日）	中型污水处理厂 （5~10万吨/日）	小型污水处理厂 （≤5万吨/日）
中部地区	9.98	5.59	84.42
西部地区	3.30	2.58	94.12

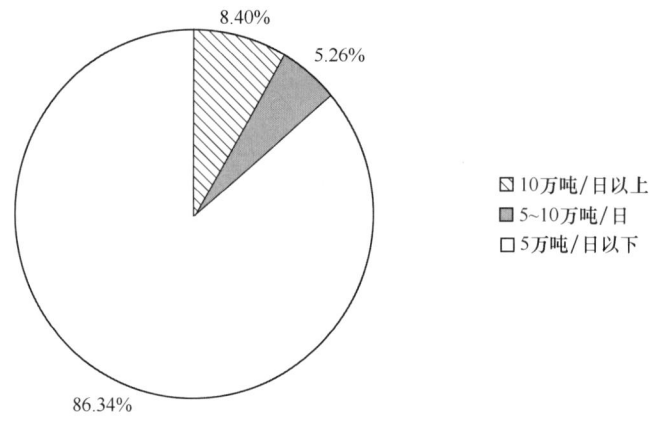

图 4-39　2016 年不同规模污水处理厂的比例情况

　　由于大多数小型污水处理厂缺乏专业化、规范化、规模化的建设和运营管理，导致设施的运行效率和服务质量难以有效提高，同时安全隐患也较多。为推动市政基础设施领域供给侧结构性改革，优化污水处理产业发展模式，国家在污水处理领域鼓励开展政府和社会资本合作，支持水务企业跨区域兼并重组，不断输出和提高企业的技术、管理和资金，促进设施效能得到有效发挥，提高污水处理行业的有效供给。

　　2016 年，随着水十条、PPP、"河长制"等直接影响产业发展的政策相继落实和完善，中国水务市场进入重构期，一批大型污水处理企业借着政策东风，在全国快速布局，不断提高污水处理行业的市场集中度。目前，我国污水处理行业已涌现了一批日处理规模百万吨的大型污水处理企业，如首创股份已经在北京、深圳、马鞍山、余姚、青岛等城市进行了水务投资，初步完成了对国内重点城市的战略布局，参股控股的水务项目遍及国内 8 个省区和 13 个城市，服务人口超过 1500 万，在国内共拥有 132 个污水处理项目，每年为国家处理污水 15 亿吨。桑德集团运营和在建的乡镇污水处理厂超过 200 个，第三方专业化运营的环境设施超过 30 个，承担国内外各种环境系统建设项目超过 800 个。创业环保的污水处理业务涉及天津、曲靖、杭州、西安等 11 个省市，共拥有特许经营污水处理规模超 300 万立方米/日，委托运营规模近 100 万立方米/日。国祯环保通过 BOT、TOT、委托运营等模式，已在全国拥有 80 余座污水处理厂，运营规模约 300 万吨/日，其中特许经营类项目规模总和近 200 万吨/日。污水处理厂遍及广东、浙江、云南、湖南、江苏、河南、山东、河北、陕西等地，服务人口近 1000 万。成都排水公司在巩固成都市污水处理市场占有率的同时，进一步进入巴中、都江堰等市，并通过投资新建或收购甘肃、宁夏、陕西、广东、海南等地污水处理项目，目前公司共运营污水处理厂 14 座，处理规模超过 300 万吨/日，服务人口 400 余万人。

（四）污水处理典型企业

1. 桑德集团

桑德集团始建于 1993 年，前身是北京市桑德环境技术发展有限公司。桑德集团现已发展为中国领先的生态型环境、新能源综合服务商，投资和控股了启迪桑德（000826）、桑德国际（00967.HK）、桑顿新能源、爱尔斯生态等数十家企业，业务覆盖水资源、水生态、固废处理、环卫、再生资源、新能源、环境规划影响评价、环境检测等环境和新能源领域，并且拥有业内最完整的产业链。在水务、固废领域，桑德集团已拥有集投资、研发、咨询、设计、建设、运营于一体的完整产业链；在新能源锂电池领域，桑德集团涵盖了正极材料、动力电池、储能电池、电池云平台、泊车充电云平台、互联网＋电池回收、动力电池梯级利用、废电池再生等业务；在新能源汽车领域，桑德集团涵盖了核心零部件及整车的研发、设计、生产（合作）、销售等业务。

（1）历史沿革

桑德集团的成长伴随着中国环保产业的兴起，是中国实力雄厚、发展迅猛的民营环保企业翘楚，其成长历程主要体现了两大特点，一是紧跟行业改革热点，二是资本市场长袖善舞。

1）业务扩张

在桑德集团成立之初，恰逢中国大刀阔斧开展"三河三湖"治理行动，无论从政府层面，还是市场层面，都需要专业化的环保公司提供产品、技术和服务，但当时的环境治理更多的是政府行为，政府主要向市场采购环保设备，而投资和服务主要由事业单位或地方国企来完成，桑德集团另辟蹊径，从工业污水处理行业切入市场。1994 年，在经历数轮商讨后，桑德拿下了创立以来的第一个项目——锦州啤酒厂废水处理项目的设计和技术支持。自此，桑德的技术和口碑也渐渐在业内传播开来。

1997 年亚洲金融危机，国家发行了 6000 亿国债，其中 600 多亿用于环境治理，中国城市污水处理行业迎来设施建设高潮。同时，中国市政公用事业传统的政府投资体制难以为继，亟需引入市场竞争倒逼行业改革，国家在2000年、2002年先后发布了一系列促进市场化改革的政策文件。桑德集团敏锐地捕捉到市场机遇，及时突破单一业务模式，从工业废水治理，转向了城市污水处理。并且在1996年率先提出工程总包EPC（交钥匙工程）模式，1999年又创新性地推出"中华碧水计划"，签约仪式在人民大会堂举行，开创了中国市政污水处理市场化的先河。2000年，在中央"两会"期间，桑德集团董事长文一波在《经济日报》上刊登名为《一个中国公民的环保建议——城市污水的全面解决方案》的整版文字广告，引起政府高层注意，此举也被认为开创了中国政治广告的先河。同年，由桑德集团中标的北京肖家河污水处理厂正式开工建设，是中国第一家由民营环保企业投资建设的污水处理BOT项目，为抢占全国污水处理特许经营的广阔市场提供了样板和先机，为公司后续带来了南昌象湖、包头南郊等BOT项目，同时完成了城市污水处理行业从设备制造到运营服务的完整产业链布局。

2013年，党的十八大报告明确要求，坚持走中国特色新型城镇化道路，并于2014年正式发布《国家新型城镇化规划（2014—2020年）》。跟随国家新型城镇化战略的进程，早在2011年，桑德就从竞争激烈的城市污水处理市场开始布局村镇。针对乡（村）镇的水环境治理及饮用水安全保障问题，桑德提出"SMART村镇给排水水务一体化系统解决方案"，开创了中国村镇污水治理新模式。凭借自主研发技术，以及资本、工程实施、设备、运营等综合优势，桑德已完成了全国1/3省、直辖市（自治区）的百余个乡（村）、镇供排水处理工程的建设，包括陕西西安五台镇污水处理EPC项目、湖南长沙18乡镇污水处理PPP项目、北京姚辛庄村级污水处理BOT项目、江苏盐城亭湖区5乡镇污水处理O&M项目等。实践证明，桑德所提供的从投资、设计、建设，到运营和维护管理的"一站式"全方位专业化服务，为解决城镇及农村环境治理问题提供了一条更加经济、有效的途径。

同时，桑德集团是国内较早进军国际市场的水务企业。在桑德仍处于成长期，自身规模还相对较小的时候，桑德已经开始开拓和布局海外市场。2009年，桑德中标沙特阿拉伯第九污水处理厂升级改造项目，迈出了国际市场的第一步，这种能力与魄力是一般企业所不具备的。

除了专注污水处理行业外，伴随国家全面实施节能减排，环保产业作为战略性新兴产业，逐步成为提升经济的新增长点、新引擎，桑德集团不失时机地拓展固废处理和新能源业务领域，不断开拓公司的环保产业版图。桑德集团从2002年开始涉足固体废弃物处理领域，顺利实施了世界上最大的生活垃圾综合处理项目——北京阿苏卫生活垃圾综合处理项目。在此基础上，2003 年桑德推出了高水平的垃圾综合处理思路，逐步扭转中国传统的城市垃圾处理方式，并完成了垃圾焚烧发电的完整产业链布局。2010 年，桑德投资 50 亿建设湖南静脉产业园，开创区域固废和资源综合利用园区化综合处理的新模式。2013 年，桑德集团控股的桑顿新能源公司一期项目——锂电池及其机电一体化产品，在湖南省湘潭市正式量产。2014 年，桑德环境注资成立桑德新环卫公司，正式进入环卫机械制造领域，桑德环卫一体化云平台建立。桑德结合"互联网＋"理念，将数字化引入垃圾分类、收运、处理处置的全过程，在国内首次提出智慧环卫产业模式。随着这套系统覆盖范围扩大，桑德将建立起一个超级互联网环卫渠道，这个超级渠道将覆盖垃圾收集、分类、运输、归纳、处理，甚至可以包括社区终端广告。而这一渠道的大数据价值一旦被发掘，将可以开发出无数的创新衍生业务。

经过 20 多年的发展，桑德涉及的环保业务领域不断扩张，从最初的工业污水处理到市政污水处理，从城市污水处理到村镇污水处理；从污水处理到固废处理再到资源综合利用，并逐步延展到新能源和互联网＋，基本完成了产业转型和产业链的不断升级，成长为中国涉及面最广、产业链最全的民营环境企业之一，集投资、研发、咨询、设计、建设、运营、环保设备制造于一体。

2）资本扩张

环境产业的扩张离不开投资与资本，对于快速发展的中国而言，伴随快速城市化和工业化，投资是污水处理行业发展的重要拉动因素，早期的外资水务企业正是凭借资本优势在国内水务市场不断攻城略地。桑德集团是国内较早上市的民营水务企业，如果不能及时对接资本市场，其扩张随时可能戛然而止，甚至被竞争对手所淘汰。桑德集团目前拥有国内外两个上市平台，分别是启迪桑德（000826）、桑德国际（00967.HK），具有较大的融资先发优势。

2002 年，桑德集团收购国投原宜，借壳上市成立"合加资源"（2008 年后更名为"桑德环境"），进入国内资本市场，并先后布局固废、环卫、再生资源等领域，2015 年，桑德集团将旗下 29.8％股权转给启迪科服，公司更名为启迪桑德，实现了从民营向国企的转型。未来，启迪系将成为清华系旗下重要的环保资产整合平台，启迪桑德作为启迪系唯一环保上市平台，存在环保资产注入预期。作为国内最早"出海"的水务企业，早在 2006 年，桑德旗下水务公司"伊普国际"（后更名为"桑德国际"）就正式登陆新加坡证券交易所，成为国内惟一同时拥有境内、外上市公司的环保企业。2010 年，桑德国际登陆香港证交所，2014 年伊普国际从新加坡退市。

2003 年借壳上市后，桑德集团的公司业务由最初的环境设备业务演变成多项主营业务，分别是：水务投资运营业务、固废处置工程系统集成业务和环保设备业务，而且未来将进一步加大水务和固废运营业务的比重。在 2008 年更名为桑德环境之后，凭借固废工程收入的快速增长，桑德环境业绩与股价齐升，复权后的股价由 2008 年初的每股约 9 元上升至目前近 40 元，涨幅达 3 倍多。期间，公司通过增发与配股进行了两次股权融资，合计募集资金 23 亿元。借助国家支持环保产业的东风，公司业务得到了快速发展。2008－2012 年，公司固废工程业务收入分别为 3.43 亿元、4.25 亿元、6.21 亿元、11.61 亿元、15.72 亿元，收入占比分别达到 66％、62％、64％、72％、75％，短短 5 年增长了 3.6 倍；毛利率分别为 39.4％、35.3％、32.9％、34.5％、35.8％，长期维持在较高水平。为保证公司业绩的持续高速增长，公司积极开展相关战略布局，并取得了巨大成绩。2012 年公司营业收入突破 20 亿元，2014 年突破 40 亿元，2015 年迈过 60 亿大关，向实现百亿营业收入的目标迈出坚实一步。

2016 年，公司环保类主营业务在 2015 年度的基础上继续保持稳健的经营态势，净利润超过 10 亿元大关，较去年同期增长 16.18％。但是，近两年公司负债率增高，财务费用严重侵蚀利润，业绩增长放缓。面对市场竞争日益激烈及市场形势的发展变化，公司积极开展相关战略布局，利用公司平台有效整合环保行业资源，实现各大业务板块之间的协同效应，同时延伸产业链条，形成内部各产业之间相呼应的生态产业圈，进一步增强公司的竞争实力。

为提升启迪控股地位，公司向大股东、员工持股计划等定增募资，用于环卫一体化、环卫车改扩建、垃圾焚烧及餐厨处理项目。随着增发资金到位，公司财务费用节省及业务发展资金制约消除，业绩有望进入快车道。目前，公司业务将在固废、环卫、再生资源、水务和环保设备五大板块持续发力。公司在传统固废处置业务、环保设备研发制造以及水务投资运营业务领域保持了持续增长；同时公司加大力度布局城乡环卫一体化、再生资源循环利用两大新兴业务板块，新兴业务板块营业收入呈现快速增长态势，内部业务协同使环境服务所覆盖领域，提供有针对性的精细化服务，战略业务布局使固废处置、环保设备研发制造、水务投资运营、城乡环卫一体化以及再生资源回收利用五大板块业务开始形成协同效应，并在 PPP 市政基础设施项目开始布局，环卫板块和再生资源开始提供贡献业绩。

（2）取得成效

桑德集团拥有 21 年环境领域实践经验，在我国投资建设、运营自来水、污水处理、城市生活垃圾处理厂、餐厨垃圾处理厂、工业废弃物处理厂等超过 100 个，运营和在建的乡镇污水处理厂超过 200 个，第三方专业化运营的环境设施超过 30 个。承担国内外各种环境系统建设项目超过 800 个。在湖南湘潭九华工业园建有国内规模最大、从锂离子材料到锂离子电池到机电一体化产品完整链条的现代化新能源基地。在此，我们主要选取桑德集团在市政污水处理、污水处理特色小城镇、海外市场、工业废水处理等领域的代表性项目做简要介绍。

1）市政污水处理项目

南昌市象湖污水处理项目：桑德集团在 2004 年以 BOT 形式在南昌市建设象湖污水处理厂，该项目设计日处理规模达到 20 万吨/日，缓解了南昌市生活污水污染环境的问题，显著改善了象湖的水质和生态环境，使得革命圣地之水更为清澈。

宜昌临江溪污水处理项目：临江溪项目设计日处理规模达到 30 万吨 /日，是桑德人实现中华碧水蓝天的行走路径之一。如果说夏家湾是桑德拯救母亲河的开始，已建成的宜昌临江溪处理项目，就是不断进取的桑德人带给长江沿岸苍生的又一贡献。

荆门夏家湾市污水处理项目：依山傍水的夏家湾市污水处理工程，以 10 万吨/日的设计规模，让污水变得洁净，最后回归到母亲河——长江。这是深受央视剧组推崇的一个环保项目，体现了桑德人对于改变环境以利用自然的美好心愿，及在积极实践中桑德对自己高起点、高标准、高目标的要求。

北京肖家河污水处理项目：该项目是 BOT 模式的成功实践之一，也是桑德"中华碧水计划"的典型案例之一，为推动城市环保基础设施建设的投资主体多元化、运作市场化和经营专业化的发展思路积累了宝贵的实践经验，并为全国市政公用行业市场化发挥了示范作用。

海口美舍河治理 PPP 项目：2017 年初开始，海口投资约 37 亿元，对全市包括五源河、鸭尾溪、红城湖等城区 31 个水体进行水环境整治，其中，美舍河流域治理是政府和社会较为关注的项目。桑德联合爱尔斯环保获取了此河道水体修复大单。桑德海口美舍河治理 PPP 项目自取得初步成效起广受各界好评，并于2017 年 4 月 12 日被央视新闻联播作为生态修复治理典范报道。

2）污水处理特色小城镇项目

长沙小城镇项目：该项目群包括长沙县 16 个乡镇污水处理厂（总规模为29400 吨/日）的投资、建设、运营和管网配套建设工程的建设、移交（BT），以及已建的 2 个污水处理厂（总规模为 5000 吨/日）的托管运营（O&M），16个乡镇污水处理厂和配套网管施工总承包以及设备的采购、安装等。该项目特许运营期为 30 年，建设工期 10 个月，已于 2011 年 12 月底通水运营。项目建成后，大大改善了所服务区域的 COD 减排，促进了新农村环境的友好和谐发展。
江苏姜堰小城镇项目：姜堰项目位于江苏省姜堰市。由桑德国际投资、建设、运营及移交（BOT）5 个总规模为 1.3 万吨/日的乡镇污水处理厂、污水及供水管网配套建设工程的建设及移交（BT），项目特许运营期为 25 年。

3）海外项目

沙特 Tareeq AL-Matar 第九污水处理厂：是 2009 年桑德中标的一个海外 EPC 项目，设计日处理规模达到 7.2 万吨/日，主要处理工业园区的化工废水及部分生活污水，采用美标设计，出水达到沙特当地灌溉水的水质标准（相当于中国的一级 A 标准）。由于该项目保质按期完成了合约要求，同一业主又续签了新的合约。该项目是中国背景的公司在海外独立竞标成功的第一个污水处理 EPC 项目，掀开了中国环境企业进军全球环境市场的序幕，具有里程碑意义。同时，也对桑德进一步提升自身的管理和技术具有非常重大的战略意义。

孟加拉吉大港供水项目：孟加拉国第二大城市吉大港市位于孟加拉南部，面向孟加拉湾。项目位置在卡纳普里河沿岸距市中心 30 公里外的东北部地区。该项目总规模为 30 万吨/日的供水工程，建成后将为吉大港市区供水，解决该市 35％人口的饮用水问题，包括取水头设施和水厂两个部分，分两期建设完成。

4）工业废水处理项目

唐山中润煤化工废水深度处理回收项目：该项目废水深度处理中心被誉为工业废水处理界的"水立方"，该项目为国内第一个连续稳定运行的焦化废水深度处理回用项目，不但做到了零排放，而且还具有一定的经济与环境效应。

吉林钢铁全厂水处理项目：该项目是桑德 DBO 模式运用的典型案例。在该项目中，桑德为吉钢提供了综合工业给水处理、脱盐水处理、污水收集、处理和回用、污泥处理、全厂水量平衡等方面的咨询、设计、建造、管理和运营等"一站式服务"。

（3）未来展望

在环保行业中，桑德深耕多年，已成为行业领先企业。目前，桑德各版块业务遍地开花。桑德水务、固废业务成长强劲，在项目中标金额、数量、质量和规模等方面均实现大幅提升；新环卫、再生资源、新能源表现较为抢眼，业务体量和增速呈直线上升。桑德国际荣获水业十大影响力企业、启迪桑德荣获固废十大影响力企业；桑顿新能源以打造千亿产业集群园区为目标，在湖南、北京建设两个顶级电池产业链综合基地，并拿到多个重量级奖项；桑德新环卫，中标包括雄安新区在内的数十个项目；桑德再生晋级中国 B2B 百强榜，成为再生行业唯一入榜企业。根据桑德集团整体战略升级和调整，桑德系生态型平台战略浮出水面并日趋完善。桑德未来将围绕互联网、物联网，打造基于环保的桑德云平台，不断完善桑德系产业链，业务涵盖水务、固废、新环卫、再生资源、新能源、金控、环评等多领域。

2. 北京首创股份有限公司

首创股份成立于 1999 年，并于 2000 年在上交所挂牌，是一家由北京首都创业集团有限公司控股的上市企业，主营业务为基础设施的投资及运营管理，是首创集团旗下环保旗舰企业，也是国内最早投身水务环保事业的领军企业。

首创股份的发展方向定位于中国水务市场，专注于城市供水和污水处理两大领域，主要业务涵盖城市自来水生产、供水、排水等各个生产和供给领域，公司经过五年的发展，已经在北京、深圳、马鞍山、余姚、青岛等城市进行了水务投资，目前已初步完成了对国内重点城市的战略布局，参股控股的水务项目遍及国内 8 个省区和 13 个城市，服务人口超过 1500 万，发展潜力相当可观。截至 2017 年 9 月 30 日，公司总资产 473 亿元，位居主板上市环保公司首位，并连续 15 年被评为"中国水业十大影响力企业"。

首创股份一直致力于推动公用基础设施产业市场化进程，推动水务行业良性发展，创新商业模式，优化企业运营机制，见证并参与了中国水务产业的发展历程，积累了丰硕成果，已成为全球第五大水务环境运营企业。公司业务覆盖城镇水务、人居环境改善、水环境综合治理、绿色资源管理等多个领域，通过流域化和区域化的集团管理，在日益开放与规范的市场竞争中，公司努力开拓市场，精心提升服务，以卓越的发展业绩、资源优势和进取精神立于行业潮头，致力于成为世界级环境综合服务企业。

（1）历史沿革

北京首创股份有限公司（以下简称"首创"）系经北京市人民政府京政函〔1999〕105 号文件批准，由北京首都创业集团有限公司、北京市国有资产经营公司、北京旅游集团有限责任公司、北京市综合投资公司及北京国际电力开发投资公司共同发起设立的股份有限公司，于 1999 年 8 月 31 日领取企业法人营业执照，注册资本 80000 万元。2000 年 4 月，公司在上海证券交易所成功上市。至此，这一特殊日子成为了首创股份发展历程中重要的里程碑。

1）业务拓展

首创股份致力于成为一家在中国领先的基础设施综合性投资和运营管理公司，公司的核心业务是水务和环保产业。在上市后经过缜密的研究，公司确定了以水务产业为公司的发展方向，并在此基础上开展一系列重大的水务项目投资，塑造了"首创水务"品牌，其中包括与法国威立雅水务公司、北京城市排水集团有限公司、余姚市城市建设投资发展有限公司等多地多家公司的合作，项目在全国范围内大规模落地。

在"十一五"和"十二五"期间，随着国家环保政策相继出台，环保基础设施建设快速发展，供水普及率、污水处理率等指标不断提升，商业模式逐步完善，环保行业发展进入了"供给侧改革时代"，环保产业的巨量市场空间开启，为行业带来细分领域投资机会，使优质细分龙头企业迎来了新的发展机遇。同时，在"资产荒"和地产调控的背景下，具有较低风险且稳定持续现金流的PPP的项目将越来越受到资本市场的青睐。首创股份紧随时代潮流，积极参与一系列污水处理 TOT 项目与 BOT 项目中。2008 年，湖南首创与娄底市政府签订第一污水处理厂 TOT 项目框架协议，其成功签约将进一步带动娄底市行政区域内各县市水务市场化发展进程，为创建资源节约型和环境友好型社会起到示范作用，也标志着湖南首创协助湖南省污水处理"三年覆盖行动计划"已由战略拓展阶段进入到全面实施阶段，之后在山西、绍兴、湖北等省份均开拓了属于首创的市场。

在传统业务的基础上，针对市场需求、政策变化，首创采用收购方式，利用海外子公司先进的固废处理技术助力国内的固废处理运营业务，从收运到后期的处理，快速获取先进技术并扩大业务范围，不断满足国内庞大的市场需求。

2）公司并购

首创股份在 2014 年开始出现明显的并购加速趋势，在 2015 年也保持了相当迅猛的势头。与国内其他上市水务公司对比发现，首创是并购动作最快、执行最到位的企业之一。

2014 年 12 月 15 日，首创股份以 37390 万元整体收购铁岭泓源大禹城市污水处理有限公司 100％股权和铁岭泓源大禹再生水有限公司 100％股权，并在收购后向上述两家公司增资共计 1 亿元。该项目对于公司再生水项目的拓展、水务环保产业链的延伸有积极的推动作用，并将进一步扩大公司在东北区域的市场占有率和品牌影响力，对公司进一步拓展东北区域水务项目起到积极的推动作用。

2015 年 5 月 15 日，首创下属全资子公司首创（香港）有限公司收购由控股股东下属公司首创华星国际投资有限公司（以下简称"首创华星"）持有的BCGNZ Investment Holding Limited 公司（以下简称"BCGNZ"）65％股权。BCGNZ 下属公司主要业务为固体及液体废弃物的收集与处理，位于新西兰境内。本次收购价款为 2.93 亿美元（约合 17.93 亿元人民币，含已支付的意向金5 亿元人民币）。此次收购符合首创的战略发展和管理需求，有助于首创进一步发展固废处理业务，符合首创的长远发展目标。同年 7 月，首创再斥巨资 11.24亿收购了新加坡的 ECO，该公司在废弃、污泥处理方面同样拥有先进技术。

3）业务盈利情况

在水务业务上，首创的管理和技术优势非常明显。2016 年，首创的水务业务收入 23.1 亿元，其中污水处理收入 12.1 亿元；供水收入 11 亿元，水务营收占公司当年营收近一半，较 2015 年均有所增加，主要是供水需求增加及新增广元、新乡项目。但是与 2011 年相比较，占比下降 10％左右，进一步说明了公司产业链的扩展和业务涵盖范围越来越广。此外，首创的海绵城市订单取得突破，固废业务稳健发展，土地开发收入有所下降，这也是公司战略调整的一个方向。2016 年，首创拿下宁夏固原市海绵城市 PPP 项目 50 亿项目，是全国第二批海绵城市建设试点项目。

（2）取得成效

首创的主营业务为水务、固废、工程建设等环保业务，在国内共拥有 132 个污水处理项目，每年为国家处理污水 15 亿吨，为有效治理城镇污水贡献了重要力量。近几年，首创充分挖掘存量项目潜力，发挥海外平台效用，提升工程建设能力，克服了刚性成本上升压力、税收政策变化等诸多因素的影响，在国内经济增速减缓的大形势下实现了盈利能力的稳步提升。2016 年，首创实现环保营业收入 689705.05 万元，同比增加 90988.20 万元；实现利润总额 88516.90 万元，同比减少 1808.04 万元。利润总额减少的主要原因为水务业务普遍存在水价调整期滞后于刚性成本增长期，导致收入增幅小于成本增幅。

在 2017 年上半年，首创股份斩获三大项目，分别是位于河南新乡延津县的供排水一体化项目、山东东营市垦利区污水处理 PPP 项目、与湖南省衡阳市新签约的松木污水处理厂 PPP 项目，三个项目将让首创股份新增水处理规模 36.5 万吨/日。近年来，首创股份中标的 7 个项目完美收官，具体如下：

1）福建省三明市将乐县生活污水处理工程 PPP 项目

该项目位于福建省三明市将乐县，为新建项目，建设内容包括 13 个乡镇共 95 个行政村的污水处理设施及配套管网工程；总处理规模为 7200 吨/天，配套管网约 234 公里，项目合作期 20 年，预计投资人民币 2.11 亿元。该项目填补了首创股份在福建省村镇污水处理项目的空白。

2）泉州市泉港区市政给排水七镇连通工程 PPP 项目

该项目投资总额约 3.7 亿元，项目包括泉港区污水主干管沿途乡镇污水收集及处理工程、城区主要涝点整治、滨海干道污水管道工程（峰尾段）等 4 项主要内容，特许经营期 15 年。

3）天津市宁河区芦台桥北污水处理厂一期提标改造 TOT 项目

负责处理宁河区桥北新区城市生活污水，远期处理规模 2.5 万吨/日，一期工程及一期提标改造工程规模为 1.2 万吨/日，采用 TOT 模式，特许经营期 30 年，经营权转让价款 3160 万元。

4）天津市宁河区农村污水处理项目一期工程

主要内容为宁河区 44 个村庄的生活污水处理设施（包括各村庄污水处理厂站和污水收集管网）建设，采用 PPP 模式，特许经营期 30 年（含建设期 1 年），总投资约 4.8 亿元。

5）合肥市长岗污水处理厂 PPP 项目

该项目预计投资 2.08 亿元，建设内容包括一期工程改造（1 万吨/日）和二期工程扩建（3 万吨/日），特许经营期 29 年。项目位于合肥经济技术开发区空港经济示范区，是首创股份首次在安徽省会合肥获得项目，也是首创股份深耕安徽市场取得的又一重大突破。

6）北京市大兴区青云店镇水环境综合治理工程 PPP 项目

项目预计总投资 2.24 亿元，合作期限 30 年（含建设期）。项目包括新建青云店镇再生水厂 1 座，近期规模 1 万吨/日，远期规模 2.2 万吨/日；新建堡上污水处理站和租赁中心镇区污水处理站，规模均为 1000 吨/日；新建农村污水收集管网 33.73 公里；对镇域内 16 条镇级、村级黑臭水体清淤，总长度 19.8 公里。

7）三亚市农村生活污水治理工程 PPP 项目

这将是首创股份在海南省生态环境治理领域获得的第一个项目，也是首创股份继固原、福州之后在"一带一路"沿线获得的又一个具有示范意义的重点项目。该项目预计总投资约 12.57 亿元人民币，建设内容主要包括了三亚市农村区域内的污水收集管网、污水接户管网、化粪池、分散式移动污水处理站、一体化污水处理站以及道路、绿化、电力等附属设施修复工程。合作期限 20 年，其中建设期 3 年，运营期 17 年。

除了城镇水务领域外，首创不断拓展固废处理、水环境综合治理和绿色资源管理等业务领域。在固废处理领域，首创股份始终以资源有效循环利用为使命，积极探索城市固体废弃物的有效回收利用模式，构建了市政和商业废物处理、危险废弃物处理以及垃圾资源化的全覆盖式服务体系，目前首创的固废处理能力已达到 3 万吨/日。在水环境综合治理领域，首创积极践行以水生态为核心的现代城市价值管理理念，不断创新，通过顶层规划打造出海绵城市、黑臭河道治理、农村环境、特色小镇等水环境综合治理模式，为中国现代城市与农村的绿色可持续发展提供整体解决方案。在绿色资源管理领域，首创积极布局资源能源循环利用，在污水、污泥及固废处置过程中，实现废物资源化及能源的有效回收利用，为百姓提供更加清洁的能源。

（3）未来展望

首创股份长期倡导绿色经济，通过不断完善公司环保产业链，构筑企业的核心竞争力，积极打造一个具有完整产业链、规范运作、社会效益优良的具有世界影响力的城市环境综合服务商。作为国内水务环保领域的龙头企业，公司的责任是通过提供优质的供水和污水处理服务，满足政府要求，超越公众期望，实现股东价值。近年来，首创股份积极在行业内外开展跨界合作，积极打造成为一个平台型生态公司，可以让任何好的技术、商业模式、跨界合作都能在平台上找到端口对接；同时，首创股份也积极地成为另一个生态体系中的模块与其他专业平台对接，共同打造连接、开放、共生的环境综合服务生态平台。

未来，首创股份将全力以赴，一方面专注中国水务市场的投资和运营管理，努力发展成为具有一定的产业规模和服务品牌的世界级民族水务领先企业。另一方面专注于发展新型环保产业，以优秀的产业服务改善人民的生活质量和优化生活环境，意在为创造一个更加清洁的世界做出更大的贡献。

三、污水处理绩效稳步提升

为贯彻《国务院关于印发节能减排综合性工作方案的通知》（国发〔2007〕15号）的要求，推进城镇减排工作，加强城镇污水处理建设和运行的监管，住房城乡建设部从 2007 年开始组织实施全国城镇污水处理设施建设、运行的信息报告、核查和评估工作，并于 2010 年将这项工作制度化，制定并出台了《城镇污水处理工作考核暂行办法》，考核指标包括：设施覆盖率、城镇污水处理率、处理设施利用效率、主要污染物削减效率和监督管理指标。其中，设施建成指标满分 25 分，城镇污水处理指标满分 20 分，处理设施利用指标满分 20 分，主要污染物削减指标满分 20 分，主要污染物削减指标满分 20 分，监督管理指标满分 15 分。考核结果采用百分制记分，考核总分为各项考核指标分值之和，分为优（≥85 分）、良（<85分，≥70 分）、中（<70 分，≥60 分）、差（<60 分）4 个等级，60 分以下等级为差，60～70 分等级为中，70～85 分为良好，85～100 分等级为优秀。

（一）全国污水处理绩效稳步提升

2009 年～2016 年，全国城镇污水处理绩效稳步提升，从 2009 年的不足 75 分提升至 2016 年已超过 85 分，而且近几年的绩效水平稳步保持在优秀等级，其中绩效提升最显著的是 2010 年与 2011 年，通过 2 年的努力，全国城镇污水处理绩效从良好正式步入了优秀，具体如图 4-40 所示。究其原因，2010 年的污水处理绩效提升主要归功于设施建成指标的绩效提升，2011 年的绩效提升则主要是由于城镇污水处理指标的绩效得分提高。2011 年之后，除了主要污染物削减指标的得分有所下降外，其他各项指标都相对稳定，因而全国污水处理的总体绩效水平相对稳定，没有大的幅度变化，具体如图 4-41 所示。

此外，从各省（区、市）2009 年～2016 年绩效考核总体情况看，各省市的污水处理绩效基本上也是稳步提升，如图 4-42 所示。其中，绩效考核分值靠前且较为稳定的省（区、市）有天津、重庆、北京、上海、山东，绩效最为稳定的省份是上海，一直处于 90 分以上，从 2010 年第一季度的 90.36 分到 2016 年第四季度的 94.32 分的区间范围内，上海污水处理绩效浮动较小。相对地，天津、

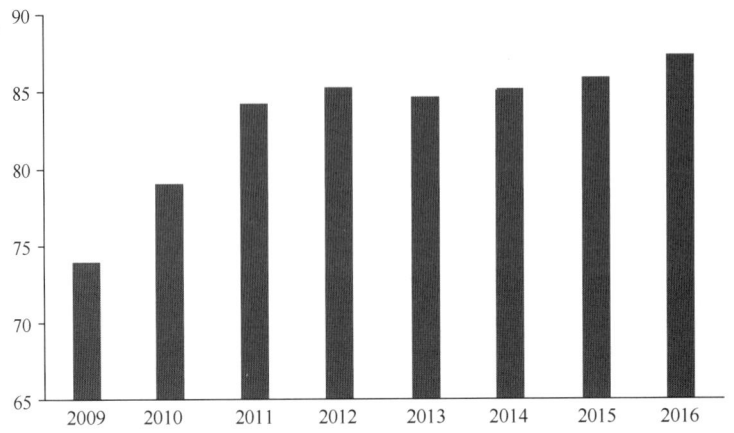

图 4-40　2009 年～2016 年全国绩效得分情况

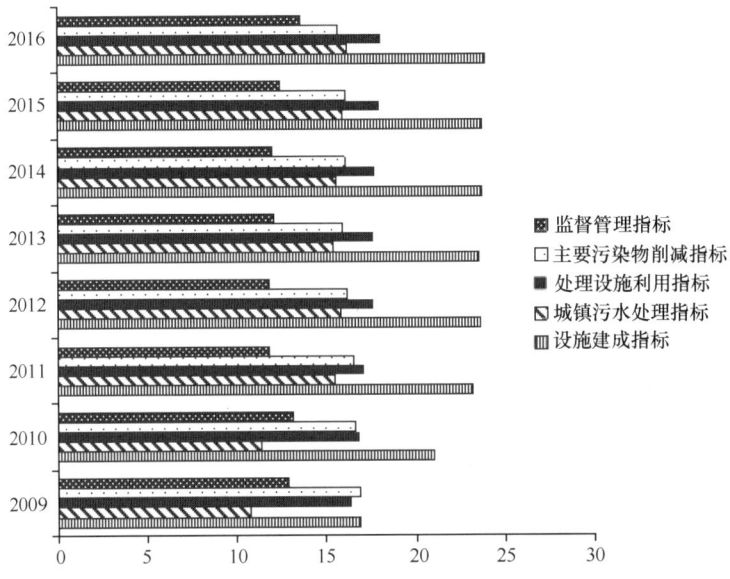

图 4-41　2009 年～2016 年全国各项指标绩效得分情况

山东和北京仍然有个别季度的绩效考核得分低于 90 分。污水处理绩效提升较快的省（区、市）主要有陕西、安徽、黑龙江、湖南、福建、广东、江西、四川等省，这些省（区、市）的污水处理绩效从 2009 年开始持续上升，直至 2012 年开始趋于稳定。污水处理绩效波动较大的省（区、市）主要有浙江、江苏、河南、新疆、青海等省市，考核得分不甚稳定，但基本保持在较好水平。西藏的情况较为特殊，其绩效考核只有 2013 年至 2016 年的数据，而且总体绩效考核分值一直处于全国垫底，特别是 2015 年第一季度，绩效考核得分只有 8.75 分。

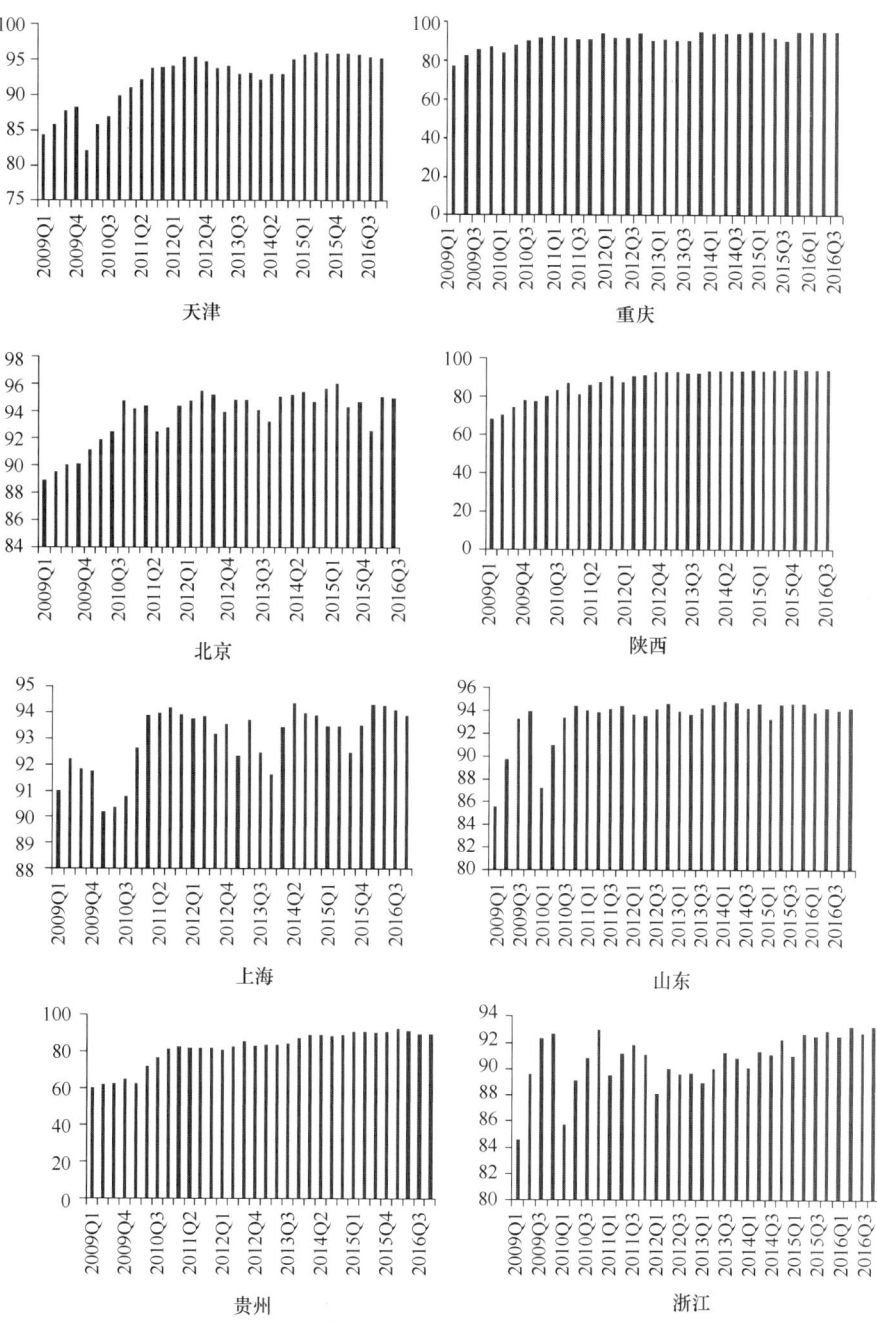

图 4-42　2009 年～2016 年各省（区、市）污水处理绩效考核情况（一）

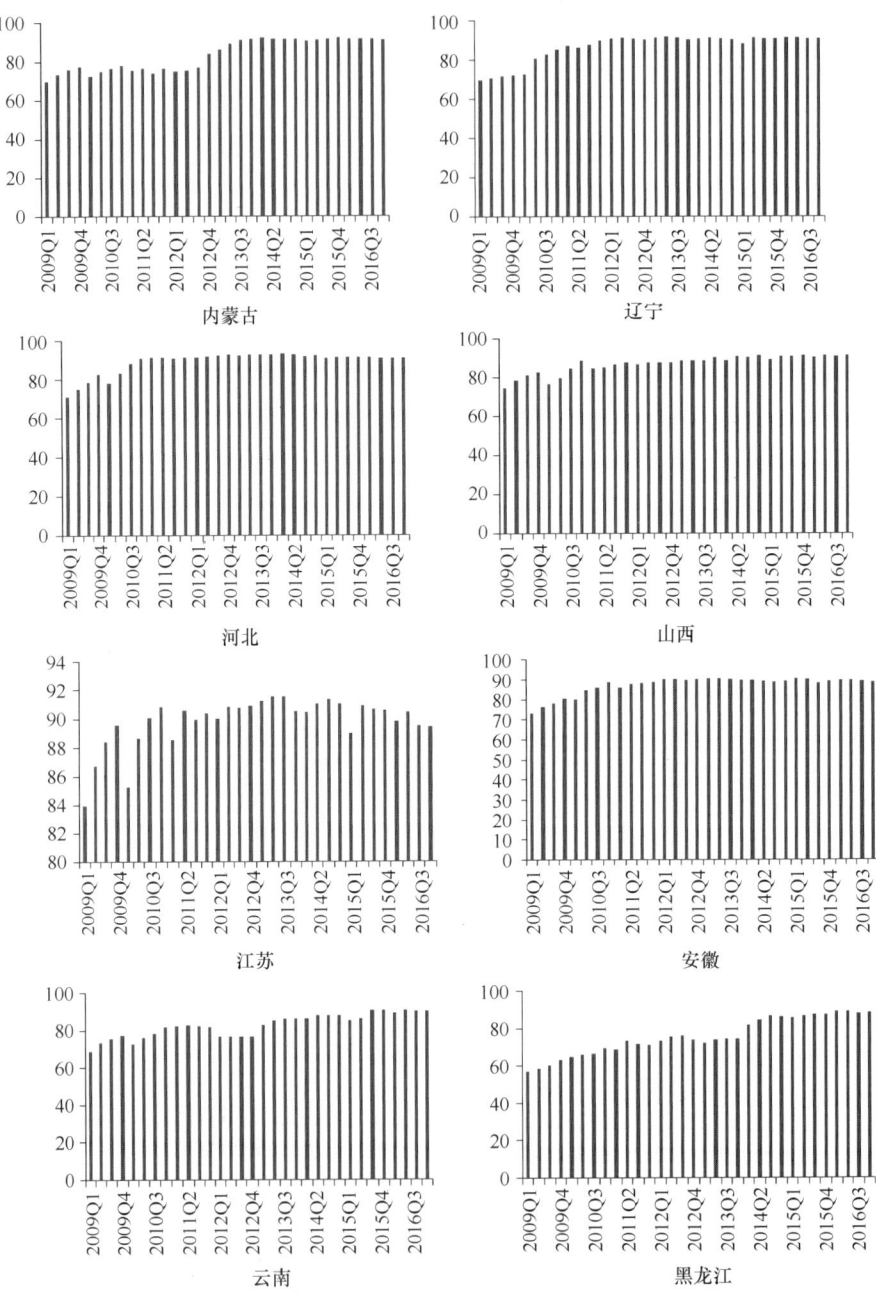

图 4-42　2009 年～2016 年各省（区、市）污水处理绩效考核情况（二）

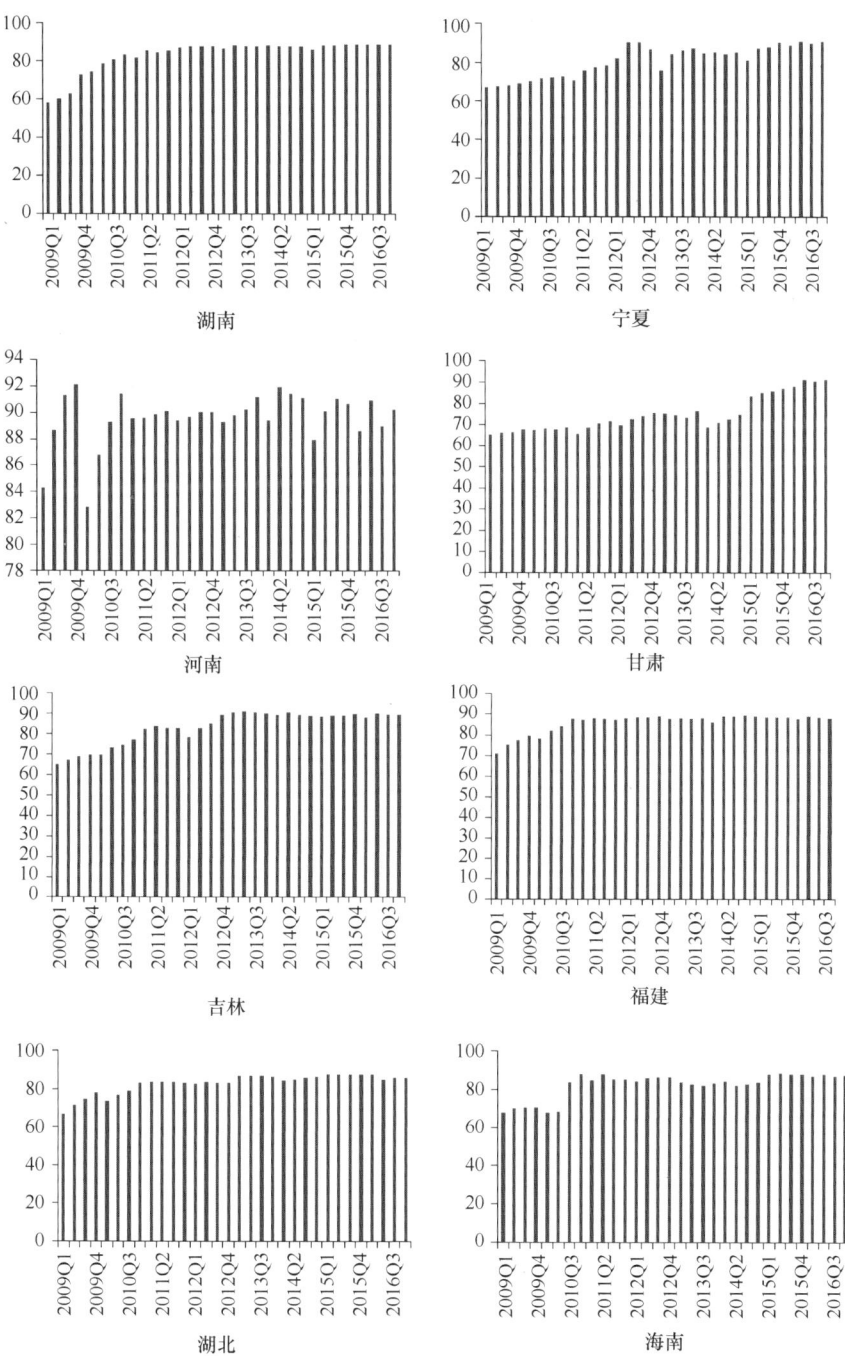

图 4-42　2009 年～2016 年各省（区、市）污水处理绩效考核情况（三）

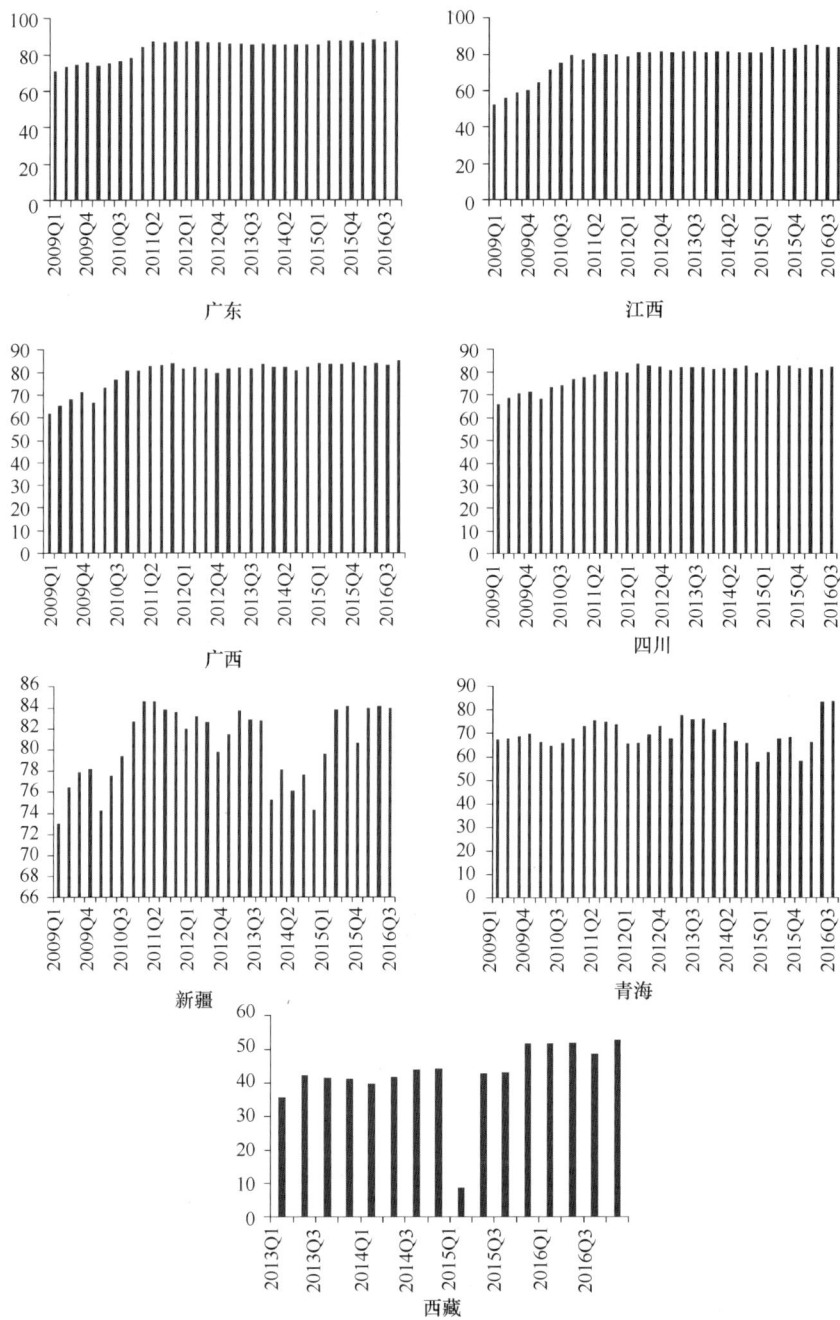

图 4-42　2009 年～2016 年各省（区、市）污水处理绩效考核情况（四）

（二）地区间污水处理绩效存在差异

但是，由于地理位置、经济社会发展水平等因素的影响，各省市城镇污水处理绩效呈现出一定的差异，特别是发达省份与不发达省份的绩效差异更为明显。根据 2016 年第四季度的考评结果，我们发现，各省市的各指标之间的得分存在较大差异，如图 4-43 所示。其中，污水处理绩效总分最低的是西藏，仅 52.82分（＜60 分），结果属于差的等级。将其各个指标的得分明细对比后发现，西藏考核指标中设施建成指标、城镇污水处理指标、主要污染物削减效率这三个指标得分相较于其他省市偏低，分值分别为 8.75、3.5、6.5，这主要与西藏自身的经济社会发展情况有关，西藏人口密度小、经济欠发达、水污染情况不严重，对

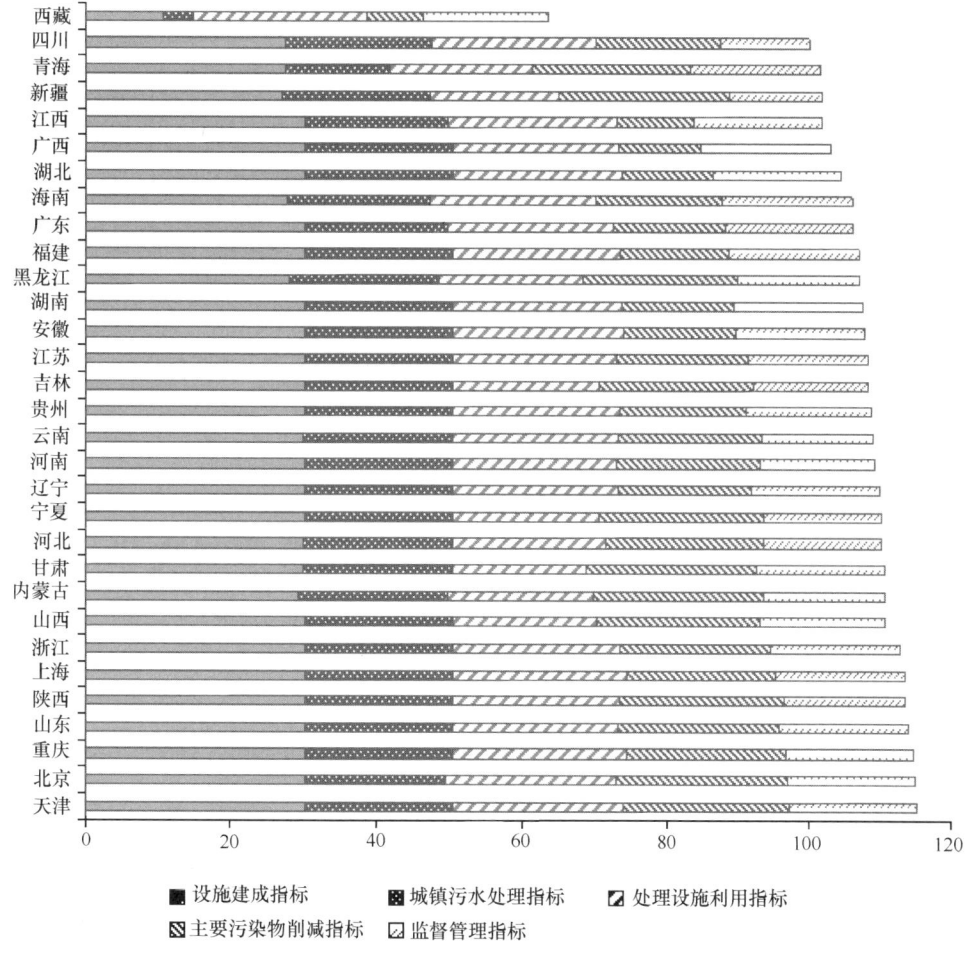

图 4-43　2016 年第四季度各省（区、市）污水处理绩效考核情况

污水处理的需求并不迫切，而且由于人口密度小，西藏建集中污水处理厂的投入产出效益不明显，这些因素都使得西藏污水处理行业整体发展较慢。

全国绝大多数省（区、市）的污水处理绩效考核优秀，共有 26 个省（区、市）的绩效考核评分超过 85 分，占比 83.87%。其中，得分最高的是天津 95.34分，其次是北京 95.02 分，二者在城镇污水处理工作考核中表现最为抢眼。得分等级为良的有江西、新疆、青海、四川四个省份，虽然得分没有达到 85 分，但都超过了 80 分。其中，四川和新疆得分中的监督管理得分相对较低，青海总得分中城镇污水处理指标得分低，而江西得分相对较低的原因是主要污染物的削减指标得分偏低，其他指标与各省市持平。

在绩效考核的各项指标中，主要污染物削减率的指标得分差异较大，其他各项考核指标的得分分布都较为均匀，没有大的差距。具体地，"设施建成"指标占考核权重的 1/4，分值为 25 分，各省（区、市）对该项指标额完成度都较好，有 21 个省市得到了满分 25 分。"城镇污水处理"指标占考核权重的 1/5，分值为 20 分，各省市在该项的得分普遍不高，最高分也仅有 17 分，这与污水处理率统计的复杂性有关。"处理设施利用"指标的分值也是 20 分，该项指标得分最低的西藏，主要是由于西藏的污水收集还有待提高，该项指标得分最高的是 19.82分，接近满分。"主要污染物"指标的分值同样为 20 分，各省市在该项指标的得分差异比较明显，最高分是北京 19.71 分，最低分是西藏 6.5 分，二者差距很大。"监督管理"指标的分值为 15 分，主要考核各地行业主管部门对污水处理行业的监督管理水平，其中得分最高的是海南，得分最低的是四川 10.11 分，其次是新疆 10.55 分，其他各省（区、市）的得分都较为平均。

第四节　排水与污水处理行业监管体制改革

一、排水与污水处理行业监管机构

中华人民共和国成立以来，城市排水与污水处理作为城市公用事业的重要内容，一直由国务院城市建设部门负责，已经建立了从地方到中央的垂直管理机构体系，形成了一支具有专业知识和技术的城镇排水与污水处理监管队伍。但由于长期缺乏法律授权，城镇排水与污水处理监管机构体系的建设滞后，特别是2008 年国务院"三定"方案明确住房城乡建设部仅负责指导城镇污水处理设施和管网配套建设，甚至将城市排水与污水处理的指导工作也划出了住房城乡建设部，而是将排水管理体制交由城市人民政府确定。因此，作为行业主管部门的住房城乡建设部，其对排水与污水处理行业的监管重心和抓手就只有设施建设的内容。

根据新的"三定"方案，中央政府住房城乡建设部负责指导城镇污水处理设施和管网配套建设，其具体职责交给城市人民政府。各省、自治区基本比照中央制定"三定"方案，由省级住房和城乡建设主管部门负责本辖区的城镇排水与污水处理工作。但由于城镇排水与污水处理的管理体制交由城市人民政府确定，导致地方城镇排水与污水处理的监管机构设置不统一，造成上下对口管理不一致。监管体制混乱、政令不畅通，加大了城镇排水与污水处理监管的难度。这一情况直至2014年《城镇排水与污水处理条例》正式实施才得到改善，国家通过行业立法的方式，明确了国务院住房和城乡建设主管部门负责指导监督全国城镇排水与污水处理工作，但并没有明确省级及以下城镇排水与污水处理的主管部门，而是根据各地的实际情况，将城镇排水与污水处理的主管部门的设置交于各级人民政府自行确定，明确了"县级以上地方人民政府城镇排水与污水处理主管部门（以下称城镇排水主管部门）负责本行政区域内城镇排水与污水处理的监督管理工作"。

从纵向监管机构体系看，目前省、自治区、直辖市管理机构大多归属在住房城乡建设部门，但城市排水与污水处理监管机构的设置较为多样化。目前，除海南省以外，各省、自治区城镇排水与污水处理的行业监管均由住房和城乡建设主管部门负责；北京、天津、上海由水务局负责；重庆由市政管理委员会负责。海南省因其地域的特殊性，政府部门设置与全国大部分省、自治区不一致；但海南省委、省政府已明确，该省水务厅相关的城镇排水和污水处理等业务由住房城乡建设部归口管理，这一点，与各直辖市的对口管理是相同的。在城市层面，根据住房城乡建设部对全国设市城市排水、污水处理、再生水利用的管理体制情况的调查，城市排水、污水处理、再生水利用等业务的监管机构设置各不相同。其中，绝大多数的监管机构设在住房城乡建设部门，但有少部分设置水利部门、环保部门，还有极少数的城市排水与污水处理行业由政府直管、国资委、发改委和几部门混合管理。

从横向监管机构体系设置看，城市排水与污水处理行业是一个复杂的系统工程，涉及建设、环保、水利、卫生、国资、财政和发改等多个监管主体。虽然在中央总体上由住房城乡建设部负责指导城市排水和与水处理，但不同业务领域和环节则分属不同的监管主体具体管理，如水资源管理由水利部门负责；工业污水排放、污水处理厂的污染物排放等由环保部门负责；项目的投资由财政部门和发改部门负责；国有排水与污水处理企业的资产由国资部门负责。因此，企业在不同的业务领域和业务环节需要受不同的监管主体甚至是多个监管主体的交叉管理。由于各个环节相互交叉和联系，导致不同监管主体的职能也存在交叉，各个部门依据各自职能制定相应的管制政策，这些政策是相互影响的，有些甚至相互冲突，或者标准不统一，这就需要在制定政策的过程中，相关的监管机构建立沟通协调机制，使不同的监管政策互相衔接，避免在政策实践中，造成监管缺位、错位和越位，使各类监管机构能够各司其职、各负其责，取得良好的监管效果。

目前，城镇排水与污水处理监管机构设置主要存在两方面的问题。一是城镇排水与污水处理监管机构设置上下不对口。不论是国务院"三定"方案还是《城镇排水与污水处理条例》，虽然都明确了中央层面由国务院住房城乡建设主管部门负责指导监督，但城市排水与污水处理管理体制交由城市人民政府确定。致使少数城市政府将排水与污水处理监管职能划出建设主管部门，并且不接受建设系统的指导，造成上下对口管理不一致，而且城镇排水与污水处理监管机构的设立、撤销或者合并具有一定的随意性，严重影响了中央、省对地方城市排水与污水处理工作的指导作用和监管效果。二是缺乏基层执行机构。城镇排水与污水处理监管的区域性很强，涉及的业务庞杂而且专业，必须建立专门的机构负责日常的监督和管理工作。但一些城市并没有配备专门的城镇排水与污水处理监管机构和人员，特别是区（县）一级，没有建立基层的管理机构，往往导致城镇排水与污水处理监管缺位。或者一些城市通过设立事业单位或将监管职能交给污水处理企业的方式，部分解决了城镇给排水基层管理薄弱的问题，但也造成了新的政企不分。

为解决这些问题，各地在城镇排水与污水处理监管机构改革方面也在不断探索。以无锡市为例，在2009年修订《无锡市排水管理条例》以前，全市的排水管理体制很不健全，县、区级排水行政主管部门不明确，无排水管理机构、人员、必要的装备，容易导致公共管理的责任不落实，公共服务的缺失。通过地方立法，无锡市明确规定了市市政和园林局是全市排水行政主管部门，对全市排水进行统一监督管理；县级市、区排水行政主管部门负责各自范围内的排水管理工作，并接受市排水主管部门的监督、指导。规定了市市政和园林局所属的排水管理机构具体负责全市排水日常管理工作。县级市、区排水行政主管部门所属的排水管理机构具体实施职责范围内的排水日常管理工作，并接受市排水管理机构的业务指导。目前，无锡市及其下辖的两市、七区均已明确了排水行政主管部门，成立了具有独立法人的排水管理机构，配备了相应的管理人员，街道、乡镇一级也大都配备了排水专管员，初步形成了市、区、街道（镇）三级管理网络，加强了排水与污水处理的公共管理和公共服务能力。

随着城镇化进程的加速发展，城乡结合部和农村的排水与污水处理设施的建设、管理也亟待加强。江苏省在太湖流域综合治理工作摸索出一条适合的道路，提出遵循城乡统筹的原则，将农村和城乡结合部的排水和污水处理由县（市）级统一组织、统筹规划和有序实施。以宜兴市为例，建制镇污水处理设施建设最初由镇政府负责组织建设和监管，由于管理不到位及运营人员素质不高等原因，设施运行效能十分低下，城镇排水与污水处理工作因此走了不少弯路，后改为县级统筹，并提出了"统一规划、统一建设、统一运行、统一监管"的四统一模式，取得了很好的治理效果。目前"四统一"模式已在太湖流域其他地区全面推开。

二、排水与污水处理行业监管制度

2000 年以前，由于水污染防治的形势并不严峻，城镇排水与污水处理并没有得到中央和地方的充分重视，监管重点在排水。1991 年，建设部印发《城市排水当前产业政策实施办法》，该办法是我国最早的城市排水综合性文件，明确了城市排水的重要性和必要性，对排水规划、设施建设、财政税收、管理体制、科技支撑、职工发展、质量检测等行业监管的关键问题都做了相关规定和设计。该办法明确了城市建设（市政工程）行政主管部门负责统一管理城市排水，负责监督、指导各单位的排水工作，并应建立与健全排水水质监测站；城市排水应统一规划，协调发展，城市公共排水设施必须纳入国家和各级人民政府的建设规划和计划，与国民经济和城市建设协调发展，并在计划、财政、金融、税收和物价等方面予以扶持，从国家预算内资金、城市维护建设税、公用事业附加、排污费等多种渠道筹措资金用于设施建设，要求设施建设按照"谁污染，谁治理"、"谁受益、谁负担"的原则，广泛动员社会力量参与，同时要求加强城市排水科学技术发展和职工保障。

1992 年，建设部为落实《城市排水当前产业政策实施办法》，适应城市排水管理体制改革的需要，保障城市排水设施正常维护和安全运行，推行城市排水设施有偿使用，印发了《城市排水监测工作管理规定》（建城［1992］886 号）。明确了各级建设主管部门负责城市排水监测工作，包括编制排水监测规划、组织排水监测调查等，各地可设置城市排水监测站，具体负责对排入城市排水设施的水量和水质进行监测，为城市排水设施有偿使用提供有关监测数据和资料。

1996 年，国家修订《水污染防治法》，明确规定城市污水应当进行集中处理，各级政府要建设和完善城市排水管网，并有计划地建设城市污水集中处理设施。同时，在此次修订中，明确建立了污水处理有偿收费制度，要求向城市污水集中处理设施排放污水、缴纳污水处理费用的，不再缴纳排污费，收取的污水处理费用必须用于城市污水集中处理设施的建设和运行。

为保障城镇排水与污水处理设施建设和运行费用，从 1993 年开始，国家先后出台了一系列排水与污水处理收费相关政策。1993 年，国家出台了《关于征收城市排水设施使用费的通知》（价费字〔1993〕181 号），开始征收排水设施有偿使用费。1997 年，财政部印发《关于淮河流域城市污水处理收费试点有关问题的通知》（财综字〔1997〕111 号），污水处理费征收试点工作在淮河流域先期展开。1999 年，原国家计委、建设部、环保总局联合印发《关于加大污水处理费的征收力度建立城市污水排放和集中处理良性运行机制的通知》（计价格〔1999〕1192 号），规定"污水处理费是水价的重要组成部分，各城市要在供水价格上加收污水处理费"。

2000 年以后，水污染防治的形势日益严峻，为推动排水与污水处理行业市场化改革，国家出台了一系列政策文件。2000 年，国务院发布《有关加强城市供水节水和水污染防治工作的通知》，提出积极引入市场机制，拓展融资渠道，鼓励和吸引社会资金和外资投资城市污水处理和回用设施项目的建设和运营。2002 年 9 月，国家计委、建设部和环保总局联合印发《推进城市污水、垃圾处理产业化发展的意见》，提出建立城市污水处理产业化新机制，鼓励社会投资主体采用 BOT 等特许经营方式投资或与政府授权的企业合资建设城市污水处理设施。2002 年 12 月，建设部发布《关于加快市政公用行业市场化进程的意见》，进一步明确市政公用行业实施特许经营范围包括污水处理行业，并要求通过改革资产管理体制，进一步区分经营性和非经营性资产，全面开放城市污水处理等经营性市政公用设施的建设、运营，明确应公开向社会招标选择投资主体和经营单位，由政府授权特许经营。2004 年 5 月，建设部颁布的《市政公用事业特许经营管理办法》正式实施，对排水与污水处理行业引入市场机制的主要形式明确为特许经营，并做了制度性的规定和安排，包括规范市政公用事业特许经营的定义、适用范围、程序、特许经营权协议的内容、相关各方的责任等，并强化了市场准入过程的竞争机制，规定了以招标方式选择城市供水和污水处理特许经营项目投资者或经营者的程序和要求。对获得特许经营权的企业和政府主管部门的职责进行了明确的界定。

在探索引入市场竞争、推行特许经营的同时，政府不断完善城镇排水与污水处理监管制度，旨在加强政府对市场化改革的宏观指导，加快政府职能转变，逐步建立比较规范的监管体系和统一开放、竞争有序的市场体系与运行机制。2005 年 9 月，建设部出台《关于加强市政公用事业监管的意见》，对建立市政公用事业监管体系，监管内容和监管要求做了明确的规定，目的是保障公众利益和公众安全，同时也保障投资者的合法权益，使改革健康持续发展。2006 年，建设部结合城市污水处理行业特点，制定并颁布了《城市污水处理特许经营协议示范文本》，进一步规范了城市污水行业特许经营制度的组织实施。2010 年 7 月，建设部印发了《城镇污水处理工作考核暂行办法》（建城函［2010］166 号），并已开始对各地城镇污水处理工作进行考核。同时，这一阶段国家相继出台了排水设施安全运营、城市污水处理厂的排放水标准、城市污水处理厂和排水设施的安全操作规程等一系列标准。

2010 以后，随着城镇排水与污水处理行业不断发展壮大，城市水环境和水污染的问题一直得不到有效解决，加之城市排水防涝的问题日益突出，国家开始启动行业立法程序，着力行业改革的顶层设计，致力于国家层面的法规制度设计。2013 年 10 月，国务院印发《城镇排水与污水处理条例》（第 641 号令），在国家层面以法规的形式将城镇排水与污水处理纳入了法治轨道，解决了行业管理"有法可依"的问题。在该条例中，明确了排水与污水处理管理机构，建立了排水与污水处理行业特许经营、规划审查、培训/持证上岗、排水许可、行业准入退出、污水处理收费、设施运营信息报送、安全生产、监督考核等制度，为规范排水与污水处理行业的市场行为和政府监管提供了法律依据和基本原则。2014年底，根据《水污染防治法》和《城镇排水与污水处理条例》的要求，财政部、发改委、住房城乡建设部联合颁布《污水处理费征收使用管理办法》（财税〔2014〕151 号），以部门规章的形式确立了污水处理收费制度。同时，2014 年～2016 年，财政部、发改委、住房城乡建设部等多部门密集发文，要求在基础设施领域深化政府和社会资本合作机制，对于排水与污水处理等可经营或准经营的基础设施项目，政府要通过特许经营、投资补助、政府购买服务等多种形式，吸引包括民间资本在内的社会资金，参与投资、建设和运营，实行投资、建设、运营和监管分开，形成权责明确、制约有效、管理专业的市场化管理体制和运行机制。同时要积极创新金融产品和业务，建立完善多层次、多元化的城市基础设施投融资体系。在此基础上，财政部、发改委还分别出台了《政府和社会资本合作模式操作指南》、《政府和社会资本合作项目通用合同指南》，在操作和合同的层面对引入社会资本给出了更具体的指导。

三、排水与污水处理行业价格监管

与行业发展相适应，城镇排水与污水处理行业价格监管经历了福利供给、排水有偿使用费、污水处理费的变迁过程。

20 世纪 50 年代初至 90 年代早期，中国城市污水处理行业从无到有，城市排水和排污设施较少，主要靠明渠或河道排水，用来应对城市安全、公共卫生、减灾防涝等，现代化的集中污水处理设施刚刚起步。随着化工、农药、印染等工业行业的发展，城市污水中有毒有害物质逐渐增多，使水体受到污染，人们逐步加大对水污染问题的关注，城市排水在原有的功能基础上，又被赋予了污水处理和污泥处置等更多职能。这一阶段，建设主管部门作为城镇排水与污水处理的投资者、建设者和运营管理者，对城市污水处理系统的管理呈现出行政管理、行业管理和经营管理三位一体的格局，城市排水与污水处理属于事业性经营，污水处理不收费，城市排水和污水处理全面由政府承担，以福利形式供给城市市民。

福利供给一直延续到1993年才开始逐步取消，但收费主要是为补偿排水设施的建设和运营费用。1993年，国家物价局、财政部印发《关于征收城市排水设施使用费的通知》（价费字〔1993〕181号），开始征收排水设施有偿使用费。要求"凡直接或间接向城市排水设施排放污水的企事业单位和人体经营者，应按规定向城市建设行政主管部门缴纳城市排水设施使用费"。

之后，为配合市场开放，国家启动了污水处理收费工作，排水设施使用费逐步向污水处理费过渡，我国开始逐步建立和规范污水处理收费制度，为市场化改革的投资收益回报提供了前提条件。随着城镇污水处理设施建设进度加快，1996年，全国八届人大通过对《水污染防治法》的修改，规定"城市污水集中处理设施按照国家规定向排污者提供污水处理的有偿服务"，"向城市污水集中处理设施排放污水、缴纳污水处理费用的，不再缴纳排污费"。1997年，财政部印发《关于淮河流域城市污水处理收费试点有关问题的通知》（财综字〔1997〕111号），污水处理费征收试点工作在淮河流域先期展开。

1999年，国家计委、建设部、环保总局联合印发《关于加大污水处理费的征收力度建立城市污水排放和集中处理良性运行机制的通知》（计价格〔1999〕1192号），规定"污水处理费是水价的重要组成部分。根据用户用水数量（包括从城市供水企业取水、自备井和从江河湖泊取水），各城市要在供水价格上加收污水处理费，以补偿城市排污和污水处理成本"，"污水处理费由城市供水企业在收取水费中一并征收，按月划拨给排水和污水处理企业（单位），用于城市排污管网和污水处理厂的运行、维护"，征收污水处理费后，"环保部门不再向排入城市排污管网和污水集中处理设施污水的单位征收污水排污费，同时取消建设部门征收的城市排水设施使用费"。

随后，国务院及中央部委相继出台相关法律和政策，进一步规范了污水处理费的征收范围、征收标准、资金使用与管理等内容。2009年，财政部印发《关于将按预算外资金管理的全国性及中央部门和单位行政事业性收费纳入预算管理的通知》（财预〔2009〕79号），将污水处理费作为预算内行政事业性收费，纳入财政预算管理。由于全国绝大多数城市已开征污水处理费，2011年财政部和国家发展改革委联合印发《关于取消部分涉企行政事业性收费的通知》（财综字〔2011〕9号），要求取消排水设施有偿使用费，所需相关经费，由同级财政预算予以保证。

2014年底，根据《水污染防治法》和《城镇排水与污水处理条例》的要求，财政部、发改委、住房城乡建设部联合颁布《污水处理费征收使用管理办法》（财税〔2014〕151号），以部门规章的形式确立了污水处理收费制度。在此办法中，明确了污水处理费的性质、征收标准的确定、污水处理服务费的补贴与支付等重大问题，指出污水处理费属于政府非税收入，纳入地方政府性基金预算管理；污水处理费的征收标准，按照覆盖污水处理设施正常运营和污泥处理处置成本并合理盈利的原则制定；政府以购买服务的方式，向污水处理运营单位支付服务费，服务费应覆盖成本及合理收益，并与绩效评估相挂钩。这些条款明确了市场化改革后的政府责任，有力地保障了社会资本进入排水与污水处理行业的合理收益，但同时要求对运营单位进行绩效考核，并将服务费与绩效挂钩，可以有效激励市场主体降低成本、提高绩效，为进一步深化市场化改革提供了有效的价格机制。

在《污水处理费征收使用管理办法》中，明确将污水处理费和污水处理服务费做了明确区分。其中，污水处理费是向排水户收取的费用，主要用于补偿排水与污水处理的成本，包括运行、维护和建设；污水处理服务费是向排水与污水处理设施运营单位核拨的政府购买污水处理服务的费用。二者在概念、定价和数额上都有所不同。概念上，前者作为水价的重要组成部分，由行业主管部门委托供水企业或相关机构和单位代收，并统一上缴财政，纳入财政预算资金统一管理；后者作为政府购买服务的费用，由行业主管部门根据运营服务合同、考核评估结果和相关的水质、水量监测数据，核定需支付的运营服务费用。定价上，前者属于关系群众切身利益的公用事业价格，根据《价格法》，其定价和价格调整需召开价格听证会；后者由政府和企业在签订运营服务合同时确定费用单价或计算公式，并由行业主管部门核定，同时应执行国家和地方的相关规定。数额上，二者相对独立，当前者高于后者时，由政府统筹分配，可部分用于补偿设施建设资金的不足；当前者低于后者时，应由政府财政补贴，足额支付运营、维护单位的运营服务费。

为进一步落实《城镇排水与污水处理条例》等规定，促进水污染防治，改善水环境质量，加大污水处理收费力度，国家发展改革委、财政部、住房城乡建设部联合印发《关于制定和调整污水处理收费标准等有关问题的通知》（发改价格〔2015〕119号），要求2016年底前，设市城市污水处理收费标准原则上每吨应调整至居民不低于0.95元，非居民不低于1.4元；县城、重点建制镇原则上每吨应调整至居民不低于 0.85 元，非居民不低于 1.2 元。未征收污水处理费的市、县和重点建制镇，最迟应于 2015 年底前开征，并在 3 年内建成污水处理厂投入运行。

四、排水与污水处理行业进入监管

排水与污水处理行业市场化改革始于 20 世纪 90 年代中期，随着排水与污水处理设施建设的快速增长，建设资金短缺和经营效率低下的矛盾日益突出，无法适应水污染治理的需要。为此，以特许经营制度为核心的排水与污水处理行业市场化改革开始逐步深入，大致经历了"探索发展—规范扩张—依法改革"三个阶段，同时，在排水与污水处理行业市场化改革的每一个阶段，宏观政策制度和改革的重点也都有着显著特征。

（一）探索发展阶段（20 世纪 90 年代中期至 2005 年）

以 1995 年建设部出台《市政公用企业建立现代企业制度试点指导意见》为标志。中国排水与污水处理行业开始打破垄断、推进国企改革和促进市场竞争，泰晤士、威立雅等"洋水务"开始通过资本优势先后进入中国的水行业，建设所需资金由外方自行承担，打破了水务设施完全由各级政府运用财政性自己直接投资建设的传统做法。2002 年和 2004 年，国家先后颁布《关于加快市政公用行业市场化进程的意见》、《关于推进城市污水、垃圾处理产业化发展的意见》、《市政公用事业特许经营管理办法》，明确提出要在公用部门进行市场化改革，引进竞争机制，实行市政公用行业特许经营，扫清了外国资本和民间资本进入中国排水与污水处理行业的法律、法规、政策等制度障碍，一大批污水处理特许经营项目纷纷上马。

在这一阶段，污水处理特许经营项目集中出现在东部的大中重点城市，项目规模普遍较大，较为典型的就有上海、北京、广州、常州、合肥、徐州、哈尔滨等城市的污水处理通过 BOT、TOT 等特许经营的方式，引进外资或民间资金进行市场化经营。如上海竹园第一污水处理的 BOT 模式、北京市北苑污水处理的 BOT 模式、深圳市宝安区龙华污水处理 BOT 模式、南京城北污水处理的 TOT 模式、常州城北污水处理 TOT 模式、合肥王小郢污水处理 TOT 模式、徐州污水处理 TOT 模式、哈尔滨太平污水处理 BOT 模式。同时这一阶段也出现了通过转入股权实现合资合作的方式，合资合作的对象主要是污水处理厂，如厦门水务集团将几个污水处理厂和自来水厂分别打包转让 55% 和 45% 股权给中环保水务，但相对比较少见。

尽管这一阶段中国排水与污水处理市场化改革取得了一定的进展，但也逐步暴露出一些市场化改革过程中的问题和矛盾，如合同不规范、承包商带资承包建设、固定或变相固定投资回报等问题。较为典型的项目，如 2004 年香港汇津中国（长春）污水处理有限公司与长春市城市排水公司的合作纠纷，使政府财政和公众利益蒙受了巨大损失，甚至威胁到政府诚信。

（二）规范扩张阶段（2005 年至 2012 年）

以 2005 年 9 月建设部出台《关于加强市政公用事业监管的意见》为标志。在总结探索发展阶段市场化改革存在的问题基础上，政府不断加强对城镇排水与污水处理项目的规范和监管。2006 年，建设部结合城市污水处理行业特点，制定并颁布了《城市污水处理特许经营协议示范文本》，进一步规范了城市污水行业特许经营制度的组织实施。2010 年 7 月，建设部印发了《城镇污水处理工作考核暂行办法》（建城函［2010］166 号），并已开始对各地城镇污水处理工作进行考核。这一阶段，是城镇排水与污水处理设施建设发展最快速的阶段，随着国内资金和技术的不断积累，国内优秀的污水处理企业不断涌现，外资进入中国排水与污水处理市场的步伐开始趋缓。反之，国内水务企业依托属地优势和资本运作，以具有一定实力的国资背景的水务集团和上市公司为重点，跨地区参与排水与污水处理设施的投资运营，已培育深水、北排、首创、中环保等污水处理专业运营商的服务品牌，并已有桑德、创业环保、首创、安徽国祯等十多家国有或民营污水处理上市公司。

（三）依法改革阶段（2013 年至今后一段时期）

以 2013 年国务院颁布的《城镇排水与污水处理条例》为标志。在过去十几年的市场化改革历程中，城镇排水与污水处理行业广泛探索了以特许经营为核心的市场化改革实践，但无论是行业管理或者特许经营，都缺少国家层面的法律法规加以规范。2013 年出台的《城镇排水与污水处理条例》，第一次以国家法规的形式，明确"国家鼓励实施城镇污水处理特许经营制度"，而且"具体办法由国务院住房城乡建设主管部门会同国务院有关部门制定"，为排水与污水处理行业实施特许经营提供了法律依据。随后，国家财政部、发改委、住房城乡建设部又多次联合发文推进包括污水处理领域的公私合作，并出台了政府与社会资本合作的合同指南与操作指南，这无疑会启动社会资本进入排水与污水处理行业的新一波浪潮，但与前一阶段不同的是，这一阶段的改革以立法为先导，国家在中央层面已经建立了一套相对完善的制度体系，并且明确了政府与企业的责任边界。可以预见，在今后一段时期，排水与污水处理行业市场化改革将沿着公私合作的框架进一步深入和规范。

五、排水与污水处理行业质量监管

保障城镇排水与污水处理的服务质量和环保标准控制关系到居民的生命财产安全，关系到城市安全和环境安全。市场化改革后，一些不具备运营资质的企业进入了排水与污水处理行业，或者一些企业追求成本最小化，忽视了污水处理达标排放以及污泥的安全处理处置，还有一些企业由于缺乏对突发事件的应急响应经验，容易因处理不当发生安全事故或不能有效地控制事故损失。因此，政府不断加强对排水与污水处理的质量和环境监管，保障污水处理达标排放，减少污泥对环境造成的污染和破坏。

（一）建立和完善排水与污水处理行业的标准体系

我国目前已制定、修订和实施一系列与排水与污水处理行业相关的国家标准和行业标准，包含污水处理、污泥处置、再生水利用、海绵城市、黑臭水体治理等多个领域，涉及排水标准、排水监测标准、规范和方法、工程技术标准、规范和规程、产品设备标准等方面，如：《城镇污水处理厂污染物排放标准》GB 18918—2002、《污水排入城市下水道水质标准》CJ 343—2010、《污水综合排放标准》GB 8978—1996、《城市用水分类标准》CJ/T 3070—1999、《给水排水管道施工及验收规范》GB 50268—97、《城镇污水处理厂污泥泥质》GB 24188—2009、《城市污水再生利用分类》GB/T 18919—2002、《城镇污水处理厂工程质量验收规范》GB 50334—2017、《城镇污水再生利用技术指南（试行）》（建城〔2012〕197号）、《城镇污水处理厂工程施工规范》GB 51221—2017、《城镇内涝防治技术规范》GB 51222—2017、《城市排水工程规划规范》GB 50318—2017。这些标准、规范和规程基本建立起涵盖工程规划、设计、施工、验收、运行全过程的标准规范体系，对规范排水与污水处理企业的生产行为，保障城市排水与污水处理服务质量起到了积极的引导作用。特别是近些年，随着工程技术的进步，排水与污水处理行业不断修订标准规范，如2017年先后修订《城市排水工程规划规范》和《城市污水处理厂工程质量验收规范》，保证了行业标准规范的先进性和适用性。同时，由于排水与污水处理的外延不断扩大，业务领域已涉及海绵城市建设和黑臭水体治理，住房城乡建设部先后出台《城市黑臭水体整治——排水口、管道及检查井治理技术指南（试行）》（建城函〔2016〕198号）、《海绵城市建设技术指南——低影响开发雨水系统构建（试行）》（建城函〔2014〕275号）等技术指南，规范相关企业行为，为政府监管提供技术支撑。

（二）建立质量监控体系，完善考核评估机制

首先，建立健全质量监控体系。一方面安装在线监测设备，并将监测数据进行联网，建立覆盖全国的城市污水处理管理的信息化平台，实时监测污水处理厂的污染物排放情况和对周围环境的影响；另一方面建立日常检测、不定期抽查、定期评估和专项调查相结合的监督检查制度，弥补在线监测的不稳定性，具体的检测工作可以委托具有计量资格的第三方检测单位进行检测，并对检测结果进行通报。

其次，完善质量考核评估机制。早在 2007 年，建设部就制定了《全国城镇污水处理信息报告、核查和评估办法》（建城〔2007〕277 号），要求各地定期报送在建和已建项目信息，包括：设计规模、工艺类型、建设运营方式、设计水质、建设进度、累计完成投资等项目基本建设情况，以及实际处理水量、进出水水质、污泥产生量、再生水利用量、用电量、运行天数、污水处理费标准等实际运行信息，并由建设部对全国城镇污水处理项目建设、运行情况进行汇总、分析和评估。通过该信息报送机制，住房城乡建设部建立了全国城镇污水处理管理信息系统，形成国家和地方数据共享的监管平台，实时掌握城镇排水与污水处理的建设运行情况，实现了对项目建设和运行的动态监管。2010 年，住房城乡建设部制定了《城镇污水处理工作考核暂行办法》（建城函〔2010〕166 号），建立了城市污水处理工作考核体系和管理办法，明确规定了城镇污水处理工作考核的方式、方法，制定具体的考核评分细则，通过对污水处理设施覆盖率、城镇污水处理率、设施利用率、污染物削减率等指标考核，建立了"量质结合"的城镇污水处理考核体系，为城市污水处理质量考核提供制度保障。2017 年，为贯彻落实《国务院关于印发水污染防治行动计划的通知》（国发〔2015〕17 号）要求，全面提升城镇污水处理效能，住房城乡建设部又组织对《城镇污水处理工作考核暂行办法》（建城函〔2010〕166 号）进行了修订，进一步加强了对城镇污水处理设施建设和运行的监管。目前我国江苏、四川、上海、深圳、浙江等地已根据实际，相继制定了一系列污水处理考核标准、质量规范、监管办法等。

再者，加强政府监管能力。主要是加强政府监管的队伍建设，配备专门的机构和专业的监管人员负责监督和考核，特别设置县、区一级的专门管理机构，并对监管人员进行定期培训，提高专业技术水平，保证基层的监管不缺位。目前，全国已设立 20 座国家级城镇排水监测站，分布在 17 个省（区、市），加强了城镇排水与污水处理水质监管。

（三）加强激励性监管，建立质量和环保考核的长效机制

为提高排水与污水处理服务质量，监管机构综合运用价格杠杆和市场准入等政策工具，将污水处理出水水质与自来水费和污水处理费相挂钩，以激励企业主动地提高效率和服务质量水平，进而形成质量和环保考核的长效机制。在质量监督检查的基础上，对质量不达标的污水处理厂扣减污水处理服务费，特别是一些关键性的控制指标，如污水处理厂排放的 COD、N、P 的浓度，每超标排放 1 个百分点，予以扣减一定比例的污水处理服务费。反之，如果污水处理厂超额削减污染物，则予以一定的奖励。同时，将考核结果作为污水处理企业资质管理和市场准入的一项重要内容，对于考核不合格的企业，将其运营资质予以降级甚至吊销，不允许其进入污水处理行业，对于考核优秀的企业，则可将其资质提高，并在同等条件下，优先准予进入污水处理行业。在行政监管上，监管机构主要依据相关的法律法规和政策文件，对污水处理企业的质量违法行为进行查处和行政处罚；在合同监督上，对签订了特许经营协议、委托协议等各类服务合同的污水处理企业，依据合同约定的条款，对质量不达标的企业追究违约责任，严重的取消其运营资格，终止合同，并由政府接管。

第五章　燃气行业发展报告

　　改革开放以来，中国城镇化和工业化发展迅速，燃气行业也相应的发展迅猛。城镇燃气供应直接影响经济竞争力和人民生活质量，而且已日益成为国民经济中具有先导性、全局性的基础产业，近年来，我国城镇燃气的天然气供应规模增长迅速，其应用领域也在不断扩大，燃气普及率也在逐年提高。燃气在各领域的广泛应用，为提高人民生活水平、减少环境污染、调整能源结构、促进产业结构优化、推动社会经济的发展发挥了积极的作用。

第一节　燃气行业投资与建设

燃气行业是基础设施行业，投资量大且回收期长。中国燃气行业投资环境良好，投资增速较快，但是和其他行业公用设施行业相比投资发展相对较慢。2016年拓宽"一带一路"进口通道为燃气行业投资提供商机，将进一步促进燃气行业投资发展。

一、投资环境

首先，低碳经济和节能减排为城市燃气发展创造了良好的环境。天然气是最低碳的化石能源，大量利用天然气不仅可以降低能耗、提高效率，而且能够改善大气环境，提高人民生活质量。同时，天然气是中国实现低碳经济、实现二氧化碳减排承诺的现实选择，因而为天然气在城市燃气行业中替代人工煤气、液化石油气开拓了广阔前景。其次，天然气产业快速发展，引领城市燃气进入新的发展机遇期。2020年以前，我国天然气市场将继续保持快速增长的态势。到2020年左右，我国天然气在一次能源消费结构中所占的比例将接近两位数，且消费中心继续南下东移，利用区域遍布全国绝大多数县级以上城市。与此同时，从基础设施到国家政策，均为城市燃气行业的快速发展创造了良好的条件：天然气管道建设加快，西气东输、陕京、川气东送天然气管道等一批长距离、大输量的主干管道陆续建成，联络线和区域网络不断完善。（中长期规划）在2017年发布的加快推进天然气利用的意见中，明确指出要以实施城镇燃气工程为重点任务，推进北方冬季清洁取暖、快速提高城镇居民燃气供应水平、打通天然气利用"最后一公里"。然后，各地政府大力支持城市燃气发展。中国已经进入城镇化快速发展阶段，预计2020年城镇化水平（常住人口）约为60%。新型城镇化进程加快，人民生活水平不断改善，迫切需要改变传统的生产、生活方式。因此，各级政府对关系国计民生的城市燃气行业的支持力度必将越来越大。

（一）气源供需环境

天然气用作城市燃气，环境效益和社会效益优势明显。从城市燃气发展轨迹看，具备气源的城市，天然气都成为其主要的城市能源之一。我国天然气资源丰富，初步形成了多品种、多渠道的多元化供应和"西气东输、北气南下、海气登陆、就近供应"的供气格局。截至2015年底，全国建成陕京线、西气东输、川气东送、中亚天然气管道、中缅天然气管道等长输管道历程约6.4万千米；建成LNG接收站12座，总接收能力4380万吨/年，建成地下储气库18座，有效工作气量55亿立方米/年。目前，已经形成常规和非常规国产气、陆上进口管道气、海上进口LNG等多气源互济，"西气东输、北气南下、海气登陆、就近供应"的供应格局。形成地下储气库、LNG接收站两大主力调峰方式，管网覆盖主要产气区以及长三角、珠三角和环渤海等区域。2016年，天然气产量1371亿立方米，同比增长1.5%，天然气进口量721亿立方米，同比增长17.4%。我国天然气需求迅速增长，2016年天然气消费量为2058亿立方米，同比增长6.6%。（新奥年度报告）"十二五"期间消费量年均增长12.4%，累计消费量约8300亿立方米，是"十一五"消费量的2倍。一次能源消费比例由4.4%增长到5.9%，预计2020年增长到10%。在天然气消费结构中，城市燃气、工业燃气用气占比增加，并且城镇燃气工程、天然气发电工程、工业燃料升级工程、交通燃料升级工程在不断推进。

（二）市场竞争环境

一是产品竞争力分析。与其他可替代能源相比，天然气将继续保持较为明显的竞争优势。天然气作为一种清洁、环保的新兴城市能源，从整体上看正在取代其他能源，不断进入新的消费领域，表现出较强的竞争力。这一趋势将会持续，但在不同的应用领域有不同的竞争者并呈现出不同的竞争特点。居民用户是天然气的基础用户，在大中城市的替代品主要是电和太阳能，尤其是出现了电与天然气在民用市场互相穿插的局面，两种能源在民用气市场会各有进退，但由于天然气的初始投资大，提高了用户的退出壁垒，保持价格优势即可保持竞争优势。而太阳能局限性强，近期不可能成为持续性能源而大范围应用。在新开发的中小城市，煤和液化气则是天然气最主要的竞争者，并且煤较天然气优势明显，有其稳定的消费市场。燃气市场开发主要有赖于环保政策的推动，而液化气由于价格高且不如管道气方便，对天然气影响不大。在工商业用户和汽车用户中，主要替代品为油，中小城市可能还有煤，天然气最主要的优势在于清洁，政策环境较为有利，如果能降低初始投资，同时保持价格相对优势，天然气可以抢占油的部分市场。车用气用户和工商业用户是公司最有价值的用户，大力开发此类新用户、改造老用户，对公司优化用气结构和提高效益十分有利。

二是竞争对手分析。城市燃气行业投资者激增，民企、外企与能源巨头三足鼎立，竞争策略各有不同。近年由于天然气上游气田长输管道的建设高潮和政府适时放开燃气市场准入限制的两大机遇，带来了燃气终端销售市场的投资高潮。大量的民营、港资和外资企业都通过控股、收购、参股等多种方式进军城市燃气行业，凭借各自的资本实力，积极扩大各自的市场份额，引发了燃气市场前所未有的激烈竞争。根据投资者的主要特点，竞争主体大致可分为三类：一是以新奥（中国）燃气投资有限公司、中国燃气控股有限公司等民营资本为代表的燃气企业，大范围收购中小城市，主要通过投标特许经营权抢占市场先机。二是以中华煤气为代表的大型投资者，青睐于收购大中城市现有燃气企业的控制权，他们具有先进的管理经验和雄厚的实力，通过与成熟企业合作，进入国内燃气市场，其主要竞争存在于对大中城市的收购中；三是以中国石油天然气集团公司、中国石油化工集团公司为代表的能源巨头开始染指下游城市燃气市场，他们在气源指标和管道运输方面具有先天的优势且资金雄厚。三种势力在竞争中各具优势，实力强大，公司未来五年面临着异常严峻的竞争环境。目前国内有超过200多家的城市燃气公司，2015年5大城市燃气公司（北京燃气、华润燃气、新奥燃气、中华燃气和中华煤气）合计销售量相当于全国天然气销售总量的30%。

三是竞争格局演化趋势分析。燃气市场实现重组，竞争呈现新特点，合作呈现多元化。随着各方的激烈争夺，各地的特许经营权已瓜分渐尽，竞争将由圈地运动转向疏理整合阶段，第二轮的竞争将由单纯的特许经营权的争夺，转变为合作与竞争相融合的资本控制权层面上的较量。由于前期"跑马圈地"收购的市场必须投入运作，而城市燃气基础设施建设前期投资又十分巨大，拥有大量城市经营权的企业必须物色战略合作者，弥补其在资源或者资金方面的不足，燃气市场将进行新一轮的分配。但二次分配却是以优势互补为特点的，谋求多方构建战略联盟的在合作中的竞争、以市场换资源或以资源换市场，共同组建大型燃气企业集团是城市燃气企业做大做强的共同选择。公司一方面要调动一切资源，力求在行业重组中有所收获，开辟新市场；另一方面亦不能忽视寻找战略合作伙伴，给公司未来的发展创造良好的资源或市场条件。

（三）市场风险环境

一是天然气管理体制改革。在城市燃气行业，2014年，国家能源局和国家发改委相继发布了《油气管网设施公平开放监管办法（试行）》和《天然气基础设施建设与运营管理办法》两个文件，拉开了中国天然气管网设施进入公平开放时代的序幕。2016年国家发展改革委印发《天然气管道运输价格管理办法（试行）》和《天然气管道运输定价成本监审办法（试行）》（以下简称两个《办法》）。天然气价格改革的目标是"放开两头，管住中间"，即放开气源和销售价格由市场形成，政府只对属于网络型自然垄断环节的管网输配价格进行监管。因此，城市燃气企业面临一定的政策风险。

二是天然气需求容易受季节影响。季节变化影响天然气销售主要表现于城市燃气和天然气发电。一般城市燃气用户主要用天然气做燃料，用来烹饪、烧热水需要外，在冬季时还用做供暖，一般冬季天然气的销量将增加需要调峰。如天然气发电在电力供应中占相当一部分比例时，因冬夏两季用电量大导致发电用气的需求将超过春秋季节。季节性用气不平衡、不稳定，给天然气供应带来一定的难度。天然气长输管线要根据用户需求，经常进行大幅度调峰，高峰是不经济的，技术上存有困难。如用建设地下储气库或地面储罐系统进行调峰，则需要巨大的经济投入，且调幅不能解决根本问题。季节带来的变化给天然气产业链发展带来了较大风险。

三是天然气具有较高的沉没成本。当长输气管道建成后，他就作为专用性资产，一般情况下不能移动，只能输送天然气，不能作为他用。此时用气方将掌握主动，具有很强的议价能力，天然气供应方往往不得不作出让步，给天然气销售造成压力和很大风险。同时由于下游市场需求存在不确定性，在天然气销售低谷期，带来很大的风险。天然气到达城市接收站后，除了少数大工业用户直供外，还需建设城市配气管网，涉及城市配气干线管网和支线管网，这样才能将天然气输送到各个终端用户。城市配气管网的发达程度决定着城市天然气市场开发程度，城市燃气市场开拓慢使天然气实际销售量远低于规划销售量，造成产业链风险。

二、投资状况

（一）燃气行业在国民经济中的地位

城市燃气行业属于公用事业，作为城市基础设施的重要组成部分，不仅关系到人民的生活质量、城市自然环境和社会环境，而且已日益成为国民经济中具有先导性、全局性的基础产业，并已成为中国目前重点扶植和对外放开的产业，其服务功能以及由此形成的城市环境将成为城市的财富和资源。

近年来，城市燃气行业取得了较大的发展，在 2008 年至 2015 年间，中国城市燃气固定资产投资额总体呈增长态势，城市燃气固定资产投资占市政公用设施建设固定资产投资额的比重略有下降，从 2008 年的 2.22％下降到 2015 年的2.16％。城市燃气逐步完善，城市燃气固定资产投资略有减少。如图 5-1 和表5-1所示：

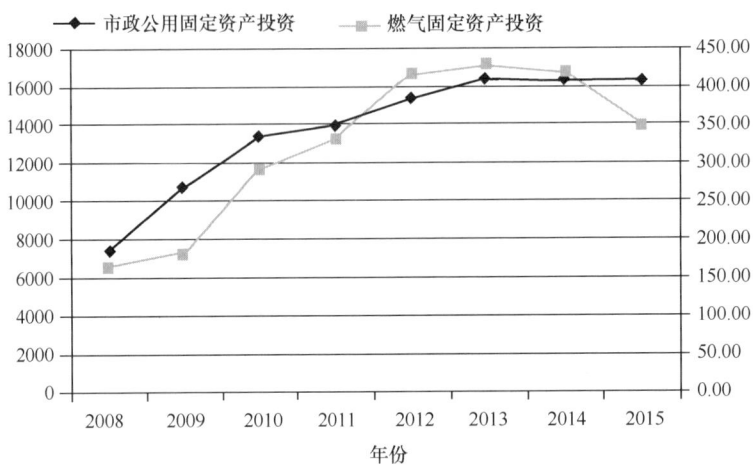

图 5-1　城市燃气固定资产投资和市政公用设施建设固定资产投资额

城市燃气固定资产投资和市政公用设施建设固定资产投资的比重　表 5-1

年份	比重（％）
2008	2.22
2009	1.71
2010	2.17
2011	2.37
2012	2.71
2013	2.60
2014	2.56
2015	2.16

资料来源：国泰安数据库。

（二）投资主体多元化

随着公用事业体制改革的不断深入和先进管理理念的引入，民营资本、境外资本陆续通过转制、合资等方式参与城市燃气建设运营，城市燃气市场逐步开放，并逐步形成城市燃气多元化发展的有利格局。燃气行业出现跨区域整合，各路资本开始"跑马圈地"的收购兼并，打破了城市燃气市场的地方垄断经营格局，跨区域的市场竞争波及全国城市燃气行业，计划经济体制下形成的国有资本一统天下、城市燃气企业各踞一方的垄断经营局面被彻底打破、城市燃气设施由各地市政府投资的单一投融资格局，被国内国际多元化的投融资渠道取而代之，城市燃气投资主体由单一地方政府资本变为国有资本（中央大型企业集团和地方政府）、民营资本、境外资本等诸多市场经营主体，多元化的城市燃气行业投资和经济管理体制逐步建立，中国城市燃气市场呈现多种所有制并存的格局。

在计划经济时期，区域性自然垄断形成了城市燃气输配系统和燃气销售公司捆绑式经营的格局。市场化改革中，出现了把城市燃气输天然气管道公司，如中石化与山东省公司合资成立的山东天然气管道公司，中石油和北京市燃气公司合资成立的北京天然气公司等。上海等地也正在尝试"X＋1＋X模式"的改革，即上游和下游各有多家供气商，中游有1家管道输配公司。这样，在天然气产业链的上游和下游环节，就可以引入民间社会资本，建立市场竞争机制。据相关资料统计，在全国31个省市自治区（不含港澳台）的近300个地级以上城市中，国有控股燃气公司占比57％，民营燃气公司占比29％，境外资本燃气公司占比14％，初步形成了多种资本共同投资建设的竞争性局面。

在城市燃气行业市场区域结构分布上，国有资本控股的燃气企业集团主要分布在直辖市、省会等大中型城市；以新奥燃气为代表的民营资本控股的燃气企业，主要分布在地级的中型城市；以港华燃气为代表境外资本控股的燃气企业，主要分布在内地省会等大中型城市。

城市燃气行业的市场化改革，大大拓宽了燃气基础设施建设的投融资渠道。大量的民间资本、境外资本以及国有资本（中央企业、大型国有燃气企业）进入城市天然气利用领域，为缺乏财力的各地方政府解决了城市燃气基础设施建设的资金难题。

各种社会资本进入城市燃气领域，有效地解决了城市燃气大规模发展所需的建设资金，完善了城市基础建设配套设施，提高了城市燃气供给能力，减轻了国家和地方政府财政负担，为社会经济发展做出了贡献。

（三）投资增长情况

1. 城市公用事业与城市燃气投资比较

2015年全国固定资产总投资为56199.8亿元（见表5-2），比2014年增长9.65％，其中城市公用事业投资完成16204.44亿元，下降0.26％。在城市公用事业投资中，供水投资350.47亿元，占城市公用事业投资的3.21％；燃气投资350.47亿元，占城市公用事业投资的2.16％；集中供热投资516.83亿元，占城市公用事业投资的3.19％；轨道交通投资3707.15亿元，占城市公用事业投资的22.88％；道路桥梁投资7414亿元，占城市公用事业投资的45.75％；排水投资982.68亿元，占城市公用事业投资的6.06％；园林绿化投资1594.65亿元，占城市公用事业投资的9.84％；市容投资398.04亿元，占城市公用事业投资的2.46％；其他城市公用事业投资620.68亿元，占城市公用事业投资的3.83％。

2015 年城市燃气与城市公用事业投资　　　　　　　　　　表 5-2

类别	2015 年投资 （亿元）	2014 年投资 （亿元）	增长率 （％）	2015 年比重 （％）	2014 年比重 （％）
全国合计	561999.8	512520.5	9.65		
城市公用事业	16204.44	16246.9	−0.26	100	100
供水	619.93	476.03	30.23	3.83	2.93
燃气	350.47	415.92	−15.74	2.16	2.56
集中供热	516.83	575.14	−10.14	3.19	3.54
轨道交通	3707.15	3221.76	15.07	22.88	19.83
道路桥梁	7414.00	7644.17	−3.01	45.75	47.05
排水	982.68	900.08	9.18	6.06	5.54
防洪				—	—
园林绿化	1594.65	1818.03	−12.29	9.84	11.19
市容	398.04	495.53	−19.67	2.46	3.05
其他	620.68	700.24	−11.36	3.83	4.31

资料来源：《中国统计年鉴》。

2015 年城市燃气投资的增长率远低于全国固定资产投资的增长率且为负增长，也低于市政公用事业投资增长率，且只占市政公用事业总投资的 2.16％，比 2014 年的 2.56％下降了 0.4 个百分点。

2. 城市燃气投资地区比较

2015 年，东部地区、中部地区、西部地区和东北地区的城市燃气投资出现负增长，东部地区城市燃气投资同比负增长 19.48％，占 2015 年城市燃气总投资额的 51.97％；中部地区城市燃气投资同比负增长 12.23％，占 2015 年城市燃气总投资额的 16.02％；西部地区城市燃气投资同比负增长 8.36％，占 2015 年城市燃气总投资额的 25.37％；东北地区城市燃气投资同比负增长 12.73％，占 2015 年城市燃气总投资额的 6.65％，这说使用明城市燃气的地区主要是拥有燃气资源的地区和经济较发达的地区（见表 5-3 和图 5-2）。

2015 年城市燃气分地区投资　　　　　　　　　　表 5-3

地区	2015 年	2014 年	增长量	增长率
全国	3504671	4159612	−654941	−0.157452426
北京	280908	315683	−34775	−0.110157975
天津	363637	544500	−180863	−0.332163453
河北	132275	105364	26911	0.255409817

续表

地区	2015 年	2014 年	增长量	增长率
上海	144078	127486	16592	0.130147624
江苏	246037	300684	−54647	−0.181742294
浙江	184223	196091	−11868	−0.06052292
福建	101746	78156	23590	0.301832233
山东	245872	284124	−38252	−0.134631358
广东	117418	326912	−209494	−0.640826889
海南	5152	3968	18086	4.55796371
东部地区	1821346	2282968	−444720	−099051
山西	62658	84187	−21529	−0.255728319
安徽	158247	204145	−45898	−0.22483039
江西	39997	63297	−23300	−0.368105913
河南	129078	85197	43881	0.515053347
湖北	109387	101474	7913	0.077980566
湖南	62026	101308	−39282	−0.387748253
中部地区	561393	639608	−78215	−0.122285838
内蒙古	204297	162288	42009	0.258854629
广西	86374	113600	−27226	−0.239665493
重庆	141110	159344	−18234	−0.11443167
四川	114080	72932	41148	0.564196786
贵州	32203	23414	8789	0.375373708
云南	8277	28246	−19969	−0.706967358
西藏		0	0	0
陕西	123684	92913	30771	0.331180782
甘肃	31081	25410	5671	0.22317985
青海	19329	2249	17080	7.594486438
宁夏	3852	15585	−11733	−0.752839269
新疆	124703	274132	−149429	−0.545098712
西部地区	888990	970113	−81123	−0.083622217
辽宁	93507	119823	−26316	−0.219623945
吉林	71552	51714	19838	0.383609854
黑龙江	67883	95386	−27503	−0.288333718
东北地区	232942	266923	−33981	−0.127306377

资料来源:《中国统计年鉴》。

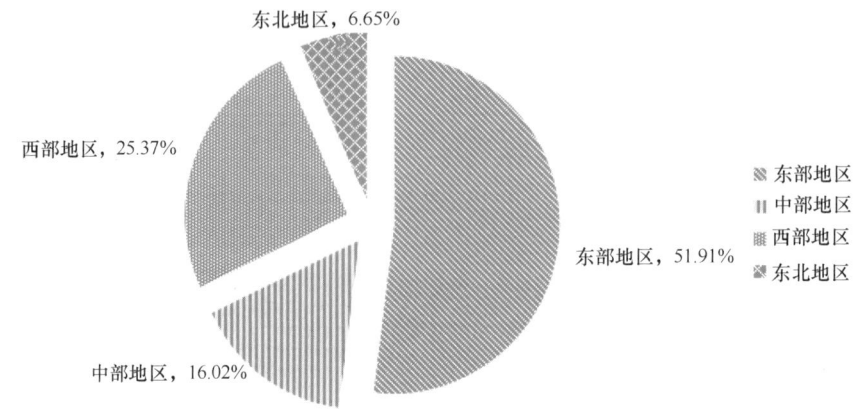

图 5-2　2015 年城市燃气投资地区结构

三、投资效益

据国家统计局公布的统计数据显示（见表 5-4），2015 年，我国城市燃气生产和供应行业规模以上企业个数为 1416 家，较 2014 年同比上升 8.26%，行业规模有所扩大。2015 年实现产品销售利润 507.21 亿元，较 2014 年同比上升 18.01%，说明城市燃气发展空间较大。2015 年燃气行业资产总计 7928.92 亿元，同比上升了 23.75%，但是企业亏损总额由 42.69 亿元上升到 66.4 亿元，这是由于中国整体经济增速放缓，下游消费市场需求增长动力不足；加之国际油价持续处于低位，替代能源价格走低，天然气经济性消退。从增长速度来看，燃气行业对成本的管理控制能力较好，盈利能力较强。

2014 年～2015 年城市燃气行业重要数据指标比较　　　　　表 5-4

指标	2014 年	2015 年	环比增长（%）
企业个数（个）	1308	1416	8.26
从业人员（万人）	25.82	27.17	5.23
资产总计（亿元）	6407.26	7928.92	23.75
负债总计（亿元）	3575.87	4293.84	20.08
利润总额（亿元）	429.82	507.21	18.01
亏损总额（亿元）	42.69	66.4	55.5

资料来源：中商产业研究院。

从偿债能力来看（见表 5-5），2015 年中国燃气行业资产负债率 54.92%，较上年略有下降，产权比率 129.45%，且从数值上看，资产负债率处于较适宜水平，行业整体负债经营水平较为适当；已获利息倍数为 8.72 倍，较上年的 7.12 倍略有下降，但仍高于行业标准值 3。综合来看，中国燃气行业近年来举债经营规模有扩大之势，偿债能力有所下降。

2014 年和 2015 年城市燃气行业偿债能力数据指标　　表 5-5

指标	2014 年	2015 年
资产负债率（%）	55.81	54.92
产权比率（%）	126.29	129.45
利息倍数（倍）	7.12	8.72

数据来源：取燃气行业 A 股上市主营业务收入前十的公司相关指标平均值。

从运营能力来看（见表 5-6），2015 年中国燃气行业总资产周转率 65.45 次，流动资产周转率 1.76 次，固定资产周转率 1.05 次。总资产周转率和流动资产周转率较上年均有所下降，说明燃气行业对资产和流动资产的利用效率有待提高；固定资产周转率较上年亦略有下降，说明燃气行业对厂房、设备等固定资产的利用效率有所降低。

2014 年和 2015 年城市燃气行业运营能力数据指标　　表 5-6

指标	2014 年	2015 年
总资产周转率（次）	0.84	0.65
流动资产周转率（次）	2.49	1.76
固定资产周转率（次）	1.13	1.05

数据来源：取燃气行业 A 股上市主营业务收入前十的公司相关指标平均值。

四、传输管网及相关基础设施建设

传输管网及相关基础设施建设是天然气行业发展的必要条件。国际经验表明，天然气行业遵循着储量快速增长促进管道建设、管道建设促进市场开拓、市场开拓又促进产量增长的规律。俄罗斯天然气管道总长度约为 15.1 万千米，美国天然气管道总长度为 50 多万千米，欧洲天然气管道总长度为 16.82 万千米，美国和欧洲可以将天然气从任何一个角落输送到任何一个消费区。

我国天然气资源主要分布在塔里木、柴达木、鄂尔多斯、四川、松辽、渤海湾、东海和南海八个盆地。其中，塔里木、柴达木、鄂尔多斯、四川位于新疆、青海、宁夏、甘肃、内蒙古、陕西、四川和重庆等西部地区，其天然气资源量占总资源量的 55%；东海和南海盆地位于东部和南部沿海地带。我国天然气市场主要分布在东部经济比较发达的长江三角洲、环渤海和珠江三角洲等地区。从地域分布上看，资源和市场分别处于西部和东部地区，中间距离相隔数千公里，对天然气的输送造成了较大的挑战，往往需要投入几十亿甚至数百亿元铺设长距离、大口径的天然气管道，才能将天然气从资源地输送到用户所在地。

截至 2015 年底，建成陕京线、西气东输、川气东送、中亚天然气管道、中缅天然气管道等长输管道里程约 6.4 万千米；建成 LNG 接收站 12 座，总接收能力 4380 万吨/年；建成地下储气库 18 座，有效工作气量 55 亿立方米/年。1995年至 2015 年底中国主要天然气管道现状情况详见表 5-7。

中国主要天然气管道现状情况表　　　　表 5-7

管线名称	起止地点	供气范围	管径（毫米）	建成时间（年份）	管道长度（千米）	设计能力（亿立方米/年）
崖 131—香港管线	南海崖 131 平台至香港地区	香港地区	711	1995	778	30
陕京一线	靖边至北京	京、津、冀、鲁等区域	660	1997	1090	30
靖西咸线	靖边至西安、咸阳	沿途向延安、铜川、西安、闾良供气	426	1997	488	5～8
靖宁线	靖边至银川	途经内蒙古的乌审旗、鄂托克前旗、陕西省定边县宁夏盐池县、灵武市、永宁县，止于银川市新市区	426	1997	320	5～8
平湖管线	东海平湖至上海	上海	355.6	1998	386	5
中济线	濮阳至济南		377	1999	261	7.65
涩宁兰	涩北至西宁、兰州		66	2001	953	20
京石线	涿州市至石家庄		208	2001	220	5～12
长—呼管线	长庆气田第二净化厂至呼和浩特	主要供给鄂尔多斯市、包头市和呼和浩特市。其中，60%用于工作，商业和民用40%				
西气东输	轮南至上海	上海市、江苏省和浙江省以及管道沿线的河南省和安徽省	1016	2004	4000	120
忠武线	忠县至武汉	向武汉及沿线（湖北、湖南）用户供气	711	2005	1343.7	30
陕京二线	陕西省榆林市至北京	起于陕西省榆林市，向东进入山西省境内，并向山西省 7 个市地供气；出山西进入京、津、冀、鲁各地	1016	2005	935	120

续表

管线名称	起止地点	供气范围	管径（毫米）	建成时间（年份）	管道长度（千米）	设计能力（亿立方米/年）
永唐秦管道	河北省廊坊市永清县至秦皇岛市抚宁县		1016	2009	312.4	90
中亚天然气管道		该管道起自土库曼斯坦和乌兹别克斯坦两国边境，在新疆霍尔果斯入境中国	610	2011	1801	300
西气东输二线	新疆霍尔果斯口岸至广州	途经新疆、甘肃、宁夏、陕西、河南、湖北、江西、湖南、广东、广西等 14 个省区市	1219	2012	9102	300
中缅天然气管道		该管道起自皎漂港，经缅甸若开邦、马圭省、曼德勒省和掸邦，从云南瑞丽入境中国	1016	2013	1727	120

资料来源：国际燃气网。

第二节　燃气行业生产与供应

　　城市燃气是城市能源结构和城市基础设施的重要组成部分，它为城市工业、商业和居民生活提供优质气体燃料，它的发展在城市现代化中起着极其重要的作用。提高城市燃气化水平，对于提高城市居民的生活质量、改善城市环境、提高能源利用率，具有十分重要的意义。城市燃气（包括民用、商业和工业燃气）是由几种气体组成的混合气体，目前主要使用的城市燃气种类包括天然气（NG）、液化石油气（LPG）和人工燃气（MG）。天然气来源于气田，其中管输天然气供应系统由天然气的开采与生产（上游）、长输管线（中游）和城市输配气系统（下游）组成。世界各国的城市燃气基本都走过了由煤制气、油制气到液化石油气和天然气的发展过程。目前中国城市燃气既有最早的人工燃气生产供应方式，也有较为先进的液化石油气、天然气（含 CNG、LNG 等）的生产供应方式。天然气、液化石油气和人工燃气三种业态并存是中国城市燃气的主要特点。天然气作为一种清洁高效的化石能源，是理想的城市气源，其由于开采、储运和使用既经济又方便，天然气的应用范围非常广泛。

一、城市燃气生产情况

2015 年中国人工煤气的产量具有较大幅度的下降，环比下降了 15.8 个百分点；天然气产量具有较大幅度的增加，环比增加了 7.9 个百分点；液化石油气产量也有所下降，环比下降了 4 个百分点（见表 5-8）。

2014 年和 2015 年全国城市燃气生产量（单位：万立方米、吨）　　　表 5-8

类别	2015 年	2014 年	增长率（%）
人工煤气	471378	559513	−0.158
天然气	10407906	9643783	0.079
液化石油气	10393169	10828490	−0.040

资料来源：《中国统计年鉴》。

（一）人工煤气

目前，中国煤炭年产量超过了 35 亿吨，占世界第一位；2014 年全国石油产量为 2.1 亿吨，净增长 138 万吨，同比增长 0.7%，连续 5 年保持 2 亿吨以上，整体呈稳中有升态势。这为人工煤气生产提供了制气原料，但煤制气存在工艺复杂、污染环境、投资大、成本高等缺点，无法与天然气、液化石油气竞争，因而只能适当发展具有煤综合利用或矿口气化的煤制气厂。21 世纪以石脑油和液化石油气为原料的制气厂将会进一步加快建设，以发挥洁净制气工艺的优越性。中国历年人工煤气的产量及增长率见图 5-3 所示。

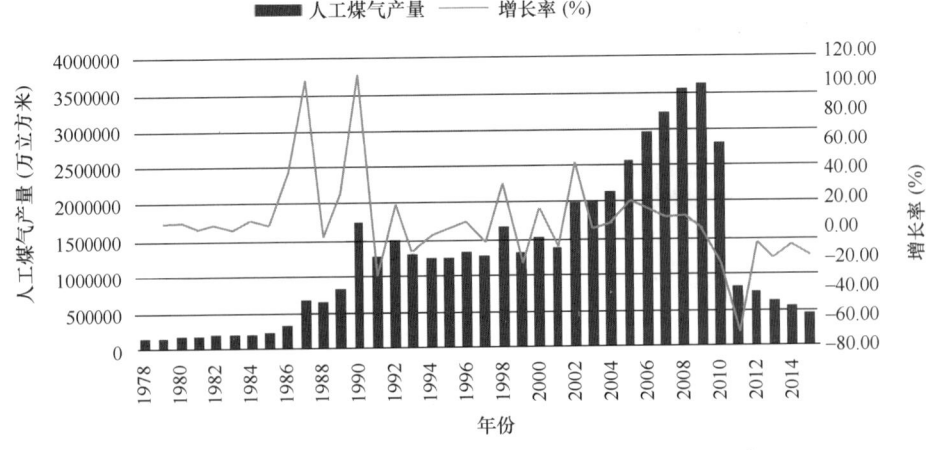

图 5-3　1978 年～2015 年我国人工煤气的产量以及增长率

由图 5-3 可知，我国人工煤气总体产量趋于相对稳定，增长率总体上呈现下降的趋势，1978 年~2015 年中国人工煤气的年均增长率为 4.68%。由于人工煤气进行制取的过程之中会严重地污染环境，并且需要消耗非常多的煤炭。在进行运输的过程中的压力级制较低，且会严重腐蚀管道，在利用过程中的热值相对来说比较低，毒性也相当大。即便是这样，人工煤气在以前油气资源较为短缺的时代还是发挥了十分重要的作用。鉴于我国油气供应设施的持续完善和经济的快速发展，已具备了对人工煤气进行全面置换，改进人民群众的生活条件，改进油气能源结构的充分条件。因此，在若干年后，人工煤气必然会逐渐地被天然气或者液化石油气等更加清洁、更加高效的能源所代替，从而在城市燃气行业中的比重将逐渐减少。

2015 年全国统计人工煤气生产总量为 471378.01 万立方米，人工煤气的生产以四川省为主，全年产量达到 165604.3 万立方米，占全国人工煤气产量的 35.13%；其次是辽宁省 57394.21 万立方米和河北省 53538.26 万立方米，分别占全国人工煤气总量的 12.18% 和 11.36%。从地区分布看，我国人工煤气的主要产区是西南地区和华北地区，产量分别占全国的 43.51% 和 20.38%（见图 5-4）。

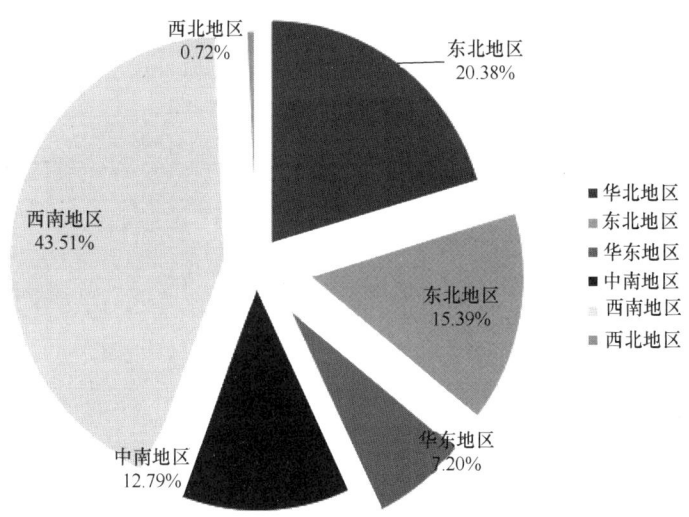

图 5-4　2015 年我国人工煤气分区域生产结构

2015 年全国 6 大区域人工煤气产量均呈现明显下降的态势，其中华东地区地区的下降幅度明显，同比下降了 55.25 个百分点，下降幅度超过了全国的平均水平。在列入统计范围的全部 23 个人工煤气产生地区中，山东的人工煤气产量下降速度最快，同比下降几乎接近十成，2015 年江苏和宁夏也已经开始停止人工煤气的供应（见表5-9）。之所以出现大部分省份人工煤气产量下降的现象，是因为人工煤气是由煤经过化学方法加工制成人工煤气，热值低、生产成本高、置气厂在生产人工煤气的过程中对环境污染很严重，因此在城市燃气的使用量呈现逐年递减的情况。

2015年按省（区、市）分列的人工煤气产量情况　　　　表5-9

地区	2015年人工煤气产量（万立方米）	2014年人工煤气产量（万立方米）	增长率（%）
全国	471378	559513	−15.75
河北	53538	56763	−5.68
山西	39450	46851	−15.80
内蒙古	3090	3500	−11.71
华北地区	96079	107114	−10.30
辽宁	57394	63604	−9.76
吉林	7945	12827	−38.06
黑龙江	7202	7783	−7.46
东北地区	72541	84214	−13.86
上海	5309	31379	−83.08
江苏	—	612	−100.00
浙江	488	478	2.09
福建	3000	2977	0.77
江西	25097	30991	−19.02
山东	59	9438	−99.37
华东地区	33953	75875	−55.25
河南	53100	59436	−10.66
湖北	—	—	—
湖南	2767	2765	0.06
广东	—	—	—
广西	4439	4739	−6.34
中南地区	60305	66940	−9.91
四川	165604	165113	0.30
贵州	5540	16034	−65.45
云南	33959	40722	−16.61
西南地区	205103	221869	−7.56
甘肃	1644	1676	−1.90
宁夏	—	70	−100.00
新疆	1752	1752	0.00
西北地区	3396	3498	−2.91

资料来源：《中国统计年鉴》。

（二）天然气

20 世纪 90 年代以来，随着勘探技术的进步和勘探开发力度的加大，中国天然气勘探开发取得重大突破，先后发现克拉 2、苏里格、普光等一批大型气田，全国已形成四川、鄂尔多斯、塔里木、柴达木、松辽、准噶尔、莺—琼、东海等八大天然气主要探区。

中国常规天然气探明储量呈现快速增长态势。"八五"期间，天然气累计探明天然气地质储量 6969 亿立方米，为前 40 年探明地质储量的综合；"九五"期间，天然气累计探明地质储量进一步提高到 11543 亿立方米，年均增长 2309 亿立方米。迈入新世界之后，中国天然气探明剩余地质储量继续保持高速增长，有 2001 年的 41000 亿立方米增长到 2012 年 110612 亿立方米，年均增长超过 6000 亿立方米。总体来看，中国天然气储量已进入增长高峰期，依据欧美发达国家的经验，这一时期可延续 20 年以上。

我国天然气开发已进入快速发展阶段。中华人民共和国成立之初，受经济条件的限制和勘探开发技术、市场培育不足等因素的影响，我国天然气产量增长缓慢。20 世纪 90 年代后期，特别是进入 21 世纪以来，我国天然气储量快速增长和长距离输气干线的建成投产，为快速上产提供了资源基础。我国天然气产量由 2001 年的 303 亿立方米增长到 2015 年的 1072 亿立方米，年均增长 70 亿立方米，年均增速达到 12%。排名从世界天然气产量的 18 位上升至 7 位，翻开了我国天然气的新篇章。鉴于我国天然气储量和产量进入双快速增长的时期，城市燃气行业也进入了发展的黄金时期，如图 5-5 为我国 1978 年～2015 年城市燃气当中的天然气产量和增长率所示。

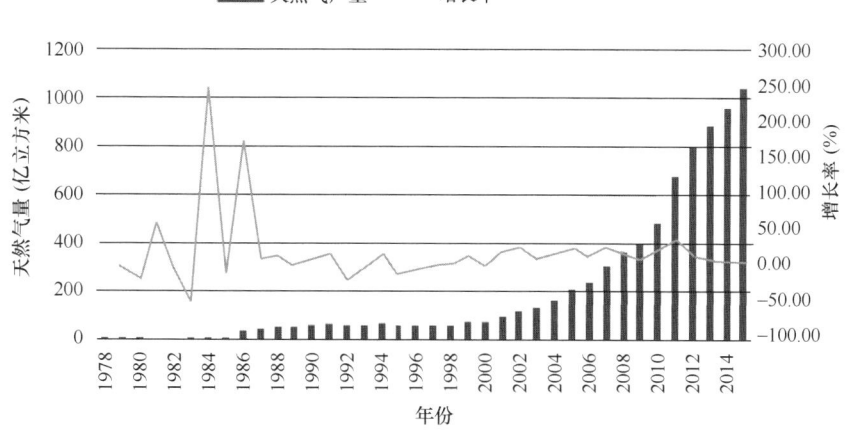

图 5-5 1978 年～2015 年中国天然气的产量以及增长率

由图 5-5 可知，我国城市燃气当中的天然气进入 21 世纪以来，总体上呈现快速增长的阶段即天然气的绝对产量每年在增加且增长率基本上也是保持稳定的增长，1980 年～2015 年我国天然气的年均增长率为 16.46%，远高于人工煤气年均增长率的 3.60%。我国国内的三大石油巨头的开发，西气东输一线、二线的完工以及俄气南下肯定会推动中国同内天然气的较快发展，同时也为我国城市利用天然气提供了最为可靠的保障与机遇。当前，我国城市对天然气之应用只占到全球平均利用率的 10% 左右，且绝大多数天然气被运用在能源与化工原料。鉴于全球石油危机以及局部地区所现的不稳定因素，天然气的运用已被提升到新的战略高度上，西气东输肯定会促进管道沿线地区普及天然气之运用，并且带动别的地区城市燃气消费。

2015 年全国统计天然气生产总量为 10407906 万立方米，天然气生产的地区集中度与人工煤气相比要低一些，以广东、北京、江苏、上海、山东、四川等地区以为主，其中广东生产 1232938 万立方米，占全国天然气产量的 11.85%；北京生产 1444924 万立方米，占全国天然气产量的 13.88%；江苏生产 969799 万立方米，占全国天然气产量的 9.32%；上海、山东、四川的产量分别在 60～80 亿立方米之间，占比重在 6.0%～7.5% 之间。从地区分布来看，我国天然气生产分布相对均匀，其中华东地区占 29.93%，中南地区占 20.94%，华北地区占 23.51%（见图 5-6）。

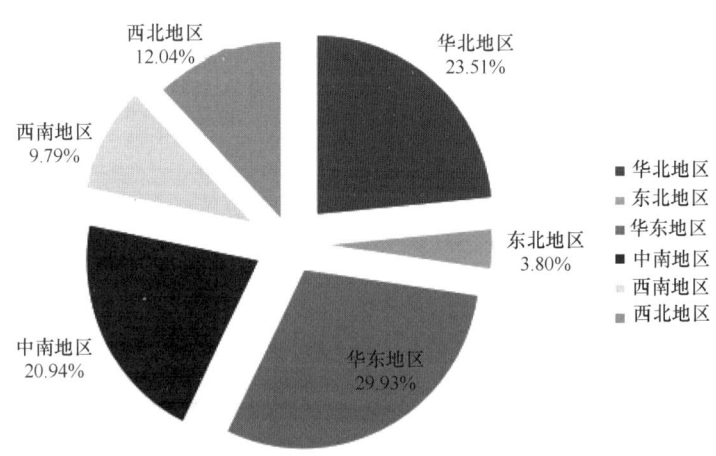

图 5-6　2015 年我国天然气分区域生产结构

2015 年全国 6 大区域天然气产量均呈现明显上升的态势，其中华北地区和东北地区分别增长 23.31% 和 10.11%，超过了全国 7.92% 的平均增长率。在列入统计范围的全部 31 产气地区，西藏和云南的增长率分列全国第 1 和第 2 名，分别增长 66.41% 和 8312.81%（见表 5-10）。

2015 年按省分列的天然气产量情况　　　　　　　　　　表 5-10

地区	2015 年天然气产量 （万立方米）	2014 年天然气产量 （万立方米）	增长率（%）
全国	10407906	9643783	7.92
北京	1444924	1136874	27.10
天津	306630	301000	1.87
河北	314237	257439	22.06
山西	247397	177638	39.27
内蒙古	133207	110922	20.09
华北地区	2446395	1983873	23.31
辽宁	170434	126817	34.39
吉林	111432	115404	−3.44
黑龙江	113245	116623	−2.90
东北地区	395112	358841	10.11
上海	734776	696093	5.56
江苏	969799	842071	15.17
浙江	319276	328121	−2.70
安徽	234585	219684	6.78
福建	148807	132312	12.47
江西	73570	69115	6.45
山东	633917	627532	1.02
华东地区	3114732	2914928	6.85
河南	332808	305240	9.03
湖北	330397	309438	6.77
湖南	215488	217162	−0.77
广东	1232938	1291347	−4.52
广西	38789	28510	36.05
海南	29004	27635	4.95
中南地区	2179424	2179332	0.00
重庆	349378	321485	8.68
四川	627976	610050	2.94
贵州	32906	29011	13.43
云南	7345	4414	66.41
西藏	1346	16	8312.81
西南地区	1018951	964976	5.59
陕西	311286	285839	8.90
甘肃	161907	159230	1.68
青海	133022	129793	2.49
宁夏	199279	218700	−8.88
新疆	447797	448271	−0.11
西北地区	1253292	1241833	0.92

资料来源：《中国统计年鉴》。

2015 年全国天然气生产总量比 2014 年增长 76 亿立方米，其中增产超过 5 亿立方米的地区有 4 个，分别是山西增产 6.98 亿立方米、江苏增产 12.77 亿立方米、北京增产 30.81 亿立方米、河北增产 5.68 亿立方米，5 个地区增产总量合计 56.23 亿立方米，占全国增产总量的 73.59%。

北京、江苏等地的增产主要是受到当地天然气需求上升拉动的影响。之所以出现大部分省（区、市）天然气产量增产的现象，是因为为实现构建和谐社会和可持续发展等国家宏观目标，我国实施能源战略调整、提升环境保护势在必行，推出了与天然气产业相关的一系列支持和鼓励发展的政策，将大力发展天然气等清洁能源作为一项长期的国家能源战略，对于天然气产业的发展起到了极大的促进作用。

2015 年全国仅有 7 个地区产量下降，分别是吉林、黑龙江、浙江、湖南、广东、宁夏和新疆。纵观全国，天然气生产下降地区的下降总量只有 9.62 亿立方米。

（三）液化石油气

随着中国天然气气化进程的不断加快，在城市燃气行业中，天然气取代液化石油气已是大势所趋。但液化石油气凭借其灵活机动、基建投资少、建设周期短等优势，仍可在气化天然气管网覆盖不到的村镇中发挥巨大的作用。从分地区需求情况来看，东南沿海、长三角和环渤海地区仍将是液化石油气的主要消费中心，这 3 个地区需求量之和占全国总需求量的 70% 以上。液化石油气价格市场化程度很高，主要与国际油价联动，两者相关性明显。而国内各地区液化石油气价格各不相同，总体上呈现由北向南、由西向东递增的趋势，东南沿海等主要消费市场价格最高，西北地区等资源产地价格最低。图为中国 2000 年～2015 年城市燃气当中的液化石油气产量和增长率图：

由图 5-7 可知，中国城市燃气当中的液化石油气总体上呈现下降趋势。液化石油气在中国未来消费的主要增长点将在汽车用气领域、大部分无天然气供应城市或距天然气管网较远的城镇以及广大农村地区。尤其是城镇小区管线供应液化石油气，将是液化石油气市场的发展重点，而且经济效益显著。我国地域广阔，人口众多及经济发展不平衡的特点将使中国液化石油气行业继续发展。由于世界上液化石油气量较为充足，近海又有十余艘海上浮仓不间断地作业，我国将继续进口液化石油气用作城市的补充、过渡与调峰气源。

2015 年全国统计液化石油气生产总量为 1039.22 万吨，液化石油气的生产以广东省为主，全年产量达到 334.04 万吨，占全国液化石油气产量的 32.14%；其次是安徽省 73.63 万吨和浙江省 69.59 万吨，分别占全国液化石油气总量的

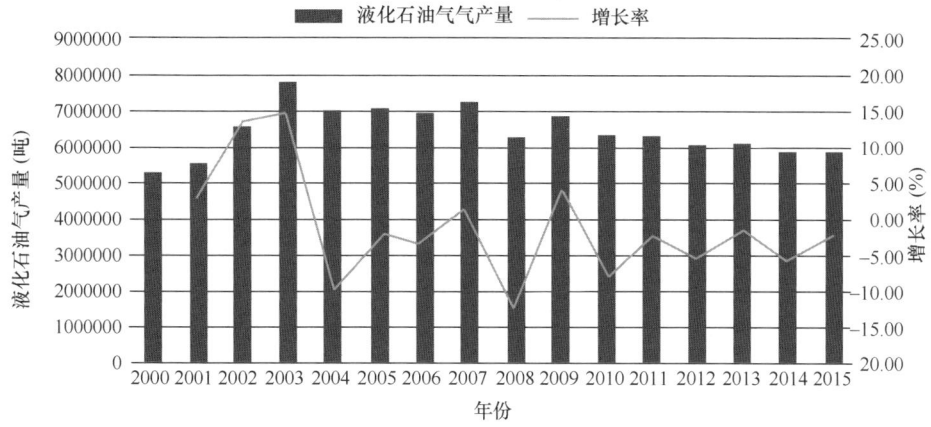

图 5-7　2000 年～2015 年我国液化石油气的产量以及增长率

7.09％和 6.70％。从地区分布看，我国液化石油气的主要产区是中南地区和华东地区，产量分别占全国的 43.26％和 32.07％（见图 5-8）。

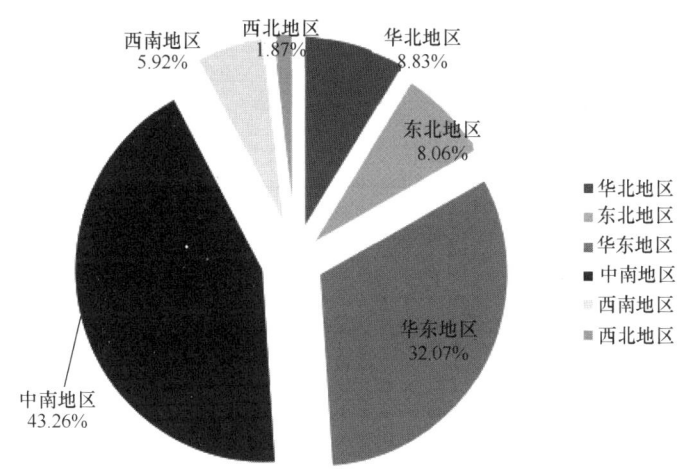

图 5-8　2015 年我国液化石油气生产结构

　　2015 年全国 6 大区域液化石油气产量均呈现明显下降的态势，其中中南地区和东北地区的下降幅度明显，同比分别下降了 6.42 个百分点和 6.43 个百分点，下降幅度都超过了全国的平均水平。在列入统计范围的全部 31 个液化石油气产生地区中，宁夏回族自治区的液化石油气产量下降速度最快，同比下降了 33.65 个百分点（见表 5-11）。之所以出现大部分省份液化石油气产量下降的现象，是因为高效、清洁又便宜的天然气被推广使用。我国领土及领海内天然气探明量也在逐年递增，这些因素的存在，不但促使我国长足有效地利用天然气，改变天然气在能源中的所占的比例，而且促进了我国整个城市燃气行业的发展，进而液化石油气的市场大量的被天然气所取代。西南地区产量之所以增加，是因为东部液化石油气的消费中心对现有液化石油气资源省份的生产拉动非常强烈，促使当地液化石油气产量增长。华东地区的液化石油气产量之所以增加，是因为东部能源需求是经济发展的基础。

2015 年按省（区、市）分列的液化石油气产量情况　　　　表 5-11

地区	2015 年液化石油气产量（万立方米）	2014 年液化石油气产量（万立方米）	增长率（%）
全国	10392169	10828490	−4.03
北京	576306	546293	5.49
天津	50494	43154	17.01
河北	166370	161923	2.75
山西	66168	69557	−4.87
内蒙古	57950	63069	−8.12
华北地区	917288	883996	3.77
辽宁	468889	492406	−4.78
吉林	157752	184553	−14.52
黑龙江	210492	214429	−1.84
东北地区	837133	894687	−6.43
上海	424112	418013	1.46
江苏	593577	651779	−8.93
浙江	695947	701812	−0.84
安徽	736312	752627	−2.17
福建	286906	298252	−3.80
江西	228912	237316	−3.54
山东	366750	395521	−7.27
华东地区	3332516	3524890	−5.46
河南	217382	223532	−2.75
湖北	352112	350092	0.58
湖南	241529	189230	27.64
广东	3340353	3684390	−9.34
广西	262313	267632	−1.99
海南	82189	89419	−8.09

地区	2015 年液化石油气产量 （万立方米）	2014 年液化石油气产量 （万立方米）	增长率（％）
中南地区	4495878	4804295	−6.42
重庆	76435	95672	−20.11
四川	173652	175131	−0.84
贵州	88670	76043	16.60
云南	210095	210629	−0.25
西藏	66661	62481	6.69
西南地区	615512	619956	−0.72
陕西	28796	28635	0.56
甘肃	85327	59662	43.02
青海	6353	6250	1.65
宁夏	13193	19885	−33.65
新疆	60174	59105	1.81
西北地区	193843	173537	11.70

资料来源：《中国统计年鉴》。

二、城市燃气供应情况

城市燃气普及率逐年提高，天然气覆盖面更广。2015 年全国人工煤气、天然气和液化石油气用气总人口为 4.38 亿人，燃气普及率达 95.30％，比上年提高 0.73 个百分点。其中，天然气已超越人工煤气和液化石油气成为是城市燃气的第一大气源，使用天然气总人口为 2.86 亿人，占全国用气总人口的 65.30％；液化石油气用气人口继续萎缩，使用液化石油气总人口为 1.40 亿人，占全国用气总人口的 31.96％；人工煤气用气人口也继续萎缩，使用人工煤气总人口为 0.13 亿人，占全国用气总人口的 2.74％。图 5-9 为我国 1978 年~2015 年人工煤气、天然气和液化石油气用气人口变化趋势。

2004 年"西气东输"管道投入商业运行以来，天然气开始大规模走入千家万户，天然气用气人口首次超过人工煤气用气人口。且 2004 年以来，天然气以年均 17.37％的增速迅猛发展，到 2010 年其用气总人数首次超过液化石油气用气总人口数。天然气覆盖人口不断增加，覆盖地区不断拓宽。截至 2015 年年底，中国大陆的 31 个省级行政区均已不同程度地利用天然气，以天然气作为城市燃气主要气源的城市将越来越多。

城市天然气管网高速发展。随着天然气的大规模应用，对人工煤气和液化石

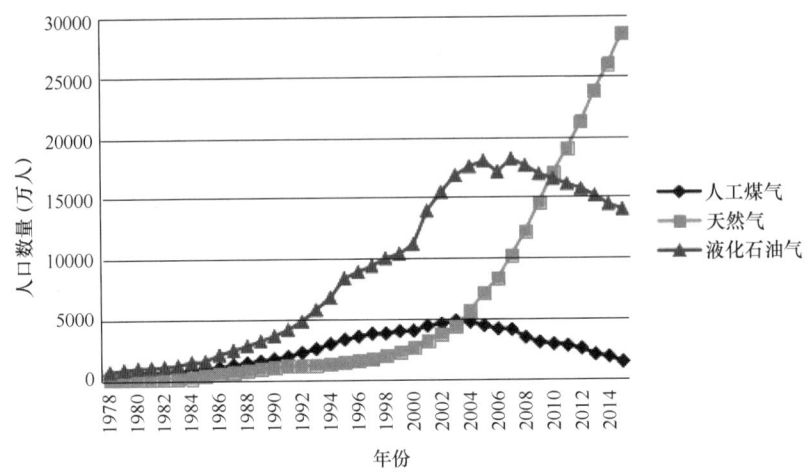

图 5-9　我国 1978 年～2015 年人工煤气、天然气和液化石油气用气人口变化趋势

油气的城市燃气输配系统进行改造的同时，新建了大量天然气管网。2015 年全国各类城市燃气输配管网总里程为 528388 公里，比上年城市燃气总管网长度增加 53788 公里，同比增长 11.33％。天然气管网总长度为 498087 公里，比上一年度的管网总长度增加 63516 公里，同比增长 14.62％，占当年各类城市燃气输配管网总长度的 94.27％；液化石油气管网总长度为 9009 公里，比上一年度的管网总长度减少 1977 公里，同比减少 18.00％，占当年各类城市燃气输配管网总长度的 1.70％；人工煤气管网总长度为 21292 公里，比上一年度的管网总长度减少 7751 公里，同比降低 26.69 个百分点，占当年各类城市燃气输配管网总长度的 4.03％。

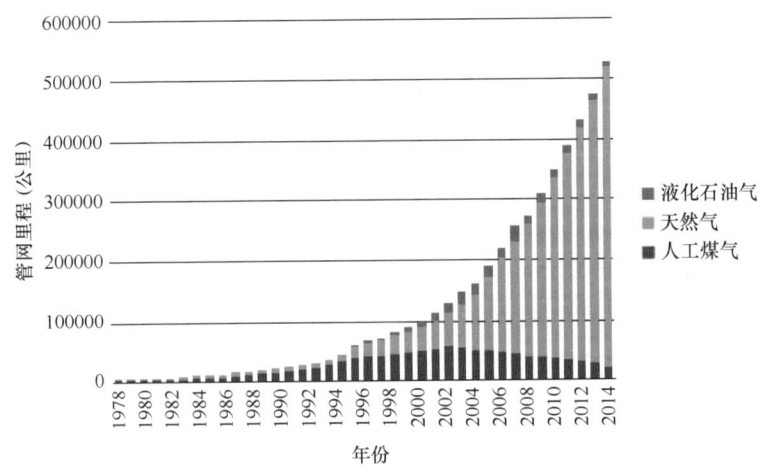

图 5-10　1978 年～2015 年人工煤气、天然气、液化石油气管网里程的变化趋势

21 世纪是城市燃气输配管网建设的黄金时期（图 5-10），特别是 2004 年"西气东输"管道投入商业运行以来，天然气开始大规模走入千家万户，城市燃气管网建设总里程年平均增速为 12.65%，其中天然气输配管网建设更是如火如荼，9 年间总里程翻了二番多，年平均增速达到 20.71%，远快于城市燃气管网建设的年均增长速度。

（一）人工煤气

2015 年全国统计人工煤气供应总量为 453841.93 万立方米，同比下降了 15.13 个百分点。其中居民用气量为 108305.68 万立方米，同比下降了 25.70 个百分点（见表 5-12）。

2015 年全国人工煤气供应情况（单位：万立方米）　　　表 5-12

类别	2015 年	2014 年	增长率（%）
销售气量	453841.93	534735.81	−15.13
居民用气量	108305.68	145772.67	−25.70
损失气量	17536.08	24776.88	−29.22

资料来源：《中国统计年鉴》。

2015 年人工煤气需求最多的地区是西南地区，全年销售 201245.01 万立方米，占全年人工煤气销售总量的 44.34%；其次是华北地区，全年销售人工煤气 88657.41 万立方米，占全年人工煤气销售总量的 19.53%；第三是东北地区，全年销售人工煤气 69439.02 万立方米，占全年人工煤气销售总量的 15.30%（见图 5-11）。

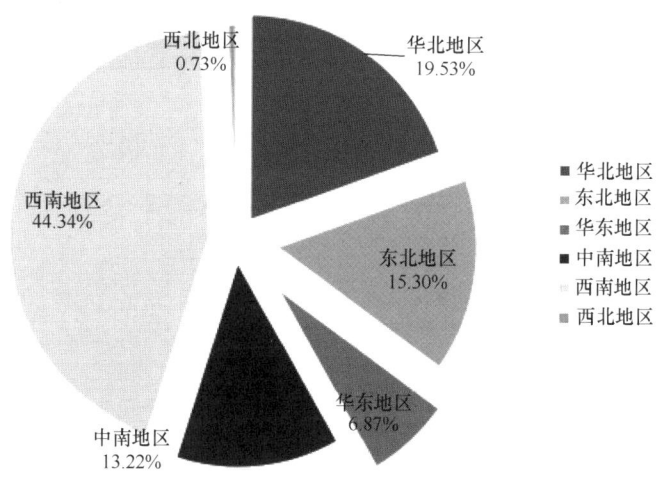

图 5-11　2015 年各地区人工煤气供应结构

2015 年全国居民人工煤气使用占供应人工煤气的 23.86％，较 2014 年 27.26％的下降了 3.60 个百分点；东北地区居民人工煤气使用占供应人工煤气的 68.46％，较 2014 年 68.78％的下降了 0.32 个百分点；西北地区居民人工煤气使用占供应人工煤气的 98.19％，较 2012 年 98.17％略微上升；其他地区的居民人工煤气使用情况见图 5-12 所示。

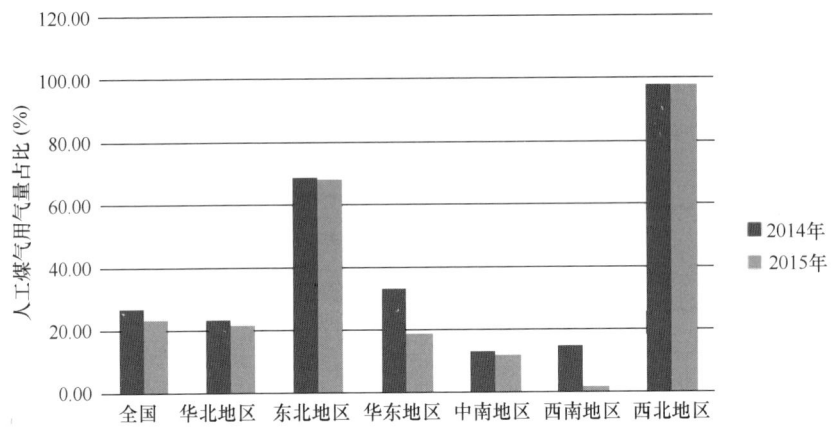

图 5-12　2014 年、2015 年各地区域居民人工煤气用气量占比情况

2015 年全国 6 大区域对居民人工煤气供应量均呈现明显下降的态势，其中华东地区下降幅度明显，同比分别下降了 57.29 个百分点，下降幅度超过了全国的平均水平，基本上与人工煤气的产量情况相对应。在列入统计范围的全部 23 个人工煤气对居民进行提供人工煤气的省份中，江苏省和宁夏自治区的居民人工煤气用气量下降速度最快，都停止了对人工煤气的供应（表 5-13）。

2015 年按省（区、市）分列的人工煤气供应量和居民用气量情况　表 5-13

地区	2015 年		2014 年		销售量增长率（%）	居民用气量增长率（%）
	销售量（万立方米）	居民用气量（万立方米）	销售量（万立方米）	居民用气量（万立方米）		
全国	453841.93	108305.68	534735.81	145772.67	−15.13	−25.70
河北	48398.5	12271.94	51431.45	13671.05	−5.90	−10.23
山西	37258.91	4839.95	41753.38	6234.29	−10.76	−22.37
内蒙古	3000	2240	2990	2944	0.33	−23.91
华北地区	88657.41	19351.89	96174.83	22849.34	−7.82	−15.31
辽宁	54466.99	37879.33	58758.82	40841.45	−7.30	−7.25
吉林	8064.08	6055.42	11939	9200.38	−32.46	−34.18
黑龙江	6907.95	3602.4	7456	3710.7	−7.35	−2.92

续表

地区	2015 年		2014 年		销售量增长率（%）	居民用气量增长率（%）
	销售量（万立方米）	居民用气量（万立方米）	销售量（万立方米）	居民用气量（万立方米）		
东北地区	69439.02	47537.15	78153.82	53752.53	−11.15	−11.56
上海	5231.6	1978.4	30059	13502.2	−82.60	−85.35
江苏	—		612	470	−100.00	−100.00
浙江	488	454	478	454	2.09	0.00
福建	2993	2305	2967	2510	0.88	−8.17
江西	22415.54	1224.54	30006.95	4358.38	−25.30	−71.90
山东	58.99	—	8890	3200	−99.34	−100.00
华东地区	31187.13	5961.94	73012.95	24494.58	−57.29	−75.66
河南	53019	1553	59254	2590	−10.52	−40.04
湖北	—	—	—	—	—	—
湖南	2573.88	2212.06	2568.88	2205.53	0.19	0.30
广东	—		—		—	—
广西	4398.48	3671.08	4696.2	3951.51	−6.34	−7.10
中南地区	59991.36	7436.14	66519.08	8747.04	−9.81	−14.99
四川	164416.17	1188.17	164337.28	5898.83	0.05	−79.86
贵州	4891	648.74	16014	8461	−69.46	−92.33
云南	31937.84	2021.36	37102.92	18211.15	−13.92	−88.90
西南地区	201245.01	3858.27	217454.2	32570.98	−7.45	−88.15
甘肃	1570	1510	1598.52	1538.52	−1.78	−1.85
宁夏	—	—	70.41	67.68	−100.00	−100.00
新疆	1752	1752	1752	1752	0.00	0.00
西北地区	3322	3262	3420.93	3358.2	−2.89	−2.86

资料来源：《中国统计年鉴》。

（二）天然气

2015 年全国统计天然气供应总量为 10184061.13 万立方米，增长率为 8.74%。其中居民用气量为 2080060.91 万立方米，增长率为 5.65%，占天然气供应总量的 20.42%；天然气用于集中供热有 1063149.30 万立方米，占天然气供应总量的 10.44%；天然气用于燃气汽车有 1084356.81 万立方米，占天然气供应总量的 10.65%（见表 5-14）。

2015 年全国天然气供应情况（单位：万立方米）　　　表 5-14

类别	2015 年	2014 年	增长率（%）
销售气量	10184061.13	9365202.25	8.74
居民用气量	2080060.91	1968878.42	5.65
集中供热	1063149.30	960836.15	10.65
燃气汽车	1084356.81	984060.5	10.19
损失气量	223845.07	278580.61	−19.65

资料来源：《中国统计年鉴》。

2015 年天然气需求最多的地区是华东地区，全年销售 3024590.77 万立方米，占全年天然气销售总量的 29.70%；其次是中南地区，全年销售天然气 2150542.11 万立方米，占全年天然气销售总量的 21.12%（图 5-13）。

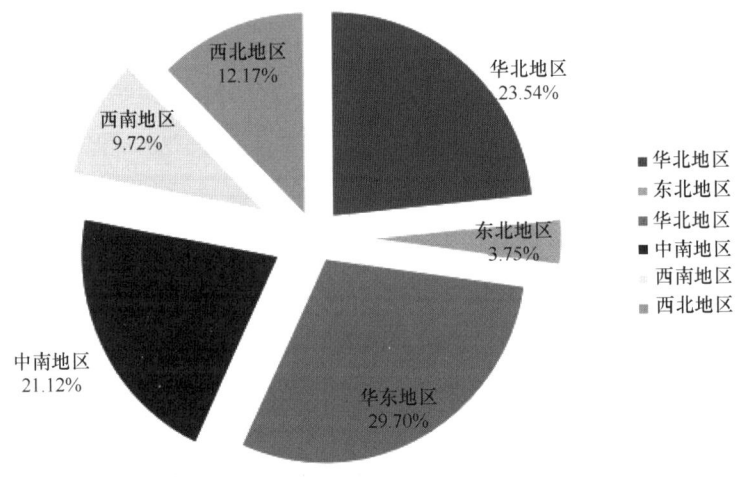

图 5-13　2015 年各地区天然气供应结构

2015 年全国居民天然气使用占供应天然气的 20.42%，较 2014 年的 21.02%变化不大；华北地区居民天然气使用占供应天然气的 12.94%，较 2014 年 15.12%的下降了 2.18 个百分点；西南地区居民天然气使用占供应天然气的 38.04%，较 2014 年的 35.21%上升了 2.83 个百分点；其他地区的居民天然气使用情况见图 5-14 所示。

2015 年全国 6 大区域除了中南和西北地区外对居民天然气供应量均呈现明显上升的态势，其中华北地区和东北地区上升幅度明显，分别增长 25.66% 和 11.03%，基本上与人工煤气的产量情况相对应。在已列入统计范围的全部 31 个天然气对居民进行提供天然气的省份中，西藏的居民天然气用气量上升速度最快，增长了 2755.62%（见表 5-15）。

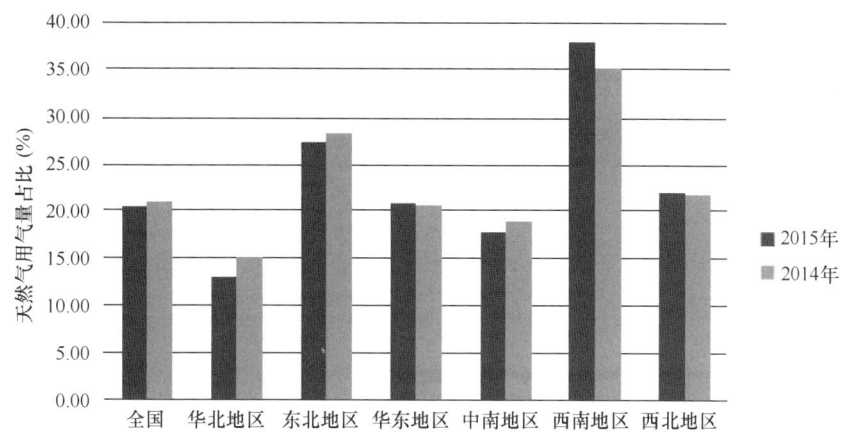

图 5-14 2014 年、2015 年各地区居民天然气用气量占比情况

地区	2015 年		2014 年		销售量增长率（%）	居民用气量增长率（%）
	销售量（万立方米）	居民用气量（万方米）	销售量（万立方米）	居民用气量（万方米）		
全国	10184061.13	2080060.91	9365202.25	1968878.42	8.74	5.65
北京	1427807.50	137198.55	1088999	126503	31.11	8.45
天津	297416.28	36694.79	294472.9	38530.08	1.00	−4.76
河北	306375.14	67491.89	250009.15	60120.7	22.55	12.26
山西	234337.91	46230.37	165043.09	44543.47	41.99	3.79
内蒙古	131232.45	22595.34	109137.94	18819.7	20.24	20.06
华北地区	2397169.28	310210.94	1907662.08	288516.95	25.66	7.52
辽宁	164769.38	44229.48	119118.83	42102.05	38.32	5.05
吉林	108363.18	33220.18	112426.7	27779.31	−3.61	19.59
黑龙江	109023.39	27086.42	112659.82	27244.07	−3.23	−0.58
东北地区	382155.95	104536.08	344205.35	97125.43	11.03	7.63
上海	697287.00	135038.37	663870.99	124404.18	5.03	8.55
江苏	951997.48	173195.82	820793.46	147899.44	15.99	17.10
浙江	316965.01	57651.24	287528.72	51935.34	10.24	11.01
安徽	228695.81	71772.93	211766.89	70415.02	7.99	1.93
福建	148134.32	11466.85	131263.3	10209.12	12.85	12.32
江西	71117.46	22195.70	66429.1	23074.45	7.06	−3.81
山东	610393.69	161691.54	606696.87	148115.99	0.61	9.17
华东地区	3024590.77	633012.45	2788349.33	576053.54	8.47	9.89

2015 年按省（区、市）分列的天然气供应量和居民用气量情况　　表 5-15

地区	2015 年		2014 年		销售量增长率（%）	居民用气量增长率（%）
	销售量（万立方米）	居民用气量（万立方米）	销售量（万立方米）	居民用气量（万立方米）		
河南	324349.28	109378.43	296798.97	96765.82	9.28	13.03
湖北	323610.83	72600.61	307951.4	68654.37	5.09	5.75
湖南	211815.30	61734.40	211947.11	73713.96	−0.06	−16.25
广东	1223287.82	110220.79	1284816.27	145694.82	−4.79	−24.35
广西	38485.09	15726.08	28199.29	12546.67	36.48	25.34
海南	28993.79	12008.00	27308.22	11778.39	6.17	1.95
中南地区	2150542.11	381668.31	2157021.26	409154.03	−0.30	−6.72
重庆	336130.11	131561.61	311748.54	114723.82	7.82	14.68
四川	614262.03	228633.18	593870.41	203655.85	3.43	12.26
贵州	32718.72	13869.95	28852.97	11056.89	13.40	25.44
云南	7144.81	2634.45	4346.55	1104.95	64.38	138.42
西藏	1278.75	449.76	15.75	15.75	8019.05	2755.62
西南地区	990255.67	376699.19	938834.22	330557.26	5.48	13.96
陕西	03070.64	99801.24	279032.73	89682.7	8.61	11.28
甘肃	161645.91	29897.46	159035.41	30764.96	1.64	−2.82
青海	130132.82	20517.60	126971.58	18506.77	2.49	10.87
宁夏	198941.72	30670.63	218333.43	36968.29	−8.88	−17.04
新疆	445277.51	92597.25	445756.86	91548.49	−0.11	1.15
西北地区	1239068.60	273484.18	1229130.1	267471.21	0.81	2.25

资料来源：《2016 中国统计年鉴》。

（三）液化石油气

2015 年全国统计液化石油气供应总量为 10315423.18 吨，同比下降了 4.40 个百分点。其中居民用气量为 5871062.30 吨，同比上升了 0.15 个百分点，占全部液化石油气销售总量的 56.92%；燃气汽车使用量为 573732.88 吨，占全部液化石油气销售总量的 5.56%（见表 5-16）。

2015 年全国液化石油气供应情况（单位：吨、%）　　　　表 5-16

类别	2015 年	2014 年	增长率
销售气量	10315423.18	10790250.23	−4.40
居民用气量	5871062.30	5862124.86	0.15
燃气汽车	573732.88	633097.45	−9.38
损失气量	76745.74	38240.03	100.69

资料来源：《2016 中国统计年鉴》。

2015 年液化石油气需求最多的地区是中南地区，全年销售 4487547.84 吨，占全年液化石油气销售总量的 43.50%；其次是华东地区，全年销售液化石油气 3324179.28 吨，占全年人工煤气销售总量的 32.23%（图 5-15）。

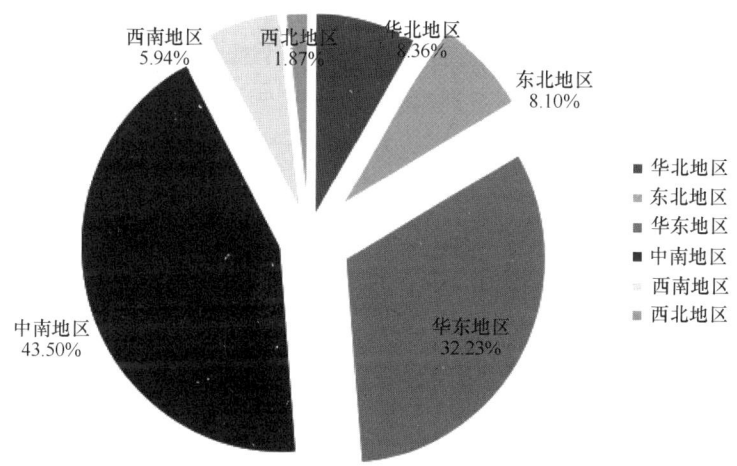

图 5-15　2015 年各地区中国液化石油气供应结构

2015 年全国居民液化石油气使用占供应液化石油气的 56.92%，较 2014 年 54.33% 的上升了 2.59 个百分点；西南地区居民液化石油气使用占供应液化石油气的 53.23%，较 2014 年的 53.09% 略微下降；中南地区居民液化石油气使用占供液化石油气的 61.18%，较 2014 年的 54.76% 下降了 6.42 个百分点；其他地区的居民液化石油气使用情况见图 5-16 所示。

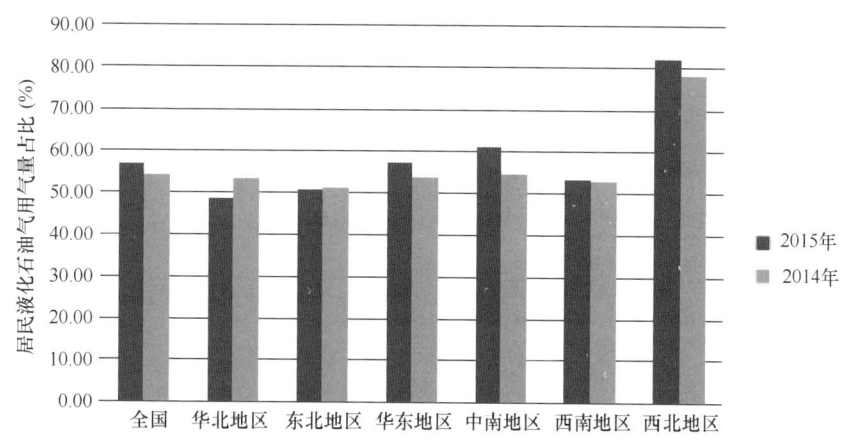

图 5-16　2014 年、2015 年各区域中国居民液化石油气用气量占比情况

由图 5-16 可知，中国地域广阔、人口众多以及经济发展不平衡的特点使中

国液化石油气行业将继续发展，其拥有一定程度上的市场份额无法让清洁、高效的天然气完全替代。

2015 年全国 6 大区域对居民液化石油气供应量呈现不同的情况，其中中南地区、东北地区、华东地区、西南地区和华北地区均呈现下降幅度趋势，同比分别下降了 6.44 个百分点、5.99 个百分点、3.56 个百分点和 0.63 个百分点，只有西北地区对居民液化石油气供应量呈现上升趋势，同比增长了 11.74 个百分点（见表 5-17）。

2015 年按省（区、市）分列的液化石油气供应量和居民用气量情况　　　　表 5-17

地区	2015 年		2014 年		销售量增长率（%）	居民用气量增长率（%）
	销售量（吨）	居民用气量（吨）	销售量（吨）	居民用气量（吨）		
全国	10315423.18	5871062.3	10790250	5862124.86	−4.40	0.15
北京	523391.42	189188.34	531556	234779	−1.54	−19.42
天津	50494.38	28844.04	43153.81	21736.6	17.01	32.70
河北	165731.83	92279.16	161603.11	97070.57	2.55	−4.94
山西	65532	53545	69257	50733	−5.38	5.54
内蒙古	57114.35	53755.19	62194.57	57504.89	−8.17	−6.52
华北地区	862263.98	417611.73	867764.49	461824.06	−0.63	−9.57
辽宁	468468.2	209762.08	491806.9	224603.9	−4.75	−6.61
吉林	157246.75	91247.5	183085.75	109049.25	−14.11	−16.32
黑龙江	209778.26	122758.92	213812.04	122766.57	−1.89	−0.01
东北地区	835493.21	423768.5	888704.69	456419.72	−5.99	−7.15
上海	424111.67	358044.61	418061.97	252164.99	1.45	41.99
江苏	591151.68	358044.61	649793.72	390403.41	−9.02	−8.29
浙江	694860.05	476731.84	700728.42	478585.21	−0.84	−0.39
安徽	735521.21	104258.93	751184.04	123246.12	−2.09	−15.41
福建	286350.7	187892.49	297585.12	171537.31	−3.78	9.53
江西	226119.3	192294	234631.75	194581.84	−3.63	−1.18
山东	366064.67	227863.27	394857.31	243953.7	−7.29	−6.60
华东地区	3324179.28	1905129.75	3446842.33	1854472.58	−3.56	2.73
河南	215896.32	179751.68	222079.33	186580.45	−2.78	−3.66
湖北	350069.17	167235.83	349494.26	175407.34	0.16	−4.66
湖南	240674.1	189518.6	188166.2	149766	27.91	26.54
广东	3337415.54	1922874.43	3680753.8	1812505.64	−9.33	6.09
广西	261365.55	212107.99	266598.13	223605.45	−1.96	−5.14

续表

地区	2015 年		2014 年		销售量增长率（％）	居民用气量增长率（％）
	销售量（吨）	居民用气量（吨）	销售量（吨）	居民用气量（吨）		
海南	82127.16	73992	89398.01	78708.5	−8.13	−5.99
中南地区	4487547.84	2745480.53	4796489.78	2626573.38	−6.44	4.53
重庆	76047	32805.13	95480.4	37173.4	−20.35	−11.75
四川	172456.22	98066.68	173908.29	102940.4	−0.83	−4.73
贵州	88202.53	80663.21	75665.62	71044.9	16.57	13.54
云南	210007.8	75036.3	210542.92	80418.52	−0.25	−6.69
西藏	66100.3	39600.3	62021.28	36321.28	6.58	9.03
西南地区	612813.85	326171.62	617618.51	327898.5	−0.78	−0.53
陕西	28550.58	17565	28258.84	17058	1.03	2.97
甘肃	85096.5	77984.5	59438	52469	43.17	48.63
青海	6339.49	6329.49	6236.98	6226.98	1.64	1.65
宁夏	13184.02	10039.33	19868.43	9853.62	−33.64	1.88
新疆	59954.43	46679.77	59028.18	49329.02	1.57	−5.37
西北地区	193125.02	158598.09	172830.43	134936.62	11.74	17.54

资料来源：《2016 中国统计年鉴》。

第三节　燃气行业发展成效

　　中国城市管道燃气行业自改革开放以来，经历政企垄断专营阶段、特许经营放松准入改革阶段以及现在的管网设施公开开放市场化阶段。中国城市燃气在改革中不断提升质量和效率。中国在燃气行业进行市场化改革的目的在于扩大行业供给能力，促进行业内企业间的竞争，提高企业生产效率，提供优质燃气产品和服务，并稳定价格水平等，中国燃气行业市场化改革的成效主要体现在以下几个方面：燃气行业的供给能力极大提高；燃气行业形成的多元化产权结构模式；城市管道燃气企业生产效率得到提升；燃气行业监管经验日益丰富。

一、燃气行业的供给能力极大提高

随着民营资本不断进入城市管道燃气行业，其市场结构不断优化，整个行业供给能力不断增加。在城市容量方面，拥有较多城市数量与占据大城市的公司会在未来有更多的内生增长空间。目前来看，中国燃气与新奥燃气拥有的城市数量较多，而华润燃气拥有的省会城市的数量与比例均最高。总体来看，各公司的内生增长潜力都很大，综合考虑，各上市城市燃气公司按内生增长潜力排序应该是：中国燃气、华润燃气、新奥燃气、港华燃气、北京燃气和郑州燃气。

中国城市燃气的供应以天然气为第一大气源，改革开放以来，天然气供应量逐年快速增长。相比液化石油气和热工煤气，天然气在中国城市燃气供应中的占比较大。天然气作为一种清洁能源，符合协调，绿色的发展理念，受到各燃气企业的多方面关注。全球经济一体化同时加快了天然气市场的发展速度，中国已初步形成西北、东北、东南和西南天然气进口通道；其中西北通道气源来源于中亚地区、东北通道起源来源于俄罗斯、西南通道气源主要来自中东，东南通道则是由东部沿海 LNG 站码头接收海上进口的 LNG。LNG 易于运输和储存、安全性能好、环保性更强，进口 LNG 便于由海陆通过专业的运输船运输。

国际市场开放，进口天然气增加是国内天然气供应增长的重要原因之一，2016 年中国 LNG 进口来源地已扩充至 23 个国家，其中从澳大利亚进口 LNG 量占进口量的 46%，比 2015 年增长 116.8%，接近 LNG 总进口量的半数，从南亚包括印度尼西亚和马来西亚，进口 LNG 量占 20.7%，从不发卡塔尔进口 LNG 量占进口量的 19%。当前已建、在建和规划中 LNG 接收站项目主要分布在广东、福建、上海、浙江、海南、江苏、山东、辽宁、天津等地，东南沿海成为我国进口 LNG 接收站建设最多的地区。截至 2016 年 12 月，国内已投产 LNG 接收站 14 家：广东大鹏 LNG，福建莆田 LNG，上海洋山 LNG，上海五号沟 LNG，江苏如东 LNG，辽宁大连 LNG，浙江宁波 LNG，珠海金湾 LNG，河北曹妃甸 LNG，天津浮式 LNG，东莞九丰 LNG，海南洋浦 LNG，山东青岛 LNG，广西北海 LNG，年接收能力达到 4160 万吨，2017 年还将投产至少 4 座接收站：天津南港 LNG，粤东 LNG，深圳 LNG，福建 LNG 二期，届时接收能力达到 5230 万吨/年。LNG 接收站数量的增加对于城市燃气供给提高有重要影响。

从全国总体情况看（表 5-18、表 5-19），不论是供给总量水平，还是普及率，这 20 年都有很大提高。而如此高的城市燃气管网的建设投资基本是通过特许经营制度、管网设施公开开放市场等市场化改革措施来实现的。

1990 年～2015 年城市公用事业供给能力的变化　　　　表 5-18

年份	供气管道长度（万公里）	五年增长率	燃气普及率（％）	五年增长率
1990	2.40	—	19.10	—
1995	4.40	83.33％	34.30	79.58％
2000	8.90	102.27％	45.40	32.36％
2005	16.20	82.02％	82.10	80.84％
2010	30.90	90.74％	92.00	12.06％
2015	52.84	71.00％	95.30	3.59％

资料来源：《中国统计年鉴》。

2010 年～2015 年城市燃气管道和燃气普及率的变化　　　　表 5-19

年份	人工煤气管道长度（万公里）	天然气管道长度（万公里）	液化石油气管道长度（万公里）	供气管道长度（万公里）	增长率	燃气普及率（％）	增长率
2010	—	—	—	30.9	—	92	—
2011	3.71	29.90	1.29	34.90	12.93％	92.41	0.45％
2012	3.35	34.28	1.27	38.89	11.46％	93.15	0.80％
2013	3.05	38.85	1.34	43.24	11.17％	94.25	1.18％
2014	2.90	43.46	1.10	47.46	9.77％	94.57	0.34％
2015	2.13	49.81	0.90	52.84	11.33％	95.3	0.77％

资料来源：《中国统计年鉴》。

2013 年～2015 城市燃气管道数据　　　　表 5-20

年份	管道长度（公里）			全年供气总量			用气人口（万人）		
	人工煤气	天然气	液化石油气	人工煤气（万立方米）	天然气（立方米）	液化石油气（吨）	人工煤气	天然气	液化石油气
2013	30467	388473	13437	627989	9009904	11097298	1943	23783.4	15102
2014	29043	434571	10986	559513	9643783	10828490	1757	25972.9	14378.4
2015	21292	498087	9009	471378	10407906	10392169	1321.7	28561.5	13955.1

资料来源：《中国统计年鉴》。

2015 年各省（区、市）城市燃气管道数据　　　　表 5-21

地区	管道长度（公里）			全年供气总量			用气人口（万人）		
	人工煤气	天然气	液化石油气	人工煤气（万立方米）	天然气（立方米）	液化石油气（吨）	人工煤气	天然气	液化石油气
北京		21818	460		1444924	576306		1445.8	431.9

续表

地区	管道长度（公里）			全年供气总量			用气人口（万人）		
	人工煤气	天然气	液化石油气	人工煤气（万立方米）	天然气（立方米）	液化石油气（吨）	人工煤气	天然气	液化石油气
天津		19356			306630	50494		847.4	27.9
河北	3180	17665	272	53538	314237	166370	159.4	1214	299.6
山西	3425	11417	382	39450	247397	66168	66.2	879.2	118.8
内蒙古	500	8148	84	3090	133207	57950	39.4	536.4	247.9
辽宁	5428	15018	666	57394	170434	468889	530.9	1068	558.9
吉林	341	8414	83	7945	111432	157752	41	676.8	365.2
黑龙江	514	7739	28	7202	113245	210492	57.3	746.9	424.9
上海		28601	516	5309	734776	424112		1594.2	821.1
江苏		61125	520		969799	593577		2345.7	714.6
浙江	112	28520	2847	488	319276	695947	4.3	1004.6	1157.3
安徽		19684	265		234585	736312		1183.6	269.2
福建	335	7929	205	3000	148807	286906	21.4	438.2	704.6
江西	1069	9430	101	25097	73570	228912	14.8	503.4	478.2
山东	6	44093	367	59	633917	366750		2454.2	656.7
河南	533	19732	12	53100	332808	217382	15	1590.5	527.4
湖北		22503	298		330397	352112		1282.5	580.9
湖南	441	12535		2767	215488	241529	33.4	851.9	493.9
广东		27656	1159		1232938	3340353		1885.4	3140.2
广西	463	4220		4439	38789	262313	42.7	347.5	596.1
海南		2471	1		29004	82189		148.7	1136.8
重庆		20051			349378	76435		1180.6	95.1
四川	613	39839	435	165604	627976	173652	51.9	1702.9	140.4
贵州	771	3549	124	5540	32906	88670	31	248	260.7
云南	3098	1817	109	33959	7345	210095	193.1	169.2	322.4
西藏		1677	1		1346	66661		24	36.6
陕西		12234			311286	28796		812	70.8
甘肃	400	2309		1644	161907	85327	15	371.6	158.6
青海		1234			133022	6353		138.7	20.6
宁夏		4470			199279	13193		204.1	43
新疆	61	12833	75	1752	447797	60174	5	647.8	55

资料来源：《中国统计年鉴》。

如表5-18、表5-19所示，1990年~2015年供气管道长度的增长率在25年间都比较高，2011年~2015年的供气管道长度以每年约10%左右的速度增长。1990~2015年燃气普及率增长速度极快，在2010年就已达90%以上，在2015年高达95.3%。从管道长度以及燃气普及率来看，我国的燃气供给能力在市场化改革中有很大的提升。供气管道是城市燃气普及的基础，2014年国家能源局和国家发展改革委员会相继发布的《油气管网设施公平开放监管办法（试行）》和《天然气基础设施建设与运营管理办法》文件，促使我国天然气管网设施进入公平开放时代。这对于之后的城市燃气供给提升有重大作用。

2011年~2016年城市燃气分类供气总量变化 表5-22

年份	人工煤气供气总量（亿立方米）	天然气供气总量（亿立方米）	液化石油气供气总量（万吨）	供气管道长度（万公里）	燃气普及率（%）
2011	84.70	678.80	1165.80	34.90	92.41
2012	77.00	795.00	1114.80	38.89	93.15
2013	62.80	901.00	1109.70	43.24	94.25
2014	56.00	964.40	1082.80	47.46	94.57
2015	47.10	1040.80	1039.20	52.84	95.3
2016	44.10	1171.70	1078.80	57.80	95.75

资料来源：《中国统计年鉴》。

如表5-22所示，2011年~2016年间，城市燃气中人工煤气和液化石油气供气总量逐年减少，天然气供气总量逐年增加，且增加量较大。可见，近年来城市燃气大力发展天然气，天然气成为城市燃气的主要部分。加上管道长度和燃气普及率的增加，可见城市燃气供给能力的大幅提升。

2011年~2016年县城燃气分类供气总量变化 表5-23

年份	人工煤气供气总量（亿立方米）	天然气供气总量（亿立方米）	液化石油气供气总量（万吨）	供气管道长度（万公里）	燃气普及率（%）
2011	9.50	53.90	242.2	5.56	66.52
2012	8.60	70.10	256.9	7.07	68.50
2013	7.70	81.60	241.1	8.07	70.91
2014	8.50	92.60	235.3	9.26	73.24
2015	8.20	102.60	230.3	10.99	75.90
2016	7.20	105.70	219.2	10.89	78.19

资料来源：《中国统计年鉴》。

如表 5-23 所示，2011 年～2016 年县城燃气供气总量也在提高，并且同样天然气大力推进提升较快，人工煤气和液化石油气略有减少，供气管道长度逐年提升，燃气普及率提高至 78.19％。随着城镇化发展，燃气行业在县城中的需求不断增加。我国燃气行业供给能力的稳步提升使得各城镇在发展中对燃气的需求得到有效供给。

二、燃气行业政府与社会资本合作不断深化发展

近年来，政府与社会资本合作（即 PPP）发展模式在各领域包括市政基础设施得到广泛应用。燃气行业 PPP 模式主要是在燃气管道的建设方面得到了进一步的发展，包括城镇管道燃气 PPP 项目、地下综合管廊 PPP 项目。在 PPP 模式下，政府作为项目的发起人和参与人，引入私营企业参与项目的建设、运营和维护，借助于私营企业的资金、技术以及管理方面的优势来更好地完成项目。项目经营的直接收益和通过政府扶持所转化的效益是偿还贷款的资金来源，项目公司的资产和政府给予的有限承诺是贷款的安全保障，通过这种方式，民营资本可以更多地参与到项目中去，以提高效率，降低风险。我国城市燃气设施的资金来源有财政资金、银行信贷资金和社会投资等。由于燃气的基础设施地位及公益性特点，无法完全依靠市场满足其项目投资，需要政府介入燃气投资。在财政投资满足不了燃气建设需求的情况下，采取措施吸引民间资本的参加可以加快城市燃气的建设，缓解供给不足的压力。

（一）城镇管道燃气 PPP 项目稳步发展

我国在城镇化改革和能源改革政策文件中多次提到要充分发挥利用政府和社会资本合作（PPP）模式。2016 年 3 月，国家能源局印发了《关于在能源领域积极推广政府和社会资本合作模式的通知》（国能法改［2016］96 号），该通知明确了能源领域推广 PPP 的范围中包括石油和天然气类项目，包括油气管网主干或支线、城市配气管网和城市储气设施、液化天然气（LNG）接收站、石油和天然气储备设施等，并且详细提出了通过运用 PPP 模式，改革新型能源领域公共服务供给机制。2016 年 9 月，住房城乡建设部印发了《关于进一步鼓励和引导民间资本进入城市供水、燃气、供热、污水和垃圾处理行业的意见》（建城［2016］208 号），该意见明确鼓励民间资本通过 PPP 模式参与国有企业改制重组、股权认购等进入市政行业。2017 年四部联合发布的《住房城乡建设部　国家发展改革委　财政部　能源局关于推进北方采暖地区城镇清洁供暖的指导意见》（建城［2017］196 号）中提出要加大对冬季清洁供暖工作指导和服务力度，

充分发挥部门职能作用，加强各环节管理创新和制度创新，完善政策措施，将清洁供暖作为重点支持的民生工程，通过价格、补贴、投融资等政策支持和引导，有效降低清洁供暖项目建设及运营成本；并且发挥企业主体作用，引入市场机制，探索形成推进清洁供暖的长效工作机制。此外，进一步放开城镇供暖行业的市场准入，鼓励社会资本进入清洁供暖领域，利用政府和社会资本合作（PPP）模式建设运营清洁供暖项目，保障合理的投资回报，充分调动社会资本参与清洁供暖项目建设的积极性。随着我国节能减排力度加大，城镇化进程加快，多省市地区的燃气市场都得到迅猛发展，多地区都选择了管道燃气 PPP 模式发展，PPP 模式运行之下，城镇燃气管道得到一定发展，城镇管网规模提高，加大了燃气管网的覆盖率，各地的燃气企业发展得到增进。但在价格机制和监督监督上还有所欠缺，需要各地区政府和企业的协商改进。

（二）地下综合管廊 PPP 项目的发展有利于城市燃气的传输

我国传统的低下管线铺设重叠交叉，造成地下资源浪费，还有可能造成油管、天然气管道等管线爆炸。地下综合管廊是指在城市地下建造一个隧道空间，将电力、通信、燃气、供热、给排水等各种工程管线集于一体，设有专门的检修口、吊装口和监测系统，实施统一规划、统一设计、统一建设和管理，对于燃气管道的建设有重要意义。2015 年，国务院出台《国务院办公厅关于推进城市地下综合管廊建设的指导意见》（国办发〔2015〕61 号）强调在地下综合管廊建设中，应优先考虑引入社会资本，采取政府和社会资本合作（PPP）模式。

目前，全国各地政府均大力推广运用 PPP 模式来建设地下综合管廊项目，以发挥社会资本投资与运营管理优势，推动政府基础设施建设投资，支持地方经济发展。在现行地下综合管廊投融资模式下，采用 PPP 模式可以将部分风险由政府转移给企业，既降低政府财政负担，又减少企业投资风险；既可以充分发挥社会资本在融资、技术和管理方面的优势，又可以转变政府职能，使政府从"提供者"向社会资本"合作者"以及 PPP "监督者"转变，实现市场的资源优化配置，充分发展混合所有制经济。2013 年 9 月，国务院发布《关于加强城市基础设施建设的意见》，要求用 3 年左右时间，在全国 36 个大中城市全面启动地下综合管廊试点工程，中小城市因地制宜建设一批综合管廊项目。2014 年 6 月，国务院办公厅发布《关于加强城市地下管线建设管理的指导意见》，明确 2015 年底前，完成城市地下管线普查，建立综合管理信息系统，编制完成地下管线综合规划，计划用 10 年左右时间，建成较为完善的城市地下管线体系。2016 年《政府工作报告》确定了"开工建设地下综合管廊 2000 公里以上"的工作任务。财政部与住房城乡建设部经过评选，确立了国家第二批综合管廊试点城市，包括郑州、广州、石家庄、四平、青岛、威海、杭州、保山、南宁、银川、平潭、景德镇、成都、合肥、海东等 15 个城市，地下综合管廊建设将成为稳增长的新主力。

我国财政部、住房城乡建设部等部门通过下发文件、组织培训会议、财政补贴等多种形式，推动地下管廊建设，调动地方政府热情；发展改革委员会、能源局多次发布政策文件对 PPP 项目建设表示支持鼓励，并对 PPP 建设中遇到的一些情况提出指导意见。在能源领域积极推广政府和社会资本合作模式，鼓励和引导社会资本投资能源领域，有效提高能源领域公共服务水平。鼓励发展 PPP 项目在石油和天然气类的发展，包括油气管网主干或支线、城市配气管网和城市储气设施、液化天然气（LNG）接收站、石油和天然气储备设施等。燃气行业 PPP 模式帮助解决资金问题，加强政府与民众合作，充分发挥 PPP 模式的作用效果。

三、城市管道燃气企业生产效率得到提升

这些年来，在实施特许经营制度过程中，一方面对国有管道燃气企业进行改制，另一方面引导私营企业进入国有管道燃气行业。在产权改革和促进竞争的双重作用下，城市管道燃气企业的生产效率和盈利能力都发生了积极变化。通过表 5-24 关于规模以上燃气生产和供应业主要经济效益指标可以看出，从 1995 到 1997 年，在城市燃气价格没有完全理顺的情况下，生产经营企业基本上是微利或亏损经营，在政府财政的支持下，国有独立核算工业企业均处于亏损状态。1998 年国有及规模以上非国有工业企业均亏损运营。1999 年～2002 年间，在燃气价格开始向上调整的过程中，三资工业企业已经明显获利，而国有及国有控股工业企业仍然是亏损。显然，亏损的背后是大量的政府财政补贴。2003 年～2004 年间，三资工业企业与国有及国有控股工业企业均获利，这除了燃气价格进一步提升使燃气企业收益增加外，与这个时期开始较大规模引入民营企业进入燃气行业产生的竞争存在着一定的关系。而 2005 年～2009 年这个时期，私营工业企业与国有及国有控股工业企业均有较高的利润水平。从统计口径来看，自2005 年开始，以私营工业企业为对象进行考核，我们也可通过对这个时期的私营工业企业与国有及国有控股工业企业进行比较，以分析民营化对整个燃气行业生产效率的影响。由于企业数量和工业总产值等存在差异，我们选择私营工业企业与国有及国有控股工业企业的工业成本费用利润率进行比较。2005 年～2015年，国有及国有控股工业企业和私营工业企业的企业单位数都在增长，到 2015年，私营工业企业达到 305 家，国有及国有控股工业企业达到 398 家。近十年内，我国燃气生产和供应业在企业单位发展迅速，各企业的工业总产值增长迅速。2012 年～2014 年，国有及国有控股工业企业的工业成本费用利润率反超私

营工业企业，私营工业企业利润率有所下降，国有及国有控股工业企业在 2013 年增长到 9％，2014 年有所下降，基本维持 7％～9％之间。

燃气生产和供应业主要经济效益指标　　　　　　　　　　　　表 5-24

年份	企业单位数（个）		工业总产值		工业成本费用利润率（％）		利润总额（亿元）	
	独立核算三资工业企业	国有独立核算工业企业	独立核算三资工业企业	国有独立核算工业企业	独立核算三资工业企业	国有独立核算工业企业	独立核算三资工业企业	国有独立核算工业企业
1995	17	269	2.59	68.33		−5.46	0.23	−4.75
1996	24	283	3.65	72.79		−8.53	0.01	−8.71
1997	16	258	5.22	85.21	−4.15	−4.7	−0.45	−5.63
	国有及规模以上非国有工业企业		国有及规模以上非国有工业企业		国有及规模以上非国有工业企业		国有及规模以上非国有工业企业	
1998	291		103.25		−3.5		−6.29	
	三资工业企业	国有及国有控股工业企业	三资工业企业	国有及国有控股工业企业	三资工业企业	国有及国有控股工业企业	三资工业企业	国有及国有控股工业企业
1999	27	255	28.18	103.99	0.44	−3.73	0.13	−6.87
2000	36	252	47.82	121.99	2.74	−2.44	1.34	−5.21
2001	40	252	43.47	134.24	1.65	−0.64	0.8	−1.43
2002	49	243	63.41	157.86	1.21	−0.97	1.05	−2.7
2003	59	231	70.27	183.1	0.97	1.24	1.03	3.8
2004	64	233			0.21	1.35	0.24	4.78
	私营工业企业	国有及国有控股工业企业	私营工业企业	国有及国有控股工业企业	私营工业企业	国有及国有控股工业企业	私营工业企业	国有及国有控股工业企业
2005	46	221	15.34	290.39	3.1	1.46	0.46	6.06
2006	59	227	23.29	400.62	2.52	1.19	0.58	6.37
2007	84	217	45.38	512.18	6.82	4.36	2.81	25.34
2008	181	260	76.52	735.33	9.11	4.3	6.1	34.32
2009	214	248	112.02	795.66	12.03	6.41	11.75	53.88
2010	242	251	181.39	1056.64	9.32	7.68	15.10	81.45
2011	171	262	183.16	1395.08	7.79	8.16	13.18	114.86
2012	196	296			9.1	8.52	16.84	143.3
2013	211	304	—	—	8.96	9	20.93	172.36
2014	283	374	—	—	6.58	7.07	28.72	176.14
2015	305	398	—	—	—	—	25.15	170.31

资料来源：1995 年～2016 年《中国统计年鉴》，中国统计出版社，1995～2016。

其中，2005 年～2014 年国有及国有控股工业企业和私营工业企业的利润总额都在逐年增长，2015 年略有下降。2015 年，私营工业企业的利润总额达 25.15 亿元，国有及国有控股工业企业的利润总额达 170.31 亿元。数据表明一方面我国的燃气生产和供应业在近十年的发展中不断扩大规模，生产效率快速提升，另一方面我国燃气生产和供应业市场中有了私营企业的竞争压力后，国有及国有控股工业企业以提高生产效率来提升竞争力。管道燃气企业生产效率提升，得益于各项技术设施的发展，我国不仅在燃气气源探寻中投入大量资金，同时也在燃气设施和技术上投入资金支持，通过多种方式努力提高管道燃气生产效率。

四、燃气行业监管经验日益丰富

城市燃气是公用事业领域基础设施的重要组成部分，由于产品的特殊性，它属于是一种介于公共物品和私人物品之间的准公共物品。不仅作为要素投入，关系到生产者成本状况，还作为最终消费品，与城市居民的收入水平、消费水平、生活质量息息相关，直接关系到城市经济的发展以至社会的稳定。随着我国城镇化进程的不断推进，城市燃气的需求日益增加，我国城市燃气行业在供气规模和竞争结构等方面都获得了快速的发展，同时也存在着燃气供求矛盾凸显、调峰能力不足和地区间发展不均衡等问题，因此燃气行业的监管至关重要。

目前，我国的燃气行业还处于快速发展之中，监管目标、内容、手段也会随着市场化阶段的不同而不断变化。在市场化改革初期，相当数量的民营企业进入燃气行业，成为经营主体，对特许竞争企业的进入监管和合同监管是监管的重点内容。随着市场化程度的提高，燃气行业的监管目标和内容发生相应的变化。在竞争性市场的条件下，燃气行业政府监管体系的建构是一个复杂的社会系统工程，包括监管体制的健全、监管权力的合理配置、监管目标的正确选择、监管手段的灵活运用以及有效的争端解决机制等。总体来说，"维护并增进公众利益"和"促进有效竞争"应成为政府后续监管的基本目标；独立性、权威性和专业性应成为政府监管体制变革的基本标准。中国燃气行业政府监管机制也在不断改进，在市场准入、质量、价格、市场结构上的监管机制最终将趋于完善，产生较好的效果。

（一）市场准入监管机制

市场准入监管机制中的许可证制度影响较大。城市燃气行业的技术经济特性，决定了政府部门需要对其进行市场准入监管。一是区域性的自然垄断性要求地区燃气的生产经营需由一家或少数几家企业进行，过多企业的进入、网管的重复建设会造成沉淀成本的增加、资源的浪费、效率的损失；二是准公共性和公益性要求燃气企业能够稳定的生产和供应城市燃气，企业频繁的进入和退出市场会为公众生产生活带来众多的不便；三是危险性要求燃气企业生产和供应的各个环节的安全性都能够达到标准，使安全隐患降到最低，因此，除需进行燃气质量监管外，也需进行市场准入监管，从源头上排除条件不符的企业。目前，我国城市燃气行业的进入采取许可证制度，即企业需向相关部门提出申请，经核准取得许可证后进入市场，并在生产经营过程中接受政府的监督管理。我国自 2011 年 3 月 1 日起施行的《城镇燃气管理条例》第三章第十五条规定："从事燃气经营活动的企业，应当具备的条件：（1）符合燃气发展规划要求；（2）有符合国家标准的燃气气源和燃气设施；（3）有固定的经营场所、完善的安全管理制度和健全的经营方案；（4）企业的主要负责人、安全生产管理人员以及运行、维护和抢修人员经专业培训并考核合格；（5）法律、法规规定的其他条件"。市场准入监管对于中国燃气经营企业的合法经营，生产安全具有重要意义。

（二）质量监管机制

质量监管是对工作或产品的优劣程度的监管。对于燃气行业来说，质量监管的核心是安全监管，具体包括：燃气产品质量的监管，即对产品的性能、可靠性、安全性、经济性等方面的监管；燃气行业工作质量的监管，即对燃气网管建设、生产、运输、销售等工作过程中相关流程、设备、技术、安全等方面的监管；燃气企业服务质量的监管，即对服务的态度、服务的技能、服务的效率等方面的监管，如，是否为申请用气用户及时安装和通气，是否方便及时地进行维修管理，是否及时发出停气通知，是否合理的收取费用，是否及时有效的处理燃气事故等。

燃气的"三易"特性决定了燃气行业是一个高危险性行业，其产品、工作、服务的质量直接关系着人们的生命财产安全和社会的健康稳定，质量监管是燃气行业的一大重点，其安全问题始终备受关注。此外，随着我国建设"资源节约型、环境友好型"社会步伐的加快，以及低碳经济的不断发展，对燃气行业的环境影响的管理，实际上也是一种对燃气行业质量监管的要求。近年来，我国不断重视燃气行业的质量监管，特别是安全监管。国家要求燃气企业委托具有安全评价资格的中介机构，采用安全检查表的形式，对燃气企业的安全管理制度、内部组织结构、技术和设施的安全操作检修情况、事故预防与处理机制等方面进行评估，并据此为燃气企业的安全状况划分评价等级，向应采取管理措施。此外我国还确立了一系列燃气安全标准，制定了专业资格制度，建立了用户回访制度，并经常对企业安全生产情况进行监督检查。燃气行业的质量监管机制是燃气行业发展基础，燃气行业安全是燃气行业不断发展的保障，中国在燃气行业质量监管上的经验累积是燃气行业改革的一大成效。

（三）市场结构监管机制

市场结构，是指由于市场中卖主的集中程度、买主的集中程度与产品的差别程度等因素的不同，所形成的市场的组织状况，包括完全竞争市场、垄断性竞争市场、寡头垄断市场和垄断市场 4 种类型。对城市燃气行业市场结构的监管，旨在形成有利于有效竞争的市场结构。

目前，我国采取多种方式优化燃气行业的市场结构：第一，垂直拆分模式，即将行业内自然垄断性业务和可竞争性业务进行分离，并在可竞争性业务领域引入竞争机制。目前，我国对燃气管网业务等自然垄断领域，实行严格的政府监管；而对燃气生产、销售业务等可竞争性领域，放松政府的进入监管，鼓励市场竞争，并建立信息披露制度，尽可能发挥市场作用。这种模式的优点是，扩大了竞争领域，避免了可竞争业务的"搭便车"行为，降低了垄断利润或政府补贴，增强了信息的透明度，降低了交易成本，提高了生产效率。同时，其也存在着不足：垄断并未真正消除，可能出现"独买"和"独卖"的双重垄断现象。第二，合资、合作经营模式，即引入民间资本和国外资本，采取合资、合作方式共同从事燃气的生产经营。我国燃气行业中除了主管网建设需由政府或国企控股外，其他方面均向个人、企业和外商开放，真正的引入市场竞争。这种模式的优点在于：弥补了投资不足，引入了先进的技术和管理经验，加强了区域间的竞争、合作关系，打破了区域性的行政垄断，促进了政企分开。

（四）价格监管机制

根据理论经济学中的产品定价原则，企业为了满足维持可持续经营的需要，价格不得低于平均成本，而为了满足社会福利最大化的需要，价格需等于边际成本，一般来说，完全竞争性产品的边际成本等于平均成本，但自然垄断行业的边际成本低于平均成本，因此不可能同时满足企业和社会福利的需要，自然垄断行业存在"定价悖论"，这也就意味着自然垄断行业存在着制定垄断高价的动机，降低了资源的配置效率，造成了社会福利的损失。价格监管主要针对的就是垄断定价的问题，是政府监管的核心，主要包括价格水平监管和价格结构监管。

随着经济发展对天然气需求的不断增加，天然气作为稀缺资源，逐渐成为城市燃气的重要组成部分，也越来越受到社会各界的关注。为了促进天然气工业的可持续发展，保证市场供应，近年来，我国不断对天然气的价格形成机制进行改革，最终目标是使天然气出厂价格由市场竞争决定，而由于天然气管道运输具有自然垄断性，政府需对其价格进行监管。2011 年 12 月 26 日，我国以广西、广东两省为试点，实行用"市场净回值"方法取代"成本加成"方法定价、建立与可替代能源价格挂钩机制等一系列改革措施。2013 年 7 月 10 日，在全国范围内，对天然气价格进行了调整，措施具体包括：（1）天然气门站价格实行最高上限价格管理，为政府指导价，所谓门站价格是指管道天然气的供应商与购买方在天然气所有权交接点的价格，包括天然气出厂的含增值税的实际结算价格和管道运输价格两部分；（2）放开煤制气、煤层气、页岩气的出厂价格和液化天然气的气源价格，由供需双方协商决定，其运输和销售为同一企业的，实行统一的门站价格；（3）进入长输管道混合输送，但单独销售的，即运输和销售不是同一企业的，气源价格由供需双方协商决定，同时向管道运输企业支付以国家规定的运输价格计算的运输费用。

对于城市燃气的销售价格监管，我国采用的是成本加成定价法，并辅之以价格听证制度，以提高价格决策的民主性、公开性和科学性。我国《城镇燃气管理条例》第三章第二十三条规定："燃气销售价格，应当根据购气成本、经营成本和当地经济社会发展水平合理确定并适时调整。县级以上地方人民政府价格主管部门确定和调整管道燃气销售价格，应当征求管道燃气用户、管道燃气经营者和有关方面的意见。"部分地区采用的是两部制价格机制，即容量气价加计量气价。

2017 年 6 月 20 日，国家发展改革委印发《关于加强配气价格监管的指导意见》，指导各地进一步加强城镇燃气配气价格监管。此次价格改革的目标是"管住中间，放开两头"，即气源和销售价格放开由市场形成，对属于网络型自然垄断环节的管道运输和配气价格则要严格监管。《指导意见》立足国内天然气行业发展和价格管理现状，着眼天然气价格改革方向，坚持目标导向、问题导向、因地制宜的原则就加强配气价格监管工作提出了明确的思路意见。其中还建立成本约束机制：对直接影响配气价格的部分核心指标参数如供销差率、折旧年限、最低配送气量等规定了上限标准或作出限制性规定，促进企业加强成本管理，提高行业效率。建立激励机制：鼓励各地科学确定标杆成本，对燃气企业通过自身努力使实际成本低于标杆成本的部分，建立燃气企业与用户利益共享机制，激励企业提高经营效率，主动降低配气成本。推进企业信息公开：要求燃气企业主动公开价格、成本等相关信息，便于不同企业成本对标，强化社会监督。《指导意见》是国家加强自然垄断行业价格监管的又一重要举措。《指导意见》出台后，天然气产业链从跨省长输管道到省内短途运输管道、再到城市配气管网等各个垄断环节均构建起较为完善的价格监管制度框架，必将对天然气市场产生深远的影响。近期看，随着各地落实《指导意见》，出台监管规则，加强成本监审，目前少数城市过高的配气价格将会有所降低。中远期看，随着一系列措施的政策效果逐步显现，天然气产业链各环节收益将更趋合理，将有效促进天然气行业持续健康有序发展。

此外，在燃气管网重要性不断加强的同时，燃气管网设施监管政策尤为重要。管网设施是燃气行业基础设施，是燃气行业发展基础，因此管网设施监管政策保障了燃气管网的建设。不过，就政府监管能力的提升而言，最重要的还是综合运用各种灵活有效的监管手段。经过十多年的发展，中国燃气行业自监管法律建设、监管权利分配、明确监管目标、监管手段多元化等方面取得了较多的经验，但还有待于进一步提升政府监管能力。

第四节　燃气行业监管体制改革

燃气行业作为一种具有较为典型的自然垄断特征并且事关民生的重要公用事业，政府在其中长期承担着相应的建设和管理职责。随着燃气行业技术的发展、城市化进程的推进以及市场经济体制的完善，燃气经营领域的竞争逐渐激烈，燃气行业的管理体制也逐渐难以适应燃气行业的迅速发展，这迫使我国对燃气行业进行着实有效的改革以迅速提升竞争实力，紧跟经济发展的步伐。虽然我国燃气行业管理体制改革数十年来成绩显著，但仍存在诸多问题。

一、燃气行业监管机构

自 2011 年 3 月 1 日起实施的《城镇燃气管理条例》第一章第五条规定："国务院建设主管部门负责全国的燃气管理工作。县级以上地方人民政府燃气管理部门负责本行政区域内的燃气管理工作。县级以上人民政府其他有关部门依照本条例和其他有关法律、法规的规定，在各自职责范围内负责有关燃气管理工作。"由此可以看出，目前我国燃气行业采用的是国家与地方分层监管模式，主要监管机构是国家住房与城乡建设部和地方人民政府燃气管理部门，此外，中国城市燃气协会及各地方城市的燃气行业协会，作为燃气行业的自律机构，协助政府主管部门进行行业管理。

目前我国燃气监管机构主要是城市的公用事业局，不具有独立的燃气监管职能，而是要受到政府行政部门的领导，燃气行业还没有形成独立的、专业化的监管机构，监管权往往被安插在行业监管机构与其他一些综合政策性部门和执法性部门之间，缺乏一个集中的机构担当监管主体从整体上管理，造成职能过度分散，责任主体不明，管理效率低下。因此，对我国燃气行业管理体制的改革，就监管机构而言，不能再沿袭以往的行政性监管，要构建一个权威、高效、独立的监管机构，促使宏观政策与微观管理职能分离，权责明确，形成"企业自主经营，协会自律服务，主体监管机构统筹监管，监管协调机构辅助监管"的新型监管结构，使得监管权在各监管机构和组织间能够有效分配。

二、燃气行业监管政策

（一）燃气行业市场准入监管政策

根据《城镇燃气管理条例》的相关规定，政府投资建设的燃气设施，应当通过招标投标方式选择燃气经营者。社会资金投资建设的燃气设施，投资方可以自行经营，也可以另行选择燃气经营者。国家对燃气经营实行许可证制度，从事燃气经营活动的企业，应当具备下列条件：符合燃气发展规划要求；有符合国家标准的燃气气源和燃气设施；有固定的经营场所、完善的安全管理制度和健全的经营方案；企业的主要负责人、安全生产管理人员以及运行、维护和抢修人员经专业培训并考核合格；法律、法规规定的其他条件。符合上述规定条件的企业，由县级以上地方人民政府燃气管理部门核发燃气经营许可证。国家禁止个人从事管道燃气经营活动。

（二）燃气管网设施监管政策

由于燃气行业的经营模式为垂直一体的经营方式，所以要想实现燃气供应和销售公平有序的竞争，关键就在于企业间的管道联网。为促进油气管网设施公平开放，提高油气管网设施利用效率，保障油气安全稳定供应，规范油气管网设施开放相关市场行为，建立公平、公正、有序的市场秩序，2014 年国家能源局和国家发改委相继发布了《油气管网设施公平开放监管办法（试行）》和《天然气基础设施建设与运营管理办法》两个文件。其中《管网开放办法》的出台为解决油气管网公平准入问题提供了解决思路，对打破现有大型央企和地方国企在油气管网设施方面的垄断局面起到了一定的作用，并且有利于形成全国统一布局的管网系统。《基础设施办法》鼓励、支持各类资本参与投资建设纳入统一规划的天然气基础设施，拉开了中国天然气管网设施进入公平开放时代的序幕。

（三）燃气价格监管政策

2015 年，国家发改委发布了《天然气利用政策》，在该项政策中，发改委表示，将合理调控天然气价格，继续深化天然气价格改革，完善价格形成机制，加快理顺天然气价格与可替代能源比较关系，建立并完善天然气上下游价格联动机制。同时，提出鼓励天然气用气量季节差异较大的地区，研究推行天然气季节差价和可中断气价等差别性气价政策。随后根据 2016 年提出的"管住中间，放开两头"的方针，为了加强城镇燃气配送环节价格监管，促进天然气行业健康发展，2017 年国家发改委在此基础上发布了《关于加强配气价格监管的指导意见》。该意见指出配气价格应由政府严格监管，省级价格主管部门要按照指导意见要求积极开拓创新，结合当地实际，抓紧建立健全监管长效机制，制定配气价格管理和定价成本监审规则。

（四）燃气行业质量监管政策

由于燃气属于易燃易爆炸的特殊产品，而燃气的使用又与我们的生活息息相关，为保护从事燃气行业的工作人员的生命安全以及使用燃气的居民的安全，对燃气的质量进行监管十分重要，尤其安全监管是重中之重。

所谓燃气质量监管主要就产品质量和服务质量而言，一方面是产品质量，即产品质量是否符合国家标准，另一方面是指燃气公司为用户提供的相关服务的质量，一般对服务的监管可以通过对用气户的"客户满意度调查"来进行有效监管，调查结果可以了解到用气户对燃气所提供的服务是否满意，各种合理要求是否满足等。对于燃气安全监管，国家要求燃气企业委托具有安全评价资格的中介机构，采用安全检查表的形式，对燃气企业的安全管理制度、内部组织结构、技术和设施的安全操作检修情况、事故预防与处理机制等方面进行评估，并据此为燃气企业的安全状况划分评价等级，向应采取管理措施。此外我国还确立了一系列燃气安全标准，制定了专业资格制度，建立了用户回访制度，并经常对企业安全生产情况进行监督检查。

我国至今仍没有一部完整的全国通用的《燃气法》，监管依据主要是《城镇燃气管理条例》，其主要目的是保障燃气和供应和安全，而不是对燃气行业进行合理监管；具体条款也只是框架性的，缺乏操作性，无法发挥实质性作用；并未对监管机构的职责权限的划分进行明确的阐述，也未对监管机构的问责机制进行详细的阐述，可以看出，该管理条例还不够成为我国燃气行业管理体制改革的依据。虽然建设部等国务院部委出台了一些针对燃气行业的部门规章和文件，以及近年来各地相继出台的燃气管理条例性质的地方法规，但终因立法位阶太低，各地规定混乱，难以实现对我国燃气行业管理体制改革的有效规制监管。而且这些规章和文件在燃气市场规则、资产归属、执法主体、燃气企业责任和义务、燃气用户权利和义务、安全责任划分等方面规定得不够详细，可操作性不强，难以对市场各行为主体进行有效监管。

三、燃气行业价格体制改革

燃气行业具有自然垄断性的特征，为了保护消费者权益以及鼓励经营者投资以实现供求平衡，政府需要对燃气行业价格进行管制，主要是对三个环节进行监管：上游生产环节，中游管输环节，下游配气环节。

（一）上游生产环节价格体制改革

我国城市燃气的上游勘探生产环节的价格制定表现为燃气的井口价，目前井口价的形成机制改革经历了三个阶段：单一的国家定价机制、双轨制价格机制、国家指导价机制。

1. 单一的国家定价机制（1956 年～1993 年）

在燃气工业发展初期，燃气企业并没有定价权，为鼓励国内燃气消费，国家计划统一对燃气实行优惠低价策略，直接规定企业原材料价格和成品价格。1982年以后，由于天然气产量出现滑坡，为筹集天然气勘探开发资金，国家开始逐步提高天然气井口价格，调整为 0.08 元/立方米。与此同时国家采取了多种价格形式，将天然气价格分为计划内价格和计划外价格，对天然气实现商品量常数包干，包干基数内仍执行国家计划价，为 130 元每 1000 立方米，对超过包干基数的外供天然气实行高价政策，价格为 260 元每 1000 立方米，但计划外的天然气价格仍由国家定价。

1987 年国家颁布了《关于颁发天然气商品质量管理暂行办法的通知》，为了弥补生产企业的成本支出，允许天然气生产企业在气价外向用户收取净化费，这是在计划经济条件下由于井口价格偏低而采取的一种价外收费的补充形式。1992年，原国家计委对我国天然气实行了分类气价，按用途分为化肥用气价格、其他工业用气价格、城市居民用气价格和商业用气价格，同时对四川天然气井口价格实行了计划内外并轨。

2. 国家计划定价和政府指导价并存（1993 年～2005 年）

1993 年，国家推出了企业自销天然气价格的价格模式。随后在 1994 年，国家再次调整天然气价格，天然气包干内外完全并轨，对企业自销天然气井口价格规定了基准价，即生产企业可在此基础上上下浮动 10％。从此，燃气的井口价进入了国家定价和国家指导价并存的双轨制阶段。这一价格政策不仅有利于筹集天然气勘探开发资金，而且对提高天然气产量以及外销商品率、满足市场需求起到了积极作用。

2002 年 1 月，国家对天然气价格结构进行了改革，将外收的天然气净化费并入井口价，统称为出厂价，此外，在该时期进行的西气东输工程中，首次采用了价格调整机制，实现了天然气出厂基准价与原油、LPG（液化石油气）和煤炭价格的联动。

3. 政府指导价机制（2005 年至今）

2005 年底，国家发改委发布了《国家发展改革委关于改革天然气出厂价格形成机制及近期适当提高天然气出厂价格的通知》，决定将天然气出厂价归并为两档价格。其中，一档气出厂价在川渝气田、长庆气田、青海油田、新疆各油田及大港、辽河、中原等原油计划内天然气执行，可以在国家规定的基准价基础上上下浮动 10%，由供需双方协商确定；除了实行一档价格以外的天然气均执行二档气出厂价，可以在国家规定的基准价格基础上上浮 10%，下浮幅度不限。天然气基准价格每年调整一次，调整系数按照原油、LPG 和煤炭五年移动平均变化情况，分别按 40%、20%、40% 加权平均确定，相邻年度的价格调整幅度最大不超过 8%。从此，我国天然气价格实行政府指导价并建立与替代能源价格挂钩联动机制。

2007 年 4 月底，发改委提出了新的天然气价格改革的方向，即"先商品化、后市场化，最终目标与国家原油价格接轨"。2007 年 11 月，发改委上调了工业气价，为 0.4 元/立方米；同时提高了车用天然气销售价格。2010 年 5 月 31 日，国家发改委再次发布通知，为促进资源节约，理顺天然气价格与其他可替代能源的比价关系，引导天然气资源合理配置，决定提高国产天然气出厂价格，并完善天然气相关价格政策和配套措施：将各油气田（含西气东输、忠武线、陕京线、川气东送）出厂（或首站）基准价格提高 0.23 元/立方米，同时将大港、辽河和中原三个油气一、二档出厂基准价格加权并轨，取消价格双轨制；国产陆上天然气一档、二档气价并轨后，将出厂基准价格允许浮动的幅度统一改为上浮 10%，下浮幅度不限，即供需双方可以在不超过出厂基准价格 10% 的前提下，协商确定具体价格。

2013 年 7 月国家发改委发出通知，决定调整非居民天然气价格，建立与可替代能源价格挂钩的动态调整机制，改进天然气的价格管理环节和形式。国家将天然气价格管理由出厂环节调整为门站环节（上游供气企业与地方管道公司、城市燃气公司、直供用户等下游购买方交气点价格），并对门站价格实行政府指导价，即最高限价管理，由供需双方在国家规定的价格范围内协商确定具体价格。与此同时将天然气分为存量气、增量气两个部分。存量气门站价格每立方米提价幅度最高不超过 0.4 元，其中，化肥用气最高不超过 0.25 元。增量气门站价格按可替代能源（燃料油、液化石油气）价格 85% 的水平确定。调整后，全国平均门站价格由每立方米 1.69 元提高到每立方米 1.95 元。

（二）城市燃气产业中游管输环节价格体制改革

我国城市燃气产业的中游环节为管道运输，燃气管网输送的自然垄断特点要求政府必须对其进行价格监管，因此我国燃气的管输价一直实行国家定价体制。

1964 年，石油工业部和冶金部联合设立天然气管输费，按输送的燃气量收取，随后 1976 年石油化学工业部规定按运输距离收取管输费，随运输距离加长而增加，定价方法主要参照原油管道运输价格来制定。

到了 1984 年，在我国推行利改税、拨改贷的政策下，燃气管输价实行老线老价、新线新价的方法：1984 年以前修建的、用国家拨款建设的或用贷款建设但已经基本还清本息的燃气管道，管输价由国家统一制定并按照原油管道运输价确定；1984 年以后修建的、由国内外贷款建设的新管线，采取一线一价的管理办法，国家核定新管道运输价主要按照补偿成本、合理利润和有利于销售并兼顾用户承受能力的原则。2006 年起，国家有关部门在忠武燃气管道线实现了管输费二部制定价法，并随后推广。

为了推进燃气行业"放开两头、管住中间"的价格机制改革，2016 年 10 月，国家发改委印发了《天然气管道运输价格管理办法（试行）》和《天然气管道运输定价成本监审办法（试行）》，由原来运用建设项目财务评价原理监管管道运输价格为主的定价方法，调整为按照"准许成本加合理收益"的原则定价，即在核定准许成本的基础上，通过监管管道运输企业的准许收益，确定年度准许总收入，进而核定管道运输价格，并且以管道运输企业为监管对象，区分不同企业定价。

两个《办法》的出台，率先在重要网络型自然垄断领域实现价格监管办法和成本监审办法的全覆盖，对构建科学、合理、透明的管道运输价格监管体系具有基础性作用，标志着国内天然气管道运输价格监管向精细化、制度化迈出实质性步伐，充分体现了网络型自然垄断环节"管细管好管到位"的要求。

（三）城市燃气产业下游销售环节价格体制改革

我国城市燃气产业下游销售环节的燃气价格为用户价格，即配气价，实行的是政府定价和政府指导价机制，到达用户的配送价格由省级部门制定，管网设施建设费包括初装费、入户费）和燃气销售后的服务价格由当地价格主管部门制定，经上级主管部门审批后才能实施。最终的配气销售价格主要包括三个部分：第一部分为管网基础设施建设费，包括初装费、开户费，这主要是弥补管网设施的固定资产投资、折旧以及合理的报酬；第二部分为安装费，主要是面向小区、园区、庭院以内的管道铺设及入户安装；第三部分为燃气费，即燃气公司采购燃气的原材料、气损成本及燃气供应相关的人力、物力成本。

2011年，国家发改委发出通知，为探索建立反映市场供求和资源稀缺程度的价格动态调整机制，逐步理顺天然气与可替代能源比价关系，并在全国范围内推进改革积累经验，决定自2011年12月26日起，在广东省、广西壮族自治区开展天然气价格形成机制改革试点。通知明确了改革试点的总体思路：一是将现行以成本加成为主的定价方法改为按"市场净回值"方法定价，选取计价基准点和可替代能源品种，建立天然气与可替代能源价格挂钩调整的机制。二是以计价基准点价格为基础，综合考虑天然气主体流向和管输费用，确定各省（区、市）天然气门站价格。三是对天然气门站价格实行动态调整，根据可替代能源价格变化情况每年调整一次，并逐步过渡到每半年或者按季度调整。四是放开页岩气、煤层气、煤制气等非常规天然气出厂价格，实行市场调节。

但长期以来，我国对居民用气一直实行低价政策，因此造成用气量大的用户享受的补贴更多且造成部分居民用户过度消费天然气。近年来，部分城市率先实施了阶梯气价政策，在各方面起到了良好的政策效果。因此在2014年为进一步促进天然气市场的可持续健康发展，确保居民基本用气需求，同时引导居民合理用气、节约用气，国家发改委发布了《居民生活用气阶梯价格制度的指导意见》，按照满足不同用气需求，将居民用气量分为三档并且对各档气量价格实行超额累进加价。2015年11月，国家发改委发出通知决定下调非居民用天然气煤气价格，并进一步推进天然气价格市场化。

2017年6月，国家发改委印发了《关于加强配气价格监管的指导意见》，配气价格按照"准许成本加合理收益"的原则制定，即通过核定城镇燃气企业的准许成本，监管准许收益，考虑税收等因素确定年度准许总收入，制定配气价格。该意见坚持"管住中间，放开两头"的原则，对直接影响配气价格的部分核心指标参数如供销差率、折旧年限、最低配送气量等规定了上限标准或作出限制性规定，目前少数城市过高的配气价格将会有所降低。

天然气价格改革的目标是"放开两头，管住中间"，即放开气源和销售价格由市场形成，政府只对属于网络型自然垄断环节的管网输配价格进行监管，目前占消费总量80%的非居民门站价格已由市场主导形成，改革正在有序进行。

四、燃气行业投融资体制改革

在20世纪80年代以前，燃气行业的投资均由政府拨款，亏损由政府补贴，燃气企业也是一直处于政府授权下的垄断经营，没有实质的经营决策权，也不具备盈利的性质，是隶属于政府的公益事业。这种体制使得大多数城市燃气公司严重依赖政府政策性补贴，造成公司冗员严重、经营管理不善。由于城市化快速发展的需求，对城市各种基础设施建设的要求也越来越高，同时城市燃气建设所需的资金投入也越来越大，仅仅靠政府的投资资金显然是不够的，因此需要外来资金对燃气行业进行投资建设。随后在20世纪90年代初期，以中华煤气为代表的港资和以新奥燃气为代表的民营资本开始投资国内城市燃气市场。

在2002年版《外商投资产业指导》中，原禁止外商进行投资的燃气行业开始对外开放。同年，建设部出台了《关于加快市政公用行业市场化进程的意见》，鼓励社会资金、外国资本采取独资、合资、合作等多种形式参与供气等经营性市政公用设施建设，形成多元化投资结构。2004年，为了加快推进市政公用事业市场化，规范市政公用事业特许经营活动，加强市场监管，建设部发布了《市政公用事业特许经营管理办法》。根据该办法，政府通过向社会公开招标的方式选择投资者和经营者，予其在一定时间和范围内对燃气产品或服务进行经营的权利，即特许经营权，使得燃气行业的跨区域整合成为可能，燃气分销领域的竞争格局逐渐由地方垄断转变为跨区域的市场竞争。2005年国家发改委颁布的《国务院关于鼓励支持和引导个体私营等非公有制经济发展的若干意见》（国发〔2005〕3号）中指出"支持非公有资本积极参与城镇供水、供气、供热、公共交通、污水垃圾处理等市政公用事业和基础设施的投资、建设与运营"，该意见使得非公有制资本开始进入国家的公用事业领域。2007年版《外商投资产业指导目录》仅将"大城市燃气管网的建设、经营"作为限制外商投资类产业且要求中方控股，中等城市以下对外商全部放开。此后，港资、外资、民营资本以及国有资本纷纷进入城市燃气市场，逐步形成了多元投资主体共存的竞争格局。

2013年，中国进入PPP的新时代，国务院、国家发改委、国家财政部等出台了多部法规，旨在规范城市燃气等行业的政府和社会资本合作具有重要的推动作用。2015年国务院出台《基础设施和公用事业特许经营管理办法》（国务院令第25号），进一步将特许经营上升为国务院办法，并规定了特许经营原则、方式、期限、方案、部门职责、协议内容与履行以及协议变更终止等内容。

五、燃气行业市场化运营

（一）燃气行业的市场结构

1. 上游市场

目前，中国天然气上游供应侧市场不论是勘探、开采，还是地区贸易，都主要由三大国有控股油气巨头——中石油、中海油、中石化——基本按照南北区域划分、海陆分治、专业分工、各有侧重的模式各自独立运营。中石油和中海油主要经营上游的业务，中国西北部、东北部大部分内陆地区被中石油占据，着重于该区域油气资源的勘探与开采业务，另外同俄罗斯、中亚等国家和地区管道气的合作开发项目也主要由中石油拥有合作权；中海油拥有中国东南沿海大部分海域区的油气开采权和主要的液化天然气贸易项目；中石化占据中国东南部区域，主要经营下游的业务，更侧重于对油气资源的加工冶炼、批发销售。因此，上游供应侧市场集中度很高，三大公司彼此之间基本上不形成竞争。

2. 中游市场

目前，中国天然气产地大部分处于西北部，而需求大部分来自东南部，从产地到下游用户需要通过长距离管道进行输送，也主要由上述三大集团公司即中石油、中海油和中石化分别自建自用管道各自独立地输送，并且是同自身企业上游供应侧捆绑在一起经营。陆上的大部分长输管道由中石油建设运营管理，中石化的陆上管道只占据少量份额，中海油主要侧重于铺设海底输送管道连接至沿岸城市配气管网。一些地方性的较小的供应商，基本没有自己的长输管道，只有通过与三大集团公司协商才能获得管道运输服务。

3. 下游市场

下游的终端消费者数量众多，因此对下游用户的配送服务业基本上由各个地方性的城市燃气公司垄断经营，全国有上千家城市配气公司，它们与上游、中游的生产、输送三大集团公司是完全分离的，向三大公司中的一家购入天然气对最终用户进行输送、销售服务。但近些年随着市场的发展，三大油气巨头在竞争中为了占据更大的市场份额，逐渐打破传统限制，向下游大型用户终端渗透，如中石油铺设管道对上海宝钢进行直供直销。

（二）主要企业运营情况

1. 华润燃气（集团）有限公司

华润燃气（集团）有限公司是华润集团全资附属企业，是由华润燃气有限公司、华润燃气投资（香港）有限公司及华润集团持有的燃气企业于2007年1月，合并改组而设立的专业化燃气公司。华润燃气主要在中国内地投资经营与大众生活息息相关的城市燃气业务，包括管道燃气、车载燃气、瓶装燃气及燃气器具销售等。自2003年于苏州投资运营第一家城市管道燃气项目后，业务发展迅速，目前已在南京、成都、厦门、武汉、济南、无锡、福州、苏州、郑州等五十多个城市设立了燃气公司，是近年来国内发展最快、规模最大的燃气企业之一。2007年4月，华润燃气与中国最大燃气供应商之——中国石油化工股份有限公司签署战略合作协议，华润燃气将在气源、技术、市场开拓等方面获得上游供应商的支持。

截至 2017 年 6 月 20 日止 6 个月，华润燃气的燃气总销量为 100.7 亿立方米，较去年同期增长 21.7％且优于同期行业燃气需求增速的 15.2％。华润燃气的营业额由 154.1 亿港元增加 14.8％至 177.0 亿港元。而本集团录得本公司股本持有人应占溢利 21.14 亿港元，较去年同期的 19.57 亿港元增长 8％。

2. 新奥（中国）燃气投资有限公司

新奥能源控股有限公司（原新奥燃气）于 1992 年开始从事城市管道燃气业务，是国内规模最大的清洁能源分销商之一。新奥能源控股有限公司以"提升系统能效，创造客户价值，倡导清洁能源，改善生存环境"为使命。新奥能源控股有限公司为国内外用能客户量身定制最优用能解决方案；以满足客户需求为导向，依托长期积累的清洁能源储运资源。

同时，通过全面信息化、市场与战略绩效机制等先进管理手段，持续优化运营机制，不断提高卓越运营能力，努力成为受人尊敬的国际能源分销商。目前，公司在全国 17 省、直辖市、自治区成功运营 146 个城市燃气项目，为 1100 多万居民用户和 52000 多家工商业用户提供城市燃气及各类清洁能源产品与服务，敷设管道超过 29000 公里，投资、运营 543 座天然气汽车加气站（294 座 CNG 加气站和 249 座 LNG 加气站），中国大陆市场覆盖城区人口超过 6500 万。在越南河内、岘港、胡志明市经营城市燃气业务，在北美、欧洲从事交通清洁能源业务。

3. 中国燃气控股有限公司

中国燃气控股有限公司（以下简称中国燃气）是一家在百慕大注册，在香港联交所上市的燃气运营服务商。公司主要在国内从事投资、建设、经营、管理城市燃气管道基础设施，向居民、商业、公建和工业用户输送各种燃气，同时，建设及经营加气站，开发与应用石油、天然气等相关技术产品。

中国燃气 2002 年进入燃气业，最初资产总额 5.01 亿港元，主营业务收入 0.86 亿港元，经过 9 年的快速发展，2010 年，资产总额达到 308.87 亿港元，增长了 60 倍，主营业务收入 158.62 亿港元，增长了 180 倍。截至 2017 年 3 月 31 日，公司累计共于 25 个省、市、自治区取得 330 个拥有专营权的管道燃气项目，并拥有 14 个天然气长输管道，累计已建成 95，455 公里燃气管网。公司还拥有 497 座储配站和 LNG 气化站，站点设计日供气能力为 105，210，000 立方米。

截至 2017 年 3 月 31 日止 12 个月，集团营业额为 260.8 亿港元（2016 年 3 月 31 日止 12 个月：316.66 亿港元），较去年同期增加了 49.0％。毛利为 837683 万港元（包括液化石油气业务）（2016 年 3 月 31 日止 12 个月：721355 万港元），较去年同期增长 27.3％，整体毛利润率为 26.20％（2016 年 3 月 31

日止 12 个月：24.50%）。每股盈利为 84.51 港仙（2016 年 3 月 31 日止 12 个月：每股盈利：45.79 港仙），较去年同期增长 84.6%。于 2017 年 3 月 31 日，集团的总资产及每股净资产分别达 599.87 亿港元及 4.14 港元。

4. 中石油昆仑燃气有限公司

中石油昆仑燃气有限公司（简称昆仑燃气公司），其初建立的目的是为实现液化石油气、天然气业务统购统销，宗旨是尽可能好地去履行服务社会的责任，经国家工商管理总局核准，于 2008 年 8 月 6 日，由中国石油集团旗下三家公司（中国华油集团燃气事业部、中油燃气有限责任公司、中石油天然气管道燃气投资有限公司）重新整合并组建，是中国石油集团为了推动专业化的城市燃气运营成立的公司。

目前，昆仑燃气公司业务主要分布在北京、天津、河北、山东、河南、江苏、安徽、浙江、湖北、湖南、江西、广东、海南、四川、重庆、广西、云南、陕西、甘肃、吉林等 20 多个省、市、自治区，覆盖近 100 座城市，供气能力达 50 亿方以上，拥有全资子公司、分公司、控股公司、参股公司 100 多个。

自 2011 年昆仑燃气顺利收编河北黄骅三星化工高清洁以及丙烷的销售权后，又先后收购了弘润石化和盛源石化，并在河南地区投建恒润筑邦等扶贫项目，其昆仑燃气统销步伐步步深入，2015 年更积极收购了西北第一家芳构化企业宁夏金裕海。在统销基础工作不断夯实，营销体系逐步完善下，确保了炼化、油田企业、深加工企业产销畅通和平稳运行。并在此基础上实行价格联动，实现其资源价值的大幅提升。

第六章　垃圾处理行业发展报告

　　垃圾处理行业属于环保产业的一个分支，一般包括工业垃圾处理、危险废物处理及城市生活垃圾处理三大领域。垃圾处理按作业对象可分为直接处理对象和间接处理对象两大类：（1）将垃圾作为直接处理对象的作业涵盖垃圾的清扫、收集、运输和处置等活动；（2）将垃圾作为间接处理对象的作业涵盖为前者提供规划、设计、产品研发与制造、监管、垃圾排放权交易等服务活动[①]。本报告主要以城市生活垃圾的直接处理作业为例，对垃圾处理行业的现状和未来发展趋势进行研究。

---

　　① 熊孟清、隋军、徐建韵等. 垃圾处理产业的基本范畴 [J]. 环境与可持续发展，2009（6）.

第一节　垃圾处理行业投资与建设

一、总体概况

目前中国垃圾处理行业的主要投资主体或来源包括两大类：（1）政府投入，包括地方财政、国家财政、国债资金和CDM[①]的资金支持；（2）社会资本，包括国内垃圾处理投资运营商、国外垃圾处理投资运营商、银行融资、股市融资、环保产业基金和风险投资基金。

（一）固定资产投资现状

1. 城市

2016年，全国城市市容环境卫生固定资产投资额为445.2亿元，相较2015年增加了11.85％，总量增加了47.2亿元；垃圾处理领域的城市固定资产投资额为118.1亿元，比2015年减少了38.9亿元，降幅为24.78％，投资总量仍低于2011年的199.2亿元（如图6-1）。

2007年～2016年，城市环境卫生固定资产投资额占城市市政公用设施固定资产投资额的比例如图6-2所示。该比例在2.5％上下浮动，近年有持续上升的趋势，其中2016年环境卫生固定资产投资占市政公用设施固定资产投资的比例为2.55％，较2015年的2.46％略有增加。

2016年垃圾处理占全社会城市市政公用设施建设固定资产投资的比例为0.68％，比上年有较大降幅（2015年占比为0.97％，2014年占比为0.8％），环卫固定投资在2011年大幅上升之后连续三年呈现阶段性调整。

2. 县城

2016年，全国县城市容环境卫生固定资产投资额为115.9亿元，比2015年（74.0亿元）增加了41.9亿元；垃圾处理领域的固定资产投资额为52.4亿元，比2016年（31.6亿元）增长了65.5％。相对于城市的环境卫生资产投入的快速

[①]　CDM即Clean Development Mechanism，它是《京都议定书》中引入的灵活履约机制之一。核心内容是允许缔约方（即发达国家）与非缔约方（即发展中国家）进行项目级的减排量抵消额的转让与获得，从而在发展中国家实施温室气体减排项目。

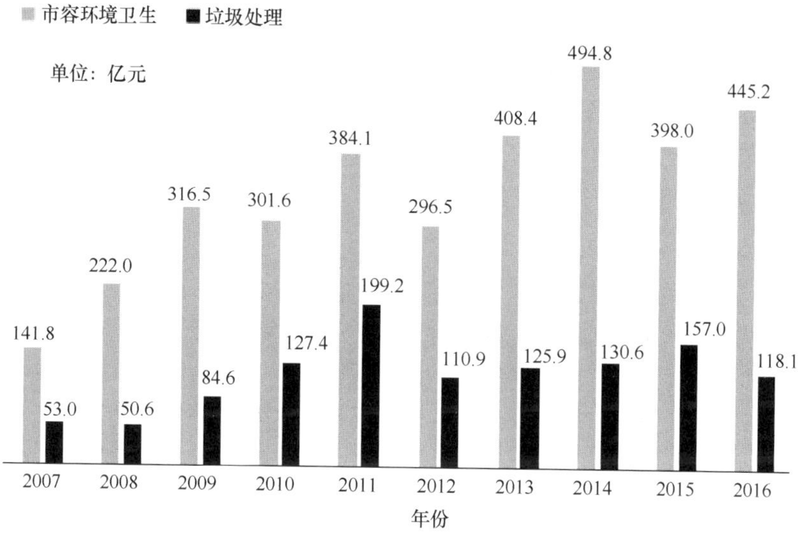

■市容环境卫生　■垃圾处理

单位：亿元

494.8

445.2

408.4

398.0

384.1

316.5　301.6

296.5

222.0

199.2

141.8

157.0

127.4

125.9　130.6

110.9

118.1

84.6

53.0　50.6

2007　2008　2009　2010　2011　2012　2013　2014　2015　2016

年份

图 6-1　历年城市环卫及垃圾处理固定资产投资额

资料来源：《中国城乡建设统计年鉴》编委会. 中国城乡建设统计年鉴（2016）［M］. 北京：中国统计出版社，2018。

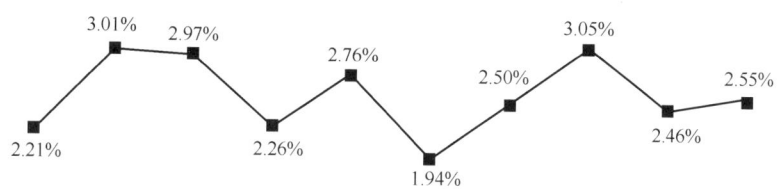

3.01%　2.97%

2.76%

3.05%

2.50%

2.55%

2.21%

2.26%

2.46%

1.94%

2007　2008　2009　2010　2011　2012　2013　2014　2015　2016

图 6-2　历年城市环境卫生固定资产投资额在市政公用设施固定资产投资额占比

资料来源：《中国城乡建设统计年鉴》编委会. 中国城乡建设统计年鉴（2016）［M］. 北京：中国统计出版社，2018。

增长，目前县城还处于较为迟缓的成长阶段。历年县城市容环境卫生固定资产投资额以及垃圾处理固定资产投资额详情如图 6-3。

2007 年～2016 年，县城环境卫生固定资产投资额占市政公用设施固定资产投资额的比例如图 6-4 所示。从图中可知，近年该比例持续处于历史低谷，2016 年有所上升。

2016 年垃圾处理占县城市政公用设施建设固定资产投资的比例为 1.54%，

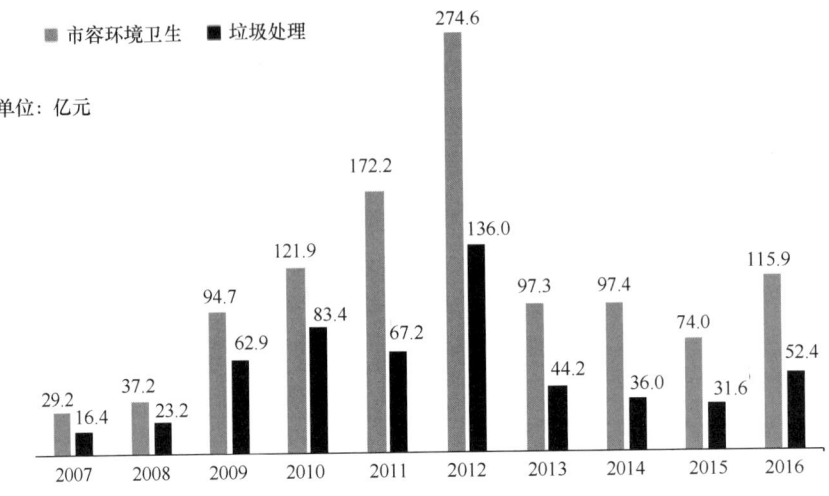

图 6-3　历年县城环卫及垃圾处理固定资产投资额

资料来源：《中国城乡建设统计年鉴》编委会. 中国城乡建设统计年鉴（2016）［M］. 北京：中国统计出版社，2018。

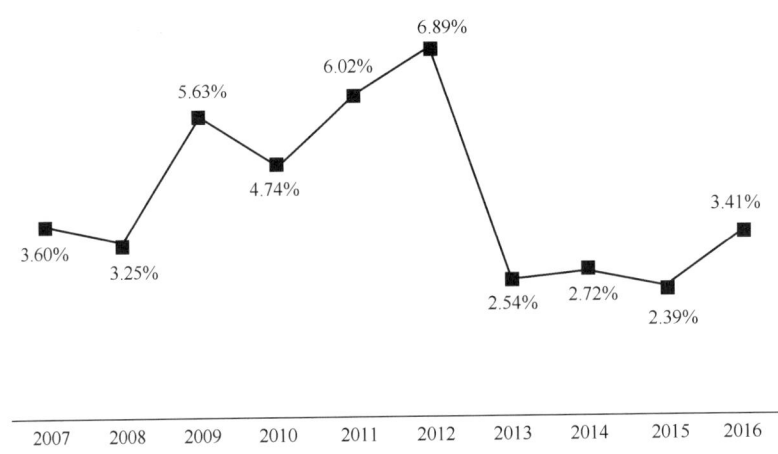

图 6-4　历年县城环境卫生固定资产投资中的市政公用设施固定资产投资额占比

资料来源：《中国城乡建设统计年鉴》编委会. 中国城乡建设统计年鉴（2016）［M］. 北京：中国统计出版社，2018。

相对 2015 年（1.02％）有较大提高。

3. 建制镇

2016 年，全国建制镇市容环境卫生固定资产投资额为 162.6 亿元，比 2015 年（145.5 亿元）上升 11.75％；垃圾处理领域的固定资产投资额为 78.6 亿元，比 2015 年（70 亿元）上升了 11.43％。历年建制镇市容环境卫生固定资产投资额以及垃圾处理固定资产投资额详情如图 6-5。

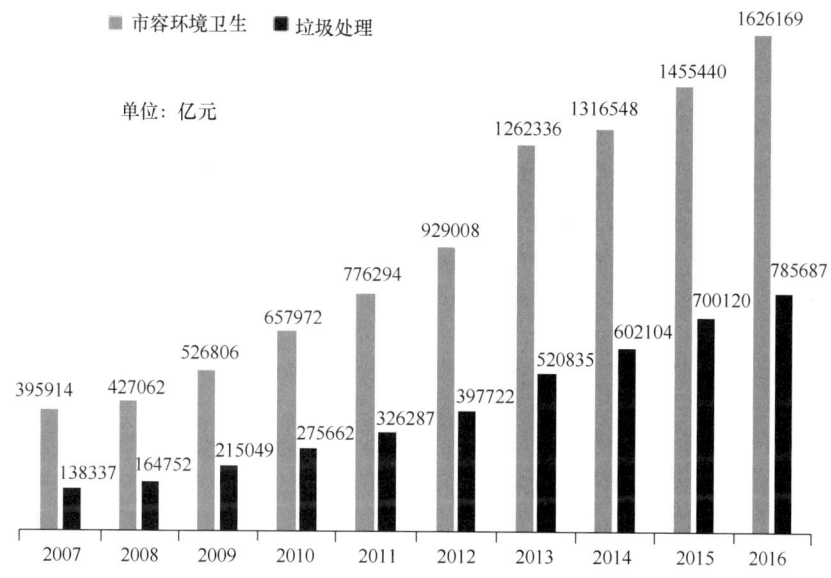

图 6-5 历年建制镇环卫及垃圾处理固定资产投资额

资料来源:《中国城乡建设统计年鉴》编委会. 中国城乡建设统计年鉴（2016）［M］. 北京：中国统计出版社，2018。

　　从 2007 年至 2016 年，建制镇环境卫生固定资产投资额占市政公用设施固定资产投资额的比例如图 6-6 所示。从图中可知，该比例持续了逐年小幅上升的态势。

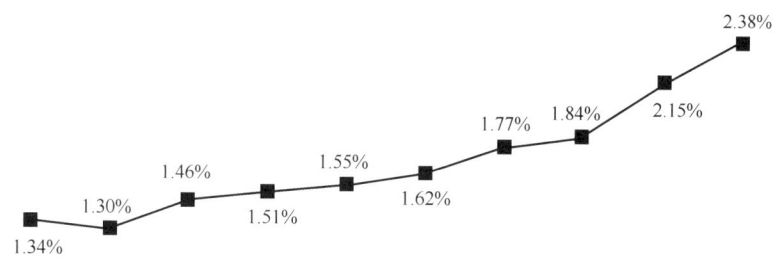

图 6-6 历年建制镇环境卫生固定资产投资额在市政公用设施固定资产投资额占比

资料来源:《中国城乡建设统计年鉴》编委会. 中国城乡建设统计年鉴（2016）［M］. 北京：中国统计出版社，2018。

2016年垃圾处理占建制镇公用设施建设固定资产投资的比例为2.38%，从2008年（占比1.30%）开始已连续9年缓慢增长。

（二）十三五期间资金需求预测

根据马中、陆琼和昌敦虎[①]对"十三五"时期全国城镇生活垃圾处理资金的需求预测，"十三五"期间，我国城镇生活垃圾处理基于现有规划投资水平的资金需求为1009亿元；基于初步实施全面生活垃圾分类情景的资金需求为1884亿元；基于城镇生活垃圾处理行业执行更为严格环境标准情景的资金需求为5981亿元（详情如表6-1所示）。

"十三五"期间资金需求预测　　　　　　　　　　表6-1

假设前提		基于现有规划投资水平	初步实施全面生活垃圾分类	城镇生活垃圾处理执行更为严格的环境标准
具体要求		（1）"十二五"规划未覆盖的50%设区城市享受等同于"十二五"规划水平的垃圾分类补贴；（2）2010年前建设的转运设备全部淘汰；（3）填埋、焚烧等垃圾处理方式比例等于"十二五"规划；（4）2010年前建设的填埋设施全部封场；（5）在线监管覆盖全部处理设施	（1）全面实施垃圾分类补贴；（2）进一步回收纸类、橡塑、金属、玻璃等；（3）实现生活垃圾前端减量10%；（4）占生活垃圾总量40%以上的餐厨垃圾实行堆肥等综合处理；（5）占生活垃圾总量30%的可燃组分进行焚烧处理；（6）未回收的玻璃、陶瓷、渣土等进行填埋和其他处理；（7）2010年建设的转运和填埋设施全部淘汰、封场；（8）全部处理设施进行在线监管	在前一假设情景的基础上提升单位投资成本
资金需求	设区城市垃圾分类补贴	210亿元	420亿元	630亿元
	收集转运	275亿元	275亿元	413亿元
	综合处理	408亿元	1070亿元	4762亿元
	存量治理	102亿元	102亿元	153亿元
	在线监管	14亿元	16亿元	24亿元
	合计金额	1009亿元	1884亿元	5981亿元

资料来源：马中，陆琼，昌敦虎．"十三五"时期全国城镇生活垃圾处理资金需求分析［J］．环境保护，2016（8）。

---

① 马中，陆琼，昌敦虎．"十三五"时期全国城镇生活垃圾处理资金需求分析［J］．环境保护，2016（8）。

（三）环卫专用车辆设备

1. 城市

我国城市市容环卫专用车辆设备①总数保持逐年稳步增长，各年车辆设备总数如图 6-7 所示，2016 年车辆设备总数已达到 193942 台。

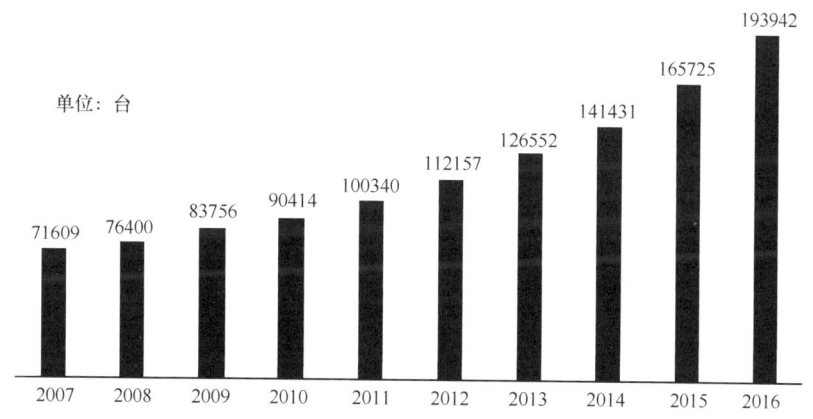

图 6-7　中国城市市容环卫专用车辆设备总数

资料来源：《中国城乡建设统计年鉴》编委会. 中国城乡建设统计年鉴（2016）[M]. 北京：中国统计出版社，2018。

图 6-8 展示了我国城市市容环卫专用车辆设备总数的增长率，从图中可以看到，我国城市专用车辆设备的年增长率在 2015 和 2016 年（2015 年 17.18％；2016 年 17.03％）有较大增幅。

2. 县城

我国县城环卫专用车辆设备总数保持逐年稳步增长，各年车辆设备总数如图 6-9 所示，2016 年车辆设备总数达到 46278 台，明显低于同年的城市保有量。

图 6-10 展示了我国县城环卫专用车辆设备总数的增长率，从图中可以看到，我国县城环卫专用车辆设备的年增长率始终在 10％附近上下波动，在 2015 年为 9.74％，2016 年为 8.37％。

---

① 指用于环境垃圾卫生作业、监察的专用设备和车辆，包括用于道路洒水、冲洗、清扫、除雪、市容监察、垃圾粪便清运以及与其配套使用的设备和车辆。如：垃圾车、扫路机（车）、洗路车、洒水车、真空吸粪车、除雪车、装载机、压实机、推土机、专用船舶、吸泥渣车、盐粉撒布机、垃圾筛选机、垃圾破碎机等。对于长期租赁的车辆及设备也统计在内。

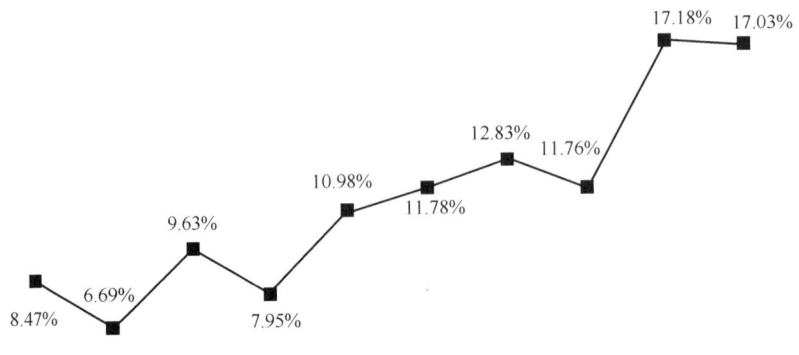

图 6-8　中国城市市容环卫专用车辆设备数量增长率

资料来源：《中国城乡建设统计年鉴》编委会. 中国城乡建设统计年鉴（2016）[M]. 北京：中国统计出版社，2018。

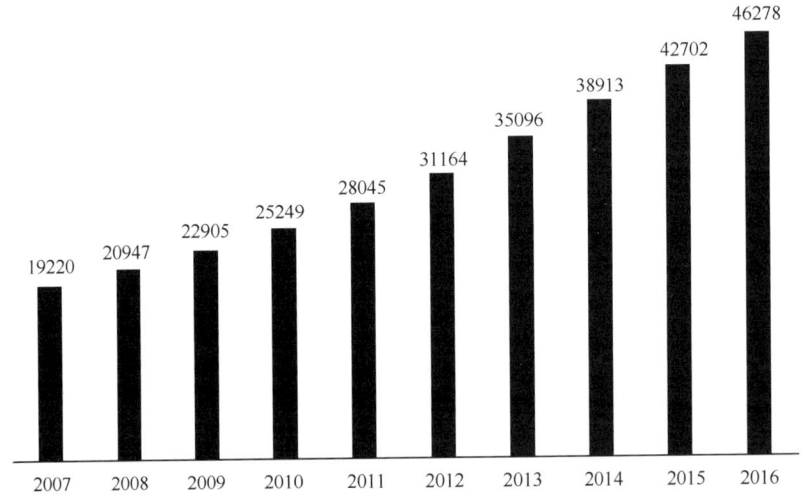

图 6-9　中国县城市容环卫专用车辆设备总数

资料来源：《中国城乡建设统计年鉴》编委会. 中国城乡建设统计年鉴（2016）[M]. 北京：中国统计出版社，2018。

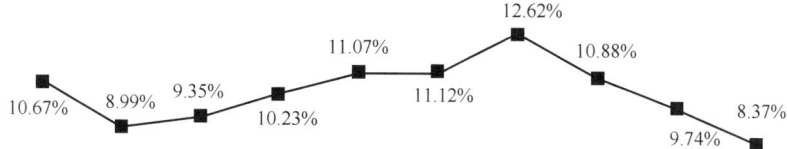

图 6-10 中国县城市容环卫专用车辆设备数量增长率

资料来源：《中国城乡建设统计年鉴》编委会. 中国城乡建设统计年鉴（2016）［M］. 北京：
中国统计出版社，2018。

3. 建制镇

我国县城环卫专用车辆设备总数保持逐年稳步增长，各年车辆设备总数如图
6-11 所示，2016 年车辆设备总数达到 120376 台，高于同年县城保有量。

单位：台

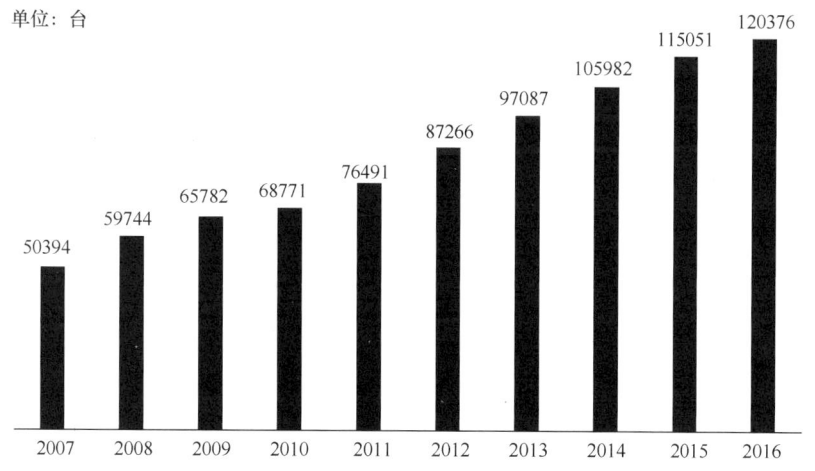

图 6-11 中国建制镇市容环卫专用车辆设备总数

资料来源：《中国城乡建设统计年鉴》编委会. 中国城乡建设统计年鉴（2016）［M］. 北京：
中国统计出版社，2018。

图 6-12 展示了我国建制镇环卫专用车辆设备总数的增长率，从图中可以看
到，我国县城环卫专用车辆设备的年增长率从 2012 年（14.09％）至 2016 年
（4.63％）连续四年下降。

229

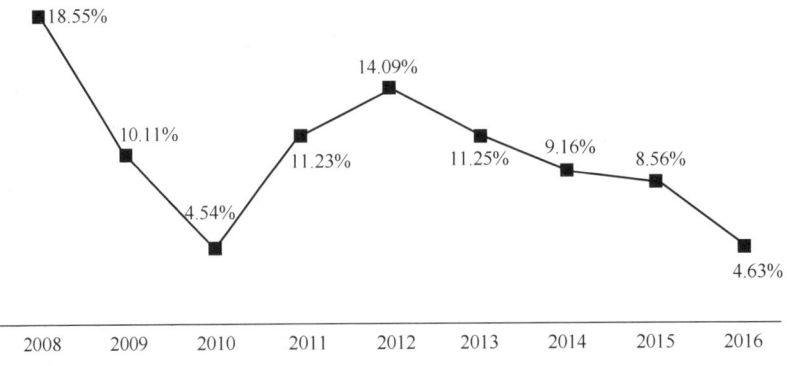

图 6-12　中国建制镇市容环卫专用车辆设备数量增长率

资料来源：《中国城乡建设统计年鉴》编委会. 中国城乡建设统计年鉴（2016）［M］. 北京：中国统计出版社，2018。

（四）垃圾处理厂（场）

1. 不同类型垃圾处理厂（场）比较

我国城市生活垃圾处理的方式主要可以划分为三大类：垃圾卫生填埋、垃圾焚烧和其他垃圾处理方式（堆肥（含综合处理）、堆放和简易填埋）。图 6-13 统计了城市历年各类无害化垃圾处理厂的占比情况。

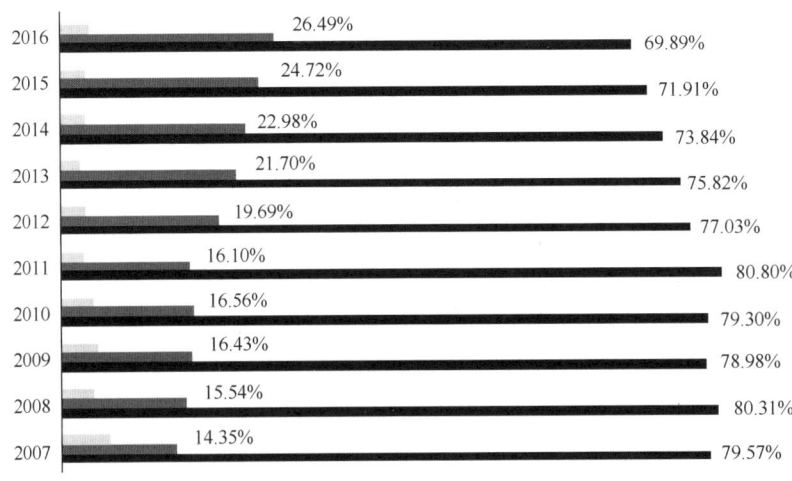

图 6-13　历年城市各类无害化垃圾处理厂占比

资料来源：《中国城乡建设统计年鉴》编委会. 中国城乡建设统计年鉴（2016）［M］. 北京：中国统计出版社，2018。

图 6-14 统计了我国县城历年各类无害化垃圾处理厂的占比情况。

图 6-14 历年县城各类垃圾无害化处理厂占比

资料来源：《中国城乡建设统计年鉴》编委会. 中国城乡建设统计年鉴（2016）[M]. 北京：中国统计出版社，2018。

通过比较上述城市和县城的数据可以发现，无论在城市还是县城，垃圾卫生填埋都是我国现阶段最主要的垃圾无害化处理方式；其次，城市近年来卫生填埋处理量占总的垃圾处理量有降低趋势；而无害化垃圾焚烧厂的比例逐渐扩大，而县城则始终以垃圾卫生填埋场为主力军，其他方式的垃圾处理厂占比非常小。

图 6-15 描绘了城市垃圾无害化处理厂、垃圾卫生填埋场和垃圾焚烧厂历年增长率。总体而言，城市垃圾处理厂（场）的总数目在稳步上升（2016 年增长率 5.62%），其主要增长力量为卫生填埋方式的无害化处理场（2016 年增长率 13.33%）和垃圾焚烧方式的无害化处理厂（2016 年增长率 13.18%），其他类型垃圾处理厂数量则在 20 座上下浮动，无明显增幅（如图 6-15 所示）。此外，卫生填埋场的增长率与总的垃圾处理厂（场）增长率大致相等。

图 6-16 描绘了县城垃圾无害化处理厂、垃圾卫生填埋场和垃圾焚烧厂历年增长率。总体而言，县城垃圾处理厂（场）的总数目在稳步上升（2016 年增长率 7.25%），其主要增长力量为卫生填埋方式的无害化处理场（2016 年增长率 6.77%），垃圾焚烧方式的无害化处理厂以及其他类型垃圾处理厂由于其数量较少，虽有明显增幅波动，对垃圾无害化处理厂数目变化的影响微乎其微。因此，县城卫生填埋场的增长率与总的垃圾处理厂（场）增长率几乎相同。

2. 不同地域垃圾处理厂（场）数量比较

图 6-17 展现了不同地域无害化垃圾处理厂的数量，从图中看到按照分类一

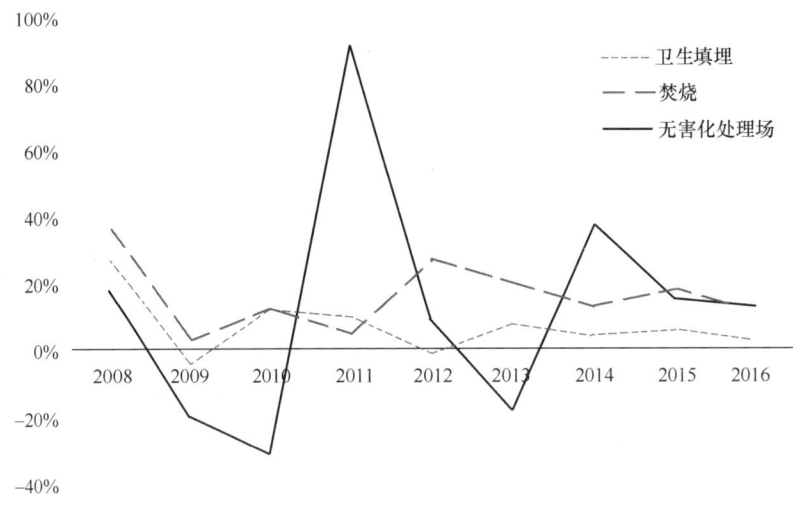

图 6-15　城市无害化垃圾处理厂的增长率比较

资料来源：《中国城乡建设统计年鉴》编委会. 中国城乡建设统计年鉴（2016）［M］. 北京：中国统计出版社，2018。

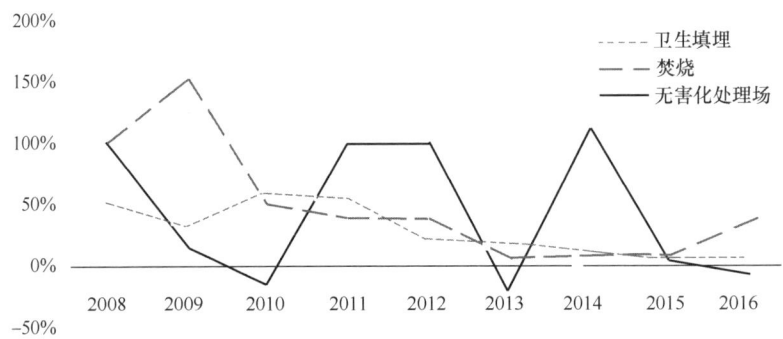

图 6-16　县城无害化垃圾处理厂的增长率比较

资料来源：《中国城乡建设统计年鉴》编委会. 中国城乡建设统计年鉴（2016）［M］. 北京：中国统计出版社，2018。

划分的东部、中部和西部，东部的垃圾处理厂（场）总数高于中部和西部，接近二者数量之和，而中部的垃圾处理厂（场）数量则略高于西部。而按照分类二划分的东部、中部和西部，东部的垃圾处理厂（场）总数高于中部和西部，中部的垃圾处理厂（场）数量则略低于西部。

3. 不同场景垃圾处理厂（场）数量比较

2016 年县城垃圾处理厂（场）总数为 1273 座，远多于城市县城垃圾处理厂

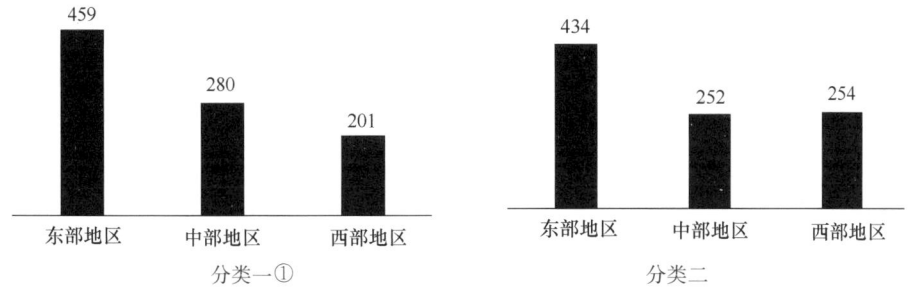

分类一①　　　　　　　　　　分类二

图 6-17　不同地域无害化垃圾处理厂的数量比较

资料来源：《中国城乡建设统计年鉴》编委会. 中国城乡建设统计年鉴（2016）［M］. 北京：中国统计出版社，2018。

（场）总数（940 座）。从图 6-18 对不同地域无害化垃圾处理厂的数量比较可以发现，从 2011 年开始县城垃圾处理厂（场）总数（683 座）开始超过城市（677 座）。

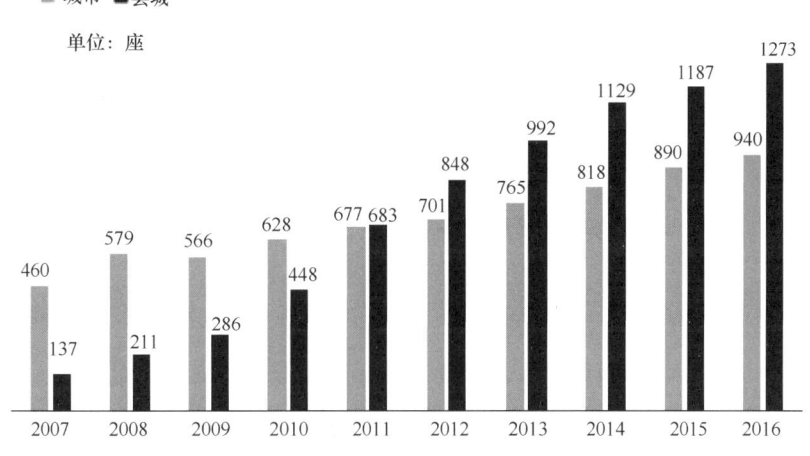

图 6-18　不同场景下无害化垃圾处理厂的数量比较

资料来源：《中国城乡建设统计年鉴》编委会. 中国城乡建设统计年鉴（2016）［M］. 北京：中国统计出版社，2018。

---

① 分类一（按自然地理位置）：（1）东部地区：北京、天津、河北、辽宁、上海、江苏、浙江、福建、山东、广东、广西和海南 12 个省、自治区的城市和直辖市；（2）中部地区：山西、内蒙古、吉林、黑龙江、安徽、江西、河南、湖北和湖南 9 个省和自治区的城市；（3）西部地区：重庆、四川、贵州、云南、西藏、陕西、甘肃、宁夏、青海和新疆 10 个省、自治区的城市和直辖市。分类二（按区域经济带）：（1）东部地区：北京、天津、河北、辽宁、上海、江苏、浙江、福建、山东、广东和海南 11 个省的城市和直辖市；（2）中部地区：山西、吉林、黑龙江、安徽、江西、河南、湖北和湖南 8 个省的城市；（3）西部地区：内蒙古、广西、重庆、四川、贵州、云南、西藏、陕西、甘肃、宁夏、青海和新疆 12 个省、自治区的城市和直辖市。

图 6-19 对比了 2016 年不同场景下各类无害化垃圾处理厂数量占比，从该图可以发现 2016 年垃圾焚烧厂数量在城市无害化垃圾处理厂中超过 1/4。而在县城无害化垃圾处理厂中，垃圾焚烧厂和堆肥/综合处理垃圾场一样，所占比例微乎其微。

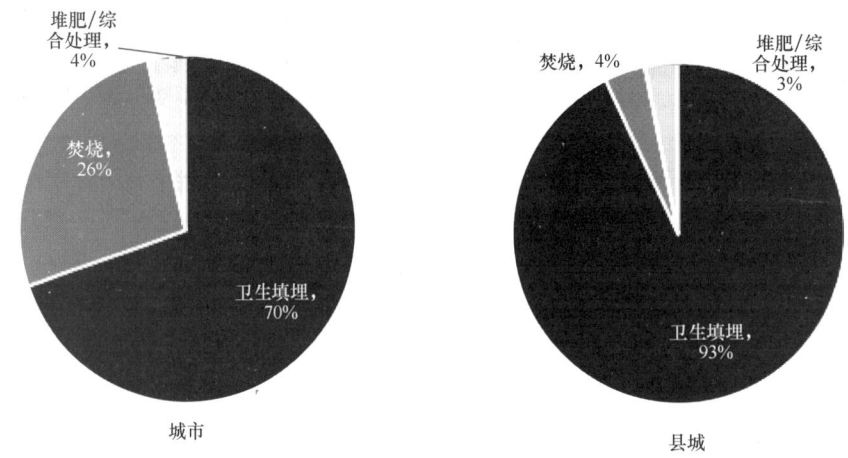

图 6-19　2016 年不同场景下各类无害化垃圾处理厂数量占比

资料来源：《中国城乡建设统计年鉴》编委会. 中国城乡建设统计年鉴（2016）[M]. 北京：中国统计出版社，2018。

二、垃圾卫生填埋场建设现状

（一）垃圾填埋简介

20 世纪 80 年代，我国生活垃圾无害化处理建设开始起步，但是由于技术和资金的缺乏，国内的填埋场主要集中于一些大中城市，县级城市的分布相对较少，且都是非卫生填埋的堆场。1990～2000 年，居民的生活垃圾的填埋量一直持续增加，但随着我国首个垂直防渗的天子岭填埋场投入使用，全国各地城市的卫生填埋场数量迅速增加，此类大中型卫生填埋场地投入运行，使得垃圾处理能力迅速提升，后期的卫生填埋场数量也逐步趋于稳定[①]。归功于垃圾卫生填埋厂的管理简单、投资运行费用低、作业难度低等特点，近些年间，填埋厂都将会成为无害化垃圾处理设施的主流。

（二）建设现状

截止 2016 年底，中国共有 960 座城市垃圾卫生填埋场，1273 座县城垃圾卫生填埋场。陈湘静在《"十三五"垃圾处理设施需打造"升级版"焚烧更严格 填

---

① 袁文祥、邵俊等. 2014 年生活垃圾填埋处理进展 [J]. 固废观察，2015 年 12 月 10 日。

埋遇转折》中预计在"十三五"期间，城市填埋场数量不会有显著增长，县级填埋场数量还将有所增加；至 2020 年，我国卫生填埋场总数将达到峰值 2400 座左右，再以后会略有减少，稳定在 2000～2200 座左右。

2007 年～2016 年城市垃圾卫生填埋场数量如图 6-20 所示，2016 年填埋场数量增长率 2.66%，比 2015 年新增 17 座。

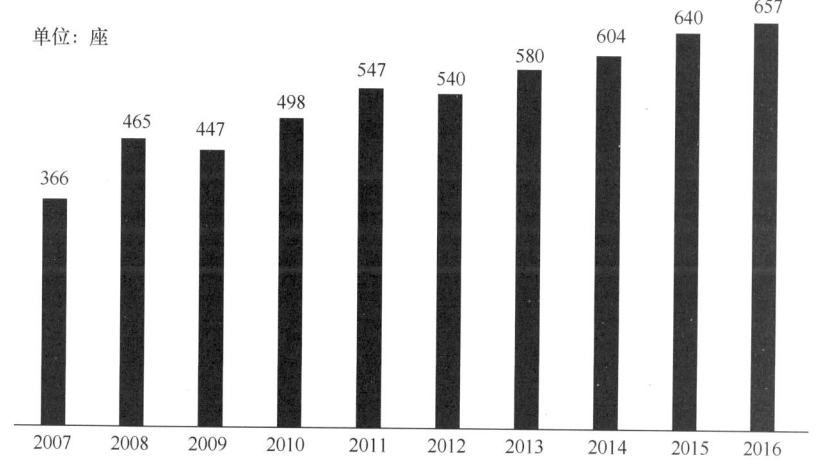

图 6-20　历年城市垃圾卫生填埋场数量

资料来源：《中国城乡建设统计年鉴》编委会. 中国城乡建设统计年鉴（2016）［M］. 北京：中国统计出版社，2018。

2007 年～2016 年县城垃圾卫生填埋场数量如图 6-21 所示，2016 年填埋场数量增长率 6.77%，比 2015 年新增 75 座。

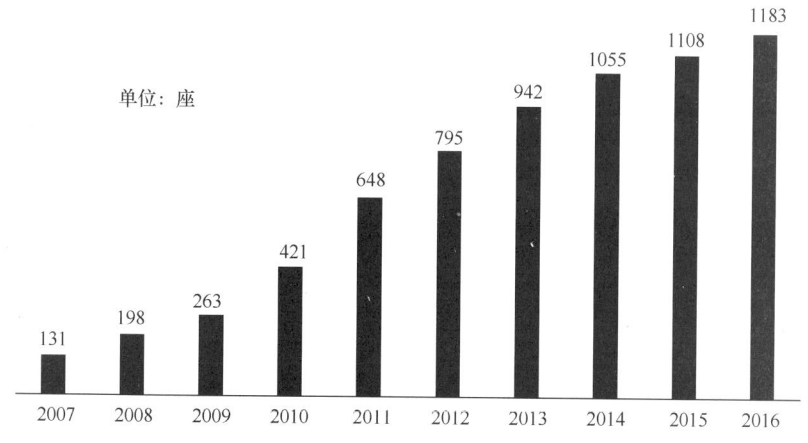

图 6-21　历年县城垃圾卫生填埋场数量

资料来源：《中国城乡建设统计年鉴》编委会. 中国城乡建设统计年鉴（2016）［M］. 北京：中国统计出版社，2018。

截至 2016 年 12 月底，我国各省份运营中的垃圾填埋场分布情况如图 6-22 所示。从该图可知，国内的垃圾填埋场主要集中分布在人口相对集中、密度较大的东部发达地区以及其他发达城市，其中北京、上海等经济相对发达的城市制定了原生垃圾零填埋的指导目标，并在建造大量的垃圾焚烧设施，等到垃圾焚烧设施全部投入运行后，预计国内未来的焚烧能力将大幅提升，相对地，有危害性的垃圾填埋处理方式比重将大大降低。

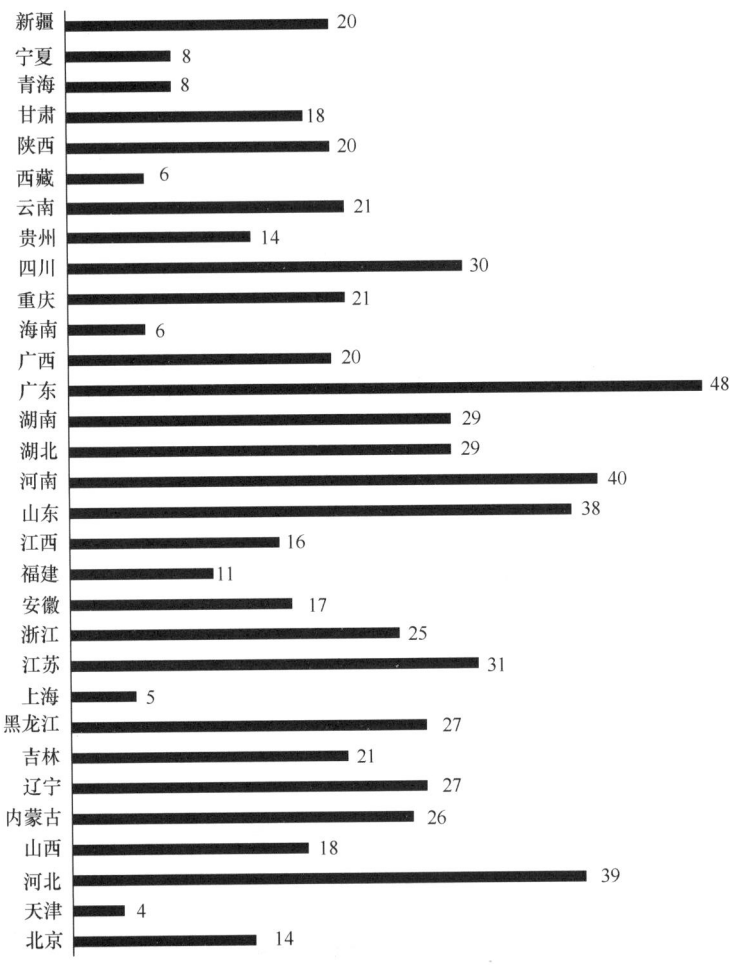

图 6-22 城市垃圾填埋场的地域分布情况

资料来源：《中国城乡建设统计年鉴》编委会. 中国城乡建设统计年鉴（2016）[M]. 北京：中国统计出版社，2018。

同比 2015 年，2016 年我国各地区垃圾填埋场新增情况如图 6-23 所示。全国共计新建垃圾卫生填埋场 17 座，其中东部新增 2 座大中型高标准填埋场；中部地区减少 2 座卫生填埋场；西部地区垃圾填埋场数量增长最多，达到 14 座；东北地区填埋场增长 3 座。

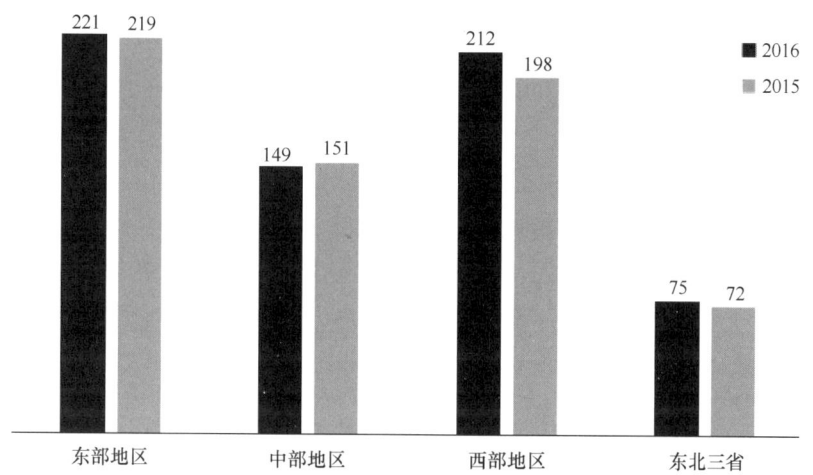

图 6-23 2015 年～2016 年城市垃圾填埋场的地域发展情况

注：（1）按照区域经济带将城市分为四类：东部、中部、西部、东北；（2）东部地区：北京、天津、河北、上海、江苏、浙江、福建、山东、广东和海南 10 个省份和直辖市；（3）中部地区：山西、安徽、江西、河南、湖北和湖南 6 个省份；（4）西部地区：四川、云南、广西、重庆、内蒙古、贵州、西藏、陕西、甘肃、青海、宁夏和新疆共 12 个省份；（5）东北三省：辽宁、吉林和黑龙江 3 个省份。

资料来源：《中国城乡建设统计年鉴》编委会. 中国城乡建设统计年鉴（2016）[M]. 北京：中国统计出版社，2018。

三、垃圾焚烧厂建设现状

（一）垃圾焚烧简介

2015 年 8 月，国家发展改革委发布的《国家重点推广的低碳技术目录》涉及煤炭、电力、钢铁、有色、石油石化、化工、建筑、轻工、纺织、机械、农业、林业等 12 个行业，共 33 项国家重点推广的低碳技术。其中"生活垃圾焚烧发电技术"被列入，该目录针对"生活垃圾焚烧发电技术"的说明中指出：该技术通过焚烧对生活垃圾进行减量化和稳定化处理，同时将垃圾的内能转化为高品质的热能用于发电。与传统的卫生填埋垃圾处理方式相比，生活垃圾焚烧的处理方式有 5 人优势[①]，即项目用地少、垃圾处理速度快、减容效果好、污染排放低

---

① 张益. 生活垃圾焚烧技术十问十答. 北极星节能环保网，2016，8，21. http：//huanbao.bjx. com.cn/news/20151229/696098.shtml.

和可产生能源。

（二）建设现状

根据 Ecoprog 公司的市场报告，全球大约有 2200 座垃圾焚烧电厂，年处理能力为 2.55 亿吨垃圾，到 2017 年将新增 180 座垃圾焚烧电厂，新增年处理能力约 0.52 亿吨垃圾[①]。中国方面，据《中国城乡建设统计年鉴》（2016）数据，截至 2016 年底，我国城市生活垃圾焚烧设施 249 座，新增 29 座（如图 6-24），其中垃圾处理能力小于 1200 吨/日的中小规模焚烧厂占全部焚烧厂数量的 68.5%。新中标和签约焚烧项目超过 47 个，项目规模逾 78000 吨/日，全国设市城市新投运生活垃圾焚烧厂 15 座[②]。而 2015 年安徽省和重庆市各新建城市生活垃圾焚烧厂 2 座、吉林新增 3 座、广东、海南、湖南、江西、辽宁、内蒙古、山西、上海、四川、浙江等 10 省市各新增一座垃圾焚烧发电厂[③]，建成投产后全年新增总装机容量将达到 345MW 之多，建成投产后全年新增处理量将接近 635 万吨。

单位：座

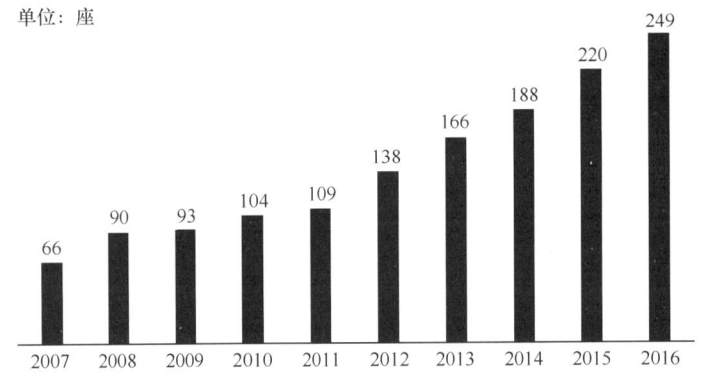

图 6-24　历年城市垃圾焚烧厂数量

资料来源：《中国城乡建设统计年鉴》编委会. 中国城乡建设统计年鉴（2016）[M]. 北京：中国统计出版社，2018。

图 6-25 统计了历年县城垃圾焚烧厂数量，由该图可知县城垃圾焚烧厂数量较少，截至 2016 年仅有 50 座，比 2015 年新增 13 座。

---

①　Mark Doing，Jana Stienen，Gedion Hart-Mann，et al. Waste to Energy 2013/2014-The World Market for Waste Incineration Plants [EB/OL]. （2013-07）[2013-10-06]. http://www.reportlinker.com/p01028882/Waste-to-Energy-Analyst-version-The-World-Market-for-Waste-Incineration-Plants-.html.

②　张益、陈善平、欧阳创、邰俊、许碧君. 2014 年中国环境卫生行业总体进展 [J]. 固废观察，2015，12，9.

③　张世祥. 垃圾焚烧这一年：停不下来的脚步　不断走低的价格. 新华网，2015，12，18. http://news.xinhuanet.com/2015-12/18/c_1117504479.htm

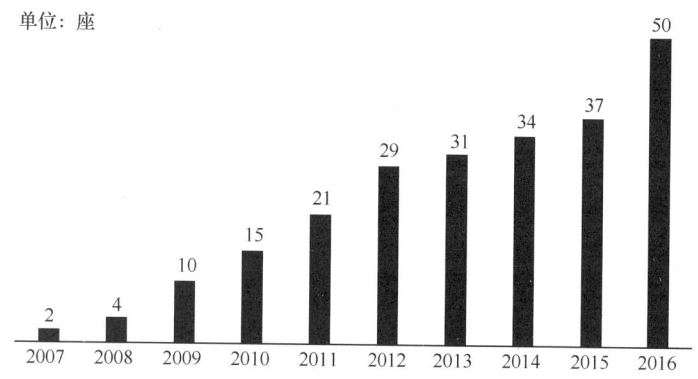

单位：座

图 6-25　历年县城垃圾焚烧厂数量

资料来源：《中国城乡建设统计年鉴》编委会. 中国城乡建设统计年鉴（2016）[M]. 北京：中国统计出版社，2018。

四、其他类型垃圾处理厂建设现状

其他类型垃圾处理方式一般包括堆肥（含综合处理）、堆放和简易填埋，后两种垃圾处理方式对环境破坏明显，属于取缔的对象。

垃圾的综合处理方式是利用物理方法对垃圾进行分选，基于不同目的使用不同的处理方式，把混合垃圾进行物理分离，被分离出来的部分再经过一种广泛应用的特殊处理方式进行处理。这种垃圾处理方式的一个主要任务就是进行垃圾的分离，将不同的垃圾按组分离出来。综合处理主要有两种方式，第一就是预堆肥综合处理工艺，它的处理工艺带来很多的好处，但是，运行成本也是比较高的；第二就是能量自给综合处理工艺，垃圾堆肥是一种微生物化学反应过程，是利用微生物来人为地促使可生物降解的有机物转化成稳定的腐殖质。在该微生物反应过程中，垃圾中的氧气与有机物会和环境中的细菌相互作用，通过化学反应释放出水、二氧化碳和热量，同时会生成可用作土壤改良剂的腐殖质。按堆肥过程中所需氧气的程度，堆肥一般可以分为好氧堆肥和厌氧堆肥两种方式。厌氧堆肥是指一种生化过程，依靠兼性厌氧菌和专性厌氧菌来降解有机物，厌氧堆肥下的有机物分解速度较慢，发酵周期较长，占地面积较大。好氧堆肥则是指依靠兼性好氧菌和专性好氧菌来降解有机物的生化工程，好氧堆肥下的有机物分解速度较快，臭气发生量较少，堆肥所需天数较短，应用较为广泛[①]。

2007 年～2016 年城市垃圾堆肥/综合处理场数量如图 6-26 所示，从图中可

---

① 纪涛. 城市生活垃圾堆肥处理现状及应用前景 [J]. 天津科技，2008（5）。

知该类型垃圾处理场数量一直处于较低水平，截至 2016 年也仅有 34 座。

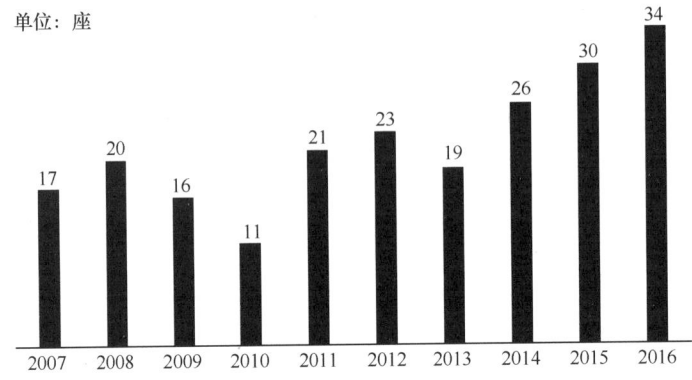

图 6-26　历年城市垃圾堆肥/综合处理场数量

资料来源：《中国城乡建设统计年鉴》编委会. 中国城乡建设统计年鉴（2016）[M]. 北京：中国统计出版社，2018。

2007 年～2016 年县城垃圾堆肥/综合处理场数量如图 6-27 所示，从图中可知该类型垃圾处理场数量在 2011 年至 2016 年间有明显增长，近年来数量趋于稳定，2016 年为 40 座，比 2015 年减少 2 座。

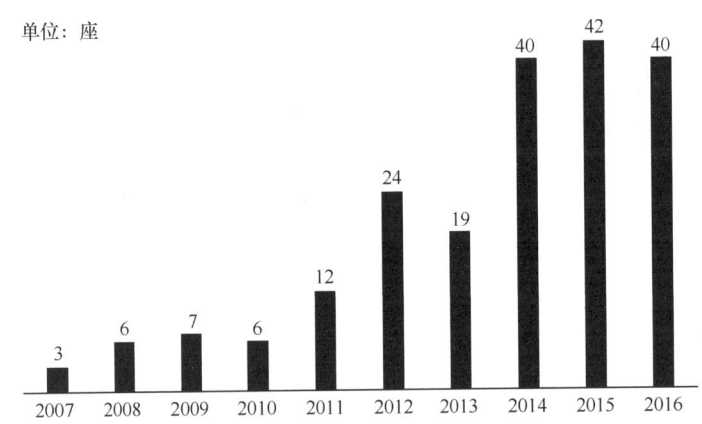

图 6-27　历年县城垃圾堆肥/综合处理场数量

资料来源：《中国城乡建设统计年鉴》编委会. 中国城乡建设统计年鉴（2016）[M]. 北京：中国统计出版社，2018。

建制镇一般设立垃圾处理中转站，图 6-28 展现了 2007 年～2016 年垃圾处理中转站数量，总体而言，建制镇垃圾处理中转站数量近年来趋于稳定，2016 年为 32914 座，比 2015 年有所减少。

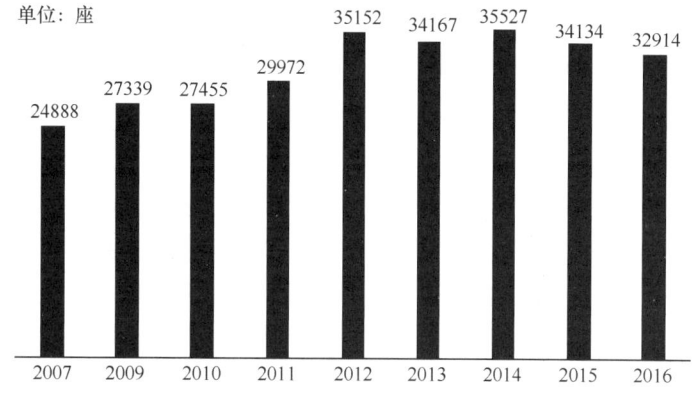

图 6-28　历年建制镇垃圾处理中转站

资料来源：《中国城乡建设统计年鉴》编委会. 中国城乡建设统计年鉴（2016）［M］. 北京：中国统计出版社，2018。

第二节　垃圾处理行业生产与供应

一、总体概况

垃圾处理产业的产出大致可以分为三类：物质资源、环境资源和垃圾处理服务。物质资源的初生态就是未经处理或加工的回收物质，高级形态是二次原料（包括二次能源）。环境资源主要指自然、人文和生态环境的环境容量资源，垃圾处理产业通过对垃圾无害化、资源化和减量化处理减少了排入环境的污染物量，亦即减少了对环境容量的占用，为生产和消费持续发展提供了可能。垃圾处理服务由包括解决公众投诉在内的管理和作业等一系列活动组成，垃圾处理产业通过提供垃圾处理服务带给公众良好环境的享受①。

（一）垃圾无害化处理能力和处理量

我国城市垃圾无害化处理能力和处理量均在逐年增加，详情如图 6-29 所示。由该图可知，2016 年城市垃圾无害处理能力达到 621351 吨／日，增幅为 7.71％。

---

① 熊孟清，隋军，徐建韵，范寿礼. 垃圾处理产业的基本范畴［J］. 环境与可持续发展，2009（6）。

2016年城市垃圾无害处理量为19674万吨，增幅9.22%。

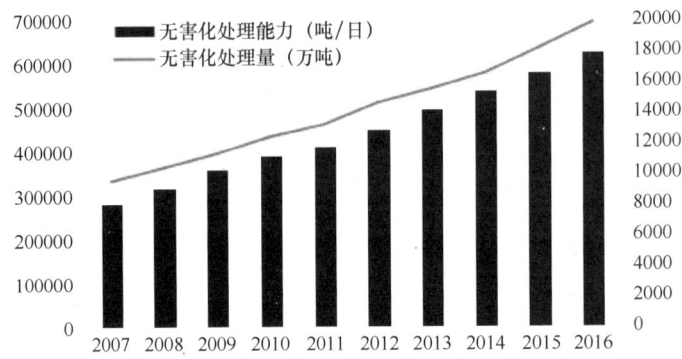

图6-29 历年城市生活垃圾无害化处理能力和处理量

资料来源：《中国城乡建设统计年鉴》编委会. 中国城乡建设统计年鉴（2016）［M］. 北京：中国统计出版社，2018。

我国县城垃圾无害化处理能力和处理量均在逐年增加，详情如图6-30所示。由该图可知，2016年县城垃圾无害处理能力达到190672吨/日，增幅为5.09%。2016年县城垃圾无害处理量为5680.47万吨，增幅7.99%。

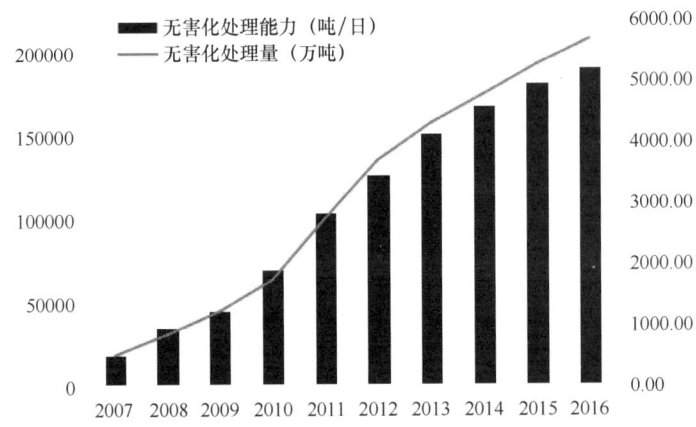

图6-30 历年县城生活垃圾无害化处理能力和处理量

资料来源：《中国城乡建设统计年鉴》编委会. 中国城乡建设统计年鉴（2016）［M］. 北京：中国统计出版社，2018。

（二）各类型垃圾处理能力和处理量

图6-31展示了2016年城市与县城生活垃圾无害化处理能力构成对比。2016年城市卫生填埋场垃圾处理能力为350103吨/日，垃圾焚烧厂垃圾处理能力为255850吨/日，垃圾堆肥/综合处理厂垃圾处理能力为15398吨/日；县城卫生填

埋场垃圾处理能力为 160738 吨/日，垃圾焚烧厂垃圾处理能力为 22352 吨/日，垃圾堆肥/综合处理厂垃圾处理能力为 7582 吨/日。由图 6-31 可知，城市垃圾焚烧厂的垃圾处理能力占比远高于县城。

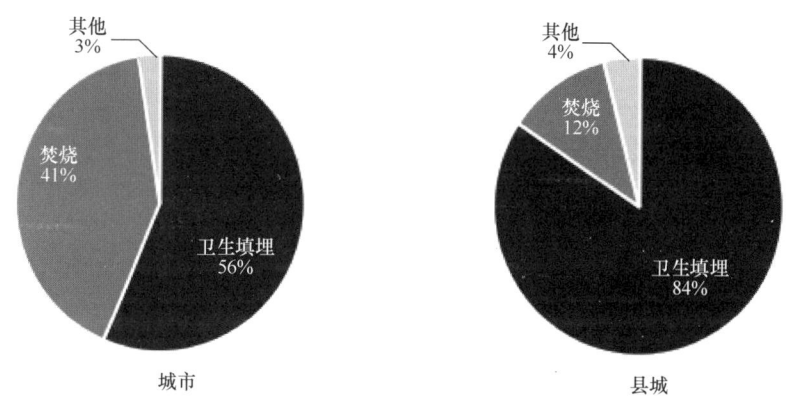

图 6-31　2016 年城市与县城生活垃圾无害化处理能力构成对比

资料来源：《中国城乡建设统计年鉴》编委会. 中国城乡建设统计年鉴（2016）［M］. 北京：中国统计出版社，2018。

　　图 6-32 展示了 2016 年城市与县城生活垃圾无害化处理量构成对比。2016 年城市卫生填埋场垃圾处理量为 11866.43 万吨，垃圾焚烧厂垃圾处理量为 7378.42 万吨，垃圾堆肥/综合处理厂垃圾处理量为 428.93 万吨；县城卫生填埋场垃圾处理量为 4913.49 万吨，垃圾焚烧厂垃圾处理量为 578.15 万吨，垃圾堆肥/综合处理厂垃圾处理量为 188.83 万吨。由图 6-32 可知，城市垃圾焚烧厂的垃圾处理量占比远高于县城。

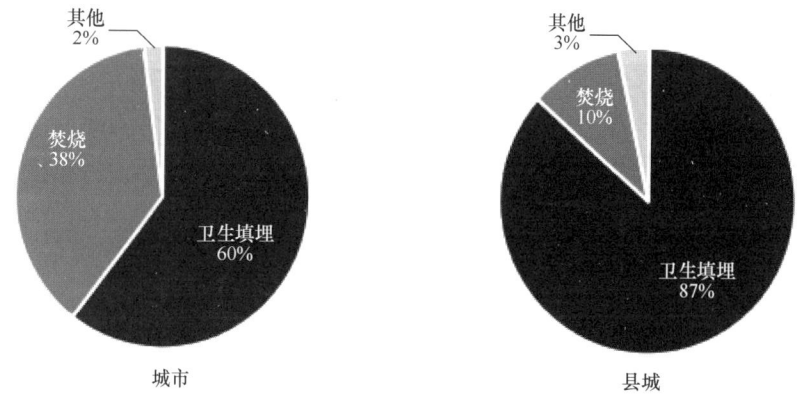

图 6-32　2016 年城市与县城生活垃圾无害化处理量构成对比

资料来源：《中国城乡建设统计年鉴》编委会. 中国城乡建设统计年鉴（2016）［M］. 北京：中国统计出版社，2018。

（三）各地域垃圾无害化处理能力和处理量

图 6-33 展示了 2016 年各地域垃圾无害化处理能力分布，从该图可知，东部地区的垃圾无害化处理能力高于中部与西部之和，占比接近 60%。

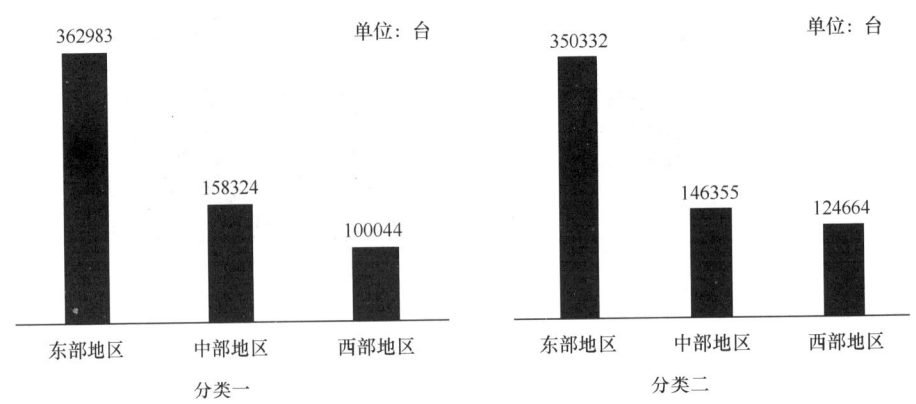

图 6-33　2016 年各地域垃圾无害化处理能力分布

资料来源：《中国城乡建设统计年鉴》编委会. 中国城乡建设统计年鉴（2016）[M]. 北京：中国统计出版社，2018。

图 6-34 展示了 2016 年各地域垃圾无害化处理量分布，从该图可知，东部地区的垃圾无害化处理量高于中部与西部之和，占比接近 60%。

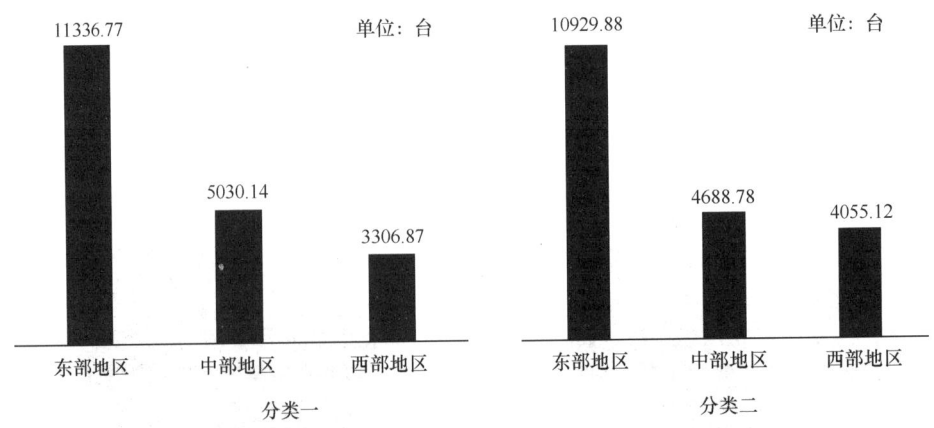

图 6-34　2016 年各地域垃圾无害化处理量分布

资料来源：《中国城乡建设统计年鉴》编委会. 中国城乡建设统计年鉴（2016）[M]. 北京：中国统计出版社，2018。

(四) 垃圾处理费

2007～2016 年城市和县城垃圾处理费收入如图 6-35 所示，无论是城市垃圾处理费还是县城垃圾处理费均逐年上升。2016 年城市垃圾处理费收入达到 963049 万元，增幅 21.32%；县城垃圾处理费收入达到 225866 万元，增幅 9.71%。

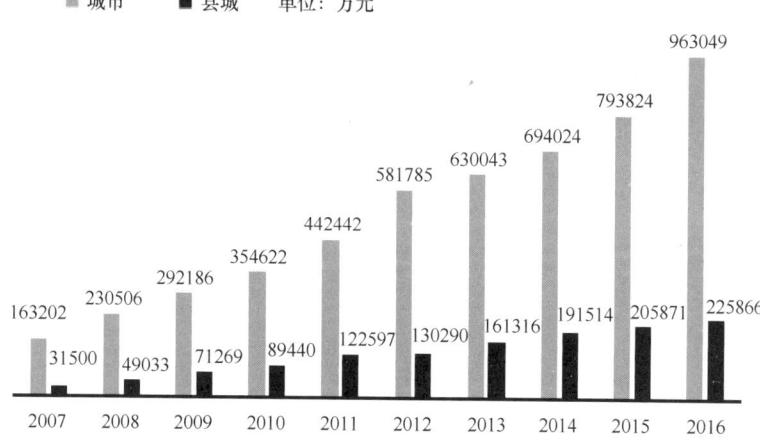

图 6-35 历年城市和县城垃圾处理费收入

资料来源：《中国城乡建设统计年鉴》编委会. 中国城乡建设统计年鉴（2016）[M].
北京：中国统计出版社，2018。

二、垃圾卫生填埋场处理能力及处理量

(一) 增长现状

图 6-36 展现了 2007～2016 年城市垃圾卫生填埋无害化处理能力和处理量的发展状况，经过 10 年的发展，我国城市垃圾卫生填埋无害化处理能力从214129 吨/日提升到 350103 吨/日，十年间增长了 63.5%，16 年增长率较 15 年有所下降，为 1.73%；城市垃圾卫生填埋无害化处理量由一年 7663.58 万吨到一年 11866.45 万吨，十年间增长了 54.8%。16 年的增长率为 3.34%。

图 6-37 展现了 2007～2016 年县城垃圾卫生填埋无害化处理能力和处理量的发展状况，经过 10 年的发展，我国县城垃圾卫生填埋无害化处理能力从17890 吨/日提升到 160738 吨/日，十年间增长了 798.5%，2016 年增长率为1.98%，低于 15 年增长率（7.31%）；垃圾卫生填埋无害化处理量由一年452.99 万吨到一年 4913.49 万吨，十年间增长了 984.7%，2016 年增长率从2015 年的 10.01% 下降为 4.80%。

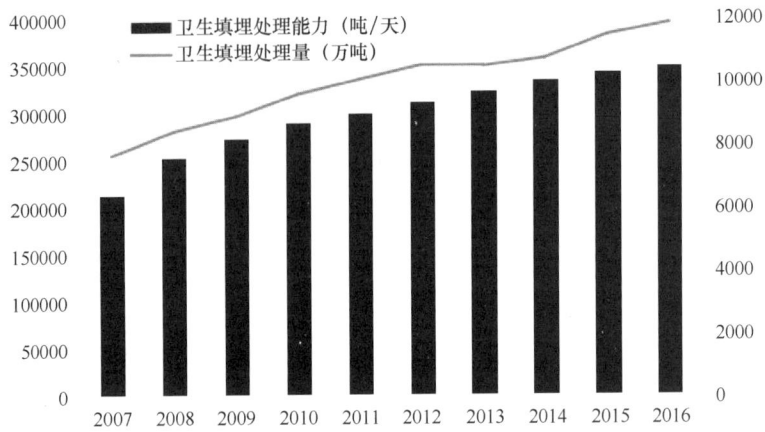

图 6-36　历年城市垃圾卫生填埋无害化处理能力和处理量

资料来源：《中国城乡建设统计年鉴》编委会. 中国城乡建设统计年鉴（2016）［M］.
北京：中国统计出版社，2018。

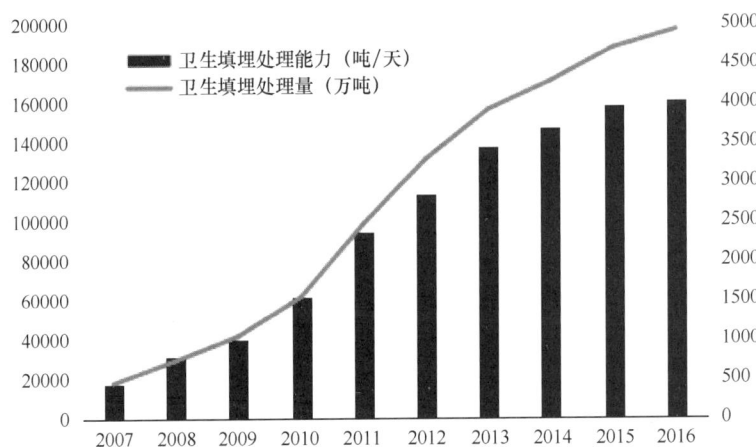

图 6-37　历年县城垃圾卫生填埋无害化处理能力和处理量

资料来源：《中国城乡建设统计年鉴》编委会. 中国城乡建设统计年鉴（2016）［M］.
北京：中国统计出版社，2018。

（二）地域分布

截至 2016 年 12 月底，我国各省份运营中的垃圾填埋场分布情况如表 6-2 所示。该表显示出，国内的垃圾填埋场主要集中在人口密度较大、分布相对集中的东部发达地区[①]，占全国填埋总处理能力的 28.85%。其中东部发达地区由于其

---

① 袁文祥、邰俊. 2014 年生活垃圾填埋处理进展［J］. 固废观察，2015 年 12 月 10 日。

经济发展水平较高，带动了其垃圾焚烧技术的大力发展，其填埋处理能力平均在42.48％，占各地区无害化设施处理总能力的比重是最低的，且其中占比最低的是浙江省，低至28.10％。大部分如北京、上海等经济相对发达的城市都规划了原生垃圾达到零填埋的指导目标，且目前已经开始大量垃圾焚烧设施地建设工作，待到这些垃圾焚烧设施全部投入到城市中的运行使用后，预计未来这些城市的焚烧能力将超过90％，从而会大大降低垃圾填埋的比重。在2016年的数据中，西部、中部和东北地区占各地区无害化设施处理总能力的比重也是相对较高，分别为70.48％、73.92％、74.10％，但是其中部分地区依然全部采用垃圾填埋处理方式，他们的垃圾焚烧项目或部分即将投运或在建中或是还在规划中，如青海、宁夏、新疆、江西、甘肃等。

《"十二五"全国城镇生活垃圾无害化处理设施建设规划》计划全国城镇生活垃圾的焚烧处理设施能力于2015年能够超过无害化处理总能力的35％，其中东部地区的城镇生活垃圾焚烧处理能力超过48％。随着在建焚烧设施的投入运行及新增规划将来的运作，将进一步降低我国城镇的垃圾填埋比例。相较于技术型的垃圾处理方式而言，填埋场的建设和运行投入成本相对较低，从而针对中西部等相对欠发达地区而言，填埋场目前仍是垃圾处理的主要选择。2016年各地域垃圾卫生填埋处理能力分布如表6-2所示。目前西部地区新增填埋场的数量占达全国总量的60％，是我国垃圾填埋场增建数量最多的地区。目前，东部地区填埋处理能力呈现出低幅的负增长的趋势。

2016 年各地域垃圾卫生填埋处理能力分布　　　　表 6-2

地域	省份	处理能力 （吨/日）	处理能力占所在地区总能力比例		2016 年新增 处理能力
东部	浙江	13558	28.10％	42.48％	－1032
	江苏	22310	40.27％		
	广东	39972	56.13％		
	山东	20074	47.25％		
	福建	5865	30.18％		
	河北	12480	53.93％		
	上海	11230	47.73％		
	天津	5100	47.22％		
	北京	9141	37.55％		
	海南	2233	36.41％		

续表

地域	省份	处理能力（吨/日）	处理能力占所在地区总能力比例		2016 年新增处理能力
中部	湖北	11340	45.91%		
	安徽	9037	54.91%		
	山西	9644	68.21%	70.48%	350
	河南	19907	80.05%		
	湖南	18833	92.46%		
	江西	9865	100.00%		
西部	四川	12400	59.85%		
	云南	4179	42.91%		
	广西	8851	86.44%		
	重庆	7353	61.50%		
	内蒙古	9619	87.11%		
	贵州	6890	70.74%	73.92%	4078
	西藏	1151	0.00%		
	陕西	16425	88.91%		
	甘肃	4919	100.00%		
	青海	2253	100.00%		
	宁夏	2960	100.00%		
	新疆	8843	100.00%		
东北	辽宁	22513	88.61%		
	吉林	9395	67.15%	74.10%	2572
	黑龙江	11763	75.55%		

资料来源：《中国城乡建设统计年鉴》编委会. 中国城乡建设统计年鉴（2016）[M]. 北京：中国统计出版社，2018。

三、垃圾焚烧厂处理能力及处理量

（一）增长现状

"十二五"的五年是国内生活垃圾焚烧处理量快速增长的时期。据相关的数据统计，2016 年，我国所有城市和县城合计拥有高达 27.850 万吨/日垃圾焚烧处理能力，预计 2020 全国生活垃圾焚烧处理能力将达到 40 万吨/日以上，2025 年全国生活垃圾焚烧处理能力将达到 50 万吨/日，国内的垃圾焚烧处理设施的需求将达到相对稳定状态。《"十二五"全国城镇生活垃圾无害化处理设施建设规划》计划在"十二五"规划结束时全国垃圾焚烧能力达到 30.72 万吨/日。虽然全国的垃圾焚烧总能力在 2015 年底还在 23.3 万吨/日，但是目前在建的垃圾焚烧项目仍有 10 万吨/日左右的垃圾焚烧能力，算上该部分处理能力，我国基本上能够完成规划建设规模。

图 6-38 呈现了自 2007 年～2016 年，国内城市垃圾焚烧厂的无害化处理能力和焚烧垃圾量的发展趋势状况，国内的城市垃圾焚烧厂无害化处理能力实现将近六倍的能力扩充，从 2007 年的 44682 吨/日发展到 2016 年的 255850 吨/日，且每年的垃圾处理增长率也在逐步提升，近年来一直保持着较高的增长率，2016年增长率达到了 16.78%；国内的城市垃圾焚烧厂无害化垃圾处理量也由 2007年的 1435.05 万吨到 2016 年的 7378.42 万吨，保持了较高的增长速率，2016 年增长率也达到了 19.48%。与十一五规划期末的状况相比，十二五期间的我国焚烧设施的数量年平均增长率达到 15.8%，垃圾焚烧处理能力的年平均增长率达到 21.12%，垃圾焚烧处理量的年平均增长率达到 21.02%。

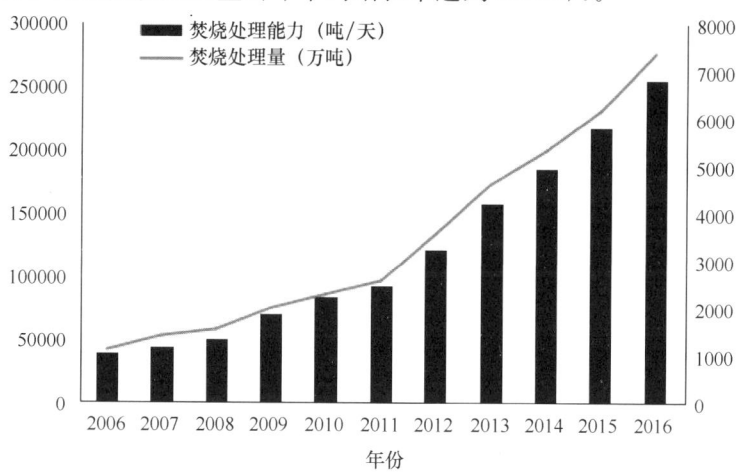

图 6-38 历年城市垃圾焚烧处理能力及处理量

资料来源：《中国城乡建设统计年鉴》编委会. 中国城乡建设统计年鉴（2016）[M]. 北京：中国统计出版社，2018。

图 6-39 呈现了自 2007 年～2016 年，县城垃圾焚烧厂无害化垃圾处理能力和垃圾处理量的发展趋势状况，10 年的技术和经济的发展，使得我国县城垃圾焚烧厂无害化垃圾处理能力由 2007 年的 115 吨/日提升到 2016 年的 22352 吨/日，而相较于城市的垃圾焚烧，县城的垃圾焚烧增长趋势较不稳定，2015 年增长率为 10.24%，但是 2016 年达到了 38.45%；县城垃圾焚烧厂无害化处理量由2007 年的 10.91 万吨提升到 2016 年的 578.15 万吨，也一直呈现着较不稳定的

增长速率，2016 年增长率达到 44.02%。但就绝对总量上而言，县城垃圾焚烧垃圾能力及其处理量和城市还有相当巨大的差距。

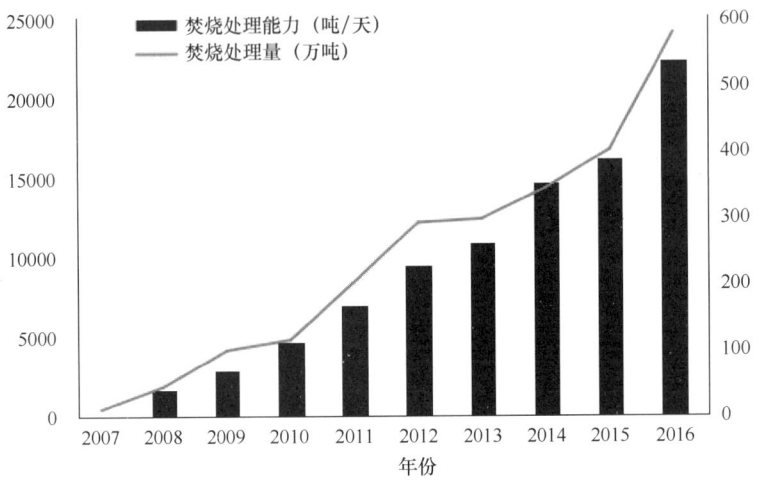

图 6-39　历年县城垃圾焚烧处理能力及处理量

资料来源：《中国城乡建设统计年鉴》编委会. 中国城乡建设统计年鉴（2016）［M］.北京：中国统计出版社，2018。

（二）处理量占比

图 6-40 展示了我国历年城市和县城垃圾焚烧量在无害化处理垃圾总量当中的占比，由图中可知，城市垃圾焚烧处理的垃圾总量占比在逐年攀升，但县城这一现象却不明显。

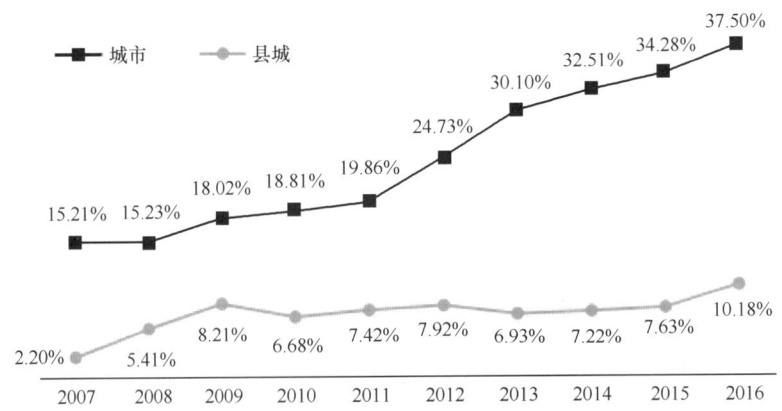

图 6-40　历年城市和县城生活垃圾无害化焚烧量占比

资料来源：《中国城乡建设统计年鉴》编委会. 中国城乡建设统计年鉴（2016）［M］.北京：中国统计出版社，2018。

（三）地域分布

表6-3列出了2016年我国各省份生活垃圾无害化焚烧处理能力分布，浙江、江苏、福建、天津、海南、安徽、云南等7个省市的生活垃圾无害化焚烧占比超过50%，焚烧已成为上述地区垃圾无害化处理的主要处理方式。

2016年各地域生活垃圾无害化焚烧处理能力分布　　表 6-3

地域	省份	处理能力（吨/日）	处理能力占所在地区总能力比例		2016年新增处理能力（吨/日）
东部	浙江	34492	71.49%	53.98%	15169
	江苏	33093	59.73%		
	广东	30045	42.19%		
	山东	20550	48.37%		
	福建	13066	67.24%		
	河北	10100	43.65%		
	上海	11300	48.02%		
	天津	5700	52.78%		
	北京	10400	42.73%		
	海南	3900	63.59%		
中部	湖北	12521	49.81%	28.67%	4990
	安徽	9050	50.04%		
	山西	3812	28.33%		
	河南	4850	19.59%		
	湖南	4180	18.16%		
	江西	640	6.09%		
西部	四川	12100	49.39%	26.01%	14561
	云南	6900	62.28%		
	广西	3800	30.04%		
	重庆	4400	37.44%		
	内蒙古	2350	19.63%		
	贵州	2400	25.83%		
	西藏	—	—		
	陕西	1500	8.30%		
	甘肃	2921	37.26%		
	青海	0	0.00%		
	宁夏	1500	33.63%		
	新疆	800	8.30%		

地域	省份	处理能力 （吨/日）	处理能力占所在地区总能力比例		2016 年新增 处理能力（吨/日）
东北	辽宁	1780	6.95%		
	吉林	4700	31.14%	18.83%	2050
	黑龙江	3000	18.40%		

资料来源：《中国城乡建设统计年鉴》编委会. 中国城乡建设统计年鉴（2016）［M］. 北京：中国统计出版社，2018。

（四）工艺与规模

为了让垃圾焚烧更加环保，业界人士提出了"蓝色焚烧"的新概念：（1）它具有更严格的烟气排放指标，如二噁英排放浓度降低为 0.01ng TEQ/Nm^3，较欧盟标准严格 10 倍；（2）它具有更显著的能源利用效率，能量消耗大幅降低，发电效率明显提高；（3）它具有更先进的资源综合利用，实现污水近零排放及固废协同处理；（4）它具有更透明的企业运行情况，建设数字化工厂，污染物排放实时公开上网；（5）它具有更完善的公用服务设施，设置社区中心和补偿机制回馈周边居民[1]。不过，目前真正启动"蓝色焚烧"的企业仍十分有限，大部分企业仍在摸着石头过河。

目前我国的炉排炉工艺仍在炉型工艺选择上占据市场主流地位[2]。炉排炉设施的处理规模浮动相当大，每日处理能力在 350～3000 吨之间不等（单期投运规模），日平均的处理规模达 896.7 吨，其中吨投资达平均 39.7 万元/吨，依然较高；流化床工艺每日处理能力在 200～1700 吨不等，日平均处理规模达 887.8 吨，相较于炉排炉，它的平均处理能力是很接近的，但吨投资却相对较低，平均仅约 33.9 万元/吨。由于中西部地区的煤炭资源丰富，采用流化床技术的焚烧厂主要分布在中西部地区，以及东部地区地级市；另外针对流化床焚烧炉垃圾贴费较低的特点，流化床焚烧炉较适宜于中型城市。针对目前城市发展土地资源的限制，焚烧设施存在着选址难等客观因素，因而焚烧设施完成选址工作后，主管部门会避免重复选址，往往更倾向于建造大规模的焚烧设施，技术本身自带的规模效应，也引导着我国不断出现规模越来越大的焚烧厂。目前单次投运规模最大的是北京鲁家山、上海老港一期、深圳宝安的二期项目，垃圾处理规模达到 3000

---

① 陈湘静，《"十三五"垃圾处理设施需打造"升级版"》，《中国环境报》，2016 年 1 月 19 日，http://www.cenews.com.cn/sylm/hjyw/201601/t20160119_801558.htm

② 陈善平，张瑞娜，贾川. 2014 年生活垃圾焚烧处理进展［J］. 固废观察，2015 年 12 月 9 日。

吨/日；深圳宝安的一二期合计规模 4200 吨/日，拟建三期项目规模达 3800 吨/日；苏州垃圾焚烧发电项目的一二三期垃圾处理规模合计 3550 吨/日；上海老港拟建二期项目垃圾处理规模预计达 6000 吨/日。

我国已经投入运营的垃圾焚烧电厂中采用炉排炉的焚烧发电厂有 100 座，合计处理能力达到 9.7 万吨/日，装机容量达到 1730MW；采用流化床的焚烧发电厂有 64 座，合计处理能力为 5.6 万吨/日，装机容量达到 1420MW；其余部分为热解炉和回转窑炉。

（五）焚烧发电量

根据《2016 年中国垃圾发电装机容量及无害化处理规模分析》的统计与分析①，我国垃圾焚烧发电的装机容量在 2015 年达到 530 万千瓦。根据国家统计局公布信息，我国 2016 年前 7 个月的垃圾焚烧发电量达到 124.9 亿千瓦时，增长 17.8%。2012～2016 年我国垃圾焚烧发电的装机容量以及 2017～2021 年预测装机容量如图 6-41 所示。

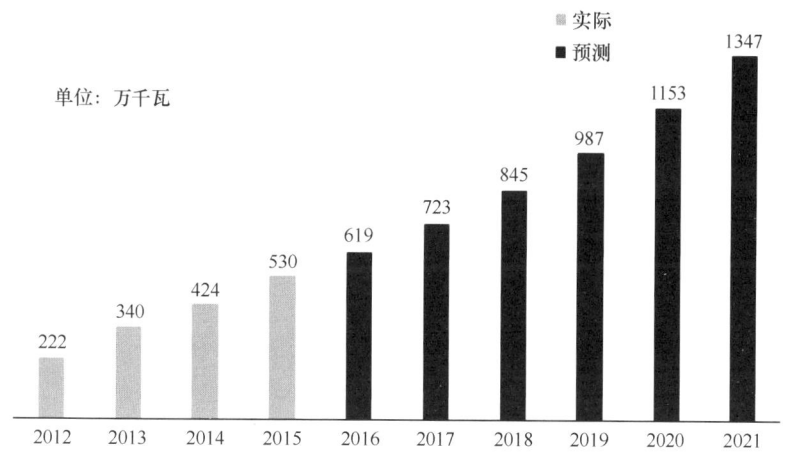

图 6-41　我国历年垃圾焚烧发电的装机容量

资料来源：《中国城乡建设统计年鉴》编委会. 中国城乡建设统计年鉴（2016）[M]. 北京：中国统计出版社，2018。

---

① 《2016 年中国垃圾发电装机容量及无害化处理规模分析》，《中国产业经济》，2016 年 8 月 7 日，http://www.cn-hw.net/html/china/201608/54711_3.html

第三节 垃圾处理行业的发展成效

一、垃圾清运和道路清扫的发展成效

伴随着多年的城市发展，导致国内城市生活垃圾累积堆存量正逐年增加，已达 80 亿吨，占地达 80 多万亩之多，且目前城市垃圾产生量仍以 5％～8％的速度在逐步增长，占地量也以平均每年 4.8％的速度持续增加中，预计 2020 年，城市垃圾产量将增长至约 3.23 亿吨[①]。全国 668 个城市中，有 2/3 的城市被垃圾包围着，1/4 的城市垃圾填埋堆放场地已接近服役时限或已超过服役时限。

由于生活垃圾产生量在统计时不易取得，常用用垃圾清运量代替。图 6-42 展示了历年城市垃圾清运量和密闭车清运量，从该图可知城市垃圾清运量和密闭

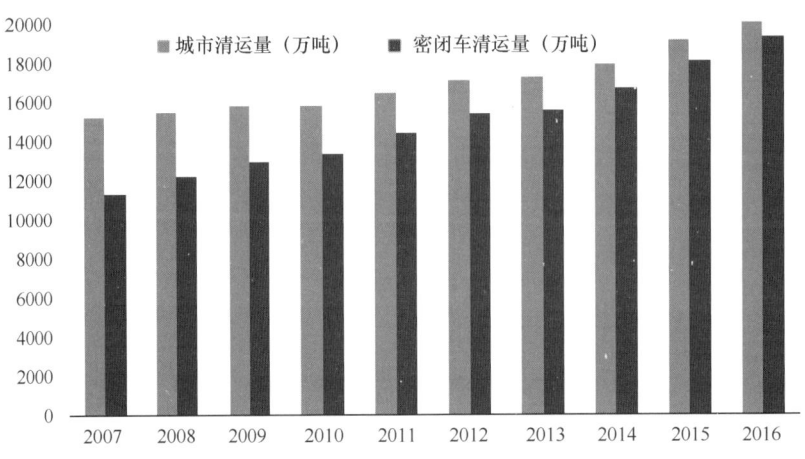

图 6-42　历年城市垃圾清运量和密闭车清运量

资料来源：《中国城乡建设统计年鉴》编委会. 中国城乡建设统计年鉴（2016）［M］. 北京：中国统计出版社，2018。

车清运量在逐年上升，2016 年城市垃圾清运量达到 20362.01 万吨，增长率为 6.37％；密闭车清运量达到 19256.18 万吨，增长率为 6.86％。此外，根据秦成在《我国城市生活垃圾处理现状及清运量预测研究》中运用变权组合模型预测，

---

① 张世祥. 垃圾焚烧这一年：停不下来的脚步　不断走低的价格［N］. 新华网，2015，12，18.

我国城市垃圾清运量在 2023 年将达到 22714.83 万吨，2014～2023 年呈现缓慢的增长过程，平均每年增加 474.23 万吨，平均增长率为 2.79％①。

图 6-43 展示了历年县城垃圾清运量和密闭车清运量，从该图可知县城垃圾清运量和密闭车清运量在逐年上升，2016 年县城垃圾清运量达到 6665.5 万吨，增长率为 0.16％；密闭车清运量达到 5338.40 万吨，增长率为 5.46％。县城密闭车垃圾清运量占总清运量比例（2016 年为 80.09％）明显低于城市（2016 年为 94.57％）。

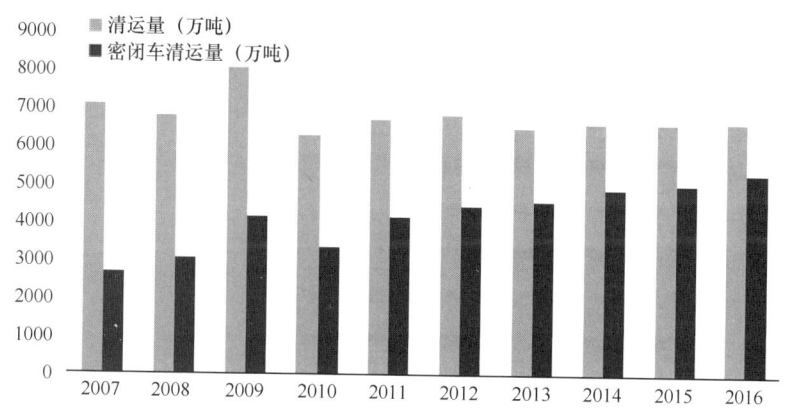

图 6-43 历年县城垃圾清运量和密闭车清运量

资料来源：《中国城乡建设统计年鉴》编委会. 中国城乡建设统计年鉴（2016）［M］. 北京：中国统计出版社，2018。

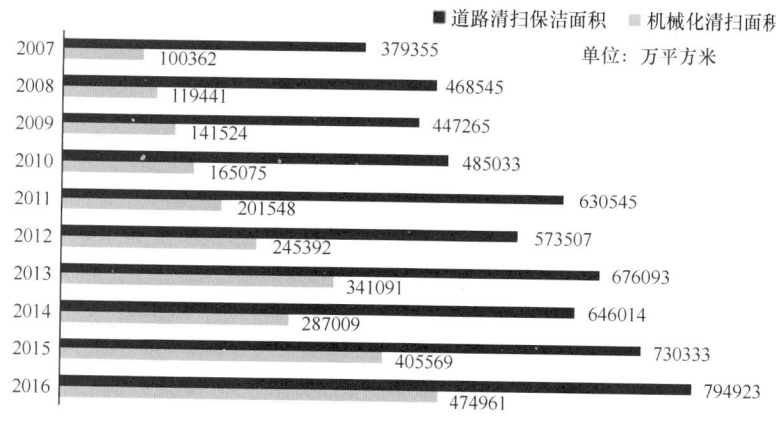

图 6-44 历年城市道路清扫保洁面积与机械化清扫面积

资料来源：《中国城乡建设统计年鉴》编委会. 中国城乡建设统计年鉴（2016）［M］. 北京：中国统计出版社，2018。

① 秦成. 我国城市生活垃圾处理现状及清运量预测研究［D］. 天津：天津财经大学，2015 年。

由图 6-44 可知，我国城市道路清扫保洁面积和机械化清扫面积整体上保持上升趋势，在 2016 年清扫面积达到 794923 万平方米，增长率达到 8.84%；机械化清扫面积达到 474961 万平方米，增长率达到 17.11%。

由图 6-45 可知，我国县城道路清扫保洁面积和机械化清扫面积也呈现稳步提升之势，在 2016 年清扫面积达到 250622 万平方米，增长率达到 5.24%；机械化清扫面积达到 127045 万平方米，增长率达到 23.08%。机械化清扫面积的增长幅度超过了城市，清扫面积增长幅度低于城市。

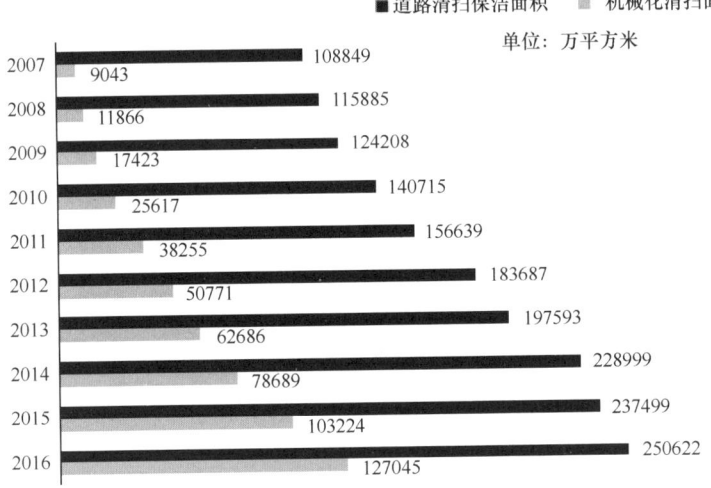

图 6-45　历年县城道路清扫保洁面积与机械化清扫面积

资料来源：《中国城乡建设统计年鉴》编委会. 中国城乡建设统计年鉴（2016）[M]. 北京：中国统计出版社，2018。

二、机械化清扫和密闭车清运的发展成效

对于道路清扫机械化比率，虽然我国东部、中部、西部和东北的道路清扫机械化比率都在不断上升，但由于地域经济发展的不平衡，东部地区的机械化清扫率始终处于最高点。图 6-46 展示了 2015～2016 年各地域道路清扫机械化比率，从该图可知无论是 2015 年还是 2016 年，各地域道路清扫机械化比率的排序始终是东部＞中部＞西部＞东北。

图 6-47 展示了 2015～2016 年各地域密闭车清运比率，从该图可知无论是 2015 年还是 2016 年，各地域密闭车清运比率的排序始终是东部＞西部＞中部＞东北，这与道路清扫机械化发展状况有所差异。

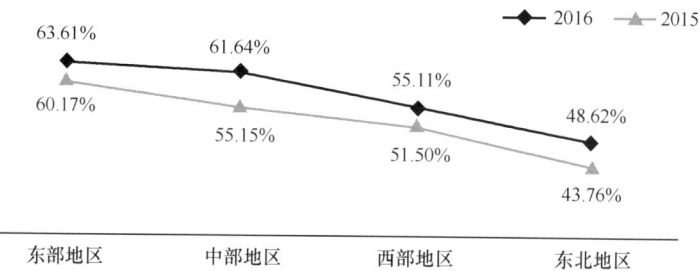

图 6-46　2015～2016 年各地域道路清扫机械化比率对比

资料来源：《中国城乡建设统计年鉴》编委会. 中国城乡建设统计年鉴（2016）[M]. 北京：中国统计出版社，2018。

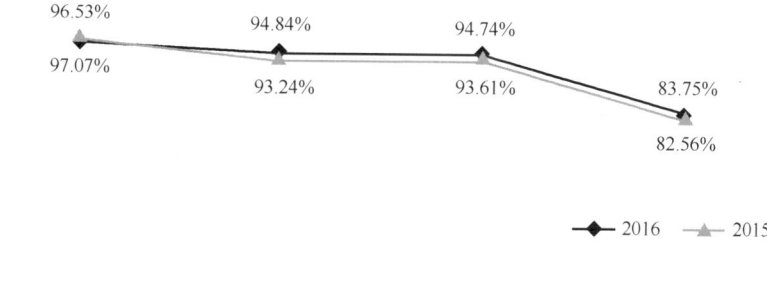

图 6-47　2015～2016 年各地域密闭车清运比率对比

资料来源：《中国城乡建设统计年鉴》编委会. 中国城乡建设统计年鉴（2016）[M]. 北京：中国统计出版社，2018。

三、垃圾处理和无害化处理的发展成效

随着垃圾行业的蓬勃发展，我国道路清扫量、生活垃圾处理率和无害化处理率都达到了相当高的水平①。2007 年～2016 年城市生活垃圾处理率和无害化处理率如图 6-48 所示，城市生活垃圾处理率和无害化处理率逐年上升，垃圾处理率已从 2007 年的 80.92％上升到 2016 年的 98.45％；垃圾无害化处理率从 2007 年的 62.03％上升到 2016 年的 96.62％。

2007 年～2016 年县城生活垃圾处理率和无害化处理率如图 6-49 所示，县城生活垃圾处理率和无害化处理率逐年上升，垃圾处理率已从 2007 年的 38.75％

---

①　道路清扫状况参见本章第二节第五部分。

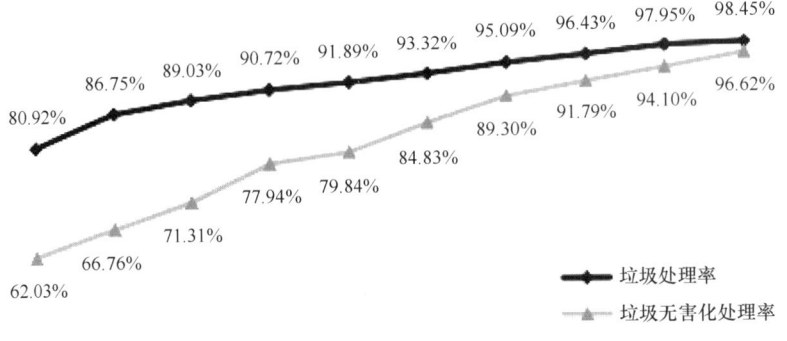

图 6-48　历年城市生活垃圾处理率和无害化处理率

资料来源：《中国城乡建设统计年鉴》编委会. 中国城乡建设统计年鉴（2016）［M］. 北京：中国统计出版社，2018。

上升到 2016 年的 93.01%；垃圾无害化处理率从 2007 年的 6.98% 上升到 2016 年的 85.22%。相较于城市而言，县城生活垃圾处理率和无害化处理率起步较低，但上升较快，目前还低于城市生活垃圾处理率和无害化处理率。

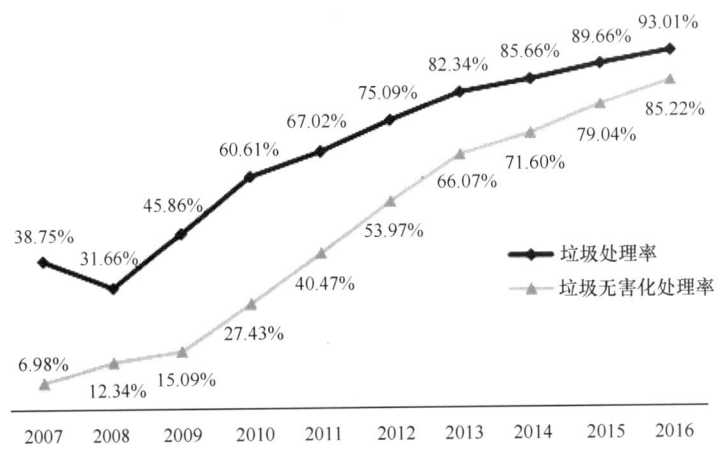

图 6-49　历年县城生活垃圾处理率和无害化处理率

资料来源：《中国城乡建设统计年鉴》编委会. 中国城乡建设统计年鉴（2016）［M］. 北京：中国统计出版社，2018。

我国无害化处理能力及处理量的具体发展成效见本章第二节第一部分。垃圾无害化处理能力的具体发展成效参见本章第二节第二部分、第三部分。

四、垃圾分类收集和管理的发展成效

生活垃圾收集方式有两种，第一种方式是混合收集，第二种方式是分类收集的方式。由于对垃圾进行混合收集有诸多不足：（1）混合垃圾中有一些有利用价值的、可直接回收利用的物质，比如塑料、废纸等等，这些物质如果和其他垃圾一样被直接处理掉，会造成很大的资源浪费；（2）混合垃圾中所包含的一些危害较大的物质（如日光灯、废旧电池和报废电器等），这些物质在一定程度上增加了垃圾无害化处理的难度，而且容易污染居民的生活环境，不利于城市建设的发展[①]。中国过去一直以混合收集方式为主，近年来开始大力推动垃圾分类收集。《城市生活垃圾分类及其评价标准》CJJ/T 102—2004 和《生活垃圾分类标志》GB/T 19095—2008 先后进行了发布。全国 36 个大城市也根据本市情况推出了生活垃圾分类标准，详情如表 6-4 所示。

各大城市的垃圾分类标准　　　　　　　　　　　　　　　　表 6-4

城市	类别	分类标准
大连	4 类	可回收垃圾、餐厨垃圾、大型垃圾、其他垃圾
广州	4 类	可回收垃圾、餐厨垃圾、有害垃圾和其他垃圾
天津	4 类	可回收垃圾、厨余垃圾、有毒有害垃圾、其他垃圾
北京	3 类	可回收物、厨余垃圾（餐厨垃圾）、其他垃圾
上海	4 类	可回收物、有害垃圾、湿垃圾和干垃圾
武汉	3 类	可回收垃圾、不可回收垃圾、有毒垃圾
沈阳	4 类	可回收垃圾、不可回收垃圾、有害垃圾、其他垃圾
南京	4 类	可回收物、有害垃圾、其他垃圾、厨余垃圾
哈尔滨	2 类	可回收物、不可回收物
太原	4 类	可回收垃圾、可堆肥垃圾、可燃垃圾、有害垃圾
重庆	2 类	可回收垃圾、不可回收垃圾
青岛	6 类	餐厨垃圾、有害垃圾、可回收物、装修垃圾、大件垃圾、其他垃圾
成都	5 类	餐厨垃圾、可堆肥垃圾、可回收垃圾、有毒有害垃圾、其他垃圾
西安	2 类	可回收垃圾、不可回收垃圾
济南	4 类	厨余垃圾、可回收垃圾、有害垃圾、不可回收垃圾
长春	2 类	可回收垃圾、不可回收垃圾
长沙	4 类	可回收垃圾、不可回收垃圾、有害垃圾、厨房垃圾

---

① 陈泽伦. 关于经济建设与生态城市建设的研究［J］. 城市建设理论研究（电子版），2013（21）。

续表

城市	类别	分类标准
杭州	4类	有害垃圾、可回收物、厨余垃圾、其他垃圾
深圳	4类	可回收物、厨余垃圾、有害垃圾、其他垃圾
乌鲁木齐	3类	餐厨垃圾、可回收垃圾、有害垃圾
郑州	3类	干垃圾、湿垃圾、餐厨垃圾
昆明	3类	可回收垃圾、有害垃圾、其他垃圾
兰州	2类	可回收垃圾、不可回收垃圾
贵阳	2类	可回收垃圾、不可回收垃圾
合肥	2类	干垃圾、湿垃圾
石家庄	4类	可回收垃圾、不可回收垃圾、有害垃圾、厨房垃圾
福州	2类	可回收垃圾、不可回收垃圾
南宁	3类	餐厨垃圾、可回收垃圾、不可回收垃圾
宁波	4类	厨余垃圾、可回收物、有害垃圾、其他垃圾
呼和浩特	3类	可回收垃圾、不可回收垃圾、有害垃圾
厦门	3类	有害垃圾、餐厨垃圾（湿垃圾）、其他垃圾（干垃圾，含可回收物）
南昌	2类	可回收垃圾、不可回收垃圾
海口	2类	有毒有害、废弃玻璃、可回收、不可回收
西宁	3类	可回收垃圾、不可回收垃圾、需要特别处理的有毒垃圾
银川	4类	干垃圾、湿垃圾、再生资源垃圾、有毒有害垃圾
拉萨	4类	可回收垃圾、厨余垃圾、有害垃圾、其他垃圾

资料来源：中国城市环境卫生协会，2013年中国城市环境卫生行业发展报告，2014年5月。

以北京市为例，起2017年1～10月垃圾分类工作进展和成效如下[①]。(1) 示范片区范围。2017年，垃圾分类示范片区共涉及全市19个街道、527个社区的6231个垃圾分类管理责任主体，其中包括1594个小区、679个机关单位、186家医院、312所学校、3460个经营场所，覆盖人口892944户，共2512824人。(2) 强制分类范围。2017年，北京率先在134家中央单位、27家驻京部队、118家市直机关、1700余家区属机关，以及3家国有企业、3家学校、3家医院开展强制分类工作，形成党政机关带头落实的居民。(3) 分出效果方面。2017年1月份～10月份，各区共分出厨余垃圾15.36万吨，餐厨垃圾21.36万吨，大件垃圾1万余吨，有害垃圾11.38吨，旧衣物3380.7吨。(4) 人员配备方面。目前，各区共有垃圾分类指导员17849人（1～10月新增2883

---

① 北京市城市管理委员会：《北京市生活垃圾分类工作进展》，2017年12月5日，http://zhengwu.beijing.gov.cn/jiedu/zxjd/t1501054.htm

人），垃圾分类宣传员 6704 人，垃圾分类督导员 3316 人。（5）硬件配备方面。各区共配发分类收集容器 81484 个，其中居住区配备 67977 个，强制分类单位配备 12510 个，配备有害垃圾收集容器 997 个；共配发分类收集车辆 2770 辆，其中电动三轮车 1655 辆，电瓶车 329 辆，其他车辆 786 辆；共购买新增分类运输车辆 851 辆，其中厨余垃圾运输车 191 辆，餐厨垃圾运输车 335 辆，其他运输车辆 325 辆。（6）动员宣传方面。各区共组织宣传活动 10275 场，其中区级宣传 934 场，街道组织 1507 场；组织培训活动 996 场，其中区级培训 385 场，街道组织培训 611 场。（7）体制改革方面。各区积极引导社会化专业公司参与垃圾分类工作，2017 年各区共招标 216 包，其中区级招标 51 包，街道自行招标 161 包，其他招标 4 包。通州、房山、平谷等三个区的环卫中心已改制，由北京环卫集团在区里设立了相应的分公司。（8）举报监督方面。各区均建立了垃圾分类举报、公众监督制度。2017 年，各区共开展垃圾分类执法检查 1468 次，其中对强制分类单位执法检查 307 次。（9）资金保障方面。2017 年，各区共投入垃圾分类资金 3.23 亿元，其中示范片区投入 9580.353 万元。

总体上说我国从 2000 年选定 8 个城市开始试点垃圾分类以来已经过去了 18 年，然而分类效果并不太乐观。尽管一些城市开展生活垃圾分类取得了一些成效，如提高了民众垃圾分类的意识，深化了民众对垃圾分类的认识，但总的来说未来垃圾分类还有很长的路要走。2017 年 3 月 30 日，国务院办公厅转发国家发展改革委、住房城乡建设部《生活垃圾分类制度实施方案》的通知，明确以下 46 个重点城市的城区范围内在 2020 年底前先行实施生活垃圾强制分类，如表 6-5 所示。此外，《通知》还要求，从规范生活垃圾分类投放，规范生活垃圾分类收集，加快配套分类运输系统，加快建设分类处理设施等方面着手，加快推进生活垃圾分类处理系统建设。可以预见，未来的垃圾分类工作会大大推进。

先行实施生活垃圾强制分类的城市　　　　　　　　　　　　　　　表 6-5

城市类别	城市名单举例
直辖市、省会城市和计划单列市	北京、上海、天津、重庆、深圳、大连、青岛、宁波和厦门，各省省会城市
住房城乡建设部等部门确定的第一批生活垃圾分类示范城市	河北省邯郸市、江苏省苏州市、安徽省铜陵市、江西省宜春市、山东省泰安市、湖北省宜昌市、四川省广元市、四川省德阳市、西藏自治区日喀则市、陕西省咸阳市
鼓励各省（区）结合实际，选择本地区具备条件的城市实施生活垃圾强制分类	国家生态文明试验区、各地新城新区

资料来源：国务院办公厅《生活垃圾分类制度实施方案》（国办发〔2017〕26 号），2017 年 03 月 30 日。

第四节　垃圾处理行业监管体制改革

一、垃圾处理行业监管机构

（一）中央机构

2011 年国务院批转住房城乡建设部等 16 个部门（住房城乡建设部、环境保护部、发展改革委、教育部、科技部、工业和信息化部、监察部、财政部、人力资源社会保障部、国土资源部、农业部、商务部、卫生部、税务总局、广电总局、中央宣传部）的《关于进一步加强城市生活垃圾处理工作意见的通知》（国发〔2011〕9号），明确了生活垃圾处理行业的各管理部门分工。具体内容如下：住房城乡建设部负责城市生活垃圾处理行业管理，牵头建立城市生活垃圾处理部际联席会议制度，协调解决工作中的重大问题，健全监管考核指标体系，并纳入节能减排的考核工作；环境保护部负责生活垃圾处理设施环境影响评价，制定污染控制标准，监管污染物排放和有害垃圾处理处置；发展改革委会同住房城乡建设部、环境保护部编制全国性规划，协调综合性政策；科技部会同有关部门负责生活垃圾处理技术创新工作。工业和信息化部负责生活垃圾处理装备自主化工作；财政部负责研究支持城市生活垃圾处理的财税政策；国土资源部负责制定生活垃圾处理设施用地标准，保障建设用地供应；农业部负责生活垃圾肥料资源化处理利用标准制定和肥料登记工作；商务部负责生活垃圾中可再生资源回收管理工作。

（二）地方机构

在地方层面，城市生活垃圾处理工作实行省（区、市）人民政府负总责、城市人民政府抓落实的工作责任制。省（区、市）人民政府对所属城市人民政府实行目标责任制管理，加强监督指导。城市人民政府把城市生活垃圾处理纳入重要议事日程，加强领导，切实抓好各项工作。省（区、市）住房城乡建设部和省（区、市）环保部门负责生活垃圾的具体管理，其中省（区、市）住房城乡建设部负责生活垃圾的清运、处理处置及相关设施建设的管理，省（区、市）环保部门负责生活垃圾处理处置过程中的污染防治管理。住房城乡建设部、发展改革委、环境保护部、监察部等部门对省（区、市）人民政府的相关工作加强指导和监督检查。

二、垃圾处理行业监管制度

当前我国垃圾处理行业监管制度构成可分为垃圾处理设施的规划与投资建设监管制度、市场准入监管制度、收费和价格监管制度、运营规范监管制度、市场退出监管制度等。为了对城市垃圾处理行业进行有效监管，建设部颁布了多部监管法规，典型的如《城市生活垃圾管理办法》。这一法规制度用于监管我国垃圾处理行业的各项活动，为垃圾处理行业制度化、规范化和法律化奠定了基础。近年来出台的垃圾处理行业监管制度政策如表 6-6 所示。

国内外出台的部分垃圾处理相关政策 表 6-6

颁布时间	政策名称	颁布部门	政策主要内容
2011	《关于进一步加强城市生活垃圾处理工作的意见》（国发〔2011〕9号）	国务院	切实加大城市生活垃圾处理工作力度，提高城市生活垃圾处理减量化、资源化和无害化水平
2012	《"十二五"全国城镇生活垃圾无害化处理设施建设规划》（国办发〔2012〕23号）	国务院	提高城镇生活垃圾无害化处理水平，切实改善人居环境，根据我国城镇生活垃圾处理设施建设工作现状编制
2014	《关于开展生活垃圾分类示范城市（区）工作的通知》（国发〔2011〕9号）	住房城乡建设部、国家发展改革委、财政部等	全国范围内推进垃圾分类试点城市工作
2014	《关于促进生产过程协同资源化处理城市及产业废弃物工作的意见》（发改环资〔2014〕884号）	工业和信息化部、国家发展改革委等部门	加快城市及产业废弃物的无害化处置、资源化利用，促进生产过程协同资源化处理城市及产业废弃物工作
2015	《关于全面推进农村垃圾治理的指导意见》（建村〔2015〕170号）	住房城乡建设部	全面推进农村人居环境整治，开展农村垃圾专项治理，解决好当前农村垃圾乱扔乱放、治理滞后等问题
2015	《关于公布第一批生活垃圾分类示范城市（区）的通知》（建办城〔2015〕19号）	国家发展改革委等5部门	各示范城市在试点小区基础上，不断扩大实施范围，完善收运体系，推进垃圾分类
2016	《关于进一步加强城市生活垃圾焚烧处理工作的意见》（建城〔2017〕227号）	同国家发展改革委、环境保护部、国土资源部	指导各地高标准建设垃圾焚烧处理设施

续表

颁布时间	政策名称	颁布部门	政策主要内容
2017	《关于加快推进部分重点城市生活垃圾分类工作的通知》（建城〔2017〕253号）	住房城乡建设部	加快推进46个重点城市生活垃圾分类工作。46个重点城市均要形成若干垃圾分类示范片区，探索建立宣传发动、收运配套、设施建设等方面的工作机制
2017	《生活垃圾分类制度实施方案》（国办发〔2017〕26号）	国务院	对推进生活垃圾分类工作进行了全面部署，动员社会参与
2017	《关于推进党政机关等公共机构生活垃圾分类工作的通知》（国管节能〔2017〕180号）	国管局	鼓励从党政机关把生活垃圾分类工作扩大到所有公共机构和相关企业
2017	《关于在医疗机构推进生活垃圾分类管理的通知》（国卫办医发〔2017〕30号）	国家卫生计生委员会	鼓励从医院等率先做起，把生活垃圾分类工作扩大到所有公共机构和相关企业

资料来源：作者整理。

通过对改革开放之后30多年来中国生活垃圾处理行业监管制度及其演变的分析，中国垃圾处理行业监管制度的演变可以分为四阶段①。

第一阶段的政策主题是城市环境卫生管理，属于垃圾末端治理（即产生后的收集、中转、运输、处理）范畴。同时第一阶段主要强调政府在垃圾末端治理中的作用和责任，可以称为垃圾末端治理的低级阶段。

第二阶段的政策主题是垃圾处理产业化改革，仍然属于垃圾末端治理范畴，但由于第二阶段强调社会（包括企业、家庭）在垃圾末端处理中的责任，而不完全是政府承担垃圾末端治理的责任，可以称为垃圾末端治理的高级阶段。

第三阶段是政府整合管理阶段，它不仅注重垃圾末端治理，而且强调垃圾产生前和产生中的减量化、再利用、再循环，即垃圾整合管理，也称一体化管理。鉴于第三阶段主要强调发挥政府（包括各级政府和相关政府部门）在减量化、再利用、再循环中的作用和责任，可以称为整合管理的低级阶段。"十一五规划"末期，我国垃圾治理理念出现较大转变，开始重视垃圾源头减量、垃圾分类等前端治理工作。"十二五规划"对整合管理理念的体现更为明显，不仅重视垃圾分类与源头减量，还强调加强监督、监管，重视宣传、教育，这些都是综合治理理念的体现。"十三五规划"加强生活垃圾回收处理设施建设，强化对生活垃圾分

---

① 当然，这四个阶段之间的界限并不是很明显，并不是说一个阶段结束后才转到另一个阶段。相反，不同阶段往往交织在一起，可能一个阶段还在继续进行，另一个阶段又已开始。例如，垃圾处理产业化改革从2002年正式启动，至今还尚未完成，同时垃圾整合管理又已经开始。

类、收运、处理的全过程管理和督导，提升城市生活垃圾回收处理水平，全面推进农村垃圾治理，普遍建立村庄保洁制度，推广垃圾分类和就近资源化利用，这实质上强调了对垃圾治理的全过程的整合管理。

第四阶段是社会整合管理阶段，这一阶段强调全社会（家庭、企业和政府等）在垃圾减量化、再利用、再循环中的责任，可以称为整合管理的高级阶段。长久以来我国城市生活垃圾的治理一直由政府包办，从垃圾的收集、运输到处理的各项服务大多都是由政府直接提供。随着监管政策和垃圾处理目标的变化，垃圾处理的责任从政府转向社会，逐渐形成政府主导、社会参与的工作格局。2017年，国家发展改革委、住房城乡建设部发布的《生活垃圾分类制度实施方案》（国办发〔2017〕26号）提出，推进生活垃圾分类要遵循减量化、资源化、无害化原则，加快建立分类投放、分类收集、分类运输、分类处理的垃圾处理系统，形成以法治为基础、政府推动、全民参与、城乡统筹、因地制宜的垃圾分类制度。切实发挥政府主导作用，综合运用经济、法律、技术和必要的行政手段，着力健全激励约束机制，落实地方主体责任，把生活垃圾分类工作持续推向深入。明确企业主体责任，严格执行节能环保法律法规和标准，细化和完善管理措施，落实垃圾处理目标任务；要充分发挥市场机制作用，加大市场化机制推广力度，多渠道筹措资金，在加大对生活垃圾分类体系投入的同时，建立生活垃圾跨界转移补偿机制，完善生活垃圾收费政策，真正把垃圾分类转化为企业和各类社会主体的内在要求。

垃圾处理行业监管制度的演变可以简单地归纳为责任的转移过程。这里有两个责任：一是垃圾末端治理的责任；二是垃圾整合管理的责任。责任的转移体现为：一是垃圾末端治理的责任从政府向社会转移。例如，垃圾处理产业化改革，这实际上是垃圾末端治理的责任从政府向社会转移；二是垃圾整合管理（即垃圾减量化、再利用、再循环）的责任从政府向社会转移。例如，制定经济激励政策限制厂商过度包装、促进垃圾循环回收和再利用，鼓励家庭实行垃圾分类收集，提出按垃圾量计收处理费、生产者责任延伸制度等。

从发达国家垃圾处理行业监管制度的发展趋势看，一个明显的趋势就是从"命令控制"向"以市场为基础"转变。纯粹的"命令控制型政策"越来越受到挑战，激励性政策越来越得到普遍的应用。具体地，发达国家使用较普遍的激励性政策有：垃圾按量收费（垃圾单位定价）、预收处理费用、原生材料征税、循环回收补贴、押金返还制度、产品责任延伸（或生产者责任延伸）、垃圾填埋税等。在我国垃圾处理行业也颁布了一系列法规政策，逐渐从"命令控制性政策"到"激励性政策"。例如，北京市海淀区自2012年开始，开始对居民分拣、投放厨余垃圾给予现金补助，鼓励居民在源头做好垃圾分类。2017年北京市海淀区将把补助对象由居民转为物业公司，每吨厨余垃圾补助 1700 元，再由物业用这笔费用来激励居民垃圾分类的积极性。据悉，北京市海淀区 2017 年共有 648 个居住小区施行垃圾分类，占小区总数的 30%，未来三年内将实现全覆盖[1]。辽宁省推广"互联网＋"垃圾分类积分制度。居民办理会员积分卡，领了条形码并买了统一的垃圾袋，之后家里扔垃圾就可以把可以回收的玻璃品、纸壳盒、塑料瓶和金属分门别类地装好，贴上条形码，刷卡后投到指定的分类垃圾箱里。居民只要刷卡开启垃圾箱，将分类后的垃圾投入，就可以获得积分。垃圾箱是自动称重的，如一公斤的塑料瓶是 150 积分，一公斤报纸是 100 积分，一个积分等于一分钱。用积分来这里兑换洗发液、肥皂、大米等日用品和食品[2]；江苏省扬州市倡导垃圾"四分类"，设立"垃圾分类再生资源兑换超市"，鼓励社会企业进驻社区设立"垃圾分类再生资源兑换超市"，按户办理积分卡，居民可用回收物换取积分，用积分兑换日用品、换交物管费等多种方式，激励居民参与垃圾分类[3]。

三、垃圾处理行业收费体制改革

2011 年国务院颁布《关于进一步加强城市生活垃圾处理工作的意见》指出，要按照"谁产生、谁付费"的原则，推行城市生活垃圾处理收费制度，产生生活垃圾的单位和个人应当按规定缴纳垃圾处理费；2016 年国务院印发《"十三五"节能减排综合工作方案》，强调加大垃圾处理费收缴力度，提高收缴率；2017 年国务院转发《生活垃圾分类制度实施方案》，完善垃圾处理收费制度。由此可见，政府关于垃圾收费政策是在探索中不断深入，从简单的规定收费原则，单纯地强调收缴率，到逐步完善以引导居民自觉开展生活垃圾分类为导向的垃圾处理收费制度。

关于居民垃圾分类收费的具体情况则是由实施生活垃圾强制分类的城市人民政府切实承担主体责任，所以不同城市甚至不同社区的收费标准也不尽相同。故各城市（区）、乡（镇）大多按照当地实际物价水平和当地居民结构，因地制宜，制定切实可行的垃圾收费标准。在中国 36 个大中城市中，已经有 25 个城市开始征收垃圾处理费，开征垃圾处理费的时间有一定差别，但多数是 2003 年以后。这也反映了中国垃圾处理行业改革的影响（中国于 2002 年颁布施行了《关于实行城市生活垃圾处理收费制度促进垃圾处理产业化的通知》、《关于印发推进城市污水、垃圾处理产业化发展意见的通知》两项规范性文件）。另外，可以看出多

---

① 参见王斌：《海淀区将改革补贴形式 鼓励居民进行垃圾分类》，北京青年报，2017 年 6 月 5 日。
② 参见刘佳：《明年全省推广"互联网＋"垃圾分类》，辽宁日报，2017 年 12 月 28 日。
③ 参见姜传刚：《垃圾只分"可回收""不可回收"？现在扬州倡导垃圾"四分类"》，扬州晚报 2017 年 4 月 6 日。

数城市的垃圾处理收费标准都是在每户每月 5～8 元，几乎所有城市采取的都是定额收费制。表 6-7 所示为北京、天津、河北、山西等地垃圾收费概况。

以几个代表性城市为例，深圳是中国经济较为发达的城市，垃圾处理收费相对较高，每月每户要交 13.5 元，开征年份为 2006 年；兰州市开征年份为 2008 年，常住人口收费标准为 1 元/户·月；杭州市开征垃圾收费年份为 2006 年，常住人口收费标准为 40 元/户·年①。福建省安溪县城市生活垃圾处理费征收标准每人每月 5 元，全年一次性征收 60 元，由村（社区）负责代收。广州市自 2002 年起针对广州户籍居民每月 5 元垃圾处理费、10 元清洁卫生费的收费标准，实施基层环卫部门上门收取或委托物管代为收取的模式。山东省菏泽市城市居民按每人每月 1 元收取（含常住人口、外来暂住人口）。机关、团体、部门、企事业单位（含外地驻菏单位、三资企业），按照实际在岗职工人数（含正式工、合同工、临时工、季节工）每人每月 2 元收取。北京市涉及生活垃圾的收费项目主要有卫生保洁费、垃圾委托清运费/垃圾清运费、城市生活垃圾处理费等 3 项，分别对应垃圾清扫收集、垃圾清运、垃圾处理 3 个环节。一是城市生活垃圾处理费：本市居民 3 元/户/月，外地居民 2 元/户/月；二是委托清运垃圾托运费 25 元/吨；三是垃圾清运费：生活垃圾清运费 30 元/户/年，桶装垃圾清运费 120 元/桶/月；四是保洁费收费：保洁费由保洁单位向委托其保洁服务的单位或个人收取②。总体上看中国已经实施垃圾处理收费的城市的收费标准普遍偏低，大大低于垃圾处理成本。比如宁波市现行垃圾处理费标准折算，每吨垃圾收取的垃圾处理费用为 26 元，而垃圾从源头收集到最后焚烧的成本却需要 52 元③。

垃圾收费概况　　　　　　　　　　　　　　　　　　表 6-7

省份	年实际征收额（万元）	收缴率	开征情况						与水费等合并收取的设市城市和县个数
			设市城市			县城			
			总个数	开征个数	开征比例	总个数	开征个数	开征比例	
北京	205	1%	1	1	100%	2	2	100%	
天津	1972	21%	1	1	100%	3	0	0%	
河北	17000	22%	33	33	100%	114	114	100%	
山西	13482	65%	22	21	95%	85	62	73%	1

---

① 刘新宾，景兴宇：《垃圾处理产业基础研究报告》，北京威士曼投资顾问有限公司，2010 年 9 月 30 日，内部研究报告。

② 数据来源于北京市发改委。

③ 曹娜. 我国城市生活垃圾处理收费价格研究 [D]. 北京：中国地质大学，2010。

省份	年实际征收额（万元）	收缴率	开征情况						与水费等合并收取的设市城市和县个数
			设市城市			县城			
			总个数	开征个数	开征比例	总个数	开征个数	开征比例	
内蒙古	5858	58%	20	17	85%	68	22	32%	
辽宁	10832	71%	31	8	26%	27	1	4%	
吉林	6364	47%	33	10	30%	19	5	26%	
黑龙江	5700	68%	32	10	31%	45	4	9%	
上海	68834	80%	1	1	100%	1	1	100%	
江苏	80428	70%	38	33	87%	24	22	92%	11
浙江	39308	76%	33	33	100%	36	32	89%	8
安徽	13821	45%	22	15	68%	56	26	46%	12
福建	26982	80%	23	23	100%	44	43	98%	
江西	10568	72%	22	20	91%	70	65	93%	11
山东	51000	66%	46	34	74%	62	32	52%	2
河南	20310	85%	38	38	100%	88	88	100%	
湖北	38000	65%	36	36	100%	41	41	100%	
湖南	26849	43%	29	15	52%	71	33	46%	26
广东	200339	89%	44	38	86%	44	14	32%	11
广西	27147	85%	21	21	100%	68	68	100%	22
海南	4856	63%	7	7	100%	11	11	100%	2
重庆	28238	75%	4	4	100%	21	21	100%	20
四川	21000	70%	32	32	100%	119	81	68%	8
贵州	16626	69%	13	9	69%	78	72	92%	15
云南	17243	70%	17	17	100%	108	89	82%	
西藏	484	100%	2	1	50%	73	0	0%	
陕西	11600	30%	13	13	100%	107	65	61%	
甘肃	5320	68%	16	16	100%	65	52	80%	
宁夏	3590	70%	7	6	86%	11	5	45%	
青海	3346	66%	3	3	100%	43	36	84%	
新疆	16659	83%	21	20	95%	68	60	88%	2

　　从全国垃圾处理收费的实际绩效看，我们发现如下几点结论：（1）全国年实际征收额 79.4 亿元；（2）平均收缴率只有 64%，垃圾收费管理水平较高的城市（体现为收缴率大大高于平均水平）的省市有西藏（100%）、广东（89%）、广西

（85％）、河南（85％）、新疆（83％）、上海（80％）、福建（80％）、浙江（76％）辽宁（71％）、江苏（70％）等；（3）从分省数据看，上报的661个城市中，536个征收了垃圾处理费，开征比例81％；（4）各省上报的1672个县城中，1167个征收了垃圾处理费，开征比例70％；（5）151个城、县实现了垃圾处理费与水费等合并收取，占2333个城、县的6.5％。

垃圾处理收费管理中也存在一些问题，主要表现在如下几个方面：（1）开征范围小。从2002年开始，城市生活垃圾处理收费制度便在中国推行开来，但在中国诸多大城市中，仍有上海、沈阳、宁波、拉萨4个大城市尚未对居民开征垃圾处理费。这明显与中国目前大力鼓励和支持社会资本进入垃圾处理行业、对垃圾行业市场化改革的要求相去甚远。（2）收费标准偏低。长期以来，大部分城市生活垃圾处理收费标准偏低，与其实际处理成本严重偏离，难以反映垃圾处理活动的真实价值。这种背离价值的低收费服务对垃圾处理的整体运营模式造成了严重的伤害，导致公营生活垃圾处理经营单位主要依赖政府补贴来维持正常运营，私营生活垃圾处理经营单位则纷纷通过钻法律空子来获取不正当收入或降低垃圾处理水平来节省成本。目前，许多城市已经意识到这个问题的严重性，正在积极出台新的垃圾收费政策，逐步提高城市生活垃圾处理的收费标准以减轻这一问题带来的严重后果。以北京为例，北京居民每天平均产生垃圾量约0.85公斤，一年产生310公斤，处理成本约124元/人，如果按照户均2.5人计算，每个家庭年产生垃圾的处理成本为310元，目前每户收费为66元，仅覆盖18％的处理成本。（3）城市居民交费意愿不强。由于城市生活垃圾处理是一项特殊服务，接受服务的主体无论是否缴纳垃圾处理费用，都享受到了生活垃圾无害化处理的服务。享受服务在前，缴费要求在后，而中国对拒缴和拖欠垃圾处理费的单位和个人没有任何行政处罚的手段。因此，居民的缴费意愿在很大程度上影响了城市生活垃圾处理费的征收率，从而影响城市生活垃圾处理的市场化进程。随着城市生活垃圾处理市场化进程的推进，收费标准的提高将导致居民缴纳生活垃圾处理费的比例下降到更低的水平。（4）计费标准不合理。目前，中国城市生活垃圾处理费的计费标准尚不统一，各地有各地的规定。一般来说，生活垃圾处理费有按户·月、人·月和按量计征三种计费形式。以广州市为例，根据《广州市收取城市生活垃圾处理费实施细则》，广州市居民每月每户需缴纳5元的垃圾处理费，暂住人员每月每人需缴纳1元的垃圾处理费，政府机关、企事业单位和个体工商户每桶（0.3m³）缴纳6元的垃圾处理费。由此看出，广州市城市生活垃圾处理费的计费标准很多样化，这样容易导致垃圾收费在实际征收过程中的效果很差。

四、垃圾处理行业投融资体制改革

1998 年前，城市垃圾处理设施建设的投资渠道相对单一，绝大部分资金要么来自于外国政府或者国际金融机构的贷款（其中，许多项目都是以购买国外设备和进行国际招标为附加条件），要么来自于政府财政拨款、发行国债。由于投资渠道相对单一，城市垃圾处理的建设资金和运营资金严重不足，同时随着城市人口数量增长和城市化进程加快，城市垃圾排放和清运量逐年上升，城市垃圾处理行业的能力不足问题日益突出，垃圾污染问题日趋严重。2002 年，国家计委、财政部、建设部、国家环保总局颁发了《关于推进城市污水、垃圾处理产业化发展的意见》（计投资〔2002〕1591 号），同年建设部印发了《关于加快市政公用行业市场化进程的意见》（建城〔2002〕272 号），对开放城市垃圾处理的投资、运营市场，完善投融资体制改革，建立特许经营制度起到了积极推动作用。此后，我国城市垃圾处理行业的市场化发展、产业化改革进行得较为迅速，垃圾处理行业出现了一个发展高潮。

垃圾处理行业相关的投融资体制改革文件包括，财政部发布的相关政策包括：《关于推广运用政府和社会资本合作模式有关问题的通知》（财金〔2014〕76 号），明确了推广运用政府和社会资本合作模式的工作要求，拟在全国范围内开展 PPP 项目示范。该通知是财政部推广政府和社会资本合作模式以来下发的第一份正式文件，对我国政府和社会资本合作模式规范发展发挥重要作用。《关于政府和社会资本合作示范项目实施有关问题的通知》（财金〔2014〕112 号）确定的首批 PPP 示范项目中，就包括涉及垃圾焚烧领域的 PPP 项目（南京市垃圾处理设施项目，实施内容为南京江南、江北灰渣填埋场和城南、江北垃圾集中转运系统）。财政部相继发布了《关于印发政府和社会资本合作模式操作指南（试行）的通知》（财金〔2014〕113 号）、《关于规范政府和社会资本合作合同管理工作的通知》（财金〔2014〕156 号）、《政府和社会资本合作项目政府采购管理办法》（财库〔2014〕215 号）等文件，推进实施投融资体制改革，促进 PPP 落地。2014 年 11 月和 2015 年 5 月，国务院相继发布《国务院关于创新重点领域投融资机制鼓励社会投资的指导意见》（国发〔2014〕60 号）、《国务院办公厅转发财政部发展改革委人民银行关于在公共服务领域推广政府和社会资本合作模式指导意见的通知》（国办发〔2015〕42 号）等，提倡建立健全的 PPP 机制，鼓励社会资本对环境治理的投资，确保行业多元发展，同时把生态环保位居七大重点领域之首。2014 年 12 月，发改委发布《关于开展政府和社会资本合作的指导意见》（发改投资〔2014〕2724 号），从项目适用范围、部门联审机制、合作伙伴选择、规范价格管理、开展绩效评价、做好示范推进等方面，对开展政府和社会资本合作提出具体要求。

2016 年以来，国家发展改革委共安排中央预算内投资 100 亿元，推动落实《"十三五"全国城镇生活垃圾无害化处理设施建设规划》，鼓励具备条件的地方通过以城带乡、设施共享等形式将设施服务能力扩展至农村。截至 2016 年末，全国 PPP 综合信息平台入库项目共计 11260 个，总投资规模 13.5 万亿，其中也涉及垃圾处理设施建设项目。2016 年 10 月住房城乡建设部、国家发展改革委、财政部、国土资源部、中国人民银行《关于进一步鼓励和引导民间资本进入城市供水、燃气、供热、污水和垃圾处理行业的意见》（建城〔2016〕208 号），2017 年 5 月环境保护部、住房城乡建设部《关于推进环保设施和城市污水垃圾处理设施向公众开放的指导意见》（环宣教〔2017〕62 号），2017 年 7 月财政部、住房城乡建设部、农业部、环境保护部发布《关于政府参与的污水、垃圾处理项目全面实施 PPP 模式的通知》（财建〔2017〕455 号），都强调了要进一步创新体制机制，鼓励社会资本参与生活垃圾分类收集、运输和处理。积极探索特许经营、承包经营、租赁经营等方式，通过公开招标引入专业化服务公司。可以预计，民间资本进入我国垃圾处理行业势必进入一个新的高潮。

地方政府也积极创新改革，如 2017 年杭州市推进生活垃圾处置市场全面开放，在《杭州市区生活垃圾处理运营体制改革指导意见（征求意见稿）》中，提出新建生活垃圾处理项目应鼓励采用 PPP 模式，结合项目经营营利性特点分类选择市场运营模式。新建生活垃圾焚烧项目、餐厨（厨余）垃圾处理项目宜采用 BOT 模式；新建卫生填埋项目、大型生活垃圾转运站宜采用 TOT 模式。另外，要适时推进垃圾处置存量项目社会资本参与，盘活存量资产；规范市场准入机制，如新建项目采用公开招投标或其他依法公开竞争方式确定特许经营者，由市政府或市政府授权的部门与依法取得特许经营权的经营者签订特许经营协议。最后，强化项目信息公开和完善项目招投标制度。

五、垃圾处理行业运营体制改革

（一）垃圾处理行业的运营模式

城市生活垃圾处理服务过去往往被视作应由政府提供公共福利事业、公共物品。由于城市生活垃圾处理服务的服务对象为城市居民，且处理的生活垃圾具有私人物品特性，这要求对该行业引入一定程度的市场机制，可以有效提高效率。为了适应准公共物品的特性，需要将政府和市场有机结合，扬长避短，由政府和私人共同提供服务，因此政府和社会资本合作（PPP）模式应运而生。目前，垃圾处理行业的运营模式有许多种，大致可划分为公有私营、公私合资和特许经营三大类，合计九种方式（见表6-8）。

公有私营模式主要是指由政府投资建设设施，拥有基础设施的所有权，然后将其经营权通过合同形式承包给私人企业，私人企业负责设施的运营及维护。其中，公有私营类可细分为服务合同、管理合同和租赁合同等3种；公私合营类指政府和私人企业共同出资成立公司，也可以通过部分股份转出给私人企业的形式将原国有企业转变为混合所有制企业，混合所有制企业中，原国有企业和入股的私有企业根据出资比例共享收益，分担风险，可细分为国有股权/产权出售模式和准BOT模式；特许经营类是指由私人企业进行部分或全部的投资，政府与私人企业通过制定合同共同分担项目风险，同时政府也有享受项目收益的权利。适用于垃圾处理行业的特许经营类可细分为BTO、BOT、BOO和TOT四种。

垃圾处理行业的PPP模式分类　　　　　　　　　　表6-8

PPP类型		产权	经营和维护	投资	商业风险
公有私营	服务合同	公共部门	共同负责	公共部门	公共部门
	管理合同	公共部门	私人部门	公共部门	公共部门
	租赁合同	公共部门	私人部门	公共部门	私人部门
公私合资	国有股权/产权出售模式	共同拥有	共同负责	共同出资	共同分担
	准BOT模式	共同拥有	共同负责	共同出资	共同分担
特许经营	BTO模式	私人部门—政府	私人部门	私人部门	共同分担
	BOT模式	私人部门—政府	私人部门（合同期）	私人部门	私人部门（合同期）
	BOO模式	私人部门—政府	私人部门	私人部门	私人部门
	TOT模式	私人部门—政府	私人部门（合同期）	公共部门	私人部门（合同期）
	DBO模式	私人部门—政府	私人部门（合同期）	私人部门	私人部门（合同期）

资料来源：基于"朱占波. 城市生活垃圾处理的公私合作（PPP）模式研究［D］. 重庆：重庆大学，2008"增改。

1. 公有私营类

公有私营模式主要是指由政府投资建设设施，拥有基础设施的所有权，然后将其经营权通过合同形式承包给私人企业，私人企业负责设施的运营及维护。其中，公有私营类可细分为服务合同、管理合同和租赁合同等3种。

（1）服务合同（Service Contract）

服务合同指的是政府投资建设，将与环卫设施有关的特定的服务以合同的形式承包给私人企业，即服务外包，政府部门需要对设施进行管理与维护，并承担一切风险。例如，垃圾处理（国有）企业在一些垃圾堆肥处理项目中为了实现服务专业化，通常将堆肥产品的深加工服务外包给专业从事堆肥产品的私营企业，自身仍然拥有企业的经营权，且需承担风险。

（2）管理合同（Management Contract）

管理合同是指通过合同的形式将基础设施的经营管理权赋予私人企业，以减少政府在经营管理上的财政支出，避免给政府增加不必要的负担。2001 年深圳市与私营企业签订管理合同，将污水处理厂承包给私营企业经营，这使得政府节约了 120 多万财政支出，降低了 20% 左右的运营维护成本。这是管理合同取得成效的一个典型案例。

（3）租赁合同（Leasing Contract）

租赁合同是指基础设施由政府投资建设并且负责进行设备的更新维护，建成后将基础设施租赁给私人企业并向其收取租赁费用，运营活动及日常的维护由私人企业展开，所有权属于政府，经营权属于私人企业。1999 年，深圳龙岗中心区通过租赁合同模式将垃圾焚烧发电厂的经营权转移给加拿大瑞威环保技术有限公司，在租赁合同到期后，瑞威公司保证垃圾焚烧厂的设施完好、运行稳定且拥有一个良好的运营团队，并将之整体移交为政府。

2. 公私合资类

指政府和私人企业共同出资成立公司，也可以通过部分股份转出给私人企业的形式将原国有企业转变为混合所有制企业，混合所有制企业中，原国有企业和入股的私有企业根据出资比例共享收益，分担风险。公私合资类可细分为国有股权/产权出售模式和准 BOT 模式。

（1）国有股权/产权出售模式

国有股权/产权出让是指政府以出售部分股权的形式对国有企业的部分股权/产权进行转让，实现私有企业与国有企业共同控股，使得环保企业的资金来源多元化，公司组成及治理结构趋于现代化。与此同时，政府将一定时期内对特定业务的经营权授予给入股的私有企业，允许私有企业经营规定范围内的公司业务。这一模式在国有企业市场化进程中被普遍采用。

（2）准 BOT 模式

准 BOT 模式是在"建设—经营—移交"的传统的 BOT 模式发展而来，由于国内银行没有有限追索融资的经验与规定，因此一般不具备有限追索的特性，国内人士称之为准 BOT 模式。这种模式已在污水处理厂、垃圾发电厂发挥了巨大的作用，如已建成的由国债支持的重庆同兴垃圾发电厂。

3. 特许经营类

特许经营类是指由私人企业进行部分或全部的投资，政府与私人企业通过制定合同共同分担项目风险，同时政府也有享受项目收益的权利。政府分担风险主要体现在当项目经营亏损或发生重大意外时，政府会给特许经营公司一定的补偿以弥补损失；而当特许经营公司获取较大收益时，政府有权向公司收取一定的费用，分享收益。在超过合同规定的经营期限时，私有企业需将项目的所有权及使用权转交给政府，由政府进行后续的安排。适用于垃圾处理行业的特许经营类可细分为 BTO、BOT、BOO 和 TOT 四种。

（1）建设—转让—运营（Build-Transfer-Operate，BTO）

BTO 是指由私有企业进行项目的基础设施的投融资及建设，在基础设施建成后，私人企业需马上对基础设施的所有权进行转让，基础设施为政府相关主管部门所有，经营权则以合同的形式承包给私人企业。私人企业通过经营基础设施，为用户提供相关服务并收取服务费或使用费来获得收益，以此收回期初投资及盈利。该模式其实是 BT 模式与租赁模式的结合。

（2）建设—运营—转让（Build-Operate-Transfer，BOT）

BOT 模式是指私人企业进行项目的融资投资及基础设施的建设并拥有一定时期内的经营权与所有权，在与政府签订的合同的期限内，拥有对基础设施的运营权且负责相关维护工作，以经营基础设施来获取收益，收回投资并获取利润。当合同到期后，私人企业需要将基础设施的经营权与所有权移交给政府，由政府部门进行经营与管理。该模式普遍应用于环保设施建设领域，如四川省崇州市生活垃圾处理厂、浙江省温州东庄垃圾焚烧发电厂等。

（3）转让—运营—移交（Transfer-Operate-Transfer，TOT）

TOT 是指政府部门负责项目的投资及建设，在基础设施建成后，政府部门将设施在一定时期内的经营权转让给私有企业，并且收取一定的费用用于开展新的项目投资。私人企业通过支付费用的方式获得设施一段时间的经营权，通过日常运营获取收益收回投资并取得一定的利润。在合同期满后，基础设施的经营权及所有权又如数移交给政府部门。例如淮安市王元生活垃圾卫生填埋处理场。

（4）建设—拥有—运营（Build-Own-Operate，BOO）

BOO 是指政府将项目的特许权赋予私人企业，由私人企业进行基础设施的投资建设，所有权及经营权都属于私人企业，由私人企业进行经营维护。

（5）设计—建设—运营（Design-Build-Operation，DBO）

承包商在业主手中以某一合理总价承包设计并建造一个公共设施或基础设施，并且负责运营该设施，满足在该设施试用期间公共部门的运作要求。承包商负责设计的维修保养以及更换在合同期内已经超过其使用期的资产，在该合同期满后，资产所有权交回业主或公共部门。DBO 的特点可以概括为"单一责任"和"功能保证"。DBO 合同中的承包商需要担负设计、建造和运营的责任，对项目是否达到预定的技术标准和进度要求负责，由于 DBO 中的设计－建造部分采用总价包干的方式，他也必须对项目的建造费用控制负责，并通过运营的考验确保将来向业主移交一个符合运营要求的设施。这一模式非常适用于垃圾处理设施项目并且目前垃圾焚烧发电项目商业模式上已开始从传统 BOT 向 DBO 延伸。

4. 狭义 PPP 类

狭义的 PPP 泛指公共部门与私人部门为提供公共产品或服务而建立的各种合作关系，与广义 PPP 相比，狭义的 PPP 更加强调合作过程中的风险分担机制和项目的衡工量值（Value For Money）原则。狭义的 PPP 是私人部门与政府构成的为达成特殊目的组织（SPV），私人企业出资，与政府部门共同设计研发，共享收益，分担风险的模式。近年来，国家越来越重视政府与社会资本的合作，且出台了相关政策鼓励合作的展开，垃圾处理项目已经逐步采用狭义的 PPT 模式。

（二）垃圾处理行业运营模式中的常见问题

1. 低价中标趋势愈演愈烈

在垃圾焚烧处理项目的投融资方面，政府与社会资本公私合作，信息不对称导致合作双方存在利益冲突的潜在风险。一方面，政府在垃圾处理费支付、选址争议、服务范围、处理量波动等方面让社会资本承担运营和财务风险；另一方面，垃圾处理过程中污染排放信息不对称引致政府监管不到位，进而引发社会风险。在利用 BOT 等特许招投标选择社会资本合作主体的过程中，"跑马圈地"思维使得社会主体之间陷入低价竞争的窘境。2015 年来，垃圾焚烧项目的中标价格以几何级数的速度跌落。在未来特许经营期内，低价中标的垃圾处理项目能否在减少支出、降低成本过程中守住环保底线，成为项目周边居民是否接受垃圾处理项目的又一不确定因素①。

2. PPP 模式的垃圾焚烧项目法律体系亟待完善

实践证明，一个健全的法律体系是 PPP 模式得以高效运作的保障，良好的社会环境下以及制度保护是 PPP 模式发挥作用的前提。我国 PPP 模式起步晚，由于缺乏针对 PPP 项目的个性化的法律制度，当前 PPP 项目的管理主要以过去的《政府采购法》、《特许经营法》、《招标投标法》等作为执行参照，但这些法律并未全面考虑到 PPP 模式垃圾处理项目运行中可能会出现的个性化的问题。垃圾处理行业属于社会公共服务的范畴，具备公共基础设施的特性，运用于其的

---

① 金通. 信息不对称条件下垃圾处理项目邻避效应的形成机理与治理策略［J］. 社会科学战线，2016（4）。

PPP模式要依据垃圾处理设施的非排异性和自然垄断性进行个性化设计，公共基础设施用于满足人民及社会发展进步的需要，因此完全的市场化无法实现，必须由政府介入才能保证民众及社会秩序的良好运行。PPP模式基于政府和私人企业的合作展开，必须有相应的法律政策，来明确合作双方各自的权利和义务，保证垃圾处理项目的顺利进行，同时保证政府和企业双方的利益，以提供良好的社会服务，使得社会发展良好。

3. 政府的能力、责任与地位不匹配

由于PPP模式下的公共基础设施建设及运营是政府与私人企业共同参与的，且由于官本位主义，政府通常在项目进程中占主导地位。然而，政府工作人员缺少垃圾处理相关的专业知识与技能以及对项目的事前/事中/事后评估方法，这使得项目在计划及执行过程中易造成决策失误，容易催生腐败现象，从而使得公共基础设施实际投资额低，甚至成为豆腐渣工程，影响人们对公共设施的使用，使得社会公共服务品质下降，人民群众利益以及私人企业利益都遭受伤害。当前我国市场经济体制还不完善，在政府与私人企业合作的项目中会发生官员利用职务之便贪污腐败，导致其负责的公共基础设施建设项目实际投资额减少，施工用料品质低下，使得基础设施功能存在缺陷，品质得不到保障甚至导致意外事故的发生，严重损害了人民群众的利益。

在PPP模式的垃圾处理项目中，政府部门往往注重自身的财政压力与投资方向，以达到尽可能减少自身所需承担责任的目的，使得政府部门角色的缺位和错位。例如，垃圾焚烧处理PPP项目近年来存在政府有关部门向社会资本收取过高额度的保证金的现象，这使得原本具备足够融资能力的、专业性强的私人企业望而却步，无法与政府展开合作，实现互惠互利，最大化该垃圾处理项目的社会效益。例如，云南省某住房和城乡规划建设局计划开展垃圾焚烧发电厂建设项目，发布公告进行招商引资，然而由于公告中规定参与合作项目的企业需要在报名截止后的五个工作日内缴纳1亿元人民币给住房城乡建设部作为项目保证金，逾期未缴纳巨额保证金的视为放弃合作项目，高额的保证金使得许多私人企业只能放弃。

4. 政府的合约意识仍需提升

PPP项目是由政府和企业合作展开，全过程依托于合同作为约束，合同中规定了合作双方的职责与权力，对于项目的运行方式有着明确的规定。但是政府通常占据主导地位，且政府的合约意识相对薄弱，这就导致了在合作过程中由于政府不遵守合约而导致一系列问题与矛盾的产生。在过去基础设施建设通常由政府完成，政府面临较大的地方债务且信用等级较低，给予的承诺常常无法兑现，在招商引资后不能及时按规定支付款项，政府之间相互推诿，尤其在换届或者政策调整时，这种信用危机常常发生，严重损害了社会资本的合法权益。政府薄弱的合约意识与及强烈的官本位思想对 PPP 模式的普及运用造成了重大的阻碍。垃圾处理设施特许经营项目通常需要巨大的投资额，而获取投资回报的途径为对公共基础设施的运营从而收取一定的服务费，盈利方式单一，投资回报周期较长，企业大部分的投资回报来源于政府的财政支出，当政府出现违约而不进行支付时，企业资金难以运转，中小企业容易因此造成资金链断裂从而导致破产。政府严重的官本位思想使其在与社会资本合作中处于领导地位，契约内容无法实现，导致企业难以自主经营公共设施，影响企业的盈利，不符合市场发展规律，从而导致 PPP 模式的无效性。在垃圾处理项目当中，政府部门往往使政治需要凌驾在发展规律之上，以行政命令替代经济合同，上述行为严重脱离了我国市场发展的规律，使得社会资本难以遵循市场经济规律做出决策。

第七章　供热行业发展报告

　　城镇集中供热是北方城市重要的基础性公用事业行业。该行业具有投资规模大、周期长、回收慢，建成后正常维护需要大量持续资金投入等特征。城镇集中供热行业是市场化改革较晚的行业，本章将从供热行业投资与建设、供热行业生产供应、市场化改革成效、监管体制改革四个方面进行分析。

第一节　供热行业投资与建设

　　城镇集中供热行业是北方城市重要的基础性公用事业行业。集中供热行业的基础设施投资规模大、周期长、回收慢，建成后正常的维护需要大量持续的资金投入。因此，稳定的投资是保证供热行业可持续发展的基础，有效的投资激励是确保有效投资的关键。随着国民收入水平的不断提高和城镇化进程的持续加快，城镇集中供热的供给需求也快速增加，同时城镇集中供热投融资体制也开始逐步市场化，供热行业投融资体制的市场化改革改变了单一的政府投资和"财政资金包揽"的体制，投融资主体的多元化和融资渠道的多元化，保证了城镇集中供热行业建设发展的资金需求。

一、城镇集中供热行业投融资政策新变化

　　中国城镇集中供热行业在传统投资体制下是由政府投资，2000 年以来国家对供热行业进行了一系列改革。2016 年，国家继续大力推进政府和社会资本合作（PPP）改革。2016 年 10 月住房城乡建设部、国家发展改革委、财政部、国土资源部、中国人民银行五部门出台《关于进一步鼓励和引导民间资本进入城市供水、燃气、供热、污水和垃圾处理行业的意见》指出从民间资本进入渠道到相关金融、土地、价费、税收等方面提出了多项扶持政策，促进民间资本进入城市供水、燃气、供热、污水和垃圾处理行业。该意见从以下几个方面来拓宽民间资本投资：一是规范直接投资。以独资、合资等方式让民间资本进入城镇燃气、供热、垃圾处理等设施建设和运营。二是鼓励间接投资。鼓励民间资本通过依法合规投资产业投资基金等方式，参与城市供水、燃气、供热、污水和垃圾处理设施建设和运营。三是提高产业集中度。在城市供水、燃气、供热、污水和垃圾处理等设施建设和运营方面实行统一招标。鼓励城市供水、燃气、供热、污水和垃圾处理等企业进行资产兼并、企业重组形成专业化、规模化的大型企业集团。

　　针对目前我国已实施的 PPP 项目中新建项目较多、存量项目少的问题，国家发改委于 2017 年 7 月印发了《关于加快运用 PPP 模式盘活基础设施存量资产有关工作的通知》，鼓励地方政府通过 PPP 模式向社会资本出售优质基建项目的股权、经营权、收益权等权利，来加速推进 PPP 模式盘活基础设施存量资产，形成投资良性循环。加速推进 PPP 模式盘活基础设施存量资产，各地需要因地

制宜，规范有序地进行推进。对拟采取 PPP 模式的存量基础设施项目。要根据具体情况，通过委托运营、股权合作等方式来将项目的资产所有权、股权、经营权、收费权等转让给社会资本。对已经采取 PPP 模式且政府方在项目公司中占有股份的存量基础设施项目。通过股权转让等方式，将政府方持有的股权部分或全部转让给项目的社会资本方或其他投资人。对在建的基础设施项目。可积极探索推进 PPP 模式，引入社会资本负责项目的投资、建设、运营和管理，减少项目前期推进困难等障碍，更好地吸引社会资本特别是民间资本进入。运用 PPP 模式盘活基础设施存量资产回收的资金，在偿还债务债权处置等支出之后，应主要用于新的基础设施和公用事业建设，重点支持补短板项目，形成新的优质资产。由此实现以 PPP 模式盘活优质存量资产，转让所得用于新建基础设施和公用事业项目，通过再投资形成新优质资产的良性循环。

二、城镇集中供热行业投融资体制现状

（一）供热行业融资方式已经基本实现多元化

集中供热行业的基础设施投资规模大、周期长、回收慢，建成后正常的维护需要大量持续的资金投入。因此，稳定的投资是保证供热行业可持续发展的基础，有效的投资激励是确保有效投资的关键。近年来，各地政府为了积极拓宽社会资本投资渠道、提高资金使用效率，在供热行业采取多元化的融资方式。具体有以下几种模式他们分别是 PPP 模式、信贷模式创新、信托、资产证券化等多种方式。一是 PPP 融资模式。放开供暖市场，鼓励和支持社会资本进入供暖领域，采用政府与社会资本合作 PPP 等模式，解决项目融资问题。既缓解财政收支矛盾，又活跃社会资本投资、促进市场繁荣。二是信贷融资创新模式。信贷融资模式是以排污权、收费权、购买服务协议质（抵）押等担保贷款业务。在供热行业以预期收益进行质押贷款来融资，有助于金融机构加快创新，降低企业融资门槛，提高传统融资业务操作效率。三是信托融资模式。信托融资模式是指信托公司对基础设施项目提供股权或债权融资支持或为基础设施项目的经营类资产发行受益权信托，改善流动性。信托公司可以根据项目目的设计出信托产品，引导社会资金，以贷款、投资、出租等方式管理资产，为地方基础设施建设提供资金需求。四是资产证券化模式。资产证券化融资模式是指通过基础设施资产证券化的方式，将流动性较差的存量资产变现盘活。对于巨额投资的基础设施项目，如收费高速公路、污水处理厂等建设都需要大量的投资，建成以后将会形成大量的流动性极差的存量资产，但是这类资产有稳定的现金收入流。实行资产证券化的

融资模式将是一种可选的方式。

（二）固定资产投资总额仍在高位运行但近年来有所下降

随着国民收入水平的提高以及城镇化的发展，供热产品需求量在不断增加，这使得供热行业的投资逐年增加。集中供热作为主要的供热方式，投资对于保证供热行业发展具有重要推动作用。我国集中供热固定资产投资从 2005 年的 220.20 亿元上升到 2015 年的 516.83 亿元，2015 年集中供热固定资产投资金额大约是 2005 年的 2.3 倍。从图 7-1 中可以看出，2005 年到 2012 年，集中供热固定资产投资总体处于增长期。2012 年到 2015 年，集中供热固定资产投资额有所下降。

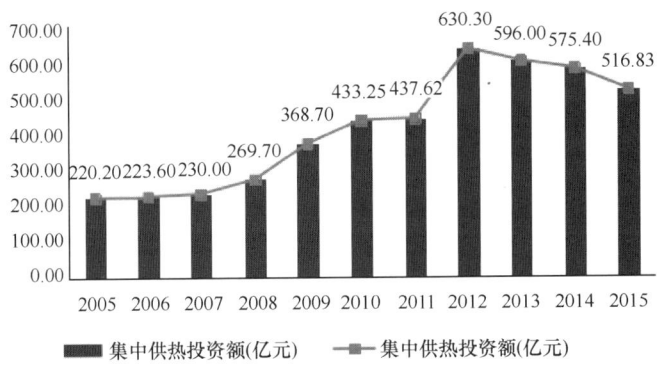

图 7-1　2005 年～2015 年城镇集中供热固定资产投资额

数据来源：根据《中国城市建设统计年鉴 2006～2016》计算得到。

（三）投资增长率出现下降趋势

由于供热需求受多种因素影响，因此，供热行业投资增长率呈现一定的波动性。从图 7-2 可以看出，供热投资环比增长率围绕着年均增长率做周期性波动，且波动幅度呈明显的扩大趋势。这主要是因为在城镇化进程中，供热需求增长会受到多种因素的影响。例如，供热投资的波动、中国宏观经济的投资环境、煤价的波动以及当前国家实行节能减排的政策都会影响到供热投资的波动。在 2005～2015 年间，集中供热固定资产投资的年均增长率为 11.7%。相对于年均增长率来说，2006 年、2007 年、2011 年、2013 年、2014 年、2015 年的环比增长率均较低；2008 年、2010 年的环比增长率较为接近年均增长率，处于 10%～20% 区间内；2009 年和 2012 年的环比增长率较高，均高于 30% 水平。其中 2012 年的环比增长率高于 40%。2013 年以来，供热行业投资的环比增长率出现负数，这可能是由于在节能减排的政策倡导下，区域锅炉房的减少、"拆小并大"以及小型的燃煤锅炉供暖设施的关闭，各地大力发展热电联产等高效节能供热方式，导致信件供暖设施的投资额减少，进而使得供热行业固定投资额呈现下降趋势。这种下降是供热行业结构调整和结构优化的重要体现。

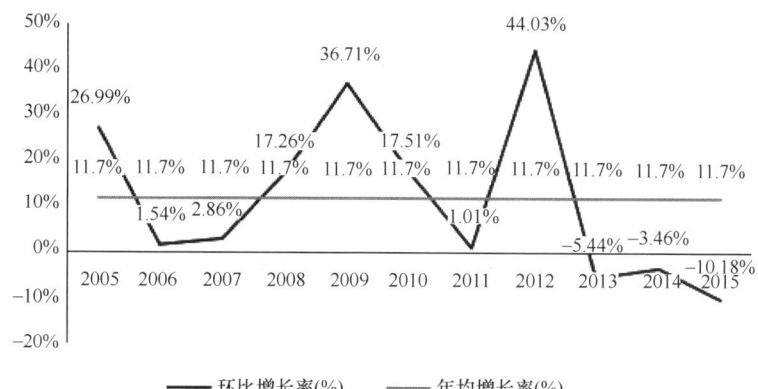

图 7-2　2005 年～2015 年城镇集中供热行业固定资产投资增长率变动

资料来源：根据《中国城市建设统计年鉴 2006～2016》计算得到。

（四）供热投资比重具有明显的地区差异

如图 7-3 所示，从供热行业地域分布看，2015 年，山东是供热投资大省，其投资金额达到 929793 万元，位居各省供热投资之首。供热投资居于前 5 名的山东、内蒙古、山西、黑龙江和河北其供热投资占全国供热行业投资的比重分别为 17.99%、10.72%、10.59%、10.14% 和 9.59%。其中，东北地区的供热投资比重占全国的 22% 左右。对于北方集中供热城镇来说，2015 年山东省在供热行业的投资比重在北方供热省份中比重最大，而天津在供热行业的投资比重较小。

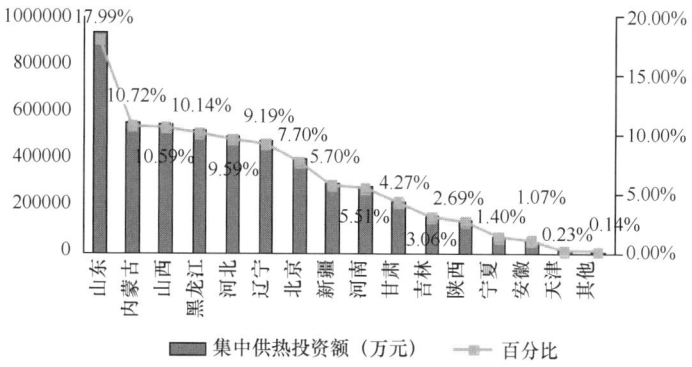

图 7-3　2015 年不同省份集中供热投资分布表

数据来源：根据《中国城市建设统计年鉴 2016》计算得出。

三、城镇集中供热行业投融资前景

目前，城镇供热行业的用热需求远大于供给，这使城镇集中供热投资需求较大。同时，随着城镇化持续推进和节能减排要求的提高，城镇集中供热行业的规模扩张和技术升级都要求巨大的投资保障。所以，供热行业仍有很大的投资空间。

（一）供热行业投融资增长的动力

1. 集中供热普及率的提高将会促进投资的增加

目前，中国集中供热普及率处于低水平、不全面和不平衡的状态。目前仅在北方各省的主要城市建有集中供热系统且平均覆盖率不到 50%；北方广大农村地区则基本没有集中供暖设施，仅能依靠天然气炉、空调、电炉和蜂窝煤等独立供热方式取暖。从国际经验来看，芬兰和丹麦等发达国家的城市集中供热普及率达 90%，其全国平均水平也在 60% 以上。由于集中供热具有较高的热效率和节能减排效果，可以加速提高供热普及率，因此中国未来将会对集中供热产生巨大而持续的需求，集中供热行业的投资需求也将进一步增加。

2. 热电联产仍将是重要的投资热点

热电联产集中供热具有能源综合利用效率高、节能环保等优势，是城市和工业园区集中供热主要热源和供热方式之一，是解决我国城市和工业园区存在供热热源结构不合理、热电供需矛盾突出、供热热源能效低和污染重等问题的主要途径之一。与热电联产机组相比，燃煤供热锅炉执行的大气污染物排放标准限值较高，且专业化运行管理水平不高，监管难度大，普遍存在能耗水平高、环保排放不达标等问题，实际排放水平多高于标准限值数倍。最近几年国家提倡节能减排，大力实行热电联产供热模式，关停高污染高能耗的小锅炉供暖。例如 2016年国家发展改革委、国家能源局、财政部、住房城乡建设部、环保部联合下发了《关于印发〈热电联产管理办法〉的通知》从规划建设、机组选型、网源协调、环境保护、政策措施、监督管理等方面对发展热电联产做出了若干规定，来推进大气污染防治、提高能源利用效率、促进热电产业健康发展。这使热电联产更加成为中国城镇集中供热的主要方式之一，它将会吸引更多的投资资金。此外，在更紧的节能减排压力下，各地都在大力推进淘汰高污染、高能耗燃煤锅炉，大力推进对供热锅炉的改造，供热行业节能减排技术改造面临巨大的投资需求。

3. PPP 项目拓宽了供热行业投融资渠道

对城镇集中供热行业来说，积极引入 PPP 模式是大势所趋，PPP 模式将成为供热行业投融资体制改革的热点领域。PPP模式不仅是一种融资方式的创新，更重要的是一种管理理念和监管体制的转变，最终实现的将是政府、企业、社会的共赢。近年来，随着国家发改委、住房城乡建设部等部门相继出台各种利好政策，在城市基础设施建设等领域推动PPP模式，扩大融资渠道、调动社会资本的积极性。2017年，财政部网站显示在第四批PPP示范项目中，共征集各地申报项目1226个，投资额2.12万亿元。截至目前，财政部已会同行业部委推出三批共697个PPP示范项目，投资额1.8万亿元，其中已落地项目572个，投资额1.5万亿元。在中央政策的助推下，各地PPP项目也开始大规模落地。与此同时，各部门对PPP项目的监管也更加严格，防止PPP异化为新的融资平台。但是对于具有较强运营属性且付费机制清晰的环保类PPP项目将在项目申报落地、资金回款、长期稳定运营达标等方面得到进一步保证，并且行业竞争结构优化，有资金、技术和业绩优势的公司将从中受益。

4. 清洁供暖将成为新的投资重点领域

供暖是造成我国空气污染的主要原因，因此对供热行业进行清洁供暖的投资与建设在快速增加。近年来，为了实现供热行业的可持续发展，国家出台了一系列的政策文件要求以国家战略调整和公众需求变化为导向，推动分布式太阳能、风能、生物质能、地热能等的多元化规模化应用，利用工业余热供暖，推进既有建筑供热计量和节能改造，优化配置热源，促进供暖行业的节能减排，实现供暖行业的安全、高效、绿色、低碳、智能化发展，以尽可能少的能源消耗、污染物和温室气体排放，满足城乡居民对适宜室内温度的需求，提升城乡居民的生活质量。截止2016年底，我国北方地区天然气供暖面积约22亿平方米，占总供暖面积11%，电供暖面积约4亿平方米，占比2%，清洁燃煤集中供暖面积约为35亿平方米（均为燃煤热电联产集中供暖）占比17%，可再生能源等其他清洁供暖面积约8亿平方米，占比4%。因此，随着国家对清洁能源供热的倡导，清洁供暖将成为供热行业改革的重要方向，清洁供暖投资领域将面临大好形势。同时这也使得在供热行业进行清洁供暖投资在逐年增加，保证了供热行业的可持续发展。

5. 智慧热网将成为供热行业新的投资热点

随着互联网的日益普及，人们对互联网技术的利用率越来越高，智慧热网将成为供热行业新的投资热点。智慧热网是基于物联网技术应用，集供热计量、室温控制、系统控制于一体化，将供热计量、分户控温及系统控制平台化统一管理，实现从热源、换热站、管网到热用户的整个供热系统的监控，达到供热计量智能化、住户用热自主化、系统调控自动化、监管科学化，实现供热系统的整体节能降耗。将互联网技术应用于供热行业将对热网安全与节能产生重要贡献：一是可实现无人值守，在最低人工成本下，保障热网安全；二是可实现远程实时监测，热力公司管理人员、供热办监管人员可随时随地获知热网运行状态。三是它还有助于集中供热的热网节能。随着国家对节能减排的重视以及实行精准化的阶梯热力收费，智慧热网的建设具有巨大市场潜力。例如，为了加快智慧热网建设，推动供热行业发展转型升级，河北省出台《河北省城镇供热"十三五"规划》来推进供热计量收费改革，到 2020 年公共建筑基本实现按热计量收费，新建住宅全部实现供热分户计量；到"十三五"末，全省县城及以上城市集中供热和清洁能源供热基本实现全覆盖，清洁供热率达到 95％以上。

（二）供热行业投融资预测

2016 年，我国城市化率为 57.35％，预计到 2030 年将达到 65％～70％。尽管供热行业投资总体上呈历年上升趋势，增长幅度较大，然而相对于社会需求而言仍然不足。伴随着城镇化进程的加快，供热产品需求仍将持续上升。因此，未来一段时间内，城镇供热行业在需求和供给能力方面仍然有很大的进步空间，增长潜力非常巨大。

1. 集中供热面积将持续增长

在 2015 年～2020 年间，随着新技术的应用、供热普及率的提高以及融资方式的多元化，城镇集中供热行业的供热能力将提高。2015 年全国集中供热面积达 67.22 亿平方米，同比增长 9.98％，2011 年、2012 年、2013 年、2014 年、2015 年同比增长率分别为 8.74％、9.41％、10.28％、6.91％、9.98％。因此，2011－2015 年的同比增长率的算术平均数为 9.06％，以 2014 年的供热面积为基数，增长率为 9.06％，预计到 2020 年，中国城镇集中供热面积将达到 103.71 亿平方米，如图 7-4 所示。

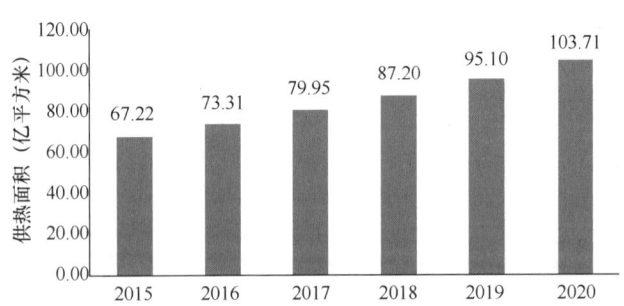

图 7-4 2015 年～2020 年中国城镇集中供热面积预测

资料来源：根据《中国城市建设统计年鉴 2012～2016》计算得出。

2. 供热行业投资总额预计将逐年加大

房地产业的蓬勃发展和城镇化带来大量人口涌入城镇，对城市供热的需求也会增加，这就需要加大对供热行业的投资。从供热投资增长率和城镇化率的增量上看，城镇化与集中供热投资有正相关关系。在 2005～2015 年间，中国城镇化率由 42.99％上升到 54.77％，上升了 11 个百分点左右，与此同时，城镇集中供热行业的投资额由 220.2 亿元上升到 516.83 亿元，投资额增长了 2.3 倍。在 2011～2015 年间，供热行业投资同比增长率平均数为 5.2％。未来 5 年，伴随着城镇化进程的加快，人们对供热的需求也越来越大，供热行业投资额也将进一步增加。以 2015 年的固定资产投资额为基数，预计到 2020 年中国城镇集中供热行业固定资产总额为 665.93 亿元，如图 7-5 所示。

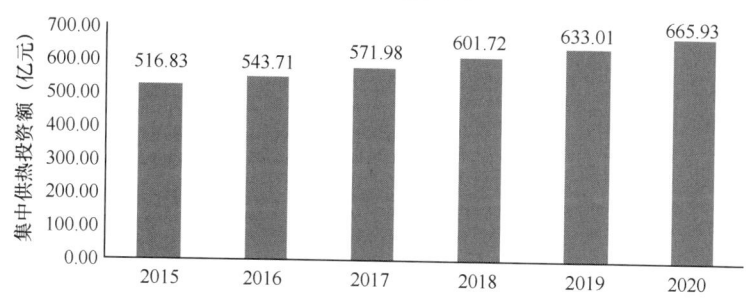

图 7-5　2015 年～2020 年城镇集中供热行业投资额预测

资料来源：根据《中国城市建设统计年鉴 2016》计算得出。

3. 供热行业销售收入将逐年增加

2015 年，我国供热行业销售收入达 1557.12 亿元，同比增长 4.02％。未来 5 年，随着供热计量改革的进一步完善，供热收费标准化和规范化，将直接促进城市供热行业的销售增长。预计到 2020 年，我国热力生产和供应行业销售收入将达到 2319.87 亿元，如图 7-6 所示。

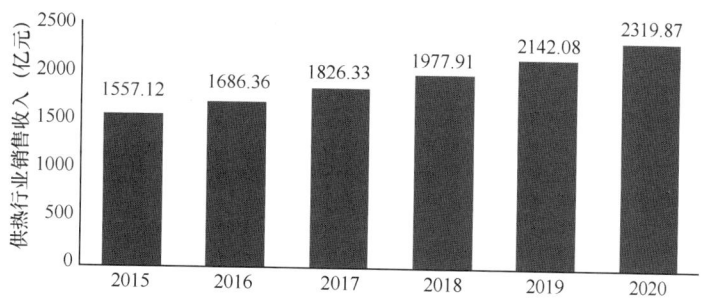

图 7-6　2016 年～2020 年城镇集中供热行业销售收入预测

资料来源：根据《中国城市建设统计年鉴 2016》计算得出。

4. 供热行业环境治理投资额将大幅增长

城市供暖是造成我国城市冬季空气污染的主要原因。在我国供暖能源结构中，燃煤是主要的燃料能源，低效率的燃煤供暖是加剧大气污染的重要因素。清洁供热成为治理环境污染重要手段。近年来，关于清洁供热的问题也被各地方政府重点强调。2016 年 12 月 21 日召开的中央财经领导小组第十四次会议上强调：推进北方地区冬季清洁取暖等 6 个问题，是重大的民生工程、民心工程，"煤炭清洁高效利用"在"十三五"规划纲要确定的能源发展重大工程项目之列，将成为未来 4 年的环保重大工程。2017 年政府工作报告首次提出清洁供热改造，具体政策包括以电、气替代燃煤 300 万户，全部淘汰地级以上城市建成区燃煤小锅炉等具体指标，加大燃煤电厂超低排放和节能改造力度。总体来看，新政明确提出减少、替代煤炭使用的方式和范围，力度显著加大。

2015 年，中国在供热行业环境污染治理投资达 687.8 亿元，同比增长 5.11%。未来 5 年，随着国家对供热行业节能减排的倡导，以及对一些新能源供热行业给予补贴和优惠政策。将直接促进城市集中供热行业环境治理投资额的增长。预计到 2020 年，我国在供热行业实行环境治理投资额将达到 882.43 亿元，发图 7-7 所示。

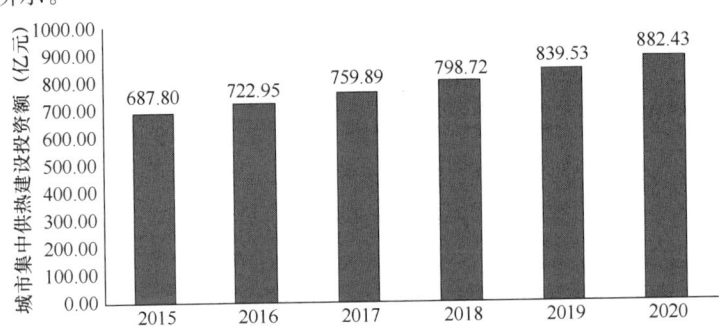

图 7-7　2015 年～2020 年城市集中供热建设环境污染治理投资预测
资料来源：根据《国家统计局 2016》计算得出。

第二节　城镇集中供热行业生产供应情况

一、全国总体生产供应情况

（一）蒸汽供热能力逐渐下降

进入 21 世纪以来，中国蒸汽和热水供热能力都有所增长。蒸汽供热能力总体呈现出先快速增长，后稳定增长的趋势。在 2005 年蒸汽供热能力达到历史最高点 106723 吨/每小时，但近几年逐年下降，2015 年回落到 80699 吨/每小时，如图 7-8 所示。

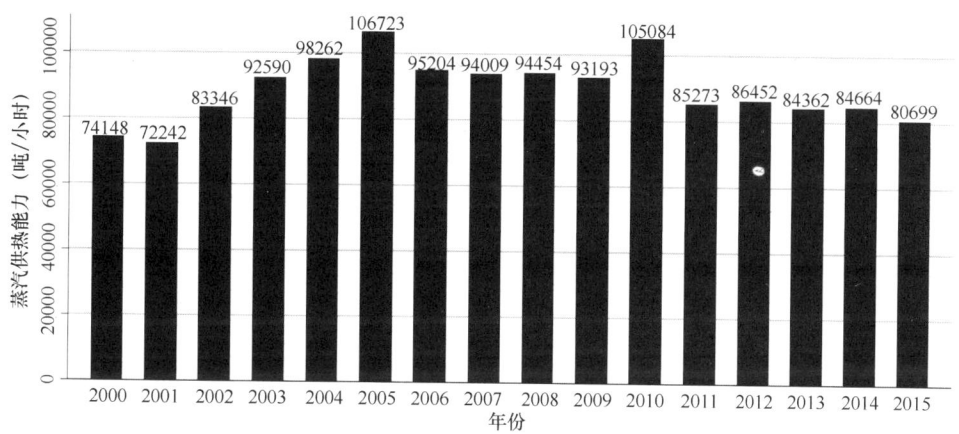

图 7-8　蒸汽供热能力

数据来源：根据《中国城市建设统计年鉴 2016》计算得到。

（二）热水供热能力逐年提高

从 2000 开始，我国热水供热能力有较大提高，年增长率几乎保持在 10% 左右。经计算，2000~2015 年，热水供热能力提高近 3.85 倍，如图 7-9 所示。

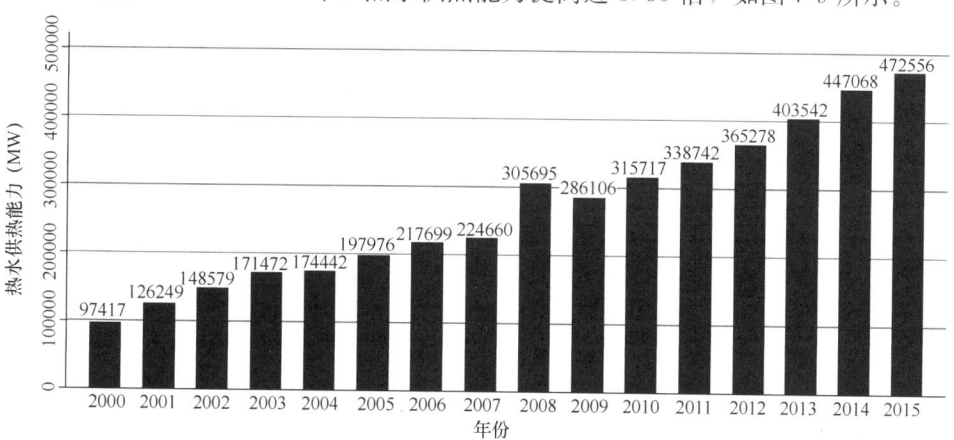

图 7-9　热水供热能力

数据来源：根据《中国城市建设统计年鉴 2016》计算得到。

（三）供热总量不断提高

如图 7-10、图 7-11 和图 7-12 所示，随着总体供热能力的提高，中国城镇集中供热总量也呈现出不断增长的趋势。全国城镇集中供热行业供热总量由 2000 年的 107149 万吉焦上升到 2015 年的 351813 万吉焦，提升近 3.28 倍。2000 年蒸汽供热与热水供热的比例为 1∶3.5，到 2015 年蒸汽供暖与热水供暖比例为 1∶6.1。可以看出，其中热水供热量增长幅度较大，由 2000 年的 83321 吨提升到 2015 年的 302110 吨。而蒸汽供热量增长幅度较小，由 2000 年的 23828 吨提升到 2015 年的 49703 吨，并且近几年（2010 年～2015 年）呈略有下降的趋势。

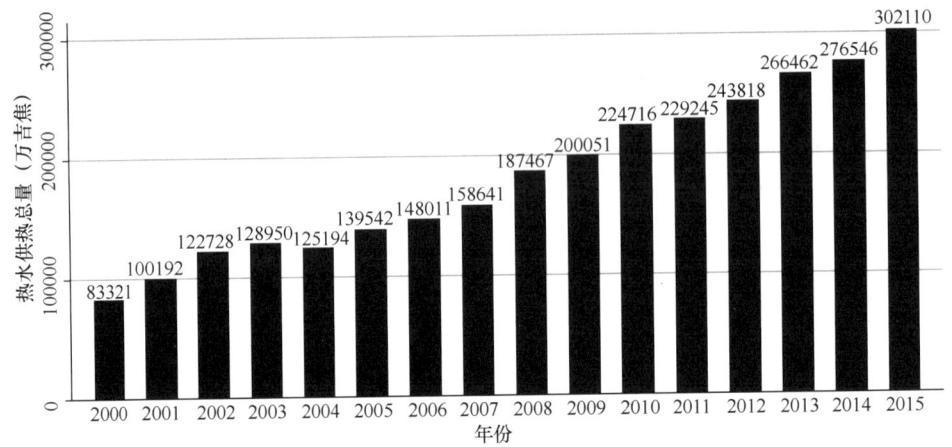

图 7-10　热水供热总量

数据来源：根据《中国城市建设统计年鉴 2016》计算得到。

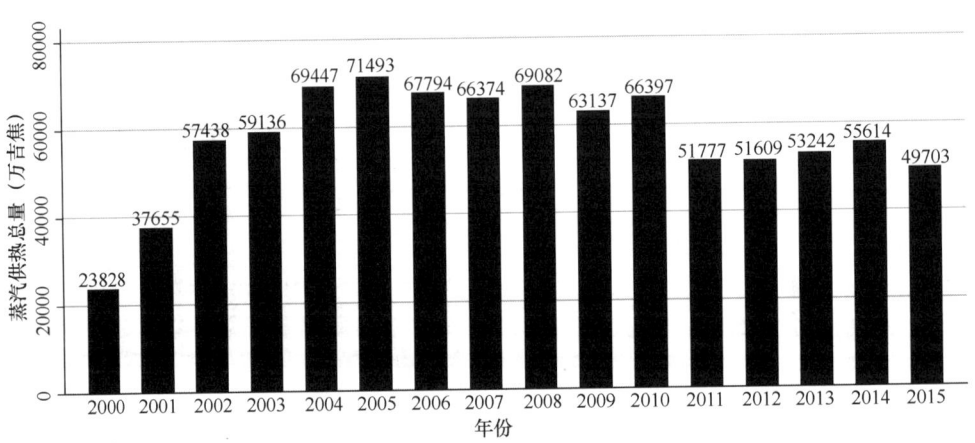

图 7-11　蒸汽供热总量

数据来源：根据《中国城市建设统计年鉴 2016》计算得到。

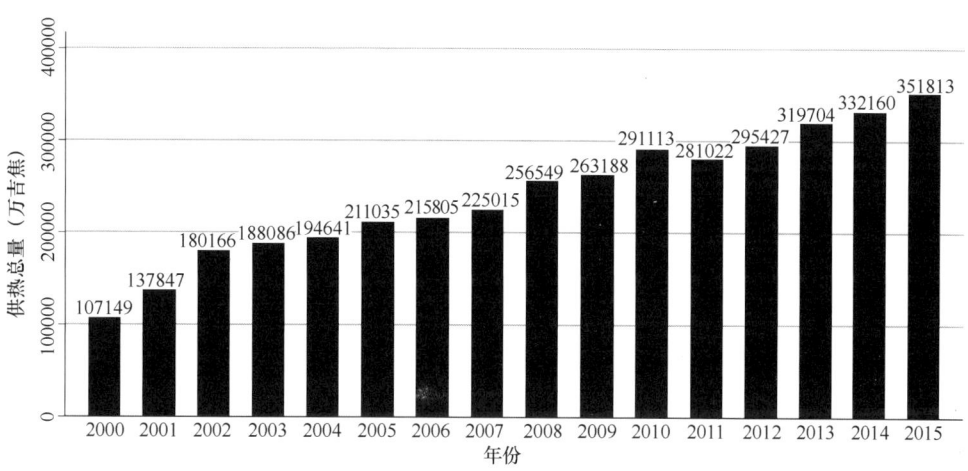

图 7-12 供热总量

数据来源：根据《中国城市建设统计年鉴 2016》计算得到。

（四）总体供热管道长度增长迅速

供热管道作为暖气的传导媒介主要可以分为蒸汽管道和热水管道，中国的供热管道以热水管道为主，蒸汽管道为辅，并加上一些其他供热方式的管道。随着中国改革开放后经济迅速发展，作为城市基础设施的热力网输送热能系统发展很快，中国气候严寒和寒冷地区的 19 个省、直辖市、自治区的 134 个地级以上的大、中城市都有集中供热热力网设施，并正在向大型化发展。从 2006 年到 2015 年供热管道长度以每年 1～2 万公里的速度增长，截止到 2015 年中国集中供热管道已达 20.44 万公里。其中，蒸汽供热管道长度变化不大，但略有下降的趋势；热水供热管道长度逐年增加，由 2000 年的 7.99 万公里上升到 2015 年的 19.27 万公里，提升近 2.4 倍；天然气向六省市供气的现役管道主要包括陕京一二三线、西气东输一二线、永清—唐山—秦皇岛管线等 16 条管道，总输气规模越 940 亿立方米/年（2.7 亿立方米/天）。

（五）集中供热总面积稳步增长

城市集中供热是以保证人们生产生活用热为目的，其设施的主要特征是热源集中，并以不同规模的热网向热用户输送热能。如图 7-13、图 7-14 所示，随着中国城市化进程的加快，城镇集中供热总面积稳步增长，尤其是住宅供热面积。到 2015 年全国集中供热面积已达 67.22 亿平方米，其中住宅供热面积达 49.5 亿平方米，占总供热面积的 73.64％，且 2006 年以来住宅供热面积年增长率一直保持在 11％～12％左右。

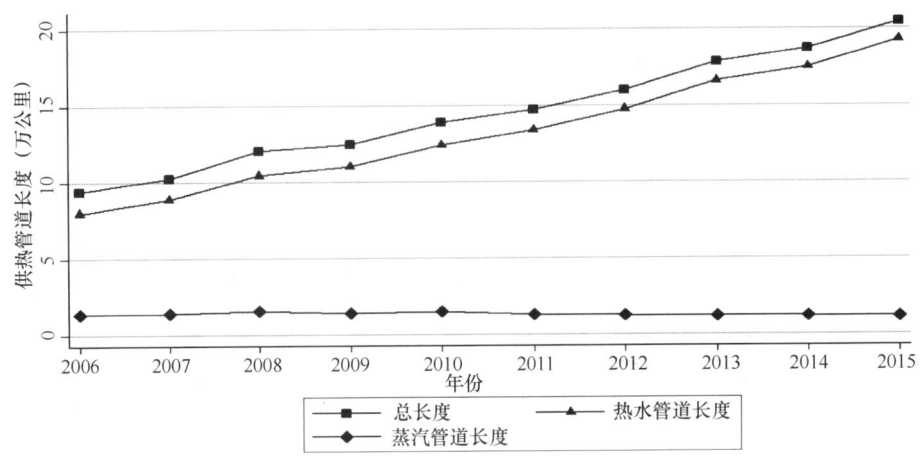

图 7-13　供热管道长度

数据来源：根据《中国城市建设统计年鉴 2016》计算得到。

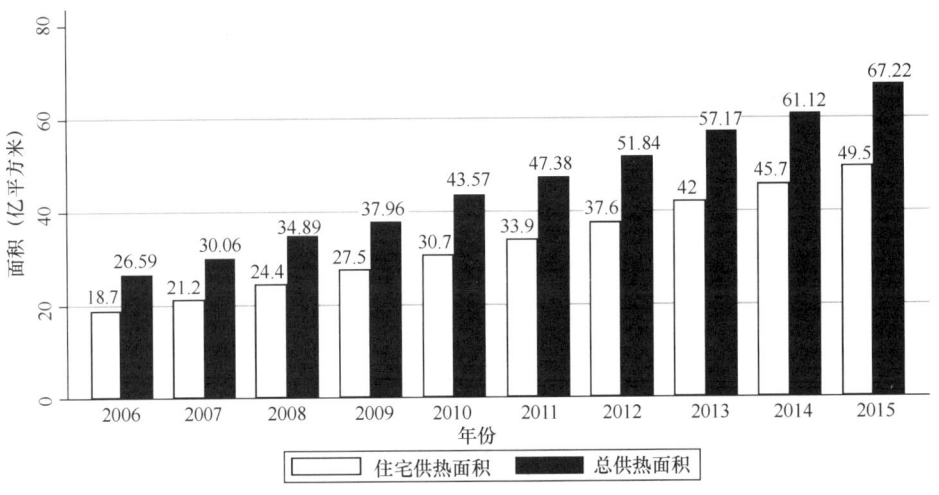

图 7-14　2006 年～2015 年集中供热面积

数据来源：《中国城市建设统计年鉴 2016》。

（六）热电供热增速较快、锅炉供热增长缓慢

为积极响应近平主席关于生态文明建设的号召，我国正大力推进热电联产方式供热。目前，在组装机和供热量方面已稳居世界第一位，并且预计"十三五"期间将有 3.5 亿千瓦组装机从火电改造为热电，前景十分广阔。如图 7-15 所示，近几年我国热电厂供热方式取得了较大发展，2006 年热电厂供热总量仅约 4.5 亿吉焦，到 2015 年已增长到 17.3 亿吉焦，年增长率最低保持在 10％左

右。反观锅炉房供热，虽从 2000 年到 2015 年略有提升，但增长率低，增长总量不大。作为传统供热方式，锅炉房供热已渐渐被热电供热方式所替代。到 2015 年，两种供热方式各自供热总量已达相当水平，预计未来，锅炉房供热将慢慢退出历史的舞台。

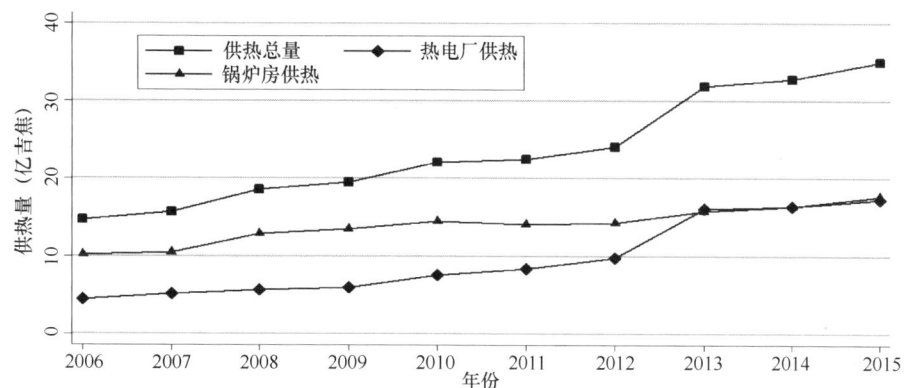

图 7-15　2006 年～2015 年热电厂和锅炉房供热总量增长

数据来源：根据《中国城市建设统计年鉴 2016》计算得到。

（七）煤炭消耗总体提高

煤炭是我国供热行业的主要资源，如图 7-16 所示，从 2000 年开始，我国供热中间耗煤量总体上呈现出增长的趋势，2015 年达到峰值 24095 万吨。近些年供热中间耗煤量趋于平稳，考虑到我国供热行业的发展，预计未来耗煤量仍将逐渐提高。

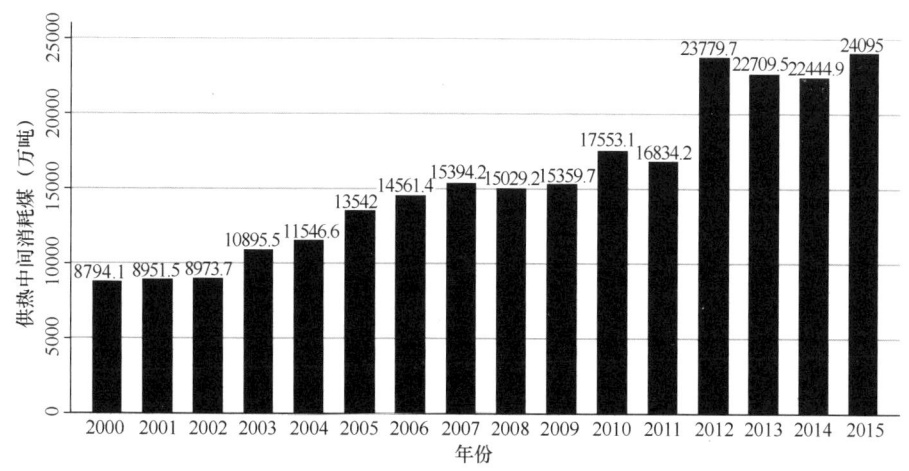

图 7-16　2000 年～2015 年供热中间耗煤量

数据来源：根据国家统计局相关数据得到。

二、各地区集中供热情况

（一）供热管道长度

如图 7-17 所示，2015 年全国供热管道长度最长的省份为山东省，最短的为西藏。供热管道长度在 10000～15000 公里的省（区、市）有北京、河北省、内蒙古、山西省，其中后两省是 2015 年进入该长度范围的省份；15000～20000 公里的省（区、市）有天津、吉林省和黑龙江省；20000 公里以上的省份有辽宁省和山东省。

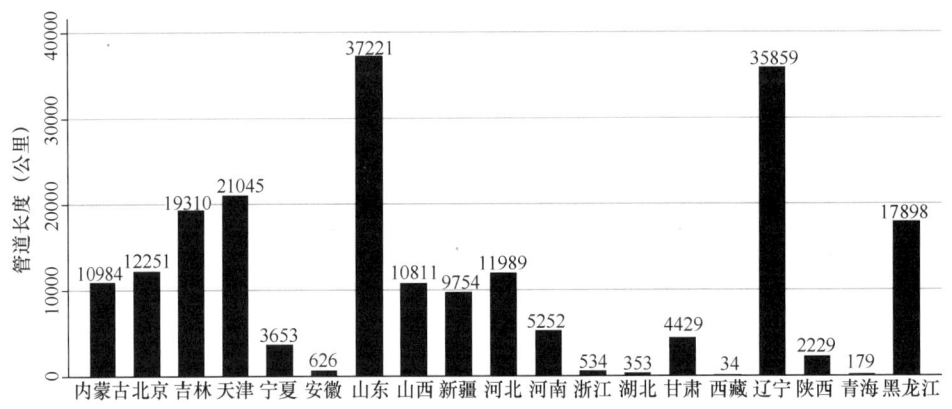

图 7-17　2015 年各省（区、市）供热管道长度基本情况

数据来源：根据《中国城市建设统计年鉴 2016》计算得到。

（二）住宅和非住宅供热面积

如表 7-1、图 7-18 所示，从供热省（区、市）整体调查数据来看，2015 年除浙江、安徽住宅供热面积占总供热面积的比例低于 60％外，其他省（区、市）的住宅供热面积均在 60％以上。住宅供热面积占比最大的省是陕西省，最小的是浙江省。住宅供热面积与非住宅供热面积最大的省都是辽宁省，住宅供热面积最小的省是浙江省，非住宅供热面积最小的省是青海省。

分地区来看，东北三省住宅与非住宅供热面积从大到小依次都为辽宁、黑龙江、吉林；华北地区住宅供热面积从大到小依次为河北、山西、北京、内蒙古、天津，非住宅面积从大到小依次为北京、河北、内蒙古、山西、天津；西北地区住宅供热面积从大到小依次为新疆、陕西、甘肃、宁夏、青海，非住宅供热面积从大到小依次为新疆、甘肃、陕西、宁夏、青海；华中地区住宅供热面积从大到小依次为河南、湖北，非住宅面积从大到小依次为河南、湖北；华东地区住宅供热面积从大到小依次为山东、安徽、浙江，非住宅供热面积从大到小依次为山东、浙江、安徽。

2015 年主要供热省（区、市）住宅和非住宅供热面积基本情况　　表 7-1

省（区、市）	住宅		非住宅	
	供热面积（万平方米）	比例（%）	供热面积（万平方米）	比例（%）
北京	39031	0.67	19434	0.33
天津	28485	0.76	9193	0.24
河北	43228	0.74	15523	0.26
山西	42506	0.79	11543	0.21
内蒙古	29903	0.67	14966	0.33
辽宁	78041	0.75	26502	0.25
吉林	34037	0.71	13953	0.29
黑龙江	42750	0.68	19707	0.32
浙江	29	0.01	4400	0.99
安徽	1040	0.39	1644	0.61
山东	73893	0.82	16257	0.18
河南	17396	0.78	4979	0.22
湖北	1691	0.71	705	0.29
陕西	20650	0.86	3380	0.14
甘肃	11940	0.74	4197	0.26
青海	347	0.75	114	0.25
宁夏	7905	0.79	2074	0.21
新疆	21901	0.71	8827	0.29

数据来源：根据《中国城市建设统计年鉴 2016》计算得到。

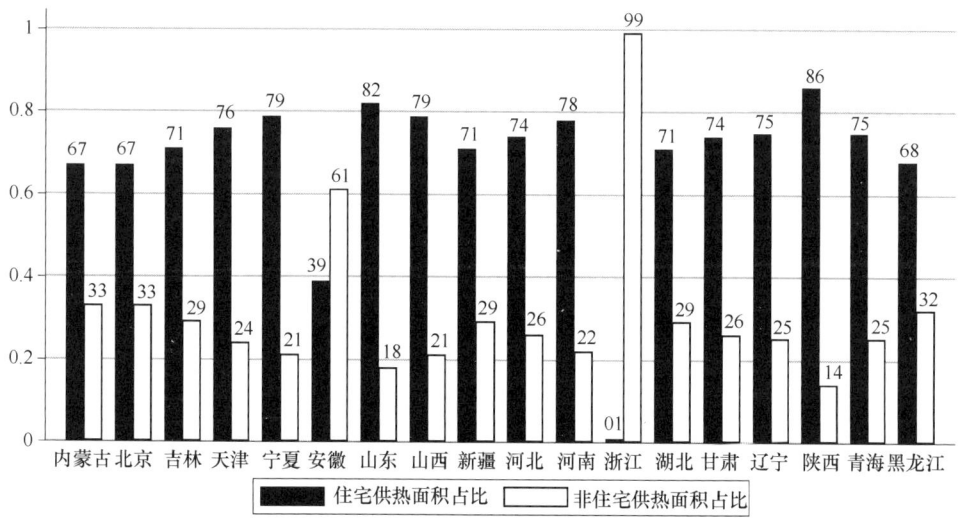

图 7-18　2015 年主要供热省（区、市）住宅和非住宅供热面积所占比重
数据来源：根据《中国城市建设统计年鉴 2016》计算得到。

（三）人均供热面积

如图 7-19 所示，2015 年各省（市、自治区）的人均供热面积最大的省是北京，最小的是青海。人均供热面积在 10m² 以下的省有山东、河南、青海、河北、甘肃、陕西；人均供热面积在 10～20m² 的省有新疆、内蒙古、吉林、宁夏、山西、黑龙江；人均供热面积在 20～30m² 的省有北京、天津、辽宁。

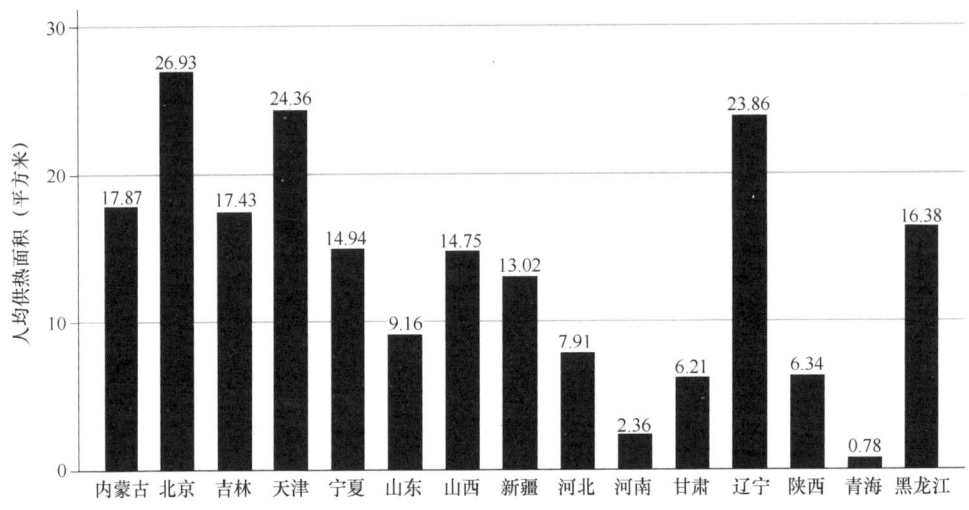

图 7-19　2015 年各省（区、市）人均供热面积基本情况

数据来源：根据《中国城市建设统计年鉴 2016》与国家统计局相关数据计算得到。

（四）法定供暖天数

北方地区冬季取暖时间因地域不同有所差异，华北地区一般为 4 个月，东北、西北地区一般为 5～7 个月。如图 7-20 所示，2015 年法定集中供暖天数在 120～140 天的省市有北京、天津、山东、山西、河北、河南、陕西，140～160 天的省市有宁夏、辽宁，160～180 天的省份有吉林，180 天以上的省份有内蒙古、新疆、甘肃、青海、黑龙江。

（五）煤炭用量

众所周知，煤炭的用途十分广泛，我国煤炭大部分用于发电发热。如图 7-21 所示，2015 年煤炭用量最多的省份为山东，最少的为北京。煤炭用量在 1 亿吨以下的省份有北京、天津、吉林、宁夏、甘肃、青海，1～2 亿吨的省市有新疆、辽宁、陕西、黑龙江，2 亿吨以上的省市有内蒙古、山东、山西、河北、河南。

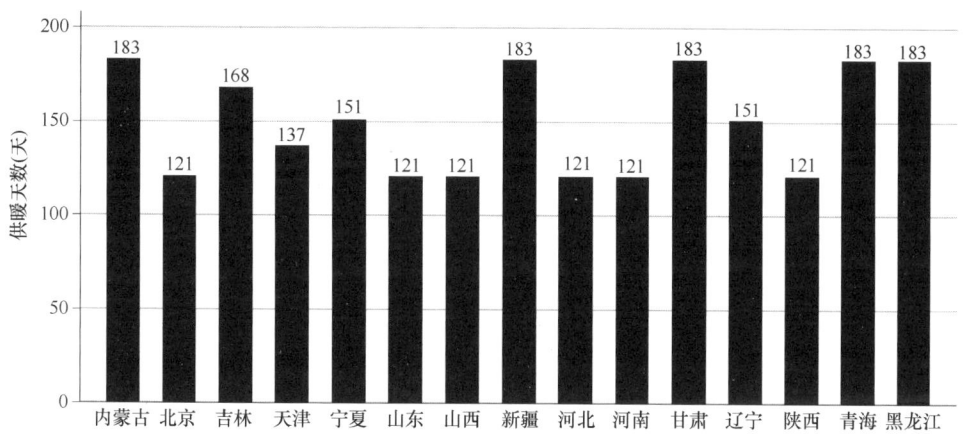

图 7-20　2015 年各省（区、市）法定供暖天数基本情况

数据来源：根据 iFinD 客户端数据和国家统计局计算得到。

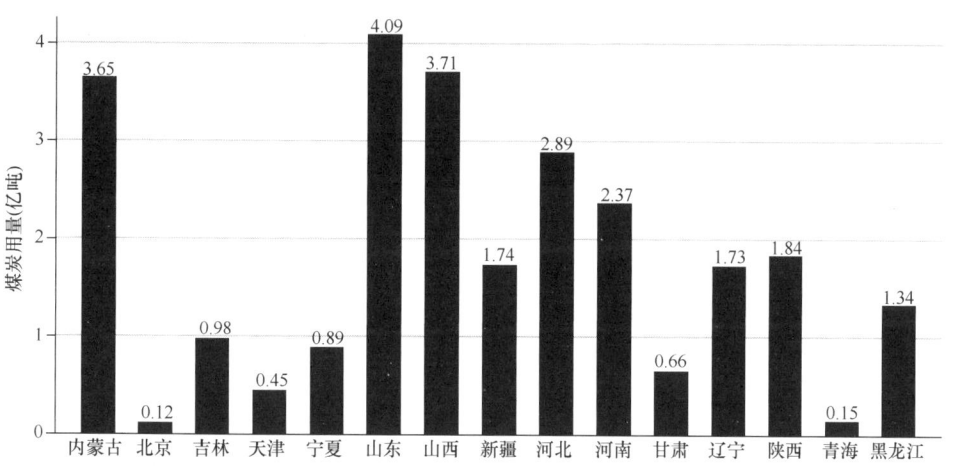

图 7-21　2015 年各省（区、市）煤炭用量基本情况

数据来源：根据国家统计局相关数据得到。

（六）天然气供热情况

"煤改气"是未来我国北方重点地区冬季取暖的大趋势，作为一项清洁能源，天然气供热有助于缓解北方的环境污染问题。天然气取暖方式主要包括四种：燃气热电联产、燃气锅炉房、分户式燃气壁挂炉和天然气分布式能源。

截至 2016 年底，北方地区天然气取暖面积共约 22 亿平方米，占总取暖面积 11%；天然气用量 259 亿立方米，占北方地区天然气消费量 26%。其中，六省市 天然气取暖面积约 14 亿平方米，天然气用量 185 亿立方米，占六省市天然气消费量的 36％。北方地区取暖以燃煤为主，天然气取暖占比普遍较低，仅京津城镇地区占比较高，其中北京约 80％，天津约 50％。

第三节　中国供热行业市场化改革成效

一、供热行业改革起点与历程

（一）改革起点：计划福利供热体制

中国城镇供热行业是中华人民共和国成立以后采用苏联的计划体制发展起来的，从第一个五年计划开始，随着经济建设和电力工业的发展，在北京、兰州、太原、吉林、哈尔滨等城市建设了一批热电厂，向工厂、住宅区供应生产和生活用热，同时大型企业和政府机关、事业单位等也逐步建立起自己的附属供热单位。由于建国初期能源短缺，国家制定了集中供暖南北供暖线，这条线以秦岭、淮河为准，原则上以中国南北方分界线——秦岭淮河为标准，以北地区应集中供暖，以南地区则不推行集中供暖。我国集中供热地区主要是东北、西北、华北的三北寒冷地区，具体包括黑龙江、吉林、辽宁、北京、天津、河北、山西、内蒙古、山东、江苏、安徽、河南、宁夏、甘肃、青海、新疆等省市。

在计划经济体制下，中国福利性供热体制主要表现为城市供热企业有国营供热企业、房产部门供热事业单位、大型工厂企业锅炉房连片供热和机关、学校、部队等自行管理锅炉房供热等多种供热经营管理方式；燃料价格和供热价格实行严格的政府管制，燃料供需实行计划调配；取暖费是机关、企事业单位职工的一项福利，依靠政府财政补贴，实行单位统包的付费制度，以员工所在单位承担为主，按面积付费。

如图 7-22 所示，在传统的计划体制下，计划福利供热体制建立在三个基本的制度基础之上：一是公有福利住房制度，企事业单位实行福利性公有住房，职工在本单位终身就业，住房按计划分配给职工居住，供热是公有住房不可分割的组成部分；二是供热企业政企不分，

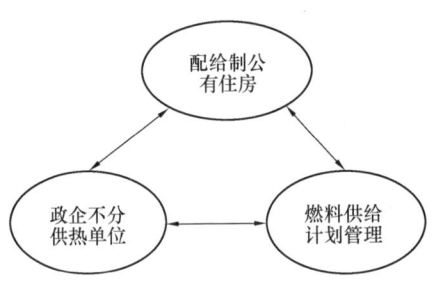

图 7-22　计划福利供热体制的三个支柱

往往是政府投资建设运营或者机关企事业单位自建自供，供热单位实行事业体制或单位后勤化运营，没有独立的经济利益追求；三是燃料价格和供热价格实行严格的政府管制，燃料供需实行计划调配。

（二）供热行业市场化改革历程

改革开放以来，随着整个国家的市场化改革，沿袭计划经济时代的城镇居民供热，不能适应市场经济发展的需要，其出现的各种问题日益突出，由此，政府实施各项政策推行供热行业的市场化改革，供热行业的市场化改革进程主要分为以下四个阶段：

第一阶段，停止福利供热，实行用热商品化与货币化。2003 年，建设部、国家发展改革委员会等八部委联合发出了《关于城镇供热体制改革试点工作的指导意见》明确提出对城镇供热体制进行改革，改革的重点是停止福利供热，实行用热商品化、货币化。具体来说：一是停止由房屋产权单位或职工所在单位统包的职工用热制度，改为由居民家庭（用热户）直接向供热企业缴费采暖，实行用热商品化。二是停止福利供热后，采暖费用采取多渠道筹集，由政府、单位、个人共同负担；各级财政、单位用于职工供热采暖的费用作为供热采暖补贴由单位直接向职工和离退休人员发放，变"暗补"为"明补"，采暖补贴可在成本费用中列支。2005 年建设部又联合相关部门联合发布了《关于进一步推进城镇供热体制改革的意见》，完善供热价格形成机制、逐步推进供热商品化、货币化。并详细规定对各地区在制定采暖费补贴政策时，应根据职工和离退休人员住房标准、收入水平、城镇供热平均价格、采暖期限、企业和财政承受能力等因素，合理确定总体补贴水平。

第二阶段，推行热计量改革。虽然在 2003 建设部就提出改革现行热费计算方式，逐步取消按面积计收热费，积极推行按用热量分户计量收费办法，但改革并没有大面积推开。2006 年建设部发布的《关于推进供热计量的实施意见》，对热计量改革的目标做出了明确的规定，具体为新建供热系统必须满足热计量技术要求，既有供热系统原则上应在 2～4 年内通过技术改造达到热计量要求。此后，政府不断推进城镇供热体制及供热计量改革，加强对城市集中供热系统的技术改造和运行管理，提高热能利用效率。大力推行采暖地区住宅供热分户计量，新建住宅必须全部实现供热分户计量，既有住宅要逐步实施供热分户计量改造。

第三阶段，推进供热行业投资主体多元化改革。20 世纪 90 年代初，城镇供热行业开始进行市场化改革。一批城镇供热国有企业进行了企业所有制改革，这些国有企业将经营性资产进行剥离，并按照《公司法》的要求初步实现了改组和改制，成立了有限责任公司。2003 年《关于城镇供热体制改革试点工作的指导意见》文件指出，城镇供热行业要实行特许经营制度，引用竞争机制，深化供热企业改革，培育和规范城镇供热市场，引导和鼓励各种所有制企业参与城镇供热采暖设施的建设、运营和改造。国有供热企业可以通过吸收多种经济成分，改制为多元投资主体的有限责任公司或股份有限公司。2005年，中央政府推动了新一轮城镇供热行业改革，国务院出台《关于鼓励支持和引导个体私营等非公有制经济发展的若干意见》支持非公有资本积极参与城镇供热的投资、建设与运营。2012年以来大力引入民营资本参与市政公用事业建设，并为民营企业的进入构建了公平竞争的市场环境。近年来，政府积极推动PPP项目在供热行业中的应用。2014年国家发展改革委员会发布了《关于发布首批基础设施等领域鼓励社会投资项目的通知》，同年12月份国企佳木斯市热力公司通过中外合作成就了我国供热领域第一个PPP项目。2016年至今中央和地方都先后出台了配套的促进供热行业PPP项目的相关政策，供热行业PPP模式在我国开始了应用推广的高潮。近几年PPP模式的引入，极大地鼓励了民营资本进入供热行业，促进了企业所有制向混合所有制方向发展。

第四阶段，明确供热价格监管体制和推进清洁能源供暖。2017年，国家发展改革委员会发布的《关于进一步加强垄断行业价格监管的意见》，推进北方地区清洁供暖，落实煤热、气热价格联动机制，开展供热成本监审，按照"多用热、多付费"原则，逐步推行基本热价和计量热价相结合的两部制价格制度，合理引导热力消费。国家发展改革委员会发布了《关于全面深化价格机制改革的意见》明确了到2020年基本建立以"准许成本＋合理收益"为核心的政府定价制度。为此，国家发展改革委员会修订了《政府制定价格成本监审办法》，加强对政府制定价格商品和服务的成本监管，规范政府制定价格成本监审行为，提高政府价格决策科学性。为解决燃煤供暖对中国北方地区带来的严重大气污染，2017年国家开始以"2＋26"城市为重点开展北方地区冬季清洁取暖试点。2017年，国家十部委发布《北方地区冬季清洁取暖规划（2017～2021）》，该规划提出在2019年北方清洁取暖率达到50％。2020年，北方清洁取暖率达到70％，替代散烧煤1.5亿吨。为保证清洁供暖的有序开展，国家相关主管部门先后出台了系列文件。

二、供热行业市场化价格机制初步形成

在计划经济福利性供热体制的情况下，供热是职工所在单位提供的一种福利，整个社会并不存在调整供需的供热价格机制，供热价格由各个地方价格主管部门根据本地实际情况实行政府定价。为了适应市场化经济的发展，政府在不断

地进行供热行业的市场化改革的同时也适时推进供热价格的市场化改革。建设部、国家发展改革委员会员会等部门在推进城镇供热体制改革过程中，也适时推进供热价格的市场化，这主要体现在以下几个方面。

1. 明确了市场化热价形成机制

2007 年国家发展改革委员会、建设部制定了《城市供热价格管理暂行办法》对供热价格监管体制做出了相对具体的规定：一是明确了热价定价原则。第十条规定"热价的制定和调整应当遵循合理补偿成本、促进节约用热、坚持公平负担的原则。"二是提出两部制热价改革政策。第十五条规定"热力销售价格要逐步实行基本热价和计量热价相结合的两部制热价。基本热价主要反映固定成本；计量热价主要反映变动成本。基本热价可以按照总热价 30％～60％的标准确定。"三是确定了热价制定和调整的依据和程序。第十九条规定"符合以下条件的热力企业（单位）可以向政府价格主管部门提出制定或调整热价的书面建议，同时抄送城市供热行政主管部门：按照国家法律、法规合法经营，热价不足以补偿供热成本致使热力企业（单位）经营亏损的；燃料到厂价格变化超过 10％的。"第二十一条政府价格主管部门商供热行政主管部门对调价建议进行统筹研究，拟定调价方案，因燃料价格下跌、热力生产企业利润明显高于规定利润率时，价格主管部门可以直接提出降价方案报当地人民政府审批。

2. 实施了煤热价格联动机制

为了理顺煤炭、热力价格关系，2005 年 10 月，国家发展改革委员会与建设部联合印发了《关于建立煤热价格联动机制的指导意见》（发改价格〔2005〕2200 号），决定建立煤热价格联动机制。根据该规定，煤热价格联动涉及两个层次：一是热力出厂价格与煤炭价格联动。当煤炭到厂价格变化超过 10％后，相应调整热力出厂价格。为促进热源企业降低成本、提高效率，热源生产企业要消化 10％～30％的煤价上涨因素，具体消化比例由各省级价格主管部门根据本地区具体情况确定；当煤价下降时，按热源生产企业消化上涨因素的同等比例核减热价下调幅度。二是销售价格与出厂价格联动。热力出厂价格调整后，按照热力管网输送价格保持相对稳定的原则，相应调整热力输送企业对用户的热力销售价格。

2008 年国家发展改革委员会发布《关于做好冬季供热采暖工作有关问题的指导意见的通知》（发改价格〔2008〕2415 号）。对于供热企业因煤价上涨而导致的成本增支，按照政府财政、企业和用户共同负担的原则，综合采取价格、财政、税收措施予以适当缓解。在确保居民有序采暖，稳定用热的同时，适当的调整供热价格。各地根据煤炭价格上涨情况，按照定价分工管理权限和规定的程序，适当调整供热价格。具体调价水平由各级人民政府根据当地经济发展情况和居民承受能力自行确定。原则上，非居民（包括公建和工业）供热价格，可根据煤价上涨幅度适当调整；居民供热价格分步调整到位，调价幅度要严格控制在群众可承受范围内，并充分考虑对当地居民消费物价指数的影响。

3. 明确了"准许成本＋合理收益"为核心的供热价格监管体制

2007年国家发展改革委员会、建设部制定的《城市供热价格管理暂行办法》就提出了供热价格监管制度的两部制热价、成本监审和价格调整问题，但是由于相关的改革没有跟进，单一的价格改革无法深入推进，供热价格改革长期停滞不前。2017年，国家开始将供热行业价格改革作为一项重点的改革任务，并由国家层面开始大力推进以价格为核心的行业体制改革。2017年的供热价格改革主要是明确实施"准许成本＋合理收益"为核心的供热价格监管体制。

2017年8月，国家发展改革委员会发布的《关于进一步加强垄断行业价格监管的意见》提出，推进北方地区清洁供暖，落实煤热、气热价格联动机制，开展供热成本监审，按照"多用热、多付费"原则，明确提出开始逐步推行包含基本热价和计量热价的两部制热价制度。

2017年11月，国家发展改革委员会发布了《关于全面深化价格机制改革的意见》提出到2020年的价格改革目标："市场决定价格机制基本完善，以"准许成本＋合理收益"为核心的政府定价制度基本建立，促进绿色发展的价格政策体系基本确立，低收入群体价格保障机制更加健全，市场价格监管和反垄断执法体系更加完善，要素自由流动、价格反应灵活、竞争公平有序、企业优胜劣汰的市场价格环境基本形成。"

实施供暖"准许成本＋合理收益"的价格监管政策，通过成本监审来厘清企业供暖的真实成本是关键。为此，2017年10月30日国家发展改革委员会修订发布了《政府制定价格成本监审办法》，加强对政府制定价格商品和服务的成本监管，规范政府制定价格成本监审行为，提高政府价格决策科学性。该办法要求定价机关逐步建立健全成本信息公开制度，经营者应当按照定价机关的规定公开成本，定价机关制定价格应当公开成本监审结论。

表7-2汇总了供热价格改革相关政策。

供热价格改革相关政策汇总　　　　　　　　　　　　　　表7-2

年份	政策名称	政策思路
2003.7	《关于城镇供热体制改革试点工作的指导意见》	试点城市供热实行政府定价，由试点城市人民政府价格行政主管部门按照"保本微利"的原则制定和调整
2005.10	《关于建立煤热价格联动机制的指导意见》	理顺煤炭、热力价格关系，建立煤热价格联动机制

续表

年份	政策名称	政策思路
2007.6	《城市供热价格管理暂行办法》	要求既有建筑具备条件的实行"两部制"热价计收热费
2008.9	《关于做好冬季供热采暖工作有关问题的指导意见的通知》	适当调整供热价格，加大财政补贴力度，继续对供热企业实行税收优惠，对低收入家庭给予适当照顾
2014.8	《关于鼓励煤电节能减排升级改造的若干意见》	完善环保电价政策
2017.8	《关于进一步加强垄断行业价格监管的意见》	推进北方地区清洁供暖，落实煤热、气热价格联动机制，开展供热成本监审，按照"多用热、多付费"原则，逐步推行基本热价和计量热价相结合的两部制价格制度
2017.11	《关于全面深化价格机制改革的意见》	完善电力市场交易价格规则，健全煤电价格联动机制，加快理顺城市供热价格

资料来源：笔者根据相关文件整理。

三、热计量改革为市场化供热价格改革奠定了重要基础

在中国计划供热体制下，供热是一种福利而不是一种商品，采用统一的、不能反映供热数量和质量的"平方米热价"进行收费，无法体现"用多少热、付多少费"的商品计价规则。城市集中供热基本上都是按热用户的采暖面积收费，缺乏计量设备和调节手段。热计量改革不仅是供热商品化和市场化的重要举措，也是促进节能减排的重要措施。供热采暖是建筑能耗的大户，中国北方地区冬季供热采暖每年消耗煤炭 1.5 亿多吨标煤，占北方地区建筑能耗 50% 以上。供热计量改革是运用市场机制促进供热节能和建筑节能的有效手段。

建设部 1996 年颁布《建筑节能"九五"计划和 2010 年规划》就对供热计量收费做出了规定。2003 年，当时的建设部等发布的《关于城镇供热体制改革试点工作的指导意见》就要求，改革现行热费计算方式，逐步取消按面积计收热费，积极推行按用热量分户计量收费办法，但改革并没有大面积推开。2006 年建设部发布的《关于推进供热计量的实施意见》对热计量改革的目标做出了明确的规定，具体为：新建供热系统必须满足热计量技术要求，既有供热系统原则上应在 2～4 年内通过技术改造达到热计量要求。2006 年采暖季前各地应选择一定数量的政府机构办公楼等建筑进行供热计量改造；2008 年采暖季前，政府机构

办公楼等建筑原则上应全部完成供热计量改造，达到热计量的要求。新建建筑的热计量设施必须达到工程建设强制性标准规定要求，不符合相关供热计量标准规定要求的不得验收和交付使用。2006 年开展既有非节能建筑节能和采暖系统热计量改造试点，"十一五"期间大城市要完成热计量改造的 35％，中等城市完成 25％，小城市完成 15％。

2010 年 2 月，住房城乡建设部会同国家发展改革委员会、财政部、质监总局印发《关于进一步推进供热计量改革工作的意见》，要求各地积极推进供热计量收费，并对推进改革的保障措施。该意见规定"从 2010 年开始，北方采暖地区新竣工建筑及完成供热计量改造的既有居住建筑，取消以面积计价收费方式，实行按用热量计价收费方式。用两年时间，既有大型公共建筑全部完成供热计量改造并实行按用热量计价收费。"2011 年《关于进一步深入开展北方采暖地区既有居住建筑供热计量及节能改造工作的通知》深入开展供热计量及节能改造工作，进一步扩大改造规模，到 2020 年前基本完成对北方具备改造价值的老旧住宅的供热计量及节能改造，并要求在完成供热计量改造的项目时，必须同步实行按用热量分户计价收费。2012 年，关于开展《北方采暖地区集中供热老旧管网改造规划》编制工作的通知，加快城市集中供热管网改造，确保供热安全和节能，推进城镇供热体制及供热计量改革。2016 年 2 月，国务院发布《中共中央国务院关于进一步加强城市规划建设管理工作的若干意见》，明确供热采暖系统安全、节能、环保、卫生等技术要求，健全服务质量标准和评估监督办法。进一步加强对城市集中供热系统的技术改造和运行管理，提高热能利用效率。大力推行采暖地区住宅供热分户计量，新建住宅必须全部实现供热分户计量，既有住宅要逐步实施供热分户计量改造。

表 7-3 汇总了热计量改革相关政策。

热计量改革相关政策汇总 表 7-3

年份	政策名称	政策思路
1996.10	《建筑节能"九五"计划和 2010 年规划》	提出进行热计量收费改革
2000.10	《民用建筑节能管理规定》	提出分户热计量的方向性问题
2006.11	《关于推进供热计量的实施意见》	对大中小城市的热计量改造改造程度提出要求
2008.3	《中华人民共和国住房城乡建设部关于组织开展供热计量改革示范城市工作的通知》	同意 12 个城市为第一批供热计量改革示范城市
2008.5	《关于推进北方采暖地区既有居住建筑热计量及节能改造工作的实施意见》	进一步明确了各省、直辖市"十一五"期间既有居住建筑供热计量及节能改造的目标面积

年份	政策名称	政策思路
2008.6	《民用建筑供热计量管理办法》	推进供热计量收费
2008.7	《民用建筑节能条例》	明确指出了逐步实行按照用热量收费目标以及分户计量的要求
2008.7	《北方采暖地区既有居住建筑供热计量及节能改造技术导则（试行）的通知》	为北方采暖地区既有居住建筑供热计量及节能改造提供了切实可行的技术指南
2008.11	《北方采暖地区既有居住建筑供热计量改造工程验收办法》	节能减排，北方采暖地区既有居住建筑供热计量改造
2010.2	《关于进一步推进供热计量改革工作的意见》	推进供热计量改革，促进建筑节能
2010.6	《关于加大工作力度确保完成北方采暖地区既有居住建筑供热计量及节能改造工作任务的通知》	节能减排，加大北方采暖地区居住建筑供热计量及节能改造力度，完成供热改造十一五指标
2010.7	《关于对北方采暖地区既有居住建筑供热计量及节能改造"十二五"需求情况摸底调查的通知》	为国家有依据地制定"十二五"供热改造计划提供参考
2011.1	《关于进一步深入开展北方采暖地区既有居住建筑供热计量及节能改造工作的通知》	供热计量改革、节能减排
2012.5	《"十二五"建筑节能专项规划》	深入开展北方采暖地区既有居住建筑供热计量及节能改造
2012.9	《关于开展供热计量专项检查的通知》	贯彻落实 2012 年北方采暖地区供热计量改革工作电视电话会议精神，促进建筑节能
2012.12	关于开展《北方采暖地区集中供热老旧管网改造规划》编制工作的通知	加快城市集中供热管网改造，确保供热安全和节能，推进城镇供热体制和供热计量改革

资料来源：笔者根据相关文件整理。

四、所有制改革促进了供热行业主体的多元化

2002 年，在建设部建城〔2002〕272 号《关于加快市政公用行业市场化进程的意见》指导下，城市集中供热开始引入社会资金和国外资本，采取独资、合资、合作等多种方式参与城市供热建设和经营管理。供热行业形成了国外投资、

民营资本投资等多元化模式投资结构的格局。在 2003 年，建设部在《关于城镇供热体制改革试点工作指导意见》中提出实行城镇供热特许经营制度，引入竞争机制，深化供热企业改革，培育规范城镇供热市场。引导和鼓励各种所有制企业参与城镇供热采暖设施的建造、改造和经营。进一步深化国有供热企业产权制度改革，加快建立现代企业制度。国有供热企业可以通过吸收多种经济成分，改制为多元投资主体的有限责任公司或股份有限公司；鼓励国有大中型供热企业以参股、控股、兼并等形式跨地区经营城镇供热，推动供热的规模化、集约化经营。要通过改革最终实现城镇供热行业政企分开、政事分开、使供热企业成为符合现代企业制度要求的主体市场，建立起适应市场经济发展需要的竞争机制、企业经营机制和政府监管机制。

2004 年国务院颁布的《国务院关于投资体制改革的决定》、2005 年的"非公 36 条"（《关于鼓励支持和引导个体私营等非公有制经济发展的若干意见》）中支持非公有资本积极参与市政公用事业和基础设施的投资、建设和运营，鼓励非公有制企业参与市政公用企业、事业单位的产权制度和经营方式改革。这一系列政策的出台，极大地刺激了非公有资本投资公用事业的积极性。2005 年 12 月《关于进一步推进城镇供热体制改革的意见》，要加大国有供热企业的改革力度，推进建立现代企业制度，提高市场竞争能力和应变能力。允许非公有资本等各种经济成分的企业参与热源厂、供热管网的投资、建设、改造和经营。

2010 年，我国又提出"新 36 条"《国务院关于鼓励和引导民间投资健康发展若干意见》，鼓励民间资本参与市政公用事业建设。支持民间资本进入城镇供水、供气、供热、污水和垃圾处理、公共交通、城镇园林绿化等领域。2012 年国家发展改革委员会还专门发布 13 号文件《国务院关于鼓励和引导民间投资健康发展的若干意见》，鼓励民间资本积极参与市政供热企事业单位的改组改制，具备条件的市政供热项目可以采取市场化经营方式，向民间资本转让产权或经营权。积极引入市场竞争机制，大力推行市政供热的投资主体、运营主体招标制度，建立健全供热产业特许经营制度，建立规范的政府监管和财政补贴机制，加快推进市政供热产品价格和收费制度改革，为鼓励和引导民间资本进入市政供热领域创造良好制度环境。新的政策更加有力地推动了民营资本进入供热产业。

2014 年，国务院发布的《国务院关于创新重点领域投融资机制鼓励社会投资的指导意见》中，指出要运用创新的多渠道融资方式，特许经营、参股控股等多种运营方式来吸引更多的社会资本，特别是民间资本到市政基础设施的建设和运用中，并要求 2015 年 3 月底之前出台各行业的具体政策措施，旨在更快地推动城市基础设施的进一步市场化。2015 年 6 月 1 日，国家发展改革委员会等 6 部委发布《基础设施和公用事业特许经营管理办法》为提高公共服务质量和效率，采用特许经营权的方式鼓励和引导社会资本参与基础设施和公用事业建设运营。

2016 年住房城乡建设部、国家发展改革委员会、财政部、国土资源部、中国人民银行五部门联合发布的《关于进一步鼓励和引导民间资本进入城市供水、燃气、供热、污水和垃圾处理行业的意见》，提出民间资本进入城市供水、燃气、供热、污水和垃圾处理行业，既对稳增长、保就业具有重要意义，也是推进供给侧结构性改革的重要内容。2016 年国家发展改革委员会、能源局、财政部等八部委发布《关于推进电能替代的指导意见》（发改能源〔2016〕1054 号）鼓励电能替代项目单位结合自身情况，积极申请企业债、低息贷款，采用 PPP 模式等解决项目融资问题。

2017 年，国家发展改革委员会发布了《关于北方地区清洁供暖价格政策的意见》，积极探索多元化融资方式，大力发展绿色金融，在风险可控的前提下，加大对清洁供暖企业和项目的支持力度。支持通过企业债、低息贷款等方式解决清洁供暖项目融资问题。鼓励社会资本通过政府和社会资本合作（PPP）模式参与清洁供暖项目投资建设运营，多渠道解决项目融资问题，降低融资成本。

表 7-4 汇总了供热行业所有制改革相关政策。

供热行业所有制改革相关政策汇总　　　　　　　　　　　表 7-4

年份	政策名称	政策思路
1995.3	《关于搞好"三北"地区城市供热工作的通知》	提出了城镇供热体制改革的基本思路，并要求建设部会同国务院有关部门选择城市进行试点
2002.12	《关于加快市政公用行业市场化进程的意见》	鼓励社会资本、外国资本以多种形式参与市政公用设施的建设
2003.7	《关于城镇供热体制改革试点工作的指导意见》	停止福利供热，实行用热商品化、货币化
2005.2	《关于鼓励支持和引导个体私营等非公有制经济发展的若干意见》	支持非公有资本积极参与城镇供热的投资、建设与运营
2005.12	《关于进一步推进城镇供热体制改革的意见》	要求各地大致要在两年内完成供热体制改革，并要求各级地方政府制定详细热改计划
2012.6	《进一步鼓励和引导民间资本进入市政公用事业领域的实施意见》	支持民间资本参与市政公用事业建设，深化市政公用事业改革，促进市政公用事业又好又快发展
2014.11	《国务院关于创新重点领域投融资机制鼓励社会投资的指导意见》	运用创新的多渠道融资方式，多种运营方式来吸引更多的社会资本到市政基础设施建设和运营中

续表

年份	政策名称	政策思路
2015.4	《基础设施和公用事业特许经营管理办法》	在供热行业引入 PPP 模式，分担投资风险，弥补政府资金不足
2016.9	《关于进一步鼓励和引导民间资本进入城市供水、燃气、供热、污水和垃圾处理行业的意见》	从民间资本进入渠道到相关金融、土地、价费、税收等方面提出了多项扶持政策

资料来源：笔者根据相关文件整理。

五、供热财税政策保障了供热行业的平稳绿色发展

2007 年国家发展改革委员会、建设部制定了《城市供热价格管理暂行办法》第二十五条热价不足以补偿正常的供热成本但又不能及时调整热价的地区，省级人民政府和城市人民政府可以对热力企业（单位）实行临时性补贴。2008 年国家发展改革委员会员会、建设部、财政部联合下发的《关于做好冬季供热采暖工作有关问题的指导意见的通知（发改价格〔2008〕2415 号）》主要是通过加大对困难地区转移支付力度和给予供热企业相关税收优惠政策，加大对居民和供热企业的补贴。具体内容为："继续对供热企业实行税收优惠。为保障三北地区居民供热采暖，继续给予供热企业相关税收优惠政策，具体办法由财政部会同国家税务总局另行制定。""对低收入家庭给予适当照顾。为避免因供热价格调整给低收入家庭生活带来较大影响，各地要充分考虑低收入家庭的承受能力，在制定补贴或调价方案时对低收入家庭给予适当照顾，保证低收入家庭生活水平不因价格调整而降低。已经出台的对低收入家庭的采暖照顾政策，要继续完善并抓好落实；尚未出台的，要连同调价方案同步出台。"

2009 年财政部、国家税务发布《关于继续执行供热企业增值税房产税城镇土地使用税优惠政策的通知》、2011 年经国务院批准，财政部和国家税务总局下发《财政部、国家税务总局关于继续执行供热企业增值税、房产税、城镇土地使用税优惠政策的通知》、2016 年 8 月财政部和国家税务总局下发《财政部、国家税务总局关于继续执行供热企业增值税、房产税、城镇土地使用税优惠政策的通知》等都提出对供热企业向居民个人（以下称居民）供热而取得的采暖费收入继续免征增值税；对向居民供热而收取采暖费的供热企业，为居民供热所使用的厂房及土地继续免征房产税、城镇土地使用税。继续对供暖企业实施税收优惠政策。

近年来，政府在积极推动清洁能源的使用，2016 年国家发展改革委员会、

能源局、财政部等八部委发布《关于推进电能替代的指导意见》（发改能源〔2016〕1054号）要求各地政府根据自身实际情况，有效利用大气污染防治专项资金等资金渠道，通过奖励、补贴等方式，对符合条件的电能替代项目、电能替代技术研发予以支持。2017年8月能源局发布了《关于开展生物质热电联产县域清洁供热示范项目建设的通知》鼓励建立生物质热电联产县域清洁供热示范项目，对于建成后的项目优先获得国家可再生能源发电补贴。

2017年5月，财政部、住房城乡建设部、环境保护部、国家能源局联合发布了《关于开展中央财政支持北方地区冬季清洁取暖试点工作的通知》（财建〔2017〕238号）决定开展中央财政支持北方地区冬季清洁取暖试点工作。中央财政支持试点城市推进清洁方式取暖替代散煤燃烧取暖，并同步开展既有建筑节能改造，鼓励地方政府创新体制机制、完善政策措施，引导企业和社会加大资金投入，实现试点地区散烧煤供暖全部"销号"和清洁替代，形成示范带动效应。试点示范期为三年，中央财政奖补资金标准根据城市规模分档确定，直辖市每年安排10亿元，省会城市每年安排7亿元，地级城市每年安排5亿元。试点工作将重点支持京津冀及周边地区大气污染传输通道"2+26"城市。

表7-5汇总了供热补贴改革相关政策。

供热补贴改革相关政策汇总　　　　　　　　　　　　　　表7-5

年份	政策名称	政策思路
2003.7	《关于城镇供热体制改革试点工作的指导意见》	改革用热的补贴方式，制定合理的供热补贴标准，实行用热商品化、货币化
2007.6	《城市供热价格管理暂行办法》	对热力企业实行临时性补贴
2008.9	《关于做好冬季供热采暖工作有关问题的指导意见的通知》	加大对电力企业的财政补贴力度，并对低收入家庭给予适当的照顾
2009.2	《关于继续执行供热企业增值税房产税城镇土地使用税优惠政策的通知》	继续对供热企业实行税收优惠
2011.11	《关于继续执行供热企业相关税收优惠政策的通知》	继续对供热企业实行税收优惠
2014.1	《关于鼓励煤电节能减排升级改造的若干意见》	能效和环保指标先进的新建燃煤发电项目优先纳入火电建设方案，优先支持燃煤发电能效与环保指标先进企业的项目建设
2016.8	《关于供热企业增值税房产税城镇土地使用税优惠政策的通知财税〔2016〕94号》	为保证居民供热采暖，对供热企业增值税、房产税、城镇土地使用税实施优惠政策
2016.12	《关于"十三五"电力规划的原则要求》	建立扶贫收益管理制度，切实实现"精准扶贫，有效扶贫"

续表

年份	政策名称	政策思路
2017.4	《关于促进可再生能源供热的意见》	对完全回灌、环保达标的地热供暖项目实行免收或减收水资源费；对于生物质发电改造为热电联产的企业给予一定的投资支持；对可再生能源供暖项目建设用地给予一定的税收优惠
2017.8	《关于开展生物质热电联产县域清洁供热示范项目建设的通知》	对生物质热电联产县域清洁供热示范项目优先核准，保障示范项目享受各地清洁供热支持政策，建成后优先获得国家可再生能源发电补贴

资料来源：笔者根据相关文件整理。

六、开始全面推进清洁供暖政策

目前，我国北方地区取暖使用能源以燃煤为主，燃煤取暖面积约占总取暖面积的 83%，天然气、电、地热能、生物质能、太阳能、工业余热等合计约占 17%。取暖用煤年消耗约 4 亿吨标煤，其中散烧煤（含低效小锅炉用煤）约 2 亿吨标煤，主要分布在农村地区。北方地区供热平均综合能耗约 22 千克标煤/平方米，其中，城镇约 19 千克标煤/平方米，农村约 27 千克标煤/平方米。我国北方地区清洁取暖比例低，特别是部分地区冬季大量使用散烧煤，大气污染物排放量大，迫切需要推进清洁取暖。清洁取暖是指利用天然气、电、地热、生物质、太阳能、工业余热、清洁化燃煤（超低排放）、核能等清洁化能源，通过高效用能系统实现低排放、低能耗的取暖方式。这关系北方地区广大群众温暖过冬，关系雾霾天能不能减少，是能源生产和消费革命、农村生活方式革命的重要内容。

《国务院关于印发大气污染防治行动计划的通知》（国发〔2013〕37 号）、《能源发展战略行动计划（2014～2020 年）》（国办发〔2014〕31 号）都对我国大气污染防治和清洁供暖提出了要求。2015 年国家能源局发布的《煤炭清洁高效利用行动计划（2015～2020 年）》提出到 2020 年，淘汰落后煤炭锅炉，对重点区域的燃煤锅炉设施进行改造，基本完成天然气、热电联产、洁净优质煤炭产品等的替代。2015 年，国家能源局发布了《关于开展风电清洁供暖工作的通知》，提出利用风能清洁供暖以替代现有的燃煤供暖，促进城镇能源利用清洁化，减少化石能源低效率燃烧带来的环境污染。2016 年国家发改委等五部门发布了《热电联产管理办法》重点提出推进更环保的热电联产供暖发展的政策。2016 年，国家发改委发布的《关于推进电能替代的指导意见》提出大力推进分散电采暖代替燃煤采暖。但是上述清洁取暖政策仅限于供热行业内部的技术性调整，对整个供热行业体制和相关能源行业体制没有触及，因此尽管取得一定的成效，但是无法根本扭转北方城市供暖带来的日益严重的大气污染问题。

为提高北方地区取暖清洁化水平，减少大气污染物排放，中央财经领导小组第14次会议提出以"2+26"城市为重点开展北方地区冬季清洁取暖试点。试点城市应因地制宜，多措并举，重点针对城区及城郊，积极带动农村地区，从"热源侧"和"用户侧"两方面实施清洁取暖改造，尽快形成"企业为主、政府推动、居民可承受"的清洁取暖模式，为其他地区提供可复制、可推广的范本。具体来说：一是加快热源端清洁化改造，重点围绕解决散煤燃烧问题，按照"集中为主，分散为辅"、"宜气则气，宜电则电"原则，推进燃煤供暖设施清洁化改造，推广热泵、燃气锅炉、电锅炉、分散式电（燃气）等取暖，因地制宜推广地热能、空气热能、太阳能、生物质能等可再生能源分布式、多能互补应用的新型取暖模式。二是推进用户端建筑能效提升，严格执行建筑节能标准，实施既有建筑节能改造，积极推动超低能耗建筑建设，推进供热计量收费。

2017年9月，国家发展改革委员会发布了《关于北方地区清洁供暖价格政策的意见》，为了建立有利于清洁供暖价格机制，该意见提出：第一，完善"煤改电"电价政策，通过完善峰谷分时制度和阶梯价格政策，创新电力交易模式，健全输配电价体系等方式，降低清洁供暖用电成本。第二，完善"煤改气"气价政策，实行政府指导价的陆上管道天然气供农村"煤改气"采暖用气门站价格，按居民用气价格执行。同时，对采暖用气单独制定阶梯价格制度。鼓励供热企业与上游供气企业直接签订购销合同，通过交易平台确定或协商确定购气价格。第三，因地制宜健全供热价格机制。对不同的供热方式，核定其成本，制定合理的供热价格。对于区域性集中清洁供暖，由供暖企业按照合理成本加收益的原则，在居民可承受能力范围内自行确定价格。政府还加强供热企业成本审查和价格监管，合理制定热力输送价格。

2017年12月，国家发展改革委员会、国家能源局印发《关于促进生物质能供热发展的指导意见》，旨在促进生物质能供热发展，促进大气污染防治，构建有利于生物质能供热应用的环境，形成绿色低碳清洁供热体系。该意见提出：到2020年，生物质热电联产装机容量产国1200万千瓦，生物质成型燃料年利用量约3000万吨，生物质燃气年利用量约100亿立方米，生物质能供热合计折合供暖面积约10亿平方米，年直接替代燃煤约3000万吨。到2035年，生物质能热电联产装机容量超过2500万千瓦，生物质成型燃料年利用量约5000万吨，生物质燃气年利用量约250亿立方米，生物质能供热合计折合供暖面积约20亿平方米，年直接替代燃煤约6000万吨。

2017年12月，十部委联合发布《北方地区冬季清洁取暖规划（2017～2021）》提出，到2019年，北方地区清洁取暖率达到50%，替代散烧煤（含低效小锅炉用煤）7400万吨。到2021年，北方地区清洁取暖率达到70%，替代散烧煤（含低效小锅炉用煤）1.5亿吨。新增用户全部使用高效末端散热设备，既有用户逐步开展高效末端散热设备改造。北方城镇地区既有节能居住建筑占比达到80%。力争用5年左右时间，基本实现雾霾严重城市化地区的散煤供暖清洁化，形成公平开放、多元经营、服务水平较高的清洁供暖市场。2019年，"2+26"重点城市城区清洁取暖率要达到90%以上，县城和城乡接合部（含中心镇）达到70%以上，农村地区达到40%以上。2021年，城市城区全部实现清洁取暖，35蒸吨以下燃煤锅炉全部拆除；县城和城乡接合部清洁取暖率达到80%以上，20蒸吨以下燃煤锅炉全部拆除；农村地区清洁取暖率60%以上。

表7-6汇总了清洁供暖相关政策。

清洁供暖相关政策汇总　　　　　　　　　　　　　表7-6

年份	政策名称	政策思路
2015.4	《煤炭清洁高效利用行动计划（2015～2020年）》	到2020年，淘汰落后煤炭锅炉60万蒸吨，对重点区域的燃煤锅炉设施进行改造，基本完成天然气、热电联产、洁净优质煤炭产品等的替代
2015.6	《关于开展风电清洁供暖工作的通知》	有条件的地区开展风电供暖，促进城镇能源利用清洁化，减少化石能源低效燃烧带来的环境污染，改善北方地区冬季大气环境
2016.3	《热电联产管理办法》	推进大气污染防治，提高能源利用效率，促进热电产业健康发展
2016.5	《关于推进电能替代的指导意见》	各地政府根据自身实际情况，有效利用大气污染防治专项资金等资金渠道，对符合条件的电能替代项目、电能替代技术研发予以支持
2017.4	《关于促进可再生能源供热的意见》	对地热供暖项目实行免收或减收水资源费；对于生物质发电改造为热电联产的企业给予一定的投资支持；对可再生能源供暖项目建设用地给予一定的税收优惠
2017.5	《关于开展中央财政支持北方地区冬季清洁取暖试点工作的通知》	在试点城市推进清洁方式取暖替代散煤燃烧取暖，并同步开展既有建筑节能改造

年份	政策名称	政策思路
2017.8	《关于开展生物质热电联产县域清洁供热示范项目建设的通知》	对生物质热电联产县域清洁供热示范项目优先核准，保障示范项目享受各地清洁供热支持政策
2017.9	《关于推进北方采暖地区城镇清洁供暖的指导意见》	全面取消散煤取暖并鼓励以"清洁型煤＋环保炉具"替代散煤，加快推进燃煤热源清洁化，大力发展可再生能源供暖
2017.12	《关于促进生物质能供热发展的指导意见》（意见稿）	将生物质能供热作为大气污染的重要举措，加快生物质能供热在区域民用供热和小型工业园区供热的应用，构建分布式绿色低碳清洁环保供热体系
2017.12	《北方地区冬季清洁取暖规划（2017～2021)》	到2021年，北方地区清洁取暖率要达到70%，替代散烧煤（含低效小锅炉用煤）1.5亿吨
2017.12	《关于加大清洁煤供应确保群众温暖过冬的通知》	因地制宜推进清洁供暖、加大清洁煤供应力度、健全清洁煤供应体系

资料来源：笔者根据相关文件整理。

第四节　供热行业监管体制改革

一、供热价格体制改革

（一）供热价格改革的主要历程及评价

计划经济时期，我国供热体制是福利性供热，供热是作为职工所在单位提供的一种福利，这个时期整个社会并不存在调整供需的供热价格机制，供热价格由各个地方价格主管部门根据本地实际情况实行政府定价。

2003年，城镇供热开始进行市场化改革试点。建设部等多部门出台了《关于城镇供热体制改革试点工作的指导意见》明确指出要改革单位统包的用热制度，停止福利供热，实行用热商品化、货币化，实行热消费者直接向供热企业付费并辅以政府补贴，将采暖费补贴由"暗补"变"明补"。然而市场化改革进程缓慢，供热价格依然是实行政府定价，供热商品化、货币化并未得到有效实施。

2007 年，政府推动新一轮城镇供热的市场化改革，开始推行两部制热价制度，市场化价格改革进入了新阶段。国家发改委、建设部制定了《城市供热价格管理暂行办法》明确了热价定价原则并提出了两部制热价的改革政策，对既有建筑具备条件的，应当进行改造，达到节能和热计量的要求，实行按两部制热价计收热费。实行两部制热价有利于市场化价格制度的形成，激励居民节约用热。然而，自实行热计量改革以来，虽然部分北方地区实行了两部制热价的收费政策，但整体进程缓慢，效果不佳，同时热计量改革进程缓慢严重制约了两部制热价的实施。

近年来，中央政府积极推动清洁能源供暖改革，进一步落实煤热、气热价格联动机制，并出台了一系列的清洁能源供暖价格支持政策。2017 年，国家发改委发布了《关于北方地区清洁供暖价格政策的意见》，要求建立有利于清洁供暖价格机制，综合运用完善峰谷价格、阶梯价格，扩大市场化交易等价格支持政策，促进北方地区加快实现清洁供暖。实施清洁能源供暖改革对于推动能源消费革命、落实国家能源战略、促进能源清洁化发展意义重大，是控制煤炭消费总量、减少大气污染的重要举措。

（二）供热价格改革存在的主要问题

1. 市场化价格机制尚未充分形成

近年来我国城镇供热行业进行了一系列的市场化改革，但市场化价格机制仍未充分形成。这主要体现在如下三个方面：首先，目前国家仍对供热行业价格实行严格的监管，企业缺乏自主定价权，刚性的价格监管造成价格机制并不能合理反映供需。由于中国供热行业长期以来都是由政府企业垄断经营，供热价格等诸多方面都要受到政府的管制，企业缺乏真正的经营决策权，使得供热价格往往并不能合理的反映供热成本。其次，由于热计量改革进程缓慢，导致北方大部分城镇供热地区仍采用按面积收费的方式，体现"谁用热、谁付费，用多少热，付多少费"的市场化价格机制尚未形成。再次，供热价格缺乏有效的动态调整机制。虽然在 2003 年启动的供热体制改革中已明确提出要建立原料价格与供热价格的联动机制，但是煤炭与供热价格联动机制并没有真正付诸实施，目前的供热价格并不能合理反映供热成本。因此，政府还需进一步推进供热价格的市场化改革。

2. 供热价格—成本背离问题长期突出

僵化的价格管制体制造成了供热价格与成本的严重背离。目前不合理的供热价格管制造成供热行业政策性的盈利和亏损并存。近年来煤炭价格大幅下降，而政府管制下的供热价格却没有随之调整，使得价格与成本严重背离，给部分企业带来巨额的利润，僵化的价格机制不能起到有效抑制企业暴利的作用。同时，虽然煤炭价格大幅下降，但一部分企业仍存在较严重的价格—成本倒挂问题，供热企业仍然需要政府进行大量的政策性补贴。这一方面是由于供热价格长期受到政府的管制，而政府定价主要基于供热成本，由于信息不对称，政府难以掌握企业的真实成本，使得企业有激励通过虚报成本来争取更多的政府补贴。另一方面各地方政府出于保民生的政策目标，长期对供热价格实行低价格管制，各地政府部门定价时并没有完全涵盖企业的供热成本，同时由于受限于地方财政，政府的补贴严重不足，从而造成供热企业价格—成本倒挂长期存在。

3. 企业供热成本信息严重不透明

企业成本信息透明是监管机构实行有效价格监管的重要基础，也是保证政府价格监管获得社会认同的重要保证。长期以来，由于供热行业的企业制度和管理体制原因，使得供热企业的成本信息严重不透明。供热企业财务制度不完善、不统一、不透明，缺乏有效的企业财务申报和披露制度，使得监管和被监管部门面对严重的信息不对称，监管部门很难掌握供热企业的真实成本，政府主管部门对企业供热成本信息无从知晓。监管决策制定无法建立在准确的成本信息基础上，政府对企业供热亏损补贴额的确定也含糊不清，社会各界对供热企业是否真的亏损一直存有诸多疑问。供热行业迫切需要建立起规范严格的企业信息申报和披露制度。

4. 两部制热价尚未得到有效实施

热计量改革进程缓慢以及两部制热价中固定收费部分与变动收费部分的比例未得到有效明确，使得两部制热价改革并未取得实质性的进展。实行热计量是制定两部制热价的基础，尽管住房城乡建设部积极推动热计量改革，将其作为进一步推进供热市场化和促进节能减排的重要政策措施，但是由于配套制度的缺乏，热计量改革并不会增加地方政府和供热企业的收益，反而增加了企业的成本，因此，地方政府和供热企业缺乏改革的积极性。由此，我国北方绝大多数城市的供热计量收费改革并未见到明显成效，从而制约了两部制热价的实施。同时，两部制热价中固定收费和变动收费部分的比例一直含糊不清，各地标准不一，供热单位和热用户双方的利益没有得到合理平衡，从而使得两部制热价的实施并没有取得预期的效果。

5. 清洁供热的价格机制尚未理顺

清洁供热政策的实施关键是改变单一的以高污染高排放为特征的燃煤锅炉供暖的供给结构，重点是大力提高电力供暖、燃气供暖、可再生能源供暖、清洁燃煤在整个热源结构中的比重，推动热源结构优化，实现清洁供暖。清洁能源供暖需要改变以往不同能源价格分割的格局，建立协调联动的供暖价格形成机制。目前，由于电力体制改革相对滞后和市场化电价尚未充分形成，电价不合理和不灵活的问题仍然十分突出，造成电力供暖的成本相对较高，制约了热电联产供暖的发展。在内蒙古等风电富余地区，由于一些风电供暖项目没有实现直接的电量交易，不能发挥富余风电低价优势，使得清洁能源供应存在短板且成本普遍较高。由于天然气资源匮乏，供应中间环节过多，天然气价格明显偏高。清洁供暖成本普遍高于普通燃煤供暖，很难同时保证清洁供暖企业盈利且用户可承受。同时，各地方政府对清洁能源供热的政策支持力度不足，特别是资金、价格、市场交易等具有实质性推动作用的政策仍然较少，造成清洁能源供热的企业收益得不到保障，阻碍了清洁能源供热的推广。因此，迫切需要理顺清洁能源供热的价格体系。

6．与市场化相适应的居民供热补贴机制尚未建立

中国现行的供热补贴是通过政府管制下的扭曲价格机制的低价格补贴制度来实现的，这是与供热价格的市场化改革相背离的。政府补贴的主要目的是促进公平，但现行的低价格供热补贴政策既无效率又无公平，在牺牲了供热企业利益的同时，供热补贴还存在明显的补贴"漏出"，普惠制低价格补贴的最大受益者往往并不是低收入群体。目前，中国居民收入结构变化和供热市场化改革已使传统的低价格保民生的补贴制度无法维持，反而成为加剧社会不公平和阻碍供热价格市场化改革的重要障碍。因此，政府急需建立与市场化相适应的居民供热补贴机制。

（三）供热价格监管体制的完善

我国供热行业市场化改革严重滞后，供热行业是未来一定时期政府价格监管的重要领域。健全的供热价格监管制度应该实现如下目标：确保投资方和企业具有投资运营的激励；确保企业具有降低成本的激励；确保用户具有节能减排的激励；确保用户免受高价格伤害；供热收费公开透明等。政府在制定相关政策时应该在合理权衡上述目标的同时突出重点目标要素，实现阶段性目标和长远目标的结合。根据2017年11月国家发改委发布的《关于全面深化价格机制改革的意见》的规定，到2020年基本建立以"准许成本＋合理收益"为核心的政府定价制度，并提出了按照"受益者付费、保护者得到合理补偿"原则，科学设计生态补偿价格和收费机制。为了提高供热行业价格监管的有效性，我们提出如下的政策建议：

1．完善相关制度保证两部制为核心的市场化热价改革。

两部制热价是平衡生产者和消费者利益的重要价格机制，科学的两部制热价

既能保证企业合理回收成本和进行投资维护的积极性，又能消除供热行业长期存在的价格-成本倒挂的重要政策手段；同时，两部制热价也是实现"用多少热，付多少费"，形成用户按需使用和自觉节能的激励机制。推进以两部制为核心的市场化热价改革要重点做好以下三个方面的工作：首先，实施两部制热价的前提是实现热计量。自 2006 年热计量改革以来，尽管北方供暖地区热计量供热比重明显提高，但目前尚未实现全覆盖。因此，把按用热量计费作为一项硬性规定来执行，各级政府应采取更有力的措施来推进热计量工作。其次，价格主管部门还要进一步明确在两部制热价中固定收费部分和变动收费部分在总价格中的份额比重，并可针对工商业用户和居民用户设计不同的两部制价格结构。再次，进一步推进供热价格市场化改革，彻底改变福利供热价格体制，实现供热价格合理反映市场供求和环境成本，分离供热价格的政策性负担，完善低收入群体用热的社会保障制度。

2. 加强供热企业的成本监审

获取准确的企业成本信息，实现规范严格的成本监管，是确保"准许成本＋合理收益"供热价格监管方式有效的重要基础。首先，应该制定统一的供热企业财务会计制度和成本核算制度，尽快明确供热行业成本包含的项目和不同成本在总成本中的比重。企业成本的核心构成是必要投资的资本成本和以燃料成本为核心的运营维护成本，要严格控制不合理的人员工资福利与企业管理费用比重，可实行"标杆成本"制度，以避免需要监审每个企业成本信息的监管负担和企业推高成本的非效率激励，促进企业降低成本。其次，加强供热行业信息收集和监管工作。可以将供热市场许可证发放或价格方案审批和企业成本信息监管有机结合起来，实行供热企业信息强制公开义务。在发放许可证或审批收费方案时明确要求被许可企业负有按照统一标准及时向监管机构提供企业运营有关信息的义务，将其作为一个前置条件。再次，为防止热电联产供热企业的交叉补贴行为，合理区分供热和供电的资产、成本和人员，确保供热业务与供电业务的财务分离，并结合"标杆成本"来确定。

3. 逐步向激励性供热价格监管方式转变

目前，我国供热价格监管采用的是"成本加成"模式，其存在的最大问题是企业缺乏降低成本的激励，相反具有虚报成本或过度花费与过度投资的激励。为了实现政府价格监管促进企业提高效率的目标，供热价格监管方式应该逐步向以绩效为基础的激励性定价方式转变。近期，供热价格形成体制应该在两部制热价的基础上重点推进地区标杆热价，以 3 年为一个周期，采用经营条件相同地区供热企业效率较高的前 3～5 家企业的平均成本指标作为基准来制定热价，从而形成对低效率高成本企业的提高效率的压力，形成准市场的竞争机制，促进供热企业提高效率、节能减排和企业组织结构优化。长期，随着市场化改革的深入和市场竞争程度的提高，逐步由基于成本的价格监管过渡到基于效率的激励性监管，采用价格上限、收益上限管制等方式，赋予企业更大的定价自主权。

4. 完善供热价格动态调整机制

为推进清洁取暖，要进一步深化市场化燃气价格和电力价格改革，形成市场化燃气和电力价格，切实降低电价和气价，进一步完善生物质能源价格形成机制和政府补贴政策，继续完善煤热价格、电热价格、气热价格联动机制，在联动机制不能充分疏导成本上涨的情况下，需要将价格联动与政府补贴联动结合起来。供热价格调整要合理平衡供热企业和消费者的利益，价格调整主要是根据燃料成本和物价水平的变动为了依法规范调整价格，通过对《价格法》的修订，进一步明确价格调整的条件和程序。

5. 理顺清洁供热的价格机制

推动清洁供热关键问题是要理顺不同热源之间的比价关系和联动机制。首先，要继续深化电价、气价改革，建立起政府和市场科学定位的价格机制。通过完善峰谷分时制度和阶梯价格政策，创新电力交易模式，健全输配电价体系等方式，降低清洁供热用电成本。其次，多措并举完善取暖用气价格机制。对天然气资源有保障，适宜天然气供暖的地区，通过完善阶梯价格制度、推行季节性差价政策、运用市场化交易机制等方式，降低天然气取暖成本，促进北方地区天然气供暖发展。再次，加大政府对清洁能源供热的财政支持力度。中央财政通过现有资金渠道，支持清洁能源供热改造试点城市，同时引导企业和社会加大投入，实现试点地区散煤供暖"销号"。各地方政府根据具体情况出台相应的清洁能源供热改造政策，落实好相关的增值税、房产税、城镇土地使用税优惠政策。

6. 完善低收入群体用热的社会保障体制

在改革过程中，为保证低收入群体的供热不受影响，政府应该在理顺价格机制和逐步取消低价格普惠制价格补贴方式的同时，建立只针对低收入群体用热的社会保障体制。首先，居民用热保障体制仅限于低收入群体，彻底取消扭曲价格的普惠制供热价格。对于具有较高收入水平的中高收入群体，应该实行"使用者付费、按量付费"的原则，从而激励节约用热和更好地体现社会公平。其次，完善低收入群体用热保障机制，切实保障低收入群体的支付能力。在供热价格市场化改革推进过程中，政府要切实落实好社会救助和保障标准与物价上涨挂钩的联动机制，根据物价上涨情况，及时发放低收入群体用热补贴机制，保障低收入群体生活水平不因供热价格市场化改革而降低，不因贫困而受冻。

二、投融资体制改革

(一) 投融资体制改革的历程及评价

中国城镇集中供热行业在传统投资体制下是由政府直接投资。实践表明,传统的投融资体制导致了很多弊端,严重限制了城镇集中供热行业的发展。2000年以来国家对供热行业进行了一系列改革,并出台了相应的政策文件。中国供热行业投融资体制改革大致分为市场化改革、引入非公有经济、PPP模式三个阶段。

第一阶段,城镇集中供热行业市场化投融资体制改革启动阶段。2000年建设部印发《城市市政公用事业利用外资暂行规定》、2002年建设部发布的《关于加快市政公用行业市场化进程的意见》、2003年国家多部委颁发的《关于城镇供热体制改革试点工作的指导意见》。这些文件的出台有利于打破传统的单位统包的供热制度、消除福利供热,实现供热的商品化,引导外资进入供热行业,明确了市政公用事业民营化的改革方向,对于供热行业的改革具有重要的指导意义。

第二阶段,城镇集中供热行业积极鼓励非公有经济发展阶段。2004年国务院颁布《国务院关于投资体制改革的决定》、2005年国务院发布的《关于鼓励支持和引导个体私营等非公用制经济发展的若干意见》(简称"非公36条")、2010年国务院发布的《关于鼓励和引导民间投资健康发展的若干意见》(简称"新36条"),这些文件对非公有经济的进入做出了详细的规定,极大地提高了非公有经济在供热行业中的作用,能够使其与国有经济优势互补,促进供热行业的发展。文件明确指出要拓宽企业投资项目的融资渠道,允许各类企业以股权融资方式筹集投资资金,支持非公有资本积极参与城市供热等市政事业的投资、建设与运营。2012年国家发改委发布13号文件《国务院关于鼓励和引导民间投资健康发展的若干意见》,鼓励民间资本积极参与市政公用企事业单位的改组改制,具备条件的市政公用事业项目可以采取市场化的经营方式,向民间资本转让产权或经营权。

第三阶段,大力推进政府和社会资本合作(PPP)模式阶段。PPP模式是公共基础设施建设中发展起来的一种优化的项目融资与实施模式,这是一种以各参与方的"双赢"或"多赢"为合作理念的现代融资模式。政府也积极推进PPP项目在供热行业中的应用,体现在:2014年财政部发布的《政府和社会资本合作模式操作指南》、2015年《外商投资产业指导目录(2015年修订)》、2016年住房城乡建设部、国家发展改革委、财政部、国土资源部、中国人民银行五部门联合印发了《关于进一步鼓励和引导民间资本进入城市供水、燃气、供热、污水和垃圾处理行业的意见》。这些文件能够引导 PPP 项目在供热行业健康发展，供热行业投资规模大、需求稳定、市场化也逐步深化，适宜采用政府和社会逐步合作模式，民营资本和社会资本也同样可以投资集中供热的关键性技术。针对目前我国已实施的 PPP 项目中新建项目较多、存量项目少的问题，国家发改委于2017 年印发《关于加快运用 PPP 模式盘活基础设施存量资产有关工作的通知》，鼓励地方政府通过 PPP 模式向社会资本出售优质基建项目的股权、经营权、收益权等权利，来加速推进 PPP 模式盘活基础设施存量资产，形成投资良性循环。

（二）城镇集中供热行业投融资改革存在的障碍

目前来看，在政府的大力推动下，投融资体制的市场化改革虽有所突破，但仍存在诸多问题。具体来说：

1. 供热价格体制改革滞后增加了社会资本的收益风险

长期以来，我国供热价格受到政府的严格管制。供热领域引入自负盈亏的民营企业以后，要求实行充分市场化的价格机制。但我国供热价格机制改革滞后，供热价格并不能合理的反映成本，僵化的供热价格监管带来企业收益的不稳定，增加了社会资本进入的收益风险。一方面政府出于保民生目标实行的低价格管制使得新进入的民营企业收益较低，抑制了民营企业对公用事业投资热情，严重阻碍了公用事业的民营化改革。另一方面，政府对进入供热行业的民营企业的财政补贴没有具体的标准和法定的程序，各地政府在地方财政压力，维护财政支出周期性平衡需要等多种因素影响下，往往并不能使补贴及时到位。

2. 供热行业社会资本参与率低

政府在供热行业引入社会资本，一般采用面向社会公开招标的方式。但城镇集中供热行业项目普遍具有前期投资大、收益回收周期长的特点，这就要求社会资本有较强的融资和管理能力。但是有意愿参与供热项目的民营企业往往资本规模较小、融资能力较差、缺乏实际管理经验，而为了保证供热项目的顺利实施，政府部门则会设置较高的门槛，结果导致社会资本很难进入供热市场。社会资本由于其逐利性更倾向于盈利较高的行业领域，而中国供热行业承担了部分保障性社会职能，供热价格受到政府的严格管制，使得供热领域的项目一般收益较低。这意味着社会资本参与到供热行业的积极性不高。

3. PPP 模式下经营风险分担不合理

从中国目前供热行业 PPP 模式的运营情况来看，政府和企业合作过程中存在风险分配不合理的问题。一方面，政府和企业的地位并不平等，政府的机会主义行为往往导致民营企业承担了相对较多的风险。另一方面，社会资本在获得某地区供热特许经营权的同时并没有承担相应的市场变动而带来的风险。此外，部分社会资本经常要求政府事先确定和审批供热服务的面积，如若按照审批的规模建成的换热站和管网无法满足实际用户需求，则企业无须承担责任。

4. PPP 模式下政府监管体制相对滞后

当供热领域大范围的引入 PPP 模式后，政府一方往往存在监管意识薄弱，管理体制滞后的问题。首先，政府的监管意识不足，重融资轻管理，供热的安全和质量问题往往得不到保障，使得公众利益受损。其次，烦琐的审批流程给企业造成了额外的交易成本，周期过长的决策审批流程导致供热 PPP 项目承担了较高的制度性成本。再次，考虑到供热行业一直以来缺乏完善的市场竞争机制，在政府监督不到位的情况下，会出现并不完全符合标准的企业通过寻租相关部门政府官员、大搞政商关系而获得在 PPP 项目中的特许经营权，进而造成供热项目的低效率运营。

（三）完善供热行业投融资市场化改革的政策建议

1. 创新供热行业投融资体制

在当前融资和财税体制下，城市基础设施融资依然存在诸多挑战，突出表现在地方政府缺少可持续的支柱税种和主体税源、地方政府债务负担压力较大和依赖土地财政、融资渠道单一和融资监管政策不确定性大等问题，供热行业可持续的投融资方式尚未形成。为解决上述突出矛盾，城市公用事业需要进一步创新投融资体制，从而建立可持续的城市公用事业融资方式。从国际经验看，市政债是地方政府基础设施建设最重要的融资模式，它能很好盘活市政公用行业的资产，为供热等城市公用事业提供可持续的资金保障，并有利于降低政府财政负担。为此，国家可首先在部分城市进行改革试点，逐步实现从"城投债"到"市政债"的转变。未来地方政府债券发行市政债券，需要在法律法规、制度建设、金融体系完善等方面予以支持与完善，并改革完善相关的财税政策。

2. 加强社会资本的政策支持

在中国目前的经济环境下，要将社会资本吸引到供热行业，需要政府在政策上对社会资本予以支持。首先，在融资方面调整银行的信贷评级体系，提高社会资本的地位和信用等级，提高社会资本的融资能力。其次，政府对参与城镇集中供热项目的民营企业进行审查时，应选择综合实力相对较强的企业。当社会资本和国有资本存在竞争时，在同等条件下，应根据项目情况，通过投资补贴、基金注资、担保补贴、贷款贴息等方式，有意识的吸引社会资本积极参与到供热项目建设中来。最后，政府应该严格供热 PPP 项目的审批，选择收益率高的项目，以此吸引更多社会资本积极参加到供热 PPP 项目中去。

3. 建立合理的供热风险分担方式

合理分担风险是供热行业投融资市场化改革取得成功的关键。政府和企业在供热行业合作过程中，应明确各自的权利和义务，遵循有控制力的参与人承担较大风险，以及风险与收益相对称等原则。可以聘请与项目各方均无关联的中介机构来制定项目的风险分担机制。针对不同模式的供热合作项目，具体的风险分担情况也会不同，政府和企业应综合考虑各种风险因素，采取灵活恰当的风险分担机制。科学合理的风险分担机制需要做到既保证参与各方获得合理的利益回报，又激励政府和企业能够提高经营管理效率，从而保证公私合作项目在供热领域获得成功。

4. 完善供热行业相关法律法规

为了 PPP 模式能够在供热领域健康、稳定、可持续的运营，需要完善相关法律法规环境。首先，应明确在供热领域引进 PPP 模式的基本理念是为了发挥市场在资源配置中的基础性作用，政府应提供平台，企业在平台上具体负责运营，政府与企业应基于各自权责明确行使各方职能。同时，针对供热 PPP 项目的招标、税收优惠等应进行明确规定，尤其是关于特许经营权问题，国家应尽快完善《市政公共事业特许经营权管理办法》，同时制定《城镇供热特许经营管理办法》对供热市场准入、退出及资产转移、招投标、特许经营、投融资、热价和成本、服务质量和标准、信息披露、违约处罚等内容进行详细、统一的规定，进一步细化特许经营制度。最后，制定《竞争与服务法》，解决供热行业内部竞争等问题，完善社会资本参与到供热项目的投资回报保障机制、政府投资引导机制以及配套金融服务等政策，吸引更多的社会资本进入到供热领域，提高城镇供热项目的质量和服务，使供热行业 PPP 模式进入法制化、规范化轨道，保证供热行业更好的引进 PPP 项目。

三、供热企业所有制改革

城镇集中供热是基础性城市公用事业，是为寒冷地区城镇居民和企事业单位等提供供热服务的行业，为保障北方居民的用热权益，建国初期我国采用了计划性福利供热体制。在计划性福利供热体制下，供热企业多是政府国有公用事业企业或单位自供单位，供暖企业政企不分十分突出。随着我国城镇供热需求快速增长，社会主义市场化经济体制初步建立，供热企业政企不分所带来的生产行政化、管理方式落后、滋生腐败等问题凸显。为了提高企业生产、管理效率，杜绝企业行政式腐败，实现政企分离，我国对城镇集中供热行业企业所有制进行了一系列改革。

（一）企业所有制改革历程及评价

我国采取了苏联模式的福利性供热体制。基于公有制经济制度，城镇集中供热由国有企业经营，政府直接管理，缺乏竞争机制，经营效率低下。此时的供热企业政企合一，供热单位往往是政府投资建设或者机关企事业单位自建自供，供热单位实行事业化或后勤化运营，没有独立的企业经济利益目标追求。

20世纪90年代初，城镇供热行业开始进行市场化改革。一批城镇供热国有企业进行了以企业改制为核心的企业改革，重点是对国有供热企业将经营性资产进行剥离，并按照《公司法》的要求初步实现了改组和改制，成立了有限责任公司。国有企业改革使得供热行业企业快速增加，企业开始成为供热行业独立市场主体。然而，由于供热企业改革不彻底，尽管企业改制强化了供热企业的商业化意识和强化了经济目标，但是由于整个行业的企业制度没有根本改变，随着行业的发展，这种改制导向的企业改革的局限性逐步暴露出来。

2002年～2005年，国家推动了新一轮城镇供热行业改革，民间资本开始进入城镇供热行业。2002年建设部在《关于加快市政公用行业市场化进程的意见》中强调要加快推进市政公用行业市场化进程，引进竞争机制，建立政府特许经营制度，尽快形成与社会主要市场经济体制相适应的市政公用行业市场体系。2003年建设部等部门在《关于城镇供热体制改革试点工作的指导意见》中再次指出城镇供热行业要实行特许经营制度，引入竞争机制，深化供热企业改革。引导和鼓励各种所有制企业参与城镇供热采暖设施的建设、运营和改造。进一步深化国有供热企业产权制度改革，加快建立现代企业制度。这一阶段我国城镇供热行业，大多数国有供热企业开始尝试产权结构改革，然而这种改革进程缓慢、效果不佳，国有供热企业在产权制度、经营机制、用工制度等诸多方面都还没有实现根本改变，造成企业产权不明晰、经营机制僵化，严重制约了企业经营管理效率的提高。同时，一些地方大量小规模供热企业的进入也带来了诸多的问题，如民营企业过度追求利润导致服务质量下降和用户投诉增多，大量小锅炉的上马加剧环境污染等问题。

2012年以来，住房城乡建设部出台了《关于进一步鼓励和引导民间资本进入市政公用领域的实施意见》、《国务院关于创新重点领域投融资机制鼓励社会投资的指导意见》、《基础设施和公用事业特许经营管理办法》、《关于进一步鼓励和引导民间资本进入城市供水、燃气、供热、污水和垃圾处理行业的意见》等一系列文件。大力引入民营资本参与市政公用事业建设，并为民营企业的进入构建了公平竞争的市场环境。尤其典型的是近几年的PPP模式，极大地鼓励了民营资本进入供热行业，促进了企业所有制向混合所有制方向发展。PPP模式有助于解决供热建设项目融资难的问题，同时能够进一步促进企业所有制改革，推进国有企业民营化。

（二）供热行业企业所有制改革存在的问题

现阶段，我国供热产业仍然是以国有企业和国有资本为主体，相对于整个国有经济的改革进程来讲，供热产业的改革明显滞后。虽然，供热行业一直在进行市场化改革，试图鼓励民营企业、民营资本进入供热行业，增加行业的竞争性，提高行业的整体效率，实现国有企业民营化。然而，企业所有制改革的效果确不明显，供热行业中国有及国有控股企业仍占较大比重，大量的国有企业至今还没有建立起现代企业制度，难以成为合格的市场竞争主体，国有资本的低效率影响了国有经济基础作用的发挥。我国城镇集中供热市场化改革无效的原因主要是因为供热是城市公用事业，行业更多地承担着社会性功能，其并不存在诱致性制度变迁的市场化利益激励，改革往往停滞不前。

1. 供暖企业政企不分问题依然突出

近年来，供热企业积极探索现代经营机制，但总体上的管理体制没有实质性的变化，产权关系仍然不够清晰，政企未能完全放开，供暖企业政企不分问题依然突出。改革开放以来，我国由公有制经济转变为以公有制为主体，多种所有制经济共同发展的经济体制，供热行业的企业所有制也发生了一定的变化，民营资本开始进入供热行业，企业资本结构更加多元化。然而，供热行业主体是政府投资的国有企业，政府、企业各自的权责与目标不明确，企业的决策往往受到政府的干预，政企不分、政资不分现象广泛存在。国有企业管理人员产生、更换基本由政府控制，其企业管理部门依然偏向于行政命令式的管理方式，这与现代企业制度要求的产权清晰、权责明确、政企分开、管理科学的新型企业制度尚有很大距离。

2. 民营资本进入激励不足

供热行业企业所有制改革主要是引入民营资本，促进国有供热企业民营化，提高企业经营、管理效率，由于供热行业属于城市公用事业，价格受到政府严格管制，其盈利性难以得到保障，民营资本缺乏进入的积极性。供热企业利润率波动以及常年出现亏损导致民营资本缺乏进入供热行业的激励，原因主要是：一是出于政治社会目标，各级政府都对居民供热价格实行了严格的管制，供热企业与居民、用户之间是非市场化交易，在这种"市场煤＋计划热"的双轨体制下，煤炭价格的变化会严重影响供热企业利润。当煤炭价格上涨时，政府为了保供应要全部或者大部分为供热企业由于低价格管制所带来的亏损买单。而在煤炭下跌时，政府为了减少财政支出会减少对供热企业的补贴，供热企业盈利性无法得到保障，企业常常出现亏损。二是供热补贴缺乏明确的规则性。供热企业可分为体制内的国有企业和体制外的非公有企业。供热作为公益性与商品性兼具的产品，价格受到政府的强烈管制，供热企业的利润主要取决于政府补贴。但政府补贴是基于政企关系争取和政商间谈判交易来确定的，民营企业在政企关系制度中处于劣势，利润获得充满了不确定性。因此，民营资本进入供热行业的激烈严重不足，企业所有制改革往往受阻。

3. PPP 模式带来诸多新的问题亟待解决

PPP 模式解决了供热行业融资难问题，但同时也给供热行业带来了许多新的问题。PPP 模式在引入民营资本的同时也导致大量民营企业进入供热行业，过多的企业导致行业竞争激增、供热成本上升、供热质量下降等问题。民营企业进入供热行业，在增强行业竞争，促进企业提高效率方面发挥了重要的作用。但是民营资本的进入也给供热行业造成了很多新的问题，具体表现如下：一是降低供热行业整体效率。集中供热属于典型的自然垄断，在某些区域，由一家企业经营才可充分发挥规模经济、范围经济和网络经济效应。由大型企业进行集中性、区域性供热具有更高的规模经济效应，而民营企业一般投资规模较少，往往难以形成规模经济效应，大范围的供热成本高；二是会降低供热质量。民营企业追求的是经济利益最大化，在煤炭价格上涨时，企业往往迫于成本压力，降低供热质量，损害消费者利益。近年来，居民对民营企业供热质量、服务投诉问题屡见不鲜。

（三）企业所有制改革政策建议

1. 继续推进政企分离改革

供热企业政企不分问题导致企业运行效率低下、管理方式落后，无法适应供热的快速增长，为居民提高安全、有保障的供热服务，需要继续推进供热政企分离改革。国有企业民营化成功的前提是实现政企分离、政事分开、权力分开，让市场在资源配置中起决定性作用。在供热行业中，企业是提供供热产品的供应者，同时也是市场经济下的市场主体，企业的经营、管理由企业承担，政府只是作为行业监管者规范行业标准和监管企业服务质量，不应直接干扰供热企业的决策。企业所有制改革不仅是投资主体的多元化，关键在于法人质量结构的真正完善。因此，为实现供热企业所有制改革，解决供热行业政企不分问题，需要继续推进政企分离改革。

2. 构建公平竞争的市场环境

为激励民营资本进入供热，应改革国有供热企业治理制度，硬化企业预算约束和明确政策性补贴规则，构建公平竞争的市场结构，保障民营资本和民营企业的公平竞争。在中国目前的宏观经济下行的经济环境下，要通过 PPP 模式引进民间资本，促进国有企业民营化，需要政府构建国有企业和民营企业公平竞争的市场环境，明确对供热企业的财政补贴，保障供热企业的适当盈利率。为此，首先，需要政府继续推进国有企业市场化改革，将国有企业与政府分离，保障其市场独立主体地位。其次，要硬化企业预算约束，严格审核国有供热企业的投资项目和企业收支预算，避免国有供热企业的投资过度、预算超支。再次，需要通过法律法规的设立，构建适当、明确的政策性供热补贴规则，保障民营企业的合法获得财政补贴的权利。只有这样才能够保证国有企业跟民营企业相对公平的竞争环境，吸引民营资本进入供热行业。

3. 设立适当的民营企业准入门槛

供热属于城市公用事业，具有典型的区域自然垄断性质，通过 PPP 模式主要是引入民营资本，一方面解决供热行业融资难的问题，保障供热设施、管网等的建设，保障社会居民的热供应；另一方面是促进国有企业所有制改革，使国有企业向混合制企业转化，充分发挥民营资本的优势。供热的准公共产品性决定了民营资本进入供热行业，只是作为资本的投入方，来调整企业股权构成，而不是作为企业的管理方甚至是供热行业的主体。因此，需要设立适当的民营企业准入门槛，既要保障规模大的民营企业参与到供热行业，增加行业的竞争性，同时也要防止民营企业的过度进入，降低行业效率，破坏行业秩序。

4. 建立与 PPP 改革相适应的监管体制

市场监管是市场经济体制下政府的重要职能，市场经济越成熟，越需要加强政府监管，供热行业进行市场化改革过程中需要建立与之相适应的监管体制。近几年，PPP 在供热行业大力推广起来，在促进企业所有制改革的同时也给供热行业带来了新的问题。供热质量下降、居民投诉频发等问题的出现也反映出政府监管的失效。政府在供热 PPP 模式中扮演着政策制定、项目实施与模式监管等多种角色，政府需要合理划清政府职能边界，搞清楚"谁监管"、"监管什么"的问题。为此，应该依据法律及 PPP 模式特性，创建与 PPP 改革相适应的监管体制，实现对供热行业的有效监管目标。

四、供热行业监管机构体制改革

供热行业监管机构作为供热监管的执行主体，是保障供热有效监管的重要基础。我国供热行业监管机构是计划体制下形成的，其管理体制严重滞后，监管体制运行不畅，监管手段严重缺乏，行业管理往往无法有效实现政府监管的目标。为了构建科学高效的监管机构体制，实现对供热行业的现代化监管目标，我国对供热行业监管机构体制进行了一系列改革，如重构监管机构的组织框架、理顺监管部门的职权配置等，但都进展缓慢。目前，我国供热行业缺乏监管机构设立与运行的完备法律，现行"多部门、分级管理"机构体制模式存在突出的监管机构职能交叉、权责关系不清等问题，监管机构的监管理念和监管手段还具有明显的计划经济色彩。

（一）供热监管机构体制存在的问题

1. 部门之间监管职能分散且职责不清

如表 7-7 所示，供热管理政策的机构设置分为国家级机构、省级机构、市级机构三级管理。国家级管理机构有住房城乡建设部市政行业建设主管部门负责。省级管理机构由省建设行业行政主管部门或市政行业主管部门负责。各省、自治区、直辖市基本上是由市政管理部门、城乡建设部门等负责管理。住房城乡建设部是我国供热行业的主管部门，但由于供热行业属于城市公用事业，具有公益性和商业性双重属性，对供热行业的管理涉及许多民政部门。目前，我国供热行业监管仍是分部门管理的架构，供热行业的政府管理部门众多，管理职权分散，缺乏独立、专门的机构对集中供热管理进行统一协调。

从供热行业管理职权横向配置来看，国家层面的供热行业管理机构有发改委、财政部、环保部、住房城乡建设部等部门；地方层面的供热行业管理机构有发改委、物价局、财政局、环保局、供热办等多个部门。供热行业多部门管理机构设置使得供热行业监管机构职能交叉，责权关系不清问题突出，政府管理职权分割严重，政府监管具有明显的"多头管理"和"碎片化管理"问题。

目前中国集中供热管理相关部门及其职责划分　　　　　　　　表 7-7

部门	职　责
住房城乡建设部	建设运行管理：拟订城市建设和市政公用事业的发展战略、中长期规划、改革措施、规章
国家发改委	宏观与价格管理：全面的经济社会发展政策，供热价格政策及其改革
环保部	污染管理：拟订主要污染物排放总量控制、排污许可证和环境统计政策、行政法规
财政部	财政补贴管理：参与和推进社会保障体制改革，负责办理和监督供热投资项目的财政拨款
能源局	能源管理：能源发展战略、规划和政策的拟订，能源体制改革和监督管理

资料来源：根据有关部门三定方案整理。

2. 纵向监管权配置没有理顺

从纵向监管机构体制看，中央与地方的职责权限没有理顺，中央层面行业监管部门缺乏有效监管所必需的监管能力、职权配置和监管手段，改革和监管政策无法得到有效贯彻。国家行业监管机构（住房城乡建设部）负责制定总体的政策，具体实施由各个地方市级政府负责，省级城建管理部门由于缺乏相应的监管职权，基本上不具有对地方市级政府城市供热的有效监督与制约。城市供热行业的监管权主要由各地市政和建设部门负责，各地方政府为了追求经济利益和社会稳定，地方政府往往缺乏推进供热行业市场化改革和建立现代监管体系的激励。这种"弱中央、强地方"的格局，导致地方政府缺乏改革和监管的积极性，国家统一的改革和监管政策得不到有效贯彻执行。

3. 缺乏完善的法律法规体系

依法监管是政府监管的基本要求。从国际经验来看，发达国家基本遵循"立法先行"原则，其监管机构改革和监管方式都具有完备的行政法律基础。我国供热行业改革起点是传统的计划性福利供热体制，在渐进改革模式下，我国一般采取"先改革、后立法"的方式，监管机构体制改革往往是在原有的法律法规没有改变的情况下推进，行业改革后总是缺乏相应的法律保障。供热行业市场化改革中也存在这种问题，供热行业监管法律缺失，监管体制运行不畅，无法实现依法监管、有效监管目标。我国供热行业法律法规体系严重不健全，主要体现在：

首先，国家层面的供热法律缺失，导致地方改革和监管缺乏明确的上位法支持。建立健全供热法规体系是保障城市供热和供热体制改革的必要条件。近几年来，我国北方各地相继出台各自的供热管理办法或供热管理条例等地方性法规和规章，但尚未建立国家级法律法规，导致各地制定地方性法律法规时缺乏上位法的依据，并且在供热行业管理的关键环节各地采取的政策和措施各异，不利于供热行业的健康有序发展。与此同时供热行业一些基本的制度体制问题也没有通过立法加以明确化，供热市场化、热力供应商品化、供热绿色化的理念没有上升到国家法律的高度，以统领改革和发展。

其次，供热行业政策法规体系不完善，法规建设滞后。具体表现为：一是缺乏指导性的供热法规，对供热综合管理、服务标准、危机管理、节能环保等行业规范进行统一指导，各地方性法规都有各自的执行标准，导致地方供热管理各异，执行毫无章法；二是供热行业法律法规缺乏有效的废止与修订制度，部分政策更新不及时，一些法律法规中的过时条款已经不能适用于当今新形势下的供热行业的发展，严重阻碍了供热市场化改革的推进和供热行业规范化管理。三是现有法规政策层次低、可操作性差、相互之间不协调。目前各地已经出台了集中供热管理条例等法律文件，但这些法律文件除了《供热管理条例》外多为地方政府行政规章，位阶层次低、权威性不足。而且现有法规中缺乏对建筑节能、适用技术与设备、供热质量、合同、进入与退出等方面的明确规定，政府、企业、用户三方的权利和义务界定不清，可操作性不强。因此，需要进一步健全供热行业法律法规体系，让供热管理有法可依、执行有据。

4. 供热行业缺乏有效监管的政策实施手段

市场监管是市场经济体制下政府的重要职能，市场经济越发达越需要进行市场监管。城镇供热具有公益性和商品性的双重特性，是准公共产品，供热管网具有地区自然垄断特征，政府需对供热进行有效监管。目前，供热行业缺乏真正意义上的现代监管，监管理念和监管方式落后，与市场化供热相适应的现代监管手段严重缺乏，政府对于供热行业的监管依然沿袭传统的计划行政管理方式，相关主管部门主要是实行以行政审批为核心的行业管理，缺乏现代激励性监管政策设计。由于长期以来一直将供热行业作为公益性社会事业，政府监管目标主要是追求社会公平和维护社会稳定，赋予监管过多的政治社会目标，导致行业发展无效率、企业发展不可持续，供热行业发展和节能减排缺乏全国系统规划，造成供热行业成为北方地区能源消耗和冬季大气污染的主因。同时，社会资本的进入造成计划体制下的行业管理政策手段日益失灵，尚没有建立起与市场化相适应的监管政策手段。

（二）供热行业监管机构体系改革政策建议

1. 将供热纳入国家能源战略规划

能源是人类社会发展的物质基础，能源安全是国家安全的重要组成部分。面对能源供需格局新变化、国际能源发展新趋势，推进能源生产和消费革命，保障国家能源安全，我国制定了能源战略。能源战略是国家制定的分析、规范未来能源发展趋势的政策，对整个国家的能源发展大势具有指导性意义。从国际经验来看，中东欧国家都将供热行业作为重要的能源产业，将供热行业的发展和能源消耗纳入国家整体的能源政策和节能减排目标中，《能源战略规划》是供热行业发展的重要法律规定。然而，我国作为供热大国却一直未将供热行业纳入《能源战略规划》，缺乏对供热行业监管体制、行业规范、产业发展、市场准入等做出明确的战略规定，不利于实现供热行业整体的产业转型升级和国家整体能源安全。因此，需将供热纳入国家能源战略规划，同煤炭、电力、天然气等能源一起构建大能源规划格局，实现供热行业安全、有序、规范、高效发展。

2. 制定完善供热管理法律体系

优化我国供热管理，必须以立法推动供热管理体制改革，建立和完善供热管理的法律制度。依法监管是依法治国的基本要求，法律是监管机构管理权威性的来源和基础。从国际经验来看，供热机构的设立和运行都是以颁布相应的法律为依据，有效的监管机构体制应该确保其在法律限定的框架内依法监管。因此，必须进行供热立法来规定监管机构的职权配置、供热审批要求、监管执行手段和权力行使的范围，制定相应的《供热法》来引领、指导全国的供热管理。同时各地方政府也要根据供热行业的最新发展情况，及时的修订及出台地方性供热法律法规管理地方供热，在近期发挥《供热行业管理条例》保证供热行业稳定健康发展的作用。

3. 建立集权与分权有机结合的纵向监管职权配置

世界上各国对于具有全国性影响的行业或者事务都是实行全国集中统一的独立监管，这种集权统一的监管赋予了中央政府制定统一的监管法规和发布行业监管标准，对地方监管绩效进行监管的权力。然而，我国地域广阔，各地方因为资源、环境、人口等不同具有地方特色，需要各地方政府参与供热行业的监管来实现。我国监管机构模式是中央制定全国性的监管政策，具体有市级政府执行，但是这种执行由于缺乏省级政府的合理权限配置，中央与地方存在严重的脱节现象，导致监管效率不高、效果不好。因此，需要建立集权与分权有机结合的纵向监管职权配置，不仅能够调动地方政府监管政策落实的积极性，而且能够让上级政府对市级政府的执行进行有效监督，保证供热政策得到有效的贯彻和落实。

4. 树立与市场化供热相适应的现代监管理念

长期以来，中国供热相关管理部门主要从事的是行业管理工作，重点是以项目建设为核心，往往采用投资项目审批等手段来进行行业管理，造成"重建设、轻监管"，"重行政手段、轻激励性手段"的现象。总体来说，目前供热行业缺少真正意义上的现代监管，监管理念和监管方式落后。在供热市场化改革背景下，供热行业已经逐渐脱离了计划性福利供热体制，供热监管如果再采用传统的"行政命令式"行业管理手段，不仅会造成严重的监管失灵、增大监管成本，而且会造成政府管理部门滥用行政权力行为。因此，政府监管机构需要树立与市场化供热相适应的现代监管理念，转变监管思维，调整监管手段。通过立法明确许可、价格监管、服务质量等核心内容，依法履行监管职责，政府监管应该重在激发市场活力，更多地依靠经济手段和激励性措施来调动供热企业安全高效为城镇居民提供供热服务的积极性，形成现代监管政策体系。

第八章 电力行业发展报告

　　电力作为最重要的基础性能源之一，其行业发展与国民经济息息相关，全社会用电量指标也常常被视为经济发展的替代性指标，用电量上升往往意味着经济向上发展。世界各国电力行业发展一般经历严格管制到适度放松的过程，这与电力行业地位及其行业结构相关，中国也不例外。中华人民共和国成立初期，电力行业实行严格的计划经济，八十年代初开始实行市场化改革，经过三十年的发展，基本改变电力短缺的局面，行业一体化结构也被打破，在发电市场基本实现市场化竞争，但输电和配电环节仍然是区域垄断。本章分别介绍了电力行业投资、建设、生产与供应以及管理体制改革情况。

第一节　电力行业投资与建设

改革开放后，电力行业以前所未有的速度发展，电力投资力度持续加大，电源建设不断迈上新台阶，电网建设速度逐年加快。与此同时，电力行业的发展和增长方式也在不断转变，电源和电网结构不断优化，工程造价持续下降，长期形成的电力供需矛盾得到逐步缓解，供需形势出现了根本的好转。

一、电力行业投资

2010 年～2016 年全国电力工程投资总额保持持续增长势头，但增速却有起伏，2011 年～2014 年增幅不明显，但 2015 年较 2014 年有大幅度增加，2016 年增幅则又趋于平缓。2016 年，全国主要电力企业电力工程建设完成投资 8855 亿元，同比增长 0.2%（图 8-1）。

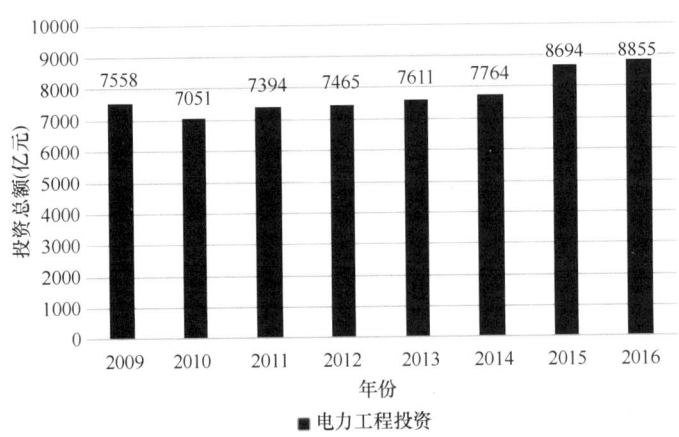

图 8-1　2009 年～2016 年全国电力工程投资总额

数据来源：同花顺 iFinD。

2016 年电力、热力生产和供应业固定资产投资增速继续放缓，但仍明显高于全社会固定资产投资增速，占全社会固定资产投资的比重同比继续提高。国家统计局发布的数据显示，2016 年 1～12 月份，全国固定资产投资（不含农户）596501 亿元，同比名义增长 8.1%，增速与 2016 年 1～11 月份相比回落 0.2 个百分点，与上年同期相比回落 1.9 个百分点。其中，电力、热力生产和供应业固定资产投资完成额为 22638 亿元，同比增长 11.7%，增速与 2016 年 1～11 月相比回落 2.5 个百分点，与上年同期相比回落 4.0 个百分点；占全社会固定资产投资的比重为 3.8%，与 2016 年 1～11 月份持平，与上年同期相比提高 0.1 个百分点。

（一）电源投资总额先升后降

发电资产重组后，发电市场竞争效果初步显现，电源建设投资迅速增加，电力供应不足的问题很快得到解决。图 8-2 与图 8-3 表明，2001～2006 年间，全国发电装机容量增加迅猛，从 2001 年的 33681 万千瓦增加到 2006 年的 62200 万千瓦，年增长率从 5.87% 升至 22.34%，随后，增速放缓，增长率表现为下降的趋势，直至 2012 年后增长率又有所回升。但 2016 年全国发电装机容量增长率又大幅度下降，与上年相比，下降 3.24 个百分点。

图 8-2　2001 年～2016 年全国发电装机容量

数据来源：同花顺 iFinD。

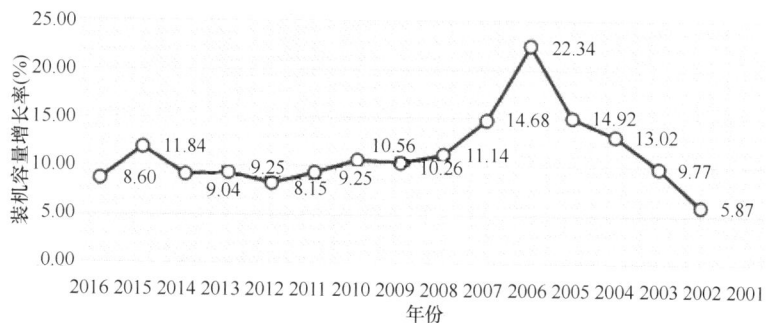

图 8-3　2002 年～2016 年全国发电装机容量增长率（%）

数据来源：同花顺 iFinD，笔者整理而得。

从电力投资结构来看，电源、电网投资分化明显，电源投资同比继续下降，电网投资则继续保持快速增长。中国电力企业联合会发布的数据显示，2016 年全国电源工程完成投资 3429 亿元，同比下降 12.9%，占电力基本建设投资完成额的比重为 38.7％。电网基本建设完成投资 5426 亿元，同比增长 16.9％，占电力基本建设投资完成额的比重为 61.3％。

另外，从电源投资结构来看，除火电外各类型电源投资均呈现负增长态势。中国电力企业联合会发布的数据显示，2016 年，水电完成投资 612 亿元，同比下降 22.4％；占电源投资的比重为 17.9％，与上年同期相比提高 1.3 个百分点。火电完成投资 1174 亿元，同比增长 0.9％；所占比重为 34.2％，与上年同期相比提高 0.1 个百分点。核电完成投资 506 亿元，同比下降 10.5％；所占比重为 14.7％，与上年同期相比提高 1.1 个百分点。风电完成投资 896 亿元，同比下降 25.3％；所占比重为 26.1％，与上年同期相比回落 2.2 个百分点。

（二）清洁能源投资比重有所回落

图 8-4 显示，从投资比重看，2016 年火电工程投资完成 1174 亿元，占电源总投资的 34.2％，同比增长 7.2 个百分点；水电投资完成 612 亿元，占电源总投资的 17.8％，同比下降 2.2 个百分点；核电投资完成 506 亿元，占电源总投资的 14.8％，同比下降 0.7 个百分点。风电投资完成 896 亿元，同比下降 25.3％；所占比重为 26.1％，同比下降 2.2 个百分点。

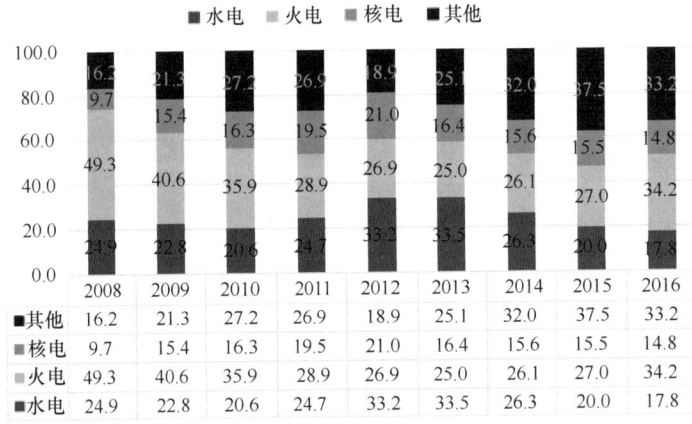

	2008	2009	2010	2011	2012	2013	2014	2015	2016
■其他	16.2	21.3	27.2	26.9	18.9	25.1	32.0	37.5	33.2
■核电	9.7	15.4	16.3	19.5	21.0	16.4	15.6	15.5	14.8
■火电	49.3	40.6	35.9	28.9	26.9	25.0	26.1	27.0	34.2
■水电	24.9	22.8	20.6	24.7	33.2	33.5	26.3	20.0	17.8

图 8-4　2008 年～2016 年各类电源投资所占比重统计图

数据来源：笔者根据中电联发布的《中国电力行业年度发展报告》整理而得。

（三）电网基本建设投资累计完成额平稳增长

在电源建设实现跨越式增长的同时，我国电网建设也取得新的进展。1978～1995 年，受改变缺电状况、加快电源建设等工作的影响，电网基本建设投资占全部电力基本建设投资比重平均只有 25.34％。进入"九五"以后，全国长期严重缺电的局面逐步缓解，电力部门开始注意同步发展电网、调整电力工业产业结构。1998 年 7 月，国务院决定大规模推行城乡电网建设与改造工程，使电网基本建设投资占全部电力基本建设投资的平均比重在"九五"上升到 29.38%。"十五"期间，是中国省内或省间、区域内或区域间以 500 千伏联网、城乡电网建设与改造工程、"西电东送"三大通道工程大力推进时期，电网基本建设投资占全部电力基本建设投资的平均比重又上升到 35.05%。"十一五"开局的头 2 年，电网基本建设投资占全部电力基本建设投资的平均比重又上升到 39%，电源、电网的投资结构处于不断地改善之中。

1999 年～2002 年，电网投资增速相对缓慢，2002 年以来电网投资增长较快。2004 与 2009 年，输电线路新增速度明显加快，其中，2009 年 330 千伏输电线路几乎等于 1999 年，2002 年与 2004 年三个年份总的新增输电线路长度。2009 年，500 千伏以上与 220 千伏输电线路均有大幅增长。随着电网建设加快，输电效率也有提高，输电线路损失率从 1999 年的 8.1% 下降到 6.72%。

截至 2007 年年底，220 千伏及以上输电线路回路长度达到 328367 千米，220 千伏及以上变电设备容量达到 122983 万千伏安。十六大以来，"西电东送"规模不断扩大。至 2007 年年底，"西电东送"的北、中、南三大通道已形成 47500 兆瓦的输送能力。输送规模不断扩大，将西部能源源源不断地输送到东部负荷中心，实现了能源资源在更大范围内的优化配置。

区域内西电东送增长较快。2008 年，南方电网西电东送完成 1057 亿千瓦时，分别增长 17.84% 和 70.95%。京津唐电网受电电量这 223 亿千瓦时，增工 22.88%；由于山西电网缺煤停机严重，全年从山西受入电 39.72%。由于前三个季度山西、山东电力紧张及其他因素，上半年京津唐电网向山西电网送电 7.66 亿千瓦时，6 月份以后向山东电网送电 29.54 亿千瓦时。

2008 年，电网投资首超电源投资。全国电力基本建设投资完成额达到 5763 亿元，同比增长 1.52%。其中，电源电网分别完成投资 2879 亿元和 2885 亿元，同比分别下降 10.78% 和增长 17.69%，电网基本建设投资占电力基本建设投资的 50.05%，近几年首次超过电源投资。2009 年电网工程投资 3847 亿元，仍高电源投资。

2010 年电网投资有所下降，2010～2011 电网投资均低于电源投资，但从 2013 年开始，电网投资重新超过电源投资，且超过的额度有增长的趋势，至 2016 年，电网工程投资 5426 亿元，较电源投资高出 1997 亿元。2010～2015 年电网投资比重也保持平稳且略有增长，但 2016 年突然大幅度增长，达到 61.28%，较上年增长 8.34 个百分点（图 8-5）。

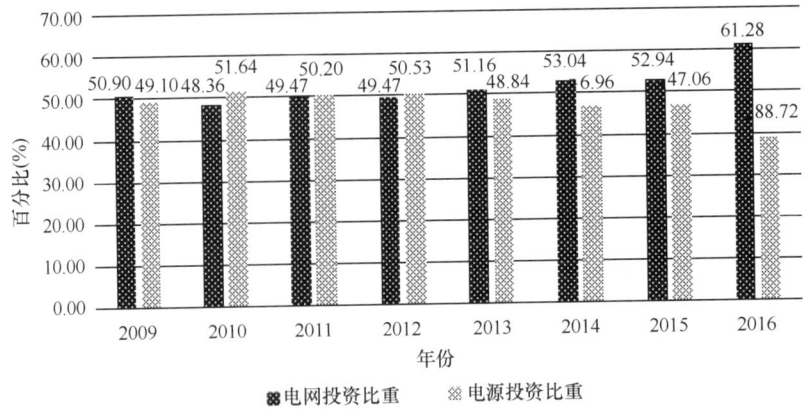

图 8-5　2009 年～2016 年电源和电网基本建设投资完成额所占比重统计图

资料来源：笔者根据中电联发布的《中国电力行业年度发展报告》整理而得。

二、电力行业建设

（一）发电装机容量

根据中电联年度快报统计，截至 2016 年 12 月末，全国 6，000 千瓦及以上电厂发电装机容量达到 164575 万千瓦，同比增长 8.2%，保持平稳增长。其中，水电为 33211 万千瓦，同比增长 3.9%；占总装机容量的比重为 20.2%，与上年同期相比下降 1.0 个百分点。火电 105388 万千瓦，同比增长 5.3%；所占比重为 64.0%，与上年同期相比下降 1.7 个百分点。核电为 3364 万千瓦，同比增长 23.8%；所占比重为 2.0%，与上年同期相比提高 0.2 个百分点。并网风电 14864 万千瓦，同比增长 13.2%；所占比重为 9.0%，与上年同期相比提高 0.5 个百分点。

自 2002 年以来，我国电力行业实行厂网分开，打破了电力行业原来高度一体化的垄断体系，调动了各方办电的积极性，电源建设速度进一步加快，成为新中国成立以来电源发展最快的一段时期。与改革开放初期相比，发电装机容量增长了 10 倍。自 1996 年起，中国发电装机容量一直位居世界第二位。

电源结构不断继续优化。电源建设贯彻了"优化发展火电，有序发展水电，积极发展核电和大力发展可再生能源发电"的方针，加快了水电、核电和可再生能源等清洁能源发电的建设步伐。新增能力保持较大规模，电源结构继续优化。2008 年，全国电源新增生产能力 90510 兆瓦，仍保持在较高的水平。其中，三峡电站最后 7 台机组等一大批水电机组投产，是投产水电机组最多的一年，全年共投产 20100 兆瓦，占全部新投产机组的 22.21%；风电新增 4660 兆瓦，实现了年新投产风电装机容量翻倍增长。火电新增规模比重持续降低，新投产百万千瓦机组 4 台，新投产单机容量 600 兆瓦及以上火电机组容量比重高达 63.11%。又有一批生物质发电厂建成投产。

此后，电力行业装机仍保持平稳增长，并网太阳能装机迅猛增长。至 2013 年 12 月，全国全口径发电装机容量 124738 万千瓦，同比增长 9.25%。其中，水电设备容量 28002 万千瓦，同比增长 12.26%；火电设备容量 86238 万千瓦，同比增长 5.74%，其中煤电装机 78621 万千瓦，同比增长 4.86%，气电装机 4309 万千瓦，同比增长 15.91%；核电设备容量 1461 万千瓦，同比增长 16.19%；并网风电设备容量 7548 万千瓦，同比增长 24.50%；并网太阳能发电设备容量 1479 万千瓦，同比增长 335.05%。

装机增速仍超用电增速。2013 年新增发电装机容量高于上年，发电装机的同比增速超过了全社会用电量的同比增速。发电装机中，利用效率最高的核电装机较快增长，水电装机增速也较快增长，火电装机增速低于用电增速，整体电力生产能力提高较快。

清洁能源装机比重提升，电源结构继续优化。图 8-6 所示，至 2016 年底，电力装机构成中，火电装机占比 64.22%，同比降低 1.43 个百分点；水电装机占比 20.10%，同比回落 1.07 个百分点；核电装机占比 2.04%，同比提高 1.31

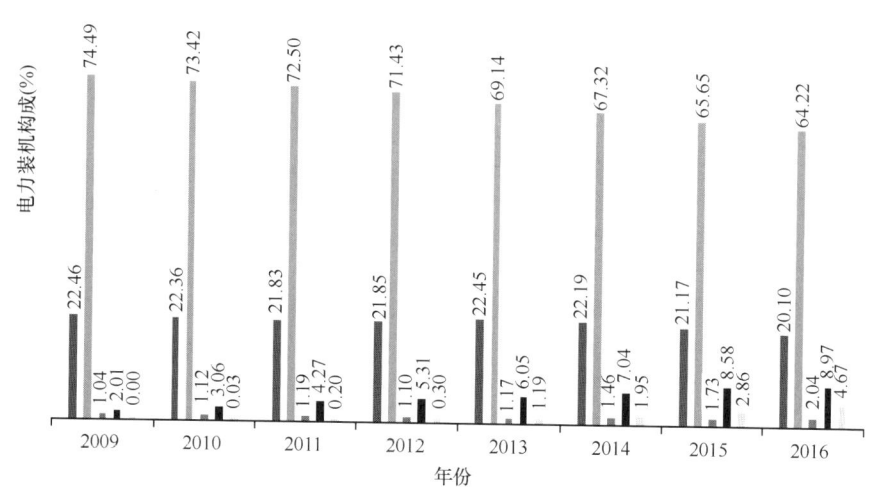

图 8-6　2009 年～2016 年电力装机构成图

数据来源：同花顺 iFinD。

个百分点；风电装机占比 8.97%，同比提高 0.39 个百分点；太阳能发电装机占比 4.67%，同比提升 1.81 个百分点。

（二）新增装机

2015 年新增装机容量较上年大幅度增长，但 2016 年有所回落。2015 年，全国发电新增设备容量 12974 万千瓦，同比多增 2624 万千瓦。分电源类型看，水电新增容量 1608 万千瓦，同比减少 577 万千瓦；火电新增容量 6400 万千瓦，同比增加 1671 万千瓦；核电新增 724 万千瓦，同比增加 177 万千瓦；风电新增容量 2691 万千瓦，同比多增 619 万千瓦；太阳能发电新增容量 4158 万千瓦，同比大幅度增加 3341 万千瓦。

2016 年全国新增发电装机容量有所回落，全国发电新增设备容量 12143 万千瓦，同比减少 831 万千瓦。分电源类型看，水电新增容量 1179 万千瓦，同比减少 429 万千瓦；火电新增容量 5048 万千瓦，同比减少 1352 万千瓦；核电新增 720 万千瓦，同比减少 4 万千瓦；风电新增容量 2024 万千瓦，同比减少 667 万千瓦；太阳能发电新增容量 3171 万千瓦，同比大幅度增加 987 万千瓦（表 8-1）。

2009 年～2016 年全国新增发电装机容量（单位：万千瓦）　　表 8-1

年份	总量	水电	火电	核电	风电	太阳能
2009	9667.35	2105.70	6585.76		973.00	2.79
2010	9124.00	1642.85	5830.56	173.69	1457.31	19.59
2011	9041.00	1225.00	5886.00	175.00	1585.00	169.00
2012	8020.00	1317.00	5065.00		1285.00	119.00
2013	10559.00	2993.00	3650.00	221.00	1406.00	1130.00
2014	10350.00	2185.00	4729.00	547.00	2072.00	817.00
2015	12974.00	1608.00	6400.00	724.00	2691.00	4158.00
2016	12143.00	1179.00	5048.00	720.00	2024.00	3171.00

数据来源：同花顺 iFinD。

第二节　电力行业生产与供应

2016 年电力行业运行整体平稳，全国电力供需形势总体宽松。全社会用电量增速同比继续提高，其中，第二产业用电量持续回升，第三产业、居民生活用电量保持较快增长。全社会发电情况较上年同期有所好转，风电发电量大幅增长，火电呈现恢复性增长。

一、电力行业生产

虽然电力行业厂网分开重组后，发电市场有 5 家大型发电集团，但由于国有寡头企业之间的国有产权特征和企业之间经理人员的交叉任职，导致企业之间并未形成有效的竞争行为，带来充分的竞争绩效结果。在特定的国有资产管理体制下，做大做强的企业目标激励导致国有发电企业具有强烈的投资扩张冲动，存在过度的投资竞争。

（一）发电设备装机容量

在除核电与太阳能发电之外的各类型机组新增装机同比持续减少的影响下，电源新增发电装机容量同比持续下滑。中国电力企业联合会发布的数据显示，2016 年 1～12 月份，全国电源新增发电装机容量 12061 万千瓦，较上年同期少投产 1123 万千瓦，同比下降 7.0%。其中，水电新增装机 1174 万千瓦，较上年同期少投产 201 万千瓦，同比下降 27.0%；火电新增装机 4836 万千瓦，较上年同期少投产 1842 万千瓦，同比下降 24.4%；风电新增生产能力 1873 万千瓦，较上年同期少投产 1267 万千瓦，同比下降 36.8%。另外，新增核电装机 720 万千瓦，较上年同期多投产 108 万千瓦；新增太阳能发电装机容量 3459 万千瓦，较上年同期多投产 2079 万千瓦。

截至 2016 年 12 月末，全国 6000 千瓦及以上电厂发电装机容量达到 164575 万千瓦，同比增长 8.2%，保持平稳增长。其中，水电为 33211 万千瓦，同比增长 3.9%；占总装机容量的比重为 20.2%，与上年同期相比下降 1.0 个百分点。火电 105388 万千瓦，同比增长 5.3%；所占比重为 64.0%，与上年同期相比下降 1.7 个百分点。核电为 3364 万千瓦，同比增长 23.8%；所占比重为 2.0%，与上年同期相比提高 0.2 个百分点。并网风电 14864 万千瓦，同比增长 13.2%；所占比重为 9.0%，与上年同期相比提高 0.5 个百分点。

（二）发电量及增长情况

如图 8-7、图 8-8、图 8-9 及图 8-10，1990 年～2016 年间，发电量逐年增加。全社会单月发电量平稳增长，累计发电量增速稳步回升。2016 年 1～12 月份，全国规模以上发电企业累计完成发电量 59111 亿千瓦时，同比增长 4.5%，增速与 2016 年 1～11 月相比提高 0.3 个百分点，上年同期为下降 0.2%。其中，12 月份，全国规模以上发电企业发电量 5329 亿千瓦时，同比增长 6.9%，增速环比回落 0.1 个百分点，上年同期为下降 3.7%。

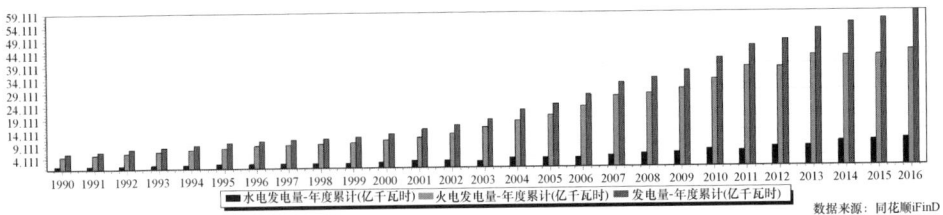

图 8-7　1990 年～2016 年全国发电量统计图

数据来源：同花顺 iFinD。

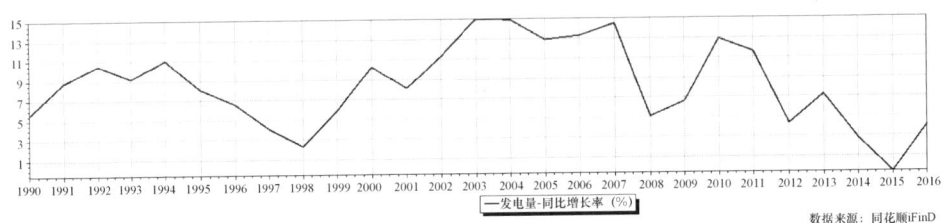

图 8-8　1990 年～2016 年全国发电量同比增长率

数据来源：同花顺 iFinD。

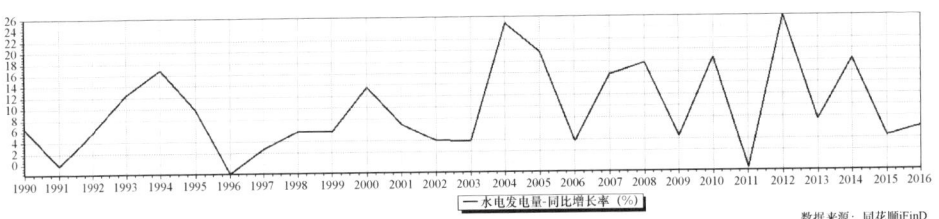

图 8-9　1990 年～2016 年全国水电发电量同比增长率

数据来源：同花顺 iFinD。

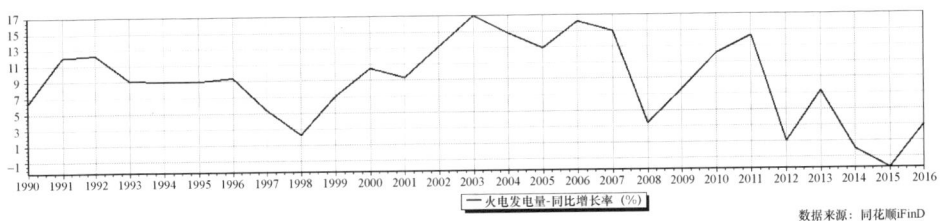

图 8-10　1990 年～2016 年全国火电发电量同比增长率

数据来源：同花顺 iFinD。

清洁能源电量比重上升。图 8-11，2015 年，全国发电量构成为：水电 19.39%，较 2014 年提高 0.17 个百分点；火电 73.71%，比 2014 年降低 1.54 个百分点；核电 2.99%，较 2014 年上升 0.71 个百分点；风电 3.23%，较 2014 年上升 0.41 个百分点；太阳能发电 0.69%，较 2014 年上升 0.27 个百分点。核电电量比重有明显上升，主要由于装机较快增长和消费形势的好转。2016 年，全国火电发电量比重有所回升，为 74.4%，同比上升 0.69 个百分点；水电发电量比重有所下降，为 17.8%，同比下降 1.59 个百分点；太阳能发电量亦有所回落，为 0.1%，同比下降 0.59 个百分点；核电、风电发电量比重同比均有所上升，分别增长 0.61 和 0.87 个百分点。

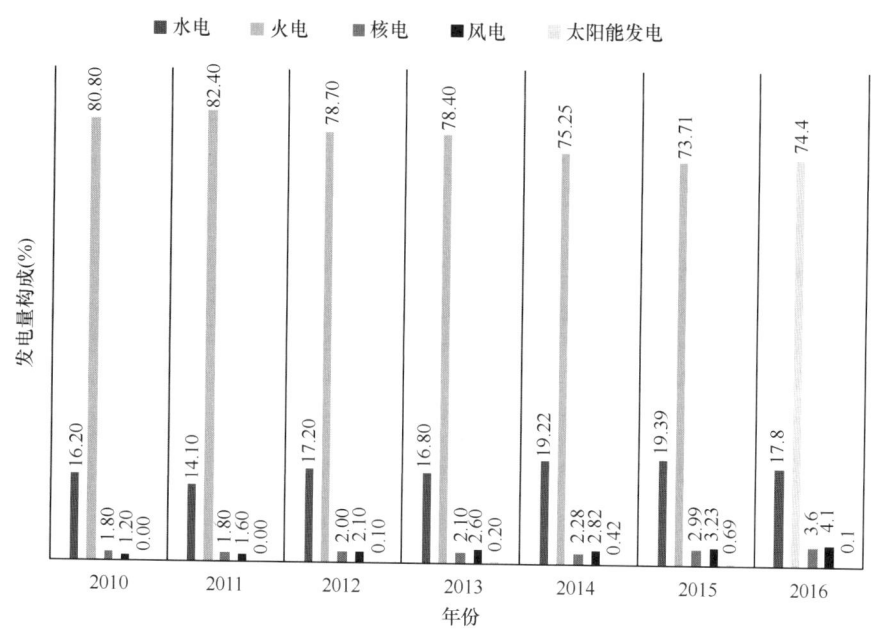

图 8-11 2010 年～2016 年中国发电量构成

数据来源：笔者根据中电联发布的《中国电力行业年度发展报告》整理而得。

（三）分区域发电情况分析

如图 8-12 所示，分省份 2016 年发电量增速在 10% 以上的省市有 4 个，西藏（21.69%）、山东（13.76%）、江西（10.52%）、海南（10.25%）发电量增长较快；发电量负增长的地区也有 4 个：甘肃（−2.25%）、青海（−2.23%）、宁夏（−0.90%）、天津（−0.85%）；其余地区发电量增速在 0～10% 区间。

与用电量增长情况相比，发电量增速的地区差异更大，图 8-13 所示，因为发电量不仅受地区用电需求的影响，还受装机增速等其他因素影响，未来，随着

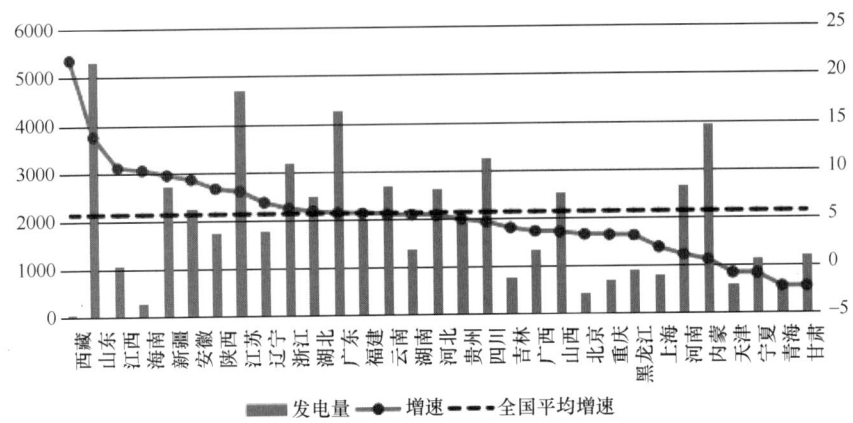

图 8-12　2016 年全国分地区发电量趋势图

数据来源：同花顺 iFinD，笔者整理而得。

发电装机向资源禀赋丰富地区转移，跨区输电比例扩大，发电量增速的区域性差异将愈加明显。

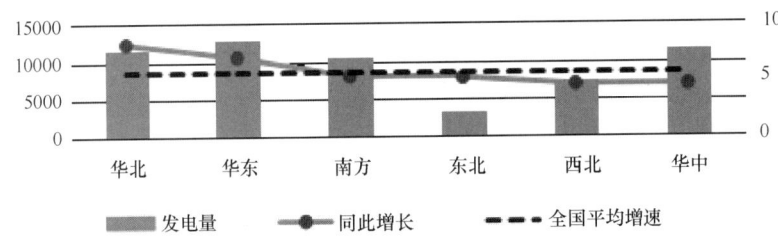

图 8-13　2016 年各地区发电量及增长情况

数据来源：国家统计局。

　　分地区看，2016 年，华北地区发电量 11547 亿千瓦时，同比增长 8.16%，增速在各地区中最高；华中地区发电量 11577 亿千瓦时，同比增长 4.57%，增速在各地区中最低，但仍然较去年有所增长。

二、电力行业供应

　　2016 年以来，随着特高压电网建设提速，城市配电网及农网升级改造稳步推进，我国电力供应能力不断提高。中国电力企业联合会发布的数据显示，2016 年 1~12 月份，全国建设新增 220 千伏及以上变电容量 24336 万千伏安，比上年同期增加 2434 万千伏安；输电线路长度 34906 千米，比上年同期增加 1658 千米。

受第三产业、居民生活用电需求提振及上年同期基数偏低等因素影响，全社会累计用电量增速同比均稳步提高。国家能源局发布的数据显示，2016 年 1～12 月份，全社会用电量 59198 亿千瓦时，同比增长 5.0%，增速与 2016 年 1～11 月持平，与上年同期相比提高 4.5 个百分点。

（一）发电效率分析

1. 设备利用小时分析

近年来，因发电装机容量快速增长，而电力需求增长缓慢，2005～2015 年期间发电设备平均利用小时继续下降。全国发电设备平均利用小时持续下滑。2016 年以来，全社会发电设备平均利用小时同比继续下降（图 8-14）。中国电力企业联合会发布的数据显示，2016 年 1～12 月份，全国发电设备累计平均利用小时为 3785 小时，与上年同期相比下降 203 小时。

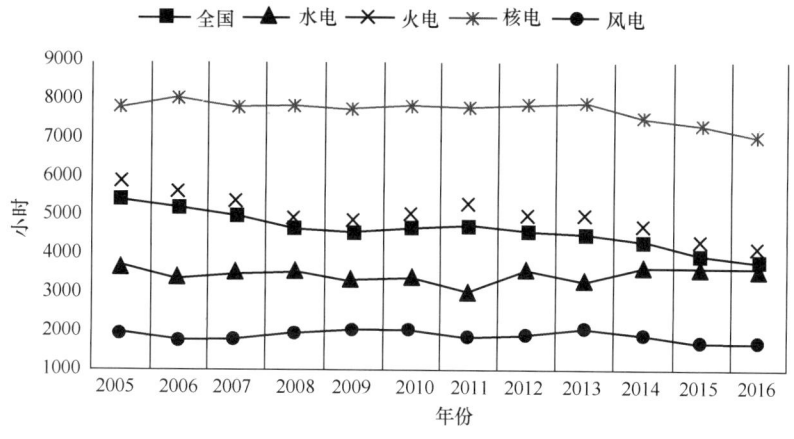

图 8-14　2005 年～2016 年全国发电设备累计平均利用小时变动趋势图

数据来源：中国电力企业联合会、各年《电力工业统计资料汇编》。

分类型看，2016 年 1～12 月份，全国水电设备平均利用小时 3621 小时，与上年同期相比增加 31 小时；全国火电设备平均利用小时 4165 小时，与上年同期相比下降 199 小时。全国核电设备平均利用小时 7042 小时，与上年同期相比降低 361 小时；全国风电设备平均利用小时 1742 小时，与上年同期相比下降 18 小时。

2. 供电煤耗水平分析

图 8-15，2006 年～2016 年期间，供电煤耗水平逐步下降。其中 2014 年，全国 6000 千瓦及以上电厂供电标准煤耗为 318 克/千瓦时，较 2013 年下降 3 克/千瓦时；2015 年，标准煤耗为 315 克/千瓦时，较 2014 年下降 3 克/千瓦时。《节能减排十二五规划》提出的目标为，到 2015 年达到 325 克/千瓦时，目前该指标

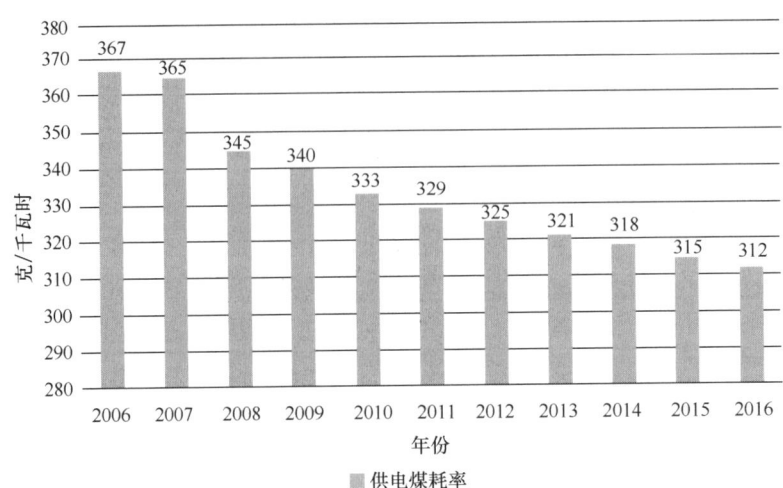

图 8-15　2006 年～2016 年供电煤耗趋势图

数据来源：中国电力企业联合会，同花顺 iFinD。

已降至预期值以下。2016 标准煤耗进一步降低，为 312 克/千瓦时，与 2015 年相比，又下降 3 克/千瓦时。

（二）电网运行状况

1. 电网运行负荷情况

2016 年受国内经济下行压力及雾霾天气治理等方面影响，尽管有的企业开工不足，但全市负荷整体水平向好。邢台电网最高负荷 410.4 万千瓦，出现时间是 8 月 12 日，同比增长 5.55%；最低负荷 107.7 万千瓦，出现时间是 2 月 11 日，同比增长 11.72%；平均负荷 262.64 万千瓦，同比增长 7.79%，月最大峰谷差 177.4 万千瓦，同比增长-5.94%。

从全年负荷来看，最低负荷同比增长主要受市场经济回升和居民生活用电增长等因素影响，邢台地区基础负荷较去年增长较多，打破了连续两年下降的局势。

高峰负荷主要集中在 3 月份春灌和 7 月份、8 月份、9 月份迎峰度夏期间。今年春灌期间雨水同比偏少，3 月中旬气温开始回升，春灌逐步启动，负荷稳步上升，到下旬随着春灌的大面积展开排灌负荷增长明显，尤其 20～23 日负荷以日均增长 10 万千瓦的速度上升，26～31 日期间负荷稳居 345 万千瓦以上，四次打破同期最高水平。7 月份、8 月份、9 月份为迎峰度夏期，虽然负荷变化较大，且达到全年最高，但由于准备充分，全年没有实行拉闸限电。进入 7 月份后电网负荷便开始显现攀升，上旬负荷基本维持在 320 万千瓦左右，从 10 日开始，随着空调负荷大幅攀升致使电网负荷升至 366 万，随后出现降雨，负荷迅速降落。特别是 19～20 日，邢台地区发生近几年最强洪涝灾害，邢台电网负荷大幅下滑，电网最高负荷仅 215.7 万千瓦，最低负荷 138.4 万千瓦，达到了除春节外最低水平。下旬受连续闷热桑拿天气影响，空调负荷释放，月末出现本月最大负荷 397.8 万千瓦，第 3 次刷新年度记录。8 月份电网负荷达到全年最高值，第 4 次创年度新高，但随着天气变化，电网负荷逐步降低，基本维持在 300 万千瓦左右。9 月份天气渐变凉爽，加上中秋节放假，电网负荷一直处于低位运行，没有出现大的波动。

2. 线路损失率及变化情况

图 8-16 显示，2008 年～2016 年线路损失率呈先降后升再降的趋势，其中 2014 年最低，其他年份线路损失率均在 6.47％以上，线损相当严重。

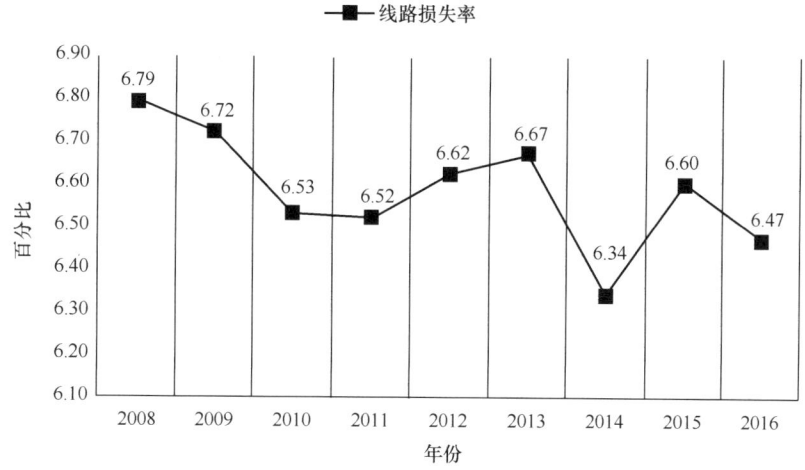

图 8-16 2008 年～2016 年线路损失率情况
数据来源：中国电力企业联合会、同花顺 iFinD。

3. 跨区输电完成情况

9 号文件提出要建立竞争、开放的区域电力市场。但到目前为止，全国统一的电力市场尚未形成，东北区域电力市场试点也不太成功。地区壁垒严重影响电力资源的有效配置。典型的例子是南方电网与国家电网之间电力调剂输送受到制约。比如福建出现电力剩余常常不是输送到邻近的广东，而是更远的长三角。表 8-2 给出了近年来跨区域与区域内跨省输电量及其占总全国总发电量比例。从表中可以看出，从 2006 年到 2015 年，跨区域与区域内跨省输电量都在增长。但是，相对来说，跨区域输电比例很小，仅仅占总发电量的 3％～6％。这在一定程度上反映了不同区域电力输送的壁垒可能仍然存在。当然，同一区域内跨省输电量所占比例增长较快，从 8％上升到 16％，这表明地区内部壁垒在逐步破除。

2006 年～2015 年省间输出电量与跨区域输出电量数据　　表 8-2

年份	发电总量（亿千瓦时）	省间输出电量（亿千瓦时）	省间输出电量占总发电量比例	跨区电网电量交换（亿千瓦时）	跨区电网电量交换所占比例
2006	28499	2454	0.086	816	0.029
2007	32644	3841	0.118	949	0.029
2008	34510	4560	0.132	1049	0.030
2009	36812	5245	0.142	1213	0.033
2010	42278	5879	0.139	1492	0.035
2011	47306	6324	0.134	1679	0.036
2012	49865	7170	0.144	2018	0.040
2013	53721	7853	0.146	2680	0.050
2014	56045	8670	0.155	2997	0.053
2015	58146	9482	0.163	3311	0.057

数据来源：国研网统计数据库。

图 8-17 显示，2015 年全国完成跨区送电量 3311 亿千瓦时，同比增长 10.48％，保持了较快增长速度。全国跨区输电比例（跨区输电量占全社会用电量的比重）为 5.7％，较上年同期提高 0.4 个百分点。各区域电网中，西北和南方电网区域完成送电量同比增长较快，华东和华中电网区域则与去年同期基本持平，而华北和东北电网区域有所回落。

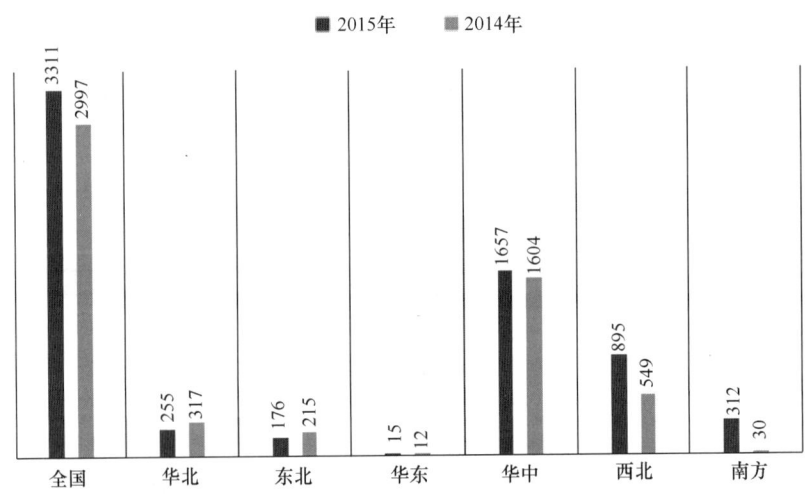

图 8-17　2014 年～2015 年全国跨区送电增长情况（单位：亿千瓦时）

资料来源：国研网统计数据库。

（三）售电总量

图 8-18 显示 2005 年～2016 年中国售电总量呈上升趋势，其中 2010 年较以往增长幅度，但近年来受宏观经济转型的影响，售电量整体上有所减缓，2015年增长率较 2014 下降，放缓明显。但 2016 年售电量回升明显。

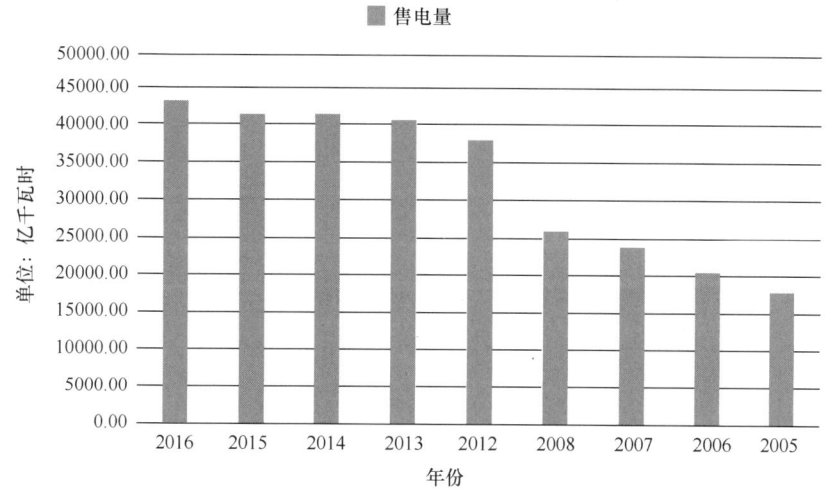

图 8-18　2005 年～2016 年全国售电量统计图

数据来源：中经网统计数据库。

第三节　电力行业发展成效

2016 年是"十三五"开局之年，《电力发展"十三五"规划》发布，电力供给侧结构性改革全面推开，电力结构调整、布局优化深入推进，电力体制改革、市场化建设取得显著进展，电力工业进入转型发展新阶段，电力工业发展基础进一步夯实。

一、电力行业运行成效

（一）电力工业发展规模稳居世界首位

截至 2016 年底，我国电源装机及并网规模多项指标位列世界第一。全国发电装机总量达到 16.46 亿千瓦，其中火电 10.54 亿千瓦，水电 3.32 亿千瓦（含抽水蓄能 0.27 亿千瓦），风电 1.49 亿千瓦，太阳能发电 0.77 亿千瓦，核电 0.34 亿千瓦。"西电东送"规模达 1.8 亿千瓦。2016 年，全国 220 千伏及以上输电线路回路长度达 64.2 万公里，同比增长 5.7%；220 千伏及以上公用变电设备容量 34.2 亿千伏安，同比增长 8.3%。

（二）非化石能源装机比重持续提升

2016 年，风电规模达 1.49 亿千瓦，占比提高至 9%，稳居第三大电源；光伏发电实现了跨越式发展，规模达 7742 万千瓦，占比提高至 5%，跃升为第四大电源。2016 年非化石能源装机达 36.7%，比上一年度提高 2 个百分点，非化石能源消费比重达 13.5%，比上一年度提高 1.4 个百分点。

（三）火电机组结构持续优化，煤耗水平持续降低

超临界、超超临界机组比例明显提高，单机 30 万千瓦及以上机组比重上升到 79%。2016 年全国火电机组平均供电标准煤耗率降至 312 克/千瓦时，比上一年度下降了 3 克/千瓦时，达到世界先进水平。

此外，电力重大工程项目稳步推进、科技创新取得新进展、体制改革全面推进、行业管理不断加强。不过总体来看，"十三五"时期机遇与挑战并存，希望与困难同在，电力转型发展任重道远。"一些新老问题交织并存，北方地区弃风、弃光问题不断凸显，系统调节能力亟待加强；西南弃水问题不断加剧，水电基地开发与外送亟须统筹协调；煤电装机潜在过剩风险有所提高，煤电行业需加速转型升级发展。"[①]

（四）未来 1～3 年的主要发展趋势

据《中国电力发展报告 2016》预计，未来 3 年，我国常规水电预计新增装机容量 2029 万千瓦，其中四川、云南两省新增水电装机容量分别为 643 万千瓦、678 万千瓦。未来 3 年，三北地区系统光伏消纳能力约 1.1 亿千瓦，其他地区系统光伏消纳能力约 1.4 亿千瓦。

未来 3 年，5% 弃风率下，三北地区系统风电消纳能力约 1.7 亿千瓦，其他地区系统风电消纳能力约 2 亿千瓦；10% 弃风率下，三北地区系统风电消纳能力约 2.3 亿千瓦。其他地区系统风电消纳能力约 2.7 亿千瓦。

---

① 《中国电力发展报告 2016》。

（五）储能技术的创新

燃料电池发电技术，国内外实验室研究和商业化产品已证实，燃料电池发电效率可达 55％以上（较超超临界机组高 10％），热电联产后可达 80％～90％。

（六）电力行业运行问题

近年来，全国用电需求放缓，煤电装机增速明显高于用电增速，煤电在我国电源结构中的定位正在发生转变，利用小时数不断下降。2016 年，我国煤电利用小时为 4144 小时，同比减少约 186 小时，连续 3 年下降。

我国煤电将由传统的提供电力、电量的主体性电源，逐步转变为提供可靠容量、电量的同时，向电力系统提供灵活性调节能力的基础性电源。应优化煤电发展路径，促进煤电行业转型升级，与新能源电源、非化石电源协调健康发展，实现煤电清洁、灵活、高效利用。

二、电力市场建设成效

2016 年，售电侧改革与电价改革、交易体制改革、发用电计划改革等协调推进，为形成有效竞争的市场结构和市场体系，促进能源资源优化配置，提高能源利用效率和清洁能源消纳水平，提高供电安全可靠性等改革目标的实现积累了市场的力量。

（一）售电公司涌现

2016 年，影响售电侧改革的两个非常重要的文件——《有序放开配电网业务管理办法》和《售电公司准入与退出管理办法》同时公布，为增量配售电业务指明了方向。2016 年，安徽、北京、甘肃等 16 省市电力体制改革综合试点方案获批，福建、河北、黑龙江等 7 省售电侧改革试点方案获批。2016 年，《北京电力交易中心组建方案》和《广州电力交易中心组建方案》也获得公布，两个区域交易中心在较短时间内相继组建，市场交易管理委员会也组建到位。

截至 2016 年 11 月 11 日，全国电力体制改革试点已覆盖 26 个省（自治区、市）和新疆生产建设兵团。据不完全统计，截至目前，全国范围内已经注册成立售电公司约 2000 家。

《有序放开配电网业务管理办法》规定，符合条件的市场主体依据规划向地方政府能源管理部门申请作为增量配电网项目的业主。地方政府能源管理部门应当通过招标等市场化机制公开、公平、公正优选确定项目业主，明确项目建设内容、工期、供电范围并签订协议。国家能源局派出机构向项目业主颁发电力业务许可证（供电类）或赋予相应业务资质，不得附加其他前置条件。

《售电公司准入与退出管理办法》则从资产规模、从业人员、经营场所和设备、信用等方面对售电公司的准入进行了约束，包括资产总额不得低于 2 千万元人民币、至少拥有 10 名专业人员、应具有与售电规模相适应的固定经营场所及电力市场技术支持系统需要的信息系统和客户服务平台、无不良信用记录等要求。售电公司可以采取多种方式通过电力市场购电，包括向发电企业购电、通过集中竞价购电、向其他售电公司购电等，并将所购电量向用户或其他售电公司销售。

同时，拥有配电网运营权的售电公司的额外准入条件也获得了明确，包括拥有配电网运营权的售电公司的注册资本不低于其总资产的 20%、按照有关规定取得电力业务许可证（供电类）、不少于 20 人的与从事配电业务相适应的专业人员等等。

2016 年 10 月，国家发展改革委引入大公国际作为第三方征信机构，委托大公国际开展电力行业信用建设工作，与电力交易机构沟通协同，以售电公司信用备案为突破口，逐步完善行业信用体系，范围不断覆盖到各类电力市场主体，并积极推进信用评价、市场黑名单管理、失信企业联合惩戒等重点工作。

售电公司普遍关心的电费结算和开具发票问题也得到最终确定，例如，《河北省售电侧改革试点方案》规定，电网企业的售电公司和拥有配电网运营权的售电公司，可向其供电的用户收费并开具电费发票，独立的售电公司，保持电网企业向用户收费并开具发票的方式不变。

此外，对于发电企业参与配售电侧改革，国家对福建、黑龙江售电侧改革试点的复函中特别提到，发电企业通过投资建设专用线路等形式向用户直接供电的，应当符合规划，履行社会责任，按规定承担国家依法合规设立的政府性基金，以及与产业政策相符合的政策性交叉补贴和系统备用费。

（二）售电侧改革

2016 年，在各地进行的售电侧改革中，以广东省为例，广东省 2016 年直接交易电量年度目标为 420 亿千瓦时，其中长期协议交易电量 280 亿千瓦时，竞争交易电量 140 亿千瓦时。最终，2016 年广东省竞价交易共成交电量 159.8 亿千瓦时，最终平均结算价差从 4 月的－147.926 厘/千瓦时，一路回落至 9 月的－37.421 厘/千瓦时，呈现出价跌量升的局面。但量价相抵，发电企业整体让利空间围绕 1.5 亿/月波动。

在 7 次竞价交易中，广东的售电公司从最开始的 13 家猛增至 154 家，售电公司整体市占率为 71.37%，大用户自行购电成交比例为 28.63%。在 7 次交易中，共有 53 家售电公司完成了交易，另有 64 家售电公司"零成交"未能开展业务，与此同时，市场份额排名前十家售电公司市占率达到 91%，前五大售电公司市占率 64%，市场分化明显。

2016 年 10 月，广东经信委在官网正式公示第五批拟列入售电公司目录企业名单，合计 59 家，再加前四批入围的 151 家售电企业，至此，进入广东售电目录的企业将达到 210 家。

2016 年 11 月 1 日，甘肃省电力交易中心发布关于甘肃金钟售电股份有限公司注册成为电力自主交易市场主体的相关信息，之后又公布了 25 家售电公司相关信息，其中，甘肃电投售电有限公司在 8 月就完成了工商注册，由甘肃省电力投资集团有限公司和金川集团股份有限公司、金昌水泥（集团）有限责任公司、金昌开发区国有资产经营有限责任公司共同合资成立，也是甘肃省属国有企业组建的首家售电公司。

另外，在甘肃公示的名单中，同兴智能科技发展有限责任公司的股东为甘肃科源电力集团公司，而甘肃科源电力集团公司的股东为国网甘肃省电力公司。在同兴智能科技发展有限责任公司的公示材料中，申请类型为"独立售电公司"，同兴智能科技发展有限责任公司由此成为国家电网公司首个公示的独立售电公司。

在南方区域，2016 年 10 月 31 日，经海南省工商注册管理部门批准，海南电力通信自动化公司在原有经营通信自动化工程等业务基础上，增加了电力销售的经营业务，这标志着该公司成为海南电网首家从事经营售电业务的全资子公司，这是继南方电网综合能源有限公司之后的又一南方电网独立售电子公司。

2016 年 11 月，贵州省印发了《关于做好售电公司申报工作的通知》，其后，《关于启动贵州省售电公司入市注册的公告》发布，贵州省从 11 月 21 日开始受理售电公司入市注册申报。与其他开展申报工作的省市不同，贵州省在通知中增添《风险提示书》，成为此次申报工作的亮点。

2016 年 11 月，《江西省售电侧改革试点方案》获批，该方案提到，根据试点地区的用户性质和用电规模，探索实行差异化供电模式。一是大用户，35 千伏及以上的大工业用户（或大型城市综合体、大型居民小区）可采取大用户直接交易模式，也可选择从售电公司或电网企业购电。

随着改革的不断推进，售电公司赚取竞价差价利润的盈利模式逐渐淡化，而通过需求侧管理，提升能源利用效率，为用户提供综合能源服务，促进互联网、节能服务等技术的应用，成为务实的盈利方向。

三、电力行业节能减排

能耗指标继续下降。2016 年，全国 6000 千瓦及以上火电厂机组平均供电标准煤耗 312 克/千瓦时，比上年降低 3 克/千瓦时，煤电机组供电煤耗继续保持世界先进水平；全国线路损失率为 6.47%，比上年降低 0.13 个百分点。

污染物排放大幅减少。据中电联初步分析，2015 年，全国电力烟尘排放量约为 40 万吨，比上年下降 59.2%，单位火电发电量烟尘排放量 0.09 克/千瓦时，比上年下降 0.14 克/千瓦时。全国电力二氧化硫排放约 200 万吨，比上年下降约 67.7%，单位火电发电量二氧化硫排放量约为 0.47 克/千瓦时，比上年下降 1 克/千瓦时。电力氮氧化物排放约 180 万吨，比上年下降约 71.0%，单位火电发电量氮氧化物排放量约 0.43 克/千瓦时，比上年下降 1.04 克/千瓦时。截至 2015 年底，全国已投运火电厂烟气脱硫机组容量约 8.2 亿千瓦，占全国煤电机组容量的 91.20%；已投运火电厂烟气脱硝机组容量约 8.5 亿千瓦，占全国火电机组容量的 84.53%。全国火电厂单位发电量耗水量 1.4 千克/千瓦时，比上年降低 0.2 千克/千瓦时；单位发电量废水排放量 0.07 千克/千瓦时，比上年降低 0.01 千克/千瓦时。

电力需求侧节能有成效。在保障电力安全可靠、协调发展的大前提下，政府、行业、企业贯彻落实能源消费革命，共同推进电力需求侧管理，建立并不断完善需求侧响应体系，加大移峰填谷能力建设，引导用户优化用电负荷，促进清洁能源消纳，涉及 15 个省份、2000 余家工业企业实施了需求侧管理工作；国家电网和南方电网超额完成年度电力需求侧管理目标任务，共节约电量 131 亿千瓦时，节约电力 295 万千瓦，为促进经济发展方式转变和经济结构调整发挥了重要作用。

第四节　电力行业监管体制改革

中华人民共和国成立之初电力行业实行的是高度垄断的经济体制，后面经历了燃料工业部、水利工业部到第二次、第三次电力工业部的成立。这其中的复制与重建，每一次改动都耗费了极大的人力物力，而改革的历程也是极为艰难的，在电力行业改动的这些阶段中，由于经济体系复杂与环境的影响，改动的过程中多是管理方式、政策和制度的调整，就是本质而言并无实质性的变动。

1978 年以党的十一届三种会召开为契点，我国电力产业政府管理体制也发生了巨大的变革，首次从严格的制度过渡到放松阶段。1985 年电力行业市场化改革，经历三个主要的行业改革阶段，尤其是 2002 年，国家电力公司的分拆，中国电力市场由传统垂直一体化垄断模式逐步过渡到现阶段的部分开放竞争模式。目前中国电力市场中，"厂网分开"和"竞价上网"已经基本实现，市场竞争只对发电侧开放。在中国电力市场结构中，是由各类发电企业、输电企业和供电企业承担着基本的运营业务。

在立法上，为了电力行业管理有法可依，国务院出台了《电力监管条例》以及《电力法》等法规条例；在规制上，为了扩展多渠道投资，实行了放松的规制，改变了以往垄断一体化模式；在电价上，实行了竞价上网，为方便管理，也出台了更为科学的电价管理方法。

电力行业管理体制改革，以服务电力体制改革为目标。几十年的改革使得电力产业确实得到了飞速的发展，在未来的发展中，完善电力监管机构、提高电力行业效率、健全法律机制仍有很大的空间，要全面实现这些目标，完善电力产业结构还需要相当长的时间。

一、电力行业监管机构

从中华人民共和国成立之初到目前为止，电力行业监管机构改革可划分为三个阶段：无独立监管机构阶段、有独立监管机构阶段和大部制改革阶段。电力行业监管机构改革稍滞后于行业本身的改革，在很长的一段时间内，电力行业并无独立的监管机构，直到 2003 年中国电力监管委员会正式挂牌成立，标志着独立监管机构的出现，中国电力行业也被誉为是"最早探索政府行政部与监管机构职能分离（即"政监分离"）的代表性行业，但是电力监管委员会仅维持十年，在机构改革"大部制"的背景下，2013 年电力监管委员会即被撤销，其职责与 2008 年成立的国家能源局进行整合，成立新的国家能源局，由国家发展和改革委员会统筹管理。

（一）电力监管委员会成立背景

1997 年 3 月开始的电力改革，首先是实行政企分开，国家电力公司宣告成立，在国家电力公司与电力部双轨运行一年后，1998 年撤销电力部，组建国家经贸委电力司，原电力部拥有的行政管理职能移交国家经贸委，在中央层面实现电力产业的政企分开，中央有关部委收回电力项目审批权和电价定价权。政企分开后的国电公司承担电力资产经营职能，不再具有行政管理职能，接受国家经贸委等部门的行政管理与监督。按企业集团模式经营。电力行业成为垂直一体化的垄断经营行业。垄断经营造成了电力行业效率低下，国有资产流失严重，并存在一定的腐败行为。

原有的对应于计划经济体制和垂直一体化的电力工业结构的政府规制体制，已不能适应新形势下电力工业发展的要求，制约着我国电力工业的进一步发展和电力资源配置与运营效率的提高。在这种背景下，2002年3月，国务院正式批准国家计委的《电力体制改革方案》，并成立电力体制改革工作小组，第三轮电力改革开始。2002年4月，国家计委公布电力体制改革方案，决定将国家电力公司分拆为11个公司，成立电力监管委员会。2002年12月，电力资产重组进入实施阶段，中国电力新组建（改组）的11公司正式宣告成立，实现了厂网分开，引入了竞争机制。

2003年3月中国电力监管委员会正式挂牌成立，在此之前国务院下发了电监会三定方案（即职能配置、内设机构和人员编制）。电监会下设七个职能部门，主要有十项管理职责。

（二）电力监管委员会机构职能设计

在国务院2003年批准的电力监管委员会三定方案中规定电力监管委员会有十项主要职责，根据职责下设7个职能部门，人员编制98人。2004年7月。电力监管委员会下设六个区域电力监管局批准成立，区域电监局是国家电监会的派出机构。至此，我国电力监管组织结构大致搭建完成，即三级纵向垂直监管体系：中国电力监管委员会、大区域电监局、有关城市的监管专员办公室。

电力监管委员会下设七个职能部门是：办公厅（国际合作部）、政策法规部（电力体制改革办公室）、市场监管部、输电监管部、供电监管部、价格与财务监管部（稽查局）、人事培训部（机关党委）。

电力监管委员会下设立华北、东北、西北、华东、华中、南方等6个区域电力监管局（简称电监局），并向有关城市派驻监管专员办公室。区域电监局的主要职责是：依据电力监管委员会授权，监管电力市场运行，规范电力市场行为，维护公平竞争；监管辖区内电力企业和电力调度交易机构；负责辖区内电力行政执法、行政处罚和行政诉讼等涉及的有关法律事务；负责辖区内电力安全和可靠性监管；负责辖区内电力市场统计和信息发布，管理辖区内电力业务许可证；依法查处辖区内电力企业的违法违规行为。①

---

① 背景及职能设计部分内容参考：唐诗林，周洋．我国电力监管机构改革中的问题及对策［J］．合作经济与科技，2004（16）：8-10．

（三）电力监管委员会运行中存在的问题

电力监管委员会成立 10 年来，根据时任电力监管委员会主席吴新雄的说法，主要抓了 6 个方面的监管：一是安全监管，确保电网不发生大面积的停电事故，不发生重大人身伤亡；二是市场准入监管，市场竞争要规范有序，首先市场的主体要规范；三是价格和成本监管，建立公开、公平、公正的电力市场秩序，为促进电价改革打好基础；四是交易监管，建立完善公开、公平、公正的电力市场交易机制；五是节能减排监管，促进转变发展方式，提升电力行业发展水平和企业竞争力；六是供电服务监管，通过监管提高供电的服务水平。

其中，一、五、六项属于社会性监管，主要是出于保障劳动者和消费者的安全、健康、卫生，以及环境保护、防止灾害为目的，对物品和服务的质量制定一定的标准，并禁止、限制特定行为的监管。二、三、四项属于经济性监管，是为防止发生资源配置低效和确保公平，对企业的进入、退出、价格、投资、财务会计以及服务的数量和质量等有关行为实施监管。然而有关市场准入监管和价格监管这两项核心职权，即便在 2005 年国务院颁布的《电力监管条例》中，也没有明确授予电力监管委员会。

一直以来，电价是由国家发改委和物价部门管理的。在经济性监管领域，从开端的电力市场主体准入资格，到电力市场末端的价格核定，电力监管委员会都缺少强有力的监管权限，因此在推动电力市场化改革方面长期力不从心。此外，作为国务院直属事业单位，电力监管委员会的法律地位并不明晰，也使其发展前景不明。

（四）"大部制"改革

继 2003 年电力监管委员会成立以来，能源管理机构的顶层设计也动作不断：2005 年国务院成立国家能源领导小组，作为国家能源工作的高层次议事协调机构；2008 年国务院机构改革又设立了国家能源局，主要承担发改委的能源产业管理职责，同时根据第十一届全国人大第一次会议审议批准，国务院又成立国家能源委员会，同样也是高层次的议事协调机构；2013 年将电力监管委员会与国家能源局重组。

短期内如此频繁的机构调整，源自于能源问题涉及多领域、多部门。在我国，能源问题涉及石油、天然气、电力、核能、水力等多个行业，分属多个不同的政府部委管辖，这种分业监管的机构设置模式导致 2008 版的国家能源局仍要面对多个部委和一些地位强势的大型垄断型国有企业，在能源产业规划和政策设计上难以形成通盘考虑，相关产业的替代竞争机制也难以形成。同时，作为副部级的政府机构，国家能源局面对众多行政级别比它高的部委和国有企业履行其综合管理职能，其协调成本和制度交易成本巨大。

在这种能源管理体制下，能源主管部门热衷于投资项目审批、价格制定和生产规模控制等监管方式，而在能源布局、特高压建设、新能源与可再生能源发展、油气资源开发、环境保护等重大发展战略、规划，以及能源体制改革等宏观政策职能方面的建树不多。这种干预微观经济主体的行为、忽略宏观战略的监管备受诟病，能源管理体制改革的呼声不断。

（五）能源行业监管机构"大部制"机构改革特点

第 7 次国务院机构改革在前几次改革的基础上着力推进机构合并，突出政府职能转变，职能转变既包括横向层面政府部门问的职能调整和划转，还包括政府减少在市场、社会等领域的职能，以及纵向层面中央向地方下放权力。新的国家能源局开始向宏观战略、宏观规划、宏观政策、能源改革和能源监管等领域转移，并在微观管理上实行简政放权，简化办事程序，提高办事效率，强调事后监管。

1. 职能扩权

职能转变首先要求政府系统内部不同部门间职能的科学配置和分工合作，具体而言就是厘清部门职责边界，合并同类项，减少部门职责重叠、交叉和分散，理顺部门职责关系。

2013 年的新国家能源局的主要职责涵盖了划入原国家能源领导小组办公室职责、国家发展和改革委员会的能源行业管理有关职责，以及原国防科学技术工业委员会的核电管理职责等，对能源、煤炭、石油、天然气、电力（含核电）、新能源和可再生能源这些传统上分业管理、各自为政的领域进行集中统一监管。在 2013 年 9 月的一次国家能源局内部座谈会上，时任国家发改委副主任兼国家能源局局长吴新雄强调，能源监管职责包括能源规划和能源政策及项目落实情况监管、电力安全监管、能源市场及交易监管、能源成本监管、电网和油气管网公平开放监管、能源市场准入监管、参与协助能源价格监管、能源消费总量控制和能源行业节能减排监管、能源行业行政执法等 8 大类监管职责。这实际上至少在监管职能上，国家能源局进行了扩权。

2. 简政放权

能源管理政府部门间的职能整合后，需要考虑如何向市场、企业和社会转移一些政府不应管、管不好的职能。本轮国务院改革方案提出了 5 个方面的放权，即：减少和下放投资审批事项；减少和下放生产经营活动审批事项；减少资质许可和认定；减少转向转移支付和收费；减少部门职责交叉和分散。随后在 2013

版国家能源局的"三定"方案中，明确取消了 8 项职责。

电力企业安全生产和安全监管工作一直以来是电监会的重要监管领域，保障着电力系统安全稳定运行。该项职责取消后，新的国家能源局将把工作重点放在事后监管上，包括对现有电力安全监管规章、标准和规范性文件的清理、修订和制定工作的监管等。

此外，本次机构改革还将原属发改委的供电营业区的设立、变更审批职权与供电营业许可证核发职责整合为一项行政许可，下放到地方，更好地调动了地方政府的积极性。①

二、电力行业监管制度

我国市场化改革过程中，公用事业行业改革普遍吸收了当代经济学、法学的基本原则，顺应了时代潮流，纷纷进行了市场改革。这其中以电力行业首当其冲，2003 年电力体制改革之后，电监会成为监管电力行业的主角，它不仅承担着一般的经济职能，还承担着维护市场秩序的重任。但是电监会也仅仅维持十年，在机构改革"大部制"的背景下，2013 年电力监管委员会即被撤销，其职责与 2008 年成立的国家能源局进行整合，成立新的国家能源局，由国家发展和改革委员会统筹管理。虽然电力行业监管在进行大刀阔斧的改革，但也必须看到当前电力监管法律尚不健全，配套措施不到位，在实践中依然存在着监管漏洞。

（一）电力监管制度的法律基础

电力监管作为我国电力领域的一项新生事物，对促进电力工业的迅速高效发展发展具有重要意义。电力监管机构随着电力市场的需要应运而生，作为一个新设机构如何发挥应有的作用，进行有效监管成为其设立的重要内容。制定完善的法律法规是对电力市场实施有效监管的前提和基础。因此，加强我国电力监管立法以及制定相应的完善的法律法规，实现电力监管机构对电力企业以及电力市场中的运行过程进行有效的调控干预，发挥市场资源优化配置的作用。19 世纪，西方发达国家已经开展经济领域的监管，随着经济管制思想不断发展，并由美国逐渐向世界上主要的市场经济国家。因此英国、加拿大等国在进行市场化改革的过程中，颁布相应的电力法以及电力监管法，加强电力市场监管的法制建设。我国电力法制建设是从 20 世纪 80 年代开始起步的，在近 10 年来，我国加快了电

---

① "大部制"部分内容参考：陈新春，焦连志．大部制视角下的电力监管机构改革［J］．上海电力学院学报，2015（1）：91-94．

力立法和电力监管立法的步伐，电力体制改革不断深入，对加强电力工业法制建设，保障电力安全，完善电力行业监管，提高电力服务质量，推动电力工业发展等方面具有重要作用。

近年来我国电力监管立法取得重大进步。现行《电力法》颁布实施以来，在促进电力改革与发展过程中发挥最重要作用，是电力立法和电力监管立法体系中的核心，而其他行政法规如《电力监管条例》、《电网调度管理条例》、《电力设施保护条例》是该体系的重要补充，其中《电力监管条例》共六章，三十七条，是我国电力市场化进入实质化改革的标志，是我国行政管理转向现在监管的具体体现。该条例规定了电监会主要职责，并赋予其必要的监管手段和监管措施，明确电监会及其工作人员的行为规范。同时国家相关主管部门制定了涉及电力领域的诸多部门规章，如《电力市场监管办法》、《电力监管信息公开办法》、《电力市场运营基本规则》，形成了以调整电力领域相关社会关系的法律、行政法规、部门规章为基本框架的电力和电力监管法律体系。

（二）电力市场准入监管制度

市场准入监管是电力监管机构的基本监管职能之一，也是电监会的基本职能。市场准入监管就是电力监管部门对欲进入电力市场从事经营活动的主体进行资质审查，对符合条件者或者授予电力经营特许权，或颁发电力经营许可证，允许其进入电力市场从事经营活动。目的是为了避免自然垄断产业的重复投资而造成社会资源的浪费。电力市场准入普遍采用了许可证制度，通过详细的许可证条款，只要符合法定限制条件的不同的电力业务领域具有不同的许可证政策，所以不同的电力业务有不同的许可，主要包括发电许可证、输电许可证、供电许可证（配电许可证、售电许可证）主体才能获得许可从事电力业务。我国《电力法》规定电力供电许可证制度，主要内容包括电力许可制度的范围、电力许可制度的程序、违反电力许可证制度的法律责任等主要内容。伴随我国电力体制改革的不断深入，为了满足对发电、输电业务进行有效监管的需要，我国在《电力监管条例》以及以后陆续颁发的法律法规中，不断完善电力许可证制度，努力建立有效的电力业务许可证制度。

（三）电力市场竞争监管制度

电力行业具有自然垄断的属性，但是并不意味着电力行业各个环节都具有垄断性，在2002年《电力体制改革方案》以来，电力体制改革的特征：打破垄断，引入竞争。电力行业中的发电市场和售电市场从原来的一体化的垄断电力产业分离出来，电力市场具有了竞争性。目前，电力监管一般包括对垄断性的输电、配电环节的政府管制和对具有竞争性的发电、售电市场的监管电力市场的竞争程度和市场结构决定着电力监管机构的职能。而如何确保电力企业之间进行公平有序、充分竞争是电力监管面临的新课题。

(四) 电网安全监管制度

安全电网监管应该包括对电网系统和电力安全的监管。《电力监管条例》中规定电力监管机构负责监管发电厂并网、电网互联以及发电厂与电网协调运行中执行规章规则的情况等，对电力安全方面一方面对重大电力生产安全事故处理制定预案，另一方面对重大生产事故建立应急处理制度。2007 年电监会颁布了《电网运行试行办法》，对电网的规划、设计与建设、并网和互联电网进行规定。对电网安全监管是电力监管机构的重要责任，对预防和减少电力事故具有重要作用。

(五) 电价监管制度

电价监管主要用对电力批发、输配电和零售价格进行监管。电力监管机构拥有电力价格核准和管理权力，制定价格公式和定价原则，以实现对电力价格的监管。电力市场化改革以后，大多数国家以"厂网分开、竞价上网"的方式，主要依靠市场资源配置作用，来确定竞争性环节和垄断性环节的电价标准和水平。而就目前我国电力监管法律法规，存在大部分属于原则性的规定，操作性不强。电监会也只能在价格监管方面具有提建议的权利，而不是决定权。

(六) 我国电力监管制度存在的问题

1. 电力监管制度在电力基本法中缺位

《电力法》的实施，曾经在一定程度上保障和促进和保障了我国电力工业的发展，但实施 10 多年来，许多配套法规仍迟迟未能出台。不利于维护电力市场主体的合法权益和电力的安全运行。电力改革不断深入，《电力法》原先的立法环境发生了重大变化，在电力监管实践中存在着明显的历史局限性。其实行的是单一电力行政管理模式。这种模式有悖于电力管理的宗旨，满足不了建立"政企分开、公平竞争、开放有序、健康发展"的电力市场体制需求。而且对电力市场的建立运作以及开展有效竞争等内容涉及较少，对输电、配电垄断性企业也缺少约束性的监管，特别是缺乏指导电力监管制度改革方面的法律条款。法律的缺失给电力市场改革以及电力行业发展带来许多危害。首先，在维护电力市场的有效竞争环境过程中监管陷入"无法可依"的困境，电力监管工作难以进行。其次，法规的缺乏又导致监管决策的不透明，投资者无法通过正常渠道获取投资决策信息。再次，没有依法进行权力分配和管理，相关政府部门不可能形成有效的协调机制，相互之间制定政策出现冲突不足为奇。诚信政府失信于投资者，这将给电力市场改革带来极大的风险。最后，新设立的电监会以及其新出台的一系列监管规则与电力法相抵触，不利于法规之间的协调性，容易出现部门权益纷争，给电力监管工作带来极大的波动性，为电力体制市场改革的推进造成障碍。

2. 配套制度不健全

电力监管法律体系中，电力基本法律作为核心，而政府部门颁布的行政法规是该体系的重要补充，如《电力监管信息公开办法》《电价管理条例》《电力监管条例》。《电力监管条例》主要内容包括总则、监管机构的监管职能职责、监管措施、法律责任和附则等方面。该条例在一定程度上为电监会进行电力市场监管提供了法律依据，在一定意义上为电力结束了电监会执行监管无法可依的局面。但是该条例也有许多不尽人意的地方。首先在许多地方还是原则性规定，缺乏操作性，需要制定更具体的实施细则和相配套的规章。其次该条例有一些内容和其他法律法规有交叉冲突的地方，这就给我监管部门带来执行难的问题。另外该条例规定监管机构审查办法供电许可证，经贸委发放供电营业许可证，这种规定不利于提高行政效率，也容易造成监管机构和经贸委之间的行政冲突。更科学合理的规定是两证统一由一个部门发放和管理。该条例赋予电监会的权力和其他政府部门之间权力存在冲突。随着电力体制改革，厂网分开使得发电厂和电网企业成为独立的市场主体，对不同主体应该颁发不同的市场准入许可证，而现行的电营业许可证已经不能适应。不仅对供电业务实施监管而且还应对发电、输电业务实施监管的要求。近年来，虽然电力监管部门出台了许多与电力法相关电力监管相配套的行政法规、部门规章，但是要真正对电力监管活动进行有效的法律指导仍显不足。

3. 电力监管机构的职责不明确、权责脱节

我国电力监管职权配置存在职责不明，权责不一的分散现象。而对垄断性产业的监管是系统性极强的工作，电价审批、市场准入、投融资管理、成本监控等相关监管必须密切协同，才能取得预期的效果。我国电力监管体制仍然还处于从计划管理体制向市场经济条件下现代监管体制过渡的阶段，存在管理主体多元化、职能分散，如发改委负责电力基建项目的审批，电监会负责电力技改项目审批，财政部负责成本规则的制定和财政监督，工商局批准企业经营范围。由此可见，我国的电监会、发改委、各地经贸委、财政部、工商局等机构都具有一定的电力监管权，形成多头监管的局面，破坏了监管职能系统性的设置和职能分工，造成监管协调难度大、成本高、效率低的后果。具体表现如：如电价监管。由于财政部门负责电价成本规则交财务监管，电价制定和审批由国家发改委负责，成

本监控和电价监管的分离，造成电价的不合理。而在开放市场条件下实施有效监管，平衡和调节国家，消费者投资者，电力企业等方面利益，电监会必须具备市场准入监管和价格监管，而我国电监会恰恰在职权上缺位，造成电价定价协调难度大。

4. 监管信息披露不充分

电力监管信息披露是监管机构披露监管过程中监管依据、过程和结果，接受公众的监督。由于电力行业是具有公益性的特殊行业，而且具有高度专业化、系统化的要求，对于发电、输配电、售电等具体情况，在电力企业与消费者、电网企业与发电企业、调度交易机构与发电企业、监管机构与电力企业、监管机构与消费者之间存在严重信息不对称。因此，进行行之有效的监管难之又难。只有进行有效的信息披露，社会公众和其他市场主体才能发挥监督作用，而监管机构才能发挥有效的监管作用，以防止信息不对称带来的市场机制失灵，造成资源浪费。此外，电力行业的投资者为了追求利益的最大化，会用尽办法俘获监管者，而要避免这种行为的发生，民主决策机制就变得非常重要，民主决策将大大降低监管者被俘获的可能。但是信息不对称，披露不充分，实现民主决策的可能性降低，所以就我国现在的电力信息披露而言还不充分，导致监管决策与实施民主程度不够。

5. 没有形成对电力监管的制约机制

电力监管部门作为行使公共权力的公众代理人，必须兼顾有关各方的利益，正确处理包括发电企业与电网企业之间的关系、电网企业与终端用户的关系及发电企业间的关系、不同类型的终端用户间的关系等。我国目前的监管体制存在"政监不分"，即制定政策监管职能合二为一和缺少民主监管渠道的现象。监管过程受多方因素的影响，监管部门在进行监管过程中可能会侵害电力市场主体的合法权利，违法作出决策。此外，由于缺少民主监管的渠道，除了依法提请行政诉讼外，在项目审批、定价服务等制定过程中无法进行民主监督。对于如何避免监管机构滥用权力，对监管者的行为进行制约，对电力产业的投资者，竞争性服务供应商以及消费者意义重大。因此，必须在监管过程中强调司法救济的地位和作用。但是根据我国司法检查范围来看，电监会制定的规范性文件的行为是抽象行政行为，司法审查的主要是具体行政行为。因此，通过行政诉讼进行救济的可能性减少。再加上电力监管机构职责不明确，权责脱节，追究责任困难，监管行为的法律责任缺失，即使提起行政诉讼也会出现无法可依的局面。建立一个良好高效的监管制约体系，避免决策失误和监管机关滥用权力，加强对监管权力的限定，制约变得十分重要，以此实现法律对电力监管的责、权、利一致性监管的要求。

三、电力行业价格监管

电力行业价格监管与电力行业价格改革密切相关，不同的电价改革阶段，电价监管特点也有很大的差异，建国到今，电价改革大致可以分六个阶段，每个阶段的电价监管都有其特点。

（一）电力行业价格改革阶段

第一阶段：1985年以前，国家执行指令性电价。1985年之前，我国电力行业的特点就是发、输、配、售一体化，中央政府既是发电者，又是供电者，电源和电网全部都由政府出资建设，也并不存在发电和输、配电环节之间的上网电价；因此这个阶段的电价是狭义的，仅指面向终端受电用户的销售电价，实施的指令性电价，政府是电价定价的绝对且唯一的主体。这一时期的电价分为照明、非工业、普通工业和大工业用电几大类。二十世纪六十年代以后，全国电价水平基本统一，国家开始统一对某些高耗电的农业和工业生产用电实行优惠电价。十一届三中全会以后，国家对销售电价进行了局部调整，部分地区开始实行峰谷电价和季节性电价。国家将电力部门维持直接运营费用和电力设备折旧作为核定电价的最主要因素，即此时的政府认为社会主义电力工业只需维持简单再生产，不考虑电力建设的投资回报，电力运行机构也是政府的一个部门，而非可盈利机构，所以该阶段的指令电价基本无利润可言。到了二十世纪八十年代中期，随着改革开放全面铺开，中国经济呈几何增长，但由于电力工业长期处于简单维持再生产的模式严重滞后于经济发展，各地的电力供应均无法满足经济发展的需要，出现了全国闹电荒的窘境，原本应该承载国民经济腾飞的电源、电网，反而在此时成为制约经济发展的短板，于是我国启动了电价改革。

第二阶段：1985~1997年，国家执行还本付息电价。1985年是我国电价改革历程中里程碑式的一年。由于电力供应紧张局面逐渐凸显，国家开始实行多家办电、多渠道集资办电的政策，出台了《关于鼓励集资办电和实行多种电价的暂行规定》，开始逐步放开电源建设环节，鼓励和支持地方政府和企业出资建设电厂，电源侧建设投资主体不再是国家独家经营，呈多样化发展趋势。此时，虽然电厂、电网基本上仍为一体，但独立于电网的发电厂已经开始登上历史舞台，与之相匹配的上网电价的概念也逐渐开始清晰，代售加价的出现为后来输配电价的形成奠定了基础。鉴于独立发电单位的出现，燃料价格上涨和投资回报率等因素都被加入到电价的考量中，电价的制定不再单一维持简单的再生产为原则。实行"老电老价"、"新电新价"的政策，从而形成了"一厂一价"，甚至"一机一价"

的局面。此种模式在某种意义上确保了发电厂的利润，从而起到了鼓励多样化出资建设电厂的作用，保护了电价改革的萌芽。

第三阶段：1997～2002 年，国家执行经营期电价。二十世纪九十年代中后期，我国局部地区出现了电力供应大于需求的现象，这时还本付息电价政策逐渐显示出一些弊端。随着钢铁、铜材等原材料价格的上涨，作为资本密集型行业，电力建设项目的造价节节攀升。"八五"期间，发电机组平均造价较"七五"期间建设同等水平的投入翻了一倍。为适应外部环境的变化，1998 年政府针对性地调整电价政策，停用"还本付息"电价政策，改用"经营期电价"政策。经营期电价政策，将电力建设在经济寿命周期内各年度的预计成本支出和还贷计划加入定价考量，通过计算电力项目每年度的现金流量，按照项目经济寿命周期内的内部收益率来测算电价。经营期电价政策反映了电力项目投资和普通商品投资一样，需要按社会平均先进成本定价的普遍规律，统一了电力企业的资本金收益率水平，规范了电力行业的经营法则。

第四阶段：2002 年"厂网分开"后"竞价上网"前，国家实施临时上网电价。2002 年，电力体制改革逐步推进，国家发布《国务院关于印发电力体制改革方案的通知》（国发〔2002〕5 号），开启了实质性操作层面的改革。厂网分开，发电部分分别划入大唐、华能、华电、国电和中电投五大发电集团公司，标志着电力体制改革正式进入到竞争性电力市场建设的攻坚克难环节。与此同时，国家颁布临时上网电价管理办法，用于厂网分开后的电价管理。该政策允许原参与电网统一核算、没有单独上网电价的电厂可制定临时结算上网电价，借此保障了厂网分离后各类电厂的正常运营，继而为电力工业全面引入市场竞争机制做好必要的铺垫，起到承上启下的重要作用。

第五阶段：2005 年，国家发布《国家发展改革委关于印发电价改革实施办法的通知》（发改价格〔2005〕514 号），制定了上网电价、输配电价和销售电价管理办法，将上网电价、销售电价与燃料价格挂钩。此次电价管理办法的变动根据国务院《电价改革方案》（国办发〔2003〕62 号）有关要求制定，标志着我国开始实行新的电价管理机制。根据这三部管理办法的有关精神，政府电价主管部门按照合理补偿成本、合理确定收益以及依法计入税金原则，在竞价上网前核定或通过政府部门招投标确定发电企业的上网电价。同时，在同一地区新建的同类型发电机组之间上网电价由政府电价主管部门统一核定，并事先向社会公布，同时逐步统一原已核定的发电企业上网电价。核定的上网电价与燃料价格波动联动，体现电能构成，符合经济规律。

第六阶段：2014 年开始，国家陆续在深圳、蒙西等地开展输配电价改革试点，出台《中共中央国务院关于进一步深化电力体制改革的若干意见》（中发

〔2015〕9号）及其6个配套文件和《输配电定价成本监审办法（试行）》（发改价格〔2015〕1347号），电价形成机制市场化改革进入新阶段。根据出台的一系列文件，国家将按照"管住中间、放开两头"的思路，输配电价由政府根据"准许成本加合理收益"分电压等级核定，用户或售电主体按照其接入的电网电压等级所对应的输配电价支付费用；公益性外的发售电价格由市场形成；电网企业履行保底供应商义务，确保无议价能力用户有电可用。

（二）我国电力行业价格监管存在的问题

尽管随着电力市场化改革的推进，电力行业价格监管亦不断改革和加强，但由于改革尚浅加上行业本身在经济发展中的特殊性，使得我国电力行业价格监管比任何国家都要复杂，现阶段电价监管仍然存在许多问题。

1. 发电环节

（1）市场竞争问题。五大发电集团占领的发电市场份额已近寡头垄断，2009年后，各发电集团纷纷从各省圈地建发电厂，继续不断扩大各自地盘。由此带来的后果是：发电市场逐步被少数集团寡头垄断，市场竞争将逐步失灵。2009年、2011年电煤不断上涨全国闹电荒时，五大发电集团很多机组纷纷抱团停机，倒逼国家发改委提高上网电价，就是一个典型的案例。

（2）煤电联动问题。2004年底，煤电联动政策开始实施。规定不少于6个月为一个联动周期，如果周期内平均煤价跟前一个周期相比，变化幅度达到或超过5%，便相应对电价进行调整。该政策出台后半年时间，第一次煤电联动出现。2005年5月根据联动政策，电价随煤炭价格上调2.52分钱，随后在2005年11月煤价波动第二度符合联动时，业界预期的电价上调并未如期而至，原因是国家未有动作；2008年虽然又连续实施了两次煤电联动，但纵观煤电联动历次调整，自2004年政策出台后，煤炭价格成倍翻番，电价依旧裹足不前，上涨不到40%。调整时间不及时和调整幅度不到位情况时有发生。其主要原因是国家层面的宏观调控出于控制CPI过渡上涨等其他原因，限制电价应有的上调，大大压缩电价上调空间，拉长电价上涨的时间，造成煤电联动政策与实施过程有一定程度的差异。但"发一度，亏一度"的现象直接导致相当一部分发电企业和电网企业经营步履维艰，电力供应急剧萎缩短缺，电力行业整体信心不足、状态低迷等局面。同时，煤炭还存在一个输送运力紧缺和输送成本高等问题。虽说煤炭的发电效率较其他一次能源低，还伴生着环境污染严重的问题，但在今后很长一段时间，在我国新能源还不能完全取代火力发电的主导地位，所以煤电联动政策亟待完善。

（3）节能减排和环境保护问题。在电价政策方面，由于历史原因，小机组普遍煤耗高、负担重、无规模效应，导致生产成本高，无竞争优势，所以国家一般对小机组给予一定的电价优惠政策，电价普遍高于大机组。另外，小机组技术改造资金匮乏，无法安装脱硫装置，也无法实行脱硫电价政策。而水电的电价主要集中在前期建设和厂址居民迁移、环境改造的巨大投入，需着重计算在经济寿命周期内各年度的成本和还贷。

2. 输配环节

（1）监管和透明度问题。输配环节具有自然垄断属性，自然受到国资委、财政部、发改委、电监委等国家有关部口的监管，当然监管的角度会有所不同。国家立足于电价管理考量，以发改委和电监委监督为主。其中，发改委对电网企业从输配电价形成的角度收集电价成本相关信息和数据，并监审成本，核实涉及定价因素的成本，进而实现对电网成本的全方位监审，以此方式服务输配电定价。而电监会主要通过核算成本、检查费用分摊是否规范合理等内容，对电网企业成本控制的进行监管，进而通过监管建立健全电网企业的成本约束和激励机制，并以此为出发点，鞭策电网企业提升自身管理，达到降本增效的目的，与此同时也为输配电价的合理核定奠定基础。所以，监管部门希望电网企业各种成本信息公开透明。但客观上，电网企业由于行业的技术特性，其设备标准、折旧标准、维护标准没有社会通用标准，往往由电网企业来制订各种标准，监管人员往往缺乏专业知识难以识别。主观上，电网企业基于国家输配分开的要求，也不愿意将企业输配成本信息分得非常清楚，也不愿意主动将有关信息保送监管部口。

（2）电网建设可持续发展问题。随着国民经济的飞速发展，电能需求增速也是迅猛异常。在市场供需之手的推动之下，电力企业增容扩建是必然的趋势。浙江省在"十一五"期间在电网建设中投入资金高达860亿元，其中170亿元用于特高压工程建设，500亿元用于输电主网建设，175亿元用于新农村输配电网建设。国家电网"十一五"期间累计自有资金短缺9000亿元。由于电价机制不健全等原因，电网公司资产赢利能力不强，成本增长高于收入增长，赢利空间不断压缩，自我积累能力弱，资产负债率不断上升，部分单位已接近80%警戒线，电网自我发展能力严重不足。需要在电价政策中给予充分考虑。

（3）县代管体制制约问题。全国还有很多县供电局管理体制为代管，因无资产纽带关系，国家电网的电网建设资金无法投入到代管的各县供电局，加上各代管县供电局资产规模小，赢利能力弱，融资能力差，因此，各代管县供电企业电网薄弱，配网和农网建设和发展长期受到制约，农村和农民用电权益受到损害。

3. 销售环节

（1）交叉补贴问题。以我国华东三省一市为例，居民电价均远远低于工商业电价，甚至低于大工业电价。居民用户和工商业用户电费负担的倒挂，造成了用电过程中工商业用户对居民用户的交叉补贴问题，不能客观地反映各类用户真实的供电成本水平。

（2）惩罚性电价问题。为指导推动节能环保产业加快发展，国务院出台《"十二五"节能环保产业发展规划》。国家发改委制订政策，对能源消耗超过限额标准的企业实行惩罚性电价，推进高耗能企业加快技术改造力度，促进节能减排。如，我国东部某市为了加快淘汰落后产能，推进产业转型升级，促进资源节约型和环境友好型社会建设，在执行基本电价的基础上，还实施了差别电价政策，即对允许类企业和鼓励类企业执行正常电价水平，对限制类、淘汰类企业按国家和省有关加价政策提高电价，自2011年起对全市不锈钢企业和制造铸业执行差别电价政策，电价在正常电价水平上加收0.3元/度。惩罚性电价政策是一个非常好的政策。但在实际执行中，也碰到一些实际问题，一些地方政府为了追求GDP和就业的需要，对部分高耗能企业进行了地方保护，导致惩罚性电价政策的作用受到制约，也产生了社会公平性问题。

第九章　政　策　解　读

第一节　综合性法规政策解读

《关于鼓励民间资本参与政府和社会资本
合作（PPP）项目的指导意见》解读

一、出台背景

近几年的 PPP 发展过程中，民间资本参与度较低。究其原因，一方面与民间资本对长期合作中政府诚信守约行为存在担忧，另一方面对与政府合作中因地位不对等可能引致的利益侵蚀所形成的担忧，以及受 PPP 项目本身周期长、回报率低等诸多因素影响。为此，2017 年 11 月 28 日，为贯彻落实《国务院办公厅关于进一步激发民间有效投资活力促进经济持续健康发展的指导意见》（国办发〔2017〕79 号）要求，鼓励民间资本规范有序参与基础设施项目建设，国家发改委发布了《关于鼓励民间资本参与政府和社会资本合作（PPP）项目的指导意见》（以下简称《指导意见》）。

二、核心内容

《指导意见》主要从创造民间资本参与 PPP 项目的良好环境、分类施策支持民间资本参与 PPP 项目、鼓励民营企业运用 PPP 模式盘活存量资产、持续做好民营企业 PPP 项目推介工作等十方面具体提出了民间资本参与 PPP 的规范做法。

一是创造民间资本参与 PPP 项目的良好环境。不断加大基础设施领域开放力度，除国家法律法规明确禁止准入的行业和领域外，一律向民间资本开放，不得以任何名义、任何形式限制民间资本参与 PPP 项目。

二是分类施策支持民间资本参与 PPP 项目。对商业运营潜力大、投资规模适度、适合民间资本参与的 PPP 项目，积极支持民间资本控股，提高项目运营效率；对投资规模大、合作期限长、工程技术复杂的项目，鼓励民营企业相互合作，或与国有企业、外商投资企业等合作，通过组建投标联合体、成立混合所有制公司等方式参与，充分发挥不同企业比较优势；鼓励民间资本成立或参与投资基金，将分散的资金集中起来，由专业机构管理并投资 PPP 项目，获取长期稳定收益。

三是鼓励民营企业运用 PPP 模式盘活存量资产。对适宜采取 PPP 模式的存量项目，鼓励多采用转让项目的经营权、收费权等方式盘活存量资产，降低转让难度，提高盘活效率。对已经采取 PPP 模式的存量项目，经与社会资本方协商一致，在保证有效监管的前提下，可通过股权转让等多种方式，将政府方持有的股权部分或全部转让给民营企业。

四是持续做好民营企业 PPP 项目推介工作。依托全国投资项目在线审批监管平台建立的 PPP 项目库，对入库项目定期进行梳理，规范有序开展推介工作，适时选择回报机制明确、运营收益潜力大、前期工作成熟的 PPP 项目，向民营企业推介。

五是科学合理设定社会资本方选择标准。合理确定社会资本方资格，不得设置超过项目实际需要的注册资本金、资产规模、银行存款证明或融资意向函等条件，不得设置与项目投融资、建设、运营无关的准入条件。规范投标保证金设置，除合法合规的投标保证金外，不得以任何其他名义设置投标担保要求，推行以银行保函方式缴纳保证金。

六是依法签订规范、有效、全面的 PPP 项目合同。PPP 项目合同既要规范民营企业投资行为，确保项目持续稳定运行，也要保证当政府方不依法履约时，民营企业可以及时获得合理补偿乃至合法退出。要依据相关法律法规和合同约定，对 PPP 项目进行全生命周期监管。

七是加大民间资本 PPP 项目融资支持力度。鼓励政府投资通过资本金注入、投资补助、贷款贴息等方式支持民间资本 PPP 项目，鼓励各级政府出资的 PPP 基金投资民间资本 PPP 项目。

八是提高咨询机构的 PPP 业务能力。咨询机构要坚持"合法、合规、专业、自律"的原则，深入研究民间资本参与 PPP 项目咨询服务新要求，加强 PPP 项目策划、论证、建设、运营阶段管理能力建设，准确把握民间资本参与 PPP 项目的商业诉求，提高项目全过程咨询服务能力。

九是评选民间资本 PPP 项目典型案例。国家发展改革委将会同有关行业主管部门组织专家对各地报送的案例进行评审和筛选，挑选出若干典型案例进行宣传，优先推荐发行 PPP 项目资产证券化产品。

十是加强政府和社会资本合作诚信体系建设。政府方要严格履行各项约定义务，做出履约守信表率，坚决杜绝"新官不理旧账"现象。民营企业也要认真履行合同，持续稳定提供高质量且成本合理的公共产品和服务。将 PPP 项目各方信用记录，纳入全国信用信息共享平台供各部门、各地区共享，并依法通过"信用中国"网站公示。将严重失信责任主体纳入黑名单，并开展联合惩戒。

三、主要评价

据有关部门的数据显示，2015 年 1 月份至 2017 年 11 月份不同所有制性质社会资本成交 PPP 项目数量占比中，中央企业和地方国企近三年来的项目数量占比情况分别为 32.8%、46.5%、52.1%，相对应的民营企业占比分别为 64.5%、52.2%、46.4%。在投资规模占比中，中央企业和地方国企近三年来的占比情况逐年攀升，分别为 53.6%、76%、80.6%，相对应的民营企业占比逐渐递减，分别为 47.3%、23.9%、19.1%。

而造成民间资本参与 PPP 项目从数量和参与规模上不占优势的障碍角较多。比如，一些垄断行业市场开放度不高，部分地方对民间投资提供服务的主动性、积极性不够，政务诚信体系建设有待加强。一些项目投资回报机制不清晰、回报预期不稳定、回报率偏低，对民间资本缺乏吸引力。一些新上项目征地拆迁难度大，报建审批手续多、时间长，民营企业独立完成这些前期工作困难较大。一些民营企业在项目融资、建设、运营等方面缺乏市场竞争优势。因此，《指导意见》从民间资本参与 PPP 的 10 个方面，提出了可操作、有针对性的政策措施，极大鼓励民间资本积极参与到 PPP 项目中，发挥 PPP 模式撬动更多的社会资金的本质作用，让政府资源和社会资源得到最佳配置，满足我国基础设施建设巨大的资源需求，促使基础设施加快建设和有效运营，保证公共利益的最大化。

《政府和社会资本合作项目财政管理暂行办法》解读

一、出台背景

2016 年 10 月 20 日，财政部发布关于印发《政府和社会资本合作项目财政管理暂行办法》的通知（财金〔2016〕92 号，以下简称"92 号文"）。为了保证 PPP 项目全生命周期规范实施、高效运营，92 号文分布从项目识别论证、政府采购管理、财政预算管理、资产负债管理、监督管理等五个方面，对 PPP 项目操作流程及各级财政部门的履职行为作出了更细致的规范。92 号文对相关法律和 PPP 政策文件进行归纳总结的基础上，进一步细化了 PPP 项目全生命周期中财政部门职责和工作流程，职能划分更加清晰，从而更加有助于 PPP 项目的有序推进。

二、核心内容

（一）明确调整对象

92 号文第一章确定了调整对象是"财政管理"及"财政部门履职行为"而

形成的 PPP 项目财政管理法律关系。其目的在于明确财政部门在 PPP 项目全生命周期内的工作内容，厘清财政部门与相关主管部门在 PPP 项目中的职责分工，进而实现保护 PPP 项目合作各方的利益。92 号文发布之前，基于新《预算法》施行不久、PPP 项目属于国内新事务等综合原因，地方财政部门在 PPP 模式施行的过渡阶段中定位模糊、职能分工不清，从而导致在实践中出现了各类问题，进而对项目的顺利实施带来不利影响。与以往相关发文内容相比，92 号文更加侧重于财政部门内部对 PPP 项目全生命周期的财政管理问题，这也是对 PPP 项目实践中财政部门对 PPP 项目管理不规范的积极影响。

（二）理顺 PPP 项目操作流程

PPP 项目的操作流程按顺序可以列为"4 大步 12 小步"：（1）项目识别论证。由政府部门或社会资本方提交项目建议书—编制项目实施方案—开展物有所值评价和财政承受能力论证；各级财政部门会同行业主管部门，根据项目实施方案共同对物有所值评价报告进行审核；财政部门组织编制财政承受能力论证报告，出具财政承受能力论证报告审核意见。审核通过物有所值评价和财政承受能力论证的项目，纳入 PPP 项目开发目录；（2）政府采购。项目实施机构完善项目实施方案，报本级人民政府审核；审核同意后，由项目实施机构组织开展社会资本方采购工作；项目实施机构应设置采购评审标准，优先采用公开招标、竞争性谈判、竞争性磋商等竞争性方式采购社会资本方；公示采购结果。项目实施机构将 PPP 项目合同提交行业主管部门、财政部门、法制部门等相关职能部门审核，后报同级人民政府批准；（3）财政预算。行业主管部门编制 PPP 项目收支预算草案；财政部门对 PPP 项目财政收支预算申请审核，合理确定预算金额，再报人民代表大会审议；（4）项目建设、运营、移交。正式签订 PPP 项目合同；行业主管部门、各级财政部门负责项目全生命周期成败监测于绩效监控，做出绩效评价；各级财政部门依据绩效评价结果安排财政预算资金；各级财政部门会同行业主管部门负责项目资产移交。

（三）设置实施方案编制依据

92 号文第五条新增加了编制《PPP 项目实施方案》的前提条件，并依据项目性质类型不同加以区别，即"新建、改扩建的项目实施方案应当依据项目建议书、项目可行性研究报告等前期论证文件编制"、"存量项目实施方案的编制依据还应包括存量公共资产建设、运营维护的历史资料以及第三方出具的资产评估报告等"，这为在实践中规范编制《PPP 项目实施方案》提供了依据。此前，在 PPP 项目前期论证过程中，有的项目实施机构或其委托的咨询服务机构在没有任何前期论证文件的情况下，自行编制《PPP 项目实施方案》，从而造成编制的方案内容缺乏前期经济、社会的可行性论证依据，对项目的建设规模、建设内容、建设标准、工程投资等阐述不到位等诸多问题。

（四）构建 PPP 项目财政预算管理制度

92 号文第四章"项目财政预算管理"从预算收支与绩效管理两个角度与新《预算法》等相关规定实现衔接。具体而言，将 PPP 项目合同中约定的政府跨年度财政支出责任纳入中期财政规划，经财政部门审核汇总后，报本级人民政府审核，通过将合同中符合预算管理要求的下一年度财政资金收支纳入预算管理，报请财政部门审核后纳入预算草案，经本级政府同意后报本级人民代表大会审议。保障了政府在项目全生命周期内的履约能力。另外，92 号文规定了 PPP 项目的收支预算编制和审核，第二十条就行业主管部门从收支测算、支出编制、收入编制到收支预算报送确立了 PPP 项目收支预算的编报程序。同时，第二十一条明确了财政部门应充分考虑绩效评价、价格调整等因素，合理确定预算金额。

（五）调整监管管理措施及力度

92 号文就项目监督管理方面，侧重对 PPP 项目实际操作中出现的违规行为予以管制调整，如第三十五条规定："严禁以 PPP 项目名义举借政府债务"、"项目实施不得采用建设—移交方式"、"不得在古董协议中约定由政府股东或政府制定的其他机构对社会资本方的股权进行回购安排"、"不得将当期政府购买服务支出代替 PPP 项目中长期的支付责任，规避 PPP 项目相关评价论证程序"，并在第三十八条设置了违反 92 号文规定实施 PPP 项目的相关责任条款。另外，为保障公众知情权，92 号文第三十六条细化了 PPP 项目的信息公开事项：第一，将各级财政部门作为 PPP 项目全生命周期信息公开的责任主体；第二，细化项目准备、采购、建设及运营各阶段信息公开的内容。

（六）明晰 PPP 项目公司资产权属

92 号文规定项目实施机构与项目应当根据法律法规和 PPP 项目合同约定确定项目公司资产权属。对于归属项目公司的资产及权益的所有权和收益权，经行业主管部门和财政部门同意，可以依法设置抵押、质押等担保权益，或进行结构化融资，但应及时在财政部 PPP 综合信息平台上公示。项目建设完成进入稳定运营期后，社会资本方可以通过结构性融资实现部门或全部退出。

三、主要评价

92 号文发布之前，地方财政部门在 PPP 项目推进工作中的定位不够明晰、职能分工不够明确。相比之前财政部主导发文的 PPP 相关文件内容，92 号文更加侧重财政部门内容对 PPP 项目全生命周期的财政管理。这有利于加强政府和社会资本合作项目财政管理，规范财政部门履职行为，保障合作各方合法权益。

首先，对项目操作流程的规定更加规范，各级政府职责一目了然，针对过去部明确的"怎么办，找谁办，谁主管，谁审核，谁监管，谁采购，谁付钱，谁保障"等一系列问题，作了详尽的规定。其次，参与项目建设的施工企业或社会资本方的权益，得到更加有力、高效的保障，对政府的不当作为，明文禁止；明确资产权属，保障参与企业的利益。另外，规范了合同文本，明确要求必须注明的主要内容。最后，明确了监管单位、监管内容、监管方法及其奖惩方式。因此，随着财政部门在PPP项目中的履职依据更加明确，财政部门将在PPP项目识别论证、采购管理、预算收支与绩效管理、资产负债管理及信息披露等方面，发挥更加积极的主动作用。92号文尚存在一些问题没有明确，如没有设置与"参与PPP项目的金融机构"相关条文；缺少对"如何融资、通过何种方式融资，如何申请以及有何优惠"等相关条文。

第二节　排水与污水处理行业法规政策解读

《"十三五"全国城镇污水处理及再生利用设施建设规划》解读

一、出台背景

随着我国城镇化的快速发展，水资源短缺和水污染并存的现象愈加严重，给城镇生产生活带来较大影响。"十二五"期间，我国完成了城镇污水处理及再生水利用设施的初步建设阶段，但仍存在设施区域分布不均、管网建设滞后、污泥二次污染严重等较多问题。为响应中央生态文明建设的总体部署和要求，2016年12月，发展改革委和住房城乡建设部编制了《"十三五"全国城镇污水处理及再生利用设施建设规划》（以下简称《规划》），明确了"十三五"期间我国城镇污水处理及再生利用设施建设的总体要求、主要任务、投资估算与资金筹措、保障措施以及规划组织实施，统筹规划了"十三五"全国城镇污水处理及再生利用设施建设工作。

二、核心内容

《规划》主要分为五个部分，在第一部分总体要求中，明确了城镇污水处理及再生利用设施建设的指导思想、基本原则和主要目标，第二部分则具体阐述了"十三五"期间我国污水处理及再生利用设施建设的主要任务，第三部分对"十三五"城镇污水处理及再生利用设施建设的总投资进行估算，并提出相应的资金筹措方案，第四部分完善保障措施，最后明确了规划组织实施。

在总体要求中《规划》明确提出了我国"十三五"期间我国城镇污水处理设施覆盖、地级以上城市黑臭水体控制、污泥无害化处置、再生水利用四个方面的主要目标。其中，污水处理设施覆盖方面，《规划》分别对城市、县城和建制镇的污水处理设施覆盖率作出具体要求，即到2020年底，城市污水处理率应由2015年的91.9%上升到95%；县城污水处理率应不低于85%，东部地区县城争取达到90%；建制镇污水处理率应达到70%，中西部地区建制镇力争达到50%。黑臭水体控制方面，《规划》明确提出到2020年底，地级以上城市黑臭水体应控制在10%以内。污泥无害化处置方面，《规划》提出到2020年底，城市污泥无害化处置率应由2015年53%提升至75%，地级以上城市污泥无害化处置率应达到90%；县城污泥无害化处置率应由2015年的24.3%提升至60%左右；重点镇的污泥无害化处置率应比2015年提高5个百分点。此外，在再生水利用方面，《规划》则分别对京津冀地区、缺水城市及其他城市和县城再生水利用率作出了具体要求："十三五"期间，京津冀地区再生水利用率不能低于30%，其中北京再生水利用率应提高到68%，天津和河北的再生水利用率应达到30%；缺水城市的再生水利用率应由2015年的12.1%提升至20%以上；其他城市和县城则需力争将其再生水资源利用率提升至15%。

为达成上述主要目标，《规划》明确提出了完善污水收集系统、提升污水处理设施能力、重视污泥无害化处理处置、推动再生水利用、启动初期雨水污染治理、加强城市黑臭水体综合整治以及强化监管能力建设七个方面的主要任务。在污水收集系统的完善上，《规划》分别对"十三五"期间我国新增污水管网、老旧管网改造和合流制管网改造的建设任务及技术要求进行说明，提出"十三五"期间新增污水管网12.59万公里，城市、县城和建制镇分别新增6.62、2.92、3.05万公里，改造老旧污水管网共2.77万公里，城市、县城和建制镇分别改造1.58、0.73、0.46万公里，改造合流制管网共2.87万公里，城市、县城分别改造1.7和1.17万公里。其次，为提升污水处理设施能力，《规划》还提出了新增和提标改造污水处理设施能力的任务，计划在"十三五"期间新增污水处理设施规模5022万立方米/日，其中城市新增污水处理设施规模2856万立方米/日，县城新增1071万立方米/日，并且提标改造污水处理设施4220万立方米/日，城市提标改造污水处理设施3639万立方米/日，县城提标改造581万立方米/日。再者，为实现污泥无害化处理和再生水利用目标，《规划》提出新增或改造污泥无害化处理处置设施能力6.01万吨/日，新增再生水利用设施规模1505万立方米/日。同时，为实现雨污分流，启动雨水污染治理，《规划》提出在要36个重点城市建设雨水处理设施规模 831 万立方米，收集初期雨水，控制雨水径流污染。最后，在强化监管能力的建设上，应完善城市排水与污水处理监测系统，建成国家级监测站 1 座、省级监测站 38 座、地市级监测站 288 座、县级监测站 361 座，形成从中央到地方较为完整的排水与污水处理监测体系。

通过对上述目标和建设任务的量化说明，《规划》第三部分对"十三五"城镇污水处理及再生利用设施建设的总投资估算约为 5644 亿元，其中新建和改造污水管网共投资 3129 亿元，新增和提标改造污水处理设施共投资 1938 亿元，新增或改造污泥无害化处理设施投资 294 亿元，新增再生水生产设施投资 158 亿元，雨水污染治理设施投资 81 亿元，黑臭水体整治涉及的控源截污设施投资 1700 亿元。为确保完成各项建设任务，《规划》指出应在落实各级人民政府主体责任的基础上，鼓励、扶持和引导社会资本参与污水处理设施建设和运营，拓宽融资渠道，并对设施建设予以适当补贴。

在保障措施上，《规划》则提出，一是要加大政策支持，合理制定和调整污水处理收费标准；二是要创新运作模式，完善污水处理及再生利用设施建设投融资体制，推进政府和社会资本合作（PPP）模式在污水处理领域的应用；三是要加强技术支撑，推动污水处理及再生利用、污泥处理及资源化等技术研发、推广；四是要加强宣传引导，形成有利于推进城镇污水处理及再生利用工作的舆论氛围；五是要强化监督管理，转变政府职能，加大行业监管力度。

最后，为保障"十三五"城镇污水处理及再生水利用工作的顺利推进，《规划》明确了各部门工作的组织实施。在各地工作的具体实施上，城镇污水处理及再生水利用工作由省级人民政府负总责，市县级人民政府具体实施。在《规划》执行的政策和措施上，发改委负责安排污水处理设施建设专项中央预算投资，住房城乡建设部负责对各地《规划》的指导，发改委和住房城乡建设部加强协调，共同推动规划任务顺利实施。

三、主要评价

《规划》明确了"十三五"期间全国城镇污水处理及再生水利用设施建设的总体要求，量化了"十三五"城镇污水处理设施覆盖率、城市黑臭水体控制率、污泥无害化处置率和再生水利用率的主要目标，并提出了完善污水收集系统、提升污水处理设施能力、重视污泥无害化处理处置、推动再生水利用、启动初期雨水污染治理、加强城市黑臭水体综合整治以及强化监管能力建设七个方面的主要任务，规范了全国污水处理设施及再生利用设施建设工作，体现了中央对污水处理和再生水利用等生态文明建设工作的决心，是"十三五"期间全国污水处理及再生利用设施建设工作的总指南。

《关于政府参与的污水、垃圾处理项目
全面实施 PPP 模式的通知》 解读

一、出台背景

十八大以来，中央不断加快现代市场体系建设、加快生态文明建设，城市污水、垃圾处理作为生态文明建设的重要组成部分，成为市场化运作模式探索的领先领域。早在 2002 年，各部门就已发布相关文件指导污水和垃圾处理行业的市场化发展方向，对污水、垃圾处理市场化改革进行初步探索。近年来，随着我国基础设施和公共服务领域 PPP 模式的广泛推行，PPP 模式政策规范不断完善，污水和垃圾处理市场化运作出现新的契机。为此，2017 年 7 月，财政部、住房城乡建设部、农业部和环保部联合发布《关于政府参与的污水、垃圾处理项目全面实施 PPP 模式的通知》（以下简称"通知"），对污水、垃圾处理项目实施 PPP 模式的总体要求和目标、实施要求和政策支持等给予了具体规范和指导。

二、核心内容

《通知》主要包含总体要求、实施要求、支持政策和组织领导四个部分。第一部分首先明确了政府参与的污水、垃圾处理项目全面实施 PPP 模式的总体目标，尤其提出要推动存量项目转型为 PPP 模式。该目标的制定旨在落实党和中央深化生态环境保护领域市场化改革的指导思想，提高政府效率，吸引社会资本投资，深入推进供给侧改革。其基本原则有如下四点：

（一）全面实施，系统整合。《通知》提出要在污水、垃圾处理领域全方位推行 PPP 模式，将污水和垃圾处理的全产业链环节进行整合。这表明此次污水、垃圾处理市场化的内涵更为丰富，向社会资本开放的污水、垃圾处理业务从终端的污水处理厂和垃圾填埋厂等设施延伸至污水、垃圾的收集、转运、处理、处置各环节，有利于实现污水处理厂网一体、垃圾处理清洁邻利。

（二）因地制宜，按效付费。《通知》指出在污水、垃圾处理领域实施 PPP 模式，应根据各地实际情况，以市场机制为原则选择适宜的 PPP 模式实现方式，并强化污水、垃圾处理 PPP 项目绩效考核。这表明污水、垃圾处理实施 PPP 模式的本质在于遵循市场机制，发挥市场优势，激发社会资本活力，改善污水、垃圾处理市场化运营模式，提高污水、垃圾处理服务质量和效率。

（三）规范操作，防范债务风险。政府参与的污水、垃圾处理项目全面实施 PPP 模式，需以规范操作为抓手，防止地方政府变相举债，深入推进污水、垃圾处理领域的 PPP 改革。

（四）提升效率，畅通融资渠道。《通知》确定了以提升效率为导向的原则，强调增强污水、垃圾处理领域的融资能力，以畅通社会资本进入渠道，提高污水、垃圾处理项目水平。

在实施要求部分，《通知》则对污水、垃圾处理领域全面实施 PPP 模式的适用范围、实施内容、规范操作和有序实施作出了相应的规定与说明。

适用范围是对全面实施 PPP 模式的污水、垃圾处理项目的准确定位，在适用范围上，《通知》明确了全面实施 PPP 模式的污水、垃圾处理项目的两个前提条件。一是通过物有所值评价和财政承受能力论证的污水、垃圾处理项目。这是对项目采用 PPP 模式运作的普遍要求。二是政府参与的污水、垃圾处理项目。其中政府参与的污水、垃圾处理项目是指政府以资产参与、项目风险介入或利益分配的方式参与的项目。该条件表明，对政府参与的污水、垃圾处理项目采用 PPP 运作模式某种程度上是为转变政府监管职能，减轻政府债务负担，提高项目管理水平。

在实施内容上，《通知》首先明确规定政府参与污水、垃圾处理项目的途径仅限于 PPP 模式，这体现了对政府参与的污水、垃圾处理项目实施 PPP 模式的强制性要求。其次，《通知》对污水、垃圾处理项目中政府和社会资本的合作内容和要求进行了具体规范，指出采用 PPP 模式运作污水、垃圾处理项目需明确双方权益分配和风险分担机制，禁止政府担保和兜底行为，防止固化社会资本收益。

在规范操作方面，《通知》提出应严格执行国家出台的 PPP 模式相关文件，规范政府参与的污水、垃圾处理 PPP 项目的操作流程和环节。

为保证污水、垃圾处理 PPP 项目的有序实施，《通知》还指出应根据项目具体情况确定介入项目的政府层级和部门以及公共资源的介入程度，减少政府直接配置，推动市场配置资源的基础作用。

明确了污水、垃圾处理 PPP 项目的实施要求后，《通知》对相关政策支持进行阐述。为支持污水、垃圾处理领域全面实施 PPP 模式，一是需优化财政政策。《通知》规范了财政资金在污水、垃圾处理 PPP 项目的运用，提出采用运营补贴、前期费用奖励方式代替项目资本金投入和投资补助，财政资金投入方向的转变表明污水、垃圾处理 PPP 项目的实施重点将从投资、建设转移到运营、管理环节，这将有利于发挥民营资本的运营管理优势，提高我国污水、垃圾处理效率。二是需完善行业管理。《通知》提出了建立基于绩效的 PPP 项目收益机制，加强区域流域、城市、农村污水、垃圾处理统筹协调，以及与生态产业及循环经济、面源污染治理有效衔接的行业管理目标。

最后，《通知》还对污水、垃圾处理领域全面实施 PPP 模式的组织领导机制进行介绍，明确了各部门横向协调合作机制以及中央政府引导、地方政府落实的纵向责任划分机制。

三、主要评价

《通知》对政府参与的污水、垃圾处理项目采用 PPP 模式运作作出强制性要求，并对其具体实施原则、范围、内容及政策和组织支持作出规范，是对污水、垃圾处理行业市场化改革的大胆尝试和创新，体现了我国在相关领域实施政府和社会资本合作模式，发挥市场作用，整合优势资源，提高污水、垃圾处理效率，转变政府职能的决心，对我国现代市场体系建设和生态文明建设具有重要意义。

第三节　燃气行业法规政策解读

《发展改革委　国家能源局关于印发〈中长期油气管网规划〉的通知》解读

一、出台背景

天然气是我国的重要清洁能源，天然气管网是天然气上下游衔接协调发展的关键环节，是我国现代能源体系和现代综合交通运输体系的重要组成部分。目前我国天然气基础设施网络基本成型，2015 年底我国天然气主干管道里程达 6.4 万公里。资源进口通道初步形成，中亚—中国天然气管道 A、B、C 线建成，中缅天然气管道已建成。沿海已建有 13 座大型液化天然气（LNG）接收站。地下储气库工作气量达 76 亿立方米，沿海 LNG 接收站储罐容量达到 680 万立方米。随着大气污染防治工作推进，天然气替代步伐也加快，天然气发电、供热、调峰等规模持续扩大。城镇化带动用气人口增加，天然气需求不断提升，需加快天然气管网建设，扩大规模。因此，国家发改委 2017 年 5 月 19 日对外发布《发展改革委 国家能源局关于印发〈中长期油气管网规划〉的通知》（发改基础〔2017〕965 号），（以下简称《规划》）对今后十年我国油气管网的发展做出了全面战略部署。

二、核心内容

《规划》对于天然气管网建设做出了以下主要规划部署：一是拓展"一带一路"进口通道。坚持通道多元、海陆并举、均衡发展，完善西北、东北、西南和海上有趣进口通道。路上进口通道包括加强与沿线国家的管网设施互联互通合作，共同推进中俄天然气管道东线、中亚—中国天然气管道 D 线等项目建设，发挥现有中缅天然气管道输送能力，维护输气管道运输安全。海上进口设施主要指优化沿海 LNG 接收站布局，在天然气需求量大、应急调峰能力要求高的环渤海、长三角、东南沿海地区，优先扩大已建 LNG 接收站储转能力。开展 LNG 江海联运试点，规划建设芜海等长江 LNG 内河接收（转运）站。

二是加强天然气管道基础网络。适应新型城镇化建设，天然气需求广泛分布、点多面广、跨区调配等，需加快启动新一轮天然气管网设施建设。主要包括西气东输：依托进口资源以及我国西部天然气资源，逐步完善西气东输，川气东送等天然气干线系统，重点满足我国中东部地区用气需求。北气南下：统筹衔接陆上重要天然气进口通道建设情况，配套新建中俄东线等天然气管道，适时建设蒙东煤制气外输管道等。海气登陆：依托近海天然气开发，建设东海南海气田上岸天然气管道。结合 LNG 接收站建设，配套建设 LNG 外输管线。以及加强主干互联、全国覆盖；区域成网、广泛接入；边远地区燃气基础设施建设。

三是加快天然气储气调峰设施建设。逐步建立以地下储气库和 LNG 储气设施为主、气田为辅、可中断用户为补充的应急调峰设施系统。建立健全由供气方、输配企业和用户各自承担调峰储备义务的多层次储备体系。推动既有和在建储气库扩容达容，早日达到预期规模。

三、主要评价

进口通道有利于共筑能源丝绸之路，推动"一带一路"国际油气合作。未来较长一段时间，我国经济仍将保持中高速发展水平，能源发展处于转型关键时期。预计 2030 年我国天然气需求达 5500 亿立方米，超过 40% 的天然气需要进口。从全球地缘政治和油气供需格局看，"一带一路"沿线国家和地区将是我国天然气进口的主体选择。

国内天然气基础网络加强将保障天然气供给，支撑能源生产和消费革命。近年来，我国油气消费迅速增长。我国的天然气管网初具规模，基本满足社会经济发展对天然气供给的需求。但我国在今后 10～15 年仍是管道建设高峰期，管网建设还需扩大设施规模、完善布局、提高管道建设能力和管网系统运行智能化水平。

天然气储备调峰是保障天然气安全，构建多层次储备体系。我国的天然气储备以及应急调峰体系已初步建立，但总体规模偏小，需加强储备设施建设，以确保供应安全、运营稳定。同时我国应结合自身建库资源条件、消费特征、管网布局结构，构建责权明确、多放共同承担、多种方式互补的储备体系。

《关于印发〈加快推进天然气利用的意见〉的通知》解读

一、出台背景

我国能源发展的总体趋势比较严峻，2016 年我国一次能源消费总量达 43.6×10^8 tce，约占世界能源消费总量的 1/4。我国能源利用结构以煤炭为主体，利用结构不合理，由此造成了严重的环境问题。天然气是一种具有低碳、清洁、高效、灵活的特征的生化能源，并且天然气发电稳定、运行灵活，是我国能源系统走向可再生能源的重要保障。目前我国天然气产业发展主要矛盾体现在需求侧的增长出现波动，需求发展不清晰、空间不确定，同时供给侧的输配环节多成本高。因此，国家发改委于 2017 年 6 月 23 日发布了《关于印发〈加快推进天然气利用的意见〉的通知》（发改能源〔2017〕1217 号），（以下简称《意见》）指明天然气的发展任务，对我国的天然气产业的发展有深远影响。

二、核心内容

《意见》指出天然气发展的总体目标是逐步将天然气培育成为我国现代能源体系的主要能源之一，到 2020 年，天然气在一次能源消费结构中占比力争达到 10％，地下储气库形成有效工作气量 148 亿立方米。到 2030 年，占比提高到 15％，有效工作气量达 350 亿立方米以上。重点任务包括一实施城镇燃气工程。推进北方地区冬季清洁取暖，在京津冀及周边重点城市力争 5 年内有条件地区基本实现天然气、电力、余热、浅层地能取暖替代散烧煤。快速提高城镇居民燃气供应水平，加强城中村、城乡接合部、棚户区燃气设施改造，支持南方有条件地区开展天然气分户式采暖试点。打通天然气利用"最后一公里"，开展天然气下乡试点，鼓励多种主体参与，提高偏远及农村地区天然气通达能力，引导农村居使用天然气。

二是实施天然气发电工程。大力发展天然气分布式能源，在大中城市具有冷热电需求地方推广天然气分布式能源示范项目，探索互联网＋、能源智能微网等新模式，在管网未覆盖地区开展以 LNG 为起源的分布式能源应用试点。鼓励发展天然气调峰电站，提升负荷中心电力安全保障。开展可再生能源与天然气结合的多能互补项目示范，提升电源输出稳定性。

三是实施工业燃料升级工程。工业企业要按照大气污染防治行动规定的标准和时限，重点开展 20 蒸吨及以下燃煤燃油工业锅炉、窑炉的天然气替代。鼓励玻璃、陶瓷、建材等重点工业领域天然气替代和利用。支持用户对管道气、CNG、LNG 气源做市场化选择。

四是实施交通燃料升级工程。加快天然气车船发展，提高天然气在公共交通、货运物流、船舶燃料中的比重。重点发展公共出租、长途重卡，以及环卫、场区、港区等作业和摆渡车辆等，船舶领域重点发展内河、沿海以天然气为燃料的运输和作业船舶。加快加气（注）站建设，在高速公路、国道省道沿线、矿区、物流集中区等，鼓励发展 CNG、LNG 加气站、CNG/LNG 两用站、油气合建站、油气电合建站等，推进船用 LNG 加注站建设以及布局规划。

三、主要评价

天然气市场需求迎来快速发展的战略机遇期。国内天然气市场需求主体将在城镇燃气、发电、工业燃料、交通运输、化工等领域的推进中获得更多的发展机会。《意见》出台后，需求方的市场选择也增加，包括自主选择气源和供气方式路径。

天然气市场供给方发展空间变大。《意见》实施后将为市场供给营造更大的发展空间和更好的政策保障，市场供应方应积极参与示范试点工程，与能源互联网融合，加快网络营销的发展，呈现供略大于求的均衡格局。

天然气将成为我国现代能源发展的重点之一。《意见》首次从国家政策地高度明确了天然气的战略定位，并指明了发展方向、目标和路径。《意见》所提出的四大工程将是我国天然气发展的主要方向。

《国家发展改革委关于印发石油天然气发展"十三五"规划的通知》解读

一、出台背景

天然气是一种优质低碳能源，可与核能、可再生能源等其他低排放能源形成良性互补，是我国加快建设清洁低碳、安全高效现代能源体系的优质选择。目前，我国天然气发展基础较好，"十二五"期间累计产量约 6000 亿立方米，比"十一五"增加约 2100 亿立方米，年均增长 6.7%。基础设施日益完善，体制机制改革在"十二五"期间取得阶段性成果。天然气行业迎来众多发展机遇的同时也面临挑战。天然气行业出现国内需求难以大幅增长、勘探投入不足、体制机制和结构性矛盾突出、基础设施任务繁重等问题。因此，国家发展改革委于2016年12月24日发布了《国家发展改革委关于印发石油天然气发展"十三五"规划的通知》（发改能源〔2016〕2743号）（以下简称《规划》），以扩大天然气供应利用规模，促进天然气产业健康有序发展。

二、核心内容

此次"十三五"规划提出天然气发展的重点任务包括：一加强勘探开发增加国内资源供给。按照"海陆并进、常非并举"的工作方针，加强基础地质调查和资源评价，持续加大国内勘探投入，深化老区挖潜和重点地区勘探投入，夯实国内资源基础。同时加大非常规天然气科技攻关和研发力度，重点突破页岩气、煤层气，形成有效产能接替。

二加快天然气管网建设。完善四大进口通道包括西北、东北、西南战略以及海上进口通道。并加快京津冀地区供气管道建设、完善长江经济带天然气管网布局以提高干线管输能力。加快区域管网和互联互通管网建设，完善主要消费区干线管道、省内输配气管网系统，加强省际联络线建设。

三加快储气设施建设提高调峰储备能力。依据全国天然气管网布局建设储气设施，主干管道应配套建设地下储气库，地下储气库和LNG接收站应与全国管网相联通。重点推动天然气储备调峰能力建设，围绕国内主要天然气消费区域逐步建立综合性调峰系统，加快建立完善城市应急储气调峰设施，鼓励多种主体参与储气能力建设。推进LNG接收站及其分销设施建设。根据全国天然气资源流向和各消费区域市场实际需求，结合港口规划统筹优化沿海LNG接收站布局。

四培育天然气市场和促进高效利用。加大天然气利用、推动天然气消费工程对产业健康发展具有重要作用，"十三五"要抓好大气污染治理重点地区等气化工程、天然气发电及分布式能源工程、交通领域气化工程、节约替代工程等四大利用工程，力争天然气占一次能源消费比重提高到10%左右。

三、主要评价

《规划》对天然气体制改革进行了较全面、具体的描述。规划涉及了产业链的上、中、下游各个环节以及管网运输、科技研发、企业自身改革等多个方面，这体现了国家对于天然气产业的高度重视以及对于未来几年天然气将着力发展的方向。

《规划》指出"十三五"期间要加快市场化改革，允许更多投资主体进入天然气产业。多元主体介入，可以实现资源重新优化分配和行业结构优化，有效降低成本，提升我国行业整体竞争力。上游环节供应能力提高，中游市场主体更有积极性，输配管网利用率提高。

《规划》明确了天然气在我国能源发展中的定位，积极务实制定合理目标。此次规划中明确提出要以提高天然气在一次能源消费结构中的比重为发展目标，大力发展天然气产业，逐步把天然气培育成主体能源之一，结合天然气市场的复杂性和不确定性，制定天然气占一次能源消费比重力争提高到 10% 左右的目标。

《国家发展改革委关于降低非居民用天然气基准门站价格的通知》解读

一、出台背景

天然气是重要的基础性能源，气价降低可有效降低企业用气成本，减轻实体经济企业负担。根据改革后的天然气管道运输价格机制，今年上半年，国家发改委首次对天然气跨省管道组织开展了定价成本监审，核减了管道运输企业成本，并根据成本监审结果下调了管道运输价格。管道运输价格下调，天然气增值税税率调整，为降低非居民用气基准门站价格提供了空间。为更好贯彻落实党中央、国务院关于深化供给侧结构性改革、降低实体经济企业成本，国家发改委于2017 年 8 月 29 日对外发布《国家发展改革委关于降低非居民用天然气基准门站价格的通知》（发改价格规〔2017〕1582 号），以实现天然气管道运输价格改革。

二、核心内容

一、降低非居民用气基准门站价格。非居民用气基准门站价格每千立方米降低 100 元。并自 2017 年 9 月 1 日起实施。各地区要加强组织领导、精心部署，加强市场监测，完善应急措施，确保调价方案平稳实施；天然气生产经营企业要主动配合地方发展改革（物价）部门，加强沟通协商，认真做好相关工作。尽快落实降价措施。基准门站价格调整后，天然气生产经营企业供应各省（区、市）的门站价格原则上要同步等额降低。

二、推进天然气公开透明交易。鼓励天然气生产经营企业和用户积极进入天然气交易平台交易，所有进入上海、重庆石油天然气交易中心等交易平台公开交易的天然气价格由市场形成。交易平台要秉持公开、公平、公正的原则，规范运作，严格管理，不断创新，及时发布交易数量和价格信息，形成公允的天然气市场价格，为推进价格市场化奠定基础。

三、保障天然气市场平稳运行。天然气生产经营企业要加强生产组织和供需衔接，加大上游勘探开发力度，提早确定冬季进口资源，加快推进储运设施建设，解决管输能力瓶颈问题，保障资源稳定供应和市场平稳运行；并要认真落实非居民用气降价政策。各级价格主管部门要加大价格检查和巡查力度，依法查处通过改变计价方式、增设环节、强制服务等方式提高或变相提高价格以及串通价格等违法违规行为，切实维护天然气市场秩序。

四、加强宣传引导。各地要加强宣传解读，引导社会舆论正确理解降低非居民用气价格对推进供给侧结构性改革、降低实体经济企业成本的重要意义，及时回应社会关切，营造良好舆论氛围。

三、主要评价

此次降价将有效降低企业用气成本，助力供给侧结构性改革。此次降价，按政府管理价格的非居民用气约 700 亿立方米测算，每年将直接减轻下游工业、发电、集中供热、出租车，以及商业、服务业等用气行业企业负担 70 亿元左右。考虑对市场化定价天然气的带动影响，则占国内消费总量 80％左右的非居民用气价格都有望降低，降价总额可达 160 亿元以上。将大幅降低企业用气成本，促进经济持续健康发展和能源结构调整。

天然气进入公开交易平台透明交易，将进一步发挥市场作用，增强价格手段调节供需。允许所有进入上海、重庆石油天然气交易中心等交易平台公开交易的天然气，价格完全由市场交易形成。这是推进天然气价格市场化的重要尝试，也为天然气价格市场化积累经验，创造条件。

第四节　垃圾处理行业法规政策解读

《"十三五"全国城镇生活垃圾无害化处理设施建设规划》解读

一、出台背景

为贯彻落实《中华人民共和国国民经济和社会发展第十三个五年规划纲要》和《中共中央国务院关于加快推进生态文明建设的意见》，指导各地推进城镇生活垃圾无害化处理设施建设，国家发展改革委会同住房城乡建设部组织编制了《"十三五"全国城镇生活垃圾无害化处理设施建设规划》（发改环资〔2016〕2851号，简称《规划》）。规划范围包括全国（港澳台地区除外）所有设市城市、县城及建制镇。

"十二五"以来，在国务院相关部门和地方各级人民政府的大力推动下，各地加大资金投入，城镇生活垃圾无害化处理工作取得了重大进展，垃圾收运体系日趋完善，处理设施数量和能力快速增长，生活垃圾无害化处理率显著提高。但同时也看到，随着城镇化的快速发展和人民生活水平日益提高，我国城镇生活垃圾清运量仍在快速增长，生活垃圾无害化处理能力和水平仍相对不足，大部分建制镇的生活垃圾难以实现无害化处理，垃圾回收利用率有待提高。为此，"十三五"期间应按照公共服务均等化的要求，继续加大生活垃圾无害化处理能力建设，提升运营管理水平，拓展服务范围，加快垃圾收运处理领域的市场化进程，推进生活垃圾源头分类，提高资源化利用水平，最终实现垃圾的减量化、资源化和无害化。

二、核心内容

1. 加快处理设施的建设

合理布局生活垃圾处理设施，尚不具备处理能力的设市城市和县城要在2018年前具备无害化处理能力。"十三五"期间，全国规划新增生活垃圾无害化处理能力50.97万吨/日（包含"十二五"续建12.9万吨/日），设市城市生活垃圾焚烧处理能力占无害化处理总能力的比例达到50%，东部地区达到60%。

2. 完善垃圾收运体系

城市建成区实现生活垃圾全收集，建制镇也应当建立完善系统。积极发展"互联网＋资源回收"新模式体系，打通生活垃圾回收再生资源回收网络通道，实现"两网融合"。"十三五"期间，新增收运能力44.22万吨/日。

3. 加大存量治理力度

治理历史遗留非正规垃圾堆放点、不达标处理设施以及库容饱和填埋场。另外，渗滤液处理不达标设施要尽快处理，未建设施要在两年内建成。"十三五"期间，预计实施存量治理项目803个。

4. 推进餐厨垃圾资源化利用与无害化处理

继续推进餐厨垃圾无害化处理和资源化利用能力建设，到"十三五"末，力争新增餐厨垃圾处理能力3.44万吨/日，城市基本建立餐厨垃圾回收和再生利用体系。

5. 推进生活垃圾分类

结合各地实际，合理确定垃圾分类范围、品种、要求、方法、收运方式，形成统一完整、协同高效的垃圾分类收集、运输、资源化利用和终端处置的全过程体系。垃圾分类设施要与回收利用、收集运输、处理处置系统衔接匹配。

6. 加强监管能力建设

充分利用数字化城市管理信息系统和市政公用设施监管系统，完善生活垃圾处理设施建设、运营和排放监管体系。加强对生活垃圾焚烧处理设施主要污染物的在线监控，监控频次和要求要严格按照国家标准规范执行。

三、主要评价

城镇生活垃圾无害化处理设施是城镇发展不可或缺的基础设施，是人民安全健康生活的重要保障。《规划》对我国生活垃圾处理的设施建设、收运体系、监管能力等都提出了更高的要求，它的颁布和实施可以大幅提高对生活垃圾无害化处理能力，并通过推进生活垃圾分类，显著提高垃圾回收和再生利用率，具有显著的经济效益和社会收益。

《规划》还提出积极推广应用政府和社会资本合作（PPP）模式，完善政府、企业和社会多元化投入机制，积极吸引和鼓励社会资本参与，拓宽垃圾无害化处理设施建设的资金投入渠道。这对于加快生活垃圾处理产业化发展、社会化运作，建立多元化投入机制具有积极的意义。

《关于进一步加强城市生活垃圾焚烧处理工作的意见》解读

一、出台背景

近年来，我国城市生活垃圾处理设施建设明显加快，处理能力和水平不断提高，但设施处理能力总体不足，普遍存在超负荷运行现象，仍有部分生活垃圾未得到有效处理。生活垃圾焚烧处理技术具有占地较省、减量效果明显、余热可以利用等特点，在发达国家和地区得到广泛应用，在我国也有近 30 年应用历史。为落实中央城市工作会议精神，按照《中共中央国务院关于进一步加强城市规划建设管理工作的若干意见》要求，住房城乡建设部、国家发展改革委、国土资源部和环境保护部联合发布《关于进一步加强城市生活垃圾焚烧处理工作的意见》（建城〔2016〕227 号，以下简称《意见》）。

二、核心内容

《意见》提出,将垃圾焚烧处理设施建设作为维护公共安全、推进生态文明建设、提高政府治理能力和加强城市规划建设管理工作的重点。到 2017 年底,建立符合我国国情的生活垃圾清洁焚烧标准和评价体系。到 2020 年底,全国设市城市垃圾焚烧处理能力占总处理能力 50％以上,全部达到清洁焚烧标准。

《意见》要求提前谋划,加强焚烧设施选址管理。优先安排垃圾焚烧处理设施用地计划指标,地方国土资源管理部门可根据当地实际单列,并合理安排必要的配套项目建设用地,确保设施同步或超前落地建设。设施选址应符合相关政策和标准的要求。

《意见》要求建设高标准清洁焚烧项目。遵循安全、可靠、经济、环保原则,选择安全适用技术。同时对现有垃圾焚烧厂提出了要针对技术工艺、设施设备运行管理中的问题开展专项整治,对整治后不能达标排放的将依法关停处理要求。

《意见》提出要集中整治,提高设施运行水平。实施精细化管理,落实运行管理责任制度和应急管理预案,采取切实有效措施,控制二次污染。在落实环境防护距离基础上,面向周边居民设立共享区域,因地制宜配套绿化、体育和休闲设施,实施优惠供水、供热、供电服务,安排群众就近就业。变短期补偿为长期可持续发展,变"邻避效应"为"邻利效益",实现共享发展。

《意见》强调,要全面加强监管,接受公众监督。焚烧厂运行主体要向社会定期公布运行基本情况,公示污染物排放数据,社会单位和公众可依法依规参与焚烧厂规划建设运行监督。

三、主要评价

随着垃圾焚烧处理技术装备日趋成熟,产业链条、骨干企业和建设运行管理模式逐步形成,垃圾焚烧已成为城市生活垃圾处理的重要方式。《意见》对各地如何就垃圾焚烧处理工作进行合理谋划,科学评估,规划先行,加快建设,尽快补上城市生活垃圾处理短板等方面提出了全新的要求。《意见》首次对低价竞标现象提出了明确的指导意见,这有助于避免或减少企业说深恶痛绝的低价竞争现象。《意见》提出了加强市场准入管理,严格设定投资建设运行处理企业的技术、人员、业绩等条件。这对于规范和推动垃圾处理行业健康发展具有积极的意义。

《生活垃圾分类制度实施方案》解读

一、出台背景

2000 年，我国首次将北京、上海、广州、深圳等八个城市作为生活垃圾分类收集试点城市。2015 年 9 月，中共中央、国务院印发《生态文明体制改革总体方案》，将垃圾分类制度列为一项重要改革任务，由发展改革委与住房城乡建设部共同组织完成。2016 年 12 月，习近平总书记主持召开的中央财经领导小组第十四次会议强调"从解决人民群众普遍关心的突出问题入手、推进全面小康社会建设"，提出"要加快建立分类投放、分类收集、分类运输、分类处理的垃圾处理系统，形成以法治为基础、政府推动、全民参与、城乡统筹、因地制宜的垃圾分类制度，努力提高垃圾分类制度覆盖范围"。推行生活垃圾分类，可以有效减轻清运压力和终端处理压力，改善城乡环境，促进资源回收利用，提高新型城镇化质量和生态文明建设水平，对于培养全社会资源环境意识，不断提升中华民族整体文明素质具有重要意义。

为了切实推动生活垃圾分类，国家发展改革委和住房城乡建设部颁发了《生活垃圾分类制度实施方案》（以下简称方案）（国办发〔2017〕26 号文）。《方案》的编制工作由国家发展改革委会同住房城乡建设部启动，委托中咨公司、中国城建院、住房城乡建设部环卫中心、杭州环境集团等单位开展专题调研和国内外资料收集，研究起草了《方案》初稿。在此基础上，多次征求专家学者、行业协会意见，修改形成征求意见稿，并广泛征求了省市人民政府、国务院有关部门意见，同时也向社会公开征求意见。根据各方面的反馈意见，反复修改完善后，经国务院审改后最终形成《方案》发布稿。

二、核心内容

《方案》指出，随着经济社会发展和物质消费水平大幅提高，我国生活垃圾产生量迅速增长，环境隐患日益突出，已经成为新型城镇化发展的制约因素。实施生活垃圾分类，可以有效改善城乡环境，促进资源回收利用，加快资源节约型、环境友好型社会建设，提高新型城镇化质量和生态文明建设水平。

《方案》提出，推进生活垃圾分类要遵循减量化、资源化、无害化原则，加快建立分类投放、分类收集、分类运输、分类处理的垃圾处理系统，形成以法治为基础、政府推动、全民参与、城乡统筹、因地制宜的垃圾分类制度。

　　《方案》提出，推进生活垃圾分类主要目标是，到 2020 年底，基本建立垃圾分类相关法律法规和标准体系，形成可复制、可推广的生活垃圾分类模式，在实施生活垃圾强制分类的城市，生活垃圾回收利用率达到 35％以上。

　　《方案》明确，在直辖市、省会城市、计划单列市以及第一批生活垃圾分类示范城市的城区范围内先行实施生活垃圾强制分类。同时鼓励各省（区）选择具备条件的城市实施生活垃圾强制分类，国家生态文明试验区、各地新城新区率先实施生活垃圾强制分类。生活垃圾强制分类范围内的公共机构和企业是实施强制分类的主体。生活垃圾强制分类城市应于 2017 年底前制定出台办法，细化垃圾分类相关要求，在对有害垃圾分类的基础上，合理选择其他类别进行分类。

　　《方案》提到了三个分类：有害垃圾、易腐垃圾、可回收物。有害垃圾主要品种包括：废电池（镉镍电池、氧化汞电池、铅蓄电池等），废荧光灯管（日光灯管、节能灯等），废温度计，废血压计，废药品及其包装物，废油漆、溶剂及其包装物，废杀虫剂、消毒剂及其包装物，废胶片及废相纸等。易腐垃圾主要品种包括：相关单位食堂、宾馆、饭店等产生的餐厨垃圾，农贸市场、农产品批发市场产生的蔬菜瓜果垃圾、腐肉、肉碎骨、蛋壳、畜禽产品内脏等。可回收物主要品种包括：废纸，废塑料，废金属，废包装物，废旧纺织物，废弃电器电子产品，废玻璃，废纸塑铝复合包装等。

　　《方案》提出，城市人民政府可结合实际制定指南，引导居民自觉、科学地开展生活垃圾分类。实施强制分类的城市，应选择不同类型的社区，开展居民生活垃圾强制分类示范试点。此前已制定地方性法规、对居民生活垃圾分类提出强制要求的，从其规定。《方案》强调，要加强生活垃圾分类配套体系建设，建立与分类品种相配套的收运体系、与再生资源利用相协调的回收体系，完善与垃圾分类相衔接的终端处理设施，并探索建立垃圾协同处置利用基地，确保分类收运、回收、利用和处理设施相互衔接。

三、主要评价

　　实施"垃圾强制分类"，是中央"从解决人民群众普遍关心的突出问题入手、推进全面小康社会建设"要求的直接体现。《方案》给出了推进我国垃圾分类的总体路线图。旨在形成以法治为基础、政府推动、全民参与、城乡统筹、因地制宜的垃圾分类制度。这也同时要求各地各级政府及有关部门要完善支持政策，创新体制机制，通过开展多种形式的宣传教育，动员全社会参与垃圾分类，确保工作有效推进。

　　从实施范围来看，《方案》主要是针对经济相对发达，市民素质普遍较高，且多数已先行开展垃圾分类试点，具备实施条件的等46个直辖市、省会城市、计划单列市；从实施主体来看，《方案》主要是实施范围明确，适宜先行实施的党政机关、事业单位、社团组织、公共场所管理单位以及宾馆、购物中心等相关企业；从方法来看，重点是对有害垃圾、易腐垃圾、可回收物等类别进行分类。

　　生活垃圾分类的推行，可有效减轻清运压力和终端处理压力，改善城乡环境，促进资源回收利用。《方案》的出台，对提高新型城镇化质量和生态文明建设水平，培养全社会资源环境意识，不断提升中华民族整体文明素质具有十分重要意义。

第五节　供热行业法规政策解读

《关于北方地区清洁供暖价格政策的意见》解读

一、出台背景

　　在加快推进煤改清洁能源进程中，仍能在北方广大农村地区、一些城镇以及大部分大中城市的周边区域发现大量采用分散燃煤和散烧煤取暖的存在，居民的生活并没有因此得到改善，同时北方地区冬季雾霾天气也没有得到有效地治理。为贯彻落实党中央国务院关于推进北方地区清洁供暖的决策部署，加快清洁供暖工作的步伐，国家发展改革委员会于2017年9月19日下发了《关于北方地区清洁供暖价格政策的意见》（下简称《意见》）。《意见》指出，要按照"企业为主、政府推动、居民可承受"的方针，遵循因地制宜、重点突出、统筹协调的原则，宜气则气，宜电则电，建立有利于清洁供暖价格机制，促进北方地区加快实现清洁供暖。

二、核心内容

　　第一，完善"煤改电"电价政策。《意见》中指出可通过推行上网侧峰谷分时电价政策与推进销售峰谷分时时段划分，完善峰谷分时价格制度，鼓励利用谷段低价电供暖，提高电力系统的利用效率。同时也可适当地扩大销售侧峰谷电差价，在平均水平不变的情况下，提高谷段用电电价下浮比例，可有效增加谷段用电量。优化居民用电阶梯价格政策，合理确定采暖用电量，鼓励叠加峰谷电价，明确村级"煤改电"电价政策，降低居民"煤改电"用电成本。在降低居民用电成本的同时，也要积极推进市场化交易机制，鼓励清洁供暖用电电量积极参与市场交易，通过可再生能源就近消纳、跨区电力直接交易、市场化竞价采购等方式来降低电采暖用电成本。

第二，完善"煤改气"气价政策。《意见》中针对不同地区，给出了明确的"煤改气"门站价格政策：对于供农村"煤改气"采暖用气门站价格，按居民用气价格执行；供城镇"煤改气"采暖用气门站价格，按现行价格政策执行。对于采暖用气的销售价格按照居民用气价格来执行，同时还可对采暖用气单独制定阶梯价格制度，以进一步完善居民阶梯气价制度。供热企业与上游的供气企业之间可充分利用市场化交易机制，通过合作与协商确定购气价格。

第三，因地制宜健全供热价格机制。在适宜采取集中供暖的地区，通过热电联产、大型燃煤锅炉、燃气锅炉、生物质锅炉、地热供暖等方式集中供暖的，须进行严格的环保改造并达到规定的排放标准后才能供热。价格主管部门要统筹考虑改造运行成本、居民可承受能力，科学合理地制定供热价格，加快热计量收费，推行两部制定价。在条件具备地区，试点推进市场化原则确定区域清洁供暖价格，供暖企业主要根据合理成本加收益的原则，在居民可承受能力范围内自行确定价格。

第四，统筹协调相关支持政策。清洁供暖工程的系统性，决定了在实行价格支持政策的同时，其他相关政策也要协同推进。《意见》中也进一步提出了协调价格政策发展的相关支持政策。一是对"2+26"清洁取暖试点城市加大财政支持力度，引导企业和社会加大投入，落实供暖企业向居民供暖相关增值税、房产税、城镇土地使用税优惠政策。二是鼓励以PPP模式以及企业债、低息贷款等方式解决供暖项目的融资问题，从而加大对清洁供暖企业和项目的支持。三是对有实力、有信誉的民营企业要放开市场准入，不断挖掘具有发展前景、经济性良好的新型清洁供暖技术。四是做好供应保障，加大与清洁供暖相关的配电网改造力度以保证清洁供暖用电稳定，各级供气企业要切实分担储气责任，确保气源充足供应、稳定供应与安全供应。

三、主要评价

长久以来，城市供暖是造成我国北方城市冬季空气污染的首要原因，同时也带来了巨大的居民健康成本，有研究报告指出由于供暖带来的严重空气污染，近几十年来中国北方人的人均寿命比南方人至少少 5.5 年。因此，北方地区清洁供暖不仅关系着雾霾天气，也是一项让北方地区广大群众安心过冬的民生工程。

由于我国北方省份对供热行业都实行严格的价格管制，市场化供热价格形成机制尚未真正形成，同时由于市场化改革不到位和整个能源价格关系没有理顺，造成电力价格、燃气价格与供热价格之间的冲突，这些都严重影响了清洁供暖的推进。《意见》从完善"煤改电"的电价政策、"煤改气"的气价政策、健全热价机制以及协调相关政策等方面对供热行业价格发展做出了规定与指导。《意见》的颁布可以有助于解决我国北方冬季供暖污染严重的问题，有效推动清洁能源供暖的发展，有利于企业降低采暖成本以及保证居民享受合理的取暖价格，使供暖真正成为一项惠及民生的工程。

第六节　电力行业法规政策解读

《北方地区冬季清洁取暖规划（2017—2021年）》解读[①]

发改委、能源局等十部委于 2017 年 12 月共同印发了《北方地区冬季清洁取暖规划（2017—2021）》（以下简称《规划》）。《规划》中提到，坚持清洁替代，减少大气污染物。到 2021 年北方地区清洁取暖率达到 70％；力争 5 年时间左右，基本实现雾霾严重城市化地区散煤供暖清洁化。《规划》强调，加强取暖领域排放监管。继续推进燃煤热电机组超低排放改造。到 2020 年，全国所有具备改造条件的燃煤热电机组实现超低排放改造。对于现役燃煤热电联产机组，东部地区 2017 年前总体完成超低排放，中部地区力争 2018 年前基本完成超低排放，西部地区 2020 年前完成。

一、出台背景

由于我国以煤为主的资源禀赋特点，长期以来，北方地区冬季取暖以燃煤为主。截至 2016 年底，我国北方地区城乡建筑取暖总面积约 206 亿平方米，其中燃煤取暖面积约 83％，取暖用煤年消耗约 4 亿吨标煤，其中散烧煤（含低效小锅炉用煤）约 2 亿吨标煤，主要分布在农村地区。同样 1 吨煤，散烧煤的大气污

[①] 摘改自：2018 年 1 月 24 日国家能源局例行新闻发布会上，国家能源局电力司有关负责人就《北方地区冬季清洁取暖规划（2017—2021 年）》答中电传媒记者问。

染物排放量是燃煤电厂的 10 倍以上，散烧煤取暖已成为我国北方地区冬季雾霾的重要原因之一。通过各种清洁取暖方式全面替代散烧煤，对于缓解我国北方特别是京津冀地区冬季大气污染问题具有重要作用。

习近平总书记在中央财经领导小组第 14 次会议上指出，推进北方地区冬季清洁取暖，关系北方地区广大群众温暖过冬，关系雾霾天能不能减少，是能源生产和消费革命、农村生活方式革命的重要内容。

在这样的背景下，为缓解北方地区冬季大气污染问题，落实总书记得指示，十部委联合印发《北方地区冬季清洁取暖规划（2017—2021)》。

二、核心内容

《规划》的核心内容体现在具体目标和工作部署两方面。明确到 2021 年北方地区清洁取暖率以及北方城镇地区既有节能居住建筑占比的具体目标；工作部署方面，为达到目标，《规划》明确了国家——地方——企业层面的任务分工，并提出设立专门协调推进机构及管理机制设计。

（一）《规划》就推动北方地区清洁取暖工作明确的具体目标

《规划》提出，到 2019 年，北方地区清洁取暖率达到 50%，替代散烧煤（含低效小锅炉用煤）7400 万吨。到 2021 年，北方地区清洁取暖率达到 70%，替代散烧煤（含低效小锅炉用煤）1.5 亿吨。供热系统平均综合能耗、热网系统失水率、综合热损失明显降低，高效末端散热设备广泛应用，北方城镇地区既有节能居住建筑占比达到 80%。力争用 5 年左右时间，基本实现雾霾严重城市化地区的散煤供暖清洁化，形成公平开放、多元经营、服务水平较高的清洁供暖市场。

一直以来，各方对清洁取暖的理解较为模糊，思路上有诸多分歧，部分地方将其等同于"煤改气"、"煤改电"，整体推进效果差。对此，《规划》首次明确了清洁取暖的概念和范围。清洁取暖是指利用天然气、电、地热、生物质、太阳能、工业余热、清洁化燃煤（超低排放）、核能等清洁化能源，通过高效用能系统实现低排放、低能耗的取暖方式，包含以降低污染物排放和能源消耗为目标的取暖全过程，涉及清洁热源、高效输配管网（热网）、节能建筑（热用户）等环节。

在我国当前国情下，清洁取暖绝非简单的"一刀切"去煤化，而是对煤炭、天然气、电、可再生能源等多种能源形式统筹谋划，范围也不仅仅局限于热源侧的单方面革新，而是整个供暖体系全面清洁高效升级。

对于社会广泛关注的煤炭、天然气、生物质清洁利用等问题，《规划》明确指出，只有集中使用、达到超低排放、接近天然气洁净水平的才是清洁化燃煤供暖，而且必须安装在线监测设施；天然气锅炉和壁挂炉要重点降低氮氧化物排放浓度；生物质热电联产应实现超低排放，在城市城区生物质锅炉要达到天然气锅炉排放标准。

鉴于北方地区冬季大气污染以京津冀及周边地区最为严重，"2+26"重点城市作为京津冀大气污染传输通道城市，且所在省份经济实力相对较强，有必要、有能力率先实现清洁取暖。《规划》针对这些城市也提出了更高的要求，2021年，城市城区全部实现清洁取暖，县城和城乡接合部清洁取暖率达到80%以上，农村地区清洁取暖率60%以上。

需要指出的是，清洁取暖是循序渐进的长期工作，难以一蹴而就，到2021年仍将有一定比例的地区沿用原有取暖方式，或采用相对清洁的过渡方式。

（二）《规划》对下一步推进北方地区清洁取暖工作做出的部署

清洁取暖工作涉及能源供应、价格机制、财政支持、环保监督、公用设施等多项内容，归属于不同主管部门，而农村取暖的管理职责一直以来又模糊不清。因此，《规划》从国家-地方-企业层面明确了任务分工。国家部门做好总体设计，指导推动，做好相关政策的统筹衔接；地方政府各级政府明确主管部门，精心组织实施；企业承担供暖主体责任，提供优质服务。

《规划》提出专门设立清洁取暖规划部际联席会议办公室，协调推进《规划》执行；各地方也要明确专门机构组织开展清洁取暖工作，建立常态协调机制，加强政府部门间及政企协作。此外，对于农村清洁取暖，《规划》还要求地方各级政府明确责任部门，建立管理机制，改变农村取暖无规划、无管理、无支持的状况。

正是因为清洁取暖涉及面广、路线多样，无法一套模式全国复制，各地方从自身实际出发，制定科学合理、经济可行、环保高效的清洁取暖实施方案尤为重要。下一步，各省（区、市）要按照《规划》统一要求，组织编制省级清洁取暖实施方案，明确目标任务，提出资金来源和使用方法，落实《规划》要求。各市（县）也要编制市（县）级清洁取暖工作方案，进一步细化国家规划和省级实施方案的相关要求，抓好具体落实。

三、主要评价

此次《规划》内容丰富，从总体原则到具体推进策略，再到具体落实部署，贯彻了中央的指导精神，坚持落实为主，体现了《规划》的科学性。

（一）《规划》坚持的五项原则

一是坚持清洁替代，安全发展。以清洁化为目标，重点替代取暖用散烧煤，减少大气污染物排放，同时也必须要统筹热力供需平衡，保障民生取暖安全。民生和环保两方面都要抓，不可顾此失彼。

二是坚持因地制宜，居民可承受。清洁取暖不是"一刀切"，应立足本地资源禀赋、经济实力、基础设施等条件及大气污染防治要求，结合区域特点和居民消费能力，做到"资源用得好、财政补得起、设施跟得上、居民可承受"，用合理经济代价获取最大的整体污染物减排效果。

三是坚持全面推进，重点先行。取暖是北方基本民生需求，雾霾天气是大范围区域性污染，"抓大放小"、"以点带面"的方式不适用于取暖散烧煤治理。因此，清洁取暖工作要综合考虑大气污染防治紧迫性、经济承受能力、工作推进难度等因素，全面统筹推进城市城区、县城和城乡接合部、农村三类地区的清洁取暖工作，应当"分类施策"，不可"挑肥拣瘦"。"2+26"重点城市位于京津冀大气污染传输通道，人口总量大、供暖用能多，这些地区的清洁取暖是重点优先解决的问题。

四是坚持企业为主，政府推动。实践经验表明，单纯以政府为主的清洁取暖面临巨大补贴压力，难以在北方地区全面推广。必须充分调动企业和用户的积极性，鼓励企业发挥自身优势，发现市场机遇，优化资源配置，降低整体成本。同时，各级政府也要推动体制机制改革，构建科学高效的政府推动责任体系，为清洁取暖市场体系的建立创造良好条件。

五是坚持军民一体，协同推进。地方政府与驻地部队要加强相互沟通，建立完善清洁取暖军地协调机制，确保军地一体衔接，同步推进实施。军队清洁取暖一并纳入国家《规划》，享受有关支持政策。

（二）《规划》体现的推进策略

清洁取暖方式多样，适用于不同条件和地区，且涉及热源、热网、用户等多个环节，应科学分析，精心比选，全程优化，有序推进。《规划》从"因地制宜选择供暖热源"、"全面提升热网系统效率"、"有效降低用户取暖能耗"三个方面系统总结了清洁取暖的推进策略。热源方面，全面梳理了天然气、电、地热、生物质、太阳能、工业余热、清洁化燃煤（超低排放）等各种清洁取暖类型，对每种类型的特点、适宜条件、发展路线、关键问题等进行了重点阐述。热网方面，明确有条件的城镇地区优先采用清洁集中供暖，加大供热系统优化升级力度。用户方面，强调了提升建筑用能效率，完善高效供暖末端系统，推广按热计量收费方式。此外，《规划》对热源、热网和用户侧的重点任务也设立了相应的发展目标。

总体而言，清洁取暖的推进策略必须突出一个"宜"字，宜气则气，宜电则电，宜煤则煤，宜可再生则可再生，宜余热则余热，宜集中供暖则管网提效，宜建筑节能则保温改造。即使农村偏远山区等暂时不能通过清洁供暖替代散烧煤供暖的，也要重点利用"洁净型煤＋环保炉具"、"生物质成型燃料＋专用炉具"等模式替代散烧煤。

当前国情下，应充分认识到煤炭清洁利用的主体地位和"兜底"作用，不能将散煤治理等同于"无煤化"。清洁燃煤集中供暖是实现环境保护与成本压力平衡的有效方式，未来较长时期内，在多数北方城市城区、县城和城乡接合部应作为基础性热源使用。对于资源总量有限、补贴需求较大的天然气、电等取暖能源，应该多用在清洁集中燃煤不能胜任的，或者环保要求最严格的地区，"好钢用在刀刃上"。

《关于推进供给侧结构性改革　防范化解煤电产能过剩风险的意见》解读[①]

经国务院同意，2017 年 07 月 26 日，国家发展改革委、国家能源局等 16 部委联合印发了《关于推进供给侧结构性改革　防范化解煤电产能过剩风险的意见》（以下简称《意见》），为煤电行业防范化解产能过剩风险、转型升级发展提供了行动指南。

一、出台背景

近年来，我国煤电装机结构持续优化，节能减排水平大幅提升。截至 2016 年底，我国煤电总装机 9.43 亿千瓦，占电力总装机比例降至 57%。截至 2016 年底，累计完成煤电超低排放和节能改造均超过 4 亿千瓦，其中，京津冀地区具备条件的煤电机组已全部完成超低排放改造。累计淘汰小火电机组超过 1 亿千瓦，煤电平均供电煤耗降至 315 克标煤/千瓦时，处于世界先进水平。

在看到煤电发展成绩的同时，我们需正视，受经济增速放缓、电力供需形势变化等因素影响，煤电发展形势不容乐观。近年来，我国煤电发电小时数持续下降，今年上半年略高于去年同期，但依然运行在低位。根据国家能源局发布的 2020 年煤电规划建设风险预警，全国大部分省份的风险预警等级为红色、橙色，预计"十三五"末全国电力供需总体宽松。

按照党中央、国务院决策部署，2016 年以来，国家发展改革委、国家能源局坚持市场引导与政府调控并举，印发《关于促进我国煤电有序发展的通知》等文件，建立风险预警机制，制定实施"淘汰一批、取消一批、缓核一批、缓建一批"等措施并狠抓落实。经过一年多的努力，防范化解煤电产能过剩风险工作取

[①]　摘改自国家能源局 2017 年 8 月 14 日发布的《有力有序有效防范化解煤电产能过剩风险》。

得初步成效：

2016 年，共取消不具备建设条件项目 1240 万千瓦，淘汰落后产能 500 万千瓦，当年投产煤电装机规模同比显著减少。但目前，煤电纳入规划及在建规模依然较大，守住 11 亿千瓦的"十三五"规划底线，面临着很大的压力。此外，在煤电领域，违规建设项目仍有一定规模、部分落后机组淘汰难度大、自备电厂管理仍有待进一步规范，防范化解煤电产能过剩风险刻不容缓。

二、核心内容

远期目标——《意见》提出，"十三五"期间，全国停建和缓建煤电产能 1.5 亿千瓦，淘汰落后产能 0.2 亿千瓦以上，实施煤电超低排放改造 4.2 亿千瓦、节能改造 3.4 亿千瓦、灵活性改造 2.2 亿千瓦。到 2020 年，全国煤电装机规模控制在 11 亿千瓦以内，具备条件的煤电机组完成超低排放改造，煤电平均供电煤耗降至 310 克/千瓦时。

近期目标——按照2017 年《政府工作报告》要求，国家发展改革委、国家能源局研究制定了落实"淘汰、停建、缓建煤电产能 5000 万千瓦以上"目标任务的实施方案。

在明确目标的基础上，《意见》就如何落实提出了六项主要任务：一是从严淘汰落后产能，推进煤电结构优化。二是清理整顿违规项目，维护正常建设秩序。三是严控新增产能规模，结合国家发布的风险预警和年度投产规模，暂缓核准、暂缓新开工建设、推迟投产一批煤电项目。四是加快机组改造提升，进一步提高煤电高效清洁发展水平，提升煤电机组和系统调节运行效率。五是规范自备电厂管理，按照与公用电厂同等对待原则，促进燃煤自备电厂高效清洁和规范管理。六是保障电力安全供应，加强电力预测预警分析，及时做好电力供需动态平衡。

《意见》强调，要充分发挥市场调节和宏观调控作用，因地制宜、有力有序有效推进防范化解煤电产能过剩风险工作。强调更多采用市场化、法制化手段进行调控，调控措施必须坚持分类施策，避免一刀切。

例如，涉及民生供热、扶贫攻坚的在建项目，要把民生问题、扶贫工作摆在重要位置。再如，有的在建项目发生投资额已经很大，强调发挥企业自主决策权，缓建项目可自主选择停建或继续建设，但建成后暂不并网发电，作为系统应急调峰储备电源。尽量降低对企业经营、设备制造建设等上下游产业和信贷资产造成不良影响。

对于"严肃处理违规项目"等调控目标"硬任务"，《意见》则明确规定：未核先建、违规核准、批建不符、开工手续不全等违规煤电项目一律停工、停产、并根据实际情况依法依规分类处理。对于《意见》印发后新出现的违规建设项目，各地、各有关方面将依法依规从严从重处理。

防范化解煤电产能过剩风险任务落实情况，已经列为落实中央重大决策部署监督检查的重要内容。国家发展改革委、国家能源局将会同有关部门，建立健全部门间协同监管机制，充分运用地区自查、监管核查、部门督查、社会监督等形式，加大对防范化解煤电产能过剩风险工作的监督检查，真正把责任落实下去，把压力传导下去。

三、主要评价

防范化解煤电产能过剩风险，必须确保电力安全供应，这是防范化解煤电产能过剩风险工作的有机组成部分。基于此，《意见》强调，要发布实施年度风险预警，强化预警结果的引导作用，促进地方和企业科学有序规划建设煤电项目。同时，《意见》明确，相关部门和单位要加强电力预测预警分析，定期监测评估电力规划实施情况，并适时进行调整。要及时做好电力供需动态平衡，采取跨省区电力互济、电量短时互补等措施，合理安排电网运行方式，确保电力可靠供应和系统安全稳定运行。

防范化解煤电产能过剩风险，事关社会稳定。《意见》强调，发电企业要主动承担主体责任，认真落实各项调控要求，妥善做好人员安置、债务处置等相关事宜。去年以来，部分发电集团煤电板块持续整体亏损，煤电企业生产经营遇到较大困难。部分地区电力富裕较多、系统调峰能力不足，但由于背压机组非供暖季需停机，企业建设积极性不高。现役30万千瓦以下机组中，热电机组多承担着民生供暖和工业供热任务，纯凝机组有的发挥着支撑电源和保障电网安全运行的作用，进一步淘汰落后产能难度较大。这些情况和问题交织出现，在推进防范化解煤电产能过剩风险工作中必须高度重视。

为充分调动地方和企业积极性，《意见》提出了推进电力体制改革、完善背压热电支持政策、实施差别化金融政策、盘活土地资源等多项配套政策措施。例如，《意见》明确，将建立完善电力市场机制，研究通过电量补贴、地方财政补贴等支持政策，对承担非供暖季停发的背压热电机组给予合理补偿。在确保按时完成淘汰、停建、缓建煤电产能任务目标的前提下，列入关停计划的机组容量可跨省（区、市）统筹使用，按等容量原则与暂缓核准、建设项目的恢复挂钩，或按一定比例与在建项目挂钩。此外，《意见》还提出，符合条件的关停机组关停后可享受最多不超过5年的发电权，并可通过盘活土地资源获得一定收益等支持政策，促进淘汰煤电落后产能。

各地、各有关方面在《意见》的基础上，结合地方、部门实际，按照国家确定的电力体制改革方向，进一步出台有针对性的支持政策，有助于共同防范化解煤电产能过剩风险。

附录一 综合性法规政策列表

1. 财政部办公厅、住房城乡建设部办公厅《关于开展 2016 年中央财政支持地下综合管廊试点工作的通知》（财办建〔2016〕21 号），2016 年 2 月 16 日。

2. 财政部办公厅、住房城乡建设部办公厅、水利部办公厅《关于开展 2016 年中央财政支持海绵城市建设试点工作的通知》（财办建〔2016〕25 号），2016 年 2 月 25 日。

3. 住房城乡建设部办公厅《关于做好海绵城市建设项目信息报送工作的通知》（建办城函〔2016〕246 号），2016 年 3 月 16 日。

4. 财政部、住房城乡建设部《关于印发城市管网专项资金绩效评价暂行办法的通知》（财建〔2016〕52 号），2016 年 3 月 24 日。

5. 住房城乡建设部《关于建立全国城市地下综合管廊建设信息周报制度的通知》（建城〔2016〕69 号），2016 年 4 月 14 日。

6. 住房城乡建设部办公厅、财政部办公厅《关于开展地下综合管廊试点年度绩效评价工作的通知》（建办城函〔2016〕375 号），2016 年 4 月 22 日。

7. 住房城乡建设部办公厅等《关于开展城市地下管线普查工作进展情况检查的通知》（建办城〔2016〕23 号），2016 年 4 月 27 日。

8. 财政部《关于进一步共同做好政府和社会资本合作（PPP）有关工作的通知》（财金〔2016〕32 号），2016 年 5 月 28 日。

9. 国家发展改革委《关于切实做好传统基础设施领域政府和社会资本合作有关工作的通知》（发改投资〔2016〕1744 号），2016 年 8 月 10 日。

10. 住房城乡建设部等部门《关于进一步鼓励和引导民间资本进入城市供水、燃气、供热、污水和垃圾处理行业的意见》（建城〔2016〕208 号），2016 年 9 月 22 日。

11. 国家发展改革委《关于印发传统基础设施领域实施政府和社会资本合作项目工作导则的通知》（发改投资〔2016〕2231 号），2016 年 10 月 24 日。

12. 住房城乡建设部办公厅 国家开发银行办公厅关于城市地下综合管廊建设运用抵押补充贷款资金有关事项的通知（建办城函〔2016〕967 号），2016 年 11 月 1 日。

13. 国家发展改革委、中国证监会《关于推进传统基础设施领域政府和社会

资本合作（PPP）项目资产证券化相关工作的通知》，发改投资〔2016〕2698
号，2016 年 12 月 21 日。

附录二　主要行业法规政策列表

排水与污水处理行业法规政策列表

1. 关于发布行业标准《城镇污水再生利用设施运行、维护及安全技术规程》
的公告（住房城乡建设部公告第 1366 号），2016 年 11 月 15 日

2. 国家发展改革委、住房城乡建设部关于印发《"十三五"全国城镇污水处
理及再生利用设施建设规划》的通知（ 发改环资〔2016〕2849 号），2016 年 12
月 31 日

3. 关于发布国家标准《城镇污水处理厂工程质量验收规范》的公告（住房
城乡建设部公告第 1440 号），2017 年 1 月 21 日

4. 关于发布国家标准《城镇污水处理厂工程施工规范》的公告（住房城乡
建设部公告第 1441 号），2017 年 1 月 21 日

5. 关于发布国家标准《城镇内涝防治技术规范》的公告（住房城乡建设部
公告第 1444 号），2017 年 1 月 21 日

6. 关于发布国家标准《城市排水工程规划规范》的公告（住房城乡建设部
公告第 1447 号），2017 年 1 月 21 日

7. 住房城乡建设部办公厅、国家发展改革委办公厅《关于做好城市排水防
涝补短板建设的通知》（建办城函〔2017〕43 号），2017 年 1 月 24 日

8. 住房城乡建设部办公厅《关于加强 2017 年城市排水防涝汛前检查确保安
全度汛工作的通知》（建办城函〔2017〕151 号），2017 年 3 月 9 日

9. 住房城乡建设部办公厅 环境保护部办公厅关于对部分城市黑臭水体实行
重点挂牌督办的通知（建办城函〔2017〕216 号），2017 年 3 月 18 日

10. 关于发布行业产品标准《城镇污水处理厂污泥处理稳定标准》的公告
（住房城乡建设部公告第 1499 号），2017 年 3 月 20 日

11. 关于发布行业标准《污水自然处理工程技术规程》的公告（住房城乡建
设部公告第 1506 号），2017 年 3 月 23 日

12. 环境保护部、住房城乡建设部《关于推进环保设施和城市污水垃圾处理
设施向公众开放的指导意见》（环宣教〔2017〕62 号），2017 年 4 月 13 日

13. 财政部、住房城乡建设部、农业部、环境保护部《关于政府参与的污
水、垃圾处理项目全面实施 PPP 模式的通知》（财建〔2017〕455 号），2017 年 7

月1日

14. 住房城乡建设部关于印发《城镇污水处理工作考核暂行办法》（2017修订）的通知（建城〔2017〕143号），2017年7月6日

15. 环境保护部办公厅、住房城乡建设部办公厅关于公布第一批全国环保设施和城市污水垃圾处理设施向公众开放名单和印发《环境监测设施向公众开放工作指南（试行）》等四类设施工作指南的通知（环办宣教〔2017〕92号），2017年12月26日

燃气行业法规政策列表

1. 天然气管道运输定价成本监审办法（试行），天然气管道运输价格管理办法（试行）（发改价格〔2016〕2142号），2016年10月9日

2. 关于加强地方天然气输配价格降低企业用气成本的通知（发改价格〔2016〕1859号），2016年8月26日

3. 关于深化石油天然气体制改革的若干意见，2017年5月21日

4. 关于加强配气价格监管的指导意见（发改价格〔2017〕1171号），2017年6月20日

5. 加快推进天然气利用的意见（发改能源〔2017〕1217号），2017年6月23日

6. 关于降低非居民用天然气基准门站价格的通知（发改价格规〔2017〕1582号），2017年8月29日

垃圾处理行业法规政策列表

1. 住房城乡建设部、国家发展改革委、财政部、环境保护部、商务部《关于公布第一批生活垃圾分类示范城市（区）的通知》（建办城〔2015〕19号），2015年4月16日

2. 住房城乡建设部、中央农村工作领导小组办公室、中央精神文明建设指导委员会办公室、国家发展和改革委员会、财政部、环境保护部、农业部、商务部、全国爱国卫生运动委员会办公室、中华全国妇女联合会《关于全面推进农村垃圾治理的指导意见》（建村〔2015〕170号），2015年11月3日

3. 住房城乡建设部、国家发展改革委、财政部、国土资源部、中国人民银行《关于进一步鼓励和引导民间资本进入城市供水、燃气、供热、污水和垃圾处理行业的意见》（建城〔2016〕208号），2016年10月22日

4. 住房城乡建设部、国家发展改革委、国土资源部、环境保护部《关于进

一步加强城市生活垃圾焚烧处理工作的意见》（建城〔2016〕227 号），2016 年 10 月 22 日

5. 住房城乡建设部《生活垃圾卫生填埋场运行监管标准》CJJ/T 213—2016，2016 年 12 月 1 日

6. 国家发展改革委、住房城乡建设部《"十三五"全国城镇生活垃圾无害化处理设施建设规划》（发改环资〔2016〕2851 号），2016 年 12 月 31 日

7. 国务院办公厅《生活垃圾分类制度实施方案》（国办发〔2017〕26 号），2017 年 3 月 30 日

8. 环境保护部《关于生活垃圾焚烧厂安装污染物排放自动监控设备和联网有关事项的通知》（环办环监〔2017〕33 号），2017 年 4 月 20 日

9. 住房城乡建设部《关于开展生活垃圾焚烧处理设施集中整治工作的通知》（建办城〔2017〕34 号），2017 年 5 月 3 日

10. 环境保护部、住房城乡建设部《关于推进环保设施和城市污水垃圾处理设施向公众开放的指导意见》（环宣教〔2017〕62 号），2017 年 5 月 5 日

11. 住房城乡建设部、环境保护部《关于规范城市生活垃圾跨界清运处理的通知》（建城〔2017〕108 号），2017 年 5 月 8 日

12. 国管局、住房城乡建设部、发展改革委、中央宣传部、中直管理局《关于推进党政机关等公共机构生活垃圾分类工作的通知》（国管节能〔2017〕180 号），2017 年 6 月 12 日

13. 财政部、住房城乡建设部、农业部、环境保护部发布《关于政府参与的污水、垃圾处理项目全面实施 PPP 模式的通知》（财建〔2017〕455 号），2017 年 7 月 1 日

14. 国家卫生计生委办公厅、中宣部办公厅、国家发展改革委办公厅、工业和信息化部办公厅、住房城乡建设部办公厅、商务部办公厅、环境保护部办公厅、国家中医药管理局办公室《关于在医疗机构推进生活垃圾分类管理的通知》（国卫办医发〔2017〕30 号），2017 年 9 月 4 日

15. 住房城乡建设部《关于加快推进部分重点城市生活垃圾分类工作的通知》（建城〔2017〕253 号），2017 年 12 月 20 日

电力行业法规政策列表

1. 国家电力示范项目管理办法（国能电力〔2016〕304 号），2016 年 11 月 11 日

2. 售电公司准入与退出管理办法（发改经体〔2016〕2120 号），2016 年 10 月 08 日

3. 有序放开配电网业务管理办法（发改经体〔2016〕2120 号），2016 年 10 月 08 日

4. 电力规划管理办法（国能电力〔2016〕139 号），2016 年 05 月 17 日

5. 国务院关于修改部分行政法规的决定（国务院令第 666 号），2016 年 03 月 01 日

第十章　城市公用事业典型案例分析

第一节　供水行业案例分析

案例一　江苏徐州市沛县供水项目[①]

一、项目背景

江苏省徐州市沛县供水基础设施的建设滞后，与社会经济发展不匹配，无法满足城市区域化发展的需要。目前已知沛县供水需求量超过 10 万 m^3/d，现有城区人口 30 万，规划人口为 56 万。随着城镇化水平的不断提高，沛县城乡分散、无序的以地下水为水源的供水方式不能满足城市可持续发展的需要；沛县区域地下水硬度较高，水质氟离子、硫酸盐及硬度均超标，不能保证供水安全，潜在危害着居民身体健康，不能满足居民对身体健康的需要。因此城乡统筹规划、使用地表供水水源势在必行。

二、基本情况

本项目由 20 万 m^3/d 规模地表水厂、10 万 m^3/d 规模第二水厂、8.3 万 m^3/d 规模 13 个建制镇污水处理厂、市政管网以及农村饮水安全工程五部分组成。项目总投资 15.04 亿元。本项目中的沛县 13 个建制镇污水处理设施及相应的管网，属于建成存量项目，由于设计建设不规范，已经不能满足新型城镇化建设的需要，特别是规划不合理等因素造成污水处理量达不到基本规模，处于等水处理的窘态局面；另一方面，"吃不饱"的同时也对污水处理行业专业化管理提出了更高的要求。而且"水十条"颁布后的现实环境也急需对现有污水处理设施进行重新规划，更新改造、提档升级。本项目将通过实现城乡、供排、管网于一体的区域水环境治理系统工程，形成城乡环境纵向到边、横向到底的网格式管理，以满足沛县城乡居民安全饮水和蓝色生态需要。

三、运作情况

本项目由社会资本方发起。

---

① 根据徐州市财政局《徐州市沛县供水项目》案例资料进行改编。

1. 合作范围界定

本项目合作范围包括：原有沛县自来水公司供水区域及供水规划范围内的供水服务；13 个建制镇污水处理厂厂区内的污水处理服务；市政管网运营维护服务。市政管网含供水管网及污水管网，其中，供水管网包括水源地保护、区域供水管网、老城区管网改造、区域供水与农村饮用水支网对接水量流量计表前管网；污水管网包括 13 个建制镇污水厂配套管网。

2. 项目边界条件

（1）回报机制

本项目采用"使用者付费"＋"可行性缺口补助"＋"政府付费"的综合回报机制。各类别项目回报机制如下：

地表水厂：社会资本投融资完成改扩建工程，政府授予社会资本原有和新建部分的特许经营权。居民或企业等用户按照政府定价的供水水价付费；建设期、运营期设定不同的运行基本水量，不能覆盖投资、经营成本及社会资本合理收益部分，由政府支付可行性缺口补助。

13 个建制镇污水处理厂：项目公司负责运营 13 个建制镇污水处理厂，政府通过向项目公司支付污水处理服务的固定费用（含人员工资福利、管理费、修理费等）和可变费用（单位电费、单位药剂费、单位水费、单位污泥运输费等），其中可变费用根据实际污水处理量进行结算。

市政管网及农村安全饮水工程：社会资本投融资完成新建部分，政府将原有和新建部分委托给社会资本运营，由政府付费，管网包括新建和存量两部分。回报机制包含管网可用性付费和管网运营维护费两部分。

（2）付费计算公式

使用者付费。使用者付费＝实际供水基本水价×售水量。

可行性缺口补助。可行性缺口补助＝供水成交报价×售水量－实际供水基本水价×售水量。

政府付费。政府付费＝市政管网运营维护费＋污水处理服务费＋市政管网投资额×(A/P，折现率，30)＋存量项目转让费×(A/P，折现率，30)＋农村饮用水安全工程投资额×(A/P，折现率，30)。

（3）支付方式

除供水使用者付费由项目公司直接向用户收取外，可行性缺口补助采用年度结算方式，在第二年第 1 季度内依据绩效考核审核结果向项目公司支付可行性缺口补助；政府付费采用季度结算方式，自商业运营日起，沛县财政局每个季度结束后的第二个自然月 25 日之前，依据绩效考核审核结果向项目公司支付政府付费。

3. 交易结构

沛县政府授权沛县城投作为政府出资方，沛县城投与竞争性磋商最终确定的社会资本共同出资成立项目公司。沛县政府授权县水利局与项目公司签订《PPP项目合同》，县水利局对项目公司进行行政监管和绩效考核。项目公司通过自有资金及资本市场直接债务融资工具或银行/银团贷款实现本项目的资金需求，并通过运营特许经营范围内的地表水厂、污水处理厂、市政管网获得项目收益以偿还项目贷款。同时县财政局按县水利局对项目公司的考核结果进行绩效付费。

4. 股权结构

沛县政府方出资代表沛县城投缴纳4512万元，持股比例为10%，出资方式为货币；成都兴蓉缴纳40608万元，持股比例为90%，出资方式为货币。

5. 项目监管

根据《关于政府和社会资本合作示范项目实施有关问题的通知》（财金〔2014〕112号），PPP项目监管架构主要包括授权关系和监管方式。授权关系主要是政府对项目实施机构的授权，以及政府直接或通过项目实施机构对社会资本的授权；监管方式主要包括履约管理、行政监管和公众监督等。其中，为保证项目实施，江苏省作为全国推广运用PPP试点的首批省份，已设省级PPP试点中心，并健全完善了PPP运行管理机制。沛县水利局以《沛县供水PPP项目合同》为依据对项目公司进行履约管理，沛县财政局、水利局、环保局、审计局、物价局等各政府部门依据职能分工对项目公司行使行政监管，以及沛县公众对项目公司进行群众监督。在项目建设期，重点监管内容是对工程进度、建设质量和资金的监管；在项目运营期，加强绩效考核、价格监管、质量控制和财务监控；在项目移交阶段，加强项目的产权监督和合同执行情况的监督，对项目移交时项目的整体情况做出评估以确保公共部门的利益不受损害。

四、经验借鉴

1. 政企合作，人员先行

由于沛县自来水公司属事业单位，原内部管理和激励机制僵化。因此托管人员普遍担心托管后利益受损，历史遗留问题无法得到妥善解决。针对这些顾虑，项目公司通过以下途径进行平稳过渡：一是围绕人员托管中的焦点问题，政府和项目公司积极主动介入疏导，稳定职工队伍，增进互相了解和信任；二是项目公司加强与职工交流沟通，及时掌握职工思想动态，出台相关政策，维护职工利益，鼓励职工积极参与生产经营，适度改善生产办公条件；三是运用工会平台，成立工会小组，构建并运用公司上下沟通渠道；四是在公司过渡期充分发挥原班子成员作用，以党政工联席会的形式，讨论、研究、决定公司重要事项，加深相互了解，促进融合，从而稳定了职工队伍。

2. 依托专业，降本增效

通过这次合作，充分发挥了社会资本方技术资源的优势。在商业运营日之前项目公司主动介入并主导地表水厂实验室三级达标工作，在基本无专业检测人员的基础上，从实验设备配置、培训计划制定、培训资料编制、现场讲解、关键环节反复示范、规范达标文件等各个环节手把手"传帮带"，在短时间通过三级实验室达标评审，也为开展水质检测和生产实验提供条件。目前，水厂混凝剂耗量由上年同期的 $120kg/km^3$ 降至 $60kg/km^3$ 左右，显著降低了生产成本。

3. 积极研发，提升水质

针对沛县地表水厂原水同时具备湖泊水和地下水特征，有机物复杂、高氟、高盐、高溴、低浊的特点，项目公司除自身技术专家外，还邀请华北院、西南院、西南交大、城市水资源开发利用南方国家工程研究中心、清华大学环境工程学院等行业专家进行咨询研究，组织技术人员开展强化混凝试验300余批次，研究粉末活性炭、高锰酸钾、单过硫酸氢钾、高铁酸钾、复合高锰酸钾、聚合铝铁、臭氧等处理方法和手段，对药剂投加系统、混凝沉淀、过滤、消毒等环节进行整改，沉淀水浊度已由 3NTU 将至 1.5NTU 以下。

4. 整合资源，提高社会满意度

针对原沛县自来水公司管网故障抢修效率低、市民和政府满意度差等突出问题，项目公司整合维修、工程部门资源，紧急购置抢修机具设备，强化抢修工作中的安全和服务意识，及时出台管理制度，管网抢修、维护效率大幅提升，得到政府的高度认同。项目公司依托集团，积极组织专业探测公司对沛县供水管网进行全方位探测查漏，有效降低管网漏损率，切实提升经营和环境效益。

5. 聚焦安全，提升保障水平

在政府支持下，项目公司及时成立安全工作小组，制定地表水厂应急预案；在现场调研的基础上适时组织安全隐患大排查，对发现的115项各类安全隐患，将责任及要求逐一落实到水厂各级员工，有效提高水厂安全保障水平。

6. 求同存异，共谋发展

本项目下的污水处理设施运行状况普遍较差，规划设计不合理，配套污水收集管网不完善，污水处理设施存在功能缺陷，设备运行负荷率低，技术管理和设施硬件难以满足稳定达标生产要求。政府和项目公司针对现状，对13个乡镇污水处理厂按照先移交、后改造、再运行的方式处理。根据沛县政府碧水绕城规划要求，项目公司多地考察调研，积极推动乡镇污水处理厂配套管网完善和污水厂性能提升同步实施，并选取4个乡镇污水处理厂先行试点。

此外，需要进一步划清政府职能边界，发挥市场作用。将管理创新为核心的PPP模式作为一种单纯的政府融资工具，社会资本仅仅获取资金收益或者工程利润，不能充分发挥运营公司的专业优势，将削弱社会资本的参与热情，不利于PPP的健康发展。同时，需要推动PPP金融创新，满足项目融资需求。大力发展PPP金融，出台相应的政策法规，破解PPP项目融资难问题。

案例二　吴江华衍水务有限公司滥用市场支配地位[①]

PPP项目公司不仅要按照PPP合同运营，还要遵守国家法律法规，特别是反垄断法。日前，国家工商总局公布的江苏吴江华衍水务有限公司滥用市场支配地位而被当地工商行政部门处罚的案例，成为全国首例供水PPP项目滥用市场支配地位的案例。

一、相关市场界定

界定相关市场是进行反垄断分析的重要前提。《中华人民共和国反垄断法》第十二条规定，相关市场是指经营者在一定时期内就特定商品或者服务（以下统称商品）进行竞争的商品范围和地域范围。《国务院反垄断委员会关于相关市场界定的指南》第二条规定，任何竞争行为（包括具有或可能具有排除、限制竞争效果的行为）均发生在一定的市场范围内。科学合理地界定相关市场，对识别竞争者和潜在的竞争者、判定经营者市场份额和集中度、认定经营者的市场地位、分析经营者的行为对市场竞争的影响、判断经营者行为是否违法以及在违法情况下需要承担的法律责任等关键问题具有重要作用。

（一）相关商品市场界定

在本案中当事人向房地产开发企业提供的商品为城市公共自来水供水服务。自2005年成立以来，当事人整合了吴江区域多个分散供水的乡镇水厂及管网，并购和改造了吴江区域供水一期工程，新建了区域供水二期工程，2008年7月基本实现由多点水源分散供水转换成统一管网的区域供水格局。即便吴江区域实际存在极少部分自备水源供水和购买桶装水用于生活饮用等情况，但自备水源供水数量少且不在市场销售，桶装水主要用于饮用且价格高，难以替代当事人提供的自来水供水服务。城市公共自来水供水服务供应是房地产开发企业对当事人最大的依赖所在，也是当事人在交易时附加不合理条件的基础。因此，本案相关市场

[①] 根据搜狐财经2017年2月9日《首例：供水PPP项目滥用市场支配地位被处罚2000余万》进行改编。

中的商品市场确定为城市公共自来水供水服务市场。

（二）本案相关地域市场

在本案中投诉人反映的当事人在提供供水服务时附加其他不合理交易条件的行为均发生在苏州市吴江区所辖地域范围，江苏省工商行政管理局调查的房地产开发企业所开发建设的居民小区也均在上述地域范围内。依据2005年9月21日当事人与原吴江市建设局签署的《吴江市区域供水特许经营协议》，当事人拥有吴江市行政管辖区域范围及今后不时扩展的吴江市行政管辖区域供水的特许经营权。当事人具备唯一经营者地位，不存在同类经营的竞争关系，用户在所属地域范围内只能选择当事人提供的公共自来水供水服务，不存在其他可替代的地域市场。因此，本案相关市场中的地域范围界定为苏州市吴江区行政所辖地域范围。

综上所述，可将本案的相关市场界定为：苏州市吴江区行政所辖地域范围内的公共自来水供水服务市场。

二、当事人在相关市场具有市场支配地位的认定

《反垄断法》所称市场支配地位，是指经营者在相关市场内具有能够控制商品价格、数量或者其他交易条件，或者能够阻碍、影响其他经营者进入相关市场能力的市场地位。是否具备市场支配地位，是判断经营者行为能否构成滥用市场支配地位违法行为的前提。

依据《吴江市区域供水特许经营协议》，本案当事人通过原吴江市人民政府授权，获得吴江区域的供水特许独家经营权，经营期限30年，是吴江区所辖区域范围内唯一的供水特许经营者，具备区域供水公用企业自然垄断的不可替代性和选择性。特许经营期内其他经营者进入本案相关市场经营的可能性极小。在本案相关地域市场内，用水户等其他经营者对当事人的供水服务具有很强的依赖性，特别是当地房地产开发企业只能从当事人处申请用水，且只有各项供水工程通过当事人验收合格后方可办理通水手续，对当事人具有绝对的依赖性。根据《中华人民共和国反垄断法》第十八条、第十九条关于经营者市场支配地位的规定，本案当事人在吴江区所辖地域范围内的公共自来水供水服务市场具有市场支配地位。

三、当事人利用市场支配地位在交易时附加其他不合理交易条件

当事人在供水经营中，利用其在吴江区范围内公共自来水供水服务的支配地位，明示或暗示房地产开发企业将给水安装工程、二次供水工程、接水装表工程等交由其全资子公司吴江华衍建筑工程安装有限公司（以下称华衍建工）或其指定的企业施工。对供水工程所需的水表、管材等主要材料和设备，要求房地产开

发企业、施工单位必须使用当事人提供或指定的品牌、厂商。当事人在交易过程中附加的上述不合理交易条件，使房地产开发企业在供水工程施工单位的选择、材料设备的采购等方面没有自主选择权。当事人实施了以下附加其他不合理交易条件的行为：

（一）当事人提供供水服务时附加指定供水工程施工单位的不合理交易条件

1. 房地产开发企业申请用水时，以"用户须知"的形式附加指定施工单位的不合理交易条件

当事人在房地产开发企业开始申请用水时，提供格式化的《报装申请表》，表格的正面是申请用水人的基本情况，背面是"用户须知"。在"用户须知"第十二条、十三条，当事人明确，"凡需抄表到户的开发商或企业"，"小区庭院管道及户内立管原则上由当地供水企业施工"，"凡涉及二次供水的用户，二次供水设计、系统及设备须经当地供水企业的审核认可，二次供水设备的安装施工原则上由当地供水企业组织实施"。虽然当事人在表述中使用了"原则上"一词，但由于房地产开发企业供水工程必须经当事人审核验收后方可接水，且《报装申请表》正面底部用户签章栏预先印有"本人（本单位）已阅读并自愿遵守用户须知内容"字样，房地产开发企业为避免耽误工期和交房时间，实际上并无选择权，只能接受当事人附加安排供水工程施工单位的不合理交易条件。

2. 当事人以《告知》、《联系单》、《证明》等函件的形式，明示或暗示房地产开发企业接受由其指定施工单位的不合理条件

当事人给江苏绸都房地产发展有限公司、吴江天鸿房地产开发有限公司的《告知》函指出，"现有三家二次供水施工企业通过考察能满足我司的技术要求，作为我司的二次供水施工企业"，分别是苏州中宇建筑安装有限公司、浙江银珠机械设备制造有限公司、吴江市华厦建筑有限公司是华衍水务二次供水施工企业。浙江银珠机械设备制造有限公司出具给上海绿地（吴江）置业有限公司的《证明函》称，"我公司为吴江华衍水务有限公司指定的合格承包商和施工单位"。吴江天鸿房地产开发有限公司和吴江市伟业恒盛置业有限公司因自行委托其他有资质的施工企业进行二次供水工程施工，工程验收受阻，或被要求由当事人指定的施工单位进行施工改造。当事人以华衍建工的名义，发给吴江鹏翔房地产开发有限公司的《联系单》指出，"贵司投资建设的盛泽君悦半岛住宅小区项目，市政管道—加压泵房、市政管道—立管联通管道工程不在与我司签订的《君悦半岛给水工程》施工合同范围内。为保证施工进度，建议我司下属施工单位承建上述工程。"当事人正是利用其在供水服务市场的支配地位和对供水工程审核验收的职能，附加指定供水工程施工单位的不合理交易条件。

3. 部分房地产开发企业提供的"免招标申请"内部流程，印证了当事人实

施附加指定施工单位的不合理交易条件行为

　　吴江海亮房地产有限公司内部流转的给水工程《免招标申请审批单》"免招标理由简述"一栏标注，"自来水供水为吴江华衍水务垄断，无法通过市场招标形式确定中标单位，只能按华衍水务指定的施工单位苏州中宇建筑安装公司施工"；该公司的《合同审批表》中"经办部门意见"一栏也明确标注，"自来水属垄断行业，采用免招标申请直接委托方式确定中标单位"。苏州博盛房地产发展有限公司的给水工程《综合前期类免招标事项审批单》"免招标的理由"一栏标注，"自来水属垄断行业"。中房（苏州）地产有限公司的《公司流程手册》中也提出，项目的施工、监理以及材料采购设备等工程类采购，符合竞争性谈判标准的，原则上都应采用竞争性谈判的方式，但水电气等特殊行业可以直接委托。上述公司供水工程免招标的内部审批流程，印证了当事人利用其在吴江区域供水市场的支配地位，在提供供水服务时附加了由其指定供水工程施工单位的不合理交易条件。

（二）当事人提供供水服务时，附加供水工程主要材料、设备由当事人提供或指定品牌、供货厂商的不合理交易条件

　　当事人通过其子公司华衍建工与房地产开发企业签订格式化的《给水安装工程合同》、《接水装表协议》。《给水安装工程合同》规定，"除发包方供应以外的其他材料、设备由承包方采购"。本局调查查明，供水工程所需的主要材料设备均由当事人提供或由其指定品牌、厂商，房地产开发企业无法自主选择。《接水装表协议》第二条"工程总造价"明确，"本次接水安装工程工料费为包干制"，房地产开发企业只需按华衍建工填写的接水装表总费用缴款，对于使用何种品牌的水表，房地产开发企业无从选择。华衍建工是当事人的全资子公司，住所相同，其法定代表人由当事人的副总经理兼任，当事人对其经营行为有能力并实际施加决定性的影响力。华衍建工与房地产企业签订的《接水装表协议》左上角显著位置标注有"华衍水务、Hua Yan Water"图文标志，当事人及其子公司身份混同使用，众多被调查的房地产开发企业不能准确区分当事人与华衍建工。对于接水装表工程和水表的选用由当事人指定的事实，当事人亦在《询问笔录》和其提供的《吴江华衍管材、水表供应商名录》中给予认可。

　　当事人指定的施工单位与房地产开发企业签订的供水施工合同中规定，"水泵（格兰富）、控制柜、阀门、管道、水箱等均采用自来水公司入网品牌"，"所有工程中的所有材料和设备必须是供水单位认可或指定的"。施工合同附件中的《品牌表》，在"名称"、"品牌"栏明确注明材料、设备的品牌或厂商，在"备注"栏标注"水司指定品牌"。江苏绸都房地产发展有限公司提供的《华庭二次供水投标报价细目》在"材料品牌"一栏标注"按港华水务公司指定品牌"。华

衍建工在《吴江松陵海亮地产项目给水工程》预算书中所附的《二次供水泵房主要材料名录表》、《二次供水电控部分名录表》、《安装主材名录表》也对供水工程主要材料、设备的品牌和厂商进行指定。

当事人利用其对供水工程的审核验收职能，以"审核意见"的形式明确要求房地产开发企业在供水工程中使用其指定品牌或供货厂商的材料设备。当事人2014年2月下达给吴江市伟业名墅房地产有限公司《关于滨河名墅二次供水系统设计的审核意见（第二次）》的第二条明确，"根据标准化设计的要求，建设单位须按照我公司的《二次供水主要材料的品牌要求》进行采购二次供水设施设备"，"目前设计图纸中有些设备未指定我公司要求的品牌，如门禁系统、音响、ups电源等，请自行对照附件一内容确定设备品牌"。审核意见所称的"附件一"为《二次供水主要材料的品牌要求》，对供水材料、设备的品牌或厂商进行指定。当事人第三次下达给吴江市伟业名墅房地产有限公司《关于滨河名墅二次供水系统设计变更的审核意见》》第二条再次明确，"关于二次供水工程涉及的设施设备品牌必须按照我公司要求的进行采购、安装，如相关设备品牌、型号停产，请及时告知我公司，由我公司确定更换设备品牌及型号"。

当事人与供水工程设计单位、施工单位签订的年度合同中规定，"设计人不得指定建筑材料、设备的生产厂或供货商"，"除甲供材料以外的所有材料设备均为乙方采购，采购材料、设备型号、厂家必须为甲方指定品牌，并经现场监理工程师和甲代表同意。乙方采购的管材、阀门、配件等所有材料应按照《吴江华衍主要材料供应商目录》中的规定的供应商名单选购"。

四、当事人在交易时附加其他不合理交易条件的行为无正当理由的认定

江苏省工商行政管理局认为当事人在提供供水服务过程中附加其他不合理交易条件的行为，无正当理由：

（1）当事人附加指定供水工程施工单位、材料设备品牌或厂商的不合理交易条件，与其在施工、材料设备市场是否具备支配地位无关。本案中，当事人通过政府授权获得吴江区域内公共自来水供水的独家经营权，其在吴江区自来水供水市场具有市场支配地位。房地产开发企业等用水户，在吴江区域内只能找当事人申请用水服务。当事人在提供供水服务的过程中，正是利用其供水服务的不可替代性，附加交易相对人将供水工程施工以及材料设备的选用交由其或其指定的公司承揽的交易条件。江苏省工商行政管理局调查当事人附加不合理交易条件的行为，都是基于其在供水市场的支配地位才得以实施的。

（2）当事人附加其他不合理的交易条件的行为，违背交易相对人的意愿。本案调查中，房地产开发企业均在询问笔录或者提供的书式材料中反映，向当事人申请用水时，当事人便指定由华衍建工或者其认可的公司施工，房地产公司迫于当事人在供水市场的支配地位，掌握了供水工程的审核验收职能，为了不影响施工工期，只能满足当事人提出的不合理交易条件。当事人通过格式合同、告知、用户须知、审核意见等明示或暗示的方式，附加对施工单位和材料设备品牌、厂商进行指定的交易条件，房地产公司没有选择权。案件调查过程中，房地产开发公司均明确表示，希望通过市场竞争的方式确定供水工程施工单位，希望自主在市场上采购符合规定的材料设备，以减少成本。当事人陈述的房地产开发企业自愿签订合同，自愿将供水工程施工和材料设备选用交由当事人指定与事实不符。

（3）当事人附加指定供水工程施工单位和材料、设备品牌或厂商的不合理交易条件行为，没有法律、法规和政策依据。国务院《城市供水条例》、《江苏省城乡供水管理条例》分别对供水、二次供水的设计、施工和材料设备标准进行规范，但均没有规定必须由供水企业或其指定企业设计、施工，也没有规定必须使用何种品牌或者哪个公司的材料设备。苏州市吴江区政府《关于进一步加强城镇供水供气管理工作的意见》（吴政发〔2014〕23 号）也明确规定"建设单位可以自行委托具有供水相应资质的单位承担设计、施工、监理"，"二次供水工程的设计、施工，建设单位应当委托具有相应资质的单位承担"。因此当事人以相关法律法规规定、提高工程质量、保障用水安全为由附加其他不合理交易条件的行为，不符合法律、法规和政策规定。

（4）当事人于 2015 年 10 月份向江苏省工商行政管理局提出了中止调查申请，但其并没有认识到自身行为的违法性，坚持辩称其不存在违法行为，因此本局对其申请不予同意。当事人提出处罚幅度的问题，本局认为当事人没有《行政处罚法》第二十七条规定的从轻或者减轻处罚的情形。同时，根据《反垄断法》第四十九条规定，反垄断执法机构确定具体罚款数额时，应当考虑违法行为的性质、程度和持续的时间等因素。当事人作为承担供水公共服务职能的公用企业，滥用其在供水市场的支配地位，在供水工程施工、材料设备采购等多个领域实施排除、限制竞争行为，严重损害了社会公共利益。其违法行为从 2011 年起即存在，持续时间较长，至本局调查结束时止，当事人对其行为违法性仍未有正确认识，也从未表示主动整改意愿。本局综合考虑以上因素，决定对其处以上一年度销售额 7％的罚款。

综上所述，江苏省工商行政管理局认为，当事人附加其他不合理的交易条件的行为缺乏正当理由，是对其市场支配地位的滥用。

五、当事人的行为对市场公平竞争造成了损害

当事人作为吴江区行政区域内独家拥有自来水供水特许经营权的公用企业，

通过自身的支配地位排除和限制其他经营者的合法竞争，损害了相关企业和消费者的合法权益。具体如下：

（1）当事人附加其他不合理交易条件的行为，排除、限制了供水工程施工、材料设备市场中其他合法经营者的公平竞争。自来水供水工程的施工、材料设备市场本应是开放的竞争市场，只要具备法定资质的经营者或者符合国家、行业、地方标准规范的材料设备都可以进入该市场公平竞争。吴江区具备房屋建筑工程施工总承包三级或市政公用工程总承包三级及以上资质证书的企业有 90 家左右，众多房地产开发企业也大多具备供水工程施工资质。大量具备供水工程施工资质的企业和符合标准规范的材料设备供应商被排除在本案相关地域市场竞争之外，不公平地限制了此类商品或服务的竞争。

（2）当事人附加其他不合理交易条件的行为，限制了交易相对方的自主选择权，损害了交易相对方的合法权益。由于当事人在吴江区域范围内独家提供自来水供水服务，掌握供水工程审核验收职能，房地产开发企业为确保工程工期和顺利验收，按时向购房人交房，只能违背真实意思表示，将供水工程的施工和材料设备采购交由当事人或其指定公司承揽，限制了房地产开发企业的自主选择权。

（3）当事人附加其他不合理交易条件的行为，加重了企业和消费者的负担。由当事人指定施工单位的供水工程和由其采购或指定品牌、厂商的材料设备，其价格明显高于同类产品市场价。尽管房地产开发企业对过高的价格意见很大，但为了不影响楼盘工期，只能被迫接受高价。当事人的行为加重了房地产开发企业开发楼盘的成本，也增加了购房消费者的房价负担。

第二节　排水与污水处理行业案例分析

案例一　广东郁南县整县污水处理捆绑 PPP 项目与政府监管

一、项目背景

郁南县隶属广东省云浮市，位于广东省西部、西江中游南岸，地处两广交界，西江流经县境 64 公里，境内有一级支流南江及数条二级支流，全境均处于西江流域范围内，是西江流达广东境内的重要水源补给地。截至 2012 年末，郁南县面积 1966.2 平方千米，户籍人口 51.77 万人，常住人口 39.8 万人，下辖

15 个镇。在《广东省主体功能区规划》中，郁南县被列入生态发展区域。近年来，郁南县高度重视对西江流域水源保护工作，按照广东省委、省政府推进生态文明建设和《南粤水更清行动计划》的要求，郁南县围绕云浮建设"现代生态城市"的部署和争当"全省绿色崛起示范县"的目标定位，大力推进农村环境连片整治，取得了初步成效。2016 年 3 月，郁南县入选全国 100 个"农村生活污水治理示范县"，同年 5 月被省环保厅、省财政厅授予"广东省农村环境连片综合整治示范县"。

鉴于粤东西北水污染治理已成为广东全面建成小康社会的突出"短板"。2015 年底，广东省出台《加快推进粤东西北地区新一轮生活垃圾和污水处理基础设施建设实施方案》，要求粤东西北地区推进新一轮污水处理设施建设。值得注意的是，本轮环保基础设施的建设内容规模小、数量多、涉及面很广，投资规模大，并且要求在较短的时间内完成，给各地政府提出了很高的要求，采用传统的投资建设模式已难以满足本轮环保基础设施的建设需求。为推进新一轮污水处理设施建设，云浮市委提出"通过用 3～5 年的时间，使西江、南江沿线镇每条自然村均建成 1 个污水处理系统，实现西江、南江环境综合整治全覆盖"的工作要求，为落实西江水源地保护责任，加强生态环境建设，从 2015 年起，郁南县对 110 条农村中心村进行整治，分三年时间实施，积极探索一条适合山区农村的治污之路。为解决当期财政压力大，项目投资吸引力弱、规模效应有限、管网建设滞后、运营管理不专业等农村污水处理设施建设运营的难题，根据国务院《关于创新重点领域投融资机制鼓励社会投资的指导意见》、财政部《关于推广运用政府和社会资本合作模式有关问题的通知》，以及其他关于推行政府和社会资本合作（PPP）的政策文件精神，2015 年年底，郁南县计划引入社会资本，"打包"实施整县生活污水捆绑 PPP 项目建设，全面推进整县生活污水处理捆绑PPP 项目。项目具体包括：完善县城区、连滩镇、南江口镇和大湾镇污水处理厂配套管网，建设其余 11 个镇区 14 座污水处理设施及配套管网，建设全县 903个农村生活污水处理设施以及每个镇 1 个共 15 个"人居环境综合提升工程"样板村。项目投资总额约 5.02 亿元（包含每个镇增加 200 万元建设 1 个"人居环境综合提升工程"样板村），覆盖整县 1966.2 平方公里，服务整县 53 万人口。

二、捆绑 PPP 项目实施过程

（一）成立 PPP 项目领导小组

PPP 项目的实施涉及发改、财政、建设、环保、规划、国土等部门，为统一部门认识、保障项目落地，郁南县成立了 PPP 项目领导小组，明确发改、财政、建设、环保、规划、国土等部门职责。环保局负责组织项目实施方案的编制、项目准备、项目采购、运营监管、合作期满项目移交与监管等；发建局负责对项目进行必要性、可行性、经济性、合规性评估，做好项目审批立项、核准（备案）等工作；财政局负责财政规划指导、融资支持、审核资金安排、预算准备等工作；国土局负责项目用地审批和职能范围内监管工作；县城规局负责项目方案、施工图等规划审批工作和职能范围内监管工作；各镇政府按职能分工做好各参建单位和群众的组织协调配合工作。领导小组定期召开会议，通报项目实施进度，研究解决项目推进过程的问题；对于涉及多部门职能的政策，联合发文；对于仅涉及单个部门的政策，出台前注意充分征求其他部门意见，确保政令统一、政策协同、组织高效、精准发力，有力地推动政府和社会资本合作项目的顺利实施。

（二）PPP 项目前期准备与立项

为保证 PPP 项目的科学决策，郁南县通过公开招标，引入第三方机构开展可行性研究，聘请广东省建筑设计研究院作为该 PPP 项目的咨询机构，负责编制项目实施方案，对项目进行经济评价、可行性研究、物有所值评价及财政承受能力论证，确定项目建设总投资如控制在 5 亿元左右，政府年付费低于 5000 万元。鉴于郁南县被住房城乡建设部确定为"全国农村生活污水治理示范县"，根据郁南县 2015 年以来争取国家、省财政专项资金的情况以及国家关于对全国示范县 PPP 项目政策的支持力度，郁南县每年将获得的财政专项资金已足够偿还社会资本有关费用。同时，参照我县前 5 年一般公共预算支出情况，该笔偿还金额占 2016 年一般公共预算支出 28.42 亿元的 8.48%，也在郁南县财政承受范围内，适宜采用 PPP 模式。

通过物有所值评价和财政承受能力评估，郁南县确定该 PPP 项目立项，并上报国家重大项目库，同时上报省发展和改革委员会列入 2016 年重点流域水污染防治中央预算内投资计划备选项目。为解决项目资金紧张问题，郁南县在项目总体立项阶段就邀请农发行参与设计，农发行提供专项建设基金按照固定利率 1.2% 的价格投入以及抵押补充贷款（PSL）执行 4.145% 的年利率两大优惠政策，贷款期限 20 年，宽限期 2 年，对社会资本形成了较大的吸引力。同时，在项目正式启动前，该项目已争取到广东省 2015 年 PPP 项目前期工作经费中央预算内投资 40 万元和广东省 2016 年第二批专项建设基金 3000 万元，为项目的顺利实施提供了资金保障。

（三）PPP 项目招投标

传统工程类或服务类政府采购，项目内容单一、流程制式化、条件规定落后，对招标平台与机构的要求较低。与传统采购相比，捆绑 PPP 项目采购需求、采购合同、项目评审等都更为复杂，采购金额较大，交易风险和采购成本更高，竞争方式、合同管理等也存在一定的特殊性，所以需要加强对项目采购流程管理。按照《中华人民共和国招投标法》及有关规定，郁南县委托广东省政府采购中心进行项目采购，通过广东省公共资源交易中心平台进行项目招标，并采用竞争性磋商方式进行社会资本采购，项目招标不设底价，采取最高限价方式，保证项目支出在财政能力承受范围内。

由于该项目在广东省属首家污水处理整县捆绑 PPP 项目，具有很强的示范性和代表性，该项目招标公告一经发布，就有北京碧水源科技股份有限公司、北京首创股份有限公司、北京桑德环境工程有限公司、济南轨道交通装备有限责任公司 & 北京安国水道自控工程技术有限公司（联合体）、北控水务（中国）投资有限公司、重庆康达环保产业（集团）有限公司 & 广东亮科环保工程有限公司（联合体）等来自全国各地水务、环保行业的龙头企业通过了项目资格预审。

在竞争性磋商环节，由重庆康达环保产业（集团）有限公司、广东亮科环保工程有限公司组成的社会资本方联合体在 11 家来自全国各地水务、环保行业的龙头企业中脱颖而出，成功中标郁南县整县生活污水处理捆绑 PPP 项目，并与农发行达成了融资协议。

（四）签订 PPP 项目合同

2016 年 7 月 27 日，郁南县环保局作为政府授权的项目实施主体，与中标单位签署《PPP 项目合同》，合作期限为 30 年（其中建设期一年，运营管理期 29 年，2018 年 1 月正式运行），项目投资总额约 5.02 亿元，其中社会资本自有资金比例为投资总额的 30%，银行长期贷款比例为投资总额的 70%。郁南县环保局负责结算污水处理服务费并进行监管，预计每年需偿还社会资本相关费用约 4873 万元（含运行费用、投资回报、财务费用、有关税费及风险金）。付费模式为由政府向用户征收污水处理服务费，不足部分由政府进行可行性缺口补贴。

项目采用 DBFO 模式，即项目的设计、建设、融资、运营全过程、一体化交由社会资本，政府不入股项目公司。9 月 18 日，中标单位在郁南县成立郁南康达亮科环境治理有限公司，着力开展 PPP 项目设计、建设、运营工作，标志着全省首个整县污水处理 PPP 项目正式落地郁南，并正式进入实施阶段。

三、捆绑 PPP 项目的经验启示

（一）"整县打包＋政府付费＋增值业务"，提高项目的含金量

一是整县捆绑扩大项目规模。通过项目"整体打包"、"城镇与农村"、"建设与运营"、"终端与管网"等 4 个捆绑模式，整县生活污水处理捆绑 PPP 项目总投资提高至约 5.02 亿元。二是政府承担全部直接付费责任降低项目风险。相对

于前期巨额的资金投入，6%～8%的收益率偏低，再加上农村使用者付费存在不确定性风险，项目吸引力明显不足。为此，郁南县政府承担全部直接付费责任，保证社会资本的合理回报。三是增加"人居环境综合提升"内容，增强项目的示范效应。中标方还可承担15个中心村的人居环境综合提升设计建设项目，美丽乡村加上全国农村生活污水治理示范县的示范效应，增加了项目的无形资产和间接经济效益。

（二）健全 PPP 模式管理机制，规范推进项目实施

PPP项目涉及前期管理、决策管理、招标管理、合同管理、监督管理等多个环节，亟须构建多层次、全生命周期、有机衔接的工作机制。一是引入第三方机构开展可行性研究。通过公开招标，聘请广东省建筑设计研究院作为该PPP项目的咨询机构，编制项目实施方案，对项目进行物有所值评价和财政承受能力论证，确定项目的运作方式、交易结构、边界条件、监管框架、风险分担、合同体系和社会资本选择方式等关键问题。二是通过广东省公共资源交易中心平台进行项目招标。委托省政府采购中心采用竞争性磋商方式进行社会资本采购，项目招标不设底价，采取最高限价方式，保证项目支出在财政能力承受范围内。

（三）完善政府监管，合理分担风险

一是建立考核与退出机制。以结果为导向设定考核指标，包括污水收集率、污水浓度、污水量、出水水质等。引入公众监督，公众评价结果直接影响项目付费。在合同书设置了"履约担保"条款，要求合同生效日期前或者同时，项目公司应向郁南县提交履约保函，金额5000万元；在项目开始运营前，还要出具金额1000万元的维护保函。此外，还建立了"违约、提前终止及终止后的处理机制"。二是合理分担风险。与传统的模式不同的是，该项目采用DBFO模式，中标的项目公司要为整个运作环节负责，承担立项、设计、投融资、建设、财务、运营、维护等商业风险，政府只承担政策、法律等风险，这样一来在整个过程中，项目责任分明，可防止后期的扯皮现象。

（四）拓宽财政金融资金支持渠道，解决项目资金紧缺问题

PPP项目所需的资金量大、周期长，对社会资本的资金筹集能力提出了极大的考验。一方面，积极与政策性金融机构合作，降低PPP项目融资成本。在项目总体立项阶段，郁南县邀请农发行参与设计，由农发行提供专项建设基金按照固定利率1.2%的价格投入，以及抵押补充贷款（PSL）执行4.145%的年利率，对社会资本形成了较大的吸引力。另一方面，积极争取财政对PPP项目的支持。郁南县先后争取到国家和省级财政专项资金的支持，据测算，仅郁南县每年将获得的财政专项资金就已足够偿还社会资本有关费用。

（五）动员群众广泛支持参与，解决项目设施用地问题

PPP 项目用地政策尚未明确，项目土地困难是各地面临的普遍性问题。郁南县在群众无偿提供 112 条农村中心村污水治理工程土地的基础上，更充分地听取群众意见，多方论证研讨后作出决策，按照《中华人民共和国土地管理法》有关公益事业用地手续的规定，明确要求各镇、村在项目实施前签订承诺函，确保项目公司在工程建设期开始日，以零租金租赁或其他双方商定的形式（主要是镇区污水站用地），免费获得使用污水处理设施项目用地的权力。对使用土地过程中发生的土地使用税费，由项目公司负责。

案例二　杭州市七格污水处理厂（一、二期）提标改造与政府监管

一、项目背景

杭州，简称"杭"，浙江省省会、副省级市，位于中国东南沿海、浙江省北部、钱塘江下游、京杭大运河南端，东临杭州湾，与绍兴市相接，西南与衢州市相接，北与湖州市、嘉兴市毗邻，西南与安徽省黄山市交界，西北与安徽省宣城市交接。杭州是浙江省的政治、经济、文化、教育、交通和金融中心，长江三角洲城市群中心城市之一、长三角宁杭生态经济带节点城市。截至 2017 年，杭州下辖 10 个区、2 个县，代管 1 个县级市，总面积 16596 平方公里，常住人口为918.8 万人，城镇化率 76.2%。杭州市七格污水处理厂位于杭州市下沙开发区西侧的七格村附近，服务范围由主城区的第三污水处理系统及临平污水系统、下沙污水系统的污水子系统组成，采取分期建设实施，分为三期工程，是杭州市截流治污工程的一个重要组成部分，是作为杭州市截流治污工程的延续，对削减钱塘江污染负荷量、降低钱塘江污染物输出总量，保护钱塘江水域有着至关重要的作用。

杭州市七格污水处理厂始建于 1999 年，按污染物排放一级 B 标准设计，一期工程于 2002 年建成投产，二期工程于 2005 年建成投产，三期工程于 2012 年建成投产，已建一、二、三期工程总规模为 120 万吨/日，规划远期总规模为150 万吨/日。其中，一期处理规模为 40 万吨/日，工程总投资 72043 万元，采用 A/A/O 活性污泥工艺，于 1998 年 2 月经国家发改委批准（计投资【1998】2629 号）立项，1999 年 7 月开工建设，2003 年 8 月投入运行。二期处理规模为20 万吨/日，工程总投资 46340 万元，由浙江省发展计划委员会于 2002 年 9 月批准建设，在实施过程中经专家论证后主处理工艺由 BAF 工艺变更为倒置式 A/

A/O工艺，于2003年11月开工建设，2004年基本建成，2005年9月投入运行。目前，杭州市七格污水处理厂主要负责收集杭州主城区大部分污水干管系统范围内的污水，这些年经过截污纳管改造后，运河两岸的污水都进入了污水处理厂，污水经达标处理后排入钱塘江，大大改善了杭城大动脉的洁净。

2006年，为了加快推进市政公用事业市场化改革，引入市场竞争，盘活国有存量资产，多渠道筹集社会资金用于市政基础设施的建设与运营，根据国家及浙江省、杭州市有关政策法规的要求，杭州市政府决定采用TOT（Transfer-Operation-Transfer）模式，向国内外的水务投资者公开招标转让杭州市七格污水处理厂25年特许经营权。

二、项目特许经营与实施

（一）项目特许经营过程

2005年，七格污水处理厂二期工程正式运行，为盘活存量资产和降低运营费用，杭州市政府决定采用TOT模式转让七格污水处理厂一、二期工程的特许经营权。与传统的BOT（建设－运营－转让）模式相比，此次转让一个引人注意的变化是采用了TOT（转让－运营－转让）的模式。即，杭州市政府先投资建设污水处理厂，然后授权投资者特许经营，期满后政府再重新获得完整产权。2006年2月，天津创业环保集团股份有限公司最终以转让价8.58亿元中标，特许经营期25年，期满后将无偿移交给杭州市城管办或其指定机构。经过2个月的谈判和筹备，2006年4月，天津创业环保股份有限公司和杭州市资产经营有限公司合资成立项目公司——杭州天创水务有限公司，注册资本为人民币25744.5万元，是特许经营权转让价的30%，双方出资比7:3，共同出资受让该项目并接手运营及维护工作。杭州天创水务有限公司主要经营范围为污水处理和再生水利用设施的运营维护、技术服务和技术培训等，按协议规定在特许经营期内经营杭州市七格污水处理厂一、二期工程，主要服务区域为杭州市主城区第三污水系统、杭州经济技术开发区污水系统和余杭区临平污水系统。

2006年11月，杭州天创水务有限公司先后与杭州市人民政府城市管理办公室、杭州市城市建设资产经营有限公司和杭州市排水有限公司签订了特许经营协议、资产转让协议和污水处理服务协议，如图10-1所示。

其中，杭州市城管办作为行业主管部门，代表杭州市政府与杭州市天创水务有限公司签署了《杭州市七格污水处理厂一、二期工程资产转让－运营－移交项目特许经营协议》，授予天创水务（依协议规定成立的项目公司）本项目的TOT特许经营权，并按协议规定其在特许经营期内经营七格污水处理厂一、二期的设施，从事污水处理并收取污水处理服务费，25年特许经营期满后，项目公司将

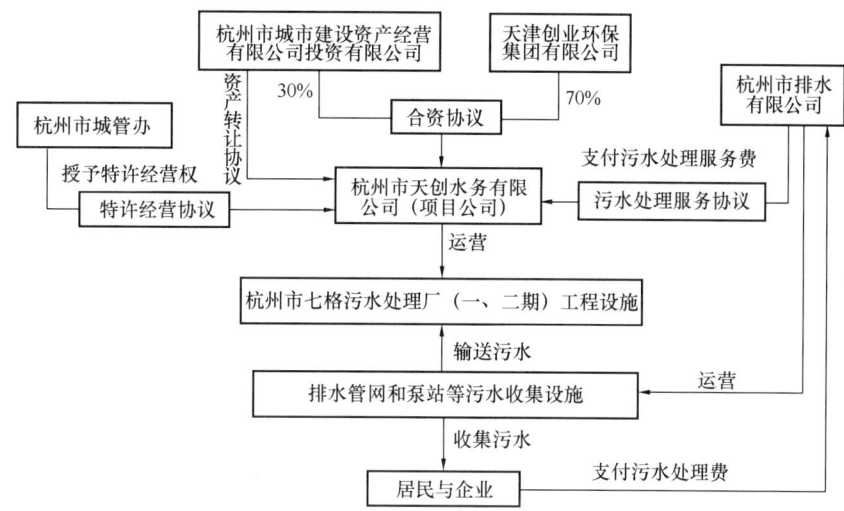

图 10-1 杭州市七格污水处理厂一、二期特许经营模式

无偿移交污水处理厂移交给杭州市城管办或其指定机构。

杭州市城市建设资产经营有限公司作为七格污水处理厂国有资产的授权管理单位，与项目公司签署了《杭州市七格污水处理厂一、二期工程资产转让—运营—移交项目资产转让协议》，将污水处理厂特许经营权转让给项目公司，转让总价为 8.58 亿元人民币。协议规定城建集团协助获得批准、移交公共设施、不干预运营以及项目公司对项目设施谨慎使用维护、环境保护、土地使用等义务和责任。

杭州市排水有限公司作为污水处理服务的委托方，与项目公司签署了《杭州市七格污水处理厂一、二期工程资产转让—运营—移交项目污水处理服务协议》，规定了排水公司免费供应进水、保证水量以及项目公司连续提供污水处理服务、污水达标排放等义务和责任。

（二）项目运营与实施效果

1. 项目工艺技术

七格污水处理厂一期工程设计规模为 40 万吨/日，采用 A^2O 生物除磷脱氮工艺，工艺流程如图 10-2 所示。该工艺是传统活性污泥工艺、生物硝化及反硝化工艺和生物除磷工艺的综合，其菌群主要由硝化菌、反硝化菌和聚磷菌组成，污泥处理采用机械浓缩脱水工艺。

二期工程设计规模为 20 万吨/日，采用倒置 A^2O 活性污泥处理工艺，工艺流程如图 10-3 所示。该工艺即将缺氧段位置提前至厌氧段前，同时活性污泥内回流至缺氧段，污泥处理同样采用机械浓缩脱水工艺。

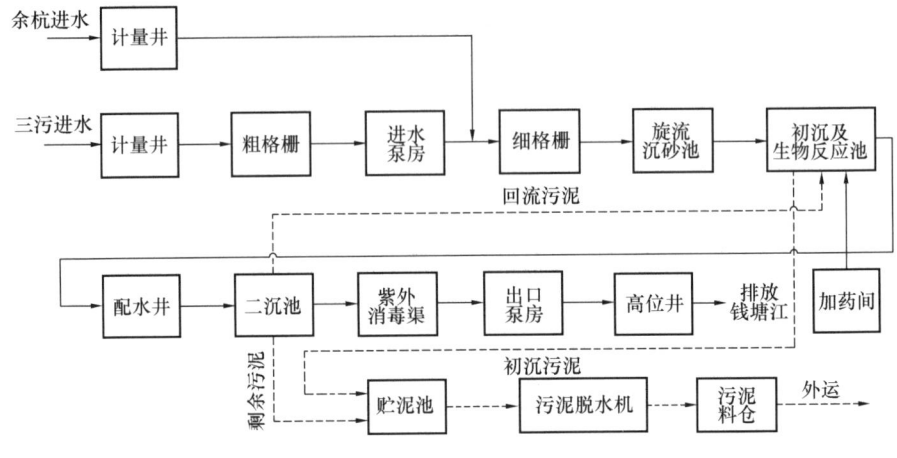

图 10-2 杭州七格污水处理厂一期工艺流程图

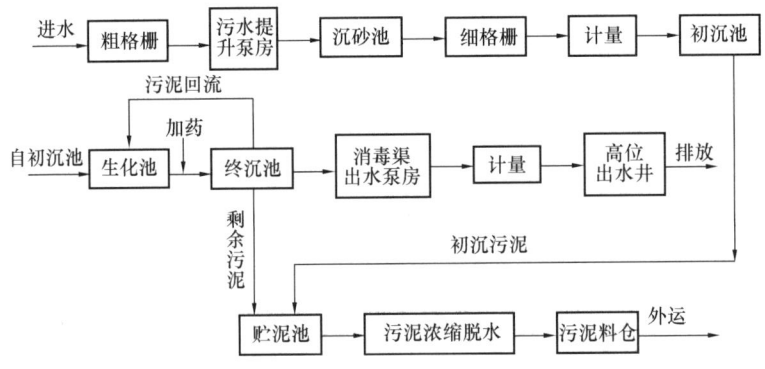

图 10-3 杭州七格污水处理厂二期工艺流程图

2. 项目实施效果

在正式签订特许经营合同之后，杭州天创水务集团具体负责杭州市七格污水处理厂的运营，把传统的污水处理厂转变成为现代企业运营的公司，拥有自己的生产运营管理部和设备科，负责公司生产运营管理，落实公司生产计划指标，监督、检查工艺运行情况，并根据水质、水量变化，综合分析生产运营状况，调整工艺运行及保证生产设备的正常运行，设备维修，全厂设备购置、调拨、报废管理；库房、机修班组生产管理等工作。污水处理运行情况良好，管理水平大幅提升，取得了良好的经济效益和环境效益。

从经济效益看，截至 2014 年 12 月 31 日，经普华永道中天会计师事务所（特殊普通合伙）审计的杭州天创的总资产为人民币 59150.55 万元，净资产人民币 28264.74 万元，负债人民币 30885.80 万元，其中非流动负债人民币 20890元，流动负债人民币 9995.80 万元；2014 年度营业收入人民币 16513.39 万元，净利润人民币 1218.35 万元。截至 2015 年 3 月底，未经审计的杭州天创的总资产为人民币 59066.06 万元，净资产人民币 28454.05 万元，负债人民币 30612.00 万元，其中非流动负债人民币 20890 万元，流动负债人民币 9722.00 万元；2015 年一季度营业收入人民币 3855.76 万元，净利润人民币 189.31 万元。

从环境效益看，七格污水处理厂一、二期设施的污水处理效果良好，对于一级 B 标准的 5 项基本控制出水指标都能稳定达标，如表 10-1 所示。然而，由于设施投产运行已有十几年，仪表自控设备老化严重，而且自控系统与最新的控制系统差距较大，设施亟待更新和改造。如果对照一级 A 标准，则更加需要对污水处理厂进行升级改造，主要需去除的污染物为 TN 和 TP，如表 10-2 所示。

2011 年～2014 年七格污水处理厂进出水水质统计结果　　表 10-1

		COD_{Cr} (mg/L)		BOD_5 (mg/L)		SS (mg/L)		NH_3-N (mg/L)		TN (mg/L)		TP (mg/L)	
		进水	出水	进水	出水	进水	出水	进水	出水	进水	出水	进水	出水
个数（个）		1235	1235	1235	1235	1235	1235	1235	1235	96	96	1235	1235
最小		72	12	23	0.5	32	4	4.3	0.07	28.8	6.5	1.01	0.02
最大		1574	76	569	19.1	622	22	64	27.4	58.9	32.9	26	2.98
平均		318	31.8	118	6.5	124	6.8	32	1.75	40.3	18.4	4.1	0.6
排放标准一级 B	标准值	60		20		20		8(15)[a]		20		1(1.5)[b]	
	超标数（个）	2		0		1		11(8)[a]		21		74(2)[b]	
	达标率	99.8%		100%		99.9%		99% (99.4%)[a]		78.1%		99.8%	

2013 年七格污水处理厂主要出水水质统计　　表 10-2

序号	项目	总数据量	全年达到一级 B 排放标准天数	全年达到一级 A 排放标准天数
1	COD_{Cr}	365	365	360
2	BOD_5	365	365	359
3	SS	365	364	359
4	TN	45	32	4
5	NH_3-N	365	365	361
6	TP	365	363	197

三、项目提标改造过程与实施效果

（一）项目提标改造过程

为落实《钱塘江流域水污染防治"十二五"规划》，完成浙江省政府节能减排的目标任务，进一步削减污染物排放，改善钱塘江和杭州湾的水环境，杭州市政府制定"五水共治"三年行动计划任务，明确要求对七格污水处理厂的一二期工程进行提标改造，将污水处厂排放标准由一级 B 标准提高至一级 A 标准。提标改造后，污水处理厂处理规模不变，出水水质指标均须达到《城镇污水处理厂污染物排放标准》中的一级 A 标准，并于 2016 年 6 月底前完成。

由于提标改造的任务是上级政府政策调整造成的，且该任务改变了特许经营项目重要的边界条件（出水水质从一级 B 标准提升至一级 A 标准），致使项目公司增加资本性支出和运营成本。因此，经与杭州市政府主管部门协商，杭州天创水务投资、建设并运营该提标改造项目，并就该提标改造项目与杭州市城市管理委员会、杭州市排水有限公司分别签署了《杭州市七格污水处理厂一、二期工程提标改造项目特许经营协议之补充协议》、《杭州市七格污水处理厂一、二期工程提标改造项目污水处理服务协议之补充协议》。

由于七格污水处理厂承担着杭州市城区绝大部分污水的处理任务，按照尽可能减少对现有工程正常运行影响的原则，杭州市政府明确由一、二期工程原设计单位负责设计工作，即一期提标改造工程由上海市政工程设计研究总院（集团）有限公司负责设计，二期提标改造工程由中国市政工程西南设计研究总院有限公司负责设计。同时，为便于改造后的运营管理，一、二期提标改造工程采用相同的处理工艺，水处理工艺将原初沉池、生物反应池改造为强化脱氮倒置 A^2O 生物反应池，深度处理采用深床滤池微絮凝工艺。

根据测算，提标改造工程预计总投资为人民币 4.3 亿元，由杭州天创水务公司按照总投资的 30% 对项目公司进行增资，出资比例与股权比例一致，剩余的 70% 由项目公司向银行贷款解决。本次增资前，天津创业环保集团持有杭州天创 70% 股份，杭州市水务控股集团有限公司持有 30% 股份。经股东协商，天津创业环保集团与水务控股集团按持股比例以现金方式对杭州天创增资人民币 1.2 亿元，其中创业环保增资人民币 8400 万元，杭州水务集团增资人民币 3600 万元，用于该提标改造项目。增资完成后，杭州天创注册资本将达到人民币 37744.5 万元，股东持股比例不变。

（二）项目提标改造的实施效果

七格污水处理厂提标改造工程是浙江省和杭州市"五水共治"的重点项目，建成后对减少污染物排放、改善钱塘江水环境、实现"十二五"主要污染物减排目标、建设生态城市、提升城市品位具有重大意义。该项目 2014 年下半年立项，2014 年年底开工建设，历时一年半，根据任务要求在 2016 年年底完成施工建设。目前，提标改造工程主要将现有 60 万吨/日规模的初沉池改成厌氧池、生物池内的原厌氧池则相应改为缺氧池、污泥回流泵房进行内部改造，新建深度处理设施及碳源投加设施、紫外消毒设施扩容等。相比以前，这次提升最大的亮点就是增加了深床滤池，即在原有的污水处理过程中最后再加入一道处理环节。升级改造处理后的污水，污染物含量将更少，水质会变得更好，污水最终排入钱塘江后的要求达到了国家污水排放最高标准，实现了钱塘江和太湖流域城镇污水处理厂全面完成提标改造达到一级 A 标准的治污目标。经测算，七格污水处理厂全部提标改造工程完工后，预计可削减 COD（化学需氧量）排放量 4380 吨/年，可削减氨氮排放量 2482 吨/年，可削减恶臭污染物 NH_3 排放量 3.26 吨/年，可削减恶臭污染物 H_2S 排放量 0.36 吨/年。

四、项目的政府监管

杭州市七格污水处理厂特许经营经营权转让项目是浙江省第一个公开招标成功的污水处理 TOT 项目。该项目的成功实施在当时为地方政府实施水务特许经营改革提供了新的思路，尤其在特许经营模式、特许经营招投标监管、监管体制、运营监管等方面具有诸多优势和经验，促进了社会资源的合理配置，提高了资源利用效率，更重要的是促使政府转变观念和转变职能，对其他城市水务项目实施特许经营具有重要的借鉴意义和示范价值。在当下更具有现实意义的是，对于污水处理特许经营项目，在特许经营期内，由于政策调整导致的提标改造，将直接产生巨大的资本性支出，而且使得原有项目的工艺流程、生产运营和运营成本等都发生重大变化，这就面临着政府和特许经营企业的再谈判，如何保持特许经营项目的稳定运营、减少边界条件变化对项目的冲击，对政府监管制度设计和实施的能力与水平提出了更高的要求。

（一）监管体制

杭州市城管办是杭州市政府的直属机构，是杭州市污水处理行业主管部门，其下设市政设施监管中心作为市政设施监管机构，具体负责对七格污水处理厂一、二期特许经营项目的监管。杭州市市政设施监管中心主要监管的范围包括：位于杭州市市区至下沙经济技术开发区迎宾路南侧七格村内七格污水处理厂一期、二期及厂区相关建筑物、构筑物、设备、设施和其他资产以及第三污水收集管网、输送泵站等系统。监管对象是杭州市排水有限公司、杭州天创水务有限公司，监管的内容主要依据适用的法律、相关协议规定和工作职责，具体对七格污水处理厂特许经营与维护情况进行监管。为进一步规范特许经营活动，加强城市污水处理厂的监督与管理工作，提高政府监管的效能，努力改善水环境质量，杭州市市政设施监管中心根据特许经营协议及相关政策文件，专门制订了《杭州市七格污水处理厂一期二期 TOT 特许经营项目监管实施方案》，为保证七格污水处理厂 TOT 项目的有效监管提供了制度依据。

此外，根据《特许经营协议》和《污水处理服务协议》，依托杭州市排水公司的专业人员和技术，由排水公司负责对项目公司运营维护七格污水处理厂进行服务监管。具体包括五个方面：一是在规章制度上，负责对项目公司制定的《运营维护手册》、安全规章制度和应急预案以及年度运营维护计划、拟进行的重大维护和更新工作方案等规章制度的审核；二是在信息收集方面，负责收集项目公司该每个月的运营记录报表及其电子文档；三是在运营维护方面，负责采集和分析七格污水处理厂运营维护实时监控图像、实时运行数据、水质水量在线检测数据等，每月至少1次对七格污水处理厂进出水的水量、水质进行核实和抽检，按规定时间实地查看、检查七格污水处理各处理单元设施设备运营状况，以及生产记录、设备检修和检测记录在内的全部运营记录；四是在应急事项处理方面，负责检查项目公司对安全、环保等措施制度的落实情况以及应急处理处置的情况，并按规定和要求做好代位履行、临时接管和提前接管等准备；五是在违约补偿方面，负责提供项目公司的违约证据。

对于排水用户的监管，主要由杭州市城管办、市政设施监管中心和排水公司三个机构根据职责分工进行。其中，杭州市城管办负责核发排水许可；市政设施监管中心负责批后监管水质抽测和必要的复测工作；排水公司负责建立涉及本项目相关的纳管排水用户档案，编制《年度（重点）纳管排水用户水质水量监测计划》，并按计划每月对纳管排水用户的排放水质进行监测。

（二）监管对象

就七格污水处理厂一、二期特许经营项目而言，涉及的监管对象主要有杭州市排水公司和杭州市天创水务公司。其中，杭州市排水公司负责污水收集输送设施设备等运行，统筹调度下沙地区和余杭部分地区污水；履行《污水处理服务协议》项下规定的职责义务，对项目公司实施服务监管；承担《特许经营协议》项下的工作职责，以及涉及特许经营项目的其他工作情况。杭州天创水务有限公司负责七格污水处理一、二期设施设备运行；履行《特许经营协议》、《资产转让协议》和《污水处理服务协议》项下的职责、义务和运营维护七格污水处理厂，以及涉及特许经营项目的其他工作。此外，对纳管排水用户排放水质的日常监测工作由杭州市排水公司负责。

（三）监管政策

对七格污水处理厂 TOT 项目监管的主要依据是项目协议，监管政策涉及排水公司和项目公司，主要内容包括七个方面，分别是：健全规章制度、信息通报和分析、运营维护监管、应急处置、资产移交、违约补偿和监管评价。这其中，既有政府直接对排水公司、项目公司的监管内容，也有排水公司对项目公司污水处理服务监督的内容，同时也有政府督促排水公司履行《污水处理服务协议》约定的职责和义务的要求。具体包括：督促排水公司对项目公司相关规章制度的审查把关；督促排水公司监督项目公司按规范运营维护污水处理设施；督促排水公司、项目公司对应急预案的落实与响应；监督排水公司保质保量提供污水，并及时支付污水处理服务费；委托中介机构对排水公司、项目公司进行评估；资产移交的验收等。

五、项目特许经营与提标改造的经验启示

杭州市七格污水处理厂一、二期 TOT 项目，在项目实施的过程中，由于政策调整导致项目边界条件发生变化，不仅产生一次性的巨额资产性投入，而且直接影响污水处理厂的技术、工艺以及长期的生产运营成本。因此，杭州市城管委作为行业主管部门，代表政府与运营企业启动再谈判的程序，并签订补充协议以明确各方的责、权、利，关键是明确增加的资产投入和运营成本的补偿方式与资金来源。同时，在该项目的运营期间，国家先后出台了《城镇排水与污水处理条例》、《污水处理费征收使用管理办法》、《基础设施和公用事业特许经营管理办法》等相关的法规政策，项目最初签订的系列协议中有部分规定与现行政策不符，需要做及时调整与修订。该项目遇到的运营中的这些问题给项目的顺利实施造成了直接和间接的影响与风险，这些问题随着当前 PPP 模式在污水处理行业中的持续推广与规范，在早期签订特许经营协议的污水处理项目中不断暴露出来，杭州市政府在处理问题的过程中，既体现了风险共担的原则，也坚持了政府承诺与政府责任，为地方政府实施污水处理 PPP 项目的再谈判提供了经验与思路，特别是在完善政府监管、补充修订关键条款等方面具有重要的借鉴意义和示范价值。

（一）完善政府监管、落实政府责任

在特许经营招投标标的的选择上，杭州市政府秉着方案优化、降低成本的原则，采取了固定经营权转让价，竞投污水处理服务初始单价的方式，旨在鼓励投资者通过各种方案优化、提高管理水平来降低污水处理成本，使政府和公众能花更少的钱来享受高质量的污水处理服务。该方案摒弃了资产"溢价"转让的弊端，避免投资者竞相抬高经营权转让价格，致使项目后期持续支付较高的污水处理服务费以满足投资收益要求，实际上将高溢价造成的负担转嫁给了消费者和下一届政府。同时，在资产转让协议中明确仅转让资产运营权，不转让资产所有

权，当特许经营期满后，七格污水处理厂将无偿转移给原资产所有者，避免了资产移交过程中可能发生的关于资产价值评估的争议，简化了移交手续。

为保证七格污水处理厂特许经营项目的顺利推进，保障引入社会资本后的社会公众利益，杭州市城管委作为行业主管部门，牵头组建了七格污水处理厂特许经营协同管理网，由其下属的事业单位杭州市市政设施监管中心具体负责项目的运营监管，并于 2005 年出台了《杭州市七格污水处理厂一期二期 TOT 特许经营项目监管实施方案（试行）》，明确了特许经营监管的实施主体、范围、对象和内容，特别是从建立健全规章管理制度、信息通报和分析、正常运营维护监管、应急事项处理报告、资产移交、违约补偿和监管评价等重要环节设计了专门的条款进行监管，落实了政府的监管责任，同时确保政府监管有章可循，更加规范了政府和企业的行为。

（二）政企协商应对政策调整，及时签订补充协议

2013 年末，浙江省全面开展"五水共治"，其中"治污水"更是重中之重。据此，2014 年杭州市政府制定"五水共治"三年行动计划任务，明确要求 2016 年完成对七格污水处理厂一二期的提标改造工程，将污水处厂排放标准由一级 B 标准提高至一级 A 标准。由于提标改造的任务是上级政府政策调整造成的，且该任务改变了特许经营项目重要的边界条件（出水水质从一级 B 标准提升至一级 A 标准），致使项目公司增加资本性支出和运营成本。因此，杭州市政府积极与杭州市排水公司、杭州天创水务公司进行谈判协商，并先后签署了《杭州市七格污水处理厂一、二期工程提标改造项目特许经营协议之补充协议》、《杭州市七格污水处理厂一、二期工程提标改造项目污水处理服务协议之补充协议》。

在补充协议中，政企双方明确了七格污水处理厂一、二期工程提标改造后的进出水质量标准以及出水的其他指标，以及出水水质超标违约金的具体计算方法和支付方式，并对由于进水水质超标导致出水水质超标的情况提出了处理程序和各方责任。对于污水处理服务费的计算，补充协议中不仅明确了基本污水处理服务费单价及价格调整方式，特别补充了利率和税收政策对污水处理服务费单价的影响和调整，要求当税收政策和五年以上长期贷款基准利率（6.15%）变化后，污水处理服务费单价应进行相应调整。

（三）提高污水处理服务费，补偿提标改造费用

根据测算，七格污水处理厂一、二期提标改造工程预计总投资为人民币 4.3 亿元，该笔支出是由于政府政策调整造成的，因此应当由政府承担。投标改造费用的投资款项来源有两种方式，一是政府一次性投入，二是将投资计入成本，在未来的运营期内摊销。经与运营企业协商后，杭州市政府采取由企业先行垫付、后续摊销的方式，其中 30% 由杭州天创水务公司按原股权比例增资，70% 由银

行贷款解决。为补偿投资，污水处理价格在原污水处理服务协议规定的基础上每立方米调增 0.587 元。但若提标改造项目决算在 4.3 亿元预算基础上每增加/降低 500 万元投资额，则单价增加/下降 0.003 元/吨。由于七格污水处理厂一、二期的污水处理服务协议是由杭州市排水公司和杭州市天创水务签订的，污水处理服务费由杭州市排水公司支付。为增强支付的可信度，在补充协议中又专门补充了条款"杭州市财政主管部门按政府购买服务方式对支付污水处理服务费予以资金保障"，这一方面为杭州市排水公司的支付能力提供了政府背书，保证了污水处理服务费按时按量足额支付，同时也符合 2014 年底国家出台的《污水处理费征收使用管理办法》有关规定，并维持了原有特许经营协议约定的法律关系。

总体上，七格污水处理厂一、二期特许经营项目经历了合同期重要边界条件变更和再谈判的过程，由于杭州市良好的财政状况、主管部门较强的监管能力，该项目的提标改造工程得以顺利实施并取得了较好的经济效益和环境效益。但从长远来看，杭州市排水公司是杭州市天创水务的股东之一，同时又承担了部分的政府监管职责。为更好地捋顺政企关系，杭州市城管委应进一步组织谈判和修订特许经营协议和污水处理服务协议，由杭州市城管委直接与杭州市天创水务公司直接签订污水处理服务协议并支付污水处理服务费，杭州市排水公司承担的监管职责则应同步移交给杭州市城管委，由杭州市城管委统一负责运营监管，以保障监管的独立性和有效性。

第三节　燃气行业案例分析

案例一　三明市燃气 PPP 项目案例分析

一、项目概况

（一）项目背景

随着中国经济发展进入新常态，经济结构加速调整，能源消费增速大幅放缓，燃气行业所表现出来的问题日益凸显。为促进福建省燃气行业的健康发展，力争实现"十三五"规划目标，各级政府、企业应统一认识、形成合力，积极推进能源供给侧结构性改革，突出规划引领作用，加强产业政策引导，完善基础设施建设。

为了响应福建省的燃气行业发展要求及规划目标，根据《福建省燃气管理条例》，2015年初三明市在燃气行业实施了首个PPP项目，也是三明市的首个PPP试点项目。

（二）项目实施进程

2015年年初，三明煤气公司引入战略投资者项目获得省商务厅正式批复。这是三明市首个PPP（政府和社会资本合作模式）试点项目，也是福建省大力推行PPP试点工作以来首个成功落地的项目。该项目以三明市煤气公司净资产所设立的全资子公司为主体，通过增资扩股引进战略投资者并变更为合资公司，由三明市政府授予30年特许经营权，统一建设和经营全市燃气。

经过公开招投标，中国燃气投资有限公司以3.2亿元中标（占合资公司49%股权），较评估值1.83亿元溢价1.37亿元。作为全国最大的跨区域管道燃气运营商之一，中国燃气公司发挥资金、技术优势，参与项目的设计、建设与运营，而市政府主要负责燃气价格制定、质量监管和落实政策保障措施，双方优势互补，共同合作，将形成政府、企业、社会多方共赢的良好局面。2015年1月底中燃公司已注入项目资金1.5亿元，余款1.7亿元也已全部到位。

随后在同年的12月25日，福建省三明市清流县政府和三明中燃城市燃气发展有限公司签订协议，城市管道燃气合作项目尘埃落定。

根据协议，合作项目总投资9565万元，分两期实施。一期投资从2015年至2016年，将建设1座LNG气源站、1座1/1－cng加气合建站，同时铺设燃气输配系统，包括中压管道、天然气管网干线及到达各工厂、小区、楼前用户的支线管网，满足居民和工商业用气需求。1/1－cng加气站可以为当地出租车、公交车、旅游巴士、货车等车辆加气，改善城区大气质量。二期投资从2017年至2018年，主要工程包括1座门站、58公里次高压管网及配套的中低压管网等设施。

二、实施效果

2015年三明市已建成贵溪洋LNG加气站，作为新能源公交车用气。2016年6月底，贵溪洋加气站富余气源将引入市区，先行向市区首批1.4万户居民供应天然气。2016年7月底，三明市LNG气化站已加紧建设了4座白色的LNG储气罐，可储存600万立方米的液化天然气，可日供天然气10万立方米，设备也已全部安装完成，并投入运营，完全能满足市区居民生产、生活使用。

总体上来说，三明市燃气行业呈现出以下四种发展态势：

第一，供气规模不断扩张。"十二五"期末，城镇燃气年供气总量达到3982万立方米，较"十一五"期末增长35.9%。城镇用气总人口达到94.18万人，增长 13.02%，燃气普及率由 2010 年的 94.19% 提高至 2015 年的 96.40%。

第二，气源选择多样化，逐步形成人工煤气、天然气和液化石油气多种气源并存的格局，其中人工煤气供气量占供气总量的 75.35%，天然气供气量占 24.6%。

第三，燃气管网及场站建设不断加快。全市城镇燃气管网总长度由 2010 年的 463.03 公里增加到 2015 年的 723.32 公里。水煤气储配站 1 座，储存容积 5 万立方米；液化石油气储配站 17 座，储存量 2033.6 吨；天然气储配站 12 座，总储存容积 104.26 万立方米。

第四，应用领域不断拓展。燃气广泛用于居民、商业、天然气汽车和工业等多个领域，燃气的市场需求快速扩大，其中居民用气量占比由 71.86% 下降至 66.12%，工商业用气量占比由 28.14% 提高至 33.88%。

但是，三明市政府赋予的燃气特许经营权也引发了业务不平衡等问题。受特许经营权的限制，一些燃气经营商无法经营城市燃气、工业供气等业务板块，涌向了汽车加气业务，导致了一些市场的供过于求。三明市郊区和周边县城从 2013 年至今共建成固定加气站 6 座，另有箱式加气站 3 座，日供气能力超过 10×10^4 立方米，但实际日加气量不到 3×10^4 立方米。相反三明公交和出租加气车辆集中的城区，目前只有 1 座加气站运营，加气站业务发展不均衡。

三、案例分析

总的来说，三明市燃气行业的发展呈现出一种良好的态势，但是随着 PPP 项目的深入发展以及市场的不断扩大，这种产权制度安排弊端也日渐凸显，三明市燃气行业在实施这个项目中所展示出来的不适应和负面问题也是整个福建省实施 PPP 项目的通病，在国家大力推进油气基础设施建设的大背景下，福建燃气 PPP 项目特许经营权制度方面仍需改进。

（一）完善相关制度与政策

三明市实施燃气 PPP 项目相对其他一线城市来说时间较晚，所以在相关制度与政策的制定方面有所欠缺，政府可以参考其他省市实施 PPP 项目的成功案例，在其基础上制定完善 PPP 试点的政策制度、操作流程和合同范本等配套文件，为 PPP 项目落地实施保障。与此同时，在制度的约束下，政府才能更好地利用其监管能力，适时的加强监管力度，企业才能在产品生产以及服务方面做得更好。适当的政策激励也能提高企业在和政府合作时的积极性，对企业的自主创新方面一定的推动作用，同时提升整个企业的工作效率。

（二）压缩特许经营范围

燃气经营商可继续保留特许经营权，独家建设城镇燃气管网，并排他性地拥有对居民和公用性质用户供气的权利。但要放开工业供气、汽车加气等燃气经营板块的市场准入。大型终端用户可以直接从气源方供气，由城镇管网提供代输服务并收取管输费，管输费要考虑到对特许经营权投资的补偿。

（三）基础设施的非歧视性第三方准入

业务终端的竞争必须要有气源的多样化和多气源输送渠道为前提和基础。中国石油西三线入闽段已于2016年开始供气。福建省应彻底贯彻《天然气基础设施建设与运营管理办法》精神，实行省级管网和LNG接收站的非歧视性第三方准入政策，在渠道上支持多气源供气的竞争。同时在城镇统一规划的基础上，允许大型用户建设管网直接与省级管网相连，由气源方直接向大型终端用户供气。

四、案例分析

本项目实施较早，由于当时政策环境等因素，项目的集体实施程序等与当前要求不尽相同，但是在城市燃气领域将企业改制与引入市场机制相结合，仍然具有典型意义。

1. 在推进国企改革过程中实现政府和社会资本合作

我国处于转轨时期，面临着经济发展和推进改革多重任务，该案例目的是在原有国有企业发展期初上，通过不断改革创新，最终实现了政府和社会资本合作，达到了多方共赢局面。

2. 选择特许经营模式推动市政基础设施不断完善

该案例通过授予"渭南市天然气有限公司"供气特许经营权，可充分发挥社会资本的专业、技术和管理优势，切实加快市政基础设施建设，有效提高公共服务的质量和效率。

案例二　南宁市燃气特许经营项目案例分析

一、项目概况

（一）项目背景

在南宁市委市政府的引导下，南宁市燃气公司最早成立于20世纪80年代，并开始向部分有条件的市民进行限量的燃气供应。在早期，南宁的燃气普及速度较慢，一直到了1990年后，新型的能源瓶装燃气才逐步普及到南宁的千家万户。伴随着南宁经济驶入快车道，燃气工业也得到了迅猛发展，更为先进安全的管道燃气成为城市能源的新趋势提供了坚实的物质经济基础。20世纪90年代末，南宁市宣布启动管道燃气工程项目。早在1994年，南宁市就开始进行居民小区管道燃气探索性实施，同年的 11 月份，位于北济南路某居民小区成为南宁市第一个使用管道燃气的小区。1996 年南宁市管道燃气工程的立项通过了原自治区计委的审批，着手进行可行性研究报告及方案的比选，期间充分的筹划工作为其后实施特许经营奠定了坚实的基础。

（二）项目实施进程

1998 年 5 月 7 日，中燃城市发展有限公司与南宁市政府签订特许经营合同，成为南宁市管道燃气特许经营项目中的唯一经营者。该公司多年来的健康发展得到了南宁市政府的认可，根据市政府的授权，该公司统筹规划、稳步推进建设、分步分批建设和安全经营管道燃气项目。

进入 21 世纪以来，南宁市管道燃气特许经营模式得到迅速的发展。2000 年 1 月 2 日，南宁市南北燃气管线贯通。2006 年 8 月初，中燃再次被南宁市政府授予经营全市管道燃气特许经营权，约 7000 平方公里，中燃公司仍为南宁市唯一的管道燃气供应商，该特许经营权期限长达 25 年之久。

2007 年，随着国家重大产业的重新调整和着力扶持，我国的天然气工业迅猛发展，南宁城市建设得到井喷式发展。南宁市城乡建设委员从时代发展角度出来，要求中燃对全市的管道进行升级和燃气种类置换，使得南宁从管道液化石油气时代正式进入管道天然气时代。

2010 年 4 月，南宁市人民政府为了加快城市管道燃气事业发展，通过战略引进措施，引进和批准中国燃气控股有限公司利用股权收购的模式，收购了南宁管道燃气有限公司的全部股份，从此南宁管道燃气公司完成了其历史使命，正式更名为南宁中燃城市燃气发展有限公司。通过中燃集团的机构重组，科学管理和精心调配，以及引进国际先进的燃气企业管理模式，南宁管道燃气事业得到质的飞跃。

二、实施效果

截至 2007 年底，据统计，已经有 60000 户居民开始使用管道天然气；特别是 2009 年，该公司新建的三塘气源厂如期投入使用，全市管道燃气用户数比 2007 年翻一番，达到 130000 户。

2011 年全年，南宁中燃向全市用户供应多达 5000 万立方米/年的天然气。据不完全统计，截止 2012 年末，已有 670000 用户与南宁中燃签订管道燃气使用合同，中燃已经为 270000 家庭用户提供清洁安全的天然气，保证 9 户工业用户的稳定生产，并为近 1100 家商业户稳定安全供气，保证其正常经营。与 2007 年统计相比，短短的 5 年间，居民用户数量大量增长，使得南宁管道燃气得到了充足的发展。随着城市的快速发展，南宁中燃的市政燃气管道也快速铺设，市政中压管网基本覆盖南宁城区主要地段，能最快的给需要用气的用户提清洁安全的天然气。2012年新增市政燃气管网640000米，历年累计建设442.62公里，新增小区庭院管网216公里，历年累计建设2469公里。

2013年起，南宁中燃开始在南宁市展开大规模的老旧小区配套管道燃气改造工作。目前，南宁市老旧小区里经济条件较好、用气量较大的居民，已基本报装了管道天然气，用上了清洁能源。截至2016年8月底，南宁中燃累计为1100多个老旧小区配套管道燃气，共受理报装约13.5万户，老旧小区气化率平均达54％。

三、问题分析

（一）特许经营制度以及规划问题

南宁市的城市燃气管理仍存在许多缺陷，如南宁市城市燃气专项规划、城市燃气安全管理制度、燃气设施保护维护制度、燃气工程施工管理监督制度、城市燃气管网监控管理制度、燃气计量管理制度等制度均未制定实施。

除此之外，南宁市部分燃气行政主管部门对燃气行业的管理模式陈旧，当地管理模式仍然沿袭老套路；而且没有积极主动争取当地政府对编制燃气专项规划的理解和支持，导致经费得不到落实，实际进展情况不够理想，这种状况与南宁市目前正在加速的城市化发展状态极不协调。另外，一些原先已经完成规划编制的城区，也未能按照实际情况的变化及时修订与完善燃气专项规划，由于规划滞后，整个燃气行业工作规划指导针对性相对较差。

（二）管道燃气特许经营主体存在问题

与其他城市管道燃气特许经营相似，南宁市各级燃气管理机构的牵头主管作用不明显、部门协调能力不强，政府相关职能部门之间、部门上下级之间、部门与企业之间许多工作责任界限不清，管理程序混乱。特许经营权受到侵犯，特许经营权协议中已明确约定了特许经营范围和经营的单一性，但协议的权威性经常被其他有背景的燃气公司侵犯，主要表现在对协议条款重新解释及重新分割经营范围。

（三）信息化管理水平低

由于南宁市管道燃气行业起步较晚，2012年才开始建设城市燃气生产运行系统（SCADA系统），目前建设范围不大，应用不广，尚未能满足行业安全管理工作的需要。同时，地理信息系统（GIS系统）的建立还处于筹备阶段。没有先进的信息化平台，没有高科技的辅助作用，南宁市管道燃气经营企业无法通过SCADA系统对燃气管网的压力、运行状态等进行全程监控，难以实现使用SCADA系统获得大客户的即时燃气数据，整个燃气生产无法实现可视化、规范化、信息化，安全隐患将难以排除，出现安全事故也难以高效处理。

四、案例分析

通过以上的分析我们可以看到，虽然特许经营权项目对南宁市的燃气行业的发展有极大的推动作用，对南宁市市民的生活带来了很多便利，但是在运行中仍然存在着一些不容忽视的问题。为了南宁市燃气行业的健康发展，实现政府与企业合作的双赢，相关部门应该进行相关政策的制定以及运行方式的改变。

（一）优化特许经营制度及规划

第一，政府转变职能，改革制度，创新观念，简化与燃气企业的关系，一是变直接管理为宏观管理；二是按照现代企业制度的要求，加快企业内部人事、用工、收入分配制度的改革步伐，引导和促进企业转换经营管理机制。

第二，政府应该规范管道燃气市场运作规划，在制订严格的市场准入制度前提下，规范投融资行为，对经营权、专营权、作业权的使用与转让，实行招投标制度，构造公平、公正、公开的市场环境。

第三，南宁市政府管理部门首先要落实《城镇燃气管理条例》和《广西壮族自治区燃气等管理条例》的法定义务，认真履行燃气专项规划编制职责，积极推动燃气专项规划编制进展，确保规划编制的质量、深度，并与国民经济和社会发展规划、城乡规划等相关规划相互衔接。其次，为确保日常生产运行安全和社会稳定，政府部门要督促管道燃气特许经营企业积极有序安排用户转换计划。

第四，在管道燃气特许经营监管过程中，加强相关部门的监管力度是管道燃气行业发展的重要保障，很大程度上促进行业的健康发展。因此，政府一是对管道燃气的经营进行科学规划、技术指导、经济谋略、安全保障、提供服务等；二是在管道燃气特许经营监管过程中，要处理好进入、运行、退出等阶段各项问题。

（二）完善特许经营主体

政府对企业的监管在于宏观管理，而并非计划时代的直接管理，燃气企业要在特许经营合同规定的范围内行使经营权，并接受政府主管部门的监管。

一是强调贯彻自己责任原则，政府要进行有效监管，特许经营企业要保证正常的生产与运营，政府与企业都要关注民生问题，注重社会民众的参与管理。二是保障产品质量，经营者是管道燃气的直接生产者，实际管理操作中保障提供的产品或服务符合质量要求，与此同时，政府是公共利益的代理人，是城市公用事业的终极保障者，应该提供基本的公共服务，政府应以其监管力量督促企业履行义务，提供优质的公共服务。三是政府管理部门应该做好相关规定，依据《城镇燃气管理条例》和《广西燃气管理条例》，管道燃气特许经营许实行分级管理制度。

（三）建立信息化系统平台

燃气企业全面信息化的推广，不仅使企业的经营管理更加系统化、精细化、正规化，而且还能提升企业的生产效率，并能及时解决生产中出现的安全等重大问题。燃气企业的全面信息化，在公司经营管理方面，现期，城市燃气生产运行系统、地理信息系统等、管网建模较为兴起。SCADA 系统拥有强大的管网信息监控、采集能力，将电脑技术及工控技术有机结合，不仅能对燃气使用进行现场监控，还能借助通信运营商强大的网络通信功能，实现数据的远程传输，最后由城市燃气企业的设立的调度中心对 SCADA 系统所反馈的信息进行分析及根据信息作出相应的指示，结合 GIS 系统的强大功能，第一时间掌握城市管网的相关情况，并对大客户数据进行监控，保证城市燃气的正常供应及管网的正常运行。

第四节　垃圾处理行业案例分析

案例一　宁波鄞州生活垃圾焚烧发电项目案例[①]

一、项目情况

宁波现有常住人口 787.5 万，日产垃圾量突破 5000 吨，每年 7% 的增长速度，解决垃圾问题已成为迫在眉睫的事情。宁波市鄞州区生活垃圾焚烧发电厂，有效地解决了宁波市鄞州区及周边区域生活垃圾的出路问题，实现了宁波市生活垃圾的无害化、资源利用，有效地改善鄞州及周边区域的生态环境，化解了"垃圾围城"危机。

宁波鄞州生活垃圾焚烧发电厂位于宁波市海曙区洞桥镇宣裘村，于 2016 年 3 月开工建设，总投资 14 亿元，占地面积 8.2 万平方米，总建筑面积 5.47 万平方米，其中主厂房建筑面积 4.86 万平方米，一期工程装有 3 台 750 吨的焚烧炉，日处理生活垃圾 2250 吨装机容量为两台 25MW 凝汽式汽轮发电机组和两台 30MW 的发电机，采用最先进的"SNCR（选择性非催化还原脱硝）+半干法脱酸（旋转雾化器）+干法脱酸+活性炭喷射吸附+袋式除尘器+SGH+SCR（选择性

---

① 童克难. 技术先进　环境优美　宁波鄞州生活垃圾焚烧发电厂成为行业典范［N］. 中国环境报，2017 年 7 月 31 日第 4 版。

催化还原脱硝)＋湿法脱酸＋PTFE-GGH(新型烟气再加热器)"烟气净化系统，烟气排放指标优于国标《生活垃圾焚烧污染控制标准》GB 18485—2014 和欧盟 2010（EU2010/76/EEC）的标准。据了解，生活垃圾经过焚烧发电后，可使原生垃圾减容80％以上，节约了宝贵的土地资源；利用垃圾焚烧产生的蒸汽发电，年发电量约 2.6 亿度。

二、项目特色

(一) 超低排放的烟气净化系统

垃圾焚烧发电排放的烟气中含有二噁英和重金属离子等有害物质，为保证排放的烟气达到国家环保标准，宁波鄞州垃圾焚烧发电厂采用了先进的烟气净化技术和工艺，达到了超低排放的烟气净化效果。从焚烧炉内排出烟气通过"SNCR＋NIRO 旋转雾化器半干法＋干法＋活性炭＋袋式除尘器＋SGH＋SCR＋NaOH 碱液湿法洗涤＋PTFE－GGH"的烟气净化系统，经过三次脱酸、两次脱硝、两次除尘、三次去除二噁英，达到烟气净化的目的。经权威机构测试，宁波垃圾焚烧发电厂的烟气排放综合指标远严于欧盟 2010 标准，为中国生活垃圾焚烧发电行业树立了新的标杆。

(二) 先进的飞灰处理技术

垃圾焚烧发电排出的飞灰中含有重金属离子等有害物质，如果处理不当就会造成环境的二次污染。宁波鄞州垃圾焚烧发电厂采用了康恒环境自主研发的飞灰重金属螯合剂"福来西"作为稳定剂，处理后的飞灰达到 GB 16889—2008 国家填埋标准。为了保证重金属离子的持续稳定性，宁波鄞州垃圾发电厂进一步对飞灰进行了处理，把飞灰、重金属螯合剂和水泥等混合做成"水泥块"后再进行填埋，彻底解决了重金属等有害物质二次污染的问题。

(三) 循环型的渗滤液处理系统

宁波地处东南沿海，雨水多、垃圾的含水量大，发电厂每天都有大量的渗滤液产生，由于渗滤液成分复杂，重金属离子和氮的含量高，是生活垃圾焚烧发电的重要污染物。宁波鄞州垃圾发电厂针对这一特点，建造了一个日处理能力 800 立方米的渗滤液处理系统。该系统先后采用机械过滤、厌氧发酵、好氧发酵、生物膜过滤等世界前沿生物科技，把产生的臭气、沼气、污泥等送入焚烧炉发电，产生的清水补充到发电厂的冷却循环系统重新利用，真正实现了渗滤液的无害化处理和综合利用。

(四) 首座生活垃圾博物馆

为加强环保教育，普及科学知识，提高国民素质，让更多的人了解垃圾分类和垃圾利用的情况，宁波鄞州垃圾焚烧发电厂投入大量资金，在发电厂内建造了国内首座生活垃圾博物馆。垃圾博物馆由艺术大师设计，以图片、实物、仿真模型等为参展物，利用声光电等高科技手段，全面展现垃圾产生和资源化利用的过程，在同一个空间内，模拟、创造一个垃圾产生、收运、焚烧的真实场景，让参观者深刻地体验垃圾焚烧发电的每一个环节。

垃圾博物馆已被浙江省确立为环保教育基地和浙江省工业旅游目的地。为了降低居民的"邻避意识"，宁波鄞州垃圾焚烧发电厂按照环境保护部"装、树、联"的要求，主动采用先进的污染物在线采集系统，实时显示垃圾焚烧过程中的炉膛温度、烟气流量、压力、烟尘量、HCl、SO_2、NO_x、HF、CO_2 和 CO 含量，自动生成报表，存储在 SIS 系统中，随时接受政府监管部门和公众的监督。同时，为了回馈周边居民支持，满足附近群众文化体育活动的需求，厂区内建设了体育场馆，添置了健身设备和各种文化娱乐器材，免费对外开放。宁波鄞州垃圾焚烧发电厂是目前国内建设和运营标准最高、污染物排放最低的垃圾焚烧发电厂。康恒环境不仅建设了一座花园式的绿色工厂，而且打造了一个集环保教育、工业旅游、国际垃圾治理技术交流为一体的综合性平台。

（五）政府和社会资本合作 PPP 示范项目

当前，绿色低碳已成世界的主题，生态环境已成为事关群众切身利益的重大民生问题。在刚刚闭幕的十九大上，习近平总书记明确把坚持人与自然和谐共生作为新时代中国特色社会主义的基本方略之一，制定了加快生态文明体制改革、建设美丽中国的宏伟目标，强调要构建政府为主导、企业为主体、社会组织和公众共同参与的环境治理体系。在这种大背景下，PPP 的引入，就为生态环境的有效治理提供了一条切实可行的路径选择。从近年来的实践也证明，运用 PPP方式能够更加高效地推动绿色发展。

三、成功经验

宁波鄞州垃圾焚烧发电厂将垃圾资源再利用，产生的有害物质妥善处理，真正做到了发展循环经济，将垃圾变废为宝。同时还建有垃圾博物馆、体育场馆、行政中心等辅助设施。技术先进，节能环保，宁波鄞州生活垃圾焚烧发电厂创造了多个国内领先的同时，还特别注重厂区环境的建设和美化，被誉为最美垃圾焚烧发电厂。宁波鄞州垃圾焚烧发电厂最主要的经验有：

1.PPP 的引入带动了生态环境治理方式的变革。2015 年中央出台的《关于加快推进生态文明建设的意见》明确提出要按照市场化机制，引入社会力量投入环境污染治理。这种思路与 PPP 的内涵精神高度契合。PPP 模式的特点，就是本着充分发挥市场机制在资源配置中的决定性作用和更好发挥政府作用的总体要求，吸引社会资本通过市场竞争机制推动公共产品和服务的管理效率提升，实现公共利益的最大化。

2. 注重加强环保教育和技术进步。为加强环保教育，普及科学知识，提高国民素质，让更多的人了解垃圾分类和垃圾利用的情况。同时为加强城市生活垃圾焚烧处理设施规划建设管理工作，加强信息交流，提高生活垃圾处理水平，改善城乡人居环境，为环保产业发展、环境治理和政府决策服务，康恒环境积极协办第七次垃圾焚烧技术与设备研讨会，走在垃圾处理技术的最前端。

案例二　绿色地球——成都智慧垃圾分类体系案例[①]

一、项目情况

根据相关统计数据，成都垃圾年产量在全国城市中排名第五，全市日产垃圾上万吨，其中约 4000 吨垃圾会被运到长安垃圾场填埋，约 6000 吨垃圾会运到垃圾焚烧厂，这些垃圾经过填埋和焚烧，给城市环境造成了极大的威胁。

2011 年 4 月，国务院批转住房城乡建设部等 16 个部门联合发布的《关于进一步加强城市生活垃圾处理工作意见》明确指出，城市生活垃圾处理是城市管理和环境保护的重要内容，必须充分认识加强城市生活垃圾处理的重要性和紧迫性，不断提高城市生活垃圾处理水平。

绿色地球通过二维码技术记录垃圾的来源与重量，投递垃圾的居民依据二维码识别的信息获得环保回馈，同时根据垃圾回收的重量给予用户积分奖励。住户可使用积分兑换礼品。

二、项目特色

绿色地球用户即完成了注册流程，可以享受绿色地球专业垃圾回收和积分回馈服务的用户（目前绿色地球暂时还不提供开放注册，只有服务范围内的居民才能注册成为绿色地球用户）。

1）现场注册：绿色地球会提前 3～5 天在小区进行注册的宣传（悬挂横幅，在宣传栏内张贴海报等）。注册活动当天，将在小区门口附近投放宣传展架，设置现场注册点。用户填写纸质注册表后即可领取会员卡、条码、垃圾袋等物品，同时也拥有了绿色地球网站账号。

2）上门注册：在现场注册后 1～3 天内，绿色地球的工作人员对没有注册的

---

① 王明峰. 政府扶持　企业运作　居民参与　成都锦江建起"垃圾银行"（绿色家园）[N]. 人民日报，2014 年 11 月 15 日第 10 版。

住户提供上门注册的服务。

3）电话预约注册：可以拨打绿色地球的客服电话预约，工作人员会安排提供上门注册，给您送上垃圾分类配套物料和用户手册。

4）网站预约注册：居住在绿色地球垃圾回收服务范围内的用户，可以通过客服留言，预约账户注册，垃圾分类配套物料发放的上门业务。

在绿色地球的垃圾分类服务流程中，用户居民使用门牌号进行实名登记注册，并能获得专属的二维码和可回收垃圾袋。再将塑料、金属、废纸和衣物等可回收垃圾分好类装入垃圾袋，贴上自己专属的二维码，就可以把垃圾投递进小区内的可回收箱，或者拿到周末的回收专场进行现场投放，获取积分。绿色地球的工作人员会定期将这些垃圾统一收运至自建的可回收分拣厂，进行再次分拣后交由中国再生资源开发有限公司等专业机构进行再生处理。

在分类越细，积分越高的原则基础上，工作人员通过传感器扫描垃圾袋上的二维码，可回收垃圾重量会通过 ERP 系统直接记录在绿色地球的后台数据库，同时以积分的形式存于用户的个人账户。用户可以通过关注绿色地球官方微信，并绑定手机号实时查看账户积分和自己的环保贡献，还可以利用积分兑换礼品或提取现金。

每年 3 月 12 日是我们国家传统的植树节，政府、单位、居民都有出行种树的活动。但传统植树方式存在着交通不便，种树后续缺乏照管难以成活等问题。2016 年 3 月 12 日，以整个成都市为范围，绿色地球联合优步发起了"3.12 纸造森林·全城大回收"环保活动，居民只要在附近的废纸投放点投放超过 1kg 的废纸就可以获得环保回馈，同时，绿色地球将把回收废纸售卖的全部所得捐给山水自然保护中心进行植树造林。绿色地球将这项活动增加至微信页面中，市民可以实时查看投放点位置、参与流程、志愿者人数以及活动合作伙伴等。在活动当天，市民可在绿色地球官方微信或优步 APP 中查看离自己最近的废纸投放点，并通过导航直接找到点位准确位置。除了投递废纸，市民还可以通过"线上挖宝"游戏获取各种礼券的二维码。只要投递废纸的重量超过 1kg，投放点的志愿者就通过微信扫码将市民挖宝获得的二维码激活。

该项目的主要特色如下：

1. 绿色地球制定了标准化的积分规则，包括如何获得积分、积分查询方式、积分回馈流程、积分使用期限、积分兑换机制等完整成熟的积分体系。

2. 绿色地球研发了垃圾分类信息管理平台 WITAS 系统和多种智能硬件设备，实现了垃圾分类回收的全流程信息化、数据化。

3. 绿色地球制定了全流程数据化的管理，绿色地球将可回收垃圾从分类投放、分类收运、再次分拣到分类处置的整个流程信息汇总到绿色地球后台数据库中，形成动态数据，为垃圾分类服务提供科学的管理依据。

例如，每周末专场回收活动现场，工作人员给垃圾称重后，用户参与人次、回收重量明细、回收增长率和用户积分数量都会以数据的形式实时记录在后台。这些实时数据能够有效跟踪用户的每袋垃圾，对用户的可回收垃圾进行量化，从而得到用户的环保贡献，实现垃圾投递、收运全程信息化管理，提高整体管理能力。

从 2008 年至今，绿色地球在成都市推行的"互联网＋垃圾分类"已经覆盖 464 个社区，8 所学校，16 万家庭，影响人数超过 40 万人。全市 223 个投放点共回收了 5003.9 千克废纸，相当于保住了 83.4 棵大树，过滤 2085 千克空气污染物，减少使用 7054.5 升石油、11.3 立方米填埋用地，节约 2942.8 度电、129.5 吨水。

三、成功经验

1. 推动垃圾分类过程中的信息化，让各地垃圾分类的实际效果有相应的数据采集方式和考核依据。

2. 逐步推动居民垃圾分类积分奖励体系，丰富积分奖励形式，让积分机制融入百姓生活，发挥更强的引导作用。

3. 引入设置减量目标，制定分阶段的长期减量目标，从节约的垃圾清运处置费用中划拨经费支付企业作为减量奖励，让市场这只"无形的手"指挥微观主体采取有效方式持续减量并从中获益。

4. 出台政策鼓励再生资源处理产业健康发展，在垃圾分类回收企业和正规再生产企业之间建立桥梁，完善再生资源回收生产的闭合生态系统，从而淘汰落后和不环保的作坊式处理渠道。

第五节 供热行业案例分析

案例 "煤改气"政策实施中的"气荒"

一、基本情况

近年来，我国为了治理大气污染，陆续推出了一系列措施。其中在治理散煤和转变供暖方式上，国家在2016年开始实施清洁取暖政策，特别是在"2＋26"城市推行了"煤改气"和"煤改电"工程。2017年2月，环保部、发改委、财政部、能源局及北京、天津、河北、陕西、山东、河南政府联合下发了《京津冀及周边地区2017年大气污染防治工作方案》，该方案重点提出对"2＋26"城市开展禁煤工作，其中主要任务有两点：一是全面加强城中村、城乡接合部和农村地区散煤治理；二是确保北京、天津、廊坊、保定市等城市10月底前完成"禁煤区"建设，并进一步扩大实施范围。同年8月，环保部等多部委再次联合下发《京津冀及周边地区2017—2018年秋冬季大气污染综合治理攻坚行动方案》，该方案要求：深入推进燃煤锅炉治理，全面排查燃煤锅炉，对燃煤锅炉、茶水炉、经营性小煤炉、煤气发生炉等继续开展拉网式全面排查，确保无死角、无盲区，并计划在2017年10月前，"2＋26"城市完成以电代煤、以气代煤的用户300万户以上。于是，随着各项政策的加紧实施，轰轰烈烈的"煤改气"工程就此拉开序幕。

"煤改气"政策的大力实施显著提高了空气质量，北京、山东等地区冬季供气质量得到了明显的改善，"煤改气"确实取得了一定功效。然而，在各地全力推进该项政策的过程中，却发生了意想不到的情况。自2017年入冬以来，国内多个地区天然气供应紧张，出现了比较严重的"气荒"问题。其中情况最危急的地区当属河北，2017年11月28日零时，河北省首次拉响全省天然气供应橙色预警，各地开始限气停气，天然气供应处于严重紧张状态。与此同时，不仅华北地区、山东、河南、宁夏、内蒙古等地也出现天然气供应短缺，甚至贵州、湖北、湖南等地也用气紧张，而且连新疆、四川、青海、陕西这样的产气大省（区）都出现了无气可供的情况。

"煤改气"工程的推进需要与天然气供应保障能力相同步，由于缺乏科学的规划和供给能力保障，"煤改气"工程的实施造成燃气供应明显不足，形成巨大的供需缺口。2017年1月～11月，全国天然气消费量达到2097亿立方米，同比增长18.9％，其中，国内生产天然气1338亿立方米，同比增长10.5％。进口天然气817亿立方米，增长28.9％。加上工业生产、燃气发电、化工等领域用气需求较快增长，天然气消费量比上年增速提高近12个百分点。此外，本次天然气供应短缺也导致我国液化天然气（LNG）价格明显上涨。据国家统计局数据显示，2017年9月我国液化天然气（LNG）同期价格为3519元，10月为4337.4元，11月为5636.7元。按此计算，11月LNG价格比9月上涨60％，比10月上涨30％左右。与此同时，各地政府所制定的2017年冬季天然气取暖收费标准却变化不大，甚至有些地方如北京、石家庄更是没有变更收费标准。

由于在政策实施过程中，指定地区的农村燃煤小煤炉已经被拆除，在天然气气源紧张的背景下，这些地区的一大部分居民受冻，不少农村老人和儿童生活在被"煤改气"工程打成筛子的房屋里挨冻。《中国青年报》的一则新闻报道，由于屋里无气供暖，保定多所农村小学的学生只能到院子里晒太阳写作业，冷了就靠跑步取暖。一时间，百姓们对"煤改气"的埋怨声一浪高过一浪，对这项政策的合理性也充满了质疑。

二、案例分析

推进"煤改气"等清洁取暖政策是促进我国能源消费结构优化和改善环境的重要举措。"煤改气"政策顺应了中国环境治理大势，出发点和落脚点是好的，但由于各种体制弊端的集中暴露，导致此次大面积气荒事件的发生。具体来说：

第一，天然气行业市场化体制改革不到位是根本。2017年可以说是天然气体制改革、环保治理力度最大的一年，但由于行业特性及改革进展不一致，导致天然气上中下游各环节市场结构、企业形态均有所差别。首先，我国天然气进口价格是与国际接轨的市场化价格，但居民的天然气消费价格却由各级政府制定，从而导致天然气上下游价格没有很好地形成联动机制，以至于有关企业没有足够动力来保证天然气的供应。其次，近些年天然气价格体制改革推进力度很大，而其他的体制改革，例如上游矿权、基础设施公平开放、进口体制、市场竞争主体数量等相对滞后，或者效果不明显，造成了"价格改革单兵突进"的错觉，并导致整个市场化体制改革失衡。再次，目前国内的气源80%控制在中石油、中石化以及中海油三大巨头手中。而这些巨头也在不断发展自己的下游企业，酝酿"上中下游一条龙"通吃，在部分地区与下游燃气企业展开直接面对面竞争。在气荒来临时，优先保证直属下游企业以及重点直供客户的用气就成了第一"任务"。因此，为加快天然气行业市场化体制改革，我们需进一步下放审批权力，放宽天然气市场准入，鼓励更多的社会主体参与天然气开采，建立有效竞争的市场结构和体系，并逐渐形成由市场决定的价格机制。

第二，"煤改气"顶层设计缺乏统筹规划与管理。"煤改气"政策并不仅仅是供热行业的技术改造问题，很大程度上涉及基础设施的建设、燃气使用的规划等诸多问题。首先，长期以来，北方地区供热缺乏对天然气等可再生能源供热形式的统筹谋划，热力供需平衡不足，导致供热布局不科学、区域优化困难。其次，有关部门对今年天然气需求迅速增长估计不足，对突发情况没有制定有针对性的解决措施，进而影响了能够增加供应的相关工作。最后，"煤改气"工作涉及面广，职能分散，缺少统一管理部门。如天然气的利用发展规划、上游供气方监管部门为发改、能源部门，而"煤改气"的审批部门则为地方建设部门，"条块分割"导致在具体推进过程中存在协调联动不足问题。所以，当下首先需建立一个统一管理部门来全面统筹、规划、协调"煤改气"的各项工作，并将所有政策梳理好，总结出一条总路线。同时，管理部门应加强与地方政府的对话沟通，及时了解"煤改气"过程中出现的各种问题，做到"心中有数"。管理部门还需督促地方政府按照工作优先级排序，将近期工作和远期工作安排好，保证每一项任务都按时按量地完成。

第三，"煤改气"底层政策执行僵化且缺乏弹性。在现行行政体制下，上级部门对下级部门下达命令之后，其往往是根据各项大大小小的"指标"来考察下级部门或地方政府完成任务的情况。而这样的考核标准却或多或少让"煤改气"工程在执行过程中"跑偏了"。首先，有些地方政府为追求所谓的政绩盲目扩大"煤改气"规模，导致天然气严重供需不平衡。如2017年河北省共完成农村气代煤、电代煤253.7万户（其中气代煤是231.8万户，电代煤是21.9万户），比年初河北省委省政府确定的180万户，足足多出了73.7万户。其次，在政策推进过程中部分地区出现了"一刀切"的情况，以至北方很多村镇居民处于没有燃气供暖，又不敢烧煤取暖的尴尬境地。此外，部分地方政府在规划布局上也落后进度，拖到了方案限定的最后一年，在没有落实好气源的情况下推进"煤改气"，导致今年"煤改气"强度大大超预期，需求也超预期增长。为此，地方政府需意识到，不同地区应立足本地资源禀赋、经济实力、基础设施等条件及大气污染防治要求，科学评估。根据不同区域自身特点，因地制宜，充分考虑居民消费能力，采取适宜的清洁供暖策略，在同等条件下选择成本最低和污染物排放最少的清洁供暖组合方式。这也更有利于保障老百姓供暖。

第四，天然气价格市场化调节能力不足。受历史上计划经济下的供暖模式影响，供暖行业仍处于向市场化运作转变的过程之中。而且价格放开后，冬季用气紧张时，价格肯定会上涨，势必会对基本民生保障带来一定的冲击。所以，当前天然气定价方式仍执行的是地方政府统一定价。虽然中央一直强调应发挥市场在资源配置中的决定性作用，但大部分地区对市场的支持政策，特别是资金、价格、市场价格等具有实质性推动作用的政策仍然较少。因此，应按照"放开两头，管住中间"和"让市场在资源配置中起决定性作用"的改革思路，进一步深化改革天然气价格机制，逐步理顺存在的问题。可以通过建立上下游价格联动机制、调峰价格机制、差别价格体系来推动价格机制改革。并在此基础上及时发布天然气市场信息，合理引导社会预期，创建一个透明、高效、公平的市场环境。

第六节 电力行业案例分析

案例一 2016 年 11.24 江西丰城电厂特别重大事故分析

2016 年 11 月 24 日 7 时 30 分许,由中国电力工程顾问集团中南电力设计院总承包、河北亿能烟塔工程有限公司施工分包的江西省宜春丰城电厂三期扩建工程 D 标段冷却塔平桥吊倒塌,造成上方施工模板混凝土通道坍塌,造成 74 人遇难,2 人受伤。

一、事故背景

江西丰城电厂位于丰城市西面石上村铜鼓山,厂区距丰城市区 8 公里,距南昌市约 60km,南临赣江约 0.5km,东距丰高公路约 0.6km,北距丰城水泥厂 2.8km。

江西丰城电厂三期扩建工程由江西赣能股份有限公司出资建设,是江西省电力建设重点工程。本期工程建设具有国际先进水平的 2×1000MW 等级超临界二次再热燃煤发电机组,按照国家超净排放标准的要求,同步配套建设烟气脱硫设施、烟气脱硝装置和静电除尘等环保设施,工程采用 EPC 总承包建设模式。

江西丰城电厂三期扩建工程由江西赣能股份有限公司投资建设、中国电力工程顾问集团中南电力设计院有限公司总承包。监理单位是上海施耐迪工程咨询有限公司,D 标土建施工队是河北亿能烟塔工程有限公司。丰城电厂三期扩建工程是 2015 年 12 月 28 日开工,其中冷却塔项目(总高度 165 米)是 2016 年 4 月份开工,目前冷却塔已施工完成 70 多米。

二、基本情况

(一)事故经过

2016 年 11 月 24 日 7 点左右,江西省丰城市一电厂在建冷却塔施工平台发生倒塌。

24 日 7 时,10 多位工人到达冷却塔内,进行零班与早班的交接。在他们头顶上方 70 多米的高处,搭建有施工平台,施工平台上有几十名工人在作业。大概五分钟后,他们突然听到头顶上方有人大声喊叫,接着就看见上面的脚手架往下坠落，砸塌水塔和安全通道。在地面层工作的工人迅速往冷却塔外跑。短短十几分钟的时间内，整个施工平台完全坍塌下来。

（二）应急救援

江西省公安消防总队接到警情后，立即启动跨区域应急救援预案，一次性调集宜春、南昌、新余、吉安四个消防支队以及总队全勤指挥部共 277 名消防指战员、43 辆消防执勤车、10 条消防搜救犬、12 台生命探测仪、2 架消防无人机参加现场救援。

救援力量到场后，按照总指挥部统一部署，主要采取了四项措施展开救援行动：

一是侦察了解，掌握灾情。迅速利用消防搜救犬、无人机、生命探测仪等设备对现场展开全面侦察探测，第一时间掌握了解灾情和被埋压人员情况，为救援行动提供决策依据。

二是确定重点，全力搜救。对倒塌现场可能埋压人员的部位进行重点搜救，按照由浅入深、由易到难、先重点后一般、先重伤后轻伤的原则，采取搜救犬搜寻和仪器侦测、人工挖掘和工程设备相结合的方法，全力搜救被埋压人员。

三是安全监护，严防次生灾害。对灾害现场进行科学评估，对隐患部位进行醒目标示，设置安全观察哨、规定紧急撤离信号和路线，确保救援人员的绝对安全，切实防止二次事故的发生。

四是划分区域，分组作业。将救援现场划分为 7 个区域，每个区域配置两个救援组开展轮换救援作业，对已经搜救的区域及时标示，防止重复搜救，最大限度提高救援效率。

三、原因分析

目前分析原因主要直接原因和间接原因。直接原因是冷却塔施工平桥吊因超载或其他原因倒塌。间接原因则有以下几点：

（一）混凝土养护期不够，强度未达标

施工方因赶工期，依据施工经验感觉混凝土已经干了，于是 24 日工人便开始拆除冷却塔外围的木质脚手架。但可能由于天气原因，混凝土强度并没有像所想的那样干透，于是尚未干透的混凝土开始脱落，最终倒塌。

（二）施工组织设计不到位

塔吊装备设计有问题，塔吊附着在架体上，当塔吊因超载倾倒或者是其他原因倾倒时连同架体一起倒塌。

（三）安全生产管理方面混乱

整个项目处于赶工期时段，塔吊司机很可能疲劳驾驶或者是操作失误导致塔吊倒塌。项目安全检查流于形式，安全隐患排除不到位，形成多米诺骨牌效应，当一处小隐患发生时，引发了一系列隐患的发生。

四、事故教训

（一）切实落实安全生产责任

各级部门要清醒认识当前安全生产任务的艰巨性，进一步强化红线意识、忧患意识、风险意识和责任意识，要严格按照"党政同责、一岗双责、齐抓共管、失职追责"、"谁主管、谁负责"的总原则，切实加强对安全生产工作的组织领导，层层压实安全责任。建立健全安全生产责任体系，强化落实安全生产责任，真正把安全生产工作攥在手上、记在心上、落在实处，一丝一毫也不能麻痹。

（二）全面开展安全隐患大排查

要结合各单位重点工作，抓住季节特点和重要时间节点，把握工作规律，严格进行危险源辨识工作并采取相应的控制措施，建立危险源辨识台账并及时更新。在施工现场中，要做到安全隐患零容忍，发现隐患及时整改，将事故消除在萌芽状态。

（三）加强安全生产管理

安全管理应全方位、全天候、全过程、全员管理，即横向到边，纵向到底。在日常的安全管理工作当中，要切实做好安全技术交底、安全教育、安全检查等工作，并做好相关内业资料。对于重大分部分项工程，必须做好专家论证工作，并在后期施工过程中监督到位。安全管理应"人人要安全、人人管安全"，充分发挥各个岗位的独特优势，将安全管理落实到实处。

案例二　新疆石油管理局克拉玛依电厂
管理效率改革案例分析

新疆石油管理局克拉玛依电厂系新疆石油管理局重点企业之一，担负着为克拉玛依油田及克拉玛依市的生产生活供电保障任务，同时又为新疆南疆部分地区供应电力。2001年克拉玛依电厂又承担起为克拉玛依市白碱滩区供热任务，供热面积达220万平方米。电厂启用SIS系统，实现全厂范围的优化控制和集中生产管理，实现多机组之间的最佳负荷分配，提高机组稳定、经济运行，提高电厂发电效率，加强了电厂实时管理，有利于我们更及时、准确地制定业务战略。

一、项目背景

新疆克拉玛依地区供电十分紧张，特别是在用电高峰期，克拉玛依市电厂所有的机组必须全部运转才能满足用电需要。因此，克拉玛依电厂很多时候都是高负荷运转，在拼设备，风险很大。同时，克拉玛依电厂有部分20世纪70年代、80年代投产的老旧机组，发电热效率偏低，发电成本偏高。因此，由于电源原容量不足，缺少备用容量，导致克拉玛依电厂机组检修困难，还由此而产生了一系列设备质量问题。为了改变克拉玛依电厂的供电现状，提高电厂发电效率，实现全厂范围的优化控制和集中生产管理，实现多机组之间的最佳负荷分配，提高机组稳定、经济运行，降低成本，以获得最佳的经济效益。为此，克拉玛依电厂决定采用厂级信息管理系统（SIS系统）来全面提升电厂的管理水平和运行效率。

二、项目特点

克拉玛依SIS项目实施过程中参照标准业务流程并整合电力企业特点，形成了实时系统图组态建模、实时画面显示、超限数据预警、历史数据分析、实时参数巡查、设备启停统计以及统计报表等功能，方便了电厂高层领导和生产人员实时准确掌握生产数据，为设备的安全经济运行提供有力的保障。

系统平台：建立公司级的信息集成平台，包括网络支撑环境及数据库环境。实现经营管理数据在指定范围内的授权共享。

实时组态：规范电厂信息化基础工作，完成SIS系统图的建模，形成了较为完备的系统图库。

实时趋势分析：多种分析手段和工具的使用，方便了对生产数据的趋势分析。

超限数据预警：预先设定各种参数的报警值，设备参数超限时向技术人员报警，提供在线统计实时数据的超限情况，在线提供超限的开始时间、结束时间、最大值时间、累计时间。从而为技术人员分析超限原因、检查设备运行情况提供了依据。

统计分析报表：对历史数据进行有效的整理、计算，形成各种生产统计报表、经济指标考核报表，为运行值间指标竞赛提供依据，调动运行人员的工作积极性，不断提高运行操作水平，努力降低各项能耗，促进机组优化运行的同时也减轻了运行人员的工作量。

设备启停统计：根据开关量变位情况，自动进行启停时间的统计，形成设备的可靠性统计数据。

实施参数巡查：设置巡查参数，通过系统及时发现设备的异常情况，提高巡回检查质量，充分发挥实时数据的功能，并进行实时数据越限及变化速率报警。

三、成功经验

通过加强和规范内部管理，提高系统的数据质量，为公司高层决策提供了有利的信息支撑。

通过趋势曲线、棒状图、条状图、历史回放、多状态、多图片切换输出等方式全面地展示全厂各机组、系统、设备的运行状态数据，为电厂高层各领导和生产运行人员提供了一幅幅直观简洁的生产过程画面。

通过建立历史趋势分析主题将关联的测点数据形成组合，对比不同测点的曲线，进行对比分析，统一并规范了分析口径和分析模式。

建立了生产数据的共享，打破了原先的信息孤岛。高层领导、管理人员以及生产运行人员通过实时系统画面和相关分析功能，及时准确掌握现场情况，保证信息能够在最短的时间内传递到合适的岗位，改善部门之间的信息延迟情况，消除了电厂内部的信息孤岛。

岗位及各用户的权限得到合理分配控制，工作内容明确，责任清楚，实现了扁平化管理。

完备了用户手册及相关资料，用户的计算机水平、业务处理能力和个人自身业务素质都得到了很大改善和提高。

系统功能之间实现了集成，各部门之间做到信息互通、相互协同工作，真正体现数据共享的优越性，为企业管理者提供了丰富的信息和便捷的工具。

通过系统内部丰富的查询、统计和分析功能，时刻掌握电厂的设备运行的状况，实现了管理的精细化。

实施过程体现知识的转移，各业务骨干熟练掌握相应业务的处理流程，逐步实现自身从单纯的业务处理向高层次的业务管理分析转变。